HISTOIRE
DE FRANCE

TABLE ANALYTIQUE

Cet ouvrage
a obtenu de l'Académie des Inscriptions
et Belles-Lettres
en 1844
et de l'Académie Française
en 1856 et en 1859
LE GRAND PRIX GOBERT

HISTOIRE DE FRANCE

DEPUIS LES TEMPS LES PLUS RECULÉS JUSQU'EN 1789

PAR

HENRI MARTIN

Pulvis veterum renovabitur.

TABLE ANALYTIQUE

PARIS
FURNE, LIBRAIRE-ÉDITEUR

Se réserve le droit de traduction et de reproduction
à l'Étranger.

M DCCC LX

HISTOIRE DE FRANCE

TABLE ANALYTIQUE

DES MATIÈRES

A

Abadie, protestant, quitte la France, XIV, 61.

Abadie (d'), gouverneur de la Louisiane, meurt de chagrin lorsque cette colonie est cédée à l'Espagne, XV, 595.

Abaffi ou Apaffi (Michel), nommé prince de Transylvanie par le sultan, XIII, 294; est reconnu par l'empereur, 299; prend contre lui le parti des Hongrois insurgés, 539. — Se soumet à sa suzeraineté, XIV, 76; meurt, 127.

Abauzit, protestant languedocien, réfugié à Genève, XVI, 60.

Abbas le Grand, schah de Perse, cherche des alliés en Europe contre le sultan des Turcs, X, 522; envoie une ambassade en France, 538.

Abbeville s'érige en commune, avec le consentement du comte de Ponthieu, III, 260.

Abbon, moine, chantre du siége de Paris, II, 484.

Abbon, abbé de Fleuri, est massacré pour avoir voulu réformer un monastère, III, 41 *note*.

Abd-el-Melek, chef arabe, envahit la Septimanie, et bat Wilhelm, comte de Toulouse, II, 317.

Abd-el-Rahman sauve les débris de l'armée d'El-Samah, II, 194; est élevé au rang de wali d'Espagne, 196; défait Othman-ben-Abou-Nessa, 199; envahit l'Aquitaine, défait Eude, prend Bordeaux, pénètre jusqu'en Neustrie, 199 et suiv.; périt avec son armee à la bataille de Poitiers, 201 à 205.

ABÉLARD. Son histoire et ses doctrines, III, 312 à 330.

ABEN-HUMEYA, maure de Grenade, est proclamé roi par ses compatriotes, IX, 289 *note.*

ABERCROMBY, général anglais, attaque le général français de Montcalm, qui le repousse, XV, 535; détruit le fort Frontenac et le fort Duquesne, 536.

ABLON (d'), jésuite, arrive, par terre, à la mer d'Hudson, XIII, 558 *note.*

ACADEMIA DEL CIMENTO, fondée à Florence par Galilée, et détruite par les jésuites et l'inquisition, XII, 16.

ACADÉMIE FRANÇAISE, fondée par le cardinal de Richelieu, XI, 429, 430. — Honorée par Colbert et par Louis XIV, XIII, 160.

ACADÉMIE DES SCIENCES. Sa fondation, XIII, 160; son organisation, 171. — Elle est réorganisée, XIV, 259.— Reçoit du Régent un règlement nouveau et plus libéral, XV, 11 *note;* envoie sept géomètres mesurer un degré du méridien sous le cercle polaire et sous l'équateur, 395, 396.

ACADÉMIE DE PEINTURE ET DE SCULPTURE, fondée sous Mazarin, augmentée par Colbert, XIII, 161; a pour directeurs Lebrun, 230. — Mignard, XIV, 236; Largillière, 237.

ACADÉMIE D'ARCHITECTURE, XIII, 161. — Reçoit, sous le Régent, un règlement nouveau, XV, 11 *note*

ACADÉMIE DES INSCRIPTIONS ET BELLES-LETTRES. Sa création, XIII, 164; elle fait frapper une médaille commémorative de la réconciliation apparente du pape et des jansénistes, 265. — Reçoit un nouveau règlement, XIV, 260 *note.*—Commence à publier des mémoires historiques, XV, 11 *note.*

ACADÉMIE ROYALE DE MUSIQUE. Sa fondation, XIII, 193.

ACADÉMIE DES ARTS MÉCANIQUES, fondée par Philippe d'Orléans, Régent, et établie au Louvre, XV, 11 *note.*

ACADÉMIE DE DIJON. Questions qu'elle met au concours, et que Rousseau traite, XVI, 66 et suiv., 71 et suiv.

ACADÉMIE (SOCIÉTÉ ROYALE) DE MÉDECINE, est fondée sous Turgot, XVI, 338.

ACADIE, découverte, VIII, 130, 131. — Une colonie française y est fondée, X, 465, 466. — Les Anglais s'en emparent, XIII, 312; la rendent, 325 *note.* — Elle leur est cédée par le traité d'Utrecht, XIV, 573.

— Traitement barbare infligé par le gouvernement anglais aux Français demeurés en Acadie, XV, 477.

Acarie, un des *seize*, X, 263 ; membre du *Conseil des Dix*, 265.

Acarie (Mademoiselle), veuve du précédent, introduit en France l'ordre des Ursulines, XII, 63 *note*.

Accault, agent de Cavelier de La Salle, remonte le Mississipi jusqu'à ses sources, XIII, 558.

Acco, chef d'une insurrection Sénonaise. Son supplice, I, 464.

Acfred, duc d'Aquitaine et comte d'Auvergne, après Guilhem II, son frère, II, 512.

Acfrid, nommé comte de Bourges par Karle le Chauve, est assassiné par celui qu'il vient remplacer, II, 454.

Aché (le comte d'), commandant de l'escadre de la Compagnie des Indes, combat à deux reprises l'escadre anglaise, XV, 538, 570.

Acheri (dom Luc d'), bénédictin, auteur du *Spicilegium*, XII, 68, 69.

Achmet, sultan, fait une trêve de vingt ans avec l'archiduc Mathias d'Autriche, X, 552.

Achmet III, sultan, partage avec la Russie les dépouilles de la Perse, XV, 105 ; est déposé, 106 *note*.

Acquits au comptant, dépenses soustraites à la vérification de la Chambre des comptes, IX, 408 *note*. — XII, 177, 442. — Abus des *acquits au comptant* sous Louis XV, XV, 560. — XVI, 289.

Acre (Saint-Jean-d'), siège de cette ville par les Croisés, III, 540 et suiv.

Actes de naissance (institution des), VIII, 272.

Adalarik, chef wascon ; son insurrection, ses succès, son châtiment, II, 307.

Adalbéron, archevêque de Reims, correspondant des rois de Germanie, II, 542 ; est mis en accusation par le roi Lodewig, 545 ; son discours à l'assemblée de Senlis, 546 ; il sacre Hugues Capet à Noyon, 547 ; et Robert à Orléans, III, 19 ; meurt, 21.

Adalbéron-Ascelin, évêque de Laon. Ses vices. Soupçons dont il est l'objet. II, 542, 543. — Prisonnier de Karle, duc de Basse-Lorraine, il s'évade, III, 20 ; par quelle trahison il livre Karle à Hugues Capet, 22 ; passage remarquable d'un de ses poëmes, 45.

Adalhard, cousin germain de Charlemagne, abbé de Corbie, II, 292 ; est chargé de porter à Rome la décision du synode d'Aix-la-Chapelle sur la sainte Trinité, 357 ; est exilé dans l'île de Noirmoutier par Lodewig le Pieux, 368 ; rétabli dans ses biens et honneurs, 377 ; fonde en Saxe le monastère de la Nouvelle-Corbie, *ibid.*

ADALGHIS, fils du roi des Langobards, Desiderius, se jette dans Vérone, avec la veuve et les enfants de Karloman, II, 262 ; se réfugie dans l'empire d'Orient, 265 ; envahit le duché de Bénévent à la tête d'une armée grecque, 306 ; sa défaite et sa mort, *ibid.*

ADALGHISEL est chargé par Dagobert d'administrer l'Austrasie, II, 141.

ADAM, châtelain d'Amiens, s'oppose à la Charte communale de cette ville, III, 257.

ADAM, abbé de Saint-Denis avant Suger, III, 452.

ADAMS (John), un des rédacteurs de la déclaration d'indépendance des États-Unis, XVI, 447 ; négocie la paix de 1783, qu'il signe trop tôt, 485.

ADANSON, botaniste français, XVI, 27 *note*.

ADÉLAÏDE, impératrice, femme d'Othon le Grand, mère de la reine de France Emma, II, 539.

ADÉLAÏDE, sœur d'Amé III, comte de Savoie et de Maurienne, épouse Louis le Gros, III, 220 ; lui donne huit enfants, 292 ; ses adieux à son fils Louis VII partant pour la croisade, 435.

ADÉLAÏDE DE FRANCE (Madame), fille de Louis XV, fait donner la direction des affaires à Maurepas, XVI, 316 ; est hostile à Turgot, 377.

ADÈLE d'Angleterre, comtesse de Chartres, demande l'assistance de Louis le Gros contre le seigneur du Puiset, III, 215.

ADÈLE, comtesse de Vermandois, veuve de Hugues le Grand, octroie une Charte communale aux bourgeois de Saint-Quentin, III, 246 et suiv.

ADELHARD, duc, commande les troupes de Karle le Chauve à Fontenailles, II, 414 ; comment il s'agrandit, 424 *note;* il gouverne la Neustrie en l'absence de Karle, 448.

ADELHÉIDE de Poitiers, sœur du duc d'Aquitaine Guilhem Fier-à-bras, épouse Hugues Capet, II, 533.

ADENÈS, roi des ménestrels, IV, 365 et suiv.

ADHÉMAR, comte, chasse de Poitiers Robert, frère du roi Eudes, II, 492 ; porte la guerre en Neustrie, *ibid.*

ADHÉMAR, évêque du Puy en Vélai, est chargé de conduire la première croisade, en qualité de légat, III, 164 ; il marche avec les Français méridionaux, 172 ; son voyage ; il est un moment prisonnier des Bulgares, 180 ; sa mort, 188.

ADHÉMAR (Guilhem d'), troubadour, III, 388 *note*.

ADHÉMAR (le comte d'). Comment et pourquoi il est nommé ambassadeur en Angleterre, XVI, 514.

ADMONITIO AD LUDOVICUM XIII, pamphlet jésuitique contre le cardinal de Richelieu, censuré par la Sorbonne, XI, 226 *note*.

ADOLPHE DE NASSAU, roi des Romains après Rodolphe de Hapsbourg ; sa correspondance avec Philippe le Bel, IV, 406 ; sa mort, 420.

ADOLPHE-FRÉDÉRIC DE HOLSTEIN-EUTIN, évêque de Lubeck, est élu roi de Suède par l'influence de la Russie, XV, 254 ; est obligé par le Sénat de s'allier à la France contre la Prusse, 513 ; s'engage, par un traité avec la Russie, à ne point permettre la *course*, et à ne point laisser troubler le commerce de la mer Baltique, 544 ; fait la paix avec la Prusse, 585.

ADORNO (Antoniotto), doge de Gênes, puis vicaire, en cette ville, du roi de France Charles VI, V, 449.

ADOWAKER, roi saxon, prend Angers d'assaut, est battu par Hilderik, s'unit à lui contre les Allemans, I, 392, 393.

ADRETZ (le baron des). Son premier exploit, IX, 123 ; ses faits d'armes et ses cruautés, 137 et suiv. ; sa trahison, 150.

ADRIEN, empereur romain ; ses goûts d'artiste. Monuments élevés par lui dans la Gaule. Ses règlements en faveur des esclaves, I, 241 et 242.

ADRIEN Ier, pape, reçoit Charlemagne à Rome, II, 262 et suiv. ; sacre les rois Peppin et Lodewig, et obtient de Charlemagne la Sabine, 286 ; sa mort, 324.

ADRIEN II, pape, donne la communion à Lother II. Ce qui s'ensuit, II, 456 ; sa lettre à Karle le Chauve, 457 ; autre lettre, 458 ; troisième lettre en faveur de Karloman, 460.

ADRIEN IV, pape, autorise Henri II, roi d'Angleterre, au parjure, III, 464 ; fait brûler vif Arnaldo de Brescia, 471 ; investit Henri II de la seigneurie de l'Irlande, 491.

ADRIEN VI, pape, VIII, 21 ; s'efforce de pacifier l'Europe, de réformer l'Église, d'abattre la Réformation, 31 et suiv. ; entre dans une coalition contre la France, 35 ; meurt, 49.

ADUATIQUES, peuple issu des Kimro-Teutons, I, 148 ; leur désastre, 154 ; leurs débris se soulèvent, 161.

ÆGIDIUS (Syagrius), général romain, échoue devant Chinon, I, 363 ; est élu roi par les Franks (?), 383 ; s'empare du pouvoir dans les Gaules, 384 ; défend Arles contre Theoderik, *ibid.* ; ne peut sauver Cologne de l'invasion des Franks, 385 ; sa position critique, *ibid.* ; comment il en sort, 386 ; sa mort, *ibid.*

ÆGIDIUS, évêque de Reims. Son dévouement à Frédegonde, II, 68, 73 ; sa mésaventure, 76 ; son ambassade, 84 ; ses crimes, sa punition, 93.

ÆLIANUS, chef des Bagaudes, I, 281 ; sa mort, 282.

AÉROSTAT (invention de l'), XVI, 520 et suiv.

Aétius, général romain, repousse les Visigoths, les Burgondes, les Franks, I, 356 ; bat Gunther, Tibato, etc., 357, 358 ; ses services de toute espèce ; il triomphe d'Attila, et sauve l'Occident, 358 à 379 ; sa mort, 380.

Agapit, pape, intervient dans le débat relatif aux deux archevêques de Reims, Hugues et Artaud, II, 527.

Agnadel (bataille d'), VII, 373.

Agnès de Poitiers, mère d'Henri iv, roi de Germanie, est régente pendant la minorité de son fils, III, 404.

Agnès de Méranie. Son mariage avec Philippe-Auguste, et les suites qu'il entraîne, III, 564 et suiv.; sa mort, 564.

Agobard, archevêque de Lyon. Ses opinions touchant l'élection des évêques, ses lumières et son influence, II, 378 ; son opinion sur le culte des images, 379, *note*; son rôle dans le soulèvement contre Lodewig le Pieux, 389 ; lors du voyage du pape, 394 ; dans les humiliations de Lodewig, 399 ; sa retraite en Italie et sa déposition, 403.

Agoult (Guilhen d'), troubadour, III, 388 *note*.

Agoult (d'), comte de Sault, lieutenant du duc de Nemours au gouvernement du Lyonnais, favorise les protestants, IX, 423.

Agoult (le marquis d'), capitaine des gardes, arrête les conseillers Duval d'Eprémesnil et Goislard de Montsabert, XVI, 602.

Agrippa. Son administration en Gaule, I, 200; sa politique à l'égard des Germains, 246.

Agrippa (Corneille), savant de Cologne, VII, 483.

Agrippine. Impose son nom à la colonie fondée chez les Ubiens (*colonia Agrippina*, d'où Cologne), I, 234; empoisonne l'empereur son époux, *ibid.*

Agrippiniens (auparavant Ubiens). Se joignent à contre-cœur à Civilis, I, 236; reviennent aux Romains dès qu'ils le peuvent, 238.

Agrippinus, comte de Narbonne ; sa trahison, I, 384.

Aguesseau (d'), confident et agent préféré de Colbert, XIII, 63 *note*; intendant du Limousin, est chargé d'y réprimer les excès des gentilshommes, 74; trace un plan de campagne contre les huguenots, 612.— Intendant du Bas-Languedoc, se retire quand on se résout contre eux aux mesures violentes, XIV, 44; adresse un mémoire à Louis XIV en faveur des *nouveaux convertis*, 65 ; donne au chancelier Pontchartrain l'idée de réunir en un corps d'ouvrage les ordonnances des rois de la troisième race, 255; recommande Domat à Louis xiv, 257; concourt à la rédaction d'un nouvel édit moins dur aux réformés que les précédents, 347 ; détourne le roi de déclarer leurs enfants bâtards, 599.

AGUESSEAU (d'), fils du précédent, procureur général, s'efforce de détourner Louis XIV des coups d'autorité au sujet de la bulle *Unigenitus*, XIV, 607; reçoit le testament de ce prince, 611.—Est acquis au duc d'Orléans, XV, 3; membre du conseil de conscience, 10; chancelier, 28; destitué, exilé, *ibid.*; remis en place, 62; conseille à l'archevêque de Paris d'accepter la bulle *Unigenitus*, 111; est disgracié de nouveau, 126; aide le cardinal de Fleuri à circonvenir l'archevêque de Paris affaibli par l'âge, 162; reprend les sceaux pour la troisième fois, 258; introduit l'unité dans la jurisprudence, 259; est partisan de la philosophie cartésienne, 351; commande à Dom Bouquet le *Recueil des historiens des Gaules et de la France*, *ibid.*; refuse à Voltaire l'autorisation de publier les *Éléments de la philosophie de Newton*, 386.

AGUILBERT, évêque de Paris. Son étrange façon de respecter les reliques, II, 161.

AGUILLON, ambassadeur d'Espagne en France, IX, 295 *note*.

AIGUEBONNE (d'), ambassadeur de France en Piémont, accommode la régente Christine et ses deux beaux-frères, XI, 573.

AIGUES-MORTES, ville fondée par Louis IX, IV, 211, 212.

AIGUILLON, ville de Guyenne, assiégée par le duc de Normandie, V, 80.

AIGUILLON (duc d'), gouverneur de Bretagne, XV, 541; général désigné de l'armée d'Écosse, cause par sa vanité le désastre de la flotte de Brest, 546; laisse prendre Belle-Isle par les Anglais, 574. — De quel prix il a payé la faveur du roi, XVI, 237 *note;* protégé du dauphin, fauteur des jésuites; ses démêlés avec les États et le Parlement de Bretagne, *ibid.*; affaire La Chalotais, 239 et suiv.; il donne sa démission et s'établit à la cour, 245; sert d'intermédiaire entre le parti dévot et le parti Du Barri, 274; est poursuivi par le Parlement et soutenu par le roi, 279, 280; est ministre des affaires étrangères, 299; laisse démembrer la Pologne, 299 et suiv.; empêche Louis XVI de donner les finances à M. de Machault, 316; est renvoyé du ministère et de la cour, 349.

AIGUILLON (duc d'), fils du précédent, XVI, 599.

AILLI (Pierre d'), évêque de Cambrai. Sa conduite au concile de Constance, V, 553, 556; sa prédiction, *ibid.*

AIMAR, président au Parlement de Bordeaux, maire de cette ville, député aux États généraux de 1576, y parle contre la guerre religieuse, IX, 456.

AIMÉ IX, duc de Savoie, fait alliance avec le duc de Bourgogne, VII, 15.

AIMONNOT, membre du comité des *Seize*, X, 127 ; est étranglé par ordre du duc de Mayenne, 269.

AÎNESSE (droit d'), III, 16, 17.

AIRAUT, lieutenant-criminel au présidial d'Angers, auteur d'un *Traité de la puissance paternelle*, X, 122 note.

AIX en Provence, fondée par Sextius, I, 109. — Sa constitution municipale, III, 234.

AIX (Louis d'), viguier de Marseille, et tyran de cette ville, X, 359 ; y appelle les Espagnols, 389 ; en est chassé, et meurt en exil, 390, 391.

AIX-LA-CHAPELLE est fondée par Charlemagne, II, 327 ; sa splendeur, *ibid*. — Traité conclu dans cette ville entre la France et l'Espagne, XIII, 339. — Un congrès y est ouvert, XV, 319, 321 ; paix qui en résulte, 322 et suiv.

AKERMANN (Frank), capitaine gantois, prend Oudenarde, V, 397 ; Dam, 402 ; est assassiné, 404.

AKHY-SYAN, Khan turk, défend Antioche contre les Croisés, et périt à la prise de cette ville, III, 185, 186.

ALACOQUE (Marie), religieuse de la Visitation, ses visions, ses extases, etc., XV, 346, 347.

ALAINS. Ils attaquent les provinces Danubiennes, I, 269 ; sont envahis par les Huns, assujettis, et se précipitent avec eux sur les Goths, 320 ; envahissent la Gaule, 335 ; sont arrêtés par les Allemans ; battent les Franks, pénètrent dans la Gaule ; leurs ravages, 336, 337 ; ils pénètrent en Espagne, 344.

ALAIS (le comte d'), fils du duc d'Angoulême, petit-fils de Charles IX, gouverneur de Provence, XI, 526 ; dévoué à Richelieu, 565. — Ses démêlés avec le parlement d'Aix, et ses mésaventures, XII, 317, 337 ; duc d'Angoulême à la mort de son père, 436 ; il embrasse le parti du prince de Condé, est battu, se soumet et perd son gouvernement, *ibid*.

ALARI (l'abbé) organise chez lui des conférences sur les matières politiques, (*club de l'Entresol*), XV, 355.

ALARIK, roi des Wisigoths, maître des milices sous Arcadius, attaque l'Italie. Stilicon le rejette sur l'Illyrie, I, 334 ; il revient à la charge, pénètre jusqu'à Rome, la prend d'assaut, 340 ; sa mort, 341.

ALARIK II, fils d'Ewarik, et son successeur, I, 407 ; décadence des Wisigoths, *ibid*. ; il livre Syagrius à Chlodowig, 411 ; son entrevue avec ce prince, 439 ; code de lois qu'il publie pour ses sujets romains, 445 ; il altère la monnaie d'or, 446 ; guerre avec les Franks ; il est vaincu et tué par Chlodowig, 446 à 449.

ALAVA, ambassadeur d'Espagne en France, IX, 281.

ALBANEL, jésuite, pénètre par la rivière de Saguenai jusqu'à la mer d'Hudson, XIII, 557.

ALBANIE (le duc d'), régent d'Écosse, VII, 455, 485. — VIII, 29, 35; il sert dans l'armée française en Italie, 64, 70.

ALBE (don Fernand Alvarez de Tolède, duc d'), défend la Navarre contre les Français, VII, 412. — Entre en Provence avec Charles-Quint, VIII, 235; lui conseille de détruire la ville de Gand, 262; commande, dans la guerre contre Alger, l'armée de terre, 276; défend le Roussillon contre les Français, 282; préside le conseil qui condamne à mort l'électeur de Saxe, 374; assiége Metz, 423; lutte en Piémont contre le maréchal de Brissac, 441; est gouverneur de Naples, et combat le duc de Guise, 448, 449; traite avec le Pape, 450; négocie le traité du Cateau-Cambrésis, 470; épouse, au nom de Philippe II, Élisabeth de France, 501. — Il l'accompagne aux conférences de Bayonne, IX, 189 et suiv.; commande l'armée des Pays-Bas, 210; arrête les comtes d'Egmont et de Horn, 213; envoie des secours au roi de France, 224; est gouverneur des Pays-Bas, et y commet mille atrocités, 230; taille en pièces l'armée protestante de Louis de Nassau, 231; envoie des renforts à Charles IX, 249; excès et résultats de son administration dans les Pays-Bas, 279, 280, 300; il force Mons à capituler, 354; quitte les Pays-Bas, 476; établit la domination espagnole en Portugal, 511.

ALBEMARLE (d'), général anglais au service de la Hollande, un des principaux acteurs de la bataille de Denain, XIV, 564 et suiv.

ALBÉRÈDE, comtesse d'Évreux, fait trancher la tête à son architecte, III, 150; reçoit de son mari le même traitement, *ibid.*

ALBÉRIC, fils de Raimond V, comte de Toulouse, épouse la fille du dauphin de Viennois, III, 478.

ALBERONI, ministre en Espagne, relève ce pays par son administration, XV, 78; sa politique extérieure, *ibid.*; il obtient le chapeau de cardinal, 88; fait malgré lui la guerre à l'Autriche, 88, 89; est détesté des grands d'Espagne, 90; ses efforts pour procurer à l'Espagne des alliés, 92, 93; expédition de Sicile, heureuse sur terre, désastreuse sur mer, 94; conspiration de Cellamare, 95, 96; revers accumulés de la marine espagnole, 97 et suiv.; chute d'Alberoni, 100; sa fin, 101.

ALBERT, comte de Vermandois après Héribert II, II, 522; prend les armes contre Lodewig d'outre-mer, 525; pour les fils du comte de Hainaut dépossédé par le roi de Germanie, 536; ne concourt pas à l'élection de Hugues Capet, 546. — Prend le parti de Karle de Lorraine, III, 19; traite avec Hugues Capet, *ibid.*

Albert de Bollstadt (Albert le Grand) IV, 264; enseigne aux Jacobins de Paris, 272, 273.

Albert, duc d'Autriche, dispute l'empire à Adolphe de Nassau, IV, 416; réussit, 420; reconnaît la suzeraineté du pape, 448; est assassiné, 482.

Albert d'Autriche, gouverneur des Pays-Bas espagnols, X, 392; prend Calais, puis Ardres, 393 et suiv.; tient tête aux Hollandais, ibid.; s'efforce vainement de secourir Amiens, 415; épouse l'infante Isabelle-Claire-Eugénie, 428; est battu par Maurice de Nassau, 497; entrave par des droits de douane le commerce de la Belgique, 535, 537; traite avec les Provinces-Unies, 548, 549, 554; ses prétentions à l'Empire, sur lesquelles il transige, 544, 552. — XI, 18, 137. — Il donne asile au prince Henri de Condé, et garde la princesse malgré elle, X, 556. — Somme les Provinces-Unies de reconnaître leurs *princes naturels*, XI, 169; meurt, 183.

Albert (Jeanne), dite *Joanna Begum*, femme de Dupleix. Grands services qu'elle lui rend, XV, 308, 314, 315; son retour en France, et sa mort, 464.

Alberti (Leone Battista), VII, 237.

Albigni, ministre du duc de Savoie; son arrestation et sa mort, X, 558.

Albinus. Conjecture à son sujet, I, 364.

Alboflède, sœur de Chlodowig, baptisée avec lui, I, 425.

Albret (le seigneur d') quitte le service d'Angleterre pour celui de France, et devient le gendre du duc de Bourbon, V, 264; appelle du duc d'Aquitaine au roi de France, *ibid.*

Albret (connétable d'), neveu du duc de Bourbon, V, 506; se réunit aux princes d'Orléans, 507; est destitué, 522; traite avec le roi d'Angleterre, 523; est assiégé dans Bourges par le roi de France, et s'accommode avec lui, 524, 525; recouvre la connétablie, 542. — Est chargé de la direction suprême de la guerre contre les Anglais, VI, 8; part pour Abbeville, 11; n'a qu'une autorité nominale, 14; combat à Azincourt, 15; y périt, 20.

Albret (Guillaume d') concourt à la défense d'Orléans, VI, 126, 127; est tué à la journée de Rouvrai, 128.

Albret (d') fait une campagne avec Jeanne Darc, VI, 249; est assiégé par les Anglais dans Tartas, 402; assiége Dax, 451; concourt à la prise de Bayonne, 453; combat les insurgés de Guyenne, 484; son rôle dans la *Ligue du bien public*, 558, 564, 570.

Albret (Alain, sire d'), fait partie du conseil, après la mort de Louis xi, VII, 177; se joint aux princes soulevés contre Anne de Beaujeu, 200, dans l'espoir d'épouser Anne de Bretagne, 203; est battu à Saint-Aubin du Cormier, 205 et suiv.; livre aux Français le château de Nantes, 215; fait sur la Bidassoa une expédition, 339; sans résultat, 347.

ALBRET (Jean d') épouse Catherine de Foix, reine de Navarre, VII, 200; est détrôné, et se retire en Béarn, 411, 412. — Meurt, VIII, 4 note.

ALBRET (Henri, duc d'), fils de Jean, légitime héritier de la Navarre, VIII, 4; recouvre la Basse-Navarre, 16; est pris à Pavie, 66; s'échappe de sa prison, *ibid. note;* épouse Marguerite d'Angoulême, 158; siége au Parlement à côté de François 1er, 246; veut arrêter à Chantilli l'empereur Charles-Quint, et se laisse gagner par lui, 261; fait partie du conseil privé sous Henri II, 364; se met en campagne contre la ville de Barbezieux révoltée, 381; meurt, 451 *note*.

ALBRET (Jeanne d'), fille d'Henri d'Albret et de Marguerite d'Angoulême, est demandée par Charles Quint pour le prince des Espagnes, VIII, 263; mariée au duc de Clèves, 264; épouse Antoine de Bourbon, duc de Vendôme, 290, 388; le pousse avec ardeur vers le calvinisme, 493. — Assiste au colloque de Poissi, IX, 100; est reléguée par son mari à Alençon, 111; sert de point d'appui au parti protestant dans le Béarn, 136; devient veuve, 142; est citée au tribunal de l'inquisition, 169; contrainte exercée sur elle par la cour de France, 196, 197; elle se joint à l'armée protestante, 236, 237; services qu'elle y rend, 242, 247; 265; marie son fils Henri à la sœur de Charles IX, 293, 294; meurt, 297.

ALBRET (Louis d'), évêque de Lescar, fauteur du calvinisme, est cité devant le tribunal de l'inquisition, IX, 169.

ALBRET (maréchal d'), gouverneur de Guyenne, obtient de Louis XIV amnistie pour la révolte de Bordeaux, XIII, 470.

ALBUQUERQUE. Ses succès en Orient, VII, 488.

ALBUQUERQUE (le duc d') est défait à Rocroi par le duc d'Enghien et le maréchal de Gassion, XII, 164.

ALCIAT, juriste du XVIe siècle, VIII, 141.

ALCUIN, Anglo-Saxon, chef de l'école d'York, s'attache à Charlemagne; ce qu'il fait pour les sciences et la civilisation de l'Occident, II, 287; il enseigne à Charlemagne la rhétorique et la dialectique, le calcul et l'astronomie, 291 à 294; soutient, contre Félix et Élipand, le dogme de la divinité de J.-C., 319; s'oppose à l'adoption intégrale des canons du deuxième concile de Nicée, 320; se retire à l'abbaye de Saint-Martin de Tours, 336; sa mort, 337.

ALDEBERT, comte de Périgord, bat le duc d'Aquitaine, prend Poitiers et la Touraine, III, 21; meurt, 23.

ALDOBRANDINO (le cardinal), neveu du pape Clément VIII, X, 508, 545.

ALEANDRO (Jérôme), savant vénitien, recteur de l'Université de Paris, VII. 482; est nonce du pape à la diète de Worms, et y combat Luther, 527.

ALEMBERT (d'). Sa naissance, XVI, 17; ses travaux mathématiques, *ibid.;* sa collaboration à l'*Encyclopédie,* 44 à 48; il cesse de diriger cette publication, 51; conseille aux Génevois d'introduire chez eux le théâtre, 91; est chargé d'un ensemble de recherches sur la canalisation du royaume, 338; meurt, 517.

ALENÇON. Prise de cette ville par Guillaume le Conquérant, III, 83.

ALENÇON (Charles, comte d'), frère de Philippe VI, V, 24; meurt à Créci, 92.

ALENÇON (duc d') se réunit aux princes d'Orléans, V, 507; traite avec l'Anglais, 523; s'accommode avec le roi de France, 526; se rend à Paris, 542. — Combat à Azincourt, VI, 16; ses prouesses et sa mort, 19.

ALENÇON (Jean, duc d'), fils du précédent, est choisi pour chef nominal par les capitaines français, VI, 99; est pris à Verneuil, 104; racheté, 120 *note;* conduit l'armée envoyée avec Jeanne Darc au secours d'Orléans, 157; agit sur la Loire, 173; attaque Jargeau, 174; combat à Patai, 177; figure au sacre de Charles VII, 188; attaque Paris avec Jeanne Darc, 211; opère en Normandie, 326; conspire contre le rétablissement de l'ordre public, 386; se révolte, 388; se soumet, 390; fait des remontrances, 402; envahit la Normandie, 434 et suiv.; conspire avec l'Anglais, 509; est mis en jugement et condamné, 510, 542; amnistié par Louis XI, 529; s'engage dans les complots du duc de Bretagne, 550, 554. — Se révolte, VII, 25, 28; sa fin, 84.

ALENÇON (le duc d') commande, à Pavie, l'arrière-garde française, VIII, 63; prend la fuite, 65; meurt de honte, 68.

ALESIA, ville gauloise, premier centre religieux de la Gaule, I, 85; siège qu'elle soutient, 179 et suiv.; son sort après la conquête, 197.

ALESSIO (José d'), chef de l'insurrection de Palerme contre les Espagnols, périt dans une émeute suscitée par la noblesse sicilienne, XII, 245.

ALEXANDRE (le Grand). Son entretien avec des guerriers gaulois, I, 23.

ALEXANDRE SÉVÈRE. Ses lumières, ses vertus, son administration, sa mort tragique, I, 264, 265.

ALEXANDRE II, pape, est élu par les cardinaux romains, sans le consentement de la cour germanique, III, 104; sentence prononcée par lui contre l'Angleterre et en faveur de Guillaume le Conquérant, 112; sa mort, 133.

ALEXANDRE III, pape élu par la majorité du conclave, est soutenu par les rois de France et d'Angleterre, III, 477; rôle qu'il joue entre Henri II et Thomas Becket, 485 et suiv.; entre Henri II et ses enfants; profit qu'il retire de leurs dissensions, 494.

ALEXANDRE IV, pape, offre la couronne des Deux-Siciles à Henri III d'Angleterre, IV, 260; intervient dans la querelle de l'Université avec les ordres mendiants, 265 et suiv.; concessions qu'il fait à Louis IX sur les priviléges du clergé, 308.

ALEXANDRE DE HALES, franciscain anglais, IV, 264; enseigne, à Paris, aux Cordeliers, 270.

ALEXANDRE V (Pierre de Candie), est élu pape par le concile de Pise, V, 502; à quel prix, 503.

ALEXANDRE VI, pape, VII, 240, 241; se ligue avec Venise et Ludovic Sforza, 249; s'efforce de détourner Charles VIII de l'expédition contre Naples, ou de le faire échouer, 252; vend à Bajazet la tête de son frère Djem, 254, 263, 268; est obligé de céder au roi de France, 262 et suiv.; se ligue bientôt avec ses ennemis, 269; lui refuse l'investiture du royaume de Naples, *ibid.*; le somme de sortir d'Italie, 277; excommunie Savonarola, 285; ses mœurs, 286 *note*; il partage le monde entre l'Espagne et le Portugal, 297; se rattache au parti français, 302; donne la Romagne à son fils César, 328; proclame une croisade contre les Turcs, et s'attribue le pouvoir de tirer les âmes du purgatoire, 329; partage le royaume de Naples entre Louis XII et Ferdinand le Catholique, 330; cadeau que lui fait son fils, 334 *note;* il meurt, 340.

ALEXANDRE VII, pape, d'abord cardinal Chigi, négociateur pour le saint siége au congrès de Münster, XII, 186; devient pape, 466; condamne quarante-cinq propositions de l'*Apologie des casuistes*, 106; renouvelle la bulle d'Innocent X contre les cinq propositions de Jansénius, 107; soutient le cardinal de Retz contre Mazarin, 466; cherche, sans succès, à réconcilier l'Espagne et la France, 479, 480. — Envoie en France, à la demande de Louis XIV, un nouveau *Formulaire* contre le Jansénisme, XIII, 264; sa querelle avec ce prince, 286 et suiv.; il fournit des subsides à l'empereur contre les Turcs, 297.

ALEXANDRE VIII (Ottoboni), pape, élu grâce à l'argent français, répond aux avances de Louis XIV par des hostilités, XIV, 116, 117; meurt, 154.

Alexandrin (le cardinal), neveu du pape Pie v, légat en France, IX, 287.

Alexis Comnène, empereur de Constantinople. Ses efforts pour amener la première croisade, III, 158; accueil qu'il fait aux croisés, 167, 169, 175 à 184; son adresse lors de la prise de Nicée, 183; sa conduite pendant le siége d'Antioche, 187.

Alexis, fils de l'empereur grec Isaac l'Ange, demande le secours des croisés, III, 569; rentre avec eux à Constantinople, 570; est étranglé, *ibid.*

Alexis Ducas s'empare du trône de Constantinople, III, 570.

Alféïde, Alpaïde, seconde femme ou concubine de Peppin de Héristall, et mère de Charles Martel, II, 175.

Alfeston. Misérable qui est roué vif pour avoir voulu attenter à la vie du cardinal de Richelieu, XI, 409.

Alfonse vi, roi de Castille, épouse Constance, fille de Robert le Vieux, duc de Bourgogne; fait la conquête de Tolède et du Portugal, III, 142.

Alfred, fils d'Ethelred, roi des Anglo-Saxons, se réfugie en Normandie, III, 70.

Alfred le Géant, baron normand, bat Allan iii, duc de Bretagne, III, 70.

Alger assiégée par Charles-Quint, VIII, 276. — Bombardement de cette ville par Duquesne, et accommodement, XIII, 592 et suiv.

Aligre (d'), conseiller d'État, devient garde des sceaux, puis chancelier, XI, 200; est destitué, 234; meurt, 476 *note*.

Aligre (d'), chancelier après P. Séguier, XIII, 546 *note*.

Aligre (d'), premier président au parlement de Paris, adresse un discours au roi sur l'état critique des finances, XVI, 246; est chargé par sa compagnie de lui demander que la publication des écrits des économistes soit interdite, 372; prononce une harangue contre les édits de Turgot, 373; donne le signal de la résistance aux édits de Brienne et de Lamoignon, 605.

Alix de Champagne, épouse Louis vii, III, 476; met au monde Philippe-Auguste, 479; est chargée de la régence, conjointement avec l'archevêque de Reims, pendant la croisade, 536.

Alix, fille de Louis vii et de Constance de Castille, III, 473; est fiancée à Richard Cœur-de-Lion, 481; séduite par Henri ii, 524.

Alix, fille de Constance, duchesse de Bretagne, et de Gui de Thouars, III, 584.

Allan (Alain), fils de Paskwiten, lutte contre Judicaël pour s'emparer de la couronne de Bretagne, II, 462; extermine les Normands et règne pendant 17 ans, 490.

ALLAN *Barbe-Torte*, comte de Vannes, puis de Nantes, délivre la Bretagne des Normands, II, 515 *note;* prête serment de vassalité à Richard Ier, duc de Normandie, 522.

ALLAN III, duc de Bretagne. Soulèvement de paysans sous son règne, III, 59; il fait à Robert *le Diable* une guerre malheureuse, 70; meurt, 82.

ALLAN-FERGANT, duc de Bretagne, bat Guillaume le Conquérant, dont il épouse la fille après la paix, III, 145; prend la croix, 172, 173; arrive devant Nicée, 182; retourne en Europe après la bataille d'Ascalon, 191; se soumet à la suzeraineté du duc de Normandie roi d'Angleterre, 219.

ALLECTUS, lieutenant de Carausius, son assassin et son successeur, est vaincu et tué près de l'île de Wight, I, 287 et 288.

ALLÈGRE (Yves d'), capitaine français, défend vaillamment Novare, VII, 322; aide César Borgia à soumettre la Romagne, 328; ses fautes à Cérignoles, 338; il repousse de Gaëte Gonsalve de Cordoue, 340; force les Génois à lever le siége de Monaco, 362; coupe la retraite aux Vénitiens qui veulent sortir de Brescia, 401.

ALLEMANS, confédération suève. Leurs démêlés avec Caracalla, I, 263; ils pénètrent dans la Rhétie et dans la Gaule Cisalpine, 269; font irruption dans la Gaule, et en sont chassés par Posthumus, 273; échec que leur fait essuyer Maximien, 283; guerre avec les Romains, 288, 290, 303, 305; leurs progrès sous les prédécesseurs de Julien, 306; leurs revers sous Julien, 307; leurs nouvelles irruptions, punies par Jovinus et Valentinien, 318; ils attaquent la première Germanie sous Gratien, et perdent la bataille d'Argentaria, 321; Stilicon les tient en respect, 330; ils arrêtent les Alains, 336; attaquent en masse les Franks, sont vaincus à Tolbiac, et assujettis, 420 et suiv.

ALLEMUNDE, amiral Hollandais, bombarde Saint-Malo, Granville, Calais, Dunkerque, XIV, 241, 242.

ALLEN (William), cardinal, fonde à Reims un séminaire catholique anglais, X, 91.

ALLOBROGES. Ils s'opposent au passage d'Annibal, I, 104; leur importance lors de l'entrée des Romains dans la grande Gaule, 109 et 110; ils sont vaincus par les Romains, et assujettis, 111 à 114; se soulèvent, attaquent Massalie, et sont vaincus par Pompée, 127 et 128; comment ils sont traités par les Romains, *ibid.*;

leurs députés dénoncent la conjuration de Catilina, 129 ; leur dernier effort et leur dernière défaite, *ibid.*

ALMAGRO, fait, avec Pizarre, la conquête du Pérou, VIII, 8.

ALMAIN (Jacques), professeur de théologie, théoricien politique, VII, 511.

AL-MANSOR, khalife de Bagdad, envoie une ambassade à Peppin, II, 249.

ALMANZA (bataille d'), XIV, 473.

ALMEIRAS (d'), lieutenant-général, rejoint Duquesne avec huit vaisseaux, XIII, 487; est tué sur son bord, 488.

ALPHONSE-JOURDAIN DE SAINT-GILLES, fils de Raymond, comte de Toulouse, lui succède en France, III, 203, 221; ses querelles avec le duc d'Aquitaine, *ibid.*; il reprend sur lui Toulouse et la Septimanie, 294 ; étendue de ses domaines en Provence, fixée par un traité avec le comte de Barcelone, *ibid.*; le roi de France, Louis VII, l'attaque sans succès, 420 : il prend la croix à Vézelai, 430 ; meurt à Césarée, 447.

ALPHONSE *le Batailleur*, roi d'Aragon et de Navarre, prend Saragosse, et gagne la bataille d'Arinzol, III, 294 ; perd celle de Fraga; sa mort ; son testament, 295.

ALPHONSE VII, roi de Castille et de Léon, marie sa fille Constance à Louis VII, roi de France, III, 463.

ALPHONSE II, roi d'Aragon, fils de Raymond Bérenger IV, réunit la Provence à tous les domaines de son père, III, 470 ; se soustrait à la suzeraineté de la France, *ibid note;* meurt, 478.

ALPHONSE III, roi d'Aragon après Alphonse II, son père, III, 478.

ALPHONSE, troisième fils de Louis VIII, est apanagé du Poitou et de l'Auvergne, IV, 132 ; est fiancé à la fille du dernier comte de Toulouse, 151; difficultés qu'il éprouve à prendre possession du Poitou, 184 et suiv.; part qu'il prend à l'expédition d'Égypte; sa captivité; sa délivrance, 223, 228, 232, 235; son voyage à Saint-Jean-d'Acre, 236; son retour en France, 238; il prend possession des domaines des comtes de Toulouse, 249; son triste état, 256 ; il prend de nouveau la croix, 324; et meurt en Italie, 348.

ALPHONSE *le Sage*, roi de Castille, est élu roi des Romains, IV, 260.

ALPHONSE, fils de Pèdre, roi d'Aragon, succède à son père, IV, 384; incident de la guerre qu'il soutient contre la France, 385 et suiv.; sa mort, 388.

ALPHONSE V, roi d'Aragon. Comment il partage ses domaines, VI, 514.

ALPHONSE II, roi de Naples, d'abord duc de Calabre; ses entreprises contre Ludovic Sforza, VII, 249 ; il monte sur le trône; ses mesures contre l'invasion française, 252 ; son abdication et sa mort, 256.

ALPHONSE VI (Don), roi de Portugal, XII, 541 *note*. — Traite avec la Hollande, XIII, 280 ; soutient la guerre avec succès contre l'Espagne, 307, 308 ; épouse mademoiselle de Nemours, 309 ; fait une alliance offensive avec la France, 313 ; est enfermé, déposé, démarié, 338, *note*.

ALSACE. Réunion de cette province à la France, XII, 268. — XIII, 576, 577.

ALTHEN (Jean), propage dans nos provinces méridionales la culture de la garance, XIII, 142.

ALTOVITI, officier italien, est assassiné par le Grand Prieur d'Angoulême, qu'il tue avant d'expirer, X, 20 *note*.

ALTRINGHER, général autrichien, envahit sans succès l'Alsace, XI, 407.

ALVIANO (Bartolomeo d'), général vénitien, perd la bataille d'Agnadel et devient prisonnier de Louis XII, VII, 373 ; marche au secours de François Ier, 447 ; termine la bataille de Marignan, 449.

AMADEDDIN-ZENGHI, sultan d'Halep, prend d'assaut la ville d'Édesse, III, 427.

AMADIS. — AMADIS DE GAULE, VIII, 199.

AMALARIK, fils légitime d'Alarik II, est emmené en Espagne, I, 451. — Épouse la fille de Chlodowig, II, 4 ; ses brutalités envers elle, 12 ; sa défaite et sa mort, 14.

AMALASONTHE, princesse ostrogothe, II, 19.

AMANDUS, chef des Bagaudes, I, 281 ; sa mort, 282.

AMANDUS (saint Amand), moine poitevin, *chorévêque,* grand prédicateur, évêque de Maestricht, II, 143, 144.

AMATUS, patrice de Burgondie, est battu par les Langobards, II, 49.

AMAURI DE BÈNE, docteur panthéiste, IV, 56, 57.

AMBARRES. Leur position géographique, I, 16.

AMBIENS, peuple belge. Ils fournissent dix mille hommes à la première ligue contre César, I, 147 ; capitulent, 149 ; leur dernier effort, 188.

AMBIGAT, chef suprême de la confédération des Gaëls, 1, 16.

AMBIORIX, chef éburon, entreprend de soulever la Gaule contre les Romains, I, 160 ; surprend deux lieutenants de César, les défait, massacre Titus Sabinus, 161 ; est vaincu par César, 162 ; lui échappe, 164.

AMBOISE (château d'), séjour favori de Charles VIII, qui y fait faire de grands travaux, VII, 288. — *Conjuration d'Amboise,* IX, 34 et suiv. ; *paix d'Amboise* entre les catholiques et les protestants, 155 et suiv. ; ses effets, 159 et suiv.

AMBOISE (d'), seigneur de Chaumont, gouverneur de Champagne, est chargé d'occuper militairement la Bourgogne, VII, 121 ; en devient gouverneur, 137; envahit le Luxembourg et le comté de Namur, 140.

Amboise (Georges d'), évêque de Montauban, s'attache à la fortune du duc d'Orléans, VII, 202; est arrêté pour avoir comploté l'enlèvement de Charles VIII, *ibid.*; obtient son élargissement et travaille à celui de son maître, 246; devient archevêque de Rouen, premier ministre, 301; cardinal, 303; accompagne Louis XII en Lombardie, 320; y retourne seul, 322, 324, 325; négocie avec Maximilien, et veut devenir pape, 333, 337, 341; se rend à Rome dans ce but, 342; échoue, 343; pousse au mariage de *madame* Claude avec le duc de Valois, 354; négocie et conclut la ligue de Cambrai, 370; sa bonne administration, 379; sa mort, 380; son influence sur les arts, 384 et suiv.

Amboise (Charles d'), seigneur de Chaumont, neveu du cardinal d'Amboise, est gouverneur du Milanais, VII, 325; commande en chef l'attaque de Gênes, 364; commande l'avant-garde dans l'expédition contre Venise, 372; commande en chef et obtient des succès importants, 389; repousse les Suisses du Milanais, 390; sa dernière expédition et sa mort, 392, 393.

Amboise (Aimeri d'), frère du cardinal, grand-maître de Rhodes, VII, 341.

Amboise (Jacques d'), médecin, recteur de l'Université, fait reprendre le procès de cette corporation contre les jésuites, X, 368.

Ambroise (saint), disciple de saint Athanase, I, 299, métropolitain de Milan, se prononce contre la persécution dirigée contre Priscillianus, 324. — Sa doctrine touchant l'Eucharistie, III, 90.

Ambroise de Cambrai. Ses crimes et sa fortune, VII, 84 *note*.

Ambrons, issus des *Ambra*, I, 116, 122; ils se joignent aux Kimro-Teutons, 116; sont exterminés par Marius, 121 et suiv.

Amé ou Amédée III, comte de Savoie et Maurienne, III, 220; va, par mer, à la troisième croisade, 440; compromet par son imprudence l'armée des croisés, 442.

Amédée VIII, duc de Savoie, travaille à réconcilier Charles VII avec le duc de Bourgogne, VI, 94, 106, 109; y réussit, 130; est élu pape, 394; se démet, 395

Amélie (landgrave douairière de Hesse), continue la guerre après la mort de son mari, XI, 464, 496; met son armée à la solde de la France, 499; guerroie contre l'empereur, 518. — Réunit ses troupes à l'armée française, XII, 207; ce qu'elle obtient à la paix de Westphalie, 269.

Ameline, membre du comité des *Dix*, X, 265; un des meurtriers du président Brisson, 266; est étranglé par ordre du duc de Mayenne, 269.

AMELOT, premier président de la cour des aides, attaque vivement le prince de Condé, XII, 401; quitte Paris, 418.

AMELOT DE GOURNAI, ambassadeur de France en Espagne, y partage avec la princesse des Ursins la direction des affaires, XIV, 526; ambassadeur à Rome, curieuse conversation entre le pape et lui, 612 *note*.

AMELOT DE CHAILLOU, ministre des affaires étrangères, XV, 203; gouverné par Maurepas, 203, 258; est congédié, 268.

AMELOT, ministre de la maison du roi, défend aux journaux d'attaquer Voltaire, XVI, 394.

AMFREVILLE (d'), lieutenant général de mer, tient en échec, avec quatorze vaisseaux français, trente-six vaisseaux hollandais, XIV, 160.

AMHERST, général en chef des Anglais en Amérique, XV, 550, 551, 553.

AMHRA (*les vaillants*, en latin *Ombri*), confédération celtique. Ils passent les Alpes, dépossèdent les Sicules, s'emparent de l'Italie jusqu'au Tibre, I, 7; sont dépossédés par les Étrusques, 8.

AMIENS. *Association de paix* formée en cette ville, III, 239; sa charte communale; lutte qu'elle soutient pour l'établir, 239, 256 et suiv. — Elle est prise par les Espagnols, X, 409; reprise par Henri IV, 414 et suiv.

AMILCAR, vainqueur des Celtes de la Bétique et de la Lusitanie, est vaincu et tué par les Celtibères, I, 100.

AMIOT (Jacques), s'enfuit pour échapper aux persécutions dirigées contre les protestants, VIII, 222 *note*; devient abbé de Bellozane, ambassadeur de France au concile de Trente, précepteur des enfants d'Henri II, évêque d'Auxerre, grand aumônier de France, bibliothécaire du roi, 405. — Appréciation de son talent littéraire, IX, 11. — Il est chassé d'Auxerre par ses ouailles, X, 122 *note*.

AMONTONS, mécanicien, donne la théorie du télégraphe, XIV, 264 *note*.

AMOURS (Gabriel d'), ministre calviniste, entonne le chant de guerre des protestants, à Coutras, X, 40; à Ivri, 204; sa lettre à Henri IV, à la veille de l'abjuration, 327.

AMPOULE (la sainte), I, 424 *note*.

AMPSIWARES ou EMSIWARES, peuple Istewung, I, 267.

AMSTERDAM perce ses digues et inonde son territoire pour arrêter l'invasion française, XIII, 394; prend des mesures propres à attirer les protestants de France, 629. — Constitue en leur faveur 80,000 florins de rentes, XIV, 63 *note*.

AMURAT (MOURAD 1er), sultan des Turks, envahit l'Europe et menace Constantinople, V, 431.

ANABAPTISTES. Doctrines de ces sectaires et leurs insurrections, VIII, 74, 221, 225.

ANACLET 1er, pape, chasse de Rome son compétiteur Innocent II, III, 293

ANAGNI (cardinal d'). Son altercation avec Philippe-Auguste, III, 532.

ANAMANS, peuple kimri. Ils s'établissent dans le Plaisantin, I, 17; se soumettent aux Romains, 99; quittent l'Italie, 103.

ANASTASE, pape de Rome, se met en rapport avec Chlodowig, I, 426.

ANASTASE, empereur d'Orient, a quelques relations avec Chlodowig, I, 427.

ANAVERDI-KHAN (ANVAR-ADDIN-KHAN), nabab du Carnatic, est attaqué par un compétiteur allié de Dupleix, et périt dans un combat, XV, 453.

ANBESSA, wali d'Espagne, franchit les Pyrénées, conquiert la Septimanie, envahit la Burgondie, la Viennoise, la Provence, d'où il est repoussé, sa mort, II, 194, 195.

ANCILLON, protestant, quitte la France, XIV, 61.

ANDELIS (siége et prise des), par Philippe-Auguste, III, 575 et suiv.

ANDELOT (François de Coligni, seigneur d'), colonel de l'infanterie française, se jette dans la ville de Saint-Quentin assiégée, VIII, 454; s'en échappe à propos, 458; concourt à la prise de Calais, 461; son altercation avec Henri II, qui le met en prison, 467; il rentre en grâce, 473; propage le protestantisme dans l'ouest, 493. — Est forcé de combattre les insurgés d'Amboise, IX, 36, 38; assiste à l'assemblée des notables de Fontainebleau, 49; s'empare d'Orléans, 119; va chercher des auxiliaires en Allemagne, 131, 140; les amène à Orléans, 143, qu'il est chargé de défendre, 149, 150; occupe Poissi, 220; rejoint l'armée huguenote à Saint-Denis, 222; en Poitou, 237; combat à Jarnac, et recueille les débris de l'armée vaincue, 246; meurt, 250.

ANDES, ANDÉCAVES, peuple gaulois, I, 152; ils prennent part au soulèvement provoqué par Vercingétorix, 167; sont taillés en pièces par les Romains vers la Loire, 189; leur territoire est compris dans la province Lugdunaise, 196; ils s'insurgent sans succès contre la domination romaine, 223 et 224.

ANDOUINS (Corisande d'), comtesse de Grammont et de Guiche, maîtresse d'Henri de Navarre, IX, 524 *note*. — X, 43; est quittée par lui, 206; entre dans le *tiers parti*, 245.

ANDRADA (don Fernand d'), bat Stuart d'Aubigni et le fait prisonnier, VII, 337.

André (maître), chapelain de la cour de France, auteur d'un livre intitulé : *De arte amatoriâ*, III, 384 *note*.

André, second fils de Hugues III, duc de Bourgogne, hérite du Viennois, et commence la seconde race des *Dauphins*, III, 515 *note*.

André de Hongrie, mari de Jeanne, reine de Naples, est assassiné par elle, V, 115 *note*.

André Paléologue, neveu du dernier empereur grec, cède ses droits à Charles VIII, VII, 269.

André *de Solario*, principal auteur des peintures de Gaillon, VII, 384 *note*.

André del Sarto, VIII, 134.

Andronicus *le Dalmate*, savant attiré en France par Louis XI, VII, 155.

Ane (fête de l'), IV, 368 *note*.

Aneroest, Brenn Gœsate. Sa mort à la bataille de Télamone, I, 99.

Ange (Jean l'), avocat au parlement de Bordeaux, orateur du tiers aux États-Généraux d'Orléans, IX, 68.

Angennes (Jean d'), vend Cherbourg au roi d'Angleterre, VI, 45 *note*.

Angennes (Charles d'), évêque du Mans, fait massacrer les protestants de cette ville, IX, 133 ; encourage les excès des catholiques, 186.

Angennes (Claude d'), évêque du Mans, est chassé de son siége par les ligueurs, et rétabli par Henri IV, X, 191 ; prépare ce prince à l'abjuration, 327 ; est envoyé à Rome comme ambassadeur, 339 et suiv.

Angennes (Julie d'), fille de la marquise de Rambouillet, épouse du marquis de Montausier, XII, 124. — Gouvernante de *Monseigneur*, XIII, 244 *note*.

Angers. Sa commune, III, 264. — Lutte municipale en cette ville, X, 141 *note*.

Anghelbert, poëte et guerrier frank, II, 415.

Anghilbert, duc de la France maritime, II, 292 ; devient abbé de Centulle ou Saint-Riquier, et porte au pape les décisions du concile de Francfort et les *livres Carolins*, 321 ; va recevoir le serment de fidélité des Romains, lors de l'élection de Léon III, 324 ; bontés que la princesse Berthe, fille de Charlemagne, eut pour lui, 337.

Angles, Germains de la confédération suève, I, 213.

Ango (Jean), armateur dieppois, VIII, 130.

Ango (Jean), fils du précédent, VIII, 131.

Ango (Roger), architecte, auteur du palais de justice de Rouen, VIII, 132.

Angoulême (le comte d'), tente sans succès de se soustraire à la suzeraineté du roi d'Angleterre, III, 482.

ANGOULÊME (Jean, comte d'), troisième fils de Louis d'Orléans, V, 486; son rôle dans les querelles entre *Orléans* et *Bourgogne*, 497, 507, 510, 511, 513, 523, 525, 526, 538, 542. — Il reconnait le traité de Troies, VI, 75; critique le gouvernement de Charles vii, 402; entre dans Bordeaux, 453; assiste à l'assemblée de Tours, 552.

ANGOULÊME (le comte d'), VII, 167; siége aux États généraux de 1484, 175; se révolte, 196; se soumet, 199; se révolte derechef, 200; se soumet de nouveau, 202; obtient le gouvernement de la Guienne, 204; épouse Louise de Savoie, 311.

ANGOULÊME (Marguerite d'), sœur de François i^{er}, VII, 435, 479, 481.
— Va négocier en Espagne la liberté de son frère, VIII, 83; le soigne dans sa prison, 85; revient en France, 87; s'efforce de l'attirer vers les nouvelles idées religieuses, 78, 149, 151, 154, 155; épouse Henri d'Albret, roi de Navarre, 158; fait un livre qui est condamné par la Sorbonne, 181; correspond avec Mélanchthon, 182; protége les protestants, sans devenir Calviniste, 225; est gagnée par l'empereur Charles-Quint, 261; meurt, 400.

ANGOULÊME (le bâtard d'), fils naturel d'Henri ii, Grand Prieur de Malte, chargé par Charles ix d'assassiner le duc de Guise, manque le moment d'agir, IX, 273; son rôle dans le drame de la Saint-Barthélemi, 315, 323, 328; il tente d'amener un nouveau massacre, 355 *note;* va au siége de la Rochelle, 355; évacue les places du Piémont données par Henri iii à Philibert-Emmanuel, 405; est gouverneur de Provence, 548. — Sa mort, X, 20 *note*.

ANGOULÊME (le duc d'), d'abord comte d'AUVERGNE, fils de Charles ix et de Marie Touchet, IX, 379 *note*. — Conspire avec le maréchal de Biron contre Henri iv, X, 507, 514; est arrêté à Fontainebleau, 516; obtient sa grâce, 518; complote de nouveau; est condamné à mort, puis à une prison perpétuelle, 538, 539. — Recouvre la liberté, XI, 101; est chargé d'un commandement militaire, 102; repoussé par les officiers qu'on veut placer sous ses ordres, 105; presse le duc de Mayenne et l'assiége dans Soissons, 110; prend le titre de duc d'Angoulême, 156; son ambassade en Allemagne, *ibid.;* il commande provisoirement l'armée devant La Rochelle, 267; puis, définitivement, une division, 274; fait de la fausse monnaie, 375 *note;* conduit quelques opérations militaires en Lorraine, 436, 437; est proposé à Louis xiii pour remplacer au ministère le cardinal de Richelieu, 477.

ANGRIWARES, Germains istewungs, I, 214; font partie de la Confédération franke, 267.

ANGUIER (François et Michel) frères, et sculpteurs. François fait les tombeaux du duc Henri de Montmorenci et du duc de Longueville, XII, 146 *note*. — Tous deux se signalent au Val-de-Grâce, XIII, 229; et à la porte Saint-Denis, 234 *note*.

ANHALT (le prince d'), fait la guerre en Italie contre les Vénitiens, VII, 389. — Proteste contre le décret de la diète de Spire, VIII, 115; signe la confession d'Augsbourg, 164 *note;* quitte cette ville, 166.

ANHALT-DESSAU (prince d'), général dans l'armée du prince Eugène, assiége Landrecies, XIV, 564.

ANHALT (prince d'), organisateur de l'infanterie prussienne, XV, 229, 237 *note;* défait les Saxons, 285.

ANIANUS (Saint-Aignan), découvre les menées de Sangiban, et les dénonce à Aétius, I, 373.

ANIANUS, référendaire. *Breviarium Aniani*, I, 445.

ANIO, chef langobard, envahit la Burgondie; sa retraite désastreuse devant Mummolus, II, 64, 65.

ANJOU (Louis duc d'), second fils du roi Jean; sa conduite à la bataille de Poitiers, V, 149, 151; il est remis aux Anglais comme otage, 230; comment il recouvre sa liberté, 238; il obtient le duché de Touraine en viager, 249; commande avec succès l'armée du midi, 278; guerroie avec Du Guesclin, en Bretagne, 293; en Guyenne, 296; en Périgord, 315; ses excès dans le Languedoc, 324 et suiv.; ses prétentions après la mort de Charles V, et ce qu'il obtient, 339, 340; ses violences, ses brigandages, 341 et suiv., 349, 350, 366 et suiv.; il soumet la Provence et marche sur Naples, 371; ses revers et sa mort, 399, 400.

ANJOU (Louis II d'), comte de Provence, V, 400; est armé chevalier, 419; est couronné roi de Sicile, épouse la fille du roi d'Aragon, se rend à Naples, 424; perd Naples, et revient en France, 472; fait une expédition en Italie, 509, 524; se met du parti bourguignon, 524; entre à Paris, 542; outrage Jean sans Peur, 543. — Se retire en Anjou, VI, 22; meurt, 27.

ANJOU (Marie d'), fille du roi de Sicile, épouse le duc de Touraine, depuis Charles VII, VI, 27; accouche de Louis XI, 96; sa situation à la cour, 444; son fils, devenu roi, la visite à Amboise, 520.

ANJOU (René d'), épouse la fille du duc Charles de Lorraine, VI, 106 *note;* amène à Charles VII un renfort de cavalerie, 187; soutient, les armes à la main, ses droits à l'héritage du duc de Lorraine, 307; est battu et pris, 308; ajustement de cette affaire, 346; il devient, par la mort de son frère aîné, duc d'Anjou, du Maine, comte de Provence, prétendant au trône de Naples, 332 *note;* recommence la guerre de

Lorraine, 396 ; marie sa fille Marguerite au roi d'Angleterre, 407 ; demande les secours de Charles VII contre Metz, 413 ; cause de la guerre qu'il fait à cette ville, 418 ; il cède à son fils Jean la Lorraine et ses droits sur Naples, et se consacre aux beaux-arts, 514 ; siége à l'assemblée de Tours, 552. — Aux États généraux de 1468, VII, 29 ; préside l'assemblée des Notables, 58 ; perd l'Anjou et le Barrois, 93 ; les recouvre, 107 ; ses arrangements avec Louis XI, *ibid.*; sa mort, 146.

ANJOU (Marguerite d'), fille du précédent, épouse Henri VI, roi d'Angleterre, VI, 407 ; ses imprudences, 429 ; révolutions dont elle est tour à tour l'héroïne et la victime, 510, 538, 539. — VII, 55, 63, 98 ; elle renonce à ses droits à la succession paternelle, 107.

ANJOU (Yolande d'), fille du roi René et d'Isabeau, comtesse de Vaudémont, hérite du duché de Lorraine, et le cède à René de Vaudémont son fils, VII, 79.

ANNA IVANOVNA, nièce de Pierre Ier, tzar de Russie, succède à Pierre II, XV, 172 ; ratifie l'acquisition du Slesvig par le roi de Danemark, *ibid.*; annonce la résolution d'exclure Stanislas Leczinski du trône de Pologne, 176 ; sa passion pour Biren, 177 ; elle envoie une armée en Pologne, *ibid.*, et 16,000 Russes sur le Rhin, 198 ; solution de la question polonaise, 204 ; guerre contre les Turcs, prise d'Azof, 219 ; campagne en Moldavie, 220 ; paix de Belgrade, 221 ; sa mort, 235.

ANNATES, III, 28 *note.* — Inventées par Clément V, établies d'une manière permanente par Boniface IX, V, 441.

ANNE, fille du tzar Jaroslaw, épouse Henri Ier, III, 100.

ANNE DE FRANCE, fille de Louis XI, est offerte et promise en mariage à Charles le Téméraire, VII, 3 ; au fils du duc de Calabre, 11 ; épouse le sire de Beaujeu, 84 ; comment son père la traite, 146 ; elle est chargée de l'éducation de Marguerite d'Autriche, 150 ; gouverne le royaume après la mort de Louis XI, 166 et suiv.; résiste à l'ambition du duc d'Orléans, 192 ; traite avec le duc de Lorraine, 193 ; avec les barons bretons, touchant la succession de leur duc, *ibid.*; avec les grandes communes de Flandre, 194 ; réduit le duc d'Orléans à l'obéissance, 195, 196, 199 ; réunit la Provence au royaume, et soumet tout le Midi, 200 et suiv., attaque le duc de Bretagne, 203 ; ramène Charles VIII à Paris, 204 ; poursuit la guerre contre la Bretagne et les seigneurs révoltés, 205 et suiv.; voit diminuer son influence, 246 ; déconseille la guerre d'Italie, 250 ; faveurs que lui fait Louis XII, 300. — Sa bienveillance pour le connétable de Bourbon, VIII, 37 ; sa mort, 38.

Anne, fille aînée de François II, duc de Bretagne, jure aux États de Rennes de ne consentir jamais à l'assujettissement du pays, VII, 201; est offerte à la fois à trois prétendants, 203; fait alliance avec le roi des Romains, l'Espagne et l'Angleterre, 211; est proclamée duchesse de Bretagne, 213; épouse le roi des Romains par procuration, 215; est assiégée par l'armée française, 217; traite avec Charles VIII, 218; l'épouse, 219; devient veuve, 302; épouse Louis XII, 305; pousse ce prince à fiancer leur fille Claude avec Charles d'Autriche, 332; abuse, contre le maréchal de Gié, de la faiblesse de son mari, 348; est attaquée par les clercs de la Bazoche, 350; ses efforts en faveur de la maison d'Autriche, 427; sa mort, *ibid.*

Anne d'Autriche, infante d'Espagne, est fiancée à Louis XIII, XI, 35, 36, 37; l'épouse, et vient en France, 95; ses relations avec le duc de Buckingham, 218; elle cabale contre Richelieu, 232; s'efforce d'empêcher son beau-frère d'épouser Mlle de Montpensier, 238; est malmenée par le roi, 240; fait des vœux pour le succès de Buckingham, 270; s'unit à Marie de Médicis contre Richelieu, 331; se prépare à profiter de la mort de Louis XIII, 337; *journée des dupes*, 342 à 348; nouvelles intrigues contre Richelieu, 391, 475 et suiv.; comment elle devient enceinte, 478; elle met au monde Louis XIV, 489, Philippe, duc d'Anjou, plus tard, duc d'Orléans, 525; entre dans le complot de Cinq-Mars, 556, 562; est régente, 587; acquiert une puissance absolue, 588; prend Mazarin pour premier ministre, 589. — Son caractère et ses sentiments pour Mazarin, XII, 157, 158; inaugure sa régence par une petite réaction qui dure peu, 168 et suiv.; entre en lutte avec le Parlement, 204 et suiv.; prend la surintendance des mers, 238; conserve Naples à l'Espagne, 252; paix de Westphalie, 265; discussions, puis lutte ouverte avec le Parlement, 278 à 283; elle fait quelques concessions, 285, 289; se voit réduite aux emprunts, et met les diamants de la couronne en gage, 290; tient un lit de justice, *ibid.*; fait arrêter deux présidents et un conseiller, 294; s'aliène le coadjuteur au moment où il lui rend service, 296; s'emporte contre le Parlement, 299; lui fait des concessions, 300; va s'installer à Ruel, 302; fait des concessions nouvelles, 305; résout de bloquer Paris, 311; se retire à Saint-Germain, 312; négocie, 312, 321, 325; conclut la paix, 330; rentre à Paris, 339; n'est pas suffisamment respectée par le marquis de Jarzé, ni par le prince de Condé, 344; fait arrêter ce dernier, avec le prince de Conti et le duc de Longueville, 347, 348; va à Rouen, 350; en Bourgogne, *ibid.*; à Compiègne, 354; en Guienne, 355, 357; fait la paix avec les Bordelais, 360, 361; revient à Fontainebleau, 362;

lutte de nouveau contre le parlement de Paris, 364 et suiv.; rend la liberté aux princes de Condé, 369; éloigne Mazarin, 370, 371; lutte contre l'assemblée de la noblesse, 374; modifie le ministère, 375; oppose l'intrigue à l'intrigue, 375 et suiv.; abandonne Mazarin en apparence, 380; va en Berri, 383; à Poitiers, 384; rappelle Mazarin, 389; va à Saumur, 395; à Gien, par Blois, Jargeau, Sulli, 397; à Saint-Germain, par Sens, Melun, Corbeil, 402; à Corbeil, à Melun, 406; à Saint-Denis, 410; voit de Charonne le combat du faubourg Saint-Antoine, 412; négocie, 419; va à Pontoise, 420, 422; à Compiègne, 425; revient à Pontoise, 427; rentre à Paris, 428; ses relations avec Mazarin, 451 *note;* elle demande à grands cris la paix avec l'Espagne, 511; va à Lyon, 513. — Approuve les résolutions prises contre Fouquet, XIII, 28; empêche le roi de faire arrêter ce ministre à Vaux, 30; lui conseille l'indulgence, 41; meurt, 309.

ANNE STUART, seconde fille du duc d'York, depuis Jacques II, épouse le frère du roi de Danemark, XIV, 31; quitte son père, et va se joindre au prince d'Orange, 97; est appelée, par un acte du Parlement, à régner sur l'Angleterre après Guillaume III, 371; monte sur le trône, 385; est gouvernée par le duc et la duchesse de Marlborough, *ibid.*; déclare qu'elle suivra en tout la politique de Guillaume III, *ibid.*, déclare la guerre à l'Espagne, 390; rompt avec les Marlborough et leur parti, 536, 537; ses sentiments pour le prétendant son frère, 545; elle négocie avec Louis XIV, 545, 546, 559, 561; état où l'a mise l'abus des liqueurs fortes, 570; traités d'Utrecht, entre l'Angleterre et la France, 573; entre l'Angleterre et l'Espagne, 576; sa mort, 591.

ANNEBAUT (d'). Ses succès militaires en Piémont, VIII, 243; il devient maréchal, puis ministre, 268; franchit les Alpes avec une armée, 279; est rappelé d'Italie, et donné pour conseil au dauphin, 280; fait avec lui une campagne en Roussillon, 281, 282; est de nouveau donné pour conseil au dauphin et à son frère, Charles, duc d'Orléans, 304; négocie avec Charles-Quint, 303, 305; conduit une expédition contre l'Angleterre, 337; est chargé de garder François Ier après sa mort, 360; est donné pour conseil à Catherine de Médicis, régente, 413; forme à Châlons une armée de réserve, 417; meurt, 437.

ANNESE (Gennaro), armurier de Naples, y est choisi pour chef par les insurgés, XII, 248; est déposé, 250; fait rentrer les Espagnols, 251.

ANNIBAL. Son expédition contre Rome, I, 100 et suiv.

ANNIUS PALEARIUS, littérateur italien, brûlé par l'inquisition, IX, 206.

ANQUETIL-DUPERRON, conquérant des livres sacrés de l'Inde et de la Perse, XV, 571; traducteur du *Zend Avesta, ibid. note.*

Anroux, un des *Seize*, député aux États-Généraux de 1588, X, 96; est étranglé par ordre du duc de Mayenne, 269.

Anséghis, archevêque de Sens, est nommé par le pape Jean viii vicaire apostolique et primat des Gaules, II, 464; sacre les deux fils de Lodewig le Bègue, 473.

Ansel, évêque de Beauvais, jure la constitution communale des bourgeois, III, 244.

Anselme, comte du Palais, périt à Roncevaux, II, 272.

Anselme, évêque de Milan, est déposé par Lodewig le Pieux, comme complice de Bernhard, II, 375.

Anselme (saint). Son histoire et ses doctrines, III, 308 à 311.

Anselme, archidiacre de Laon, maître d'Abélard, bientôt son adversaire, III, 315.

Ansémond, seigneur goth, commandant au nom des musulmans, dans plusieurs places de Septimanie, les livre à Peppin, II, 231.

Ansflède, femme de Waratte, fait élire son gendre, Berther, maire du palais, II, 163; le fait massacrer après sa défaite, 166.

Anskeri, évêque de Paris après Gozlin, s'oppose au passage des Normands, II, 484.

Anson (le commodore), chargé d'attaquer Panama par mer, perd en chemin une partie de son escadre, enlève avec le reste le galion des îles Philippines, et retourne en Angleterre après avoir fait le tour du monde, XV, 247; prend une escadre française avec son chef, et sept navires de la compagnie des Indes, 313.

Antelme-Waltelme, évêque de Chartres, combat les Normands à la tête de son troupeau, II, 499.

Anthémius est élevé à l'empire d'Occident, I, 388; ses efforts pour défendre la Gaule, *ibid.*; il échoue contre les Wandales, 392; sa chute, sa mort, 394.

Antin (duc d') préside le conseil *du dedans*, XV, 9; a trop d'habileté au jeu, 36 *note;* fait les honneurs de Paris au tzar Pierre 1er, 84 *note;* est grand maître de la franc-maçonnerie, 399.

Antin (marquis d') est mis à la tête d'une flotte qui souffre cruellement de son ignorance, XV, 302.

Antioche (siége d') par les Croisés, III, 185 à 188.

Antiochus (Soter), roi de Syrie, défait les Gaulois Tectosages, I, 27 et 28.

Antistius Vetus renonce à réunir par un canal la Saône à la Moselle, de peur de se compromettre, I, 232.

Antoine, duc de Lorraine, fils du vainqueur de Nanci, combat à Marignan, VII, 449. — Voit ses États menacés par les anabaptistes, VIII, 77.

ANTONIO (don), prieur de Crato, candidat au trône de Portugal, IX, 511 ; fait une entreprise malheureuse contre les îles Açores, 512. — Prend part à une expédition anglaise contre Lisbonne, X, 153 *note*.

ANTONIUS PRIMUS, Toulousain, commandant en Pannonie, engage Civilis à prendre parti pour Vespasien, I, 235.

ANTONINUS (Titus) était originaire de Nîmes, I, 242.

ANTRUSTIONS, I, 216.

ANVERS. Entreprise avortée du duc d'Alençon contre cette ville, IX, 516. — Grand siége qu'elle soutient contre les Espagnols et le duc de Parme, X, 2.

APCHER (le comte d') est condamné à mort et exécuté en effigie, XIII, 73 *note*.

APER, préfet du prétoire, sa trahison, sa mort, I, 279.

APOSTOLIQUES, sectaires du XIIe siècle, III, 457.

APRAXIN, général russe, influencé par le grand duc héritier, et gagné par l'or de l'Angleterre, rentre en Pologne, au lieu de marcher sur Berlin, XV, 519 ; est révoqué, 530.

APRUNCULUS, évêque de Langres, s'enfuit chez les Arvernes, et devient évêque de Clermont après Sidonius, I, 407.

AQUAVIVA, général des jésuites, X, 499 ; élu par l'influence de Clément VIII, 530 ; lutte contre la tradition dominicaine, *ibid.* ; approuve la condamnation du livre de Mariana, 534.

AQUITAINE, l'une des quatre provinces de la Gaule romaine ; son étendue, I, 194.

AQUITAINS. Leur défaite, I, 155 ; leur soumission définitive, 190 ; ils sont le noyau de la province romaine appelée Aquitaine, 195.

ARAMON (d'), ambassadeur de France en Turquie, VIII, 426.

ARANDA (comte d'), général espagnol, XV, 591. — Ministre, XVI, 216.

ARANDE (d'), élève de Lefèvre d'Étaples, est appelé à Meaux par l'évêque Guillaume Briçonnet, VIII, 149 ; traduit pour Louise de Savoie quelques parties de la Bible, *ibid.*

ARBOGAST, général frank au service de Gratien, puis de Théodose, sa mission dans la Gaule, I, 325 ; il fait une campagne d'hiver en Germanie, 326 ; son insolence avec Valentinien II, qu'il assassine, 326, 327 ; il fait un empereur, est défait par Théodose, et se tue, 327, 328.

ARBOGAST, descendant du précédent, comte romain siégeant à Trèves, I, 400.

[ARÉ]

ARBRE DE LA LIBERTÉ, grand orme sous lequel s'assemblent, à Boston, les défenseurs du *droit constitutionnel*, XVI, 404.

ARCADIUS, empereur d'Orient, I, 329.

ARCADIUS. Son ambassade auprès de la reine Chlothilde, II, 8 ; il attire Hildebert en Auvergne, 13 ; sa fuite, 15.

ARCHAMBAUD, archevêque de Tours, marie le roi Robert avec Berthe, III, 32 ; est excommunié pour ce fait, 34.

ARCHITECTURE. Au VIIIe siècle, II, 327. — Au XIe siècle, III, 38 à 42 ; au XIIe siècle, 405 à 416. — Au XIIIe siècle, IV, 335 à 346. — Au XIVe siècle, V, 299, 300. — Au XVe siècle, VI, 465 et suiv. — Au XVIe siècle, VII, 382 et suiv., 478 ; VIII, 132 et suiv., IX, 16 et suiv., 385. — Au XVIIe siècle, X, 473 et suiv.; XII, 143, 144 ; XIII, 231 à 243 ; — Au XVIIIe siècle, XV, 335 ; XVI, 159.

ARCHIVES de la couronne. A quelle occasion et à quelle époque elles furent fondées, III, 551.

ARCO (comte d'), feld-maréchal de Bavière, XIV, 408, 425.

ARCOS (le duc d'), vice-roi de Naples, y provoque par sa mauvaise administration une insurrection qu'il ne peut vaincre, XII, 245, 246, 248 ; est rappelé, 251.

ARCS (le baron des) assassine le comte de Cipierre, IX, 233.

ARDARIK, roi des Gépides, à la bataille des champs catalauniques, I, 375.

ARDOÏNNA, déesse gauloise. Les Romains l'identifient à leur Diane, I, 204.

ARDOUIN, marquis d'Ivrée, élu empereur par les Italiens, est vaincu par Henri II, roi de Germanie, III, 48.

ARDRADE, un des douze défenseurs de la tour du Petit-Pont, assaillie par les Normands, II, 481.

ARÉCOMIKES, tribu belge. Ils envahissent la Gaule méridionale, et s'établissent à Nîmes, I, 22 et 23 ; sont dépouillés par les Romains au profit de Massalie, 127 ; se soulèvent et sont vaincus par Pompée, *ibid*.

AREDIUS, I, 416 ; stratagème qu'il emploie pour sauver Gondebald, 434.

ARÉDIUS, évêque de Lyon, II, 113.

AREFAST, seigneur normand, dénonciateur des manichéens d'Orléans, III, 54.

ARÉGHIS, duc de Bénévent, gendre de Désidérius, roi des Langobards, ne se soumet pas à Charlemagne après la chute de son beau-père, II, 264 ; est attaqué par Charlemagne et parvient à traiter avec lui, 302, 303 ; sa mort, 306.

ARÉGONDE, troisième femme de Chlother I*er*; comment sa sœur devient sa rivale, II, 11.

AREMBERG (le comte d'), amène un corps auxiliaire au roi de France, IX, 224; est vaincu et tué par les protestants des Pays-Bas, 231.

ARGENCE (d'), gentilhomme catholique, reçoit le gant du prince de Condé, IX, 246.

ARGENSON (d'), lieutenant de police après La Reinie, XIV, 508; fait raser l'abbaye de Port-Royal-des-Champs, 603. — Acquis au duc d'Orléans, XV, 3; invente et organise la police politique, 28 *note;* chancelier et président du conseil des finances, 28; refond les monnaies, et porte le marc d'argent de 40 à 60 livres, 44; dompte l'opposition du Parlement par des coups d'autorité, 45, 46; crée une compagnie des fermes générales pour entraver les opérations de Law, 47; épie les occasions de lui nuire, 54; fait adopter une mesure qui discrédite le billet de banque, 61; obtient que Law soit arrêté et sommé de rendre ses comptes, 62; est disgracié, *ibid.*

ARGENSON (marquis d'), fils aîné du précédent, propose à Chauvelin de rétablir les républiques de Sienne et de Florence, XV, 182 *note;* est ministre des affaires étrangères, 274; offre la candidature impériale à l'électeur de Saxe, 278; conseille au roi de porter en personne la guerre en Allemagne, *ibid.;* décide la diète, après l'élection de François I*er*, à maintenir la neutralité de l'empire, 291; but de l'alliance saxonne, *ibid.;* ses projets sur l'Italie, 292; propositions qu'il fait au roi de Sardaigne, 293; négociation avec ce prince, que la reine d'Espagne fait échouer, *ibid.;* il quitte le ministère, 300, 301; jugement porté par lui sur les mœurs de son siècle, 344; ses *Considérations sur le gouvernement de la France,* 356 et suiv.; il annonce, dans ses *Mémoires,* la séparation des colonies anglaises de l'Amérique septentrionale, 470.

ARGENSON (comte d'), fils puîné du chancelier, ministre de la guerre, XV, 258; donne à Voltaire une mission diplomatique auprès du roi de Prusse, 264 *note;* améliore l'administration militaire, 321; fonde l'École militaire, 430; dispute l'influence à M. de Machault, 437; recommence les *dragonnades* en Languedoc, 442; pousse aux coups d'autorité contre le Parlement, 446; pousse à l'alliance avec la Prusse, 490; est exclu du conseil assemblé pour examiner les propositions de l'Autriche, 493; appelé à un autre conseil où il lutte en vain contre l'influence de la Pompadour, 495; est congédié, 511. — Fait mettre Diderot à Vincennes, XVI, 43; change d'avis plusieurs fois sur l'*Encyclopédie,* et finit par soutenir cette entreprise, 48.

ARGENTAL (M. d'), auteur hypothétique du *Comte de Comminges*, XV, 334.

ARGENTARIA (bataille d'), gagnée par l'empereur Gratien sur les Allemans, I, 321.

ARGOUGES (d'), gentilhomme normand, dénonce les menées du connétable de Bourbon, VIII, 44.

ARGYLE (le comte d'), tente de soulever l'Écosse, échoue, est décapité, XIV, 32, 33.

ARIAMNE, chef des Galates. Son luxe, I, 92.

ARIE, berceau des races indo-européennes, I, 2.

ARIOSTE, VII, 385, 472.

ARIOWIST, chef des Suèves, est attiré dans la Gaule par les Séquanes ; ses exigences, sa tactique, ses succès, I, 131 et 132 ; il est attiré à Rome, où on lui donne le titre de *roi ami*, 140 ; ses prétentions croissantes, 143 ; ses fières réponses à César, 144 ; sa défaite et sa mort, 145 et 146.

ARISTOTE. Son influence sur la *scolastique*, III, 304. — Il est prohibé par l'Église, qui ensuite transige avec ses doctrines, IV, 58, 270 et suiv. — Sa cosmogonie, XII, 9 ; protégé par le parlement, 15.

ARIUS. Sa doctrine ; il est condamné, I, 298, 299.

ARKEL (la dame d'), chevauche à la tête des capitaines liégeois, VII, 26.

ARKWRIGHT, physicien anglais, applique la vapeur à tous les besoins de l'industrie, XVI, 566.

ARLANDES (le marquis d'), fait avec Pilâtre du Rozier la première ascension en ballon, XVI, 521.

ARLES, ARÉLATE en celtique, chef-lieu des Salyes, I, 109 ; siège de cette ville par les Franks, 452 ; elle est délivrée par les Wisigoths, *ibid*. — Sa constitution municipale, III, 230, 233, 235.

ARLETTE, mère de Guillaume le Conquérant, III, 72.

ARLINGTON, ministre du roi d'Angleterre Charles II, travaille à resserrer l'alliance de son gouvernement avec les Provinces-Unies, XIII, 348 ; conspire contre le protestantisme, 350 ; son ambassade en Hollande, et près de Louis XIV, 400 ; il repasse au parti protestant quand il le croit plus fort que le parti catholique, 418 ; est mis en accusation par la chambre des communes, et sauvé par Charles II, 435 ; est congédié, 464.

ARMADA (*invincible*), X, 10, 26, 90 et suiv.

ARMAGNAC (comte d'), lieutenant du roi en Languedoc, V, 136, 167, 176 ; est révoqué, 177 ; est battu par le comte de Foix, 235 ; appelle du duc d'Aquitaine au roi de France, 264 ; est beau-père du duc de

Berri, et se joint à son gendre contre le comte de Foix et les Languedociens, 348.

ARMAGNAC (Bernard, comte d'), gendre du duc de Berri, gouverne le Languedoc et la Guienne pour son beau-père, V, 459; ses succès contre les Anglais, 479; il marie sa fille au duc d'Orléans, et devient l'âme du parti de ce prince, 508, 510; ravage tout le pays au sud de la Seine, 510, 519 et suiv.; fait alliance avec l'Anglais, 525, 538; rentre à Paris, 543; conduit l'armée royale contre le duc de Bourgogne, 545. — Guerroie contre le comte de Foix, VI, 22; est fait connétable, *ibid.*; ses mesures, sa puissance dont il abuse, 23 et suiv.; il échoue contre Harfleur, 25, 26; ses intrigues, sa mauvaise administration, 28, 29, 32 et suiv.; ses succès contre les Bourguignons, 34; ses revers et sa mort, 37 et suiv.

ARMAGNAC (le comte d'), fils du connétable, écrit à Jeanne Darc, VI, 191; se révolte, est battu et pris, 405; recouvre la liberté au prix du Rouergue, 427; concourt à la conquête de la Guienne, 454.

ARMAGNAC-LESCUN (le bâtard d'), chef d'écorcheurs, VI, 363; est fait maréchal de France, 527; investi du comté de Comminges, *ibid.*; grande fortune qu'il doit à Louis XI, 535; il lui reste fidèle lors de la *ligue du bien public*, 557. — Est un des premiers chevaliers de Saint-Michel, VII, 51; est du conseil, après la mort de Louis XI, 177; son rôle dans les troubles des premières années du règne de Charles VIII, 200, 202, 203, 204, 205, 212.

ARMAGNAC (Jean V, comte d'), son mariage incestueux, son procès, sa condamnation, VI, 543; il est amnistié par Louis XI, 529; entre dans la *ligue du bien public*, 557; traite avec le roi, 558; se révolte de nouveau, 564; ce qu'il arrache à Louis XI, 570. — Il se soulève encore, et perd son duché, VII, 54; est rétabli par le duc de Guienne, 65; sa dernière révolte et sa mort, 82.

ARMAGNAC (Charles d'), vicomte de Fezensac, est prisonnier de Louis XI, VII, 84 *note;* horrible traitement qu'il endure, 186 *note;* on lui rend les comtés d'Armagnac et de Rhodez, *ibid.*

ARMAGNAC (Louis d'), fils du duc de Nemours, décapité par ordre de Louis XI, excite, ainsi que son frère, l'intérêt général, VII, 185; est armé chevalier par Charles VIII, 193; est nommé par Louis XII, vice-roi de Naples, 334; ses discussions avec Gonzalve de Cordoue, ses fautes, sa défaite, sa mort, 334 et suiv.

ARMAGNAC (le cardinal d'), archevêque d'Auch, auteur d'une première tentative d'union contre les protestants, IX, 160.

ARMINIANISME, ARMINIENS, XI, 147, 151, 152.

Arminius (Jacques) (*Jacob von Harmine*), ministre réformé, amende et transforme la doctrine calviniste, XI, 145.

Arminn (*Arminius*), chef des Istewungs contre Varus, I, 220; guerre qu'il soutient contre Germanicus, 222; il défait les Herminungs, sa mort, 223.

Armoiries. Origine et but de cet usage, III, 193 *note*.

Armorique se soumet sans résistance à une légion de César, I, 151; se soulève, et succombe, 152 et suiv.; se soulève de nouveau sans succès, 162; s'insurge encore, 167; est comprise dans la province Lugdunaise, 196; elle s'affranchit du joug romain, 339; les Armoricains attaquent Tours, et sont repoussés par Majorien, 363; s'unissent à Aétius contre les Huns, 374; résistent longtemps aux Franks, 414, 427; et traitent avec eux après la conversion de Chlodowig, *ibid.*

Arnaldo de Brescia, élève d'Abélard, III, 323; il est condamné par le concile de Latran pour avoir prêché en Italie les doctrines de son maître, 329; et par le pape Innocent II, 330; soulève les Romains contre la domination temporelle du Pape, 429; sa mort, 471.

Arnaud Daniel, troubadour périgourdin, III, 372.

Arnaud Amauri, abbé de Cîteaux, est chargé par Innocent III de poursuivre l'hérésie dans le midi de la France, IV, 23; prêche la croisade albigeoise, 28; marche à la tête du principal corps d'armée; sa conduite envers les princes languedociens, sa cruauté à Béziers; sa perfidie à Carcassonne, 29 à 37; il se fait élire archevêque de Narbonne, et prend le titre de duc, 47; excommunie Simon de Montfort, 100; sa retraite à Montpellier, 118; sa mort, 124.

Arnaud (Antoine), avocat, plaide pour l'université contre les jésuites, X, 369. — Professe la doctrine de Galilée, XII, 17.

Arnaud (Angélique) ou *la mère Angélique*, supérieure et réformatrice de Port-Royal, XII, 84; se met sous la direction de l'abbé de Saint-Cyran, *ibid.*; meurt au milieu des persécutions, 117.

Arnaud (Antoine), docteur de Port-Royal, XII, 86; publie le livre de *La fréquente communion*, 88; la *grammaire de Port-Royal*, 89; soutient que les cinq propositions condamnées par le pape ne sont pas dans l'*Augustinus*, 102; est condamné par la Sorbonne, 103; publie (avec Nicole) le livre *De la perpétuité de la foi dans l'Eucharistie*, 107. — Des *Éléments de géométrie*, XIII, 175 *note;* est présenté au roi, 265; prend le parti du pape contre le gouvernement et le clergé gallican, 620. — Défend la philosophie cartésienne contre l'université, XIV, 266; dénonce à Bossuet l'*Histoire critique du vieux Testament*, de Richard Simon, 294.

ARNAUD D'ANDILLI traduit les *Confessions de saint Augustin;* rassemble les *Vies des Pères du Désert,* XII, 90 note.

ARNAUD DE POMPONNE, ambassadeur en Suède, puis secrétaire d'État aux affaires étrangères, XIII, 360 ; suit Louis XIV à Charleroi, 380 ; le supplie d'accepter les propositions des Provinces-Unies, 396 ; instructions qu'il donne au lieutenant général Vallavoire partant pour Messine, 463 ; il est congédié, 570.—Est rappelé comme ministre d'État sans portefeuille, et dirige par ses conseils son gendre Colbert de Torci, ministre des affaires étrangères, XIV, 223.

ARNAULD de Môle, verrier, VII, 387 *note.*

ARNOLD, fils de Droghe et petit-fils de Peppin de Héristall, II, 181 ; traite avec Karle Martel, puis conspire contre lui et meurt, 184.

ARNOLD, un des douze défenseurs de la tour du Petit-Pont assaillie par les Normands, II, 481.

ARNOLD, général américain, cerne le général anglais Burgoyne, et le fait prisonnier avec son armée, XVI, 421.

ARNOLFE II, comte de Flandre, II, 534 ; reçoit du roi de Germanie l'investiture d'une portion du Hainaut qu'il ne peut garder, 536 ; guerre que lui fait Hugues Capet pour des reliques, 540. — Il prend le parti de Karle de Lorraine, III, 19 ; traite avec Hugues Capet, *ibid.*

ARNOLFE, duc de Carinthie, est élu empereur à la place de Karle le Gros, II, 485 ; sanctionne l'élection du comte Eudes, et lui envoie une couronne d'or, 487 ; taille en pièces les Normands, et en délivre la Belgique, 491 ; son rôle dans la querelle entre Eudes et Karle le Simple, 493 ; il donne le Lotherrègne à son bâtard Zwentibold, 494 ; sa mort, 496.

ARNOLFE, ARNOULD, comte de Flandre, combat les Normands, II, 541 ; intervient en faveur du comte de Vermandois dépouillé de ses domaines, 546 ; soutient Lodewig d'Outre-Mer contre les grands vassaux de la couronne, 548 ; change de parti, *ibid.;* fait assassiner le duc de Normandie, 521 ; devient l'ami et le conseiller de Lodewig d'Outre-Mer, 523 ; pourquoi il ne reste pas au siége de Rouen, 527.

ARNOUL, fils naturel du roi Lother, livre Laon à Karle, duc de la Basse-Lorraine, III, 20 ; est fait archevêque de Reims par Hugues Capet, et livre Reims à Karle, 22 ; est déposé et incarcéré, 24 ; délivré par Robert, et rétabli sur son siége, 33.

ARNOUL, comte de Flandre, fils de Baudouin VI, est dépouillé par son oncle Robert, et périt dans un combat, III, 132.

ARNOUL, évêque de Lisieux, conduit à la troisième croisade le contingent normand et anglais, III, 436.

ARNOUX (le père), jésuite, et confesseur de Louis XIII après le père Cotton, XI, 133; excite son pénitent et le duc de Luines contre les protestants, *ibid.* et 138; attaque en chaire l'expédition que le roi et son ministre préparent contre la reine-mère, 144; cabale contre le duc de Luines, 180; est disgracié, *ibid.*

ARNULF (saint Arnoul), seigneur austrasien, opposé à Brunehilde, II, 120; devient évêque de Metz et précepteur de Dagobert, 132; se retire dans un ermitage, 138.

ARQUES (bataille d') X, 182 et suiv.

ARQUIEN (Mlle d'), épouse du roi de Pologne Jean Sobieski, l'excite contre la politique française, XIV, 11.

ARRAN (le comte d'), régent d'Écosse, est battu à Pinkencleugh par les Anglais, VIII, 392.

ARRAS. Congrès tenu en cette ville, VI, 330, 332, 339. Elle est ruinée par Louis XI, VII, 129, 131. — Prise par Richelieu, XI, 524. — Assiégée par les Espagnols et sauvée par Turenne, XII, 460 et suiv.

ARS (Louis d') capitaine français, se défend vaillamment contre les Espagnols, VII, 340, 346 *note;* combat à Ravenne, 405; dissuade François Ier d'entreprendre une campagne d'hiver en Italie, VIII, 58; est tué à la bataille de Pavie, 65.

ARTAUD, moine de Saint-Remi, est fait, par le roi Raoul, archevêque de Reims, II, 514; sacre Lodewig d'Outre-Mer, 517; le soutient contre Héribert de Vermandois, 518; est contraint d'abdiquer, 519; est rétabli sur son siège, 526; y est confirmé par le concile d'Ingelheim, 529; sacre Lother, 530.

ARTEVELDE (Jack van). Son origine, ses projets, V, 30; il soulève Gand et presque toute la Flandre, 31; reprend Bruges sur le comte Louis, et traite avec le roi d'Angleterre, 34; se rapproche un instant de la France, 40; secourt le comte de Hainaut, 48; assiége Tournai, 52; est assassiné, 75 et suiv.

ARTEVELDE (Philippe van), est élu souverain capitaine des Gantois, V, 364 et suiv.; belle harangue qu'il leur adresse, 372; il défait l'armée du comte de Flandre à Beverhout, conséquences de sa victoire, 373 et suiv.; il assiège Oudenarde, 376; est vaincu et tué à Roosebeke, 383 et suiv.

ART FRANÇAIS. VIIIe siècle, II, 327 — XIe siècle, III, 38 à 42; XIIe siècle, 404 à 446. — XIIIe siècle, IV, 335 à 346. — XIVe siècle, V, 299 et suiv. — XVe siècle, VI, 465 à 470. — XVIe siècle, VII, 381 à 387, 476 à 482. — VIII, 132 à 140. — IX, 8 et suiv., 382 et suiv. — XVIIe siècle, X, 471 à 488. — XII, 149 à 155. — XIII, 180 à 212, 227 à 243. — XIV,

235 et suiv. — xviiie siècle, XV, 334 et suiv. — XVI, 157 et suiv.

ARTHUR, type symbolique de la poésie kimrique, III, 358 et suiv.

ARTHUR, fils de Geoffroi Plantagenet, vient au monde après la mort de son père, III, 524; duc de Bretagne, Richard Cœur-de-Lion le fait reconnaître pour son héritier, 550; il est frustré par Jean sans Terre et mal secouru par Philippe Auguste, 558 et suiv.; reçoit de ce prince l'ordre de chevalerie, l'investiture des comtés de Poitou, d'Anjou, du Maine, de Touraine, et va combattre le roi Jean, 573; est pris et assassiné par lui, 574.

ART ITALIEN, VII, 233 et suiv., 466 à 475.

ARTILLERIE. V, 47, 48, 138 *note*.

ARTOIS (Robert, deuxième fils de Louis VIII, comte d'), IV, 134; prend la croix, 206; part avec Louis IX, 215; sa témérité à Mansourah, et sa mort, 225.

ARTOIS (Robert II, comte d') prend la croix, IV, 324; commande l'armée française en Navarre, 357; est régent du royaume de Naples, 379; conduit, en Guienne, la guerre contre les Anglais, 408; devient pair, 414; son expédition dans la Flandre occidentale, 415, 416; sa harangue aux États-Généraux, 431; il marche avec une armée formidable contre les Brugeois, 437; périt à Courtrai, 439, 440.

ARTOIS (Robert III, petit-fils de Robert II, comte d'). Injustice à lui faite par Philippe le Bel, IV, 532; il tente sans succès de faire valoir ses droits, 533; V, 15; est fait pair de France après la bataille de Cassel, *ibid.*; renouvelle ses réclamations; suite et dénoùment de cette affaire, *ibid.* et suiv.; il excite Édouard III à faire la guerre à la France, 28; le décide à envahir la Picardie, 43; commande une armée flamande, et se fait battre à Saint-Omer, 53; commande la flotte anglaise, et est blessé mortellement à Vannes, 64, 65.

ARTOIS (Jean d'), fils aîné du précédent, est investi du comté d'Eu, V, 122; est pris à la bataille de Poitiers, 153; pille les villes de Péronne et de Chauni, 234.

ARTOIS (Philippe d'), comte d'Eu, est connétable après Clisson, V, 440; est pris par les Turks à Nicopolis, et meurt dans les fers, 450, 451.

ARTOIS (Charles de France, comte d') (depuis Charles X). Son caractère, XVI, 315; il pousse Louis XVI au rappel des anciens parlements, 334; trouve Turgot trop économe, 397; est bien disposé pour Voltaire, 394; assiste à l'attaque de Gibraltar, 472; est hostile à Necker, 509; prétend mettre ses dettes à la charge de l'État, 541; y parvient sous le ministère de Calonne, 542; préside un des bureaux de l'assemblée des notables, 576 ; soutient Calonne abandonné de tous, 580 ; se récrie à la seule idée des États-Généraux, 554 ; est sifflé par le peuple en portant à la cour des aides les édits financiers repoussés par le parlement, 589 ; s'oppose au doublement du tiers-état, 619.

ARUNDEL (le comte d') amène un secours à Jean sans Peur, V, 520. — Va se faire battre en Champagne, VI, 245 ; bat Saintrailles et Boussac, 307 ; prend Louviers, *ibid.*; est gouverneur de Rouen, 313 ; comprime l'insurrection des paysans normands, 325 ; est vaincu et blessé à mort, 331.

ARVANDUS, préfet du prétoire de la Gaule, I, 388 ; sa trahison et son châtiment, 392.

ARVERNES. Où est situé leur territoire, I, 16 ; ils se font les auxiliaires d'Asdrubal, 102 ; leur puissance lors de l'entrée des Romains dans la Gaule, 110 ; leur première guerre contre les Romains et leur désastre, 111, 112 ; ils laissent passer les Kimro-Teutons, 117 ; s'unissent aux Séquanes contre les Édues, 130, 131 ; s'insurgent contre les Romains, sous le commandement de Vercingétorix, 167 ; se soumettent, 187 ; sont annexés à l'Aquitaine, 195 ; nation *autonome* sous Auguste, 199 ; leur résistance obstinée contre les Wisigoths, 395 et suiv.

ARVIEUX (d') voyage en Arabie et en Syrie, XIII, 179.

ASCENSIUS (Badius), savant imprimeur, VII, 483.

ASCLEPIODOTUS, préfet du prétoire sous Constance Chlore, I, 287.

ASCOVIND. Ses menées avec Chramn, fils de Chlother, II, 29.

ASDRUBAL, général carthaginois, est assassiné par un esclave gaulois, I, 100.

ASDRUBAL, neveu du précédent. Son expédition en Italie et sa mort, I, 102.

ASFELD (d'), gouverneur de Bonn, meurt en défendant cette place, XIV, 110.

ASFELD (le maréchal d') commande l'armée après la mort du maréchal de Berwick, et prend Philipsbourg, XV, 194 ; ce que fut son père, *ibid.*; il demande et obtient son remplacement, *ibid.*

ASHBY, vice-amiral, commande, à la bataille de La Hougue, l'arrière-garde de la flotte anglaise, XIV, 159.

ASSAS (le chevalier d'), capitaine de chasseurs au régiment d'Auvergne, XV, 568 *note*.

ASSEMBLÉES DE NOTABLES. En 1558 (Paris), VIII, 463. — En 1560 (Fontainebleau), IX, 49 ; en 1583 (Saint-Germain), 522. — En 1596 (Rouen), X, 401. — En 1617 (Rouen), XI, 127 ; en 1625 (Paris),

224; en 1626 (Paris), 246. — En 1787 (Versailles), XVI, 569 à 585; en 1788 (Versailles), 645, 647 et suiv.

ASSEMBLÉES DU CLERGÉ. 1561, colloque de Poissy, IX, 85 et suiv., 95 et suiv., 494; 1567, 1579, engagements pécuniaires contractés envers la couronne, 494. — 1610, XI, 14 *note;* 1615, serment prêté au concile de Trente, 92; 1621, don de 3 millions pour le siége de La Rochelle, 172; 1625, réforme des monastères, mesures contre les jésuites, 225 *note;* 1628, à Fontenai, en Poitou : encore 3 millions de subsides contre La Rochelle, 280; 1635, à Paris, annulation du mariage de *Monsieur*, 419; 1640, à Mantes, question d'argent très vivement débattue, 517. — 1656, adoption d'un formulaire dressé contre le jansénisme, XII, 103; 1651, à Paris, violentes remontrances contre un arrêt du parlement, 372; réunion des assemblées du clergé et de la noblesse, 373; 1654, don gratuit de 600,000 livres pour le sacre du roi, 460 *note.* — 1651, demandes hostiles aux protestants, XIII, 597; 1680, *id.*, 615; question du *droit de régale*, où le clergé soutient le gouvernement contre la cour de Rome, 618 et suiv.; 1681, 1682, assemblée générale, déclaration établissant les *libertés de l'Église gallicane*, 619 et suiv. — 1685, nouvelles hostilités contre les protestants, XIV, 37; 1700, condamnation simultanée des jésuites et des jansénistes, 321. — 1723, présidée par le cardinal Dubois, XV, 119; 1725, querelles théologiques, intrigues, protestations contre l'impôt du *cinquantième*, 142 et suiv.; 1726, don gratuit de 5 millions de livres, 148; 1750, refus de payer un impôt frappant les biens ecclésiastiques, 440; 1755, don gratuit de 15 millions, 503 *note;* 1758, *id.* de 16 millions, 558 *note.* — 1765, démonstration contre l'*Encyclopédie*, XVI, 51; don gratuit de 12 millions, démarche en faveur des jésuites, querelles théologiques, 238; 1775, demande de persécutions contre les protestants, 353; 1780, octroi de 30 millions au gouvernement, 493; demande de persécutions contre les protestants et les philosophes, 506; 1788, hostilités contre le ministère, demande des États-Généraux, 641, 642.

ASSEMBLÉES GÉNÉRALES DES PROTESTANTS, à Mantes (1593), à Sainte-Foi (1594), à Saumur (1595), à Loudun (1596, 1597), X, 422. — A Saumur (1611), XI, 27 et suiv., à Grenoble (1615), 91, 92; à Nîmes (1615), 94, 96; à La Rochelle (1618), 135, 136; à Loudun (1619), 157; à La Rochelle (1620), 164, 171 et suiv.— Interdiction de ces assemblées, XIII, 599.

ASSEMBLÉE DE COMMERCE en 1604, X, 460.

ASSEMBLÉE DE VIZILLE, XVI, 610, 611.

ASSEMBLÉE NATIONALE, titre que prend le tiers-état, sur la proposition de Sieyès, XVI, 656

ASSENTAR (le marquis de), général espagnol, est tué à la bataille de Senef, XIII, 443.

ASSIGNATS des États-Unis d'Amérique, XVI, 410 note.

ASSOCIATION (acte d') d'Orléans entre les Huguenots, IX, 121

ASSUREMENT, IV, 299.

ASTÉRIOLUS, conseiller de Théodebert, est tué par son collègue Secundinus, II, 23.

ASTOLFE, roi des Langobards, s'agrandit en Italie et menace Rome, II, 232; il est battu par les Franks et dépouillé de l'exarchat de Ravenne au profit du pape, 236 à 239; sa mort, 241.

ATAULF, roi des Wisigoths après Alarik, se cantonne dans la Toscane, I, 341; entre dans la Gaule et fait la guerre à Jovinus, 343; envahit la Gaule méridionale, du Rhône à l'Océan, ibid.; ses desseins, 344.

ATHALARIK, roi des Ostrogoths après Théoderik, II, 11.

ATHANAGILD, roi des Wisigoths, donne sa fille Brunehilde à Sighebert, II, 43; sa fille Galeswinthe à Hilperik, 45.

ATHANASE (saint). Sa doctrine sur l'essence du Verbe, I, 298; il est exilé à Trèves, 299. — Sa doctrine sur l'Eucharistie, III, 90.

ATHELSTANE, roi des Anglo-Saxons, beau-frère de Karle le Simple, II, 509, 517; envoie une flotte au secours de Lodewig d'Outre-Mer, 518.

ATRÉBATES, peuple belge. Ils fournissent quinze mille hommes à la première ligue contre César, I, 148; quelle part ils prennent à la bataille de la Sambre, 149 et 150; leur dernier effort, 188.

ATTALE, roi de Pergame, diminue la puissance des Gaulois d'Asie, I, 104.

ATTILA, roi des Huns. Sa puissance, I, 368; ses ravages en Mæsie, en Illyrie, en Thrace, en Macédoine, 369; son astuce, 370; son irruption dans la Gaule et ses dévastations, 372, 373; il est repoussé d'Orléans, 374; sa défaite aux champs Catalauniques, 375 et suiv.

ATTILIUS, consul, est tué par les Gaulois, I, 99.

AUBERT, navigateur dieppois, VIII, 130.

AUBERTIN, docteur calviniste, lutte contre Nicole sur la question de l'Eucharistie, XIII, 265.

AUBESPINE (Claude de l'), secrétaire d'état, fait signer à François Ier l'ordre d'exterminer les Vaudois de Provence, VIII, 333; négocie le traité du Cateau-Cambrésis, 469. — Redemande au connétable Anne de Montmorenci le sceau d'Henri II, IX, 21.

AUBIGNÉ (Théodore-Agrippa d'). Son talent d'écrivain, IX, 389; il dé-

cide le roi de Navarre à s'évader, et l'accompagne dans sa fuite, 423.
— Ce qu'il dit à ce prince après l'attentat de Jean Chastel, X, 371 *note;* il empêche les protestants d'écouter le duc de Bouillon, 515.

AUBIGNI (Évrard-Stuart, sire d'), chef de l'avant-garde française, passe les Alpes et se porte dans la Romagne, VII, 254; titres et charges qui lui sont conférés à Naples, 270; il bat le roi Ferdinand débarqué en Calabre, 279; est un des trois chefs de l'armée d'Italie, 317; opère de nouveau dans le royaume de Naples, 330, 331; en Calabre, 335, 336; est battu et fait prisonnier, 337; délivré, 346; maréchal, 438.

AUBIGNI (d'), officier français, repousse les Espagnols du Mont-Juich, XI, 536.

AUBIGNI (d'), officier français, attaque sans ordre et défait les Anglais débarqués en Bretagne, XV, 541.

AUBRI, curé de Saint-André-des-Arcs, est élu membre du conseil général de la ligue, X, 134; comment il annonce, du haut de la chaire, la mort de Sixte-Quint, 232; il prêche avec violence contre Henri IV, 261 *note;* et contre ceux qui refusent l'argent espagnol, 306; encourage Pierre Barrière à assassiner Henri IV, 335; part avec le légat, 352; est exécuté en effigie, 372.

AUBRIOT (Hugues), V, 368.

AUBUSSON (d'), grand-maître des chevaliers de Saint-Jean de Jérusalem, défend Rhodes contre les Othomans, VIII, 31.

AUDENEHAM (Arnould d'), maréchal, aide le roi Jean dans son guet-apens contre Charles le Mauvais, V, 145; ses cruautés à Arras, 147; il est pris à Poitiers, 151; va guerroyer contre Pierre le Cruel, 256.

AUDOEN (saint Ouen), référendaire, reçoit le roi des Bretons Judicaël, II, 143; devient évêque de Rouen; sa lettre à Ébroin, 156.

AUDOMAR (saint Omer), évêque de Térouenne et de Boulogne, fonde l'abbaye de Sithieu, qui donne naissance à la ville de Saint-Omer, II, 129.

AUDOWÈRE, première femme de Hilperik. Piége où elle tombe; sa répudiation, II, 41; sa mort, 72.

AUDULFE, sénéchal de Charlemagne, fait une expédition en Bretagne, II, 302.

AUGER (Edmond), jésuite, IX, 204; prêche à Bordeaux le massacre des protestants, 338; est confesseur d'Henri III, 470; sa théorie des *OEuvres compensatoires*, 518; il est éloigné du roi, 541 *note.*

AUGSBOURG. Diète, confession, ligue d'Augsbourg, VIII, 162, 164, 166, 167; recès d'Augsbourg, 442.

AUGUSTE. Comment il organise l'empire et la Gaule, I, 194 et suiv.; sa politique à l'égard des Germains, 216; ses mesures après le désastre de Varus, 221.

AUGUSTIN (saint). Sa doctrine, sa lutte contre Pélage, I, 348; et contre l'Église de Gaule, 349; pourquoi il écrivit le livre de *la Cité de Dieu*, 352.—Sa doctrine sur l'Eucharistie, III, 90.— Ses idées sur la grâce et la prédestination développées et appliquées par Calvin, VIII, 196. —XII, 75; par Jansénius, 87.

AUGUSTINUS (l'), ouvrage de Jansénius, XII, 87; cinq propositions qui en sont extraites, et grands débats à cette occasion, 101 et suiv.

AUGUSTONEMETUM, ville romaine, remplace l'antique Gergovie, I, 197.

AULNAI (Philippe et Gautier d'), leur procès et leur supplice, IV, 506.

AULON (Jean d'), écuyer de Jeanne Darc, VI, 157, combat près d'elle à Compiègne, 230; la sert dans sa prison, 244 *note;* mène par la bride le cheval du roi entrant à Paris, 366; devient sénéchal de Beaucaire, 458 *note.*

AUMALE (le comte d'), VI, 93, 94, 99, 101.

AUMALE (le duc d'), lieutenant général du duc d'Anjou, IX, 463, signe le pacte de Joinville, 539; conduit le cardinal de Bourbon à Péronne, 543; signe au traité de Nemours, 552. — S'empare de Doullens, X, 25; manque Boulogne, *ibid.;* conspire sans succès contre Henri III, 55; il échoue de nouveau contre Boulogne, 84; est élu gouverneur de Paris, 118, 119; est battu devant Senlis, 150, 154; rejoint le duc de Mayenne devant Arques, 183; perd le gouvernement de Paris, 205; marche au secours de Rouen assiégée par Henri IV, 277; accompagne Mayenne à Paris, 312; jure de ne traiter jamais avec le roi, 325; se maintient en Picardie, 359; perd Amiens, 363; livre Ham aux Espagnols, 384; est dégradé, condamné à mort, exécuté en effigie, *ibid.;* reste et meurt Espagnol, 387 *note.*

AUMALE (Claude d'), chevalier de Malte, va se mettre à la tête des Orléanais, X, 120; ses excès à l'attaque de Tours, 148; il combat à Ivri, 200, 202; chasse les avant-postes royaux du couvent de Saint-Antoine, 212; jure de mourir plutôt que de se rendre, 214; repousse Henri IV de Vincennes, 216; meurt en attaquant Saint-Denis, 243.

AUMONT (Jean, maréchal d'), IX, 470; échoue dans une tentative contre Orléans, 546; fait lever aux ligueurs le siège de Gien, 549. — Combat pour Henri III à la *journée des barricades*, X, 64 et suiv.; assiste au conseil où l'assassinat du duc de Guise est résolu, 109; arrête le cardinal de Guise, 114; bloque Orléans, 118, 131; reprend Angers sur les ligueurs, 141; reconnaît la royauté de Henri IV, 176; commande un corps d'armée détaché par ce prince, 179; se réunit à lui,

186; combat à Ivri, 200; occupe Saint-Cloud, 211; est nommé gouverneur de Bretagne, 286; y combat avec succès le duc de Mercœur, 360.

Aurai (bataille d'), V, 250.

Aurélianus, entremetteur du mariage de Chlodowig avec Chlothilde, I, 416; commande à Melun, 418; conseil qu'il donne à Chlodowig pendant la bataille de Tolbiac, 421.

Aurélien défait les Franks, I, 267; devient empereur, 274; ses exploits contre les barbares, en Asie, en Gaule; il rétablit l'unité de l'empire; ce qu'il fait pour Orléans, pour Dijon; sa mort, 274 à 276.

Aureolus, général de Gallien, bat Posthumus, et ne profite pas de sa victoire, I, 272.

Auskes, Eusques, Waskes, Baskes, premiers habitants des rives de la Garonne, I, 4; s'arment en faveur de Marius, 127.

Ausonius, précepteur de l'empereur Gratien, I, 323.

Austrowald, duc de Toulouse, fait une campagne malheureuse contre les Wisigoths, II, 98; ne peut repousser les Wascons, 100.

Auterme (Roger d'), bailli du comte de Flandre, est tué par les *chaperons blancs*, V, 356, 357.

Authar, roi des Langobards. Guerre qu'il soutient contre les Franks d'Austrasie, II, 99.

Auther ou Otgher, duc frank, réfugié chez les Langobards, II, 262; se rend à Charlemagne, et se fait moine, *ibid*.

Auton (Jean d'), prosateur, VII, 351.

Autonome (peuple). Sens de ce titre sous la domination romaine, I, 199.

Autun, avant les Romains Bibracte, capitale des Édues, I, 130 *note;* désastre des Helvètes dans son voisinage, 142; elle reçoit le nom d'*Augustodunum*, 196; martyre de saint Symphorien, 253; elle est prise et saccagée par les Bagaudes, 281; relevée par Constance Chlore, 288; prend le nom de Flavia, qu'elle ne doit pas garder, 291. — Sa révolution municipale, qui ressuscite, en le modifiant un peu, le titre de son premier magistrat de l'époque celtique, III, 265.

Auvergne (la maison d') se divise en deux branches : les dauphins d'Auvergne, et les comtes de Clermont, III, 480, 552.

Auvergne (Gui, comte d'), ne se soumet qu'avec répugnance à la suzeraineté de Philippe-Auguste, III, 552.

Auvergne (le dauphin d') subit avec répugnance la suzeraineté française, III, 552; attaqué en vers par Richard Cœur-de-Lion, se défend avec les mêmes armes, 553.

Auxerre ne peut réussir à s'organiser en commune, III, 475.

Auzannet, avocat, travaille avec Lamoignon à l'*unification* des coutumes, XIII, 78 *note*.

Avarike, chef-lieu des Bituriges. Siége de cette ville et sa ruine, I, 169, 170.

Avaugour (le sire d'), complice du comte de Penthièvre, son frère, dans l'enlèvement du duc de Bretagne, VI, 65.

Avaugour (le sire d'), bâtard de François II, duc de Bretagne, se révolte contre lui, VII, 203.

Avaux (Claude de Mesmes, comte d'), obtient dans le Nord de grands succès diplomatiques, XI, 426; est envoyé extraordinaire de France à Hambourg, 552. — Surintendant des finances, XII, 168; négociateur du traité de Westphalie, 184; passe par la Hollande, 184, 185; arrive à Münster, 186; invite les membres de la diète de Francfort à s'y faire représenter directement, 227; accommode les différends entre la Suède, l'électeur de Brandebourg et les cercles du Nord, 235, 236; conseille à Mazarin de rendre la Lorraine à Charles IV, 253; obtient de grands succès en Allemagne, 254; est disgracié, 263; prend part à la négociation du traité des Pyrénées, 529 *note*.

Avaux (comte d'), fils du précédent, négociateur et signataire du traité de Nimègue, XIII, 530; ambassadeur à La Haye, 588. — XIV, 59 *note;* instruit Louis XIV de tous les desseins du prince d'Orange, et lui donne de bons conseils qui ne sont pas suivis, 87, 88; quitte La Haye, 373.

Aveiro (la famille d') déshonorée par le libertinage du roi de Portugal don Joseph 1er, et exterminée pour en avoir voulu tirer vengeance, XVI, 204.

Avenelles (des), avocat, trahit La Renaudie, IX, 36.

Averrhoès. Sa doctrine sur l'âme, IV, 56.

Avesnes (le sire d') est au siége de Saint-Jean-d'Acre, III, 540.

Avesnes (les d'), fils de Marguerite, comtesse de Flandre, disputent l'héritage maternel à leurs frères utérins, les Dampierre, IV, 253, 254.

Avignon. Constitution municipale de cette ville, III, 235, — Elle se rend à Louis VIII après un long siége, IV, 427 et suiv.; les papes y fixent leur séjour, 483. — Jeanne de Naples, comtesse de Provence, leur en cède la souveraineté, V, 115 *note;* Urbain V y est rançonné par Du Guesclin, 256; Grégoire XI quitte cette résidence, 340.

Avitus, préfet du prétoire des Gaules, I, 359, 374, 380; prend la pourpre à Toulouse, 380; sa chute et sa mort, 381.

Avitus, évêque de Vienne. Lettre qu'il écrit à Chlodowig, I, 426; il essaie de convertir Gondebald au catholicisme, et dispute contre un docteur arien, 431; s'oppose à la consécration légale du duel judiciaire, 437.

Avitus, abbé de Mici, s'efforce d'empêcher l'assassinat de Sighismond, II, 6.

Avogara (Ludovico), noble bressan, est décapité avec ses deux fils par les Français après la prise de Brescia, VII, 401.

Avranches. Siège de cette ville, qui échoue par l'indiscipline des *routiers*, VI, 385.

Ayetona (le marquis d'), gouverneur des Pays-Bas espagnols, traite avec Gaston d'Orléans, XI, 414.

Azincourt (bataille d'), VI, 14 et suiv.

Aznar ou Asinarius, comte frank, fait une expédition en Navarre; son désastre au défilé de Roncevaux, II, 384.

Aznar, chef wascon, s'affranchit de la suzeraineté franke, II, 405 *note;* prête serment au roi Raoul, 515.

Aztèques, peuple d'Amérique, VIII, 8 *note*.

B

Baath, Bith, dieu de l'Océan, I, 58. — *Être, celui qui est*, III, 353 *note*.

Baba-Hassan, dey d'Alger, veut traiter avec Duquesne, XIII, 593; est massacré, *ibid*.

Babelot, cordelier, confesseur du duc de Montpensier, est pendu par les huguenots, IX, 244.

Babington, gentleman catholique, complote la mort de la reine Élisabeth, et la délivrance de Marie Stuart, X, 27.

Bachaumont, conseiller au Parlement, fils du président Le Coigneux, collaborateur de Chapelle, se pare le premier du titre de *frondeur*, XII, 308 *note*.

Bachelier, peintre, XVI, 160 *note*.

Bacon (Roger), franciscain anglais, IV, 264; il est persécuté; quelques-unes de ses idées, 282 et suiv.

Bacon (Francis). Sa vie, ses travaux philosophiques, XII, 18 et suiv.

Bade (le margrave de) amène un renfort à Charles IX, IX, 248; est tué à Moncontour, 258.

Bade (le prince Louis de) commande les troupes autrichiennes envoyées en Servie contre les Turks, XIV, 107; les bat deux fois, et prend Widdin, 115; les bat encore, 154; tient tête au maréchal de Lorges, 178, 179; au maréchal de Choiseul, 215, 225; assiége et prend Landau, 396; est battu à Friedlingen, 397; arrête la marche du maréchal de Villars, 398; occupe la ville d'Augsbourg, 410; se joint au duc de Marlborough, et bat, de concert avec ce capitaine, l'armée franco-bavaroise, 424, 425; manœuvre sur le Haut-Danube, 426; prend Landau pour la seconde fois, 430; commande l'armée impériale sur le Rhin, 441; fait avorter, par des lenteurs calculées, une entreprise de Marlborough, 442; tient tête à Villars, 444; qui le repousse au delà du Rhin, 445; meurt, 476

BADERIK, roi de Thuringe, est détrôné par son frère Herménefrid, II, 10.

BAGAUDES, BAGAUDIE, cause de cette insurrection; guerre des Bagaudes contre Maximien, I, 279 à 282; Bagaudes du ve siècle, 339; 357, 358.

BAGNI, nonce du pape, négociateur pour Louis XIII auprès de la reine mère, XI, 345.

BAÏF (Lazare de) traduit les tragiques grecs en vers français, VII, 482.

BAÏF, poëte, insulte l'amiral Coligni après sa mort, IX, 335 *note*.

BAILLET (Jean), trésorier du duc de Normandie, est assassiné par Perrin Marc, V, 184.

BAILLET (Thibaut), premier président au Parlement de Paris, revise les coutumes de France, VII, 434.

BAILLEUL (le président de), surintendant des finances, XII, 168; adresse au prince de Condé une semonce déguisée en compliment, 400; quitte Paris, 418.

BAILLI, auteur de l'*Astronomie ancienne*, XVI, 30 *note;* du rapport sur lequel est amélioré le régime des hôpitaux, 391; du rapport de la commission scientifique chargée d'examiner la doctrine et les procédés de Mesmer, 528.

BAÏUS, docteur de l'Université de Louvain, censuré par la Sorbonne et condamné à Rome pour la rigueur excessive de ses doctrines, XII, 79.

BAJAZET-LA-FOUDRE (Bayezid il derim). Ses conquêtes, V, 449; il bat les chrétiens à Nicopolis, 451; est vaincu par Tamerlan à Ancyre, 503.

BAJAZET (Bayezid) II, fils de Mahomet II, VII, 246; envoie une ambassade à Charles VIII, 247; achète à Alexandre VI la tête de son frère, 254, 263, 268; attaque la république de Venise, 317; ses succès, 329.

Bal masqué. Date de cette invention. Son influence sur les mœurs, XV, 338.

Balbases (le marquis de Los), général espagnol, XI, 503; hiverne en Catalogne, et occasionne le soulèvement de cette province, 528.

Balbin, empereur d'un jour, I, 267.

Balboa (Nuñez de) aperçoit le premier l'océan Pacifique, VIII, 7.

Balder, dieu des Germains, I, 212.

Baliol (Jean), (ou de Bailleul), roi d'Écosse, est attaqué par le roi d'Angleterre, IV, 401; s'allie à Philippe le Bel, 408; est battu par Édouard, et enfermé, *ibid.*

Ball (John), élève de Wickleff, V, 338; fait insurger les paysans anglais; ses aventures et sa mort, 354 et suiv.

Ballard, prêtre catholique, trame la mort d'Élisabeth d'Angleterre et la délivrance de Marie Stuart, X, 27.

Ballon (bataille de), II, 435.

Balue (Jean), évêque d'Évreux, confident de Louis xi, VI, 557. — Cardinal, VII, 24; est député par le roi au duc de Bourgogne, *ibid.*; siége aux États-Généraux de 1468, 29, 31; est du voyage de Péronne, 36; sa trahison, son châtiment, 47; sa délivrance, 142.

Baluze (Étienne), bibliothécaire de Colbert, ses travaux, XIII, 175, 176. — Publie les capitulaires des rois des deux premières races, XIV, 255 *note*.

Balzac écrit en faveur du cardinal de Richelieu, XI, 352. — Ses lettres à la marquise de Rambouillet, XII, 123; appréciation de son talent littéraire, 125.

Banegon (la châtelaine de) défend intrépidement son manoir contre les catholiques, IX, 262, *note*.

Baner, général suédois, fait avec succès la guerre aux Saxons, XI, 444; les défait à Witstock, 462; se maintient laborieusement contre les impériaux, 464; les défait à Chemnitz, 497; pénètre jusqu'à Ratisbonne, 551; meurt, *ibid.*

Banque d'Angleterre (création de la), XIV, 202.

Banque de Law. Naissance, grandeur, décadence et chute de cet établissement, XV, 38, 48, 49 à 67.

Banquet *du comte d'Arète* (le), X, 336.

Bar (le comte de) est au siége de Saint-Jean-d'Acre, III, 540.

Bar (comte de), gendre d'Édouard 1er, roi d'Angleterre, prend les armes contre le roi de France, IV, 405; attaque la Champagne, 415; est battu, pris et forcé de reconnaître la suzeraineté du roi de France, 420.

BAR (duc de), V, 531 ; est incarcéré par les Cabochiens, 532 ; délivré par le duc de Guienne, et fait commandant de la Bastille, 541. — Combat à Azincourt, VI, 16 ; y périt, 20.

BARBANÇON, évêque de Pamiers, est cité devant le tribunal de l'inquisition, IX, 169.

BARBAZAN (le sire de), se bat, avec six autres chevaliers français, contre sept chevaliers anglais, V, 466 *note*. — Rejoint Tannegui Duchâtel à la Bastille, VI, 38 ; en sort avec lui, 39 ; son opinion sur le meurtre de Jean sans Peur, 61 ; il défend Melun, 70 ; est fait prisonnier, 72 ; délivré, 207 ; gouverneur de la Champagne, 245 ; sa mort, 308.

BARBATION, maître de l'infanterie, envoyé pour aider Julien, I, 307 ; sa lâcheté ou sa perfidie, 308.

BARBAVARA, amiral génois, sauve l'escadre génoise du désastre de l'Écluse, V, 49.

BARBERINI (le cardinal), neveu d'Urbain VIII, légat en France, XI, 224 ; s'entremet vainement en faveur du duc de Savoie, 323.

BARBETTE (Étienne), directeur des monnaies et de la voirie de Paris ; émeute *Barbette*, IV, 465.

BARBEZIEUX (marquis de), second fils de Louvois, ministre de la guerre après lui, XIV, 153 ; tente de faire assassiner Guillaume III, 166 *note;* contrarie les opérations du duc de Noailles, 199 ; meurt, 375.

BARBIER, avocat à Paris ; conclusion qu'il tire dans son journal des convulsions du cimetière de Saint-Médard, XV, 171.

BARBIN, intendant de Marie de Médicis, est fait contrôleur général des finances, XI, 101 ; est arrêté, 117 ; accusé de conspiration, condamné au bannissement par les juges, à une prison rigoureuse par le roi, 123 ; exilé, 143.

BARCLAY (Guillaume), Écossais catholique. Ses deux traités *De la puissance du pape* et *De la puissance royale*, XI, 14.

BARDES, I, 54, 59.

BARÈRE, député du Tiers aux États-Généraux, XVI, 656 *note*.

BAREUTH-BRANDEBOURG (margrave de) commande l'armée impériale, XIV, 476 ; est battu par le maréchal de Villars, *ibid.*

BARILLON, président aux enquêtes, est enlevé et incarcéré à Pignerol, XII, 201 ; y meurt, 203.

BARILLON, ambassadeur de France en Angleterre, XIII, 573. — Est dupe du ministre Sunderland, XIV, 87.

BARME (Roger), avocat général au parlement de Paris, revise les coutumes de France, VII, 431.

BARNABITES, fondation de cet ordre, VIII, 343.

BARNAVE, avocat de Grenoble, se fait remarquer à l'assemblée de Vizille, XVI, 611.

BARNEWELDT (Olden), négociateur pour la Hollande, à Vervins, X, 427; est partisan de la paix par crainte de l'influence croissante de Maurice de Nassau, 548. — Est le chef du parti arminien, XI, 146; son procès et son supplice, 448 et suiv.

BARNON DE GLOTE, prévôt d'Osbern, venge son maître assassiné par Guillaume de Montgomeri, III, 78.

BARON, directeur de la Compagnie des Indes orientales, fondateur de Pondichéri, XIII, 553.

BARON, acteur, introduit l'usage de *parler* les vers, au lieu de les chanter, XV, 332.

BARONIUS (le père), confesseur de Clément VIII, le dispose à se réconcilier avec Henri IV, X, 379.

BARRAS (comte de), chef d'escadre, XVI, 462.

BARRE (la), jeune officier accusé de sacrilége; sentences portées contre lui; son supplice, XVI, 141.

BARRES (Évrard des), grand-maître des Templiers, est adjoint à Gilbert pour commander l'armée des croisés, III, 443.

BARRES (Guillaume des) désarçonne Richard Cœur-de-Lion, III, 531; querelle entre ce prince et lui à Messine, 539 *note*; il prend part au siége de Saint-Jean-d'Acre, 540; au siége de Rouen par Philippe Auguste, 580. — Aide Simon de Montfort contre le comte de Toulouse, IV, 50; ses exploits à Bovines, 82.

BARRI DE SAINT-AUNEZ, gouverneur de Leucate, est égorgé par les Ligueurs avec des circonstances atroces, XI, 468.

BARRI DE SAINT-AUNEZ, fils du précédent, aussi gouverneur de Leucate, s'y défend victorieusement contre les Espagnols, XI, 468.

BARRI (le chevalier du), amant de Jeanne Vaubernier, XVI, 274.

BARRI (Jeanne Vaubernier, comtesse du) devient maîtresse en titre de Louis XV, XVI, 274; fait au duc de Choiseul des avances qui sont repoussées, *ibid.*; le détruit peu à peu dans l'esprit du roi, 282; décide ce prince à frapper le parlement, 283; fait le duc d'Aiguillon ministre des affaires étrangères, 299; rêve un mariage avec Louis XV, 307; prête la main à ses débauches, 308; est envoyée par Louis XVI à Ruel, *ibid.*; dans un couvent, puis obtient la permission de se retirer à Louvecienne, 315; sa mort, *ibid.*, *note*.

BARRICADES (journée des), de la Ligue, X, 62 et suiv. — De la Fronde, XII, 295 et suiv.

BARRIÈRE (Jean de la) fonde l'ordre des Feuillants, IX, 470 *note*.

BARRIÈRE (Pierre) est rompu vif pour avoir voulu assassiner Henri IV, X, 335.

BART (Jean), corsaire de Dunkerque, XIII, 517 *note*. — Est pris par l'ennemi, s'échappe, est la terreur du commerce anglais, XIV, 114; est présenté au roi, 150; se signale par de nouveaux exploits, *ibid.*; prend ou brûle six navires de la *flotte de Smyrne*, 183; reprend aux Hollandais cent navires danois chargés de grains, 198; leur fait subir de nouvelles pertes, 219; est chef d'escadre, *ibid.*; meurt, 390 *note*.

BARTHÉLEMI (massacre de la Saint-), IX, 309 et suiv.

BARTHÉLEMI, prêtre provençal; sa fraude pieuse et sa mort, 187.

BARTAS (du), poëte protestant, IX, 388.

BASILE III, empereur d'Orient, négocie avec le pape Jean XIX la reconnaissance de l'église grecque, III, 46.

BASILE (frère), capucin, prêche à Saint-Jacques-de-la-Boucherie contre l'édit de Nantes et contre Henri IV, X, 564.

BASIN, roi des Thuringiens, donne asile à Hilderik, I, 383.

BASIN (Thomas), historien, VI, 98 *note*; 422 *note*; évêque de Lisieux, 435; comment il est accueilli par Louis XI, 525.

BASINE, femme de Basin, roi des Thuringiens, I, 383; quitte son mari pour rejoindre Hilderik, qu'elle épouse; elle est mère de Chlodowig, 408; tradition à ce sujet, *ibid.*, *note*.

BASNAGE commente la coutume de Normandie, XIII, 179. — Protestant, émigré en Hollande, historien du peuple juif et des Provinces-Unies, XIV, 64; argumente contre Bossuet, 289, 290.

BASSELIN (Olivier), VI, 218, 577.

BASSOMPIERRE, envoyé du duc de Lorraine, X, 324; négocie le traité de son maître avec Henri IV, 559. — Est envoyé en Espagne pour réclamer l'évacuation de la Valteline, XI, 169; conseille la levée du siége de Montauban, 179; sa situation à la cour, 181; il conseille à Louis XIII de rappeler Sulli, 194, 195; est envoyé en Suisse, 224; président adjoint des notables de 1626, 246; envoyé en Angleterre, 259; propos qu'il tient au siége de La Rochelle, 272; où il commande une division, 274; ainsi qu'à l'attaque du pas de Suze, 297; et en Savoie, 328; cabale contre le cardinal de Richelieu, 338; est mis à la Bastille, 349; épouse secrètement la princesse douairière de Conti, *ibid.*; recouvre sa liberté, 583.

BATAVES. Leur origine, I, 217; ils se soulèvent contre Rome, 235; sont englobés dans la ligue des Franks, 278.

BATHILDE, esclave saxonne, épouse le roi de Neustrie Chlodowig II et règne avec son fils aîné, Chlother III, II, 150 ; se retire dans le monastère de Chelles, 152.

BATHORY (Étienne), vayvode de Transylvanie, est élu roi de Pologne, IX, 417.

BATHYANI, magnat hongrois, pousse le premier le cri : « Moriamur pro rege nostro Mariâ Theresâ, » XV, 240 *note*.

BAUDEAU (l'abbé), économiste, rédacteur des *Éphémérides du citoyen*, est mis en jugement, acquitté et exilé, XVI, 385.

BAUDOUIN, comte de Flandre, épouse Judith, fille de Karle le Chauve, II, 448.

BAUDOUIN II, comte de Flandre, aide le comte Eudes à devenir roi de France, II, 487 ; devient son ennemi, 491 ; s'unit aux chefs du parti carolingien, 492 ; reconnaît Karle le Simple pour roi de France, 494.

BAUDOUIN DE FLANDRE, fils du comte Arnolfe II, envahit la Normandie, II, 533.

BAUDOUIN IV, comte de Flandre, aide Henri Ier, roi de France, contre Eudes II, comte de Champagne, III, 65.

BAUDOUIN V, comte de Flandre, beau-frère du roi de France Henri Ier, beau-père de Guillaume le Conquérant, III, 84 ; devient vassal de l'Empire, 87 ; est tuteur de Philippe Ier, 103 ; meurt, *ibid*.

BAUDOUIN de MONS, comte de Hainaut, aide l'évêque de Cambrai contre les bourgeois de cette ville, III, 130 ; prend la croix, 163 ; meurt, 188.

BAUDOUIN VI, comte de Flandre, agrandit ses domaines, III, 131 ; envahit la Hollande et périt dans une bataille, 132.

BAUDOUIN Ier, roi de Jérusalem, frère de Godefroi de Bouillon, prend la croix avec lui, III, 165 ; est donné comme otage à Coloman, roi des Hongrois, 176 ; combat à Gorgoni, 183 ; sa querelle avec Tancrède, ses exploits, ses conquêtes ; il devient comte d'Édesse, 184, 185 ; roi de Jérusalem, 202.

BAUDOUIN VII, dit *Hapkin* ou *à la Hache*, comte de Flandre, III, 218 ; aide Louis le Gros contre le roi d'Angleterre, 275 ; sa mort, 277.

BAUDOUIN II, roi de Jérusalem, est pris par les musulmans, III, 289.

BAUDOUIN III, roi de Jérusalem à 15 ans, III, 427 ; se réunit, à Saint-Jean-d'Acre, à l'empereur d'Allemagne et au roi de France, 446.

BAUDOUIN VIII, comte de Flandre, III, 545 ; fait la guerre à Philippe-Auguste, 553.

BAUDOUIN IX, comte de Flandre et de Hainaut, prend la croix, III, 568 ; est couronné empereur de Constantinople, 571 ; est pris par les Bulgares, *ibid, note*.

BAUDOUIN, frère bâtard de Charles le Téméraire, conspire contre lui, puis se réfugie en France, VII, 59.

BAUDOUIN (François), juriste et théologien, IX, 3; attaché à Antoine de Bourbon, roi de Navarre, retourne au catholicisme avec son maître, 110, *note;* se refuse à écrire une apologie du massacre de la Saint-Barthélemi, 335 *note;* est destiné par Henri, duc d'Anjou, devenu roi de Pologne, à réorganiser l'université de Cracovie, et meurt avant de l'avoir pu faire, 362 *note.*

BAUDRI DE SARCHAINVILLE, évêque de Noyon, donne à cette ville une charte communale, III, 249.

BAUDRICOURT (Robert de), gouverneur de Vaucouleurs, VI, 146; ses relations avec Jeanne Darc, 147, 148, 161; il prend part à la guerre pour la succession de Lorraine, 308.

BAUGÉ (bataille de), VI, 76.

BAUQUEMARE (de), premier président du Parlement de Rouen et zélé ligueur, prend une part active à la défense de cette ville assiégée par Henri IV, X, 275.

BAUX (les comtes des), leur lutte contre la maison de Barcelone, III, 220, 426, 469.

BAVIÈRE (Jacqueline de), épouse le second fils du roi de France, Charles VI, V, 478. — Hérite des comtés de Hainaut, Hollande, Zélande, et de la seigneurie de Frise, VI, 27; épouse en secondes noces Jean de Bourgogne, duc de Brabant, 103; s'en dégoûte; ce qu'il en résulte, 103 et suiv., 116.

BAVIÈRE (Jean de), évêque élu de Liége, commande 6000 chevaux, et entre à leur tête dans Paris, V, 476, 477; est chassé par les Liégeois, 491; assiégé dans Maestricht, *ibid.;* rétabli sur son siége épiscopal, 495.

BAVIÈRE (Ernest de), est élu archevêque de Cologne, IX, 535. — Soutient la candidature d'Albert d'Autriche au titre de roi des Romains, X, 544.

BAVIÈRE (N. de), neveu et successeur du précédent, obtient de rester neutre entre Gustave-Adolphe et l'empereur, XI, 370; est évêque de Liége, *ibid.;* se met sous la protection de la France, 406; repasse au parti impérial, 449. — Est contraint à traiter, XII, 219; recommence la guerre, 255; fait de nouveau la paix à Münster, 265.

BAVIÈRE-LEUCHTENBERG (MAXIMILIEN-HENRI de), électeur-archevêque de Cologne, évêque de Liége, dévoué à la France, XII, 506. — Facilite à Louis XIV l'invasion de la Hollande, XIII, 360, 364, 377; est gouverné par son ministre Fürstenberg, que les Autrichiens lui enlèvent, 436, traite avec les Provinces Unies, 437. — Détruit, avec l'aide de la France, les libertés municipales de Liége, XIV, 20; meurt, 80.

Bavière (Marie-Anne-Christine de), épouse le Dauphin, fils de Louis xiv, ou *Monseigneur*, XIII, 569.

Bavière (le prince Clément de), frère de l'électeur Maximilien-Emmanuel, devient archevêque-électeur de Cologne malgré le roi de France, XIV, 81; proteste contre l'électorat donné au Hanovre par l'empereur, 209; est maintenu sur le siége de Cologne par le traité de Ryswick, 233; s'allie à la France, 384; appelle les Français dans les places fortes de son électorat 382; perd Kayserswerth, 392; Liége, 393; est mis au ban de l'Empire, 455, 456; réintégré, 580. — Proteste contre la déclaration de guerre à la France, faite par la diète de Ratisbonne, XV, 192.

Bayart (Pierre du Terrail de), ses débuts, VII, 322 *note;* il tue Sotomayor en combat singulier, 335; commande l'infanterie, 372; secourt les Impériaux contre les Vénitiens, 377; sauve Ferrare, 393; est blessé à Brescia, 401; combat à Ravenne, 405; est pris à la journée des *Éperons*, 423; arme chevalier François 1er, 449. — Sauve Mézières, VIII, 12; conduit un renfort à Lautrec, 25; occupe Lodi, 48; sauve l'armée française au prix de sa vie, 53 et suiv.

Bayart, secrétaire d'état, expie par une prison perpétuelle le crime d'avoir médit des charmes de Diane de Poitiers, VIII, 367.

Bayle (Pierre), savant protestant, émigré en Hollande, XIV, 61; ses travaux, ses doctrines, 523 et suiv.; sa mort, 528 *note*.

Bayona (marquis de), vice-roi de Sicile par intérim, est repoussé à coups de canon par les habitants de Messine, XIII, 462; attaque cette ville sans succès, *ibid*.

Bayonne, sa constitution communale, III, 264. — Capitulation qui donne cette ville à la France, VI, 453.

Beachy-Head (bataille navale de), XIV, 137, 138.

Béarn (le vicomte de), est de la première croisade, III, 179; retourne en Europe après la bataille d'Ascalon, 194.

Béarn (Gaston, comte de), prend la croix contre les Maures, III, 294; meurt dans une bataille, 295.

Beatoun (le cardinal), archevêque de Saint-André, primat d'Écosse, est surpris dans son château et massacré, VIII, 391.

Béatrix, sœur de Hugues Capet, femme de Frédéric de Bar, duc de Haute-Lorraine, II, 540; s'entremet en faveur de la reine Emma, 544.

BÉATRIX, fille de Renaud, comte de Bourgogne, épouse l'empereur Frédéric Barberousse, III, 471.

BÉATRIX, quatrième fille de Raimond Béranger, hérite du comté de Provence, IV, 204, épouse Charles d'Anjou, 205.

BÉATRIX DE PORTUGAL, duchesse de Savoie, détache le duc son mari de l'alliance française, VIII, 60, 229; meurt, 252.

BEAUFORT (le duc de), fils de César de Vendôme, XI, 539, 593; compromettant pour Anne d'Autriche 586. — XII, 160 chef du parti des *Importants, ibid.;* conspire contre Mazarin, qui le met à Vincennes, 170, 171 ; s'en échappe, 281 ; se fait *frondeur,* 315 ; amène un grand convoi d'Étampes à Paris, 320 ; retient le peuple au lieu de le pousser, 326 ; refuse de le soulever, 375; prend dans le Parlement le parti du prince de Condé, 388; commande les troupes du duc d'Orléans, 392; se joint au duc de Nemours, 395; attaque sans succès le pont de Jargeau, 397 ; se prend de querelle avec le duc de Nemours, 398; conduit des auxiliaires au camp du duc de Lorraine, 408; conduit au faubourg Saint-Antoine des volontaires parisiens, 413 ; sa conduite pendant le massacre de l'Hôtel de Ville, 416, 418 ; il est nommé gouverneur de Paris, 421 ; tue en duel le duc de Nemours son beau-frère, 424 ; se démet du gouvernement de Paris, 428 ; en est banni, 429 ; danse avec le roi, 546. — Commande une expédition contre Djidjelli, XIII, 292, 293; est rappelé dans les mers du Ponant, où il ne fait rien, 309, 310, 311 ; escorte une troupe expéditionnaire dans l'île de Candie, où il trouve la mort, 364.

BEAUFORT (Louis de), savant français réfugié en Hollande, renverse tout le roman des premiers siècles de Rome, XV, 353 *note.*

BEAUFREMONT (de), chef d'escadre commandant l'avant-garde de la flotte française, prend la fuite devant les Anglais, XV, 547.

BEAUHARNAIS (de), gouverneur du Canada, XV, 303 *note.*

BEAUJEU (le sire de), frère de Jean II, duc de Bourbon, soulève la noblesse du Berri contre Louis XI, VI, 556. — Accompagne ce prince à Péronne, VII, 36 ; est chargé du gouvernement de Guienne, 67 ; tombe au pouvoir du comte d'Armagnac, 82 ; est délivré, 83 ; épouse Anne de France, 84; préside la commission qui juge le duc de Nemours, 134 ; procédés de Louis XI envers lui, 146 ; il est chargé de la garde et du gouvernement du jeune Charles VIII, 154; gouverne le royaume sous la direction d'Anne de France, 166 et suiv. ; est gouverneur de la Guienne, 202, 203; devient le chef de la maison de Bourbon, 204; échange la Guienne contre le Languedoc, *ibid.;* déconseille la guerre d'Italie, 250 ; est nommé régent du royaume, 254 ; faveurs que lui fait Louis xii, 300.

BEAUJEU (de), capitaine de vaisseau, fait manquer l'expédition de Cavelier vers les bouches du Mississipi, et cause sa mort, XIII, 559.

BEAUJEU, capitaine de vaisseau, prisonnier à Alger, est délivré par le bombardement de cette ville, XIII, 593.

BEAUJOLAIS (Mlle de), fille de Philippe d'Orléans, régent de France, est fiancée à Don Carlos de Bourbon, fils de Philippe v, roi d'Espagne, XV, 114.

BEAULIEU (le Camus de), sa fortune et sa mort, VI, 111, 112.

BEAUMANOIR (Robert de), maréchal de Bretagne, enlève la ville de Vannes, occupée par les Anglais, V, 65 ; *combat des Trente*, 125 ; il est fait prisonnier à Aurai, 251 ; est élu chef de la Confédération bretonne contre la France, et rappelle le duc exilé, 322.

BEAUMARCHAIS (Eustache de), sénéchal de Toulouse, prend possession de la Navarre au nom de la reine Jeanne, IV, 357 ; défend Gironne, et la rend aux Aragonais, 382, 383.

BEAUMARCHAIS (Bouhier de), trésorier de l'épargne, XI, 204 ; est accusé de concussions, s'enfuit, est exécuté en effigie, 206 *note*.

BEAUMARCHAIS avilit le *Parlement Maupeou* par son procès contre Goezman, XVI, 306 ; donne le *Barbier de Séville*, 413 *note* ; ouvre l'avis de secourir l'Amérique en secret, et par intermédiaires, *ibid.* (texte) ; est subventionné à cet effet par les gouvernements de France et d'Espagne, 416 ; envoie neuf vaisseaux chargés d'armes, de munitions, d'officiers, 420 ; défend le gouvernement français contre un *factum* de Gibbon, 440 ; exploits de son vaisseau le *fier Rodrigue*, 445 ; le *Mariage de Figaro*, 516 ; ses éditions de Voltaire et de J.-J. Rousseau, 517.

BEAUMONT-SUR-OISE (Mathieu, comte de), allié de Bouchard de Montmorenci contre Louis le Gros, III, 207.

BEAUMONT (le comte de), fils de Charles le Mauvais, est envoyé par son père auprès de Charles v, V, 316, 317.

BEAUMONT (Christophe de), archevêque de Paris, austère, mal avec la Pompadour, XV, 436 ; adresse au roi des remontrances contre un édit qui annonce l'intention d'imposer le clergé, 439 ; affaire des *Billets de confession*, 444 à 448 ; il est exilé dans sa maison de campagne, 502 ; lance un mandement furibond, que le Parlement fait brûler par le bourreau, 505 ; consent à une transaction qui clôt le débat, 512. — Tonne contre le livre de l'*Esprit*, d'Helvétius, XVI, 15 ; contre l'*Encyclopédie*, 50 ; contre l'*Émile*, 129 ; publie une *Apologie des jésuites*, qui est condamnée au feu et le fait exiler de nouveau, 215 ;

s'allie au parti Du Barri, 307 ; est hué en sortant du Palais de justice, 336 ; interdit les fonctions sacerdotales à l'abbé de l'Épée, 392 *note ;* a des relations amicales avec M. et Mme Necker, 500 ; témoigne hautement son regret de la retraite de Necker, 504.

BEAUNE (Renaud de Semblançai de), archevêque de Bourges, X, 254 *note ;* un des commissaires royaux de la conférence de Suresne, 311 et suiv. ; prépare Henri IV à l'abjuration, 326 ; préside la commission chargée de réformer l'Université, 477.

BEAURAIN (Adrien de Croï, seigneur de Reux et de), négocie la trahison du connétable de Bourbon, VIII, 37, 41 ; son ambassade auprès du conseil de régence de France, 79.

BEAUSOBRE, historien du manichéisme, calviniste émigré, XIV, 61.

BEAUSOLEIL (Mme de), ses efforts patriotiques, et ses malheurs, XII, 13 *note.*

BEAUVAIS, organisation féodale de cette ville, insurrection des bourgeois, formation de la commune, charte communale, III, 244, 245.

BEAUVAIS-NANGIS (le sieur de), député aux États-Généraux de 1588, X, 97 ; assiste au conseil où l'assassinat du duc de Guise est résolu, 109.

BEAUVAIS (l'abbé Jean de), prédicateur, décoche à Louis XV et à la Du Barri une sanglante apostrophe, et y gagne un évêché, XVI, 307.

BEAUVAU (le sire de), l'un des négociateurs de la trêve de Tours, VI, 407.

BEAUVILLIERS (duc de), gouverneur du duc de Bourgogne, est admis dans l'intimité de Mme de Maintenon, XIV, 185 ; président du conseil des finances, participe aux opérations de Pont-Chartrain sur les monnaies, 203 ; comprend la nécessité des réformes, 306 ; se laisse entraîner aux idées de Mme Guyon, 316 ; échappe à grand'peine à sa disgrâce, 319 ; fait décider une enquête sur l'état de la France, 329 ; opinion qu'il soutient dans le conseil tenu sur le testament de Charles II, roi d'Espagne, 361, 362 ; il s'oppose aux réformes proposées par Vauban, 489 ; relève par ses exhortations le courage affaissé du duc de Bourgogne, 549 ; meurt, 608.

BEAUVOIR (le seigneur de), victime de la Saint-Barthélemi, IX, 331.

BEC (Philippe du), évêque de Nantes, enseigne à Henri IV la religion catholique, X, 326.

BECCARIA (le marquis), auteur du *Traité des délits et des peines,* XVI, 137 ; professeur d'économie politique à Milan, 294 *note.*

BECK ou DU BEC, général wallon, amène un renfort aux Espagnols sur le champ de bataille de Rocroi, et fait retraite au plus vite, XII, 164 et suiv. ; secourt Thionville, 172 ; périt à Lens, 261, 262.

Becket (Thomas), chancelier de Henri II, est chargé par lui de poursuivre la guerre contre le comte de Toulouse, III, 468; sa grande faveur, 483; il devient archevêque de Canterbury, *ibid.;* lutte qu'il soutient contre Henri II, 484 et suiv.; sa mort, 489.

Beda, Bédier (Noël), syndic de la Sorbonne, s'oppose à l'enseignement de l'hébreu, VIII, 144; dénonce Érasme à la faculté de théologie, 154; est accusé de calomnie, 160; désapprouve le divorce d'Henri VIII, 176; fait condamner un livre de la reine de Navarre, 179; est puni de ses excès de zèle, 182.

Bedford (duc de), frère d'Henri V, roi d'Angleterre, est régent d'Angleterre pendant l'absence du roi, VI, 7; fait lever le blocus de Harfleur, 26; rejoint son frère devant Melun, 70; fait lever le siége de Cosne, 82; est régent de France, 82; mène le deuil de Charles VI, 85; ses premières mesures de gouvernement, 89; son premier mariage, 95; il bat les Français à Verneuil, 100; contraint le duc de Bretagne à l'inaction, 114; ordonne le siége d'Orléans, 118; s'y obstine, 130; lettre écrite par lui sur Jeanne Darc, 193 *note;* sa fureur et ses embarras après la défaite de Patai, 197 et suiv.; il défie Charles VII, 203; va défendre la Normandie, 208; revient à Paris, 217; ses concessions au duc de Bourgogne, *ibid.;* ses succès en Normandie, 218; danger qu'il court sur la route de Rouen à Paris, 307; il institue des écoles à Caen, 312; échoue devant Lagni, 315; son second mariage, 316; sa dernière apparition à Paris, 326; sa mort, 336, 340.

Dedmar, général espagnol, joint ses troupes à celles du maréchal de Boufflers, XIV, 405.

Beffroi, III, 241.

Bégo, comte du Poitou, est surpris et tué par Lantbert et les Normands, II, 427.

Behuchet, financier, puis marin, son absurdité à l'Écluse, et sa mort, V, 49 et suiv.

Belcastel, page du prince de Condé, amant de la princesse, et soupçonné d'avoir empoisonné son maître, X, 53 *note.*

Belen *(Bel, Heol),* dieu du soleil chez les Gaulois, I, 53; les Romains l'identifient à Phébus, 204.

Belg ou *le Belge,* Brenn des Gaulois et des Tectosages, son expédition en Macédoine et en Grèce, I, 24 et suiv.

Belges, leur origine; ils passent le Rhin, et envahissent la Gaule septentrionale, I, 22; s'accommodent avec les Kimro-Teutons, 147; s'arment contre César, 147.

BELGIQUE, l'une des quatre provinces de la Gaule romaine, I, 196; révoltes étouffées, 197; la lisière du Rhin en est détachée, 217.

BELIN, marchand de Troies, agent du parti catholique en cette ville, IX, 337; y provoque le massacre des protestants, 338 *note*.

BELIN (le comte de), dissuade le duc de Mayenne d'accepter les propositions de l'Espagne, X, 194; est gouverneur de Paris, 267, 268; est révoqué, 347; lieutenant-général de Picardie, et rend lâchement la ville d'Ardres aux Espagnols, 395.

BÉLISAIRE, patrice, renverse le royaume des Wandales, II, 19; ses combats en Italie, 20, 21; sa disgrâce, 25.

BELLAI (Guillaume du), seigneur de Langei; mission dont il est chargé près d'André Doria et de François Ier, VIII, 110; importance de son rôle diplomatique, 162; démarche conciliatrice qu'il fait auprès de Mélanchthon, 182; il enrôle des Suisses et des lansquenets au service du roi, 237; est gouverneur du Piémont, 274; dévoile les crimes de Du Guât, *ibid.*; engage en vain le roi à descendre en Italie, 279; ses derniers services et sa mort, 282.

BELLAI (Jean du), évêque de Bayonne, agent diplomatique de François Ier, VIII, 162; ambassadeur en Angleterre, 174; évêque de Paris, 176 *note;* approuve le divorce d'Henri VIII, 176; est ambassadeur à Rome, 180, 208; cardinal, député vers Henri VIII, 303; fait partie du conseil d'État sous Henri II, 361.

BELLAI (Martin du), historien, fait la guerre en Provence, VIII, 242; ravitaille Landrecies, 290; est gouverneur de Turin, 298.

BELLAI (Joachim du), publie le *Traité de l'illustration de la langue française*, IX, 9.

BELLAI (Eustache du), évêque de Paris, dégrade Anne Du Bourg des ordres sacrés, IX, 29.

BELLARMIN, chef de l'école théologique des jésuites, X, 170 *note;* vient en France avec le cardinal-légat Caetano, 197; dispute à Venise contre Frà Paolo Sarpi, 546. — Son livre *De la puissance du souverain pontife sur le temporel*, est décrété de saisie par le parlement de Paris, XI, 14. — Il persécute Galilée, XII, 14.

BELLECOMBE, gouverneur de Pondichéri, défend héroïquement cette ville et obtient une capitulation honorable, XVI, 433.

BELLEFONDS (le maréchal de) est disgracié pour n'avoir pas voulu prendre le mot d'ordre de Turenne, XIII, 380 *note;* ramène de Hollande les dernières divisions de l'armée française, 434, 440. — Bat les Espagnols en Catalogne, et y prend quelques places, XIV, 20;

commande, sous Jacques II, l'armée destinée à envahir l'Angleterre, 156 ; est cause du désastre de La Hougue, 161.

BELLEGARDE (Saint-Lari de), favori de Henri III, est fait maréchal, IX, 406 ; assiége Livron, 411 ; s'empare du marquisat de Saluces, 486 ; meurt, *ibid.*

BELLEGARDE (Saint-Lari de), grand écuyer de Henri III, le voit assassiner, X, 160, 162 *note*; ambassadeur à Florence, pour y demander la main de Marie de Médicis, 512 ; est amant de cette princesse, après l'avoir été de Gabrielle d'Estrées, *ibid.* — Devient gouverneur de Bourgogne, XI, 7 ; a recours à la magie pour nuire au maréchal d'Ancre, 39 ; correspond avec la reine-mère, prisonnière à Blois, 139 ; cabale contre Richelieu, 331 ; conspire avec Gaston d'Orléans, 349 ; est décrété de lèse-majesté, *ibid.*, frappé de confiscation, 355.

BELLE-ISLE (Fouquet, comte de), petit-fils du surintendant Fouquet, relève la fortune de sa famille, XV, 192 ; commande un corps d'armée sur la Basse-Moselle, prend Traerbach, 193 ; plan de campagne qu'il propose, et qui n'est point adopté, *ibid.*; accroissement de son crédit, 203 ; il se fait appuyer par Mme de Vintimille, et nommer plénipotentiaire à Francfort, 233 ; propose un plan de démembrement de la monarchie autrichienne, 236 ; maréchal ; va négocier en Silésie avec le roi de Prusse, 237 ; commande un moment l'armée de Bohême, 244 ; conseille vainement au maréchal de Broglie de se concentrer, 250 ; reprend le commandement de l'armée rejetée dans Prague, et s'y défend avec énergie, 252 ; reçoit l'ordre d'en revenir à tout prix, et fait une retraite désastreuse, 253, 254 ; est presque en disgrâce, 260 ; combat en Provence contre les Piémontais, 299, 300 ; reprend sur eux le comté de Nice, 320 ; ministre de la guerre, 526 ; fait de bons règlements qu'on ne suit pas, 527 ; signifie au gouverneur du Canada qu'on ne lui enverra aucun secours, 549 ; meurt, 581 *note*.

BELLE-ISLE prise par les Anglais, XV, 574.

BELLE-ISLE (le chevalier de) s'obstine à forcer sans canon le col de l'Assiette, près d'Exilles, et y perd la vie, XV, 320, 321.

BELLESME (Robert de), comte d'Alençon. Sa férocité, III, 497 ; il fait la guerre au roi Henri Ier, qui le jette au fond d'un cachot, 219.

BELLOI (de), poëte tragique, XVI, 157.

BELLOVAKES, peuple belge. Ils fournissent 60,000 hommes contre César, I, 147 ; sont attaqués par les Édues, et déterminent la retraite des confédérés, 148 ; capitulent, 149 ; s'arment de nouveau, 176 ; refusent de secourir Alesia, 181 ; sont forcés de se soumettre à César, 189.

BELLOVÈSE conduit les émigrés bituriges, édues, etc., délivre Massalie, chasse les Étrusques de la vallée du Pô, et rétablit l'Is-Ombrie, I, 16 et 17.

BELON, naturaliste voyageur, IX, 13.

BELZUNCE (de), évêque de Marseille, consacre son diocèse au *Sacré Cœur de Jésus*, XV, 347; s'illustre par son courage et son dévouement durant la peste, 599; prolonge le mal par des processions et cérémonies hors de saison, 600.

BEMBO (Pierre), VII, 472.

BENE (l'abbé *Del*), frère de lait de Henri III, l'exhorte à faire périr le duc de Guise, X, 60.

BÉNÉDICTINS (ordre des), institué par saint Benoît, II, 34. — Réformé (congrégation de Saint-Maur), XII, 68.

BENEDICTUS (saint Benoît), institue l'ordre des Bénédictins, II, 34.

BÉNEZET (saint) fonde l'association des frères *Pontifes*, ou faiseurs de ponts, III, 413 *note*.

BÉNEZET, prédicateur protestant; est pendu à Montpellier, XV, 443.

BENIGNUS (saint Bénigne) fonde les églises d'Autun et de Langres, son martyre, I, 253.

BENKELS DE BIERVLIET invente l'art d'encaquer et de conserver le hareng, VIII, 15 *note*.

BENOÎT, diacre, fabrique à Mayence les *Fausses Décrétales*, II, 396 *note*.

BENOÎT VIII, pape, lance l'anathème contre les usurpateurs des domaines de l'abbaye de Saint-Gilles, III, 42, 43.

BENOÎT IX, pape, élu, à prix d'or, à l'âge de douze ans, chassé du trône pontifical, y remonte plusieurs fois par les mêmes moyens, jusqu'à ce que l'empereur Henri III juge enfin à propos d'intervenir, III, 77.

BENOÎT XI, pape, succède à Boniface VIII, et lui survit peu, IV, 452, 453.

BENOÎT XII, pape. Ses vertus et ses bonnes intentions, V, 25, 26; il s'efforce d'empêcher la guerre entre l'Angleterre et la France, 38; excommunie les Flamands, 47.

BENOÎT XIII (D. Pedro de Luna), pape d'Avignon (*antipape*) après Clément VII, V, 444; son obstination à garder la tiare, 445, 452, 453, 464, 465, 500 et suiv., 556.

BENOÎT, curé de Saint-Eustache, adhère au parti politique, X, 296; se rend à Saint-Denis près de Henri IV, 325; écrit en faveur de ce prince, 334.

BENOÎT XIII, pape bien disposé pour les jansénistes, XV, 142; publie une bulle favorable aux opinions de saint Thomas, et désagréable aux molinistes, 161; rend général dans la catholicité l'office de saint Hildebrand (Grégoire VII), que la France repousse, 163; meurt, 169 *note*.

Benoit XIV, pape, XV, 345; accepte la dédicace de *Mahomet* et envoie à Voltaire une médaille, 390; tente de concilier le clergé et le Parlement par un bref que le Parlement décrète de suppression, 506, 507.

Benserade, littérateur, habitué de l'hôtel de Rambouillet, XII, 126. — Chantre ordinaire des galanteries de la cour, XIII, 184.

Bentivoglio, seigneur de Bologne, allié de Louis XII, VII, 320; est protégé par ce prince, 328; puis abandonné, 360.

Beppolen, duc de la Marche de Bretagne, périt par trahison dans une expedition en Bretagne, II, 95.

Béra, comte de Barcelone, est convaincu de trahison par le *jugement de Dieu*, II, 383.

Bérangère, fille du roi de Navarre, épouse Richard Cœur-de-Lion, III, 539.

Beraud, évêque de Soissons, l'un des promoteurs de la Paix de Dieu, III, 68.

Berchini (Berczeniy), magnat hongrois au service de France, délivre la Lorraine envahie par les Croates et Pandours du partisan Mentzel, XV. 254.

Berenger (Béringhier), petit-fils de Lodewig le Pieux, est élu roi d'Italie, II, 486; se fait proclamer empereur, sa lutte contre Lodewig de Provence, et sa cruauté, 496, 497; sa chute et sa mort, 510.

Berenger, comte de Rennes, prête serment de vassalité à Richard Ier, duc de Normandie, II, 522.

Berenger, évêque de Cambrai, est chassé de cette ville par les bourgeois, et rétabli par Bruno, duc du Lotherrègne, II, 532.

Bérenger, archidiacre d'Angers, écolâtre de Tours, sa doctrine sur l'Eucharistie, et ce qu'il en advient, III, 91 et suiv.

Bérenger-Raimond, comte de Provence, fait la guerre aux comtes des Baux, III, 426.

Berg (le comte de), insurgé protestant, envahit la Gueldre et le comté de Zutphen, IX, 299.

Bergerac (paix de) IX, 466.

Bergier, savant français, XII, 72.

Bergier (l'abbé), publie un livre intitulé : *Certitude des preuves du Christianisme*, XVI, 144.

Berkeley, amiral anglais, tente un coup de main sur Brest, est repoussé, et va brûler Dieppe, XIV, 196, 197; attaque successivement Saint-Malo, Granville, Dunkerque, Calais, 211, 212.

BERKIAROK, grand sultan des Turks, III, 169, 184.

BERLAIMONT (le comte de) est cause que les protestants de Flandre prennent le titre de *Gueux*, IX, 207.

BERLIN. Ce que doit cette ville à Louis xiv, et à l'émigration protestante française, XIV, 63.

BERNARD, marquis de Gothie, comte d'Autun et de Mâcon, se déclare contre Lodewig le Bègue, II, 471; perd la Gothie, et se retire à Autun, 472; meurt, 474.

BERNARD, comte d'Auvergne, reçoit en fief la Gothie, II, 472; guerroie contre l'ancien marquis de Gothie, *ibid.*

BERNARD (le Danois), tuteur de Richard 1er, duc de Normandie, le laisse emmener par Lodewig d'Outre-Mer, II. 523; divise Lodewig et Hugues de France, 524.

BERNARD, comte de Senlis, recueille le duc de Normandie, Richard 1er, II, 524; lui acquiert l'appui de Hugues de France, *ibid.*; prend les armes contre Lodewig d'Outre-Mer, 525.

BERNARD (saint), abbé de Clairvaux; son influence, III, 293, son histoire, sa lutte contre Abélard, 324 à 330; son opinion sur le dogme de la conception immaculée, 403 *note;* étrange lettre qu'il écrit au pape, 422; il est délégué par Eugène iii pour prêcher la croisade, 429 et suiv.; son humanité pour les juifs, 431, 432; grands effets de son éloquence en Allemagne, 432; sa mort, 454; ses derniers efforts contre l'hérésie, 454 et suiv.

BERNARD (dit de Ventadour), troubadour, III, 375 *note.*

BERNARD, frère mineur, opposant à l'inquisition et à Philippe le Bel, IV, 463; est *enmuré* à perpétuité, 545.

BERNARD DE SAISSET, évêque de Pamiers, sa mission près de Philippe le Bel, ses imprudences et son procès, IV, 424 et suiv.

BERNARD, avocat de Dijon, député aux États-Généraux de 1588, X, 96 *note;* préside le tiers-état après La Chapelle-Marteau, 121; son discours de clôture, 123.

BERNARD DE SAXE-WEIMAR, XI, 365; commande les Suédois à Lutzen, après la mort de Gustave-Adolphe, 396; prend Ratisbonne, 419; est battu à Nordlingen par les Impériaux, 420; aide les Français à reprendre Spire, 422; se replie sur la Sarre, 435; campagne sur le Rhin et en Lorraine, 436 *et suiv.;* traité qui le lie à la France, en lui assurant le landgraviat d'Alsace, 438; campagne en Alsace, 447; en Bourgogne, 456; en Franche-Comté, 469; en Allemagne, 470; brillants succès remportés sur le Rhin, 480, 490, 491; grands desseins de ce prince déjoués par la mort, 496, 497.

BERNARD (Samuel), banquier juif, prête à Louis xiv onze millions, XIV, 491 *note;* le roi lui fait en personne les honneurs du château de Marli, 493 *note;* il fait une énorme banqueroute.

BERNARDIN DE SAINT-PIERRE, XVI, 517, 518.

BERNHARD, fils naturel de Karle-Martel, II, 217 *note;* commande une des armées de Charlemagne, 264; fait abandonner aux Langobards les défilés du mont Cenis, *ibid.*

BERNHARD, fils de Peppin et petit-fils de Charlemagne, est établi, par ce dernier, roi d'Italie après la mort de son père; prête serment à Lodewig le Pieux, II, 367; essaie de se rendre indépendant; sa chute sa mort, 374, 375.

BERNHARD, fils de Wilhelm de Toulouse, favori de Lodewig le Pieux, est battu en Espagne par l'émir de Cordoue, II, 383; haute position que Lodewig lui donne, usage qu'il en fait, sa liaison avec l'impératrice, 387; ses disgrâces, 389; sa réhabilitation, 391; disgrâce nouvelle, il devient ennemi de l'empereur, 392; est dépouillé de son gouvernement, 393; rétabli, quel rôle il joue dans les querelles des fils de Lodewig, 411, 412, 413, 416; il est assassiné par Karle le Chauve, 428.

BERNIER, médecin à Montpellier et dans l'Inde, XIII, 179.

BERNIN (le cavalier), architecte et sculpteur des papes; son voyage en France, XIII, 232.

BERNIS (l'abbé, plus tard cardinal de), confident de Mme de Pompadour, négocie l'alliance de la France avec l'Autriche contre le roi de Prusse. XV, 492, 493; cherche à ralentir l'entraînement de sa patronne et du roi, 495; ministre d'État, bientôt après ministre des affaires étrangères, 511; négocie une transaction entre le roi, les évêques et le parlement, 512; déclare qu'il est nécessaire de songer à la paix, perd le ministère et gagne le cardinalat, 542. — Ambassadeur de France à Rome, ses dépêches sur la mort de Clément xiv. XVI, 222.

BERNON, abbé de Baume, fondateur du monastère de Cluni, III, 41.

BERQUIN (Louis de), savant gentilhomme picard, adopte les opinions des protestants, VIII, 147; persécutions et supplice qu'il subit, 151, 153, 154, 160.

BERRI (Jean, duc de), troisième fils du roi Jean; d'abord comte de Poitiers, V, 149; s'enfuit à la bataille de Poitiers, 152; duc de Berri, 230; mandé par Charles v mourant, 331, 332; gouverneur du Languedoc et d'Aquitaine, 345; battu par les Languedociens révoltés; ses cruautés et ses exactions, 348, 392; tue le comte de Flandre? 398; détruit les *tuchins*, 401; sa lâcheté, 407; congédié par Charles VI, 417; destitué; empoisonne l'archevêque de Reims? 428; mêlé aux querelles d'Orléans et de Bourgogne, 461 et suiv.; se déclare pour le parti d'Orléans, 507 et suiv.; traite avec les Anglais, 523; assiégé dans Bourges par Charles VI, 524. — Sa lâcheté, VI, 7 et suiv.; sa mort, 25.

BERRI (le duc de), fils puîné du dauphin, gendre du duc d'Orléans, XIV, 552; meurt, 607.

BERRI (duchesse de), fille du duc d'Orléans, soupçonnée d'inceste et d'empoisonnement, XIV, 552, 607. — Se pique de rivaliser avec les orgies paternelles, XV, 12.

BERRYER, lieutenant de police, XV, 435; ministre de la marine, puis garde des sceaux, 511, 581 *note*.

BERTAUD, horloger, XVI, 19.

BERTAUT, poëte français, X, 482.

BERTHE, fille de Conrad, roi d'Arles, veuve d'Eudes, comte de Chartres, épouse le roi Robert en secondes noces, III, 32; son mariage est annulé par le pape Grégoire V, 34.

BERTHE, fille de Gertrude de Saxe, comtesse de Frise, épouse le roi de France Philippe Ier, III, 133; est répudiée, 151; sa mort, 152.

BERTHEFRED, duc austrasien, conspire contre Hildebert, II, 89; sa mort, 93.

BERTHELIER, de Genève, encourage Michel Servet, VIII, 485; meurt sur l'échafaud, 486 *note*.

BERTHER, roi de Thuringe, est assassiné par son frère Herménefrid, II, 10.

BERTHER, maire du palais sous Théoderik, ses fautes, sa défaite, sa mort, II, 163 à 165.

BERTHIER DE SAUVIGNY, intendant de Paris, devient le premier président du parlement *Maupeou*, XVI, 285 *note*.

BERTHOALD, maire du palais en Burgondie, mission que lui donne Brunehilde, II, 109; sa mort, 110.

BERTHOLD, comte de Maurienne, fondateur du duché de Savoie, III, 29.

BERTHOLF, chef des Van der Straten; sa fortune et sa mort, III, 289, 290.

BERTHOLLET, chimiste français, XVI, 519, 520.

BERTIN, lieutenant de police, puis contrôleur général des finances, XV, 562; état où il trouve le trésor; ses mesures, ses expédients, 562, 563. — Ministre de la maison du roi, fonde le *cabinet des chartes*, XVI, 151 *note;* confident des spéculations du roi sur les grains et les farines, 292, 293 *note.*

BERTIN (Mlle), marchande de modes admise dans l'intérieur de Marie-Antoinette, XVI, 514.

BERTRADE, femme de Peppin le Bref, se consacre à Dieu après la mort de son mari; intervient entre ses deux fils; marie Charlemagne avec la fille de Désidérius, roi des Langobards, II, 253.

BERTRADE DE MONTFORT, femme de Foulques le Rechin, comte d'Anjou et de Touraine, quitte son mari pour le roi Philippe 1er qu'elle épouse, III, 151; est sacrée reine par deux évêques, 152; sa haine contre Louis le Gros et ses crimes, 208, 209; ses vaines menées contre Louis le Gros et sa mort, 214.

BERTRAND, comte et marquis de Provence, se fait feudataire du saint siège, III, 140; perd une partie de ses domaines, 144.

BERTRAND, fils de Raymond de Saint-Gilles, comte de Toulouse après lui, perd Toulouse et le Rouergue, III, 194; les recouvre, 200; prend en Palestine la ville de Tripoli, où il fonde une principauté, 203; meurt, 221.

BERTRAND DE BORN excite les fils d'Henri II contre leur père; caractère, talents de ce personnage, but qu'il se propose, III, 496 *et suiv.;* il excite les enfants d'Henri II contre leur père, qui le fait prisonnier et lui pardonne, 508, 509; ses efforts pour allumer la guerre entre Philippe Auguste et Richard Cœur-de-Lion, 552.

BERTRAND *de Gourdon,* arbalétrier, tue Richard Cœur-de-Lion, et paie cet exploit de sa vie, III, 557.

BERTRAND-MARTIN, évêque des hérétiques albigeois, retiré à Montségur, est forcé de se rendre et brûlé vif avec ses ouailles, IV, 196.

BERTRAND DE MOLLEVILLE, intendant de Bretagne, s'y rend odieux par ses violences, s'enfuit, est pendu en effigie, XVI, 608.

BERTRANDI (Jean), premier président au parlement de Paris, puis garde des sceaux, VIII, 396; est donné pour conseil à Catherine de Médicis, régente, 413; est fait archevêque de Sens et cardinal, 463. — Est renvoyé, IX, 23.

BÉRULLE (le père de), fondateur de la congrégation de l'Oratoire, négocie pour Louis XIII auprès de Marie de Médicis, XI, 141; est directeur de cette princesse, 226; intrigue au profit de l'Espagne contre le cardinal de Richelieu, *ibid.* et 278; cardinal lui-même, *ibid.*
— Introduit en France l'ordre espagnol des Carmélites, XII, 63 *note;* fonde la congrégation de l'Oratoire, 67.

BERWICK (Fitz-James, duc de), fils naturel de Jacques II, commande un corps français en Espagne, envahit le Portugal, XIV, 434; commande en Languedoc, 440; prend Nice, 449; maréchal, retourne en Espagne, où il est réduit, faute de soldats, à diriger une retraite, 453 *et suiv.;* reprend l'offensive, fait reculer l'ennemi, s'empare de Carthagène, 469, 470; bataille d'Almanza, 473; prise de Valence, 474; de Lérida, 475; commande l'armée de l'Est sous l'électeur de Bavière, 493; gagne la Flandre en suivant le prince Eugène, 498; rejoint l'armée du duc de Bourgogne et résigne son commandement, 502; reçoit et transmet des ouvertures pacifiques de Marlborough, 504; commande l'armée des Alpes, 516; position qu'il prend pour défendre la frontière de l'est, 518; il aide un moment Villars au nord, puis retourne aux Alpes, 529; défend le Dauphiné et la Provence, 530, 531; fait lever le siége de Girone, 569; assiége et prend Barcelone, 584, 585; sert avec chaleur les intérêts de son frère Jacques Stuart, 592. — Campagne en Biscaye et en Catalogne contre les Espagnols, XV, 97 *et suiv.;* gouverneur de Guienne, propose de massacrer les protestants qui vont au désert, 106; prend le fort de Kehl, 183; est tué devant Philipsbourg, 193.

BESANÇON. État politique et organisation municipale de cette ville. Elle est réunie à la France, XIII, 334, 335; rendue à l'Espagne, 339; reprise définitivement, 438, 439.

BESME assassine l'amiral de Coligni, IX, 322; est mis à mort par les protestants, 416.

BESONS (le maréchal de) remplace en Espagne le duc d'Orléans, XIV, 517; commande un corps d'armée sur la Moselle, 576; occupe le fort Louis, 578. — Est membre du conseil de régence, XV, 8.

BESONS (de), archevêque de Bordeaux, membre, sous le régent, du conseil de conscience, XV, 10.

BESSARION (le cardinal). Son ambassade auprès de Louis XI, VII, 84 *note.*

BESTOUJEFF, chancelier de Russie, gagné par l'or anglais et les instances du grand-duc héritier, poursuit mollement la guerre contre la Prusse, XV, 519; est arrêté, 530.

BÉTHENCOURT (Jean de) devient roi des îles Canaries, VI, 76 *note.*

BETHLEM GABOR, prince de Transylvanie, envahit la Hongrie autrichienne, XI, 143; est proclamé prince souverain de Hongrie, 153; renonce à ses prétentions et traite avec l'empereur, 183 *note;* recommence la guerre, 197; traite de nouveau, 259; meurt, 311 *note.*

BÉTHUNE (le comte de), frère du duc de Sulli, négociateur pour Louis XIII près de Marie de Médicis, XI, 141; ambassadeur en Allemagne, 15°, 157; expose au roi la nécessité de sauver le Palatinat, 169.

BÉTHUNE (marquis de), ambassadeur de France en Pologne, enrôle des volontaires polonais pour aider les Hongrois contre l'Autriche, XIV, 11; cherche à détourner le roi Jean Sobieski de secourir cette puissance contre les Turcs, 13.

BÉTIZAC, trésorier du duc de Berri. Ses crimes, son procès, son supplice, V, 426 *et suiv.*

BEUIL (le sire de), neveu de Georges de La Trémoille, contribue à le renverser, VI, 318, 319; prend part au siège de Castillon, 482.

BEVERNING, négociateur du traité de Nimègue, XIII, 528, 530.

BEVILACQUA, nonce du pape à Nimègue, XIII, 542, 543 *note*.

BÈZE (Théodore de) soutient qu'on doit persécuter les dissidents, VIII, 486. — A d'abord été littérateur et poëte, IX, 9 *note;* visite les princes de Bourbon, 55; joue un rôle important au *colloque de Poissi*, 96 *et suiv.;* demande justice du massacre de Vassi, 114; suit l'armée du prince de Condé, 120; décerne à Poltrot de Méré la palme du martyre, 162; succède à Calvin, 185; préside un synode à La Rochelle, 278. — Prêche en Allemagne une croisade protestante, X, 23; s'efforce de prévenir l'abjuration d'Henri IV, 327; obtient de lui la démolition du fort Sainte-Catherine, voisin de Genève, 509.

BÉZIERS (*Biterræ*) devient le siège d'une colonie militaire romaine, I, 128. — Est prise par les croisés, qui en massacrent tous les habitants, IV, 32.

BÉZIERS (Bernard-Atto, vicomte de) va à la première croisade, III, 179; assiste le comte de Toulouse contre le duc d'Aquitaine, 294.

BÉZIERS (Raimond Trencavel, vicomte de) est assassiné par les bourgeois de Béziers, III, 470 *note*.

BÉZIERS (Roger, vicomte de) venge la mort de son père, Raimond Trencavel, par un forfait abominable, III, 470 *note;* devient l'allié du comte de Toulouse contre le roi d'Angleterre, 478.

BÉZIERS (Raimond-Roger, vicomte de), favorable aux hérétiques, IV, 20; sa conduite héroïque et son malheur, 29, 31 *et suiv.;* sa mort, 38.

BIART, sculpteur, X, 476.

BIBARS-EL-BONDOKDARI, chef des musulmans après Fakhr-Eddin, IV, 226; attaque les chrétiens dans leur camp, 228; devient sultan d'Égypte et détruit tous les établissements des Latins en Asie, 323; trêve qu'il conclut avec Edouard d'Angleterre, 333; sa mort, 396.

BIBIENA (cardinal), légat de Léon X en France, VII, 486.

Biccio, négociant florentin, fermier général sous Philippe le Bel, IV, 395, 396.

Bicoque (combat de la), VIII, 26.

Bidossan, gouverneur de Calais, rend la ville aux Espagnols et meurt en défendant le château, X, 394.

Biez (le maréchal du) défend Montreuil contre les Anglais, VIII, 305; assiége Boulogne sans succès, 339, 340; est mis en jugement, condamné, dégradé, etc., 368.

Bignon (Jérôme), éditeur des *Formules de Marculfe*, XII, 71, 72; avocat général, requiert contre le duc de Beaufort, le coadjuteur et Broussel, 346. — Un des auteurs de l'*Ordonnance civile*, ou code de procédure, XIII, 77.

Bigorre (Centulle, comte de) prend la croix contre les Maures, III, 294; meurt dans une bataille, 295.

Bigot, intendant du Canada, se fait une immense fortune en ruinant la colonie, XV, 548; est mis en jugement et condamné pour ses dilapidations, 571 *note*.

Bilihilde, femme de Théodebert, roi d'Austrasie, II, 108; sa mort, 118.

Billets de monnaie, XIV, 485, 486, 487.

Billets de confession, exigés par l'archevêque de Paris, et sans lesquels on est privé de la sépulture chrétienne; lutte à ce sujet entre le clergé, le ministère et le parlement, XV, 444 à 448, 502, 506, 507, 508.

Bincker, vice-amiral hollandais; expédition à la Guiane et aux Antilles, XIII, 514; combat de Tabago, 515; second combat où il périt, 516.

Bioern *Côte de fer*, chefs de pirates normands, est battu par Karle le Chauve, II, 443; attaque Paris, et réduit en cendres la basilique de Sainte-Geneviève, *ibid.*; devient vassal de Karle le Chauve, 444.

Biote, comtesse de Pontoise et du Vexin, meurt empoisonnée par Guillaume le Conquérant, III, 106.

Birague (René de), conseiller de Catherine de Médicis, IX, 235; chancelier, 276; un des auteurs de la Saint-Barthélemi, 315 et suiv.; ses règlements commerciaux et économiques, 383, 384; il expose aux premiers États de Blois la situation des finances, 447; quitte les sceaux et devient cardinal, 491 *note*.

Biren, favori de la tzarine Anna Ivanowna, est gagné aux intérêts de l'électeur de Saxe, prétendant au trône de Pologne, par la promesse que lui fait cet électeur de lui donner, s'il est élu, le duché de Courlande, XV, 177; promesse qui est exécutée, 243.

Biron (le baron de) est chargé de faire exécuter dans les provinces le traité d'Amboise, IX, 161 ; est grand maître de l'artillerie, et combat à Moncontour, 256, 258 ; est chargé de négocier avec les huguenots, 263, 270 ; propose à Jeanne d'Albret le mariage de Marguerite avec Henri de Navarre, 279 ; est nommé gouverneur de La Rochelle, qui lui ferme ses portes, et assiége cette ville, 350, 351, 354, 373 ; combat les reîtres amenés par Thoré, 420 ; accompagne les députés des États de Blois près du roi de Navarre, 453 ; veut la paix religieuse, et va la négocier avec ce prince, 462 ; s'empare d'Agen, 469 ; est fait maréchal, 470 ; prend Mont-de-Marsan et d'autres places, 498 ; va aider en Flandre le duc d'Anjou, 515. — Combat les huguenots en Saintonge, X, 19 ; et les ligueurs dans Paris, 64 et suiv.; se rallie à Henri IV, 174, 176 ; le suit en Normandie, 179 ; fortifie Dieppe, 182 ; combat à Arques, 184 ; prend Alençon, 191 ; commande la réserve à Ivri, et décide la victoire, 200, 202 ; négocie avec le cardinal Gaetano, 206, 208 ; décide Henri IV à occuper Chelles, 228 ; le suit en Beauvoisis, 231 ; assiége Rouen, 274 et suiv., 280, 282 ; est tué devant Épernai, 285.

Biron (Charles, baron de), fils du précédent, combat à Ivri, X, 200 ; doit la vie à Henri IV, 233 *note ;* le sert avec ardeur, 282 ; est fait amiral de France, 286 ; harcèle les Orléanais, 307 ; est appelé à Troyes par les habitants, 356 ; commande au siége de Laon, 362 ; pousse Henri IV à déclarer la guerre à l'Espagne, 374 ; est fait gouverneur de la Bourgogne, et s'empare, presque en totalité, de cette province, 375 ; est blessé à Fontaine-Française, 377 ; commence le siége d'Amiens, 412 ; conspire contre Henri IV, 506 ; prend la ville de Bourg-en-Bresse, 507 ; et le fort Sainte-Catherine, 508 ; avoue au roi une partie de ses torts, et obtient son pardon, 511 ; puis deux ambassades successivement, *ibid.*; conspire de nouveau, 514 ; son procès et son supplice, 516 et suiv.

Biron (maréchal de) opère, à la tête de 25,000 hommes, contre les émeutiers, dans la *Guerre des farines*, XVI, 347 ; paie les dettes de l'amiral Rodney, pour qu'il puisse aller prendre le commandement des marins anglais, 447.

Bische (Guillaume) est nommé bailli de Soissons, VI, 527. — Livre Péronne à Louis XI, VII, 123.

Bituitus (Biteut), chef ou roi des Arvernes, envoie une ambassade aux Romains, puis s'arme contre eux ; sa défaite, sa mort, I, 110 et suiv.

Bituriges, puissante tribu gaëlique, I, 16 ; ils se joignent à Vercingétorix, 167; leurs sacrifices pour la cause commune, 169; leur résistance dans Avarike, et leur désastre, 169 et 170; leur soumission, 187; leur territoire est annexé à l'Aquitaine, 195.

BIVAR (don Rodrigue de) (El Cid), III, 142.

BLACK, chimiste anglais, découvre le gaz acide carbonique et la chaleur latente, XVI, 519.

BLAKE, amiral anglais, attaque la flotte française sans déclaration de guerre, et lui fait éprouver de grandes pertes, XII, 434; ses exploits contre les Provinces Unies, 473; son expédition dans la Méditerranée, 476.

BLAMONT (le sire de), maréchal de Bourgogne, reçoit le dauphin Louis fugitif, VI, 506. — Ravage l'Alsace, VII, 90; est battu par les Suisses, *ibid.*

BLANCHARD (Alain) s'échappe de Rouen après l'insurrection de cette ville, VI, 30; y rentre, 33; la défend contre les Anglais, 46, 49; sa mort, 51.

BLANCHARD, peintre français, XII, 146.

BLANCHARD, mécanicien, franchit le Pas-de-Calais en ballon, XVI, 522.

BLANCHE, fille d'Alphonse, roi de Castille, épouse Louis, fils de Philippe Auguste, III, 559. — Services qu'elle rend à son mari, IV, 92, 95; est sacrée à Reims avec lui, 116; est régente après sa mort, 133; sa conduite habile avec les grands vassaux et en particulier le comte de Champagne, 136 et suiv. jusqu'à 142; elle achève de soumettre le Midi, 146 et suiv.; sa querelle avec l'université de Paris, 161 et suiv.; avec les évêques de Rouen et de Beauvais, 164; son gouvernement pendant que Louis IX est à la croisade, 240 et suiv.; sa mort, 255.

BLANCHE, veuve d'Henri, roi de Navarre, se réfugie en France avec sa fille Jeanne, IV, 357; épouse le frère du roi d'Angleterre, 402.

BLANCHE, fille d'Othon V, comte de Bourgogne, femme de Charles, troisième fils de Philippe le Bel, est enfermée pour adultère, IV, 506; son mariage est annulé, 550.

BLANCHE, fille de Don Juan, roi de Navarre, son mariage, ses malheurs, sa mort, VI, 536, 540.

BLANCHEFORT (le seigneur de), député du Nivernais aux États de 1576, refuse sa signature à l'acte d'association de la Ligue, IX, 444.

BLANDINE (sainte), esclave chrétienne, son martyre, I, 252.

BLASON, III, 193 *note.*

BLÉNAC, directeur général des Antilles françaises, repousse les Anglais de la Martinique, XIV, 184.

BLET, prostestant, est brûlé en place de Grève, VIII, 153.

BLOIS (Charles de), épouse Jeanne de Penthièvre, V, 58 ; est déclaré par la cour des Pairs héritier du duché de Bretagne, 58 ; le dispute aux Monfort, 59 et suiv., 73, 108 ; perd la bataille d'Aurai, où il périt, 250, 251.

BLOIS (assemblée de) réunie par Louis XII pour réformer la justice, VII, 307. — États-Généraux de 1576, IX, 439 et suiv. — De 1588, X, 95 et suiv.

BLOIS (château de), VII, 383.

BLOIS (Mlle de), fille de Louis XIV et de Mlle de La Vallière, refusée par le prince d'Orange, XIII, 549 *note*. — Épouse le duc d'Orléans, XIV, 459 *note*.

BLONDEL, architecte, agrandit l'arc de triomphe de la porte Saint-Martin, construit ceux des portes Saint-Denis et Saint-Bernard, XIII, 234 *note*; enseigne au Dauphin les mathématiques appliquées à la guerre, 245.

BOCCACE, V, 110 *note*.

BOCCARDO, dit *le Cortone*, architecte, auteur de l'Hôtel de Ville de Paris, IX, 16 *note*.

BOCHART (Samuel), ministre protestant, auteur de la *Géographie sacrée* et de l'*Hierozoïcon*, XII, 70.

BOCHETET, évêque de Rennes, ambassadeur de France en Allemagne, IX, 179 *note*.

BODDIG-NAT, chef des Nerviens, à la bataille de la Sambre, I, 149.

BODIN (Jean), son livre de la *République*, IX, 394 et suiv.; ses autres ouvrages, 395, 396 ; il est procureur du roi au bailliage de Laon, et député du Tiers aux États-Généraux de 1576, où il rédige le cahier du Vermandois, 446 ; ses efforts en faveur de la tolérance, 450, 456 ; son opposition aux prétentions de la cour, 458 et suiv.; il refuse de suivre le duc d'Anjou en Flandre, 545. — Écrit le livre : *de l'Union des Laonnois à la Ligue*, X, 137.

BOEHME (Jacob), mystique allemand, XVI, 530 *note*.

BOEMOND, fils de Robert Guiscard, prince de Tarente, prend la croix avec les chevaliers, III, 173, 174 ; lettre qu'il écrit à Godefroi de Bouillon, 177, 178 ; ses rapports avec Alexis Comnène, 179 ; danger qu'il court dans la journée de Gorgoni, 183 ; sa conduite au siège d'Antioche, 186 ; il s'installe en souverain dans cette ville, 188 ; son voyage en France, 203.

BOERHAAVE, médecin hollandais, XV, 397.

BOÉTIE (Étienne de la), VIII, 386.

BOFFALO DEL GIUDICE, l'un des juges du duc de Nemours, obtient de

Louis XI les biens du condamné et la garde de son fils aîné, VII, 135.

BOGHEN (Louis van), architecte de l'église de Brou, en Bresse, VII, 368.

BOIES (de la Gaule), peuple kimri. Ils passent en Italie, et refoulent les Étrusques en Toscane, I, 17 ; ils secourent les Sénons contre Rome, et sont vaincus, 97 ; mettent à mort deux chefs qui ont voulu les entraîner à la guerre contre les Romains, *ibid.;* s'y décident plus tard, et sont vaincus à Télamone, 98, 99 ; appellent Annibal en Italie, 102 ; leur ruine ; ils émigrent vers le Danube et la Drave, 103 ; se joignent aux Helvètes, 141 ; se fixent sur les bords de l'Allier, 143 ; s'arment pour défendre Alésia, 181.

BOIES des monts Sudètes ou de la Bohême, I, 17 ; repoussent les Kimro-Teutons, 115 et 116 ; sont dépossédés par les Markomans, et se fondent avec les Suèves, 219.

BOILEAU (Étienne), prévôt de Paris, IV, 297 ; rédige le *Livre des métiers*, 312 et suiv.

BOILEAU. Sa vie, son œuvre, XIII, 187 et suiv., 199 et suiv. — Il meurt, XIV, 244 ; après avoir soutenu les anciens contre les modernes, 249, 250 ; et la philosophie cartésienne contre l'Université, 266.

BOINEBOURG (baron de), ministre de l'électeur de Mayence, met Leibniz à même de proposer au gouvernement français la conquête de l'Égypte, XIII, 367, 368.

BOINES (comte de), ministre de la marine sous Louis XV, est renvoyé par Louis XVI, XVI, 319.

BOÏO-RIGH, brenn des Kimris, tue Scaurus d'un coup de sabre, I, 118 ; demande à Marius de fixer le jour de la bataille, 124.

BOISBOURDON (le chevalier de). Sa bonne fortune et son châtiment, VI, 28.

BOIS-DAUPHIN, colonel des barricades, député aux États-Généraux de 1588, X, 96 ; est arrêté après le meurtre du duc de Guise, 115 ; relâché, 121 ; soulève le Mans contre Henri III, 132 ; est fait maréchal par le duc de Mayenne, 304 *note;* se soumet à Henri IV, 378. — Est chargé de maintenir Paris pendant le voyage de Louis XIII à Bordeaux, XI, 93 ; ne sait point arrêter la marche des princes insurgés, 94 ; escorte le roi revenant à Paris, 97.

BOISDON, chef de massacreurs, est complimenté à Lyon par le légat du pape ; est pendu à Clermont, IX, 344.

BOIS-GUILLEBERT. Examen de ses ouvrages et de ses accusations contre Colbert, XIII, 92 et suiv. — Il étudie les moyens de réformer l'État, XIV, 306 ; sa visite à Pontchartrain, 335 ; il publie le *Détail de la France*, 336 et suiv. ; le *Factum de la France*, puis le *Supplément au*

Détail de la France, 489 ; est exilé, 490. — Réclame la liberté du commerce et de l'industrie, combat la théorie de la *Balance du commerce*, est le véritable père des économistes, XVI, 163.

Boisi (Guillaume Gouffier, sire de), chambellan de Charles VII, et révélateur du *secret* de la Pucelle d'Orléans, VI, 153 ; complote contre Jacques Cœur, et s'enrichit de ses dépouilles, 472, 473 ; est disgracié, 478.

Boisi (Artus Gouffier, sire de), fils du précédent, gouverneur de François I*er*, VII, 435 *note ;* est fait grand maître de l'hôtel et administrateur des finances, 438 ; ambassadeur auprès du roi d'Aragon, 441 ; négocie le traité de Noyon, 456 ; meurt, 499.

Buisse-Pardaillan (de), gentilhomme huguenot, est assassiné par ordre de son gendre, pour avoir livré toutes ses places à Louis XIII, XI, 180 *note*.

Boisselot, capitaine aux gardes françaises, défend Limerick avec succès contre Guillaume III, roi d'Angleterre, XIV, 141.

Boisseret achète à la *Compagnie des îles* le monopole du commerce à la Guadeloupe, à Marie-Galande, à la Désirade, etc., XIII, 13 *note*.

Bokholt (Jean), roi-prophète des anabaptistes, VIII, 221, 226.

Boleslas, duc de Pologne, amène un renfort à la troisième croisade, III, 441.

Boleyn (Thomas), ambassadeur d'Angleterre, VII, 492 *note*. — Communique à son gouvernement les ouvertures du connétable de Bourbon, VIII, 39 ; est envoyé à Rome, 175.

Boleyn (Anna) quitte la maison de la duchesse d'Alençon et retourne en Angleterre, VIII, 158 ; est aimée de Henri VIII, 172 ; l'épouse, 179 ; sa mort, 255.

Bolingbroke (Saint-John, lord) se met à la tête du parti de la paix contre les whigs et Marlborough, XIV, 537 ; ministre des affaires étrangères, vient à Paris pour y négocier la paix, 569 ; contribue à faire destituer le comte d'Oxford, premier ministre, 591 ; est poursuivi par les whigs, se réfugie en France et y conspire pour le prétendant Jacques Stuart, 592. — Membre assidu du *club de l'Entresol*, XV, 355, lié avec Voltaire, 373 ; ses opinions philosophiques, 375, 376.

Bolland (le Père) jésuite, auteur des *Actes des saints* X, II, 69.

Bollandistes (les), jésuites qui ont continué l'œuvre de Bolland, XII, 69.

Bologne (École de droit de), fondée en 1111, par Irnerio, III, 472 *note*, 566 *note*.

BOMBES, invention hollandaise, XI, 448.

BONAVENTURE (saint), IV, 264; devient général des franciscains après Jean de Parme, 269.

BONCERF, premier commis des finances, écrit contre les droits féodaux, à l'instigation du contrôleur général, une brochure pour laquelle il est mis en accusation, XVI, 371, 372.

BONGARS, envoyé de Henri IV en Allemagne, X, 544.

BONIFACE défend Marseille contre les Wisigoths, I, 343.

BONIFACE (saint). *Voy.* WINFRID.

BONIFACE VII, pape. Par quels procédés il se débarrasse de ses compétiteurs, III, 26.

BONIFACE, marquis de Montferrat, est élu chef de la cinquième croisade, III, 567; devient roi de Macédoine, 571; est tué en combattant les Bulgares, *ibid. note.*

BONIFACE VIII, pape, IV, 388; donne en fief, au roi d'Aragon, la Sardaigne et la Corse, en échange de la Sicile, 389; ses antécédents, son caractère, ses projets, etc., 409; son intervention entre les rois de France et d'Angleterre, 410; bulles contre Philippe le Bel, 411, 412; concessions qu'il lui fait, 413; services qu'il rend à lui et à sa maison, 417, 421, 422; ses démêlés avec ce prince, 423 à 434, 443, 450 et suiv.; sa mort, 452.

BONIFACE IX (Pierre Tomacelli) est élu pape par les cardinaux de Rome, V, 425; procédés de son gouvernement, 441; son obstination à garder la tiare, 452; sa mort, 465.

BONIFACE, capitaine quartenier de Marseille, perd la vie en essayant de soulever cette ville en faveur de la Ligue, IX, 547, 548.

BONIFACIUS, théologien arien, discute contre Avitus, I, 434.

BONNE VILLE. Sens de cette désignation, VII, 170 *note.*

BONNET (affaire du), XV, 43 *note.*

BONNET (Charles) philosophe de Genève, XVI, 10 *note;* naturaliste, 20; publie la *Contemplation de la Nature,* 26 *note.*

BONNEVAL (de) député de la noblesse aux États-Généraux de 1614, insulte gravement un député du Tiers, XI, 78; est condamné à mort et exécuté en effigie, 79.

BONNEVAL (le comte de) se fait musulman, et joue un rôle à Constantinople, XV, 172 *note;* service qu'il rend à la diplomatie française, 181 *note;* est pacha, et gouverne la Turquie sous le nom du grand vizir, 220; y agrandit l'influence de la France, 222; inspire au sultan Mahomet V d'offrir aux puissances occidentales sa médiation, et à la France son alliance, 290.

BONNIVET, amiral, ambassadeur, VII, 492; offre la couronne impériale au duc de Saxe, 496; pousse à la guerre contre Charles-Quint, 500. — Reprend sur les Espagnols la Basse-Navarre, VIII, 46; commande en Italie, et y subit de grands revers, 48, 50, 54; décide François Ier à rester devant Pavie, et dispose la bataille, 62; y périt, 57.

BONNOR (Honoré), conseiller de Charles v, auteur de l'*Arbre des batailles*, V, 299.

BONOSUS prend la pourpre à Cologne, se pend, I, 278.

BONTEMPS (Pierre), sculpteur, auteur, pour moitié, des bas-reliefs du tombeau de François Ier, IX, 47 *note*.

BONTEMPS, valet de chambre de Louis XIV, témoin de son mariage avec madame de Maintenon, XIV, 35.

BORDEAUX. Pillage et incendie de cette ville, prise par les Normands, II, 434. — Elle rentre sous les lois du roi de France, VI, 454. — Révolte occasionnée par la gabelle, et atroce répression, VIII, 482 et suiv. — Émeutes contre les droits sur les boissons, XI, 442. — Querelle entre cette ville et le gouverneur de Guyenne, duc d'Épernon, XII, 337, 342 et suiv.; elle embrasse le parti de la maison de Condé contre la cour, 353, 354, 356 et suiv.; *Paix de Bordeaux*, 360; nouvelle rébellion, l'*Ormée*, 437 et suiv.; fin de ces troubles, 445 et suiv. — Révolte amenée par l'énormité des impôts, XIII, 470; et rigoureusement réprimée, 472.

BORDEAUX (de), marchand, est promu au corps de ville de Paris, X, 119.

BORDEAUX (de), président au grand Conseil, ambassadeur en Angleterre, XII, 472.

BORDEU (Théophile de), médecin, ses travaux sur la sensibilité, et sur la digestion, XV, 397, 398.

BOREL, comte de Barcelone, seigneur de la Marche d'Espagne, est attaqué par les Sarrasins, II, 544. — Décide l'archevêque de Reims à sacrer Robert, fils de Hugues Capet, III, 49; protége Gerbert, et le conduit en Italie, 25, 26.

BORELLI, savant florentin, victime du saint-siége et de l'Inquisition, XII, 16.

BORGIA (César) cardinal de Valence, est pris pour otage par Charles VIII, marchant sur Naples, VII, 264; s'évade, 265; assassine son frère, le duc de Gandia, 286 *note*; est sécularisé, 302; reçoit de Louis XII les comtés de Valentinois et de Diois, 303; son voyage à la cour de France, 305; son mariage, 311; il devient duc de Romagne, 320,

328 ; prend part à l'expédition contre Naples, 330, 334 ; ses usurpations, 340 ; sa chute et sa fin, 344.

Borgia (Lucrezia), fille du pape Alexandre VI, maîtresse de son père et de ses frères, VII, 286 *note ;* femme d'Alphonse d'Este, duc de Ferrare, 405 *note.*

Boris Godunow, boyard moscovite, fait périr le tzar Dmitri Ivanowitz, s'empare du trône et meurt, X, 543.

Borneil (Giraud de), troubadour, III, 375 *note.*

Borromée (saint Charles), neveu du pape Pie IV, IX, 174, 206.

Borron (Robert de), écrivain français du moyen âge, III, 395 *note.*

Boscawen, amiral anglais, attaque sans succès Pondichéri, XV, 314, 315 ; attaque traîtreusement une flotte française en temps de paix, 475 ; assiége et prend Louisbourg, 535 ; détruit plusieurs vaisseaux français sur la côte des Algarves, 545.

Bosche (Peter van den) est élu chef des Gantois, V, 357 et suiv. ; confère l'autorité suprême à Philippe van Artevelde, 363 ; est vaincu et blessé à Comines, 379 ; relève le courage des Gantois, 384, 395 ; se réfugie en Angleterre, et devient corsaire, 404.

Bosco-Montandré (du), libelliste gagé par le prince de Condé du temps de la Fronde, XII, 404.

Boson, beau-frère de Karle le Chauve, gouverneur de Vienne et du Lyonnais, II, 458 ; est chargé de gouverner l'Italie, 463 ; est couronné par les évêques de Provence et de Bourgogne, 473 ; guerre qu'il soutient contre les rois de Neustrie et de Bourgogne, 474 ; sa mort, 486.

Boson, frère d'Aldebert, comte de Périgord, lui succède, et fait la guerre au duc d'Aquitaine et au roi Robert, III, 23.

Bosse (Abraham), graveur, XII, 154 *note.*

Bossuet prêche le carême de 1659, XII, 537. — Ennemi du théâtre, XIII, 195 ; lance l'anathème contre la mémoire de Molière, 198 ; sa vie, son œuvre oratoire, 215 à 223 ; est précepteur du Dauphin, 226 ; combat de son mieux les désordres du roi, *ibid. ;* livres qu'il écrit pour son élève, 244, 246 et suiv. ; il cherche à gagner les jansénistes, et les pousse contre les protestants, 265 ; ses œuvres de controverse, 266, 267 ; il prononce l'oraison funèbre de Mme Henriette d'Angleterre, 355 ; est dupe de la séparation momentanée du roi et de Mme de Montespan, 610 ; excite le roi contre les protestants, 611 ; dirige le mouvement anti-ultramontain du clergé gallican, 616 ; évêque de Meaux, 620 ; dirige l'assemblée extraordinaire de 1682, rédige et fait voter la *Déclaration sur la puissance ecclésiastique,* 621, 622, 624. — Ses transports de joie quand l'édit de Nantes est révoqué, XIV, 54 ; il argumente contre Jurieu, 61 ; fait l'oraison funèbre du prince de Condé, 75 *note ;* étouffe le débat suscité par les jésuites sur la philosophie cartésienne, 266 ; combat énergiquement les docteurs calvinistes, 289 et suiv. ; négocie la réunion du catholicisme et du luthéranisme, 291, 292 ; combat l'abbé Dupin, 293 ; poursuit et fait condamner Richard Simon, 293 et suiv. ; soutient que, les juifs exceptés, tous les peuples de l'antiquité ont été idolâtres, 298 ; lutte avec acharnement contre Mme Guyon et Fénelon, 317 et suiv. ; fait condamner à la fois les jésuites et les jansénistes par l'assemblée du clergé de 1700, 321 ; son dernier ouvrage théologique, 321 et suiv. ; sa fin, 328 ; son langage équivoque, en 1697, dans une délibération sur des mesures à prendre à l'égard des calvinistes. 347, 348.

Bossut-Longueval (le comte de), amant de la duchesse d'Étampes, et son agent diplomatique, VIII, 302, 303 ; sauve sa tête en donnant une belle terre à l'archevêque de Reims, 367.

Bossut (l'abbé), mathématicien, est chargé d'un ensemble de recherches sur la canalisation du royaume, XVI, 338.

Boston, capitale du Massachusets, XVI, 404 ; théâtre du premier engagement entre les soldats anglais et le peuple américain, 406 ; son port est mis en interdit, 407 ; les troupes anglaises s'y renferment, y sont assiégées, 409 ; l'évacuent, 417.

Botera (le marquis de), vice-roi de Valence, secourt Tarragone assiégée par les Français, XI, 536.

Botherel (comte de), syndic des États de Bretagne, proteste au nom des Trois-Ordres, devant le parlement de Rennes, contre les édits du 8 mai 1788, XVI, 608.

Bothwell (le comte de), meurtrier de Darnley, amant, puis époux de Marie Stuart, IX, 214 *note.*

Botta Adorno, commandant à Gênes pour l'Autriche, soulève les habitants par ses vexations, et se fait chasser, XV, 299, 300.

Bouchage (le sire du) est député par Louis xi près du duc de Guienne, VII, 64.

Bouchard d'Anjou, comte de Corbeil et de Melun, est attaqué par le comte de Chartres, et défendu par le roi Robert, III, 48.

Bouchard, évêque d'Aoste, usurpe l'évêché de Lyon, III, 75.

Bouchardon, sculpteur, XV, 336. — Auteur d'une statue équestre de Louis xv, XVI, 226.

Boucher, curé de Saint-Benoît, un des premiers instigateurs de la Ligue, IX, 531. — Suscite une émeute contre Henri iii, X, 46, est élu membre du conseil général de la Ligue, 134 ; déclare en chaire que le

Béarnais vaut mieux qu'Henri III, 157; fait l'apologie du meurtre de ce prince, 169 *note;* annonce au peuple la défaite d'Ivri, 204 ; prêche avec violence contre Henri IV, 263 *note;* présente au conseil d'État la requête des *Seize* demandant une chambre ardente contre les hérétiques, 268 ; harangue le duc de Mayenne, 269 ; lui soutient que les hommes qu'il a fait étrangler sont des martyrs, 270 ; est député du clergé aux États-Généraux de 1593, 304 ; publie les *Sermons de la simulée conversion,* 334 ; sort de Paris avec les Espagnols, 352 ; écrit l'apologie de Jean Chastel, 372 *note.*

BOUCHER, peintre favori de Louis XV, XV, 336.

BOUCHERAT, chancelier, XIV, 54 *note;* meurt, 344.

BOUCHET (Jean), poëte, VII, 354.

BOUCHOT (Jean), auteur de la *Déploration de l'Église militante,* VII, 403 *note.*

BOUCICAUT (Jean Le Meingre, dit), maréchal, surprend Meulan et Mantes, V, 245 ; assiége le pape Benoît XIII dans le château d'Avignon, 452 ; conduit un corps de troupes au secours de l'Empire grec, 455 ; gouverne Gênes pendant quelques années, et la perd, 503, 504.— Est fait gouverneur de Normandie, VI, 8 ; combat à Azincourt, 15 et suiv.; y est fait prisonnier, 21 ; meurt en prison, 22.

BOUFFLERS (marquis de) prend possession de Casal au nom de Louis XIV, XIII, 584. — Général des dragons, fait une campagne contre les protestants, XIV, 42, 43 ; lieutenant général, campagne dans le Palatinat cisrhénan, 93, 94 ; bombardement de Liége, 145 ; il commande un corps détaché en Belgique, 165 ; décide le gain de la bataille de Steenkerke, 166 ; prend Furnes et Dixmuyde, 172 ; maréchal, protége Namur, 205 ; se jette dans cette ville, 206 ; la défend, 208, 209 ; tient le roi d'Angleterre en échec, 215 ; couvre le siége d'Ath, 225 ; négocie avec le comte de Portland, 226 ; commande l'armée des Pays-Bas sous le duc de Bourgogne, 393, 394 ; commande en second l'armée des Pays-Bas, 402 ; bat les Hollandais à Eckeren, 405 ; gouverneur de la Flandre française, dirige la défense de Lille, 501, 502 ; capitule pour la ville, 503 ; pour la citadelle, 505 ; apaise une émeute à Paris sans violence, 522 *note;* commande, à Malplaquet, d'abord l'aile droite de l'armée, 522 *texte;* puis l'armée entière, 523, 524.

BOUFFLERS (de), fils du précédent, défend Gênes contre les Austro-Piémontais, et la pacifie, XV, 320.

BOUGAINVILLE, colonel, concourt à la défense de Québec, XV, 552. — Capitaine de vaisseau, fait le tour du monde, et découvre l'île de Taïti, XVI, 18 ; commande l'avant-garde de la flotte française, dans la baie de la Chesapeake, et bat la division navale de l'amiral Hood, 462 ; commande la flotte française en second, sous l'amiral de Grasse, 468 ; sauve un navire près de périr sous le feu des Anglais, 469.

BOUGUER, géomètre, auteur d'un système perfectionné pour la construction des navires, va mesurer un degré du méridien sous l'équateur, XV, 395, 396.

BOUHOURS (le père), jésuite, défend, dans une pièce de vers, la mémoire de Molière, XIII, 198.

BOUILLÉ (marquis de), gouverneur des îles du Vent, s'empare de la Dominique, XVI, 435 ; surprend l'île de Saint-Eustache, et la rend aux Hollandais, 464 ; prend l'île de Saint-Christophe, 464, 465.

BOUILLON (duc de), XI, 358 ; cabale contre Richelieu, 456 ; donne asile au comte de Soissons, bien qu'hésitant encore à trahir la France, 458 ; continue à cabaler, 539 ; se décide à la guerre civile, 546 ; négocie et s'accommode, 548, 549 ; conspire de nouveau avec Cinq-Mars, 555 et suiv., 562 ; est arrêté, 566 ; gracié au prix de Sedan, 570. — Redemande en vain cette ville sous la régence, XII, 169 ; se fait frondeur, 315 ; négocie avec l'Espagne, 321 ; se soulève, et se porte en Limousin, 349 ; cherche à propager la rébellion, 353 ; se rend à Bordeaux, 354 ; fait pendre un officier royaliste, pour compromettre Bordeaux, 358 ; est amnistié, 364 ; est tout à Mazarin, 389 ; offre au roi ses services, 395.

BOUILLON (la duchesse de), otage de la fidélité de son mari pour la Fronde, XII, 315.

BOUILLON (duchesse de), nièce de Mazarin, inspiratrice des Contes de Lafontaine, XIII, 205. — Est compromise dans l'affaire des poisons, XIV, 108 note.

BOUILLON (le chevalier de), inventeur du plancher mobile qui convertit les salles de spectacle en salles de bal, XV, 338 note.

BOUIN D'ANGERVILLIERS, ministre de la guerre négligent, XV, 192.

BOULAIE (La), capitaine frondeur, tente de soulever le peuple de Paris, et n'y réussit pas, XII, 345.

BOULAINVILLIERS (le comte de) comprend la nécessité de réformer l'État, XIV, 300. — Donne des conseils au Régent, XV, 13 ; ses études, ses idées, 13, 14 ; il voudrait remplacer la taille arbitraire par la taille proportionnelle, 27 ; ses travaux, ses théories historiques, 354.

BOULETS ROUGES employés pour la première fois par les Hollandais au siége de Schenk, XI, 449.

BOULLARD (Nicolas), bourgeois de Paris, premier fournisseur, V, 396, 414.

BOULLÉ, vicaire, est brûlé vif à Rouen comme sorcier, XIII, 83 *note*.
BOULLONGNE (les deux), peintres, XIV, 237.
BOULOGNE (Eustache, comte de) s'associe à l'entreprise de Guillaume le Conquérant contre l'Angleterre, III, 115.
BOULOGNE (Eustache, comte de) prend la croix avec son frère Godefroi, III, 165 ; arrive devant Nicée, 182 ; combat à Gorgoni, 183 ; repart pour l'Europe après la bataille d'Ascalon, 194.
BOULOGNE, prise par les Anglais, VIII, 305 ; rendue à la France, 348.
BOULOGNE (M. de), contrôleur général des finances, bilan présenté par lui en 1758, XV, 557 ; il est renvoyé, 558.
BOUQUET (dom), savant bénédictin, commence le *Recueil des historiens des Gaules et de la France*, XV, 354.
BOURBON (le sire de) reste à Satalie avec le menu peuple des Croisés, qu'il ne tarde pas à abandonner, III, 444.
BOURBON (la dame de) conspire pour élever Robert de Dreux au trône à la place de Louis VII, III, 450.
BOURBON (Pierre, duc de), négociateur pour le roi Jean, V, 133 ; périt à la bataille de Poitiers, 149, 153.
BOURBON (Blanche de), épouse Pierre le Cruel, V, 128 ; qui l'empoisonne, 255.
BOURBON (Jacques de), comte de La Marche et de Ponthieu, connétable, V, 133 ; donne sa démission, 149 ; est fait prisonnier à la bataille de Poitiers, 153 ; remet à J. Chandos les provinces cédées par le traité de Brétigni, 235 ; est chargé de réduire la *grande compagnie*, *ibid.*; se fait battre à Brignais et meurt de ses blessures, 236.
BOURBON (duc de) sert d'otage en garantie du paiement de la rançon du roi Jean, V, 230 ; à quel prix il rachète sa liberté, 238.
BOURBON (Louis, duc de), va combattre en Espagne à la tête des grandes Compagnies, V, 256 ; guerroie contre les Anglais, 286 ; contre les Bretons, 322 ; est chargé, avec le duc de Bourgogne, du soin de la personne et de la maison de Charles VI, 340 ; ses querelles avec le duc d'Anjou, 344 ; il conduit la guerre contre les Anglais en Guienne, 402 ; contre le duc de Lancastre en Espagne, 409 ; son rôle entre les ducs d'Orléans et de Bourgogne, 464, 491, 492.
BOURBON (Jean, duc de), d'abord comte de Clermont, enlève aux Anglais leurs places du Limousin, V, 474 ; s'unit aux princes d'Orléans, 507 ; succède à son père, 510 ; fait une campagne au nord de la Seine, 513 ; est assiégé dans Bourges par Charles VI, 524 ; entre à Paris, 542 ; prend Soissons, 545. — Combat à Azincourt, VI, 15 ; y est fait prison-

nier, 20; fait au roi d'Angleterre des offres déshonorantes, 26; reconnaît le traité de Troies, 75; meurt, 317.

BOURBON (Charles, duc de), d'abord comte de Clermont, préside à quinze ans le grand conseil, VI, 39; accompagne le duc de Bourgogne à Montereau, 58; prête serment au dauphin après l'assassinat du duc de Bourgogne, 60; épouse Agnès de Bourgogne, 106; obtient le comté d'Auvergne, 110; s'unit au comte de Richemont, puis l'abandonne, 114, 115; concourt à la défense d'Orléans, 126, 127, 128; assiste au sacre de Charles VII, 188; à l'attaque de Paris, 211; attaque le duc de Bourgogne, puis se réconcilie avec lui, 329; est ambassadeur de France au congrès d'Arras, 333; fait de l'opposition quand le gouvernement devient raisonnable, 372, 386, 390, 402; meurt, 525.

BOURBON (Jacques de), comte de La Marche; ses aventures, VI, 114 *note*; il s'unit au connétable de Richemont, puis l'abandonne, *ibid.*; est renvoyé de l'armée, 181; sa fin, 365 *note*.

BOURBON (le bâtard Alexandre de), chef d'écorcheurs, VI, 363; son supplice, 396.

BOURBON (Jean II, duc de), d'abord comte de Clermont, engage la bataille de Formigni, VI, 445; agit en Normandie, 446; entre dans Bordeaux, 453; est lieutenant général du roi en Guienne, 484; fait hommage à Louis XI comme duc de Bourbon, 525; est disgracié, 529; s'engage dans les complots du duc de Bretagne, 550; assiste à l'assemblée de Tours, 552; son rôle dans la *Ligue du bien public*, 555, 558, 564, 567, 570. — VII, 3; il accompagne Louis XI à Péronne, 36; est un des premiers chevaliers de Saint-Michel, 54; révèle au duc de Bourgogne les projets du roi, 58; est compromis par les aveux du duc de Nemours, 134; est lieutenant général du royaume et connétable, 167; son discours aux États-Généraux de 1484, 186; il se révolte et se soumet alternativement, 196, 199, 200, 202; meurt, 204.

BOURBON (le bâtard de) épouse une fille bâtarde de Louis XI et devient amiral, VII, 3; belle réponse qu'il fait à ce prince, 12 *note*; il conduit les troupes royales contre les Bretons, 33; est du voyage de Péronne, 36; est un des premiers chevaliers de Saint-Michel, 54; défend Amiens contre Charles le Téméraire, 64; est envoyé en Picardie et en Artois, 124.

BOURBON (Pierre II, duc de). *Voyez* BEAUJEU.

BOURBON (Louis de), évêque de Liége, VI, 567. — Comment il l'est devenu, VII, 9; ses querelles avec les Liégeois, *ibid.*, 23, 37, 38, 44; sa mort, 148.

BOURBON (Gilbert de), comte de Montpensier, est fait par Charles VIII vice-roi de Naples, VII, 270 ; ses revers et sa mort, 279 et suiv.

Bourbon (Charles II, duc de), dit *le connétable de Bourbon*, d'abord comte de Montpensier, épouse l'héritière de la branche aînée de Bourbon, VII, 300 ; est fait connétable, 438 ; combat à Marignan, 447 ; est gouverneur du Milanais, 453. — Ce qui le brouille avec François Ier, VIII, 14 ; suite de cette mésintelligence, 35 à 46 ; il commande l'armée de la coalition contre les Français, qu'il chasse d'Italie, 50 et suiv.; prête serment au roi d'Angleterre, 54 ; envahit la Provence, *ibid.* et suiv.; rentre en Italie, évacue Milan, 58, 59 ; prépare une nouvelle campagne, 60, 61 ; bat les Français devant Pavie, 63 et suiv.; se rend à Tolède, 88 ; retourne à Milan, 96 ; marche sur Rome où il trouve la mort, 98 et suiv.; sentence rendue après sa mort contre lui, 103 ; laquelle est annulée en partie, 117 et suiv.

Bourbon (Suzanne de), fille du duc Pierre II et d'Anne de France, est instituée héritière des fiefs de la maison de Bourbon et fiancée à son cousin, Charles de Bourbon, comte de Montpensier, VII, 300. — Grande situation qu'elle lui fait par son mariage et qu'elle lui conserve par son testament, VIII, 37.

Bourbon (le cardinal de) offre, au nom du clergé, 1,500,000 francs pour la rançon de François Ier, VIII, 104 ; est du conseil d'État sous Henri II. 361 ; grand inquisiteur, 491.

Bourbon (N. de), prince de La Roche-sur-Yon, prend part à la défense de Metz, VIII, 422 *note*. — Faveurs qu'il reçoit des Guises, IX, 57.

Bourbon (Antoine de), duc de Vendôme, VIII, 247 *note;* épouse Jeanne d'Albret, 290, 388 ; est du conseil privé sous Henri II, 360 ; son rang, 365 ; il reprend Hesdin sur les Impériaux, 423 ; devient roi de Navarre et gouverneur de Guienne, 451 *note;* embrasse le protestantisme, 493, 494. — Se refuse au connétable, s'allie aux Guises, IX, 19, 22 ; conduit la princesse Elisabeth à la frontière d'Espagne, 25 ; étouffe une révolte militaire en Agénais, 42 ; se rend aux États-Généraux d'Orléans, rôle qu'il y joue, 55, 57, 59 et suiv., 64, 72 ; se pose en antagoniste du duc de Guise, 77 ; est vaincu par mademoiselle Du Rouet, 78 ; fait célébrer chez lui le prêche, 80 ; redevient catholique et allié des Guises, 110 et suiv., 114, 115, 117 ; prend le commandement des troupes catholiques, 128 ; entrevue de Thouri, *ibid.;* siége et prise de Bourges, 134 ; siége de Rouen, où il est blessé à mort, 141, 142.

Bourbon (François de), comte d'Enghien, est nommé général en chef de l'armée navale, VIII, 291 ; opère contre Nice, *ibid.;* sa campagne en Piémont, à la tête de l'armée de terre, 293 et suiv.; sa mort, 347.

Bourbon (Jean de), comte d'Enghien, VIII, 365 ; prend part à la défense de Metz, 422 *note;* à celle du Vermandois, 453 ; est fait prisonnier à Saint-Quentin, 455.

Bourbon (Antoinette de), duchesse douairière de Guise, fait brûler vif, à Joinville, un jeune protestant, VIII, 493. — Excite ses fils contre les huguenots, IX, 113 ; demande autorisation de poursuivre l'amiral de Coligni, 168.

Bourbon (Charles de), frère du duc Antoine, évêque de Saintes, VIII 365. — Cardinal, IX, 55 ; gouverneur de Paris, 116 ; veut se marier pour perpétuer la race bourbonienne, 144 ; signe la requête des Guises contre l'amiral Coligni, 168 ; célèbre le mariage de Marguerite de France avec le roi de Navarre, 306 ; s'offre pour lui servir de bourreau, ainsi qu'au prince de Condé, 461 ; vote au conseil pour la guerre religieuse, 462 ; devient prétendant au trône, 533 ; adhère au pacte de Joinville, 539 ; se rend à Péronne, 543 ; signe le manifeste de la Ligue, 545 ; se rend à Reims, à Châlons, 547 ; obtient Soissons pour place de sûreté, 552. — Signe à Nanci la requête séditieuse de la Ligue, X, 52 ; se joint au duc de Guise après la journée des barricades, 77 ; faveurs qu'il arrache au roi, 89 ; il préside le clergé aux États-Généraux, 98 ; donne la communion à tous les députés, 100 ; est emprisonné, 114 ; racheté de Du Guast par Henri III, 140, proclamé roi par les Ligueurs sous le nom de *Charles* x, 171 *note;* enfermé à Chinon, transféré à Fontenai, 184 ; meurt, 214.

Bourbon (Alexandre de), deuxième fils d'Henri IV et de Gabrielle d'Estrées, est baptisé avec un appareil royal, X, 501. — Est grand prieur, XI, 159 ; s'unit au parti de Marie de Médicis, *ibid.* et 160 ; conspire contre le cardinal de Richelieu, 234 ; est enfermé au château d'Amboise, où il meurt, 236 et suiv.

Bourbon-Condé (Louis III, duc de). Son aïeul, le grand Condé, lui fait épouser mademoiselle de Nantes, bâtarde de Louis XIV, XIV, 75 *note ;* il combat héroïquement à Steenkerke, 165 ; meurt, 607 *note.*

Bourbon (Louise-Françoise, duchesse de). Sa naissance et son mariage, XIV, 75 *note.* — Elle fait construire le *Palais-Bourbon,* XV, 335 *note.*

Bourbon-Condé (duc de), (monsieur le duc) est désigné par le testament de Louis XIV pour faire partie du conseil de régence dès qu'il sera majeur, XIV, 641. — En est membre en effet et président en second, XV, 8 ; présente requête au conseil pour que les princes légitimés soient dépouillés du droit de successibilité au trône, 43 *note ;* a la surintendance de l'éducation du roi, 46 ; exploite sans mesure la banque de Law et la compagnie des Indes, 56, 57 ; membre du conseil d'État, 118 ; premier ministre 121 ; ce qu'on en peut attendre,

124; ses sentiments pour Fleuri, *ibid.*; son administration intérieure, 125 à 130; négociations avec l'Espagne qui aboutissent au renvoi de l'infante, 131 et suiv.; il refuse d'épouser la fille du tzar Pierre Ier, 132; demande sans succès pour le roi la petite-fille du roi d'Angleterre, 133; refuse la main d'Élisabeth de Russie pour Louis xv et lui fait épouser Marie Lesczynska qu'il a refusée pour lui-même, 134, 135; traité d'alliance entre la France, l'Angleterre et la Prusse contre l'Autriche et l'Espagne, 138; réorganisation de la milice, 140; embarras financiers, impôt du cinquantième, *ibid.*; disette, émeute, 144; tentative contre Fleuri, qui amène sa chute, 145, 146.

BOURBON (Marie-Thérèse-Antoinette de), fille de Philippe v, roi d'Espagne, épouse le dauphin Louis, fils de Louis xv, XV, 277; meurt, 300.

BOURBON (l'abbé de), fils de Louis xv et de mademoiselle de Romans, XV, 434, 435 *note*.

BOURBON (le duc de), fils du prince de Condé, proteste contre la suppression des parlements, XVI, 286; ne persiste pas dans son opposition, 290; est trop médiocre pour jouer un rôle, 315; assiste à l'attaque de Gibraltar, 472; manifeste hautement son regret de la retraite de Necker, 504; sollicite en faveur du cardinal de Rohan, 558; préside un des bureaux de l'assemblée des notables, 576; fait une démonstration contre le *doublement* du tiers état, 619.

BOURBON (île), la première colonie française où l'on cultive le café, XV, 63. Elle s'enrichit rapidement, 210, — XVI, 235; est rétrocédée au roi par la compagnie des Indes, 277.

BOURDALOUE (le père), jésuite, prédicateur austère, XII, 107. — Éclate en chaire contre *Tartufe*, XIII, 185; appréciation de son talent oratoire, 223 et suiv.; il s'oppose autant qu'il le peut aux désordres du roi, 226; administre Colbert mourant, 634. — Prêche en Languedoc les protestants mal convertis, XIV, 56; condamne le quiétisme, 317; meurt, 328 *note*.

BOURDEILLES (André de). Sa lettre au duc d'Alençon, IX, 372.

BOURDILLON DE LA PLATIÈRE, commandant en Piémont, est forcé d'en abandonner quatre places au duc de Savoie, IX, 138; est fait maréchal, 186; chargé d'apaiser les troubles de la Guienne, *ibid.*; s'entretient avec le duc d'Albe, 192 *note*.

BOURDIN (Maurice), premier archevêque de Braga, puis anti-pape, III, 280.

BOURDIN, procureur général, chargé de poursuivre le prince de Condé, IX, 57.

BOURDON, navigateur, prend possession pour la France de la baie d'Hudson, XIII, 14 *note;* y arrive par mer, 558 *note.*

BOUREAU DES LANDES, fondateur du comptoir de Chandernagor, XIII, 553.

BOURG (Anne du), conseiller-clerc au parlement de Paris, est mis à la Bastille pour avoir parlé avec trop de courage, VIII, 499. — Son procès, sa condamnation, son supplice, IX, 28 et suiv.

BOURG (Du), gouverneur de Laon, défend cette ville contre Henri IV, puis capitule, X, 362.

BOURGES. Organisation municipale de cette ville, III, 229, 233, 265.

BOURGEOIS, BOURGEOISIE. Étymologie de ce mot. État des bourgeois sous le régime féodal, III, 14, 15.

BOURGEOISIE, IV, 392.

BOURGEOIS (Louis) met en parties la musique des psaumes de Marot, VIII, 494.

BOURGOGNE (Philippe le Hardi, duc de), quatrième fils du roi Jean, d'abord duc de Touraine, combat bravement à Poitiers, V, 149, 153; reçoit en apanage le duché de Bourgogne, 238; rend au roi la Touraine, 248; est mis à la tête de l'armée, 249; ses opérations militaires, *ibid.;* son mariage, 269; il tient tête aux Anglais en Artois, 274; négocie la paix, 296; signe une trêve, 297; ses succès contre les Anglais, 315; contre le roi de Navarre, 317; il devient commandant général de l'armée après la mort de Du Guesclin, 329; est chargé du soin de la personne et de la maison de Charles VI, 340; ses querelles avec le duc d'Anjou, 342, 344, 345; il prend la direction des affaires, 372; intervient dans les affaires de Flandre, 376; ses cruautés à Paris, 390; sa puissance après la mort de son beau-père, 398; il marie Charles VI, 399; fait la paix avec les Gantois, 403; garde Lille, Douai, Orchies, qu'il devait rendre à la France, 404; perd le gouvernement du royaume, 415; le ressaisit, 436; dispute le pouvoir au duc d'Orléans, 437; amène le traité avec Gênes, 449; comment il exploite la captivité de son fils, 451; il lutte de nouveau contre le duc d'Orléans, 454, 461 et suiv.; devient tuteur du duc de Bretagne, 463; ses derniers actes et sa mort, 468, 469.

BOURGOGNE (Jean, duc de), dit *Sans Peur,* est investi du comté de Nevers et marié à la fille du comte de Hainaut, V, 398; va se faire battre et prendre à Nicopolis, 450; hait le duc d'Orléans, 473; quitte Paris, *ibid.;* y est rappelé par le roi, 475; s'empare du dauphin, 476; dispute l'influence au duc d'Orléans, 477 et suiv.; se réconcilie avec lui, 484; le fait assassiner, 484; son audace après son crime, 487, 488, 490; sentence rendue contre lui, 493; sa campagne contre les Liégeois, 495; il revient à Paris et s'accommode avec la famille d'Orléans, 497; fait rendre à Paris ses franchises, 499; bat monnaie sur les gens de finance, 504; a des revers, 508; transige avec les Armagnacs et se retire dans ses États, 511; marche de nouveau sur Paris, 516 à 521; assiége Bourges et traite avec le parti d'Orléans, 524, 525; sa conduite pendant les troubles de Paris, 531 à 534, 539, 540, 511; il se retire en Flandre, 542; reprend les armes, 543, 544; est frappé de bannissement, *ibid.*; traité d'Arras, 547; qu'il exécute mal, 548; il appelle au concile de Constance de la condamnation de Jean Petit, 549. — Sommation qu'il fait au duc de Guienne, VI, 4; sa conduite lors de l'invasion anglaise, 8, 12, 22, 23, 26; son manifeste contre la faction d'Armagnac, 29; nouvelle campagne autour de Paris, 30, 31; il délivre la reine et s'en fait un instrument, 31; rentre à Paris, 42, 43; n'ose secourir Rouen, 48, 50; négocie avec Henri V, 53; traite avec les Armagnacs, 54; se retire à Troies, 55; est attiré à Montereau, 56; et assassiné, 58 et suiv.

BOURGOGNE (Antoine de), deuxième fils de Philippe le Hardi, doit hériter du Brabant, V, 460; épouse la fille du comte de Saint-Pol, 462; prend possession du Brabant et du Limbourg, 469; s'accroît du comté de Rethel, 475; sa femme est héritière du duché de Luxembourg, 499. — Combat à Azincourt et y périt, VI, 19.

BOURGOGNE (Philippe de), troisième fils de Philippe le Hardi, premier duc de Bourgogne, hérite du comté de Nevers, V, 475; se met sous l'obéissance de Charles VI, 546. — Est armé chevalier à Azincourt, VI, 16; y périt, 20.

BOURGOGNE (Philippe II, duc de), dit le *Bon*, d'abord comte de Charolais, ne peut combattre à Azincourt, VI, 13; en fait ensevelir les morts, 21; fait lever le siége de Senlis, 34; prend la direction du parti bourguignon, 62; services qu'il rend à l'Anglais pour venger son père, 63, 66, 69, 70, 73, 79; il refuse d'être régent de France après la mort d'Henri V, 84; traite avec le duc de Bretagne, 95; marie sa sœur au duc de Bedford, *ibid.*; soutient la cause de son cousin Jean de Brabant, 103 et suiv.; s'empare du Hainaut, de la Hollande, de la Zélande, de la Frise, 114; envoie des troupes au siége d'Orléans, 125; les rappelle, 129; aide les Anglais à conserver Paris, 199; négocie avec Charles VII, 208, 217; épouse une princesse de Portugal, 223; institue l'ordre de la Toison d'or, *ibid.*; envahit la vallée de l'Oise, 227; ses lettres sur la prise de Jeanne Darc, 232; il refuse de s'en dessaisir, 236; marche sur Liége et s'empare du Brabant, 241; abandonne la Pucelle, 242; est battu à Compiègne et à Germigni, 244, 245; signe une trêve de deux ans avec Charles VII, 309; se brouille avec le duc de Bedford, 316; arrange l'affaire de Lorraine, *ibid.;* négocie avec la France, 317; soutient le pape contre le concile de Bâle, 329; fin de la guerre contre la France, 329 et suiv.; guerre avec les Anglais, 343, 344, 356; démêlés de Philippe avec la ville de Bruges, 359; il s'entremet utilement pour le rachat du duc d'Orléans, 398; ses projets de croisade, 489, 543; nouveaux démêlés avec Bruges et Gand, 497 à 503; ce qu'il fait pour Louis XI, 506, 508, 546, 523, 525; ses querelles avec son fils, 543, 544; craintes que Louis XI lui inspire, 554; il abandonne le gouvernement à son fils, 555. — Meurt, VII, 16.

BOURGOGNE (Anne de), fille de Jean sans Peur, épouse le duc de Bedford, VI, 95; meurt, 345.

BOURGOGNE (Marguerite de), veuve du duc de Guienne, épouse Artus de Bretagne, VI, 95; s'efforce de rapprocher son frère Philippe de Charles VII, 109.

BOURGOGNE (Jean de), duc de Brabant et de Limbourg, son mariage et ce qui s'ensuit, VI, 103, 104; sa mort, 114.

BOURGOGNE (Agnès de), sœur de Philippe le Bon, épouse le comte de Clermont, VI, 106; s'entremet pour la pacification du royaume, 330.

BOURGOGNE (Charles, duc de), dit le *Téméraire*, d'abord comte de Charolais, sa naissance, VI, 317 *note;* il combat à Gavre auprès de son père, 502; se brouille avec lui, 519; vient en France, 533; fait alliance avec le duc de Bretagne, 542; s'éloigne de son père, 543; s'en rapproche, 544; commence à gouverner, 554; fait une campagne en France, 558 à 568; ce qu'il y gagne, 569. — Campagne contre Liége et Dinant, VII, 10 à 15; il succède à son père, 16; ses démêlés avec les Gantois, 19; avec les Liégeois, 23, 25 et suiv.; il épouse Marguerite d'York, 33; détruit la liberté communale de Gand, *ibid.;* reçoit Louis XI à Péronne, 35 et suiv.; détruit Liége, 41 et suiv.; intervient en faveur d'Édouard IV, 52; nouveau différend entre lui et Louis XI, 53; accroissement de sa puissance, ses prétentions, 54; position qu'il prend entre les partis d'York et de Lancastre, 55; parti qu'il tire de sa fille, 56; nouvelle campagne en France, 58 à 75; il s'empare de la Gueldre et du Zutphen, 78; ses négociations avec l'empereur, et ses entreprises contre le duc de Lorraine, 79 et suiv.; il visite la Bourgogne, 86; campagne qu'il fait sur le Rhin, 89 à 94; traité avec Louis XI, dont le connétable de Saint-Pol paie les frais, 98 et suiv.; campagne en Lorraine, 100, 101; campagnes funestes en Suisse, 102 à 112; sa dernière entreprise et sa mort, 114 et suiv.

Bourgogne (Jean de), comte d'Etampes plus tard comte de Nevers, VI, 343; se plaint de l'administration de Charles VII, 403; est gouverneur de l'Artois, et y persécute les Vaudois, 517; siége à l'assemblée de Tours, 552; est nommé capitaine général du nord de la France, 555. — Disgracié, VII, 12; revient sur sa renonciation au Brabant et au Limbourg, 20; siége aux États-Généraux de 1468, 29; entre dans la ligue formée contre Anne de Beaujeu, 200.

Bourgogne (Marie de), fille de Charles le Téméraire, sa naissance, VI, 507; elle a Louis XI pour parrain, *ibid*. — Est promise par son père à quatre princes en même temps, VII, 56; ses embarras, ses périls, ses pertes après la mort de ce père, 121 et suiv.; son mariage, 132; sa mort, 148.

Bourgogne (Antoine de), frère bâtard de Charles le Téméraire, combat vaillamment à Morat, VII, 111.

Bourgogne. Réunion de cette province à la France, V, 235; elle est donnée en apanage au quatrième fils du roi Jean, 239. — Réunie de nouveau après la mort de Charles le Téméraire, VII, 121.

Bourgogne (le duc de), fils du Dauphin, petit-fils de Louis XIV, XIV, 22; est destiné à épouser la fille du duc de Savoie, 216; éducation qu'il reçoit de son précepteur Fénelon, 305 et suiv.; instructions sur une enquête à faire, rédigées par lui et le duc de Beauvilliers, 330; campagne qu'il fait dans les Pays-Bas avec le titre de vicaire général du roi d'Espagne, 392 et suiv.; il commande l'armée du Rhin, et prend Brisach, 411; retourne à Versailles, 413; partage avec le duc de Vendôme le commandement de l'armée du Nord, 493; son caractère et ses facultés, 494; campagne en Flandre qui l'abaisse dans l'opinion de l'armée, 497 et suiv., 501 et suiv., 506; il devient héritier présomptif, est admis au partage du gouvernement, se relève dans l'opinion, 548 et suiv.; perd sa femme et meurt après elle, 551; ses idées politiques et ce qu'on pouvait attendre de lui, 554 et suiv.

Bourgogne (Marie Adélaïde de Savoie, duchesse de), XIV, 216; égaie la vieillesse de Louis XIV, 489; sert de lien entre ce prince, Mme de Maintenon et le duc de Bourgogne, 550; sa popularité, sa grâce, *ibid.;* sa mort, 551.

Bourgoing (le père), prieur des dominicains, X, 159; est écartelé, 188.

Bourlie (l'abbé de La) essaie de soulever les catholiques du Rouergue, et de les réunir aux Camisards, XIV, 417; entreprend de faire débarquer des huguenots sur la côte de Languedoc, et ne réussit pas, 420.

Bournonville (Enguerrand de), gouverneur de Soissons, est décapité, V, 546.

BOURNONVILLE (duc de) prend le commandement de l'armée autrichienne, et se retire en Franconie, XIII, 413 ; tient la campagne contre Turenne, 447 ; passe le Rhin à Mayence, et se place entre Spire et Philipsbourg, 448 ; entre en Alsace, 449 ; combat à Entzheim, 454 ; est chassé d'Alsace par Turenne, après avoir essuyé deux défaites, 454, 455.

BOURSE, marché des effets publics, arrêt du conseil qui l'établit, rue Vivienne, XV, 127.

BOUSSAC (le maréchal de), escorte Charles VII fuyant devant le comte de Richemont, VI, 108 ; expédie Le Camus de Beaulieu, 112 ; concourt à la défense d'Orléans, 120, 127 ; est compagnon d'armes de Jeanne Darc, 161, 166, 174, 220 ; délivre Compiègne et bat les Anglais, 244, 245 ; est battu et s'enfuit à Beauvais, 317 ; échoue dans une expédition contre Rouen, 313, 314.

BOUTEILLER (Gui Le), gouverneur de Rouen, sa conduite suspecte, VI, 48 ; il se fait Anglais, 51 ; ce qu'il y gagne, 52.

BOUTEILLER (Le), bailli de Rouen, coopère à l'exécution de Jeanne Darc, VI, 296 ; escorte Henri VI entrant dans Paris, 310.

BOUTHILLIER, docteur en théologie, rédige, de concert avec les docteurs calvinistes, une confession de foi sur l'Eucharistie, IX, 100.

BOUTHILLIER, surintendant des finances, XI, 379 ; ses opérations, 410, 411 ; irrégulières et vexatoires, 479 ; il fait partie du conseil de régence, 584 ; s'en démet, 588. — Perd la surintendance, XII, 168.

BOUTHILLIER DE CHAVIGNI, secrétaire d'État, XI, 477 ; aux affaires étrangères, 492 ; appuie Richelieu auprès du roi, 564 ; porte à Richelieu une lettre où Louis XIII rend sa confiance à son ministre, et rapporte au roi le traité de Cinq-Mars avec l'Espagne, 565 ; retourne à Paris avec Louis XIII, 567 ; lui inspire des mesures de clémence, 583 ; est membre du conseil de régence, 584 ; y renonce, 588. — Perd sa charge, XII, 168 ; est gouverneur de Vincennes, 303 ; y est enfermé, *ibid.*; mis en liberté, 308 ; rappelé au conseil, 375 ; renvoyé, 378.

BOUTHILLIER DE RANCÉ (Armand), instituteur de l'ordre de la Trappe, XIII, 215, 216.

BOUTOURLIN, général russe, fait en Silésie une expédition inutile, XV, 584.

BOUTTEVILLE (le comte de) est décapité pour s'être battu en duel, XI, 256,

BOUVART, premier médecin de Louis XIII, XI, 337 *note*.

BOVINES (bataille de), IV, 78 et suiv.

BOYER, chargé de la feuille des bénéfices, est mal avec la Pompadour,

XV, 436 ; *guerre des billets de confession,* engagée par lui et l'archevêque de Paris, 444, 448; sa mort, 503.

BOYNE (bataille de la), XIV, 139 et suiv.

BRABANÇONS, soldats mercenaires, origine de cette dénomination, III, 423 *note.*

BRADDOCK, général anglais, envoyé en Amérique pour conquérir le Canada, XV, 475; est surpris, battu et tué, 477.

BRADLEY (Humphrey), maître des digues, X, 452.

BRAGANCE (le duc de), candidat au trône de Portugal, IX, 511 ; se soumet à Philippe II, *ibid.*

BRAGANCE (dom João, duc de), petit-fils du précédent, XI, 486 ; monte sur le trône, 531 et suiv.

BRAI (Miles ou Milon de) reçoit en fief de Louis le Gros le château de Montlhéri, III, 214; trahit ce prince, 218.

BRAÎNE (Henri de), archevêque de Reims, fait brûler devant lui cent quatre-vingt-trois Manichéens, IV, 160 ; son intervention dans la querelle de la reine Blanche de Castille avec l'évêque de Beauvais, ses démêlés avec la commune de Reims, 165 et suiv.

BRAMANTE, architecte italien, VII, 470.

BRANDEBOURG (Albert de), archevêque de Mayence, vend et revend sa voix, à plusieurs reprises, aux deux prétendants à l'empire, François Ier et Charles-Quint, VII, 489, 490, 491, 492, 493; parle, à la Diète, en faveur de ce dernier, 495; achète du pape la ferme des indulgences, qu'il revend aux banquiers Fugger, 517.

BRANDEBOURG (Joachim, margrave de), électeur, VII, 489; vend et revend plusieurs fois son vote à François Ier et à Charles-Quint, 490, 491, 492, 495 ; demande que Luther soit brûlé vif, 530.— Adhère à la ligue de Smalkalde, VIII, 308 ; revient au parti impérial, 352, 374, 375, 376; traite avec le roi de France et Maurice de Saxe, 409.

BRANDEBOURG (Albert de), grand-maître de l'ordre Teutonique, se fait luthérien, se marie, et devient duc de la Prusse orientale, VIII, 97, *note.*

BRANDEBOURG (Georges de), margrave de Bayreuth, proteste contre le décret de la diète de Spire, VIII, 115 *note;* signe la confession d'Augsbourg, 164 *note;* quitte cette ville, 166.

BRANDEBOURG (Albert de), se joint à Maurice de Saxe contre l'empereur, VIII, 411, ravage l'Allemagne occidentale, 420 ; part qu'il prend au siège de Metz, 423, 425 ; combat qu'il livre à Maurice de Saxe, 442.

BRANDEBOURG (électeur de), beau-frère du duc de Clèves, Berg et Juliers, prétend lui succéder malgré l'empereur, X, 553, 554. — Traite avec ses deux concurrents, les ducs de Bavière et de Neubourg, XI, 18; se brouille avec ce dernier, se fait calviniste, et appelle les Hollandais à son aide, 136; proteste contre la spoliation de l'électeur Palatin, 196; la ratifie, et reçoit dans ses places des garnisons impériales, 311; traite avec Gustave-Adolphe, 362; avec l'empereur, 435; se joint aux impériaux pour arracher aux Suédois la Poméranie, 464.

BRANDEBOURG (FRÉDÉRIC-GUILLAUME, électeur de), dit le *Grand électeur*, fait alliance avec la France, XII, 503; rend hommage au roi de Suède pour la Prusse ducale, *ibid.;* est affranchi de cette vassalité, 504; rompt avec la Suède, *ibid.*—Comprend les inconvénients de la ruine de la Pologne, XIII, 296, 297 *note;* fait alliance défensive avec Louis XIV, 299; prend le parti de la Hollande contre l'évêque de Munster, 309; position qu'il prend entre l'Espagne et la France, 324; entre la France et la Hollande, 359, 379; il fait alliance avec l'empereur contre la France, 407; campagne qu'il fait sur le Rhin, 408, 409, 410; il demande la paix et l'obtient, 443; reprend les armes, 444, 449; se joint à l'armée impériale, 451; est repoussé de l'Alsace par Turenne, 454, 455; court défendre ses États attaqués par les Suédois, 468; les repousse, 484; prend Stettin, 517; est contraint par Louis XIV de traiter avec la Suède, 541; obtient de bonnes conditions, 542; vend sa voix à Louis XIV, en cas d'élection impériale, 569; fait un pacte avec le roi de Danemark et l'évêque de Munster, dans le but de prévenir la guerre entre la France et l'Empire, 589; adresse des réclamations à Louis XIV en faveur des protestants, 603. — Donne le premier exemple des bombardements de villes, XIV, 17; accueille avec de grandes faveurs les protestants français qui se réfugient dans le Brandebourg, 63; conclut deux traités défensifs contre la France, 70; donne 3,000 hommes au comte de Schomberg pour occuper Cologne, 88; meurt, 107 *note.*

BRANDEBOURG (FRÉDÉRIC III, électeur de), depuis roi de Prusse, V. FRÉDÉRIC 1er.

BRANICKI (les), magnats polonais, comment ils entendent régénérer la Pologne, XVI, 256.

BRANTES, frère du duc de Luines, devient, par mariage, duc de Luxembourg-Pinei, XI, 159.

BRANTÔME accompagne Marie Stuart en Écosse, IX, 165 *note.*

BRAUN, feld-maréchal autrichien, ne réussit pas à dégager les Saxons investis dans le camp de Pyrna, XV, 498; est battu devant Prague par le roi de Prusse, 516.

Brébeuf, poëte, XII, 126.

Bréhal (Jean), inquisiteur général de France, revise le procès de Jeanne Darc, VI, 456, 460; et les procédures inquisitoriales d'Arras, 548.

Brenneville (combat de), III, 278.

Brequigni, savant français, XVI, 151 *note*.

Brest devient un grand port militaire, XIII, 134; sa force augmentée par Vauban, 567.

Bret (Le), lieutenant général en Roussillon, est battu par les Espagnols, XIII, 460.

Bretagne unie à la France par le mariage de la duchesse Anne avec Charles VIII, VII, 219, 220.

Bretagne (Jean de), Vierg d'Autun, orateur du tiers état à l'assemblée de Pontoise, IX, 89.

Bretagne (le duc de), fils aîné du duc de Bourgogne, meurt de la même maladie que son père, XIV, 551.

Breteuil (Guillaume de), comment il est traité par Ascelin de Goël qui l'a fait prisonnier, III, 150.

Breteuil (baron de), ministre de la maison du roi, donne des conseils funestes à Marie-Antoinette, dans l'affaire *du collier*, XVI, 556 et suiv.; est favorable aux protestants, 574 *note;* signifie à Calonne sa révocation, 582; contribue à le faire remplacer par Loménie de Brienne, 583; est insulté en effigie par le peuple de Paris, 594; donne sa démission, 611.

Bretonnière (La), capitaine de vaisseau, conçoit, propose et fait adopter l'idée de fermer par une digue la rade de Cherbourg, XVI, 544 *note*.

Bretons (les) passent des bords de la Seine dans l'île d'Albion, à laquelle ils donnent leur nom, I, 15; envoient des renforts aux Armoricains contre César, 152; double expédition de César dans leur île, 157 à 159; qui est conquise par l'empereur Claude Ier, 229; premier établissement des Bretons dans l'Armorique, 323; les Bretons recouvrent leur indépendance, 339; n'en savent point tirer parti, 389; ce qu'ils deviennent, 390.

Bretons établis en Armorique, I, 323; leur accroissement, 389. — II, 3, 104, 142; leur acte de soumission à Dagobert, 143; leurs luttes *passim;* leur indépendance constituée par Noménoé, 437; reconnue par Karle le Chauve, 439.

Brézé (Pierre de), sire de la Varenne, VI, 323; reprend Saint-Maixent sur le duc d'Alençon, 388; est un des négociateurs de la trêve de

Tours, 407; jouit d'un grand crédit, 428; est disgracié, 429; est capitaine de Rouen, 442; est repoussé par Louis XI, 526; poursuivi, 529; fait avec Marguerite d'Anjou une expédition dans le Northumberland, 539; est tué à Montlhéri, 561.

Brézé (la dame de), veuve du précédent, livre Rouen au duc de Bourbon, VI, 567.

Brézé (le sire de), grand sénéchal de Normandie, révèle à François Ier les menées du connétable de Bourbon, VIII, 43, 45; est chargé de la défense d'une province frontière, 58; meurt, 366 *note*.

Brézé (Louis de), évêque de Meaux, est élu membre du Conseil général de la Ligue, X, 134; est trésorier de la Sainte-Chapelle et garde des sceaux de par le duc de Mayenne, 136; destitué par lui, 195.

Brézé (le marquis de Maillé-), beau-frère du cardinal de Richelieu, envoyé diplomatique auprès du roi de Suède, XI, 369; maréchal, 421, occupe la Haute-Alsace, *ibid.*; fait lever aux impériaux le siége de Heidelberg, 422; leur reprend Spire, *ibid.*; bat les Espagnols dans le Luxembourg, 431; fait une campagne en Belgique, 432, 433; en Picardie, 449; en Hainaut et Luxembourg, 484; va guerroyer en Artois, 549; est nommé vice-roi de Catalogne, 558; y tombe malade, 559; donne sa démission, 573.

Brézé (Armand, marquis de Maillé-), fils du précédent, amiral, bat une flotte espagnole dans les eaux de Cadix, XI, 526; en défait une autre près de Tarragone, 572; est surintendant de la navigation et gouverneur de Brouage, 582. — Défait de nouveau les Espagnols devant Carthagène, XII, 176; prend position devant Tarragone, 199; transporte à Orbitello l'armée du prince Thomas de Savoie, 220; défait la flotte espagnole, et meurt d'un coup de canon pendant la bataille, 221.

Brézé (Clémence de), épouse du grand Condé, échappe, avec son fils, aux agents du cardinal Mazarin, XII, 351, 352; se rend de Montrond à Bordeaux, 353, 354; négocie avec le gouvernement espagnol, 357; tient tête courageusement à une émeute, *ibid.*; obtient, à la *Paix de Bordeaux*, une retraite honorable, 361; demande au Parlement d'intervenir en faveur des princes de Condé, 364; est obligée de ratifier les actes de l'*Ormée*, 438; traite avec la cour et quitte la France, 447, 448.

Briçonnet (Guillaume), évêque de Saint-Malo, pousse Charles VIII à la guerre d'Italie, VII, 231; plaide la cause d'Alexandre VI, 264; mauvais service qu'il rend à son maître, 280.

Briçonnet (Guillaume), fils du précédent, évêque de Meaux, appelle auprès de lui Lefèvre d'Étaples et ses disciples, VIII, 148; est confesseur de Marguerite d'Angoulême, 149; cède à la Sorbonne, 150; abjure le protestantisme, 153.

Bricot (Thomas), chanoine de Notre-Dame et député de Paris, porte la parole au nom des États-Généraux de 1506, VII, 355.

Brienne (le comte de) est au siége de Sain-Jean-d'Acre, III, 540.

Brienne (Jean de), roi titulaire de Jérusalem, IV, 135; beau-père de l'empereur Frédéric II, 173; fait la guerre à son gendre avec les troupes du pape, 174; va gouverner Constantinople, *ibid.*; y meurt, 175.

Brienne (Marie de), femme de Baudouin de Courtenai, empereur de Constantinople, implore le secours de Louis IX, IV, 218.

Brienne (Gauthier de), duc d'Athènes, porte la parole pour la noblesse aux États-Généraux de 1355, V, 137; est fait connétable, et périt à la bataille de Poitiers, 149, 153.

Brienne (le comte de), commandant un corps de l'armée royale, est battu et contraint de se rendre, X, 146; donne à Jacques Clément une passe pour le camp royal, 160.

Brienne (le comte de), secrétaire d'état aux affaires étrangères, XII, 168; ce qu'il est réellement, 503 *note*.

Brienne (Loménie de), archevêque de Toulouse, XVI, 349; présente au roi les doléances de l'assemblée du clergé, 354; fait transférer les cimetières hors des villes de son diocèse, et pousse l'assemblée du clergé à demander cette réforme, 375 *note;* ambitionne l'entrée au conseil, 542; est membre de l'assemblée des Notables, 569; dispositions qu'il y apporte, 571; il est porté au ministère par la reine, et repoussé par le roi, 582; chef du conseil des finances, 583; ce qu'il propose à l'assemblée des Notables et ce qu'il en obtient, 583 et suiv.; lutte qu'il lui faut soutenir contre le parlement, au sujet des édits consentis par les Notables, 586 et suiv.; il fait fermer les clubs ouverts dans Paris, 590; devient principal ministre, *ibid.;* abandonne la Hollande à l'Angleterre et à la Prusse, 591; transige avec le parlement de Paris, 594; nouvelle lutte avec le parlement, 595, 596; état où l'a mis son libertinage, 599; il troque le siége de Toulouse contre celui de Sens, *ibid.;* s'enrichit sans pudeur et sans mesure, *ibid.;* nouvelle lutte avec le parlement, plus vive que les autres, 601 à 612; ouvre la discussion sur la forme à donner aux élections pour les États-Généraux, 612; fixe au 1ᵉʳ mai 1789 l'ouverture de cette assemblée, 613; ses dernières fautes, sa retraite, 614; dernière faveur qu'il reçoit de la reine, *ibid.*, note; sa mort, *ibid.*

Brigard, avocat, colonel du quartier Saint-Denis, décide le duc de

Guise à se rendre à Paris, X, 59 ; est élu procureur de la ville, 78 ; sa conduite après le meurtre du duc, 118 ; il est traduit par les Seize devant le parlement, et acquitté, 265.

Brigitte (sainte), fondatrice de la cité cénobitique du Kildare, II, 129.

Brinvilliers (marquise de), ses crimes et son supplice, XIV, 408 *note*.

Brion, victime de la Saint-Barthélemi, IX, 324

Briquemaut, chef protestant, est envoyé par ses coreligionnaires en Angleterre, IX, 131 ; son allocution à Charles IX, 276 ; sa mort, 336.

Brisach (Vieux). Siége et prise de cette place par le duc Bernard de Saxe-Weimar, le maréchal de Guébriant et le vicomte de Turenne, XI, 490. — Elle est cédée à la France par le traité de Westphalie, XII. 268. — *Chambre royale de Brisach*, XIII, 576. — Par le traité de Ryswick, Brisach retourne à l'Empire, XIV, 232.

Brise (Charles), canonnier normand, invente l'artillerie légère, X, 185 *note*.

Brissac (le maréchal de), gouverneur du Piémont, grands services qu'il y rend, VIII, 404, 426, 438, 441. — Il est nommé gouverneur de Picardie. IX, 22 ; embrasse le parti des *triumvirs*, 82 *note*; résigne son gouvernement, 85 ; vient à Paris, 115 ; reprend le Havre sur les Anglais, 164.

Brissac (le comte de), prend une part très-active à la *journée des Barricades*, X, 68, 69 ; est député aux États-Généraux de 1588, 96 ; président de la noblesse, 98 ; est arrêté après le meurtre du duc de Guise, 115 ; relâché, 121 ; prononce un des discours de clôture, 123 ; soulève contre Henri III la ville d'Angers, 132 ; en est chassé par le maréchal d'Aumont, 144 ; est battu par le duc de Montpensier, 149 ; se joint, devant Arques, au duc de Mayenne, 183 ; est fait prisonnier dans Falaise, 191 ; est chargé par Mayenne du gouvernement de Paris, 347 ; qu'il livre au roi, 348 ; est envoyé contre le duc de Mercœur, 412 ; est membre du Conseil de régence, 565 ; — maréchal, lieutenant général de Bretagne, défend Blavet contre Soubise, XI, 215.

Brisson (Barnabé), juriste, IX, 3 ; président au parlement, dirige la rédaction du *Code Henri*, IX, 490 *note*. — Est député près d'Henri III par le parlement, le jour des barricades, X, 64 ; accepte des Seize la première présidence par *intérim*, et proteste en secret, 128 ; demande la lieutenance générale pour le duc de Mayenne, et en reçoit le serment, 136 ; le détourne d'accepter les offres de l'Espagne, 194 ; est premier président, 197 ; sa mort, 266.

Brissot (Pierre), médecin célèbre, VIII, 142.

Brissot de Warville publie un écrit sur les formes de la justice criminelle, XVI, 548 *note*.

Britto (don Gregorio), gouverneur de Lérida, défend cette place avec succès contre le comte d'Harcourt et le prince de Condé, XII, 240.

Brodeau (Victor), poëte du xvi° siècle, VII, 482.

Broglie (le comte de), lieutenant-général du Languedoc, est battu par les Camisards, XIV, 401.

Broglie (maréchal de), fils du précédent, XV, 188; campagne qu'il fait en Italie, *ibid.* et 189; campagne en Bohême, 244, 250 et suiv.; campagne en Bavière, *ibid.* et 260; il est révoqué, 263.

Broglie (comte de), dirige, après le prince de Conti, la correspondance secrète de Louis xv avec ses ambassadeurs, XV, 496.—XVI, 259.

Broglie (duc de), lieutenant-général, commandant l'armée de Hesse, fait subir un rude échec au prince Ferdinand de Brunswick, XV, 554; n'attaque pas l'ennemi, bien qu'en ayant reçu l'ordre du maréchal de Contades, 555; maréchal lui-même, fait une campagne mêlée de succès et de revers, 568, 569; se fait battre par le prince Ferdinand de Brunswick, 583; est rappelé, 588.

Brosse (Pierre de La), légiste, favori de Philippe iii, IV, 356; sa fortune, sa chute, sa mort, 362 et suiv.

Brosse (Jean de), épouse Anne de Pisseleu, VIII, 92; est du conseil d'État sous Henri ii, 361; ignoble procès qu'il fait à sa femme, 367.

Brosse (Jacques de), architecte, construit le palais du Luxembourg, XI, 104 *note;*—XII, 143, 144; le portail de Saint-Gervais, la grand'salle du palais de Justice, l'aqueduc d'Arcueil, le temple protestant de Charenton, *ibid.*

Brosse (de), président au parlement de Dijon, érudit profond, écrivain original, XVI, 151 *note*.

Brouai (comte de), gouverneur de Lille, est forcé de rendre cette place au roi de France, XIII, 319, 324.

Broussel, conseiller de la grand'chambre, ouvre, au parlement, un avis très-hostile au ministère, XII, 293; est arrêté, 294; délivré, et rentre en triomphe au parlement, 300; propose de fermer les portes de Paris au héraut de la cour, 321; parle énergiquement contre Mazarin, 364; est prévôt des marchands, 418; propose de nommer le duc d'Orléans lieutenant-général du royaume, 420; se démet de la prévôté, 427; est exilé de Paris, 429.

Broussel, fils du précédent, conseiller au parlement, complimente Mazarin, au nom de sa compagnie, sur la paix des Pyrénées, XII, 536.

Bruant, traitant, condamné à mort par contumace, XIII, 43.

Bruant (Libéral), architecte, construit l'hôtel des Invalides, et commence l'église, XIII, 243.

Bruce (Robert) assure par la bataille de Bannockburn l'indépendance de l'Écosse, IV, 558.

Bruce (David), fils du précédent, est attaqué par Édouard Baliol et soutenu par la France, V, 27 ; rend visite à Philippe vi, 43 ; est battu par la reine Philippe, 98.

Bructères, Germains Istewungs, I, 214 ; ils sont défaits par Germanicus, 224 ; prennent les armes contre Rome à la voix de Velléda, 235 ; sont écrasés par les Hamaves et les Angriwares, 242 ; entrent dans la confédération franke, 267 ; sont défaits par Constantin, 293.

Bruges. Luxe des bourgeoises de cette ville, dont la reine de France est irritée, IV, 419 ; elle se soulève contre Philippe le Bel, 435, 436 ; défait la chevalerie française, 437 et suiv. — Se révolte contre Louis, comte de Flandre, V, 3 ; lui ouvre ses portes, 9 ; bataille dans les rues de Bruges entre les gens d'armes du comte et les gens de métiers de Gand, 34.

Bruhl (comte de), favori et ministre de l'électeur de Saxe, irrité des épigrammes du roi de Prusse, jette son maître dans l'alliance de l'Autriche et de la Russie, XV, 497.

Brun (Antoine), ministre d'Espagne au congrès de Munster, XII, 225 ; amène les Hollandais à traiter séparément, 254.

Bruneel, bourgeois de Gand, sa hardiesse avec Charles le Téméraire, VII, 19 ; sa mort, 52 *note*.

Brunehilde (Brunehaut), fille du roi des Wisigoths, épouse Sighebert, II, 43 ; abjure l'arianisme, *ibid.*; comment elle venge sa sœur Galeswinthe, 47 ; elle est prisonnière à Paris après le meurtre de Sighebert, 56 ; est exilée à Rouen par Hilperik, 61 ; y épouse Mérowig, 63 ; retourne en Austrasie, 65 ; sa conduite politique sous le règne de son fils Hildebert, 73, 76, 84, 103 et 104 ; sous celui de ses petits-fils, 106 à 113, 116, 119 ; sous celui de Sighebert, fils de Théoderik, 120 ; sa chute et sa mort, 421, 122.

Brunelleschi (Filippo), VII, 235.

Bruno, archevêque de Cologne, frère d'Othon le Grand, qui le fait duc de Lotherrègne, II, 531 ; son influence sur le roi Lother, ses entreprises mêlées de succès et de revers, 532 ; il divise le Lotherrègne en Haute et Basse-Lorraine, 534 ; meurt, *ibid.*

Bruno (saint), archidiacre de Reims, fonde la grande Chartreuse, III, 214.

Bruno (Giordano), poète, métaphysicien, physicien, est brûlé vif à Rome, X, 545 *note*. — XII, 7, 8.

BRUNSWICK HALBERSTADT (Christian de), condottiere allemand, XI, 183 ; battu par les impériaux, est congédié par l'électeur palatin, et passe en Hollande, 188 ; meurt, 259.

BRUNSWICK WOLFENBUTTEL (le duc de), proteste contre l'élévation du duc de Hanovre au rang d'électeur, XIV, 209.

BRUNSWICK BEVEREN (duchesse de), mère du tzar Ivan, gouverne la Russie, XV, 237 ; se ligue avec l'Autriche, l'Angleterre et la Saxe contre la Prusse, 238 ; perd le pouvoir, 246.

BRUNSWICK (le duc de), rapproche les rois de Prusse et d'Angleterre, XV, 494.

BRUNSWICK (prince Ferdinand de), frère du duc régnant, fait à Hastenbeck une manœuvre hardie, XV, 517 ; tient en échec, avec une poignée de soldats, le duc de Richelieu, 521 ; recommence les hostilités contre lui à la tête de l'armée hanovrienne, 523 ; chasse les Français devant lui du Hanovre jusqu'au Rhin, 527 ; passe le Rhin derrière eux, les bat à Creveld, pénètre en Belgique, 528 ; rentre dans l'Allemagne rhénane, et y fait une campagne, 529, 530 ; attaque, dans la Hesse, l'armée française, qui lui fait subir de grandes pertes, 554 ; les défait à Todtenhausen, 555 ; bat les Wurtembergeois, envoie des renforts au roi de Prusse, 556 ; nouvelle campagne mêlée de succès et de revers, 568, 569 ; il se jette entre les maréchaux de Broglie et de Soubise, bat le dernier, les réduit tous deux à l'impuissance, 583 ; bat les maréchaux d'Estrées et de Soubise, les refoule sur la Lahn, et prend Cassel, 588. — Est affilié à la secte des illuminés, XVI, 534.

BRUNSWICK-BEVEREN (prince de), général prussien, tient tête aux Autrichiens dans la Lusace, XV, 518.

BRUNSWICK (Ferdinand, prince héréditaire de), fait une expédition sur la rive gauche du Rhin, XV, 568. — Devenu duc régnant, vend ses soldats à l'Angleterre, XVI, 444 note ; envahit la Hollande à la tête d'une armée prussienne, et y rétablit l'autorité du stathouder, 592.

BRUSLART DE LÉON, ambassadeur de France près la diète de Ratisbonne, XI, 334, 336.

BRUSLART DE SILLERI (Nicolas), président au parlement de Paris, plénipotentiaire à Vervins, X, 419, 426 ; ambassadeur à Rome, 500 ; approuve le rappel des jésuites, 532. — Conseille Marie de Médicis après la mort du roi, XI, 3 ; l'aide à devenir régente, 6 ; la pousse aux alliances catholiques, 15 ; abuse du sceau d'Henri IV, 21 ; fait rappeler Sulli, ibid. ; cabale contre lui, 22 ; accuse le président du tiers état d'avoir manqué de respect au roi, 64 ; dénie au parlement le droit de remontrance, 90 ; est renvoyé, 98, 100 ; rappelé, 117 ;

chancelier, chef du conseil, 118; yeut la paix avec les Huguenots, 182; intrigue, est disgracié, meurt, 194 et suiv.

Bruslart de Puisieux, fils de Bruslart de Silleri, secrétaire d'État en second des affaires étrangères et de la guerre, est renvoyé, XI, 104; rappelé, 117; secrétaire d'État des affaires étrangères, 180; désire la paix avec les huguenots, 182, 190; intrigue pour se maintenir au pouvoir, 194, 195; est renvoyé, 199, 200.

Brusquet, bouffon de François Ier, VIII, 200.

Brut. Le *Brut y brenyned*, la tradition des Brenyns, III, 365.

Brutus (Decimus), commandant des galères romaines, I, 153; détruit la flotte Vénète, 154; assiége Massalie par mer, et bat la flotte massaliote, 192 et 193.

Bruyère (La), écrivain moraliste, XIV, 55, 238; prend le parti des anciens contre les modernes, 249; combat les *Esprits forts*, 252.

Bruyère (La), parfumeur à Paris, un des organisateurs de la Ligue, IX, 436. — Réunit chez lui le *Comité des Dix*, X, 265; participe au meurtre du président Brisson, 266.

Bruyère (La), fils du précédent, conseiller au Châtelet, IX, 436. — Est nommé par le duc de Guise lieutenant-général de la prévôté, X, 78; est élu membre du conseil général de la Ligue, 134; et du *Comité des Seize*, 263.

Bubenberg (Adrien de), défend Morat contre Charles le Téméraire, VII, 109.

Bucer (Martin), un des chefs des sacramentaires, VIII, 114 *note;* rédige la profession de foi des villes libres du Rhin, 165; représente les protestants aux conférences ouvertes pour préparer un concile, 310; autorise la bigamie du Landgrave de Hesse, 321 *note;* meurt à Cambridge; son corps est déterré et brûlé plusieurs années après sa mort, 435.

Buch (Jean de Grailli, captal de), secourt l'île de Meaux, V, 197; s'empare de Clermont en Beauvoisis, 224; guerroie en Normandie, 246; est battu et pris par Duguesclin, 248; est gouverneur de la Guienne, 285; est défait devant Soubise, et pris, 288.

Buch (le captal de), met Pontoise à feu et à sang, VI, 55; émigre pour ne pas devenir Français, 452.

Buchan (le comte de), commande les Écossais au service du dauphin, VI, 76; est fait connétable, envahit la Beauce à la tête d'une armée, 78; se retire en Touraine, *ibid.;* prend la Charité-sur-Loire, assiége Cosne, 82; laisse prendre Meulan, 93; sa dernière expédition, 99 et suiv.

Buckingham (le duc de), favori de Jacques 1er et du prince de Galles, son voyage en Espagne avec ce dernier, XI, 198, 199; son ambassade en France, 217, 218; haine des puritains contre lui, 257; il suscite la guerre entre l'Angleterre et la France, se met à la tête de la flotte anglaise, et attaque sans succès l'île de Ré, 260 et suiv.; est assassiné, 283.

Buckingham, ministre anglais, favorable à l'alliance française, XIII, 348; insinue à Louis xiv de suspendre ses armements maritimes, 349; traité d'alliance offensive entre la France et l'Angleterre contre les Provinces-Unies, 355; ambassade de ce ministre auprès du prince d'Orange et de Louis xiv, 400; il est mis en accusation par la chambre des communes, et sauvé par Charles ii, 435; est congédié, 464.

Bucquoi, général wallon, employé par Ferdinand ii contre le roi de Bohême, XI, 165.

Budé (Guillaume), ambassadeur à Rome, VII, 442; élève de Lascaris, 482; sa science et sa renommée, 483. — Ses travaux sur le droit, VIII, 141; sur la langue grecque, 143; est un des juges de Louis de Berquin, 160; écrit contre les protestants, 223 *note;* meurt, *ibid.*

Buffier, jésuite cartésien, XV, 351.

Buffon (Georges-Louis Leclerc de), sa vie, ses œuvres, XVI, 22 à 40; sa mort, 517.

Bühl (bataille de), XIV, 476, 477.

Bukhelin, chef alleman, envahit l'Italie à la tête d'une armée d'Allemans et de Franks, et la met au pillage, II, 25; est battu par Narsès, 26.

Bullant (Jean), architecte, VIII, 138. — Collaborateur de Philibert Delorme aux Tuileries, IX, 385.

Bulle Unigenitus, sollicitée par le père Le Tellier, œuvre de ce jésuite bien plus que du pape, troubles et persécutions dont elle est la cause ou le prétexte, XIV, 604 et suiv. — XV, 107 et suiv.; 142, 143, 160 et suiv.; le public cesse de prendre intérêt à cette querelle, 207; billets de confession; lutte du parlement et du clergé, 444 à 448; 502, 506 et suiv. — XVI, 238.

Bullet, architecte, auteur de la porte Saint-Martin, XIII, 234.

Bullinger, pasteur de l'église de Zurich, opposé à Calvin dans la question de l'Eucharistie, 277 *note*.

Bullion, conseiller d'État, est congédié, XI, 97; devient membre du conseil de cabinet, 200; surintendant des finances, 379; est chargé de traiter avec Monsieur, 385; ses opérations financières, 410, 411, 479.

BUREAU (Gaspard), VI, 323; maître de l'artillerie, ses antécédents, 366, 373; il assiége Castillon, 382.

BUREAU (Jean), dirige à Montereau l'artillerie française, VI, 366; ses commencements, *ibid.*; sa popularité, ses services, 373; à Meaux, 377; à Pontoise, 401; il est un des trois trésoriers de France, 424; conduit les siéges de Harfleur, 442; Caen, 447; Falaise, etc., 448; opère en Périgord, 451; traite avec les Bordelais, 452; est nommé maire de Bordeaux, 453; fait partie de la commission qui poursuit Jacques-Cœur, 473; assiége Castillon, 482; Bordeaux, 484; est commandant du château Trompette et du fort du Hâ, 485; est armé chevalier par Louis XI, 524.

BUREN (le comte de), lieutenant-général de l'Empereur, ses campagnes en Picardie, VIII, 29, 47; en Artois, 247; il se joint à l'armée anglaise, 300; s'en sépare, 307.

BURGAU (le margrave de), prétend à l'héritage du duc de Clèves, Berg et Juliers, X, 553.

BURGHLEY, ministre de la reine d'Angleterre, résout la perte de Marie Stuart, X, 28.

BURGONDES. Leur apparition, d'où ils viennent, I, 270; ils sont battus par l'empereur Probus, 277; désastre que leur fait essuyer Maximien, 282; ils s'allient à Valentinien contre les Allemans, leur déception, 319; ravagent la Gaule à la suite des Alains et des Wandales, 337; se répandent en masse dans le nord-est de la Gaule, 343; leur bonhomie, 353; ils sont battus par Aétius et par les Huns, 357; transférés en Sabaudie (Savoie), 358; ils s'arment contre les Huns, 371; s'étendent dans le sud-est de la Gaule, 384, 385, 387; leur religion 403.

BURGOYNE, général anglais, descendu du Canada vers Albany, est cerné et pris par les Américains avec son armée, XVI, 424.

BURIDAN, IV, 507.

BURIE (Couci de), général catholique, IX, 136; lieutenant-général en Guienne, dénonce au roi les entreprises des catholiques, 186.

BURKE, homme d'État anglais, s'oppose à la mise en interdit du port de Boston, XVI, 407; prêche au ministère les mesures conciliantes, 409; appuie le système de la tolérance à l'égard des catholiques, 452, devient ministre, 467; se retire, 473.

BURKHARD, neveu de Bertholf van der Straten, assassine le comte de Flandre, et meurt dans les supplices, III, 290.

Busembaum, docteur jésuite malmené par Blaise Pascal, XII, 105.
Busleiden, chanoine, fonde le collége trilingue de Louvain, VII, 484.
Bussi d'Amboise, termine un procès en assassinant sa partie adverse, IX, 326 ; est assassiné lui-même à l'instigation d'Henri III, 490 *note*.
Bussi-Leclerc, procureur, un des instigateurs de la Ligue, IX, 531. — Gouverneur de la Bastille, X, 77 ; met en prison le parlement, 127 ; mène le conseil des *Dix*, 265 ; participe au meurtre du président Brisson, 266 ; rend la Bastille au duc de Mayenne, 269 ; s'enfuit en Belgique, 270 ; est condamné à mort, et exécuté en effigie, 368.
Bussi-Castelnau, officier français au service de la compagnie des Indes, lui acquiert l'investiture de cinq belles provinces, XV, 457, 458 ; reste dans le Dekhan après le rappel de Dupleix, 463, 537 ; prend les comptoirs anglais de la côte d'Orissa, 539 ; est rappelé par le comte de Lally, *ibid.* ; est fait prisonnier par les Anglais à la bataille de Vandavachi, 569. — Est renvoyé dans l'Inde, XVI, 477, 478 ; est refoulé sur Goudelour par les Anglais supérieurs en nombre, 480 ; les bat, puis se renferme dans la ville, y est bloqué, 481 ; dégagé par Suffren, 482.
Bute (lord), favori de Georges III, travaille à renverser le ministère wigh de William Pitt, XV, 573 ; y réussit, devient à son tour ministre principal, 580 ; offre d'accepter l'*ultimatum* de la France, qui ne répond pas, *ibid.* ; déclare la guerre à l'Espagne, 582 ; sa conduite peu loyale envers la Prusse, 584, 585 ; paix avec la France et l'Espagne, 593, 594. — Il se retire, XVI, 234 ; pousse le gouvernement anglais à imposer arbitrairement les colonies américaines, 403.
Buttafuoco, colonel corse, vient demander au gouvernement français que l'indépendance de son pays soit reconnue, XVI, 251 ; demande à J.-J. Rousseau un projet de constitution, *ibid.*
Buys, plénipotentiaire hollandais à Gertruydenberg, XIV, 527 ; s'efforce en vain d'empêcher l'Angleterre de traiter avec la France, 545.
Byng, amiral anglais, détruit une flotte espagnole, XV, 94 ; est battu devant le port Mahon par une flotte française, 483 ; est mis en accusation, 485 ; fusillé, 501.
Byron, amiral anglais, XVI, 445.

C

CABESTAING, troubadour, III, 386, 387.

CABOCHE (Jean), son rôle dans les troubles de Paris, V, 514, 515, 539, 540, 541. — VI, 41.

CABOCHIEN (parti), son règne, V, 514 à 541. — VI, 41.

CABOT (Jean), découvre le Labrador, VII, 206.

CADENET, frère puîné du duc de Luines, XI, 155; est fait maréchal, duc de Chaulnes, pair, 159; amuse Louis XIII, au siége de Montauban, par son ignorance dans l'art de la guerre, 178; compromet la Picardie dont il est gouverneur, 449; concourt au siége d'Arras, 522 et suiv. — Quitte le gouvernement de Picardie, XII, 169.

CADURKES, peuple gaulois. Ils prennent part au soulèvement provoqué par Vercingétorix, I, 167; résistent jusqu'à la fin; traitement infligé par César aux derniers survivants, 189.

CAEN. Siége et prise de cette ville par les Anglais, V, 82, 83.

CAETANO (le cardinal), légat du pape auprès de la Ligue, X, 196, 197; s'oppose à ce que l'on traite avec Henri IV, 204; négocie avec le maréchal de Biron, 206, 208; assiste à la procession des moines mendiants, 212; confère avec le marquis de Pisani, 219; autorise l'envoi d'une députation à Henri IV, 224; d'une autre à Mayenne, 226; quitte Paris, 231.

CAFÉ. Naturalisé d'abord à l'île Bourbon, d'où il se répand dans les autres colonies tropicales, XV, 63; cultivé avantageusement aux Antilles, 243; influence du café sur les mœurs et la santé publique, 334.

CAFÉS, lieux de réunion. Ils commencent à être fréquentés sous la régence, XV, 334.

CAGLIOSTRO (Joseph Balsamo, dit comte de), XVI, 534; est compromis dans le procès du cardinal de Rohan, acquitté avec lui, et, comme lui, fêté par la foule, 559.

CAHORS, enlevé par le roi de Navarre après quatre jours de combat dans les rues, IX, 497.

CAHUSAC (le sieur de) reprend aux Anglais les établissements français des îles de Saint-Christophe, XI, 320.

CAIAZZO (Robert de san Severino, comte de), général milanais, s'oppose à la marche des Napolitains sur Milan, VII, 254; opère contre

Charles VIII, 273; est battu à Fornovo, 275; trahit LudovicSforza, 319.

CAÏETAN (le cardinal), VII, 495, 521.

CAILLE (la), astronome, va mesurer au cap de Bonne-Espérance un degré du méridien, XV, 396. — Autres travaux qu'il exécute pendant ce voyage, *ibid., note.* — XVI, 18.

CAILLÈRES, ambassadeur, XIV, 224; négociateur à Ryswick, *ibid.*

CAIREL (Élias), troubadour, III, 375 *note.*

CAISSE D'ESCOMPTE, fondée par Turgot, XVI, 375; prête 6 millions au trésor, et suspend ses paiements, 544; est relevée par Calonne, 540; forcée par ce ministre à fournir un cautionnement de 70 millions, 574.

CAISSE DE SCEAUX ET DE POISSI, XV, 504 *note.* — Abolie par Turgot, XVI, 374.

CAÏUS, disciple de saint Irénée, I, 254.

CAÏUS CALIGULA. Son expédition contre les Germains, son séjour en Gaule, ses déprédations, ses meurtres, ses folies, sa mort, I, 226 à 228.

CALABRE (Jean d'Anjou, duc de), fils du roi René, est nommé gouverneur de Gênes, VI, 545; échoue dans une entreprise contre le royaume de Naples, *ibid.;* s'unit aux ennemis de Louis XI, 550, 564, 569. — Va guerroyer en Catalogne, VII, 24 *note;* meurt, 64 *note.*

CALAIS (siége et prise de) par Édouard III, roi d'Angleterre, V, 96, 100 et suiv. — Par les Français et le duc de Guise, VIII, 460 et suiv.

CALAS, négociant de Toulouse, son supplice et sa réhabilitation, XVI, 140.

CALATAGIRONE, général des cordeliers, négociateur pour le pape en Espagne, X, 403 *note;* à Vervins, 426.

CALEMBOURG, amiral hollandais, perd son vaisseau à la bataille de Velez-Malaga, XIV, 434.

CALÈTES, peuple belge, I, 147; ils résistent à César, 188; leur territoire est annexé à la province Lugdunaise, 196.

CALIXTE II, pape, son élection; concile qu'il ouvre à Reims, et rôle qu'il y joue; il apaise la guerre entre les rois de France et d'Angleterre, III, 280, 281, règle par un traité avec Henri V la question des investitures, 284; est l'auteur de la chronique latine attribuée à Turpin, 346.

CALIXTE III, pape, autorise la révision du procès de Jeanne Darc, VI, 457, 458.

CALLET (Guillaume), chef des premiers *Jacques*, V, 194; *roi des Jacques*, 199; sa mort, *ibid.*

CALLOT (Jacques), graveur, XII, 154 *note.*

CALONNE (de), maître des requêtes, prétend reconnaître que des lettres anonymes adressées au roi sont de l'écriture de La Chalotais, XVI, 239; procureur général, poursuit ce magistrat avec acharnement, 240; intendant de Metz, se voit refuser séance par le parlement de cette ville, 280; intendant de Valenciennes, 512; contrôleur-général des finances, *ibid.;* appréciation de son caractère et de sa capacité, 538, 539; ses premières mesures, qui relèvent le crédit de l'État, 540, 541; il fait rendre aux États de Bretagne la libre nomination de leurs députés, 542; immense gaspillage, grands travaux, expédients ruineux pour y subvenir, 542 et suiv.; emprunt de 125 millions, 546; guerre à l'agiotage, 547; emprunt de 80 millions enregistré en lit de justice, 557; état où il a mis les finances en trois ans, 560; mémoire où il expose la situation et son plan pour y remédier, 561, 562; il demande la réunion d'une assemblée de Notables, 567, 568; tombe malade au moment où elle va s'ouvrir, 570; force la caisse d'escompte à verser un cautionnement de 70 millions, 571; son discours à l'ouverture de l'assemblée des Notables, 572 et suiv.; première partie de son plan, 575; il refuse de communiquer l'*état vrai* des finances, 577, 578; seconde et troisième partie de son plan, 579; il publie le plan et fait appel à l'opinion du *peuple* 580; est attaqué de tous les côtés à la fois, et renvoyé, malgré sa résistance, 581, 582; est décrété d'accusation, et s'enfuit en Angleterre, 588; est brûlé en effigie sur la place Dauphine, 594.

CALPRENÈDE (La), romancier habitué de l'hôtel Rambouillet, XII, 126.

CALUÉLAN, capitaine du *Triton*, sa mort héroïque et triomphante, XVI, 436 *note*.

CALVADOS (le), galion espagnol, échoue contre des rochers de la Normandie auxquels il laisse son nom, X, 93.

CALVIN (Jean), quitte l'étude du droit pour celle de la théologie, VIII, 182; s'enfuit en Saintonge, puis à Bâle, *ibid.;* son caractère, ses facultés, ses antécédents, sa doctrine, ses écrits, 185 et suiv., 198, 286 *note;* il représente les protestants à Ratisbonne, 310; s'établit à Genève, y fonde une église française, y devient législateur et chef du gouvernement, 321 et suiv.; y déploie une sévérité excessive, 484; sa cruauté contre Michel Servet, 484 et suiv. — Il détourne d'abord les protestants français de recourir aux armes, IX, 33, 35; conseille au roi de Navarre de réclamer la régence pendant la minorité de Charles IX, 64; le gourmande sur ses amours, 78 *note;* s'oppose autant qu'il le peut aux excès des huguenots, 106 *note*, 125; meurt, 184.

CALVO, officier catalan au service de France, défend Maëstricht contre le prince d'Orange avec une grande valeur et un plein succès, XIII, 494, 495.

CAMBRAI (commune de), formée, détruite à plusieurs reprises, et toujours relevée, III, 130, 137, 243, 244. — Ligue de Cambrai, VII, 370. — Asservie par Charles-Quint, VIII, 290. — Conquise par Louis XIV, XIII, 502, 505.

CAMBRIDGE (comte de), quatrième fils d'Édouard III, débarque en Bretagne avec un corps d'armée, V, 274; épouse une fille de Pierre le Cruel, 285; guerroie en Bretagne, 296, 319, 320; en Portugal, 350, 405.

CAMILLUS (Furius) excite les Latins à résister aux Gaulois, I, 20; nommé dictateur, refuse de reconnaître le traité passé entre les Gaulois et les Romains, 21.

CAMISARDS, ou *Enfants de Dieu*, insurgés des Cévennes, XIV, 400 et suiv., 417 et suiv.; fin de cette insurrection, 440.

CAMISARDS BLANCS, ou *Cadets de la Croix*, paysans catholiques armés contre les insurgés protestants, XIV, 402.

CAMMA, femme galate, son aventure, I, 28.

CAMPANELLA, X, 430.

CAMPEGGI, légat du pape à Augsbourg et en Angleterre, VIII, 164, 165, 173.

CAMPO-BASSO, lieutenant de Charles le Téméraire, VII, 100; le trahit, 115.

CAMPRA, musicien français, XV, 334.

CAMPULA, neveu du pape Adrien, conspire contre Léon III, II, 333; est exilé en France, 338.

CAMUL, le Mars gaulois, I, 53.

CAMULOGÈNE, général des tribus de la Seine, sa campagne contre Labiénus, I, 176.

CAMUS, évêque de Belley, représentant du clergé aux États-Généraux de 1614, XI, 54; soutient qu'on ne doit point violer le *secret des finances*, 64.

CAMUS, géomètre, va mesurer un degré du méridien dans la région polaire, XV, 395. — Travaille à la carte de France avec César-François Cassini, XVI, 18.

CANADA découvert, VIII, 130, 131. — Une colonie française y est fondée, X, 465, 466; enlevée par les Anglais, 318 et suiv.; rendue, 321. — Ses développements, XIII, 13; entravés par les jésuites, 122; point où elle parvient sous Colbert, 123, 537. — Elle progresse lentement sous Fleuri, XV, 211; ses limites sont mal définies au traité d'Aix-la-Chapelle, 324; ce qui amène des discussions entre la France et l'Angleterre, 465, 466; état du Canada vers 1753, 466, 468 et suiv.; il est attaqué et envahi par les forces anglaises de terre et de mer, 472 à 479, 524, 525, 534 et suiv.; est abandonné par la France, 549; succombe après une lutte héroïque, 550 et suiv.; est cédé à l'Angleterre, 593.

CANAL du Rhône à la Durance, exécuté par Adam de Crapone, IX, 13.

CANAL du Midi, ou des Deux Mers, proposé par Adam de Crapone, IX, 13. — Exécuté par Riquet, XIII, 106 et suiv.

CANAL de Briare, X, 453.

CANAL de Cette à Aigues-Mortes et d'Aigues-Mortes au Rhône, XIII, 109. — XVI, 544.

CANAL d'Orléans, XIII, 109.

CANAL de Bourgogne, XIII, 109. — XVI, 362, 544.

CANAL de Saint-Quentin ou de Picardie, XV, 127. — XVI, 338, 362.

CANAL du Centre, XVI, 544.

CANAL du Rhône au Rhin, XVI, 544.

CANAO, CONOBRE. Ses crimes, II, 31; il s'arme en faveur de Chramn; sa mort, 32.

CANAO, chef breton, défait l'arrière-garde d'une armée franke, II, 95.

CANDALE (François, comte de Foix-), astronome, mesure la hauteur des Pyrénées, IX, 508 *note*.

CANDALE (duc de), second fils du duc d'Épernon, XI, 457.

CANDALE (duc de), fils du second duc d'Épernon, commande l'armée de Guienne après le comte d'Harcourt, XII, 440; prend Villeneuve-sur-Lot et plusieurs autres places, 444; concourt à la soumission de Bordeaux, 446 et suiv.

CANDOLLE, calviniste émigré, XIV, 61.

CANILLAC (le marquis de) est condamné à mort et exécuté en effigie, XIII, 73 *note*.

CANINIUS (C.), lieutenant de César, I, 189; est vainqueur de Lucter, *ibid*.

CANNE A SUCRE. Origine et propagation de ce végétal, III, 188 *note*.

CANTABRES, peuple espagnol. Ils secourent les Aquitains et sont vaincus par Crassus, I, 155.

CANTELMO, général espagnol, est battu par le comte d'Harcourt, XII, 204.

CANUT ou KNUT *le Grand*, roi danois, fils de Swen, règne après lui sur l'Angleterre, III, 70; établit en Angleterre au profit du saint-siége le tribut appelé denier de saint Pierre.

Canut vi, roi de Danemark, frère de la princesse Ingeburge, mariée à Philippe-Auguste, III, 560, 561.

Capeluche, bourreau de Paris, V, 514. — VI, 41; ses cruautés, 42; son châtiment, 43.

Capilupi, gentilhomme romain, familier du cardinal de Lorraine, auteur d'une apologie de la Saint-Barthélemi, IX, 372

Capitouls, magistrats municipaux de Toulouse, III, 224 *note*.

Capitulaires de Charlemagne, II, 276 et suiv., 344, 345, 358; capitulaire de Kiersi, 466.

Cappel, protestant, professeur d'hébreu à Saumur, XII, 70.

Capponi (Pietro) impose, par sa hardiesse, à Charles viii, VII, 261.

Caprara, général impérial, est battu par Turenne à Sintzheim, XIII, 445, 446; tient contre lui la campagne dans le Palatinat et l'Alsace, 447 et suiv.; d'où il est chassé après plusieurs défaites successives, 451, 454, 455.

Capucins (franciscains réformés), VIII, 313.

Caracalla, fils de Septime Sévère. Ses vices et ses crimes, il donne le droit de cité romaine à tous les alliés et sujets de Rome, I, 260 et 261; sa perfidie à l'égard des Allemans; il attaque les Kattes; il combat les Goths, 261 et 262.

Caraccioli, prince de Melfi, Napolitain réfugié en France, y devient maréchal, VIII, 126; on lui offre le trône de Naples, 245 *note*.

Caraccioli (Antoine), évêque de Troies, devient ministre protestant, IX, 102 *note;* est cité devant le tribunal de l'inquisition, 169.

Caracena (le marquis de), gouverneur du Milanais, est battu par le maréchal du Plessis-Praslin, XII, 255; prend Trino, Crescentino, Casal, 435; est lieutenant de don Juan d'Autriche en Belgique, 483; se fait battre aux Dunes, 495.

Caradawg, roi des Bretons méridionaux, vaincu par Claude, I, 229.

Caraffa (le cardinal), neveu de Paul iv, et son principal ministre, VIII, 440; ambassadeur en France, 447; soupçonné de s'être vendu à l'Espagne, 449.

Carausius, duc du *Tractus* armoricain et belge. Sa perfidie; il enlève la Bretagne à Maximien, I, 284; s'empare de Boulogne, est assassiné, 287.

Carcassonne est assiégée par Chlodowig, I, 451. — Par les croisés (guerre des Albigeois), IV, 34 et suiv.

Carcavi, géomètre, XIII, 170; donne à Colbert l'idée d'appeler Cassini en France, 173.

Carces (le comte de), chef des catholiques de Provence, IX, 414. — Est battu par La Valette, X, 238; reconnaît l'autorité de Henri IV, 344.

CARCES (le comte de), lieutenant-général de Provence, prend le parti du parlement contre le gouverneur, XII, 337; devient le chef du parti royaliste dans cette province, 436.

CARCISTES, catholiques zélés de Provence, IX, 416.

CARDAN (Jérôme), IX, 12.

CARDENAS (don Inigo de), ambassadeur d'Espagne, conseiller intime de Marie de Médicis, XI, 17; veut lui faire mettre Sulli en jugement, 23; signe les préliminaires de Fontainebleau, 35.

CARDIER (Jean), juge, député du tiers-état de Forez, prononce aux États-Généraux de 1484 un discours dont les conclusions sont adoptées, VII, 187.

CARDINAL. Sens de ce titre dans l'origine, III, 99.

CARDONA (don Ramon de), vice-roi de Naples, attaque Bologne, puis se retire, VII, 399; est vaincu à Ravenne, 404 et suiv.; rétablit les Médicis à Florence, 411; prend Brescia et Peschiera, 413; attaque les Vénitiens, 419; se rapproche du Milanais, 443; retourne à Naples, 451.

CARDONA (le duc de), vice-roi de Catalogne, envahit le Languedoc et se fait battre à Leucate, XI, 468; est nommé de nouveau vice-roi et en meurt, 530.

CARINUS, fils de l'empereur Carus, et associé à l'empire, est massacré par ses officiers, I, 279.

CARLETON, envoyé d'Angleterre, contraint les Rochellois à traiter avec Louis XIII, XI, 227.

CARLOS (don), fils de don Juan, roi de Navarre et d'Aragon. Ses malheurs et sa mort, VI, 536.

CARLOS (don), fils aîné de Philippe II, IX, 229.

CARMÉLITES (ordre des), introduit en France par le père de Bérulle, XII, 63 *note*.

CARMES, V, 114 *note*.

CARNAC (les *men-hirs* de), I, 49.

CARNAVALET, ex-gouverneur du comte d'Anjou, IX, 247.

CARNESECCHI (Pietro), littérateur italien, brûlé par l'inquisition, IX, 206.

CARNIER (le), paysan, chef d'une insurrection contre les Anglais, VI, 341.

CARNUTES. Leur pays devient après Alésie le centre religieux de la Gaule, I, 85; ils se soulèvent contre César, 160; leur soumission apparente, 163; nouvelle insurrection, 165 et suiv.; leur ruine, 187; ils se soumettent, 188; leur territoire est compris dans la province lugdunaise, 196; *nation alliée,* 198.

CARON, directeur de la compagnie des Indes orientales, XIII, 553.

CAROUGES, gouverneur de Rouen, IX, 338. — Est obligé de rendre les deux châteaux à la Ligue, X, 133.

CARRA, écrivain politique, combat les assemblées provinciales proposées par Calonne et demande les États-Généraux, XVI, 584.

CARRACHES (école des), X, 472.

CARRÉ (le père), dominicain, chef de la police secrète du cardinal de Richelieu, est chargé par lui de pousser Mlle de La Fayette à se faire religieuse, XI, 474.

CARROUSEL donné par Marie de Médicis sur la place Royale, les 5, 6 et 7 avril 1612, XI, 36.

CARTIER (Jacques) découvre le Canada, VIII, 131.

CARUS, empereur, né à Narbonne, assassiné par Aper, I, 279.

CASAUBON (Isaac), X, 478, 488. — Se retire en Angleterre et embrasse la doctrine d'Arminius, XI, 146 *note.*

CASAULX, premier consul de Marseille et tyran de cette ville, X, 359; meurt, 391.

CASSAN (Jean de), avocat du roi à Béziers, auteur de la *Recherche des droits du roi,* XI, 403 *note.*

CASSANO (bataille de), XIV, 447.

CASSART, capitaine de vaisseau, combat seul quinze vaisseaux anglais, XIV, 537; ravage Sant-Iago du cap Vert, la Guiane hollandaise, les petites Antilles anglaises, Saint-Christophe, Montserrat, 569 *note.* — Est jeté au fort de Ham et y meurt pour avoir réclamé trois millions prêtés au roi, XV, 214 *note.*

CASSEL (batailles de), V, 4 à 8; XIII, 503, 504.

CASSIEN fonde un monastère à Marseille, I, 349.

CASSINI (Dominique), astronome italien, attiré en France par Louis XIV et Colbert; ses travaux, ses services, XIII, 173, 174.

CASSINI (Jacques), fils du précédent, élève une perpendiculaire à la méridienne commencée par son père et qu'il a achevée, XVI, 18.

CASSINI (César-François), fils du précédent, géomètre, commence la grande carte de France qui porte son nom, XVI, 18; forme à cet effet un corps d'ingénieurs, *ibid., note.*

CASSINI (Jacques-Dominique), fils du précédent, achève la carte de France commencée par son père, XVI, 18 *note.*

CASSIUS, consul, est battu et tué par les Tigurins I, 118.

CASTALION, docteur de Genève, VIII, 481, 486.

Castel-Rodrigo, gouverneur-général des Pays-Bas, XIII, 314; démolit les places de second ordre pour concentrer la résistance à l'invasion française, 316; sauve Dendermonde, 318; négocie, cherche des appuis dans le Nord, 324; en Hollande, 330; négocie et conclut le traité d'Aix-la-Chapelle, 339, 340.

Castel-Roussillon (le seigneur de), meurtrier du troubadour Cabestaing, III, 387.

Castellane (Boniface, comte de) résiste à Charles d'Anjou; sa mort, IV. 251, 252.

Castellani (Otto), trésorier de Toulouse, un des ennemis de Jacques Cœur, VI, 472, 478.

Castelnau (Pierre de), moine de Cîteaux, est chargé par Innocent III de poursuivre l'hérésie albigeoise, IV, 22; excommunie le comte de Toulouse, 26; est assassiné, 27.

Castelnau-Chalosse (le baron de) s'engage dans la conjuration d'Amboise et y périt, IX, 37, 40.

Castic, Séquanais, I, 138.

Castignosa, amiral espagnol, est battu par la flotte française, XI, 526.

Castillon, ambassadeur de France à Londres, propose le partage de l'Angleterre entre la France, l'Écosse et l'empereur, VIII, 255.

Castillon (de), adversaire des jésuites, XVI, 242; membre de l'assemblée des notables, soutient que les États-Généraux seuls ont qualité pour établir l'impôt territorial, 578.

Castries (marquis de) combat le prince héréditaire de Brunswick à Closter-Camp avec avantage, XV, 568. — Est ministre de la marine, XVI, 451; envoie dans l'Inde le bailli de Suffren avec cinq vaisseaux, 476; fait recevoir les capitaines au long cours dans la marine royale, 506 *note;* sa querelle avec le contrôleur général Joli de Fleuri, 510; il conjure le roi de rappeler Necker aux finances, 511; est d'avis qu'on rende l'état civil aux protestants, 574 *note;* est maréchal, 590; quitte le ministère, *ibid.*

Castro (Guilhen de), poëte espagnol dont s'est inspiré Pierre Corneille, XII, 135.

Caswallawn, chef des Bretons contre César; sa résistance; il traite, I, 159.

Catalauniques (Champs). Bataille effroyable qui s'y livre, I, 375 à 379.

Catalogne. État de cette province en 1640 et son soulèvement, XI. 527 et suiv.; 533 et suiv. — Elle rentre sous la domination espagnole, XII, 434, 435.

Catamantaled règne en Séquanie, I, 134.

[CAT]   DES MATIÈRES.   411

CATEAU-CAMBRÉSIS (traité du), VIII, 475.

CATHARINS, sectaires du xii° siècle. Origine de cette dénomination, III, 437.

CATHERINE DE SIENNE (sainte) est députée au pape par les Florentins, V, 309.

CATHERINE DE FRANCE, fille de Charles vi, est demandée en mariage par Henri v, roi d'Angleterre, VI, 5, 6; l'épouse, 66, 69; est couronnée à Londres, 75; revient en France après ses couches, 84. — Son second mariage d'où est issue la maison de Tudor, VII, 197 *note*.

CATHERINE, femme de La Rochelle, soi-disant inspirée, VI, 222, 242 *note*.

CATHERINE D'ARAGON, fille de Ferdinand le Catholique, femme d'Henri viii, roi d'Angleterre, VII, 388. — VIII, 171 *note*; suites et rupture de cette union, 172 et suiv.; sa mort, 255.

CATHERINE DE NAVARRE, fille d'Antoine de Bourbon et de Jeanne d'Albret, IX, 169; est présentée à Charles ix et à la reine-mère et leur fait une harangue, 298 *note*. — Est aimée du comte de Soissons, X, 39, 43, 245; épouse le duc de Bar, fils aîné du duc de Lorraine, 497; favorise les prétentions de Gabrielle d'Estrées, 500; meurt, 535.

CATHERINE Ire, veuve du tzar Pierre 1er, s'empare du trône de Russie, XV, 133; offre inutilement sa seconde fille à Louis xv, 134; proteste contre les excès commis à Thorn par le fanatisme catholique, 139; s'abîme dans les voluptés, *ibid.*; traite avec l'empereur Charles vi et garantit sa *Pragmatique*, 154; meurt, 157.

CATHERINE II, tzarine de Russie, femme de Pierre III, détrône son mari, l'emprisonne, le fait assassiner, XV, 586; prend le parti de la neutralité entre l'Autriche et la Prusse, 587. — Offre à Diderot d'achever dans ses États l'*Encyclopédie*, XVI, 51; l'attire en Russie et lui fait mille caresses, 145; ses vues sur la Pologne, 258; à qui elle donne pour roi le prince Poniatowski, 259 et suiv.; avances qu'elle fait aux philosophes de France, 261; *Instruction* qu'elle rédige pour la commission chargée de faire un nouveau code pour la Russie, et dont la publication est interdite en France, 262; elle fait égorger le tzaréwitch Ivan dans sa prison, 263 *note*; fomente la discorde en Pologne, *ibid.*; lance contre ce pays les cosaques zaporogues et les paysans de l'Ukraine, qu'elle désavoue ensuite, 256, 257; guerre contre les Turcs, heureuse sur terre et sur mer, 267 à 271; négociations et intrigues qui aboutissent au premier partage de la Pologne, 299 à 302; paix avec les Turcs (traité de Kaïnardji); ce qu'elle y gagne, 303, 549; elle refuse de vendre ses soldats au gouvernement anglais pour la guerre d'Amérique, 411 ; offre à l'Angleterre sa médiation armée en échange d'une alliance contre les Turcs, 455 ; arme quinze vaisseaux contre l'Espagne, *ibid.;* proclame à grand bruit les vrais principes du droit maritime relativement aux neutres, *ibid.;* offre la paix aux Provinces-Unies, au nom du gouvernement anglais, 471 ; offre sa médiation à la France et à l'Angleterre, 482 ; fait exprimer sa haute estime à Necker disgracié, 504 ; acquiert la souveraineté de la Crimée, 549 ; favorise le projet de Joseph II qui voudrait échanger les Pays-Bas contre la Bavière, 553, 554 ; fait un traité de commerce avec la France, 567 ; visite la Crimée, 591 ; les Turcs lui déclarent la guerre, *ibid.*

CATILINA. Sa conjuration est dénoncée par les députés allobroges, I, 129.

CATINAT, enlève le comte Mattioli, ministre du duc de Mantoue, et l'enferme à Pignerol, XIII, 584 ; prend possession de Casal au nom de Louis XIV, *ibid.* — Est chargé d'exterminer les Vaudois dans les Alpes, XIV, 53 ; est mis à la tête de l'armée, 126 ; échoue contre les Barbets, pour n'avoir pas été soutenu, 131 ; bataille de Staffarde et conquêtes qui la suivent, 133 et suiv.; prise de Villefranche, de Nice, etc., 146 ; il est refoulé en Savoie et y prend Montmélian, 147 ; défait le duc de Savoie à la Marsaille, après d'habiles manœuvres, 179 et suiv. ; sa liaison intime avec les ducs de Chevreuse et de Beauvilliers, 185 ; campagne en Piémont, 216, 217 ; campagne en Belgique, 225 ; il sent la nécessité de réformer l'État, 306 ; campagne malheureuse en Italie, où il montre autant d'abnégation que de courage, 374 à 378 ; campagne en Alsace, dans des conditions aussi mauvaises, 395 et suiv.; sa mort, 404.

CATON (Porcius), consul, périt avec son armée sous les coups des Scordiskes, I, 116.

CATON (d'Utique), demande que César soit livré aux Germains, I, 157.

CATTANEO (Alberto), archidiacre de Crémone, persécute les Vaudois de la Savoie et du Dauphiné, VII, 235 *note*.

CATUGNAT, chef des Allobroges, I, 129.

CATULUS, proconsul, n'ose tenir tête aux Kimris, I, 124.

CATURIGES. Montagnards des Alpes, I, 142.

CAUCHON (Pierre), est délégué de l'université à la commission réunie pour réformer le royaume, V, 534 ; défend Jean Petit au concile de Constance, 535. — Quitte son évêché de Beauvais, VI, 205 ; accompagne Henri VI en Normandie, 223 ; réclame le droit de poursuivre Jeanne Darc, 237 et suiv. ; dirige l'instruction, 247 à 300 ; accompagne Henri VI à Paris, 310 ; est fait évêque de Lisieux, *ibid.;* gouverne à

Paris pour le duc de Bedford absent, 324; est ambassadeur d'Angleterre au congrès d'Arras, 333; se réfugie à la Bastille, et en sort par capitulation, 347 et suiv.; sa mort, 435.

CAUDORIER (Jean), mayeur de La Rochelle, fait cette ville française, V, 288.

CAUMARTIN, conseiller d'État, est nommé garde des sceaux, XI, 191; meurt, 195.

CAUSSIN (le père), jésuite, confesseur de Louis XIII, intrigue contre Richelieu, qui l'exile, XI, 474 et suiv.

CAUX (Salomon de), inventeur de la machine à vapeur, XII, 13.

CAVAIGNES (Armand de), maître des requêtes de l'hôtel du roi. Son étrange procès et son supplice, IX, 336.

CAVALIER (Jean), capitaine des insurgés cévénols, XIV, 401; échoue dans une expédition en Vivarais, *ibid.*; ses exploits, 402, 417, 418, 419; il traite avec le maréchal de Villars, *ibid.*; est présenté à Louis XIV, puis se réfugie en Suisse, puis se met à la solde du duc de Savoie, 420; combat les Français à Almanza, 474; entre en Provence avec le duc de Savoie, dans l'espoir de faire insurger le Languedoc, 482.

CAVALIERI, mathématicien italien, XII, 30.

CAVARES, peuplade gauloise. Ils se soumettent aux Romains, I. 109, 114.

CAVARIN, chef imposé aux Sénons par César, sa fuite, I, 162.

CAVEIRAC, apologiste de la Saint-Barthélemi et des jésuites, XVI, 216 *note*.

CAVELIER DE LA SALLE, découvreur du Mississipi et parrain de la Louisiane; ses aventures et sa mort, XIII, 557 et suiv.

CAVENDISH, chimiste anglais, XVI, 520.

CAYENNE. Commencement de colonisation dans cette île, XIII, 115; elle est prise par les Hollandais, reprise par les Français, *ibid.*; prise par les Anglais, et aussitôt rendue, 325 *note*. — Ravagée par des maladies épidémiques, XVI, 235.

CAYLUS, mignon d'Henri III, tué en duel, IX, 473.

CECIL (Robert), négociateur pour l'Angleterre à Vervins, X, 427.

CECINA, chargé de conquérir l'Empire à Vitellius, I, 234.

CÉLESTIN II, pape, III, 423.

CÉLESTIN III, pape; sa conférence avec Philippe-Auguste revenant de la croisade, III, 544; il annule le divorce prononcé entre ce prince et sa femme Ingeburge, 561.

CÉLESTIN V, pape, fondateur de l'ordre monastique qui porte son nom, ratifie le traité du roi de Naples avec le roi d'Aragon, IV, 388; son abdication et sa mort, 409.

Cellamare (prince de), ambassadeur d'Espagne à Paris; sa conspiration, son renvoi, XV, 95 et suiv.

Cellini (Benvenuto), prétend avoir tué le connétable de Bourbon, VIII, 99 *note;* vient en France, 136.

Celsus, patrice de Burgondie sous Gonthramn, défend la Provence contre Firminus, II, 48, 49.

Celtes. Confédération de tribus gaéliques, dominant dans le midi de la Gaule, I, 4; ils refoulent les Euskes Aquitains vers les Pyrénées, et envahissent l'Espagne, 5.

Celtes (Conrad), porte dans la Saxe le goût des lettres, VII, 509.

Celtibères. Ils défont et tuent Amilcar, I, 100; repoussent les Kimris, 120.

Celtil, brenn des Gaëls, son supplice, I, 134.

Cénomans, Gaëls du Maine. Ils s'établissent sur la rive septentrionale du Pô, de l'Oglio et de la Brenta, I, 17; leur conduite lors de la grande lutte des Boïes contre les Romains, 98; dans celle des Insubres, 99; dans la lutte suprême, 103.

Cental (la dame de) porte plainte contre les massacreurs des Vaudois, VIII, 371.

Centrons, montagnards des Alpes, I, 142.

Cépion (Quintus Servilius), consul, surprend Toulouse, et la met au pillage, sa défaite, I, 119; sa mort, 120.

Cerda (La), amiral espagnol, XIII, 488.

Ceri (Renzo de), Romain au service de France, VIII, 56, 64.

Cerialis, lieutenant de Vespasien. Sa campagne contre Civilis, I, 238, 239.

Cérisolles (bataille de), VIII, 295.

Cerutti, jésuite, plus tard révolutionnaire, XVI, 216 *note*.

Cervantes (Miguel de), X, 484.

Cervolles (Arnaud de), ses aventures et ses déprédations, V, 176; le régent de France le prend à son service, 219; il combat à Brignais contre la *Grande Compagnie*, 236; sa mort, 255.

Cesalpini, philosophe italien naturaliste, IX, 13. — XII, 6.

César. Ce qu'il dit des mœurs des Gaulois, I, 36 et suiv.; son caractère, son génie, ses desseins, 140; il est élu consul, puis proconsul des Gaules, *ibid.;* ses campagnes en Gaule, en Bretagne, en Germanie; conquête de la Gaule, 141 à 190; comment il traite la Gaule, 191, 192; il abat Massalie, et fonde Fréjus, 193.

CÉSAR *de Naples*, général espagnol, laisse forcer par les Français le pas de Suze, VIII, 248.

CÉSARIUS (saint Césaire), évêque d'Arles, I, 452.

CESSART, ingénieur, auteur du plan d'après lequel est construite la digue de Cherbourg, XVI, 544 *note*.

CÉVENNES (guerre des), XIV, 117, 118; 399 à 403; 417 à 421; 440.

CHABANNES (Antoine de), chef d'écorcheurs, VI, 363; échoue dans une entreprise contre les Pères du concile de Bâle, 377; sauve d'un grand danger le connétable de Richemont, 387; devient comte de Dammartin, 428; dénonce à Charles VII un complot tramé par le dauphin, *ibid.*; s'enrichit des dépouilles de Jacques Cœur, 471, 473, 476; entre en Dauphiné à la tête d'une armée, 506; quitte la cour, 523; est poursuivi par ordre de Louis XI, 529; résultats de ces poursuites, 556 *note*; il s'évade de la Bastille, et fait insurger le Berri, *ibid.*; rentre dans ses biens, 570. — Revient en faveur, VII, 12-23; sa bonne conduite pendant que Louis XI est à Péronne, 41; il agit dans le Midi, et réduit les d'Armagnac, 47, 51; en Picardie, 59 et suiv.; dans le Hainaut, 126, 131; est disgracié, 134, 138; fait l'apologie des cruautés exercées contre les d'Armagnac, 186; est fait gouverneur de Picardie et Champagne, 196.

CHABOT DE BRION. Projet qu'il prête au connétable de Bourbon, VIII, 46; il est envoyé au secours de Marseille, 56; engage François Iᵉʳ à rester devant Pavie, 62; commande l'arrière-garde, 63; est fait prisonnier, 66; fait commissionner par le roi le navigateur Jacques Cartier, 131; conseille à François Iᵉʳ la tolérance religieuse, 161; commande en Piémont, 234; rentre en Dauphiné, 234; sa disgrâce, son procès, sa condamnation, sa réhabilitation, sa mort, 265 et suiv.

CHABOT DE CHARNI (le comte de), lieutenant-général au gouvernement de Bourgogne, IX, 338 *note*; empêche le massacre des huguenots 340; maintient une partie de la Bourgogne sous l'obéissance du roi, 548

CHABOT DE JARNAC, gouverneur du pays d'Aunis, ses querelles avec les Rochelois et sa révocation, VIII, 283, 285.

CHABOT DE JARNAC (Gui), sa querelle et son duel avec La Chataigneraie, VIII, 369.

CHAISE (le Père de La), jésuite, confesseur de Louis XIV, XIII, 572; n'ose refuser l'absolution à son pénitent en état de péché mortel, 610; travaille à sa conversion et l'excite contre les protestants, 611, 627. — Dit la messe de son mariage avec Mᵐᵉ de Maintenon, XIV, 35; lui promet que la révocation de l'édit de Nantes ne fera pas couler une goutte de sang, 46 ; se sert de lui pour persécuter le mystique espagnol Molinos, 314 ; meurt, 598.

CHALAIS (le comte de), maître de la garderobe du roi et son familier, conspire contre lui et contre Richelieu, XI, 234 et suiv.; recommence, est arrêté, jugé, condamné à mort, exécuté, 237 et suiv.

CHALIGNI (le comte de), de la maison de Lorraine, l'un des chefs de la Ligue, X, 133 ; négocie à Guise avec les Espagnols, 273 ; marche au secours de Rouen, qu'Henri IV assiége, 277 ; est fait prisonnier par le fou de ce prince, 279.

CHALON (petite guerre de), IV, 351.

CHALON (Jean de), prince d'Orange, chef bourguignon, rend Saint-Denis aux Armagnacs, V, 529. — Est expulsé du Languedoc par le comte de Foix, VI, 64 ; refuse d'adhérer au traité de Troies, 70 ; échoue dans une entreprise contre le Dauphiné, 240 ; traite séparément avec le gouvernement royal, 317.

CHALON (Philibert de), prince d'Orange, complice du connétable de Bourbon, perd sa principauté et tous ses fiefs en Bourgogne, VIII, 89 *note;* est élu chef des bandes qui ont saccagé Rome, 104 ; se replie sur Naples, 108 ; est nommé vice-roi de Naples, et détruit l'armée française, 110, 111 ; est amnistié par François Ier, 118, 119 ; est tué devant Florence, 121.

CHALOTAIS (Caradeuc de La), procureur-général au parlement de Bretagne, adversaire ardent des jésuites, XVI, 212, 213 ; domine sa compagnie, 237 ; son procès, sa disgrâce, 239 à 245 ; il demande justice contre le duc d'Aiguillon, 279 ; est remis en place, 337.

CHAMBORD (château de), VIII, 132.

CHAMBRE DES COMPTES, établie à Bourges, puis installée à Paris, VI, 352 ; sa compétence, 423, 424.

CHAMBRE DES MONNAIES, établie à Bourges, puis installée à Paris, VI, 352.

CHAMBRE ARDENTE, instituée contre les hérétiques, VIII, 398. — Contre les financiers, XI, 206.

CHAMBRE DE JUSTICE pour la recherche des abus et malversations commis dans les finances, XIII, 38 et suiv. — XV, 19.

CHAMFORT fournit à l'abbé Sieyès le titre de son pamphlet : *Qu'est-ce que le tiers état?* XVI, 625 *note.*

CHAMIER, ministre protestant, XI, 26 ; inspire et domine le conseil municipal de Montauban, 177.

CHAMILLART, intendant des finances, devient contrôleur-général, XIV, 344 ; ses premières opérations, *ibid.;* est en même temps ministre de la guerre, 375; détestable administrateur, 395; cache au roi la guerre civile des Cévennes, 401; élude l'offre faite par Vauban de conduire le siége de Turin, 448; amène par son ineptie la perte de la Catalogne, 454; mesures violentes et funestes auxquelles il a recours dans les embarras financiers où il se débat, 483 à 488; il frappe Vauban, 489; Bois-Guillebert, 490; se retire du contrôle-général, 491; ses deux voyages à l'armée du Nord pour donner de la résolution au duc de Bourgogne, 502, 504; il fait repousser les ouvertures pacifiques du duc de Marlborough, 504; est destitué, 516.

CHAMILLI, lieutenant-général, s'établit sur la Meuse à la tête d'un détachement, XIII, 380; occupe Maseick, 384; défend glorieusement Grave, et ne capitule que par ordre du roi, 444, 445.

CHAMPAGNE (Philippe de), peintre, XII, 151. — XIII, 229; auteur des peintures de l'église de la Sorbonne, 231.

CHAMPLAIN, gentilhomme saintongeois, fondateur de Québec et de la colonie canadienne, X, 466. — Est bloqué par les Anglais, et contraint à capituler, XI, 319.

CHAMPLITTE (le comte de) gagne à la cinquième croisade une partie de la Morée, III, 571.

CHANDERNAGOR, comptoir français dans l'Inde, XV, 210; prend un immense développement sous Dupleix, 307; est pris par les Anglais, 537; rendu à condition qu'on n'y mettra pas de garnison, 593. — Repris, XVI, 433; rendu encore, 487.

CHANDOS (Jean), chevalier anglais, combat à Créci, V, 88; à Poitiers, 154; prend possession des provinces cédées par le traité de Bretigni, 235; fait la guerre en Bretagne, 249 et suiv.; en Gascogne, en Poitou, en Bourbonnais, 274 et suiv.

CHANSONS DE GESTE, III, 342 et suiv.

CHANSON DE ROLAND, III, 344 et suiv.

CHANTAL (Mme de), amie de saint François de Sales, XII, 60; fondatrice de l'ordre des *Visitandines*, 63.

CHANTELOUBE, oratorien, auteur d'un complot contre la vie du cardinal de Richelieu, XI, 409; est condamné à mort par contumace, 416.

CHANTEREAU-LEFÈVRE, savant français, XIII, 175.

CHAPELAIN, littérateur et poëte, auteur de *la Pucelle*, XII, 126; réagit contre l'invasion du drame espagnol, 131; rédige le *Jugement de l'Académie sur le Cid*, 136. — Chargé de dresser la liste des beaux esprits à pensionner, se fait la part du lion, XIII, 160 *note;* auteur du plan d'organisation de l'Académie des inscriptions et belles-lettres, et de l'Académie des sciences, 161 *note.*

Chapelle-Marteau (La), maître des comptes, instigateur de la Ligue, IX, 531. — Prévôt des marchands après la journée des barricades, X, 78; député aux États-Généraux de 1588, 96; y est élu président du tiers, 98; est arrêté après le meurtre du duc de Guise, 114; rançonné par Duguast, 141; fait visiter les couvents pendant le siége de Paris, 218; s'efforce en vain de conserver au duc de Mayenne la ville de Rouen, 356.

Chapelles (le comte des) est décapité pour s'être battu en duel, XI, 256.

Chaperons blancs. Origine de cette association, et résultats qu'elle obtient, III, 511 et suiv.

Chappe (l'abbé), astronome et martyr de la science, XVI, 48.

Chardin voyage en Perse, XIII, 179.

Chardin, peintre, XVI, 160 *note*.

Charlemagne, fils aîné de Peppin, est envoyé par son père au-devant du pape, II, 234; est sacré par le pape Étienne II, 236; sa première campagne, 244; sa part dans la succession paternelle, 250, 251; il assure la soumission de l'Aquitaine, 252; après deux répudiations consécutives, épouse Hildegarde, 254; s'empare de tout l'Empire, 255; guerre contre les Saxons, 260, 265, 268, 274, 295, 297, 298, 322, 323, 325, 326, 332, 346; conquête de la Lombardie, 261 et suiv., 265, 268; ses voyages à Rome, 264, 286, 302, 338; au dernier, il est sacré empereur des Romains par le pape Léon III; conquête du Frioul, 266; Mal de Paderborn, 269; expédition en Espagne, Roncevaux, 270 à 272; administration, gouvernement, 276 à 281, 315; législation, capitulaires, 282 à 284, 343 à 346, 348 *note*, 353, 358, 361; il fait pour son second et son troisième fils deux royaumes séparés, quoique dépendants, de l'Italie et de l'Aquitaine, 285; ses efforts pour restaurer les lettres et la civilisation, 287 à 294; conspirations contre lui, 301, 313; ses démêlés avec le duc de Bénévent, 302; avec Tassile, duc de Bavière, 304, 305; avec les Slaves, 308, 348, 359; guerre contre les Huns, destruction de leur empire, 310, 326, 334; guerre contre les Arabes, et conquête de la Marche d'Espagne, 350, 359; contre les Grecs et les Vénitiens, 354, 355; contre les Danois, 356; contre les Wascons, 359; acquisition des îles Baléares, 334; ses relations avec Haroun-al-Raschid, 340, 352; avec l'impératrice Irène, 342; soins de Charlemagne pour maintenir l'orthodoxie intacte, 318 et suiv., 357; ses constructions, s magnificence, 327 et suiv.; son quatrième et son cinquième mariage 298, 336; ses concubines, *ibid.*; ses filles, 337; ses dispositions testamentaires, 350, 361; il couronne empereur son fils Lodewig, les deux aînés étant morts, 362 ; sa mort, 363 ; son portrait, 552.

CHARLES-CONSTANTIN, fils de Lodewig, roi de Provence, est supplanté par Hugues, comte d'Arles et de Vienne, II, 509; recouvre une portion de son héritage, 514 ; promet soumission au roi Raoul, *ibid.*

CHARLES *le Bon,* comte de Flandre, assiste Louis le Gros contre l'empereur, III, 286; contre le comte d'Auvergne, 287; son origine, sa bonne administration, sa mort, 288 et suiv.

CHARLES, comte d'Anjou et du Maine, quatrième fils de Louis VIII, IV, 132, épouse l'héritière de Provence, 204, 205; part pour la croisade avec Louis IX, 215 ; ce qu'il fait en Égypte, 228, 230, 232; retourne en France, 238 ; ses démêlés avec les villes de Provence, 250 et suiv.; intervient dans la guerre que se font entre eux les fils de la comtesse de Flandre, 253; est chargé de la garde du royaume après la mort de sa mère, 255 ; reçoit en fief du saint-siége le royaume des Deux-Siciles, 318 ; son expédition, 319 et suiv.; il rejoint Louis IX à Carthage, 330 ; traité qu'il impose au roi de Tunis, 332; sa puissance, son ambition, 352; affront qu'il fait au pape Nicolas III, et ce qu'il y perd, 370 ; il fait élire le pape Martin IV, 373; commence la guerre contre l'empire grec, *ibid.;* perd la Sicile, 374 ; cartel échangé entre lui et le roi d'Aragon, 376 ; ses revers et sa mort, 378, 379.

CHARLES II, roi de Naples, fils de Charles d'Anjou, son voyage en France, IV, 370 et suiv.; il est battu par les Aragonais, conséquences de sa défaite, 379, 386, 387 et suiv.

CHARLES IV, dit *le Bel,* roi de France, troisième fils de Philippe le Bel, est armé chevalier, IV, 501 ; son mariage et suites d'icelui, 506 ; sa conduite à l'égard de son frère Philippe le Long, 533, 535; il lui succède, 550 ; fait casser son premier mariage et en contracte un second, *ibid.*, et 551 ; son administration, 554 et suiv.; son troisième mariage, 555 ; comment il gagne 200,000 livres sur les Brugeois, 557; ses intrigues pour devenir empereur, 558 ; ses entreprises sur l'Aquitaine, 559 et suiv.; son arrangement avec le pape, 562 ; sa mort, *ibid.*

CHARLES V, roi de France, devient l'héritier désigné du Dauphiné, V, 71; en prend possession, 116; son mariage, 117 ; il obtient le duché de Normandie, 138 ; banquet qu'il donne au roi de Navarre, 144 et suiv.; son rôle à la bataille de Poitiers, 149 et suiv.; il commence à gouverner, 156; convoque les États-Généraux, *ibid.;* les congédie, 166 ; luttes intérieures avec le prévôt de Paris, les États-Généraux, le roi de Navarre, 168 à 211; mesures qui suivent sa rentrée dans Paris, 215 et suiv.; il repousse le traité entre son père et Édouard III,

220; prend à son service Bertrand du Guesclin, 222; traite avec le roi de Navarre, *ibid.;* avec Édouard à Bretigni, 226 et suiv.; acquitte la rançon du roi Jean, 230; continue à gouverner après le retour de celui-ci, 231; monte sur le trône, 239; est sacré à Reims, 248; son habile politique à l'endroit des Anglais et de l'Aquitaine, 264, 267 et suiv.; nouvelle guerre contre l'Angleterre, 271; succès partout, 272 à 296; trêve d'un an, 299; ce qu'il fait pour les lettres, ses constructions, ses mesures législatives et financières, 299 et suiv.; il prête les mains aux violences du pape, 309; prend le parti de l'antipape Clément VII, 312; saisit les terres du roi de Navarre et traite rudement ses agents, 316 et suiv.; confisque la Bretagne, 321; tire le Languedoc des mains de son frère le duc d'Anjou, 326; meurt, 331 et suiv.

CHARLES IV, empereur, se fait couronner roi d'Arles, V, 254; vient en France, 312; auteur de la *Bulle d'or, ibid.*

CHARLES (*le Mauvais*), roi de Navarre et comte d'Évreux, V, 111; épouse Jeanne, fille du roi Jean, 128; qui le traite mal, 129; ses premiers démêlés avec lui, 130 et suiv.; nouvelles intrigues, il est surpris par le roi et incarcéré, 143 et suiv.; délivré, 178; rôle qu'il joue pendant les troubles de la régence, *ibid.* et suiv., 185, 188, 199 et suiv., 207, 214, 225, 230; il fait la paix avec le roi de France, 252; livre au Prince Noir le passage à travers les Pyrénées, 260; reconnaît la suzeraineté du roi de France, 283; nouvelles intrigues, qui amènent la confiscation de ses domaines en France, 316 et suiv.; ses revers en Navarre, 319; sa fin, 407.

CHARLES VI reçoit en naissant le titre de dauphin de Viennois, V, 277; est sacré à Reims, 341, 342; repousse les réclamations des Languedociens, 347; ses premières armes, 367 et suiv.; sa première expédition contre les Gantois, 376, 386; son retour à Paris, suivi d'une réaction violente, 388 et suiv.; seconde expédition en Flandre, 396; son mariage, 398; altération des monnaies, 401; nouvelle expédition en Flandre, 402; projet de descente en Angleterre, 404 et suiv.; expédition contre le duc de Gueldre, 413 et suiv.; Charles commence à gouverner par lui-même, 415 et suiv.; visite le Languedoc, 424 et suiv.; la Picardie, 431; première atteinte de sa maladie, *ibid.;* premier accès de folie, 434 et suiv.; on l'envoie à Creil, 436; il guérit et reprend sa vie désordonnée, 438 et suiv.; alternatives de bon sens et de folie, 440 et suiv.; il donne sa fille à Richard II, 447; retombe plus bas que jamais, 448; est surnommé le *Bien-aimé,* 453; autorise l'établissement d'un théâtre permanent à Paris, 463; remet la France sous l'obédience de Benoît XIII, 465; cessions et acquisitions de territoires, 468;

[CHA] DES MATIÈRES. 121

état où on le laisse, 473, 478; il porte la croix de Bourgogne, 522; l'écharpe d'Armagnac, 545. — Marche contre les Anglais, VI, 9; venge son honneur de mari, 28; signe le traité de Troies, 66, 67; sa mort, 85.

CHARLES DE HONGRIE, duc de Durazzo, V, 340; le pape Urbain VI lui défère la couronne de Naples, *ibid.;* il s'en empare, 370; ses succès, 399; sa mort, 400.

CHARLES VII, d'abord comte de Ponthieu, puis duc de Touraine, VI, 25; son mariage, 27; il devient le drapeau et l'instrument du parti d'Armagnac, *ibid.*, 30, 37, 39, 44, 48; négociations avec Jean sans Peur, qui ont pour dénoûment l'assassinat de ce prince, 54, 57 et suiv.; il s'attache le midi de la France, 64; est déshérité par son père, 66, 74; est proclamé roi de France en Berri, 86; son caractère, 90; utiles ordonnances rendues par lui, 91; son couronnement, 92; il essaie d'apaiser le duc de Bourgogne, 106; subit successivement diverses influences, 107, 109, 111, 112 et suiv.; réunit les États-Généraux, 120; demande le secours de l'Écosse, 121; sa détresse après le désastre de Rouvrai, 131; secours qu'il reçoit de Jeanne Darc, 150 et suiv.; et dont il se montre indigne, 172, 180; sa marche sur Reims, 182 et suiv.; où il est sacré, 188; sa tiédeur à pousser la guerre, 200 et suiv., 208 et suiv., 216, 219; on le sépare de son favori La Trémoille, 318; dont l'influence est remplacée par celle d'Agnès Sorel et du connétable de Richemont, 320 et suiv.; il fait la paix avec le duc de Bourgogne, 337 et suiv.; se met en campagne contre les Écorcheurs, 364; et les Anglais, 365; entre à Paris, 366; s'en éloigne, 368; y revient, 377; convoque les États-Généraux à Orléans, 378; s'efforce de rétablir l'ordre dans le royaume, 386, 389, 392, 393, 396, 402, 403; bat les Anglais dans le Vexin, 400; dans la Gascogne, 404; conclut avec eux une trêve, 406; fait faire une expédition en Suisse, 413; une en Lorraine, 417; organise l'armée et l'administration civile, 418 et suiv., 431; s'empare du Maine, *ibid.;* de la Normandie, 434 et suiv., 447; de la Guienne, 449 et suiv.; fait reviser le procès de Jeanne Darc, 454 et suiv.; son ingratitude envers Jacques Cœur, 473; il soumet la Guienne révoltée, 482; s'entremet dans la querelle du duc de Bourgogne avec les Gantois, 499, 501; ses entreprises sur le Luxembourg, 508; il acquiert le protectorat de Gênes et le perd, 514; ses querelles avec son fils et sa mort, 480, 504 et suiv., 516, 520.

CHARLES, duc de Lorraine, est fait connétable de France, VI, 33; quitte le parti bourguignon, 106; consulte Jeanne Darc sur sa santé, 147; meurt, 307.

CHARLES DE FRANCE, second fils de Charles VII, siége à côté de son père, en cour des pairs, à Vendôme, VI, 512 ; reçoit de Louis XI le duché de Berri, 533 ; s'engage dans les complots du duc de Bretagne, 550 ; siége à l'assemblée de Tours, 552 ; s'enfuit en Bretagne, 554 ; prend une part très-active à la *Ligue du bien public, ibid.,* 560, 564, 565 ; arrache au roi le duché de Normandie, 569. — Le perd presque aussitôt, VII, 5 ; se retire en Bretagne, 6 ; obtient le duché de Guienne, 49 ; et l'ordre de Saint-Michel, 50 ; sollicite la main de Marie de Bourgogne, 64 ; se révolte encore, *ibid.;* meurt, 67.

CHARLES VIII, roi de France, sa naissance, VII, 54 ; il est élevé au château d'Amboise, 146, 151 ; monte sur le trône, 164 ; ouvre les États-Généraux de 1484, 171 ; est sacré à Reims, 192 ; fait son entrée à Paris, 193 ; affaires où il figure de sa personne pendant l'administration de sa sœur et de son beau-frère, 202, 203, 204, 213, 215 ; il donne la liberté au duc d'Orléans, 216 ; traite avec Anne de Bretagne, 218 ; l'épouse, 219 ; traite avec le roi d'Aragon, 223 ; avec le roi d'Angleterre, 224 ; avec le roi des Romains, 226 ; ses projets, 227 ; traité entre lui et le duc de Milan, 251 ; son expédition en Italie, 252 à 278 ; sa mort, 288, 289.

CHARLES-QUINT, fils de Philippe d'Autriche et de Jeanne d'Aragon, est fiancé à Claude de France, fille de Louis XII, VII, 332, 354 et suiv. ; à Marie d'Angleterre, sœur d'Henri VIII, 388, 426 ; gouverne les Pays-Bas, 440 ; traite avec François Ier, *ibid.;* attaque le duc de Gueldre, 446 ; monte sur le trône d'Espagne, 454 ; traité de Noyon, 456 ; traité contre les Turcs avec l'empereur et le roi de France, 487 ; il est élu empereur, 490, 492 et suiv., 496 ; part pour l'Allemagne et passe par l'Angleterre, 499, 500 ; convoque la diète germanique à Worms, 526 ; se déclare, moyennant un traité secret avec le pape, contre Luther, 528, 530. — Cède à son frère Ferdinand l'héritage originel de la maison d'Autriche, VIII, 2 ; asservit l'Espagne, 3 et suiv. ; subit divers échecs devant Mézières et dans les Pays-Bas, 13, 14 ; efforts de sa diplomatie contre la France, 15, 16, 21, 29, 35, 44 ; il fait, le premier, brûler des protestants, 33 ; il attaque la France par les Pyrénées, 43 ; ses desseins sur l'Italie, 54 ; nouveau pacte contre la France, *ibid.;* sa situation après la victoire de Pavie, 72 et suiv. ; ses prétentions ; 79 ; sa conduite avec François Ier prisonnier, 83 et suiv. ; traité de Madrid, 89 ; il devient moins hostile aux luthériens, 97 ; proscrit les musulmans de l'Aragon, 101 *note;* ses démonstrations après le sac de Rome, 102 ; il propose à François Ier un combat singulier, 105, 106 ; traite avec le pape, 107, 112 ; persécute de nouveau les luthériens,

114; traite avec François Ier, 116 et suiv.; détruit la république de Florence et soumet toute l'Italie, 120 et suiv.; diète d'Augsbourg, 162, 164 et suiv.; il fait proclamer son frère Ferdinand roi des Romains, 167; revirement complet dans sa politique à l'égard des protestants, 169 et suiv.; il donne aux chevaliers de Saint-Jean de Jérusalem Malte et Tripoli, 228; reprend Tunis, 230; négocie avec François Ier, 229, 231 et suiv.; fait en Provence une campagne malheureuse, 234 et suiv., 238, 240; conférences de Nice, 251; d'Aigues-Mortes, 253; traité de Tolède, 255; ses embarras, son voyage en France, 256 et suiv.; il châtie la ville de Gand, 261; se moque de François Ier, 263; échoue dans son entreprise contre Alger, 276 et suiv.; fait alliance avec Henri VIII, 287; soumet le duc de Clèves et lui reprend la Gueldre, 289; échoue devant Landrecies, 290; asservit Cambrai, ibid.; obtient de grands succès politiques, 299; prend Luxembourg, 300; campagne en France, 301, 303, 305; terminée par le traité de Crépi, ibid.; hostilités contre les protestants, 308, 310, 352, 373 et suiv., 378, 401; pacte de famille, 402, 403; il fait assiéger Magdebourg, 403; envahir le Parmesan, 404; fuit devant Maurice de Saxe, 412; traite avec lui, 418; assiége Metz sans succès, 421, 424, 425; marie son fils Philippe à la reine d'Angleterre, 431; fait lever le siége de Renti, 437; abdique et se retire à Yuste, 443 et suiv.; aide son fils de ses conseils, 452; meurt, 471.

CHARLES III, duc de Savoie, VII, 446. — Gagne à l'occupation de ses États par les Français la possession incontestée du comté de Nice, VIII, 36; honore la mémoire de Bayart, 52; embrasse le parti de l'empereur, 60; en reçoit le comté d'Asti, 122; est attaqué par François Ier, 229; perd le pays de Vaud, 230; voit ses États occupés de nouveau par les Français, 231, 232; en est dépouillé pour dix ans, 252; va au secours de Nice assiégée, 291; meurt, 429.

CHARLES DE FRANCE, duc d'Angoulême, troisième fils de François Ier, VIII, 234; devient duc d'Orléans, 239; va recevoir l'empereur à Bayonne, 258; prend avec lui des libertés, 260; est mis à la tête de l'armée d'Allemagne, 280; est envoyé à l'armée de Champagne, 301; meurt, 340.

CHARLES IX roi de France, second fils d'Henri II, IX, 18; succède à François II, 63; est sacré à Reims, 83; préside le colloque de Poissi, 97; voyages que lui font faire sa mère et les chefs du parti catholique, 115, 117, 134; il est déclaré majeur, 166; lutte contre le parlement de Paris, 167; intervient entre les Guise et Coligni, 168; élude les demandes de l'ambassade catholique, 177; son voyage autour de la

France, 183 et suiv.; son entretien avec le duc d'Albe, 192; il devient hostile aux huguenots, 196, 212; est forcé de se retirer devant eux, 216 et suiv.; traité de Longjumeau, 228; mal observé, 232; il s'éloigne du chancelier de L'Hospital, 237, 238; se rend en Lorraine, 248; en Poitou, 259; récompense le crime de Maurevert, 260; retourne sur la Loire, 261; négocie avec les huguenots, 263; conclut la paix de Saint-Germain, 266 et suiv.; tente de faire assassiner le duc Henri de Guise, 273; épouse Élisabeth d'Autriche, 274; fait des avances aux huguenots, 275, 277, 278, 279, 281; à Coligni, 283, 285 et suiv.; marie sa sœur Marguerite avec le roi de Navarre, 294; se prépare à la guerre contre l'Espagne, 295, 299, 300; abandonne ce projet, 303; y revient, 305; visite Coligni blessé, 311, 313; se laisse entraîner à la Saint-Barthélemi; sa conduite avant, pendant et après le massacre, 315 et suiv., 319, 321, 325, 328, 329, 330, 332, 333, 334, 336, 337, 344 et suiv., 347; comment il traite La Noue après la prise de Mons, 351; il force son frère Henri à partir pour la Pologne, 366; tente de faire assassiner le duc de Guise et l'éloigne de la cour, 373; se retire à Vincennes, 375; meurt, 378 et suiv

CHARLES-EMMANUEL, duc de Savoie, IX, 520, 522. — S'empare du marquisat de Saluces, X, 103; attaque Genève et se fait battre par les Suisses, 155, 156; prétend au trône de France, et, en attendant, se fait déclarer protecteur de la Provence, 171, 192, 238, 239; convoite Marseille, 249; est battu par Lesdiguières en Dauphiné, 258; battu de nouveau en Provence, d'où il est chassé complètement, 287, 288; perd quelques places en Piémont, *ibid.*; les recouvre, 375; demande à Henri IV une trêve, 378; vient négocier et intriguer à Fontainebleau, 505, 506; recommence la guerre et y perd la Bresse, 507 et suiv.; est forcé de traiter avec Genève qu'il a vainement tenté de surprendre, 524; s'allie au roi de France contre l'Espagne, à laquelle il veut prendre le Milanais, 558. — Est abandonné par Marie de Médicis et forcé de demander pardon à Philippe III, XI, 17; envahit le Montferrat, 40; l'évacue, 41; traite secrètement avec les rebelles de France, 45; guerre avec l'Espagne qui ne change rien à sa position, 125, 126; traité avec la France et Venise, ayant pour objet la protection des Grisons, 194, 195; autre traité avec la France, hostile à Gênes, 211; guerre contre Gênes, 216, 217, 223, 224; tout à coup étouffée par un traité entre la France et l'Espagne, 228; efforts de sa diplomatie contre la France, 260, 261; il envahit de nouveau le Montferrat, 277; en prend une partie, 289; est battu par les Français au Pas de Suze, et contraint à la paix, 296 et suiv.; recommence la guerre, où il n'a que des malheurs, 324 et suiv.; meurt, 330.

CHARLES DE SUDERMANIE, oncle du roi de Suède Sigismond, lui fait la guerre, X, 495; s'empare du trône, 520 *note;* songe à s'allier à la confédération protestante d'Allemagne, 558.

CHARLES Ier, roi d'Angleterre, d'abord prince de Galles; son père demande pour lui la main d'une fille d'Henri IV, XI, 102; il va lui-même demander en Espagne la main de l'infante Marie, puis rompt ce mariage, 198; est fiancé à la princesse Henriette-Marie de France, 209; devient roi et l'épouse, 217; s'entend mal avec la Chambre des Communes, 257, 258; avec la reine, 259; fait la guerre à la France, 262 et suiv., 279 et suiv.; promet son secours à La Rochelle, 281; nouvelles discussions avec la Chambre des Communes, 282; effort suprême et inutile en faveur de La Rochelle, 283; paix avec la France, 299; avec l'Espagne, 321; il prétend à l'empire exclusif de la mer, 434; négocie avec la France, 463; repousse les propositions de Richelieu, 483; demande la rentrée de Marie de Médicis en France, 493; témoigne de la sympathie pour l'Espagne, 494; reconnaît le roi de Portugal, 533; nouvelles querelles avec le parlement et les Écossais, 541, 542. — Guerre civile où il est vaincu, XII, 187 et suiv; son procès, sa mort, 323, 324.

CHARLES IV, duc de Lorraine, entre dans les complots des ennemis de Richelieu et de la France, XI, 264; fait au duc Gaston d'Orléans le plus brillant accueil, 309; mène au général impérial Tilli un renfort de 12000 hommes, 366; traité de Vic, qui le soumet à la France, 368; nouvelle levée de boucliers qui lui coûte le comté de Clermont en Argonne, 373; il arme derechef, perd son duché, abdique au profit de son frère, et se met au service de l'empereur, 402 et suiv.; arrêt rendu contre lui par le parlement de Paris, 416; général de la *Ligue catholique*, il défait près de Strasbourg le Rhingrave Otto, 421; entre en Alsace et en est repoussé, 422, 423; campagne en Lorraine, 435 et suiv.; en Bourgogne, 456; défaites essuyées par lui en Franche-Comté, 470, 480; en Alsace, 490; il va se faire battre avec les Espagnols devant Arras, 522; vient à Paris demander grâce, et obtient la restitution de la Lorraine et du duché de Bar, 545; trahit de nouveau la France, 546; se sauve en Belgique, où il prend part au siége d'Aire, 549. — Repousse le maréchal de Guébriant en Alsace, XII, 173; bat les Français en Souabe, 174; va se joindre aux Espagnols en Flandre, 194; tient tête au prince d'Orange, 213; à l'armée française, 214; est abandonné par l'empereur aux négociations de

Westphalie, 267; envahit le Barrois et se fait battre à Saint-Mihiel, 363; son expédition en France, 407, 408; comment il tient la promesse faite à Turenne de sortir de France, 422; il se joint, à Fismes, aux Espagnols, et en obtient quelques renforts, 423; traverse la Champagne, la Brie, et vient camper à Ablon, 426; manque d'être assommé à la porte Saint-Martin, 428; s'éloigne avec son armée, *ibid.*; fait la guerre en Champagne, de concert avec les Espagnols, 441; est arrêté par l'archiduc Léopold, et envoyé prisonnier en Espagne, 460, 461; mis en liberté, 522; recouvre ses États, moins le duché de Bar, et d'autres annexes, 526; recouvre le Barrois, 547. — Traité bizarre qu'il fait avec Louis XIV, et dont l'inexécution lui coûte sa dernière forteresse, XIII, 285, 286; il perd encore une fois ses États, 358; s'unit aux troupes de l'Autriche et du Brandebourg pour secourir la Hollande, 409; se coalise avec l'empereur, l'Espagne et les Provinces Unies contre la France, 428; se joint à Montecuculli, 430; à Caprara, 445; est battu avec lui par Turenne à Sintzheim, 446; campagne sur le Necker et le Mein, puis en Alsace, 447 et suiv.; d'où il est chassé après deux défaites, 454, 455; il concourt à battre le maréchal de Créqui à Konsaarbrück, 481, 482; meurt, *ibid.*

CHARLES-LOUIS, électeur palatin, est rétabli par les Suédois dans le Bas-Palatinat, XI, 399; échoue dans une expédition en Westphalie, 497. — Sa restauration est consacrée par les traités de Münster et Osnabrück, XII, 265; il se met pour trois ans à la solde du gouvernement français, 503; lui vend son vote à la diète électorale, 505, 506. — S'allie à l'Autriche contre lui, XIII, 437; se joint aux puissances coalisées contre Louis XIV, qui fait ravager cruellement ses États, 447.

CHARLES, électeur palatin, fils du précédent, meurt, XIV, 68.

CHARLES-EMMANUEL II, duc de Savoie, sa légitimité est révoquée en doute, XI, 482; sa mère l'envoie à Chambéri, 500; à Montmélian, 501. — Il lutte avec succès contre les Espagnols, XII, 341; prend Trino, Crescentino, 435. — Meurt, XIII, 583.

CHARLES II, roi d'Angleterre, réfugié en France, ménage une entrevue entre la cour et les députés des princes rebelles, XII, 402; est reconnu pour roi par les Écossais, tente une expédition en Angleterre, échoue, et revient en France, 433; combat dans l'armée espagnole, 479; essaie sans succès de se faire admettre aux conférences de l'île des Faisans, 522; monte sur le trône d'Angleterre, 540, 541. — Frappe les vaisseaux français abordant en Angleterre et en Irlande d'un droit de 6 *shellings* par tonneau, XIII, 15; épouse une infante de Portugal, dot qu'il reçoit, 279; envoie des secours au roi de Portugal, 280; différend avec Louis xiv à propos du salut que l'Angleterre prétend exiger pour son pavillon, 281; Dunkerque rendu à la France, 286; guerre avec les Provinces-Unies, 305; avec la France, 308; trêve, 312, 313; traité avec l'Espagne, 323; paix avec la France et les Provinces-Unies, 325; négociations, traité de La Haie avec les Provinces-Unies, 330; il intervient comme médiateur entre l'Espagne et le Portugal, puis entre l'Espagne et la France, 338; propose à Louis xiv de se liguer avec lui contre la Hollande, 346; double négociation avec ce prince où il s'agit d'attaquer à la fois les Hollandais sur le continent, et les protestants en Angleterre, 348 et suiv.; Charles rappelle son ambassadeur de Hollande, 362; prétend faire nommer le prince d'Orange capitaine général et amiral des Provinces-Unies, 372; attaque cette république sans déclaration de guerre, *ibid.*; met sa flotte en mer, 389; envoie deux ambassadeurs au prince d'Orange et au roi de France, 400; ses prétentions, que la Hollande repousse, 404; il lui est plus hostile que jamais, 414; cède au parlement sur la question religieuse, 418; ses prétentions sur la Hollande, 420; qu'il abandonne en partie, 424; difficultés avec le parlement, provoquées par le mariage catholique du duc d'York, 432; paix avec les Provinces-Unies, 434; mariage projeté de sa nièce Marie avec le prince d'Orange, 464; il est accepté comme médiateur par la France, l'Espagne, l'Empire et les Provinces-Unies, 497; traité d'alliance avec la France contre ces mêmes Provinces-Unies, et traité de commerce, 498; lutte contre le parlement anglais qui veut la guerre avec la France, 506, 507; il attire le prince d'Orange en Angleterre et lui fait épouser sa nièce, 518; s'allie aux Provinces-Unies contre la France et demande au parlement les subsides nécessaires pour armer, 519, 520; les obtient, 524, 525; se rapproche de la France, 527, 528; campagne diplomatique, 529; traité de Nimègue, 530 et suiv.; affaire de Titus Oates, 571 et suiv.; liaison avec la France, plus étroite que jamais et bien payée, 573, 574; querelles avec le parlement, qu'il dissout, et dont il se passe, *ibid.*; il accueille les huguenots fugitifs, et prend des mesures pour les attirer, 628, 629. — Vend à Louis xiv sa neutralité, XIV, 17; devient absolu à l'aide d'une sanglante réaction royaliste, 30, 31; meurt, 32.

CHARLES-GUSTAVE, roi de Suède, conquiert la Pologne, la Lithuanie, impose sa suzeraineté à l'électeur de Brandebourg, XII, 503; renonce à cette suzeraineté, 504; bat les Moscovites, *ibid.*; cède ses prétentions sur la Pologne, se réservant seulement les provinces du littoral,

504; triomphe du Danemark, 508; recommence la guerre, 537; meurt, 538.

Charles ii, roi d'Espagne, vient au monde, XIII, 282; est malade, est guéri, 357; épouse Marie-Louise d'Orléans, 570. — N'aura point de postérité, XIV, 39; cède aux exigences de Louis xiv, qui le menace d'une invasion, 39, 40; entre dans la *Ligue d'Augsbourg*, 74; s'allie contre la France à l'Empereur, aux Provinces-Unies, au roi d'Angleterre, 107; offre le gouvernement des Pays-Bas au roi d'Angleterre, et, sur son refus, le donne à l'électeur de Bavière, 162, 163; est vieux à 30 ans, 190; devient veuf et se remarie, *ibid.*; renouvelle la *grande alliance*, 210; accepte la médiation de la Suède, 224; paix de Ryswick, 231; teste à deux reprises en faveur du prince de Bavière, 353, 357; consulte le pape, 359; son testament définitif, 360; sa mort, 361.

Charles xi, roi de Suède, s'allie à la France contre l'électeur de Brandebourg, aux électeurs de Bavière et de Hanovre contre l'Empereur, XIII, 467; ses revers, 484, 497; il les répare par une victoire sur les Danois, *ibid.*; perd quinze vaisseaux de guerre, 516; bat les Danois à Landskroon, et perd Stettin, 547; consent à ce que Louis xiv fasse une paix séparée, 530; traite avec l'Empereur et la Diète germanique, 540; refuse l'hommage féodal, pour le duché de Deux-Ponts, à Louis xiv, qui le confisque, 580; ressent vivement cette injure, 586; contracte diverses alliances pour le maintien des traités de Nimègue et de Münster, 588, 589. — S'allie aux Provinces-Unies, XIV, 70; à l'électeur de Brandebourg, *ibid.*; entre dans la *Ligue d'Augsbourg*, 74; prête quelques régiments à la Hollande, 116; offre sa médiation, 154; s'allie au roi de Danemark pour défendre en commun leur neutralité maritime, 191; est accepté pour médiateur par toutes les puissances belligérantes, l'Espagne exceptée, 224.

Charles v, duc de Lorraine (ou plutôt prétendant), héritier du duc Charles iv, son oncle, XIII, 483; couvre le siége de Philipsbourg, 496, 497; envahit l'Alsace et la Lorraine à la tête de l'armée impériale, 508, 509; fait une campagne malheureuse dans les Pays-Bas, puis retourne sur le Rhin, 510, 511; autre campagne contre le maréchal de Créqui, 536 et suiv.; il proteste contre la paix de Nimègue, repousse les conditions auxquelles on lui offre la restitution de ses États, et demeure général autrichien, 541. — Défend l'Autriche contre les Turcs, XIV, 15, 16; est battu par eux devant Bude, 30; les bat à son tour, 67, 77; fait une campagne dans la vallée du Rhin, 107, 109, 110; meurt, 127.

Charles xii, roi de Suède, XIV, 350; bat le roi de Pologne et l'empereur de Russie, 367; arrive à Varsovie, 408; force l'électeur de Saxe à renoncer au trône de Pologne, où il place Stanislas Leczinski, 470, 471; obtient la liberté de conscience pour les luthériens de la Silésie, 472; est vaincu à Pultava et se réfugie en Turquie, 539; fait éclater la guerre entre les Turcs et les Russes, sans profit pour lui-même, 589; reçoit des subsides de Louis xiv, 590. — Meurt, XV, 102.

Charles vi, empereur d'Allemagne, d'abord archiduc d'Autriche, second fils de l'empereur Léopold. Son père le veut faire roi d'Espagne, XIV, 351; il est proclamé roi d'Espagne à Vienne, et se rend en Portugal, 422, 431; va débarquer en Catalogne, 450; prend Barcelone, 451; y est assiégé par Philippe v, 453; fait lever le siége; a tout l'Aragon pour lui, 454; se retire dans le royaume de Valence, 469; campagne remplie de péripéties et d'aventures, qui se termine à Barcelone, 532 et suiv.; il devient empereur, 539, 543; se refuse aux négociations, 563, 571; et à la paix, 576; qu'il subit enfin à Rastadt, 580, 581. — Et qu'il ne regarde que comme une trêve, XV, 76; pacte défensif avec le roi d'Angleterre, 84; guerre contre les Turcs, pour secourir les Vénitiens, 87; il voudrait échanger la Sardaigne contre la Sicile, ibid.; fait arrêter comme rebelle le grand inquisiteur d'Espagne voyageant en Lombardie, 88; guerre contre l'Espagne, 89; il perd la Sardaigne, ibid.; bat les Turcs, ibid.; traité de Passarowitz avec la Turquie, 92; il demande aux Génois de lui livrer le cardinal Alberoni, 101; acquiert la Sicile, ibid.; demande au pape, pour Dubois, le chapeau de cardinal, 112; *Pragmatique sanction*, 135; discussion avec l'Angleterre et la Hollande, 136; traités avec l'Espagne, 137; qu'il n'exécute pas, 153, 154; congrès d'Aix-la-Chapelle, qui se réunit à Soissons, 155; Charles, infidèle à l'Espagne, 156, 157; fait des avances à l'Angleterre et à la France, pour en obtenir la garantie de sa Pragmatique, 158; fait occuper le Parmesan, ibid.; traite avec l'Angleterre, ibid.; s'oppose à l'élection de Stanislas Leczinski, roi de Pologne, 176, 177; guerre contre la France, l'Espagne, la Savoie, 183; malheureuse pour l'Autriche, 184 à 196; paix de 1736, et négociations qui la précèdent, 197 et suiv.; guerre contre les Turcs, désastreuse, 219 et suiv.; il intervient entre les Génois et les Corses, et termine leur différend par une transaction, 223; meurt, 230.

Charles iii, successivement duc de Parme, roi de Naples et roi d'Espagne, est fiancé à Mlle de Beaujolais, fille du duc d'Orléans, XV, 114; mariage projeté entre lui et Marie-Thérèse d'Autriche, 137

156 : prise de possession, en son nom, de Livourne, Porto-Ferrajo, Parme et Plaisance, 159 ; il marche sur Naples à la tête d'une armée espagnole, 185 ; s'en empare, et y règne sagement, 190, 191 ; envoie des troupes contre le Milanais, puis se retire de l'alliance franco-espagnole sur les menaces de l'Angleterre, 255 ; repousse une armée austro-sarde, 275 ; passe du trône de Naples au trône d'Espagne, 564 ; offre sa médiation à la France et à l'Angleterre, 566 ; *pacte de famille*, 576, 577 et suiv. ; guerre à l'Angleterre, 582 ; guerre au Portugal, 590 ; il perd la Havane, 591 ; Manille, 592 ; paix avec le Portugal et l'Angleterre, 594. — Il chasse les jésuites de ses États, XVI, 216 et suiv., 220 et suiv.; offre sa médiation à l'Angleterre et à la France, 429, 440 ; déclare la guerre à l'Angleterre, 440 ; adhère aux principes proclamés par la Russie sur les droits des neutres, 456 ; paix avec l'Angleterre, 482 et suiv.

CHARLES-EMMANUEL III, duc de Savoie, offre cette province à la France, si elle veut l'aider à conquérir le Milanais, XV, 173 ; traité secret dans ce but, 181, 182 ; guerre à l'Autriche, 183 ; ses procédés envers son père, 184, 343 ; il est généralissime des armées combinées, 184 ; campagne dans le Milanais contre les Autrichiens, 184 et suiv., 188 et suiv.; mécontentement que ses alliés lui donnent, et qui l'empêchent d'aider au siége de Mantoue, 196 ; paix de 1736, 197 à 206 ; il s'allie à l'Autriche contre l'Espagne et la France, 255 ; repousse les Espagnols du comté de Nice, *ibid.*; s'allie à l'Autriche et à l'Angleterre, 263 ; est battu par l'armée franco-espagnole aux gorges de la Stura, 270 ; à Coni, 275 ; au confluent du Pô et du Tanaro, 286 ; il accepte conditionnellement les propositions du marquis d'Argenson, 293 ; se rattache à l'Autriche, et fait un corps d'armée prisonnier, 294 ; envahit la Provence, 299 ; rentre en Piémont, 300 ; paix d'Aix-la-Chapelle, 324.

CHARLES VII, empereur d'Allemagne, d'abord Charles-Albert, électeur de Bavière, proteste contre la guerre déclarée à la France par la diète de Ratisbonne, XV, 192 ; conjure en vain le cardinal de Fleuri de ne point garantir *la Pragmatique* de Charles VI, 205 ; réclame l'héritage intégral de cet empereur, 231 ; envahit l'Autriche, puis la Bohême, avec une armée franco-bavaroise, 238 et suiv.; s'empare de Prague, et s'y fait couronner roi de Bohême, 243, 244 ; est élu empereur, 245 ; perd ses États héréditaires, et s'enfuit à Francfort, 260 ; y fait un traité avec le roi de Prusse, l'électeur palatin et le roi de Suède, qui s'engagent à le rétablir dans ses domaines et à le faire reconnaître par l'Autriche, 267 ; meurt, 278.

CHARLES DE LORRAINE (prince), frère de l'empereur d'Allemagne François 1er, commande en Souabe l'armée autrichienne, XV, 262; tente de franchir le Rhin vers Brisach, 263; le franchit près de Germersheim, envahit l'Alsace, menace la Lorraine, 269; est rappelé en Bohême, 272; refoule le roi de Prusse en Silésie, 273, 274; perd en Belgique la bataille de Raucoux, 297; est battu devant Prague par le roi de Prusse, 516.

CHARLES-ÉDOUARD, petit-fils de Jacques II, prétendant au trône d'Angleterre, est destiné à tenter un débarquement avec dix mille Français, XV, 266; fait son expédition sans ce secours, 288, 289.

CHARLES-THÉODORE, électeur palatin, devient électeur de Bavière, XVI, 437; cède cet héritage presque entier à l'Autriche, *ibid.*; revient sur cet acte, et substitue la Bavière au duc de Deux-Ponts, 438, 439; consent à échanger cette même Bavière contre les Pays-Bas autrichiens, 554.

CHARLES, physicien, s'enlève avec un ballon gonflé d'air inflammable, XVI, 522.

CHARLEVOIX, lieutenant du comte d'Erlach, livre Brisach au comte d'Harcourt, XII, 439, 440.

CHARLOTTE DE SAVOIE, épouse, à six ans, le dauphin Louis, fils de Charles VII, VI, 484; le rejoint en Brabant, 508. — Est reléguée en Dauphiné, VII, 146.

CHARNACÉ, agent diplomatique du cardinal de Richelieu, XI, 288; lui révèle Gustave-Adolphe, 313; missions qu'il remplit en Bavière, 314; en Suède, 316; en Hollande, 404.

CHAROBERT (Charles-Robert), petit-fils de Charles II, roi de Naples, devient roi de Hongrie, IV, 424.

CHAROLAIS (comte de), présente requête au conseil pour que les princes légitimés soient dépouillés du droit de successibilité au trône, XV, 43 *note;* actes de férocité dont il est accusé, 57 *note.*

CHAROST (duc de), capitaine des gardes de Louis XIV, XIII, 320.

CHARPENTIER, professeur universitaire, assassin de Ramus, IX, 334.

CHARPENTIER, bourgeois de Paris, membre du conseil général de la Ligue, est pendu par ordre de Henri IV, X, 189.

CHARPENTIER, académicien, rédige, par ordre de Colbert, un *appel au public*, pour attirer des souscripteurs à la compagnie des Indes orientales, XIII, 117.

CHARRON (Pierre), prêche la Ligue en Anjou, X, 194 *note;* son livre, son histoire, 489, 490.

CHARTE DE LORRIS, III, 270.

CHARTE (grande) imposée au roi Jean d'Angleterre par les seigneurs ligués, IV, 89, 90.

CHARTIER (Alain), VI, 88, 154, 155.

CHARTIER (Guillaume), évêque de Paris, est chargé de reviser le procès de Jeanne Darc, VI, 458 ; revise les procédures inquisitoriales d'Arras. 518 ; harangue Louis XI après la bataille de Montlhéri, 564 ; va conférer avec le duc de Berri, 565.

CHARTON, président au parlement de Paris, échappe à l'exempt chargé de l'arrêter, XII, 204.

CHARTRES. Sa commune, III, 229 ; sa cathédrale, 409 et suiv. ; elle est prise par Dunois, VI, 314 ; assiégée et prise par Henri IV, X, 244 et suiv. ; qui s'y fait sacrer, 345.

CHARTRES (le vidame de), seigneur de Ferrières-Maligni, est enfermé à la Bastille, IX, 52 ; arrêt du parlement de Paris contre lui, 255 ; il propose le mariage du duc d'Anjou avec la reine d'Angleterre, 278 ; conseille en vain aux chefs protestants, avant la Saint-Barthélemi, de quitter Paris, 315 ; échappe au massacre, 328.

CHASSAGNE (La), président au parlement de Bordeaux. Service qu'il rend dans l'insurrection bordelaise et récompense qu'il obtient, VIII, 382, 383, 385.

CHASSENEUX (*Chassaneus*) (Barthélemi), juriste du XVIe siècle, VIII, 141 ; premier président du parlement d'Aix, rend un arrêt atroce contre les Vaudois, duquel ensuite il entrave l'exécution, 330 ; meurt, 332.

CHASTEL (Jean). Son forfait, son supplice, X, 371.

CHASTELLUX (le sire de) est fait maréchal, VI, 42.

CHASTES (Aimar de), gouverneur de Dieppe, X, 179 ; vice-amiral, directeur d'une compagnie de colonisation en Amérique, 465.

CHATAIGNERAIE (La). Sa querelle et son duel avec Chabot de Jarnac, VIII, 369.

CHATEAUBRIANT (le sire de) se révolte contre le duc de Bretagne, VII, 203.

CHATEAUBRIANT (le comte de), mari de la première maîtresse de François Ier, VII, 438 ; vengeance atroce dont il est accusé par la tradition, VIII, 93 ; il est gouverneur de Bretagne, 265 *note*.

CHATEAU-GUYON (le sire de) est tué à Granson, VII, 105.

CHATEAUNEUF (la), ancienne maîtresse d'Henri III. Son aventure « virile », IX, 472.

CHATEAUNEUF, conseiller d'État, remplit une mission diplomatique en Angleterre, XI, 318 ; soutient dans la *journée des dupes* le courage de Richelieu, qui le fait garde des sceaux, 346 ; préside les juges du maréchal de Marillac, 376; complote contre Richelieu, 391; est destitué, emprisonné, 392. — Mis en liberté, XII, 168; exilé en Berri, 303; garde des sceaux, 350; donné pour conseil au duc d'Orléans, 355; trahit le projet d'évasion de la reine mère, 368; tente de faire renvoyer les ministres amis de Mazarin et perd les sceaux, 374; se réconcilie avec la reine, 377; est président du conseil, 381; se retire, 395.

CHATEAUNEUF (l'abbé de), XV, 360 *note*.

CHATEAU-RENAUD, chef d'escadre, bat les Hollandais dans les eaux espagnoles, XIII, 532 *note*; bloque les ports du Maroc, 592. — Bat une flotte anglaise à Bantry, XIV, 113; conduit à Brest l'escadre de Toulon, 136; commande l'avant-garde de la flotte à Beachy-Head, 138; va rallier l'amiral de Tourville devant la Catalogne, 196, 199; passe encore une fois de Toulon à Brest, 218; va chercher et ramène du Mexique les galions d'Espagne, 390; les perd à Vigo ainsi que les bâtiments français, 391, 392.

CHATEAUROUX (Eudes de), évêque de Tusculum, légat, part avec Louis IX pour la croisade, IV, 215; lui annonce la mort de sa mère, 256; parole remarquable de ce prélat, *ibid*.

CHATEAUROUX (duchesse de), d'abord Mme de La Tournelle, maîtresse déclarée de Louis XV, s'efforce de donner à ce prince un peu d'énergie, XV, 265; fait renvoyer Amelot de Chaillou du ministère, 268; suit le roi à Metz, où elle reçoit l'ordre d'aller à cinquante lieues de la cour, 270, 271; est rappelée, 276; meurt, *ibid*.

CHATELAIN, CHATELLENIE, sous Charles VII, VI, 432 *note*.

CHATELAIN (Jean), docteur en théologie, martyr du protestantisme, VIII, 151.

CHATELET (Mme la marquise du), amie de Voltaire, XV, 385; concourt contre Euler sur la question *de la nature et de la propagation du feu*, 386; meurt, 403.

CHATELET (le) s'unit au parlement de Paris dans l'affaire des *Billets de confession*, XV, 447. — Est brisé par le chancelier Maupeou, XVI, 286; rétabli, 337; supprime les *Éphémérides du citoyen*, 385; refuse le titre et les attributions de grand bailliage à lui conférés par l'édit du 8 mai 1788, 603, 605.

CHATILLON (Gaucher, sire de) suit Louis IX en Égypte, où il meurt, IV, 231, 232.

CHATILLON SAINT-POL (Jacques de), gouverneur de Flandre, cause par ses fautes l'insurrection de Bruges, IV, 434 et suiv.; périt à la bataille de Courtrai, 441.

CHATILLON (Odet de), cardinal, évêque de Beauvais, est du conseil d'État sous Henri II, VIII, 361, 447 *note;* incline vers les doctrines de la réformation, 488; est nommé grand inquisiteur, 491. — Se rend à Amboise à la nouvelle de la conjuration, IX, 36; assiste à l'assemblée des notables à Fontainebleau, 49; danger qu'il court à Beauvais, 81, 82; il excite son frère Coligni à prendre les armes pour la cause protestante, 117; fait évoquer au grand conseil l'affaire de son frère et des Guises, 168; est cité au tribunal de l'inquisition, 169; résigne son évêché, 207; sert la cause protestante par les armes, 219; par les négociations, 227; passe en Angleterre, 237; est condamné par le parlement, 255; propose le mariage du duc d'Anjou avec la reine d'Angleterre, 278; meurt empoisonné, 282.

CHATILLON (François de), fils de l'amiral Coligni, commande les huguenots dans le Midi, IX, 465, 498. — Y fait la guerre contre le maréchal de Montmorenci et le duc de Joyeuse, X, 19; va se joindre en Champagne à l'armée protestante allemande, 45 et suiv.; décide le roi de Navarre à se rapprocher d'Henri III, 146; défend Tours contre les Ligueurs, 148; les bat à Châteaudun, 151; les repousse du Pollet, 183, 184; emporte le faubourg Saint-Germain, 187; rejoint Henri IV devant Paris, 217; attaque sans succès les faubourgs de la rive gauche, 230; son industrie au siége de Chartres, 247; sa mort, 257.

CHATILLON (le comte, puis maréchal de), fils du précédent, adhère aux résolutions de l'assemblée protestante de La Rochelle, XI, 171; est nommé par elle chef du septième cercle, 173; déposé, 184; se rallie au roi, qui le fait maréchal, 187; commande sous le prince d'Orange au siege de Bois-le-Duc, 321; commande une division de l'armée française en Savoie, 328; en Luxembourg, où il bat les Espagnols, 431; campagne en Belgique, 432, 433; en Luxembourg, 472; en Flandre, 484, 485; il commande une armée de réserve en Picardie et en Champagne et sauve Mouzon, 495; assiége et prend Arras, 522 et suiv.; campagne contre les rebelles de Sedan, 547.

CHATILLON (le duc de), fils du précédent, commande à Lens l'infanterie du centre, XII, 262.

CHATILLON (la duchesse de) attire le maréchal d'Hocquincourt au parti du prince de Condé, XII, 470.

CHATRE (Pierre de la), archevêque de Bourges malgré le roi de France, III, 420, 423.

CHATRE (le seigneur de la), gouverneur du Berri, assiége inutilement Sancerre, IX, 354; embrasse le parti de la Ligue, 546; tente le siége de Gien sans succès, 549. — Est fait maréchal de camp, X, 89; soulève la ville de Bourges contre Henri III, 149; est fait maréchal de France par le duc de Mayenne, 304 *note;* jure de ne jamais pactiser avec Henri IV, 325; traite avec lui, 343. — Est nommé général en chef de l'armée envoyée dans les pays de Berg et Juliers, XI, 16.

CHAULIEU, poëte, habitué du Temple, XIV, 251, 253. — XV, 360.

CHAULNES (duc de), gouverneur de Bretagne, XIII, 458; s'enfuit de Rennes devant le peuple soulevé, 471.

CHAUMONT (le sire de) défend le Vexin français contre le roi d'Angleterre, III, 195.

CHAUMONT, ambassadeur de France à Siam, XIV, 29.

CHAUNI (le sire de) va, au nom d'Henri Ier, demander la main d'Anne, fille du tzar Iaroslaw, III, 100.

CHAURAN (le Père), jésuite, inventeur des bureaux de charité, XIV, 333.

CHAUVELIN, président au parlement, est nommé garde des sceaux et ministre des affaires étrangères, XV, 155; circonvient le cardinal de Noailles, 162; ses grands desseins; il pousse le cardinal de Fleuri à des négociations audacieuses, 173, 181, 182; négocie la paix de 1736 et acquiert la Lorraine à la France, 197 à 202; sa disgrâce et son exil, 203; il adresse au roi, après la mort de Fleuri, un mémoire justificatif, et n'y gagne qu'un exil plus rigoureux, 257 *note.*

CHAUVELIN (marquis de), chargé d'établir sur les Corses l'autorité du roi de France, est battu par eux, XVI, 252.

CHAUVIN, négociant normand, obtient le privilége du commerce des pelleteries en Amérique, X, 465.

CHAVAGNAC, curé de Saint-Sulpice, prêche en faveur d'Henri IV, X, 264 *note;* se rend auprès de ce prince à Saint-Denis, 325.

CHAVAILLES (de), député du tiers aux États-Généraux de 1614, est gravement insulté par un député de la noblesse, XI, 78.

CHEITAM-IBRAHIM, serasker, est battu par les Autrichiens, XIV, 67.

CHEMINAIS, prédicateur, XIII, 219.

CHENAILLES, conseiller au parlement de Paris, conspire en faveur du prince de Condé, échoue, est banni, XII, 486.

CHÉNIER (Marie-Joseph). Ses vers sur la mort de J.-J. Rousseau, XVI, 400.

CHERBOURG. Construction du port et de la digue, XVI, 544 *note;* Louis XVI va présider à l'immersion d'un des cônes destinés à former cette digue, 560.

CHESSÉ ou JESSÉ (Robert), provincial des cordeliers, est pendu par ordre d'Henri IV, X, 189.

CHESTER (Ranulfe, comte de), combat pour la fille d'Henri Ier, contre Étienne de Boulogne, III, 424.

CHESTERFIELD (lord), l'homme le plus spirituel de l'Angleterre, au XVIIIe siècle, XV, 328; ses lettres à son fils, 339.

CHEVALERIE, III, 334 à 339; 376 et suiv., jusqu'à 396.

CHEVALIER (Étienne), membre du conseil de Charles VII, VI, 323, 373, 496; se met à la tête des bourgeois de Paris pour repousser les Bourguignons, 559.

CHEVALIER (Nicolas), premier président de la cour des aides, propose, à l'assemblée des notables de 1626, que les tailles soient rendues *réelles* pour toute la France, XI, 251.

CHEVERNI, garde des sceaux, IX, 474, 490 *note;* est attiré vers la Ligue par la reine mère, 534; y pousse Henri III, 552. — Le détourne de faire périr le duc de Guise, X, 60; le reçoit à Chartres, après la journée des barricades, 79; est renvoyé, 95; se rallie à Henri IV, et reprend les sceaux, 223 *note;* réinstalle le parlement à Paris, 353; s'entremet en faveur des jésuites, 368; est membre du conseil des finances, 398; expose à l'assemblée des notables de Rouen les intentions du roi et les besoins de l'État, 405; appuie les prétentions de Gabrielle d'Estrées, 500; meurt, 520 *note.*

CHEVERNI, ex-évêque de Troies, membre du conseil de régence, XV, 8.

CHEVERT, lieutenant-colonel, escalade un bastion de l'enceinte de Prague, et y introduit l'armée française, XV, 244; reste en cette ville, préposé à la garde des malades et blessés, 253; obtient par son énergie une capitulation honorable, et rejoint l'armée, 254; contribue aux succès de l'armée franco-espagnole dans les Alpes, 270; lieutenant-général, combat à Hastenbeck, 517; est chargé de couper la retraite au prince Ferdinand de Brunswick, qui le repousse, 529; bat le général allemand Oberg, 530.

CHEVREUSE (le sire de), est nommé par Charles VI gouverneur du Languedoc, V, 428.

CHEVREUSE (duc de), d'abord prince de Joinville, second fils du duc Henri de Guise, est chassé de Troies par les habitants, X, 356. — Prend part aux intrigues du duc de Guise, son frère aîné, XI, 104, 105, 139; épouse Marie de Rohan, veuve du duc de Luines, 218 *note;* a le gouvernement de Picardie, 356.

CHEVREUSE (duchesse de), voy. Rohan (Marie de).

CHEVREUSE (Mlle de), maîtresse du coadjuteur de Retz, est destinée pour femme au prince de Conti, XII, 366 ; qui renonce à cet honneur, 375.

Chevreuse (duc de), gendre de Colbert, un des intimes de madame de Maintenon, XIV 185 ; désire vivement des réformes, 306 ; se laisse éblouir par madame Guyon, 316 ; s'oppose aux réformes proposées par Vauban, 489 ; relève par ses conseils le courage abattu du duc de Bourgogne, 549 ; meurt, 608.

Cheyla (abbé du), archiprêtre des Hautes-Cévennes, inspecteur des missions ; ses excès, ses cruautés, sa mort, XIV, 400.

Chiari (combat de), XIV, 378.

Chièvres (le sire de), gouverneur de Charles-Quint, lui conseille l'alliance française, VII, 440 ; négocie le traité de Noyon, 456 ; abuse de la confiance de son maître, 498 ; meurt, 500.

Chigi (Mario), frère du pape Alexandre VII, commandeur des troupes pontificales, excite les sbires et gardes corses à insulter l'ambassadeur de France, XIII, 288 ; les désavoue, 294.

Chigi (le cardinal), neveu du pape Alexandre VII, vient présenter officiellement à Louis XIV les excuses de son oncle, XIII, 290.

Chloderik, fils du roi des Ripuaires, combat dans l'armée de Chlodowig contre les Wisigoths, I, 447 ; son parricide et sa mort, 457, 458.

Chlodio (Clodion), chef d'une tribu salienne, fait irruption dans la Belgique, pénètre jusqu'à la Somme, est battu par Aétius, I, 367.

Chlodomar, roi ou chef des Allemans, I, 308 ; est vaincu et pris par Julien, ibid.

Chlodomir, fils de Chlodowig, échappe à la mort, I, 419. — Sa part dans l'héritage paternel, II, 2, 4 ; sa résidence habituelle, 3 ; ses deux expéditions contre la Burgondie, son crime, sa défaite et sa mort, 5, 6.

Chlodowald (saint Cloud), dernier des fils de Chlodomir. Comment il échappe au massacre de ses frères, II, 9 ; ce qu'il devient, ibid.

Chlodowig (Clovis), sa naissance, I, 408 ; son avènement, 409 ; il attaque Syagrius, le défait, se le fait livrer par les Goths, et le met à mort, 410, 411 ; s'établit à Soissons, 412 ; ses égards pour saint Remi. Le vase de Soissons, 412 et suiv. ; il punit les Thuringiens, 415 ; son mariage, ibid. ; il s'agrandit, 417 ; bat les Allemans à Tolbiac, ses conquêtes en Germanie, 421 à 422 ; son baptême, 424 ; il étend sa domination sur l'Armorique, 427, 428 ; envahit la Burgondie, 432 ; son entrevue avec Alarik, 439 ; il l'attaque, 447 ; bataille de Voulon, 449 ; conquête de l'Aquitaine, 450 et suiv. ; reçoit d'Anastase, empereur d'Orient, le diplôme de consul, 454; choisit Paris pour sa capitale, *ibid.*; paix avec Théoderik, et ses effets, 456; comment il s'y prend pour régner sur tous les Franks, 456 et suiv.; sa dévotion. Il convoque un concile à Orléans, 461; sa mort, 462.

CHLODOWIG, fils de Hilperik, est chargé par son père d'envahir la Touraine, II, 52; la Saintonge, 64; haine de Frédégonde contre lui, 71; sa mort, *ibid.*

CHLODOWIG II, fils de Dagobert et de la reine Nanthilde, est désigné par son père pour hériter de la Neustrie et de la Burgondie, II, 141, 142; est élevé sur le pavoi par les leudes de ces deux contrées, 146; sa fin étrange et misérable, 150.

CHLODOWIG III, règne quatre ans sous Peppin de Héristall, II, 171.

CHLOTHER, fils de Chlodowig, sa part dans l'héritage paternel, II, 3, 4; sa résidence habituelle, *ibid.*; son expédition contre les Burgondes 5; il massacre ses neveux pour avoir leur héritage, 7, 8, 9; aide son frère Théoderik à conquérir la Thuringe, 10; ses quatre femmes, ses mœurs, 11; il entreprend la conquête de la Burgondie, 15; qui s'accomplit, 17; partage avec Hildebert la province d'Arles, 20; traite avec Justinien, 21; son expédition en Espagne, 22; il s'empare de l'héritage de Théodebald, 27; est battu par les Saxons, 28; hérite de Hildebert, 30; ses démêlés avec son fils Chramn, et son atroce vengeance, 29 à 32; sa mort, *ibid.* et 33.

CHLOTHER II, fils de Hilperik et de Frédégonde, II, 80; son désastre à Doromelle, 107; son entreprise malheureuse contre Théoderik, 109, 110; ses succès contre Sighebert et Brunehilde, et sa barbarie, 120 à 123; à quelles conditions il règne sur tous les Franks, *ibid.* et suiv.; il associe son fils Dagobert à la royauté, 131; ses différends avec lui, 132; sa mort, 133.

CHLOTHER III, fils aîné de Chlodowig II, règne avec sa mère la reine Bathilde, II, 150; il meurt, 153.

CHLOTHER, roi postiche, de la façon de Karle Martel, II, 182; meurt, 183.

CHLOTHILDE, fille de Hilperik, I, 394; épouse Chlodowig, 445; ses efforts pour le convertir, 449. — Elle excite ses trois fils à venger son père et sa mère sur les enfants de Gondebald, II, 5; ses malheurs et sa mort, 7, 8, 9.

CHLOTHILDE, fille de la précédente et de Chlodowig, épouse Amalarik, roi des Wisigoths, II, 4; comment elle en est traitée, 12; ce qu'il en advient, *ibid.*

Choiseul (le comte de), fils du maréchal du Plessis-Praslin, est tué en combattant sous les ordres de son père, XII, 256.

Choiseul (le chevalier de), attaché par les Algériens à la bouche d'un canon, est sauvé par un corsaire qui a été autrefois son prisonnier, XIII, 593.

Choiseul, évêque de Tournai, gallican résolu, XIII, 622.

Choiseul (maréchal de), empêche le prince Louis de Bade de pénétrer sur le territoire français, XIV, 215; lui tient tête, 225.

Choiseul (comte de Stainville, plus tard duc de). Comment il s'élève et devient ministre, XV, 542; il fait avec l'Autriche un nouveau traité, 543; projette une descente en Angleterre, *ibid.*; abandonne le Canada, 549; prend sur les fonds des affaires étrangères les sommes nécessaires au *jeu du roi*, 559; désire terminer la guerre, et ouvre des négociations à cet effet, 564; commence à voir clair aux affaires de Pologne, 565; s'efforce en vain de sauver le comte de Lally, 571, 572; négociations avec la Prusse et l'Angleterre, tendantes à la paix; avec l'Espagne, aboutissant à la conclusion du *pacte de famille*, 573 à 579; il relève habilement l'esprit public, 580; prend les ministères de la guerre et de la marine, 581; guerre avec le Portugal; expédition contre cette puissance, qui ne réussit pas, 590; traités qui terminent la *guerre de sept ans*, 593 et suiv. — Il laisse reprendre la publication de l'*Encyclopédie*, XVI, 34; abrége le séjour de J.-J. Rousseau à Paris, 130; devient hostile aux jésuites, à la suite d'une intrigue ourdie contre lui, 207, 208; décide Louis XV à les abandonner, 212; accorde un asile en Corse à ceux qui ont été chassés d'Espagne, 218; s'unit à l'Espagne pour exiger du pape leur abolition, 220; ménage les parlements, 228; tentative de colonisation de la Guyane, mal conduite et désastreuse, 235; affaire La Chalotais, qu'il s'efforce d'apaiser, 240 et suiv.; sa politique extérieure après la paix de 1763, 247, 248; il diminue les dépenses des affaires étrangères, réorganise l'armée, s'efforce de réformer l'administration de la marine, 248 et suiv. — Annexion de l'île de Corse à la France, 254 et suiv.; Affaires de Pologne, trop négligées par lui, 257 et suiv.; il reprend la direction nominale des affaires étrangères, 263; s'efforce d'armer la Turquie et l'Autriche contre la Russie, 265; envoie aux confédérés de Bar un plénipotentiaire, 266; des artilleurs, des ingénieurs, de l'argent et Dumouriez, 269; repousse les avances de la Du Barri, 274; est congédié, exilé, 282 : n'a été pour rien dans l'insurrection américaine, 412 *note*.

Choiseul-Praslin (duc de), ministre des affaires étrangères, XV, 581.

Choisi (abbé de), accompagne à Siam l'ambassadeur de France, XIV, 30 *note*

Choisi, officier français, s'enferme dans le château de Cracovie, et ne le rend aux Russes qu'après une défense héroïque, XVI, 304.

Chomedey de Maisonneuve, fondateur de la ville de Montréal, au Canada, XIII, 13.

Chramn, fils de Chlother, ses déportements en Arvernie, sa rébellion, sa défaite, sa mort, II, 29 à 32.

Chrestien de Troies, trouvère champenois, III, 370.

Christian, électeur de Saxe, prétend à la succession du duc de Clèves, Berg et Juliers, X, 553; en reçoit l'investiture de l'empereur, 554. — XI, 17; procure l'empire, par son vote, à Ferdinand II, 152, 153; s'allie avec lui contre les Bohêmes, 154; envahit la Lusace, 165; consent à la spoliation de l'électeur palatin, 196; se retourne contre l'Autriche, 333, 334.

Christian, électeur de Saxe après son père Frédéric-Auguste III, meurt presque aussitôt, XVI, 259.

Christianisme. Son apparition, résumé de sa doctrine, I, 249 et 250; ses conquêtes en Asie, 251; ses premiers pas dans la Gaule, *ibid.*; développements qu'il avait pris sous Dioclétien, en Occident et en Orient, grande persécution, 289; triomphe du christianisme sous Constantin, 293 et suiv.; son influence sur la législation, *ibid.*; abus de la victoire, 297; luttes intestines, 298 et suiv.; développements de l'influence et du pouvoir des évêques, 316, 317; première persécution religieuse exercée par les chrétiens, 323; caractère du christianisme dans la Gaule, et raison de ses progrès, 328, 329; il relève l'homme, mais affaiblit l'Empire, 332.

Christiern, roi de Danemark, offre sa médiation au duc de Bourgogne et aux habitants de Cologne, VII, 94.

Christiern II, roi de Danemark, est cause de la scission de la Suède et du Danemark, VII, 486 *note*. — Perd ses deux trônes, VIII, 98 *note*.

Christiern III, roi de Danemark, traite avec François Iᵉʳ, VIII, 278; quitte son alliance, 299; adhère à la *Ligue de Smalkalde*, 308; réclame la liberté du landgrave de Hesse, 409.

Christiern ou Christian IV, roi de Danemark, commande l'armée protestante d'Allemagne, XI, 210; est battu par Tilli, 258; battu de nouveau, et chassé de ses États du continent, 311; obtient la paix, 313; fait un traité de commerce avec la France, 317; est médiateur entre la France et l'empire, 552. — Entre l'empire et la Suède, XII,

183; fait la guerre à la Suède, 186; essuie de grands revers, 193, 207; fait la paix, 210.

CHRISTIERN V, roi de Danemark, est battu par le roi de Suède, auprès de Lunden, XIII, 497; descend en Scanie, échoue au siége de Malmoë, est battu à Landskroon, 517; est contraint par Louis XIV à faire la paix, 541, 542; fait un pacte avec l'évêque de Münster et l'électeur de Brandebourg pour empêcher la guerre entre la France et l'Empire, 589; signe un traité secret avec Louis XIV, *ibid.;* prend des mesures pour attirer en Danemark les huguenots chassés de France, 629. — Envoie sept mille auxiliaires au roi d'Angleterre, XIV, 115, 116; évite de rompre avec la France, traite avec la Suède, 191; transmet à Guillaume III les propositions de Louis XIV, *ibid.*

CHRISTIERN VII, roi de Danemark, XVI, 305 *note;* voit ses droits de puissance neutre violés par l'Angleterre, 454; adhère aux principes de droit maritime proclamés par la Russie, 456.

CHRISTINE de Danemark, duchesse de Lorraine, perd l'administration de ce duché pendant la minorité de son fils, VIII, 414, 445; qu'elle ne revoit pas sans peine, 465.

CHRISTINE DE FRANCE, deuxième fille d'Henri IV, est fiancée au prince de Galles, Henri, fils de Jacques Ier, X, 557. — Épouse le prince de Piémont, XI, 127; reste veuve et tutrice de deux enfants en bas âge, 466; incline vers l'Espagne, puis traite avec la France, 481, 482; fait des fautes nombreuses, est chassée de Turin, et se retire à Suze, 500; va conférer à Grenoble avec Richelieu, puis se retire à Montmélian, et abandonne ses États aux Français, 501; s'accommode avec ses deux beaux-frères, 573. — Recouvre les places occupées par les Français, XII, 204; gouverne sous le nom de son fils, 513; entreprend de marier sa dernière fille avec Louis XIV, et ne réussit pas, 514, 515.

CHRISTINE, fille de Gustave-Adolphe, est proclamée reine de Suède, XI, 398. — Abdique, XII, 503.

CHRONE, fille de Hilperik, se fait religieuse, I, 394.

CHRONIQUES DE SAINT-DENIS, III, 349.

CICÉ (monsieur de), archevêque de Bordeaux, membre de l'assemblée des notables, demande qu'on examine qui, de Calonne ou de Necker, a trompé le roi sur le chiffre du déficit, XVI, 577.

CICÉRON fait acquitter Fonteius, I, 128; sa conduite à l'égard des Allobroges, 129.

CICÉRON, lieutenant de César, est assiégé dans son camp par les Belges, et dégagé, I, 161, 162.

Cinquantième (impôt du), XV, 140, 141, 142.

Cipierre (René de Savoie, comte de), est assassiné par les catholiques, IX, 233.

Cité romaine (droit de) accordé par César aux Gaulois de la Narbonnaise, I, 192; par Claude, à une multitude de sujets de Rome, 230; par Galba, à toutes les populations gaéliques soulevées pour Vindex, 233; par Caracalla, à tous les alliés et sujets de Rome, sans exception, 261.

Citeaux (moines de), appelés *Cistercienses* ou *Cisterciens*, IV, 22.

Civilis (Claudius), chef batave, devenu citoyen romain, causes de son insurrection, son serment, I, 234, 235; grands avantages qu'il remporte sur les Romains; sa lutte contre Cérialis, il traite, I, 236 et suiv.

Clairaut, géomètre et astronome, détourne Voltaire de se livrer exclusivement à la science, XV, 386; va mesurer un degré du méridien dans la région polaire, 395; travaux publiés par ce savant, 397.

Clairvaux (abbaye de), fondée par saint Bernard, III, 325.

Clarence (duc de), deuxième fils d'Henri IV, roi d'Angleterre, commande une expédition en Normandie et en Aquitaine, V, 526. — Envahit le pays de Caux, VI, 45; rejoint Henri V devant Melun, 70; est nommé capitaine de Paris, 72; est vaincu et tué à Baugé, 77.

Clarence (le duc de), frère d'Édouard IV, se révolte contre ce prince, VII, 52; fuit à Honfleur, 53; repasse au parti de son frère, 62; égorge le fils d'Henri VI, 63; sa mort, 136.

Claris, chanoine d'Urgel, député du clergé catalan, relève le courage abattu des Barcelonais, XI, 534.

Classicus, Trévire, porte ses compatriotes à se révolter, I, 236; sa fin, 239.

Claude, empereur; pourquoi les grands de Rome le haïssaient; il persécute le druidisme; son expédition dans l'île de Bretagne; ce qu'il fait pour la Gaule; sa mort, I, 228 à 231.

Claude II (le Gothique), empereur, son mérite, sa mort, I, 274.

Claude, évêque de Turin, proscrit les images, le culte des saints, etc. Origine des églises vaudoises du Piémont, II, 379 *note*.

Claude, verrier de Marseille, est mandé à Rome par Jules II, VII, 387.

Claude, de Troies, stucateur, VIII, 137 *note*.

Claude, docteur protestant, discute contre Nicole la question de l'Eucharistie, XIII, 265. — Se réfugie en Hollande, d'où il combat le gouvernement français par une éloquente polémique, XIV, 61.

Claude de France, fille de Louis XII, est fiancée à Charles d'Autriche,

VII, 332; déclarée héritière du duché de Milan, etc., 353; est fiancée à François, comte d'Angoulême, 356; l'épouse, 428; est investie de la duché de Bretagne, *ibid.*; cède à son mari tous ses droits sur l'Italie, 439; son rôle à la cour, 478. — Sa mort, VIII, 58 *note;* son testament, 178 *note*.

CLAUDE DE FRANCE, fille d'Henri II, épouse le duc de Lorraine, IX, 18; est dans le secret de la Saint-Barthélemi, 320.

CLAUDIUS, maire du palais après Protadius, II, 112.

CLÉMANGIS présente à Charles VI les propositions de l'université pour faire cesser le schisme d'Occident, V, 443, 444.

CLÉMENCE, sœur du roi de Hongrie, épouse Louis Hutin, IV, 523; reste veuve et enceinte, 530; accouche d'un fils qui ne vit que six jours, 533.

CLÉMENT, Scott irlandais, attaché à Charlemagne, II, 288, 291 *note.*

CLÉMENT II, pape (Suggher, évêque de Bamberg), III, 77.

CLÉMENT III, pape. *Voyez* GUIBERT.

CLÉMENT IV, pape, d'abord Gui Fulcodi, conseiller de Louis IX, IV, 293; fait prêcher une croisade contre le roi de Sicile, 319.

CLÉMENT V, pape, auparavant archevêque de Bordeaux, marché qui précède son élection, IV, 459; accidents qui la suivent, 460; ses excès de toute espèce, 461; embarras de sa position, 466; son rôle dans l'affaire des Templiers, 467, 474, 480 et suiv.; lettre et contre-lettre, 482, 483; il s'établit dans Avignon, *ibid.;* permet le procès posthume intenté à son prédécesseur, 484; réunit un concile à Vienne, 494; meurt, 505.

CLÉMENT VI, pape, V, 63; allocution qu'il adresse aux prélats et aux curés, 113; ses mœurs, 114; il décrète deux jubilés par siècle, 115; comment il acquiert au saint siége la souveraineté d'Avignon, *ibid.*

CLÉMENT VII, pape (Jules de Médicis), fait élire pape Adrien d'Utrecht, VIII, 21; est élu à son tour, 49; s'efforce inutilement de pacifier l'Europe, 54, 60; se rapproche de la France après la bataille de Pavie, 71; échappe aux embûches des Colonna, 96; est attaqué et fait prisonnier par l'armée impériale, 99 et suiv.; traite avec l'empereur, 108, 112; détruit la liberté de Florence, 120 et suiv.; demande à l'empereur la destruction des luthériens, 162; condamne leur confession de foi, 165; excommunie le roi de Hongrie, 169; propose un concile, 171; ses négociations avec Henri VIII, 173 à 179; il conduit sa nièce Catherine à Marseille, *ibid.;* ordonne à Henri VIII de reprendre sa première femme, 180; meurt, 184.

CLÉMENT VII, antipape (d'abord Robert de Genève), marche sur Florence à la tête d'une armée de brigands, V, 310; est élu pape, 311 et suiv.; intervient dans les troubles du Languedoc, 325; ses vices, 334; ses excès et ses déprédations, 349; il investit le duc d'Anjou du royaume de Sicile, 371; couronne le fils d'icelui et lui concède une dîme sur le clergé de France, 424, 425; scandales de son gouvernement, 440; sa mort, 444.

CLÉMENT VIII, pape, accompagne en France le cardinal légat Alexandrin, IX, 290; est élu pape et se montre longtemps hostile à Henri IV, X, 293, 340 et suiv.; le réconcilie enfin avec l'Église, 379 et suiv.; s'efforce de réconcilier l'Espagne et la France, 403; réunit le duché de Ferrare au domaine de saint Pierre, 498; apaise un différend entre la France et l'Espagne, 514; s'emploie en faveur des jésuites, 529; meurt, 545.

CLÉMENT (Jacques). Ses antécédents, son forfait, sa mort, X, 158 et suiv.; honneurs décernés à sa mémoire, 168.

CLÉMENT IX (Jules Rospigliosi), pape, XIII, 326; obtient des secours de Louis XIV pour les Vénitiens, 363; félicite ce prince d'avoir abattu la Hollande, 406.

CLÉMENT XI (Albani), pape, proteste contre l'acte impérial qui érige la Prusse en royaume, XIV, 367 *note*; est obligé de reconnaître l'archiduc Charles d'Autriche pour roi d'Espagne, 519 *note*; renouvelle les constitutions de ses prédécesseurs contre le jansénisme, 602; prohibe les *Réflexions morales sur le Nouveau Testament* du P. Quesnel, 603; condamne 101 propositions de ce livre par la bulle *Unigenitus*, 604; a eu la main forcée dans cette affaire, 612 *note*. — Envoie à Marseille, ravagée par la peste, trois vaisseaux chargés de blé, XV, 603; persécute le cardinal Alberoni, 101; soutient sa bulle *Unigenitus* avec acharnement, 108, 109; accorde à Dubois sans difficulté l'investiture de l'archevêché de Cambrai, 111; ce qu'il y gagne, *ibid.*; parti qu'il sait tirer de la passion de Dubois pour le cardinalat, 112; sa mort, 143.

CLÉMENT XII (Corsini), pape, attribue, dans un bref, les miracles du cimetière de Saint-Médard au diable, XV, 169.

CLÉMENT XIII, pape, applaudit à la suspension de l'*Encyclopédie*, XVI, 51; prend le parti des jésuites contre le gouvernement portugais, 204; les défend auprès de Louis XV, 209; les soutient avec obstination, 211, 212; casse dans un consistoire secret les arrêts rendus contre eux par les parlements de France, 216; repousse de ses États ceux que l'Espagne a bannis, 218; reçoit ceux d'Orient et ceux d'Amérique, 219; excommunie le duc de Parme, 220; voit ses domaines saisis dans le royaume de Naples et en France, *ibid.*; meurt, *ibid.*

CLÉMENT XIV (Ganganelli), pape, abolit les jésuites et meurt bientôt après d'une mort mystérieuse, XVI, 220 et suiv.

CLÉREL, chanoine de Notre-Dame de Rouen, député aux États de Normandie, fait un discours énergique et menaçant contre les exactions d'Henri III, IX, 484.

CLERMONT (le comte de) est de la première croisade, III, 179.

CLERMONT (Louis de), tige de la maison de Bourbon, IV, 415; la seigneurie de Bourbon érigée en duché-pairie, 562.

CLERMONT (Robert de), maréchal de Normandie, viole l'asile de saint Merri, V, 184; excommunié par l'évêque de Paris, *ibid.*; est tué par ordre d'Étienne Marcel, 186, 187.

CLERMONT DE PILES, victime de la Saint-Barthélemi, IX, 324.

CLERMONT (comte de), grand maître de la franc-maçonnerie française, XV, 399; abbé commendataire de Saint-Germain, 527; autorisé par le pape à porter les armes, commande l'armée de Hanovre, *ibid.*; ses fautes, ses revers, son rappel, 527 et suiv.; il proteste contre la destruction des parlements, XVI, 286; meurt, 290.

CLERMONT-TONNERRE (duc de), gouverneur du Dauphiné, est malmené par le peuple de Grenoble et des environs, XVI, 609.

CLERVILLE, ingénieur, décide Colbert à faire de Rochefort un port militaire, XIII, 135.

CLÈVES, (le comte de), vient aider à Paris le duc de Bourgogne Jean-sans-Peur, V, 479.

CLÈVES (Catherine de), veuve du prince de Portien, épouse en secondes noces le duc de Guise, IX, 274; garde mal la foi conjugale, 473. — Demande qu'il soit informé contre les meurtriers de son mari et de son beau-frère, X, 129; conseille à son fils, Charles de Guise, de traiter avec Henri IV, 364.

CLÈVES (Marie de), princesse de Condé, IX, 366; aimée d'Henri III, 406; meurt, 410.

CLIELLE (La), maître d'hôtel d'Henri IV, va porter au pape une lettre de ce prince, X, 339, 340.

CLIGNET DE BRABANT, amiral, est fait gouverneur de Picardie, VI, 8; revient à Paris après le désastre d'Azincourt, 23.

CLINTON, général en chef des Anglais en Amérique, XVI, 450.

CLISSON (Olivier de), V, 65; est assassiné par ordre de Philippe de Valois, V, 72.

CLISSON (Amauri de) défait l'armée de Louis d'Espagne, V, 62, 63.

CLISSON (Olivier de), combat à Aurai pour Jean de Montfort, V, 250; suit le prince Noir en Espagne, 260; se met au service du roi de

France, 264 ; conseils qu'il donne à Charles v, 281, 282 ; sa liaison avec Bertrand du Guesclin, 283 ; il est surpris par le duc de Bretagne, et sauvé par le roi, 297 ; prend Aurai, 315, échoue devant Nantes, 322 ; est fait connétable, 342 ; conduit la guerre de Flandre et gagne la bataille de Roosebeke, 379 et suiv. ; conseille une invasion en Angleterre, 404 ; la prépare en vain, 406, 407 ; piége que lui tend le duc de Bretagne, 409 et suiv. ; il est assassiné, mais ne perd pas la vie, 431 et suiv. ; marche contre le duc de Bretagne, 434 ; perd sa popularité, 436 ; se retire en Bretagne, 437 ; est accusé et condamné par contumace, 438 ; ses dernières luttes, *ibid.*, 440, 443, 467 ; sa mort, 508.

CLIVE, quitte le service administratif pour le militaire, XV, 459 ; s'empare, avec quelques centaines d'hommes d'Arcate, capitale du Carnatic, *ibid.;* fait lever le siége de Tritchenapali, *ibid.;* cerne et fait prisonnier deux détachements français, 460 ; retourne en Angleterre, 462 ; reprend Calcutta, prend Chandernagor, 537 ; réalise au profit de l'Angleterre les plans de Dupleix, XVI, 429.

CLOCHETTERIE (La), capitaine de la frégate la *Belle-Poule*, désempare à Ouessant une frégate anglaise, XVI, 429 ; meurt en combattant, 469.

CLODIUS ALBINUS, lieutenant impérial, chasse les Frisons et autres Germains, I, 257 ; prend la pourpre en Bretagne, accepte de Sévère le titre de César, s'en lasse, envahit la Gaule, est vaincu près de Lyon, et mis à mort, I, 258.

CLOOTZ (dit plus tard *Anacharsis*) publie un livre intitulé : Certitude des preuves du mahométisme, XVI, 144.

CLOSTERCAMP (combat de), XV, 568.

CLUB DE L'ENTRE-SOL, XV, 315 et suiv.

CLUBS, ouverts à Paris en 1782, fermés par le gouvernement en 1787, XVI, 590.

CLUE (La), chef d'escadre, subit un grave échec en passant le détroit de Gibraltar, XV, 545.

CLUGNI (M. de), intendant de Bordeaux, est appelé au contrôle général des finances, XVI, 384 ; institue la loterie royale, rétablit la corvée, *ibid.;* renouvelle les ordonnances contre la contrebande, 385 ; meurt, 386.

CLUNI (abbaye de), III, 93.

COCONAS, comte piémontais. Son procès et sa mort, IX, 376, 377.

CODE NOIR, rédigé par Colbert, édicté par Louis XIV, XIII, 555, 556. — Ses dispositions sont aggravées sous Louis XV à plusieurs reprises, XV, 126, 214 *note*.

COËHORN, ingénieur hollandais, défend, après l'avoir construit, le *fort*

Guillaume, de Namur XIV, 163, 164; conduit le siége de cette ville, 207; commande dans la West-Flandre, 393.

Coello (Doña Juana), femme d'Antonio Perez, lui sauve la vie, X, 573, 574.

Cœnus (bataille du), où Marius extermine les Teutons et les Ambrons I, 121 et suiv.

Coëtivi (l'amiral de) reprend Saint-Maixent sur le duc d'Alençon, VI, 388.

Coëtivi (messire Olivier de), sénéchal de Guienne, est pris dans Bordeaux par les Anglais, VI, 480.

Coëtlogon, marin français, combat intrépidement à La Hougue, XIV, 159; fait la course avec succès, 417.

Coeur (Jacques), VI, 323; est maître de la monnaie de Bourges, 344; ses commencements, 373; il rétablit et régularise le système monétaire, 375; services qu'il rend, 376, 395, 411, 433; il entre à Rouen avec Charles VII, 444; sa fortune et l'usage qu'il en fait, 464 et suiv.; sa disgrâce, son procès, son évasion, sa mort, 471 à 478.

Coeur (Geoffroi), fils de Jacques, échanson de Louis XI, VI, 527; se remet, par la force, en possession des domaines de son père, 528.

Coeur (Henri), fils de Jacques, archevêque de Bourges, doyen de la chambre des comptes, VI, 527.

Coeuvres (le marquis de), guerrier diplomate, chasse les Espagnols de la Valteline et du pays des Grisons, XI, 212.

Cohens *(rite des)*, XVI, 529.

Coictier (Jacques), médecin de Louis XI, VII, 152; comment il est traité après la mort de son malade, 169.

Coigni (maréchal de), commande l'armée franco-sarde dans le duché de Parme, et y fait une campagne honorable, XV, 187 et suiv.; commande l'armée du Rhin, 194; défend le cours de ce fleuve contre le prince Charles de Lorraine, 263; le laisse franchir et se replie sur Strasbourg, 269; prend les villes forestières et Freybourg, 272, 273.

Coisevox, sculpteur, XIII, 234. — XIV, 237.

Colalto, général italien au service de l'empereur, assiége et prend la ville de Mantoue, XI, 322, 323, 329, 330.

Colaud, musicien français, XV, 334.

Colbert (Jean-Baptiste), agent de Mazarin exilé, XII, 389; son intendant quand il est de retour, 454, 514; introduit chez ce ministre l'envoyé secret d'Espagne qui apporte « la Paix et l'Infante », *ibid.;* est compromis par Mazarin dans des tripotages de police, 531 *note.*
— Est fréquemment consulté par le roi, XIII, 6; son origine, ses

débuts comme diplomate et comme financier, 21 à 24; il amène la chute de Fouquet, 26, 27; haute fortune où il s'élève par degrés, 32, 33; ses plans, 34 et suiv.; réformes financières opérées par lui, 36 et suiv.; il presse la condamnation de Fouquet, 40; suite de ses réformes financières, 46 à 66; *grands jours* d'Auvergne, 68 à 73; mémoire au roi sur les réformes à opérer dans l'administration de la justice, 74, 75; ordonnance civile, 77 et suiv.; publicité des hypothèques instituée, mais non pas maintenue, 80; ordonnance criminelle, 81; améliorations dans l'administration civile, les services publics, la police, etc., 83 à 89; ordonnance des eaux et forêts, 90; règlements sur le commerce des grains, 94 et suiv.; sur celui du bétail, 102 et suiv.; mesures pour l'amélioration des races chevalines, 104; pour celle des voies de communication, 105; législation industrielle et commerciale, 111 et suiv.; compagnies des Indes orientales et occidentales, 115 et suiv.; règlements sur la navigation, 121 et suiv.; compagnie du Nord, 124; traité avec la Porte othomane, et compagnie du Levant, 125 et suiv.; compagnies d'assurances maritimes, 128; organisation nouvelle et grand accroissement de la puissance maritime de la France, 128 à 133; ports de Brest et de Rochefort, 134, 135; autres travaux, autres projets, 136; il obtient le titre de secrétaire d'État au département de la marine, après en avoir longtemps rempli les fonctions, *ibid.*; amélioration du système douanier, 137 et suiv.; manufactures, 141 et suiv.; dispositions en faveur des ouvriers, 148; *Ordonnance du commerce*, 154 et suiv.; pensions aux littérateurs et savants, 160; académies, 161, 162; services rendus à la science, 168 à 179; il est le confident des amours de Louis XIV et de Mlle de La Vallière, 228; achète la surintendance des bâtiments, *ibid.*; son influence sur les arts; travaux accomplis sous son administration, 228, 232, 234 et suiv.; il fait de vains efforts pour arrêter le roi dans ses dépenses, 240; son opinion sur les corps privilégiés, 276 *note;* il conseille au roi de tenter un établissement militaire sur la côte barbaresque, 292; l'excite à intervenir dans les affaires de Pologne, 296; appuie le projet de constituer la Belgique en république, 304; bons procédés et arrangements judicieux pour les villes de Flandre nouvellement acquises, 341; son influence diminue, 345; négociations avec le sultan, 363 et suiv.; comment il subvient aux frais de la guerre de Hollande, 375 et suiv.; expédients où il est réduit par les exigences du roi, 414 et suiv.; impôts qu'il est obligé d'établir ou de rétablir, 469; il obtient du roi quelques concessions en faveur des Provinces-Unies, 498; lutte contre l'influence de Louvois et les passions de Louis xiv; ses efforts pour soulager le peuple, après la paix de Nimègue, 545 et suiv. ; mémoire qu'il adresse au roi sur les finances, 554 et suiv. ; *Code noir*, 555 ; il résout la fondation d'un grand établissement à l'embouchure du Mississipi, 558 ; fonde une école de construction navale, un corps d'ingénieurs de la marine, 560 ; *Ordonnance de la marine*, 561, 562 ; il veut faire un grand port militaire à La Hougue-Saint-Waast, 568 ; songe à la conquête d'Alger, et fait, en attendant, bombarder cette ville, 592 et suiv. ; excite Louis xiv à tenir tête au pape, 616, 621 ; obtient la suspension des *conversions par voie de logements militaires*, 627 ; ses derniers déboires et sa mort, 632 et suiv. ; ce qu'on peut lui reprocher, 634 *note*.

Colbert du Terron, cousin du contrôleur général, intendant général de la marine pour l'Océan, XIII, 131 ; fait choisir la position de Rochefort pour un port nouveau que l'on veut construire, 135 ; signale à Colbert les talents de l'ingénieur Bernard Renau, 560.

Colbert, marquis de Seignelai, fils du contrôleur général, a la survivance de la marine, XIII, 136 ; devient secrétaire d'État, 137 ; fait le Code de la marine militaire, 563. — Joint au département de la marine ceux du commerce, des affaires ecclésiastiques et de la maison du roi, XIV, 2 ; ses facultés brillantes, son caractère, *ibid.;* il fait éclater la guerre entre la France et Gênes, et va présider au bombardement de cette ville, 23, 24 ; essaie de retarder la révocation de l'édit de Nantes, 46 ; est soutenu par Mme de Maintenon, 64 ; propose au roi d'agir énergiquement pour sauver Jacques II, et n'est point écouté, 88 ; monte sur le vaisseau de Tourville, 113 ; fait construire en trois mois quinze galères à Rochefort, 136 ; meurt, 141 ; son Code naval ou ordonnance sur la marine, 143.

Colbert de Croissi, frère du contrôleur général, agent principal de la diplomatie française, XIII, 345 ; ambassadeur à Londres, 347 ; conclut avec le gouvernement anglais un traité d'alliance contre la Hollande, 355 ; conseille au roi de le remplacer par un protestant, 435 ; est le chef des négociateurs de Nimègue, 498, 530 ; va demander la main de la princesse de Bavière destinée à *Monseigneur*, 569 ; ministre des affaires étrangères, 570. — Cherche à retarder la révocation de l'édit de Nantes, XIV, 46 ; est soutenu par Mme de Maintenon, 64 ; meurt, 223 ; a fondé le *Dépôt des affaires étrangères*, 223 *note*.

Colbert de Torci, fils de Colbert de Croissi, gendre d'Arnaud de Pomponne, est ministre des affaires étrangères, XIV, 223 ; est d'avis que Louis xiv accepte le testament du roi d'Espagne, 364 ; va, déguisé, porter à La Haie les douloureuses propositions de son maître,

511 ; n'obtient aucun résultat, 512, 513 ; négocie la paix avec les ministres de la reine d'Angleterre, 538, 569 ; interrompt un moment les relations diplomatiques avec l'ambassadeur anglais, 592. — Est membre du conseil de régence, XV, 8 ; approuve le pacte de la France avec l'Autriche et l'Angleterre contre l'Espagne, 91 ; est fondateur d'une école de diplomatie (*Académie politique*), qui ne lui a point survécu, *ibid.*, note.

COLEMAN, secrétaire de la duchesse d'York, correspondant du père La Chaise, agent salarié des ambassadeurs de France, est condamné à mort, XIII, 572.

COLIGNI (Gaspard de), colonel général de l'infanterie, VIII, 394 ; amiral, 437 *note*; négociateur, 446 ; gouverneur de Picardie, 451 ; défend Saint-Quentin contre les Espagnols, 453 ; y est fait prisonnier, 458 ; tente de former au Brésil une colonie protestante, 488. — Perd le gouvernement de Picardie, IX, 22 ; sa conduite lors de la conjuration d'Amboise, 36, 38 ; à l'assemblée des notables de Fontainebleau, 49, 50 ; aux états d'Orléans, 58 ; à l'assemblée de Pontoise, 104 ; il quitte la cour, 111 ; se décide à prendre les armes, 117, 118 ; début de la première guerre civile, 120, 128, 129, 140, 143 ; bataille de Dreux, 146 ; après laquelle il rétablit les affaires protestantes, 147 et suiv. ; accusation portée contre lui par Poltrot de Méré, dont s'arment les Guises, et qu'il repousse avec fierté, 153, 154, 163, 197 ; seconde guerre civile, 212, 213 ; campagne de Brie, 215 et suiv. ; bataille de Saint-Denis, 224 et suiv. ; manœuvres qui la suivent, et paix de Longjumeau, 225 et suiv. ; il échappe aux embûches de Catherine de Médicis, 235, 236 ; troisième guerre civile, bataille de Jarnac, 241 et suiv. ; il commande l'armée calviniste, 247 ; campagne en Poitou et bataille de Moncontour, 254 et suiv. ; il se retire dans le Midi, 260 ; reprend l'offensive, et force la cour à la paix de Saint-Germain, 262 et suiv. ; se retire à La Rochelle, 269 ; cède aux avances de la cour, 282, 283 ; se remarie, 284 ; ses relations personnelles avec Charles IX ; projets qu'il lui fait adopter, 285 et suiv. ; grande preuve de confiance qu'il lui donne, 297 ; il lutte contre les influences qui entourent ce prince, 300, 302 ; quitte Paris, puis y retourne, 303, 304 ; est blessé par Maurevert, 311 ; assassiné, 322.

COLIGNI (Louise de), fille de l'amiral, veuve de Téligni, épouse Guillaume le Taciturne, et le voit assassiner, IX, 536 *note*. — Favorise les prétentions de Gabrielle d'Estrées, X, 500.

COLIGNI (le comte de), son duel avec le duc Henri II de Guise, XII, 247.

COLIGNI-SALIGNI (le comte de), combat les Turcs avec succès, en Hongrie, à la tête de six mille Français, auxiliaires de l'empereur, XIII, 297, 298.

COLIN-CASTILLE, menuisier-sculpteur de Rouen, VII, 385 *note*.

COLINES, savant imprimeur, VII, 483.

COLLÉGE ROYAL ou COLLÉGE DE FRANCE. Création de cet établissement VIII, 145.

COLLÉGE DES QUATRE NATIONS, fondé par Mazarin, XII, 547.

COLLIER (affaire du), XVI, 555 et suiv.

COLMAR, réunion de cette ville à la France, XII, 268.

COLOMA (don Pedro), secrétaire d'État espagnol, traite avec de Lionne des conditions du mariage de Marie-Thérèse et de Louis XIV, XII, 519; meurt, 535.

COLOMAN, roi de Hongrie. Comment il accueille les croisés commandés par Godefroi de Bouillon, III, 176.

COLOMB (Christophe), VII, 294 et suiv.

COLOMBAN (saint), sa prédication dans la Gaule, ses établissements, ses démêlés avec Brunehilde et Théoderik, sa retraite en Neustrie, en Austrasie, en Helvétie, II, 115 à 117; en Langobardie, 127; sa mort, 128.

COLOMBIÈRE, commandant protestant de Saint-Lô, sa mort héroïque, IX, 401 *note*.

COLONIES ROMAINES, leurs diverses organisations, I, 114.

COLONIES DE DROIT LATIN, I, 199, 200.

COLONNA (Sciarra), aide Guillaume Nogaret à surprendre Boniface VIII, IV, 450, 451.

COLONNA (les), leur rôle dans les guerres d'Italie, VII, 259, 271, 331. — VIII, 96.

COLONNA (Fabrizio) combat à Ravenne, VII, 405; y est fait prisonnier, 406.

COLONNA (Prosper), capitaine de l'armée du pape, s'en détache, et se joint aux Suisses, VII, 443; est pris par les Français, 445. — Les combat derechef dans le Milanais, VIII, 18, 25, 26, 27; défend Milan, 48; meurt, *ibid*.

COLUMB (Michel), auteur du tombeau de François II, duc de Bretagne, VII, 221, 222; d'une partie des sculptures de Brou en Bresse, 368, 383; de la statue de saint Georges, au château de Gaillon, 384.

COMAN, roi des Ségobriges, est tué en attaquant Massalie, I, 12.

COMBALET, neveu du duc de Luines, épouse une nièce du cardinal de Richelieu, XI, 162.

COMBALET (Mlle de Pont-Courlai, dame de), XI, 162; dame d'atours de Marie de Médicis, qui lui fait une scène violente, 342, 343; est demandée en mariage par le cardinal de Lorraine, 403. — Duchesse d'Aiguillon, tutrice du jeune duc de Richelieu, son neveu, XII, 347.

COMBEAU D'AUTEUIL, commandant des troupes françaises à Pondichéri, s'enferme dans cette ville à l'approche de la grande armée de Nazir Jung, XV, 454; bat le Nabab du Carnatic et prend d'assaut la ville de Gingi, 455.

COMINES (Philippe de), chambellan de Charles le Téméraire, VII, 38; se rend utile à Louis XI, 39; entre à son service, 73; est envoyé par ce prince en Picardie et en Artois, 121; appréciation de son talent d'historien, 158; son opinion sur le vote des impôts, 169; fait partie du conseil après la mort de Louis XI, 177; s'attache à la fortune du duc d'Orléans, 202; est enfermé dans une cage de fer pendant huit mois, puis exilé pour dix ans, 204; recouvre son ancienne position, 213; dissuade Charles VIII d'aller en Italie, 250; lui révèle la *Ligue de Venise*, 270.

COMM, chef imposé aux Atrébates et aux Morins par César, se soulève contre lui, I, 181; marche au secours d'Alésia, 182; combat encore, 188; sa capitulation, 190.

COMMINGES (le comte de) soutient Alphonse Jourdain, comte de Toulouse, contre le duc d'Aquitaine, III, 294.

COMMINGES (le comte de), frère du comte de Foix, revient avec lui au parti français, VI, 92.

COMMODE traite avec les barbares, et fait rétrograder les légions; ravages des déserteurs sous son règne, sa mort, I, 256 et 257.

COMMOLET, jésuite, prêche violemment contre Henri IV, X, 264 *note*.

COMMUNAUTÉS RURALES, III, 267 et suiv., 273 *note*.

COMMUNE. Origine de cette institution, comment elle se forme et se développe, III, 237 et suiv.; établissement du régime communal en France, 243 à 270, 418, 419, 434, 473, 474, 475, 519 et suiv., 530, 535, 581.

COMPAGNIE (la grande), 233 et suiv., fin des compagnies, 427.

COMPAGNIE DES INDES OCCIDENTALES, formée sous Henri IV, X, 465, 466. — Réformée sous Louis XIII en 1622, puis en 1627, XI, 318. Réformée de nouveau sous Louis XIV par Colbert, XIII, 115 et suiv.; ses fautes, 122; sa fin, 554.

COMPAGNIE DES INDES ORIENTALES. Tentatives infructueuses de Henri IV, X, 467. — Elle est fondée par Colbert, XIII, 116 et suiv.; ses revers à Madagascar, ses établissements à l'île Bourbon et dans la presqu'île de l'Inde, 120, 553. — Elle est absorbée par la *Compagnie des Indes*, XV, 49.

COMPAGNIE DU NORD, formée par Fouquet, réformée par Colbert, XIII, 124; ne prospère pas, 128.

COMPAGNIE DES PYRÉNÉES, XIII, 128.

COMPAGNIE DU LEVANT, formée par Colbert, se liquide à perte, XIII, 127.

COMPAGNIE DU SÉNÉGAL, fondée par Colbert, XIII, 554; est investie de tout le commerce d'Afrique, à la charge de fournir aux Antilles deux mille nègres par an, 555; est réunie à la *Compagnie des Indes*, XV, 49.

COMPAGNIE OCCIDENTALE, formée par Law pour la colonisation de la Louisiane, XV, 39 et suiv.: devient la Compagnie des Indes, 49.

COMPAGNIE DES INDES, formée par la réunion de la *Compagnie d'Occident*, de la *Compagnie du Sénégal*, de la *Compagnie des Indes orientales*, de la *Compagnie de la Chine*, de la *Compagnie d'Afrique* ou de *Barbarie*, XV, 49; formation, augmentations successives de son capital, agiotage effréné sur ses actions, priviléges qui lui sont attribués, opérations financières où elle se jette, 50 à 58; son bilan présenté en 1720, 62, 63; émission d'actions nouvelles, 65; leur dépréciation, 65 et suiv.; elle survit à la chute du *Système*, 70, 71; se développe, prospère, 210 et suiv.; lutte dans l'Inde contre la Compagnie anglaise, 304 à 315, 451 à 462; abandon volontaire des conquêtes de Dupleix, 463; comment Dupleix est traité à son retour en France, 464; perte de Chandernagor, 537; nouvelle guerre, 538 et suiv., 569; perte de Pondichéri et de tous les autres établissements, 570; elle recouvre Chandernagor et la place où fut Pondichéri, 593. — Fait cession de, biens entre les mains du roi, XVI, 277, 278.

COMPAGNIE DES INDES (nouvelle) constituée par Calonne, XVI, 544.

COMPAGNIES, leur formation, V, 184; leurs brigandages, 193, 204, 216 et suiv., 237, 253 et suiv., 259, 262 et suiv., 298.

COMPANS, drapier, instigateur de la Ligue, IX, 531. — Est élu échevin après la journée des barricades, X, 78; député aux États-Généraux de 1588, 96; arrêté après le meurtre du duc Henri de Guise, 114; relâché, 121.

COMPIÈGNE se donne une constitution communale semblable à celle de Soissons, III, 261. — Le duc de Normandie, régent du royaume, après y avoir présidé les états de Vermandois, y transfère les États-Généraux, V, 191, 192. — Elle est assiégée par les Bourguignons et défendue par Jeanne Darc, VI, 227 et suiv.

COMPROMIS DES NOBLES, acte de confédération de la noblesse protestante de Flandre, IX, 207 *note*.

Conan-Mériadec, chef des Bretons que Maxime établit dans l'Armorique, I, 323.

Conan le Tors, comte de Rennes. Sa querelle avec le comte de Nantes, ses succès, sa mort, III, 30.

Conan II, duc de Bretagne, III, 84, 105; fait la guerre à Guillaume le Conquérant, 109; message qu'il lui envoie, 115; sa mort, 116.

Conan, bourgeois de Rouen. Sa conspiration pour Guillaume *le Roux*, et sa mort, III, 149.

Conan III, duc de Bretagne, épouse une fille naturelle d'Henri Ier, roi d'Angleterre, III, 220; assiste Louis le Gros contre le comte d'Auvergne, 283; contre l'empereur, 286; contre le comte d'Auvergne, 287; meurt, 465.

Conan IV, duc de Bretagne, élu par les Rennois, III, 465; s'empare de Nantes, *ibid.*; en est dépouillé par Henri II, auquel il fait hommage pour le reste de la Bretagne, 466; fiance sa fille au troisième fils de ce prince et abdique en faveur de son futur gendre, 480.

Conan, juriste, IX, 3.

Conards (fête des), IV, 368 *note*.

Conception immaculée de la Vierge. Naissance de cette doctrine, repoussée d'abord par saint Bernard et les théologiens, III, 402 et suiv. — Adoptée plus tard et soutenue avec violence par la Sorbonne, V, 425.

Conceptualisme, III, 307, 313 et suiv.

Conciles d'Arles, I, 295; de Nicée, 298; d'Arles, 304; de Milan, 305; de Paris, 316; d'Arles, 350; d'Orange, *ibid.*; d'Orléans, 464. — D'Orléans, II, 19; de Mâcon, 85; de Paris (644), 124; de Germanie (742), 219; de Liptines, 223; de Soissons, 224; de Verberie, 233 *note*; de Vernon, 239; de Metz, de Compiègne, 244; de Rouen, 252; de Francfort, 318; de Nicée, 320; d'Aix-la-Chapelle, 357; d'Aix-la-Chapelle, 371; de Meaux, 433; d'Ingelheim, 527. — De Rome, III, 34; de Reims, 78; de Tours, 92; de Clermont, 153 et suiv.; de Troies, 212; de Reims, 457 et suiv.; de Latran, 510. — Quatrième de Latran, IV, 55; de Bourges, 124; de Toulouse, 152; de Narbonne, 195; de Lyon, 202; de Lyon encore, 354; de Vienne, 494 et suiv. — De Pise, V, 502; de Constance, 549. — De Pavie et de Sienne, VI, 327; de Bâle, 328, 392; de Bourges, *ibid.* — De Pise, VII, 397, 404; de Latran, 409, 460. — De Lyon, Paris, Sens, Bourges, VIII, 158; de Trente, 311, 349 et suiv., 355, 378, 400, 405, 441. — IX, 170, 176.

Concini, amant de Marie de Médicis, la suit à Paris et épouse sa femme de chambre, X, 542; l'irrite contre Henri IV, 555; intrigue avec les

Espagnols, 564. — Devient marquis d'Ancre et grand personnage, XI, 7; pousse la reine mère aux alliances catholiques, 15; est lieutenant-général de Picardie et gouverneur d'Amiens, 39; ne peut marier son fils avec la fille du comte de Soissons, *ibid.;* est fait maréchal, 41; son rôle au milieu des intrigues et des cabales de la cour, 44, 45, 55, 91, 94; il échange la lieutenance-générale de Picardie contre celle de Normandie, 98; renverse Villeroi et Jeannin et devient tout-puissant, 100, 101; excite la haine du peuple et la jalousie des grands, *ibid.*, et 102, 105, 110, 111; est assassiné, 114 et suiv.

Conclusion, XVI, 658 et suiv.

Concolitan, brenn des Gaulois Gœsates, est fait prisonnier à la bataille de Telamone, I, 99.

Concordat de 1516, VII, 460 et suiv.

Condamine (La), géomètre, va mesurer un degré du méridien sous l'équateur, XV, 395, 396; reconnaît en revenant le cours tout entier de la rivière des Amazones, *ibid.*

Condé (Louis de Bourbon, prince de), frère du duc Antoine, VIII, 365; prend part à la défense de Metz, 422 *note;* à la campagne de Vermandois, 453, 455; incline vers les doctrines protestantes, 493. — Porte à Bruxelles la ratification du traité de Cateau-Cambrésis, IX, 21; son rôle dans l'affaire de La Renaudie, 34, 37, 38, 41; aux États-Généraux d'Orléans, où la mort de François II lui sauve la vie, 55, 57, 59, 61; il s'éloigne de la cour, 65; reprend sa place au conseil, 77; fait célébrer chez lui le prêche, 80; est fait gouverneur de Picardie, 85; demande justice du massacre de Vassi, 114; préliminaires de la première guerre civile, 116, 117; qui éclate enfin, 119, 120; entrevue de Thouri, 128, 129; il traite avec la reine d'Angleterre, 140; venge les victimes de Rouen, 142; campagne de l'Ile de France et bataille de Dreux, où il est vaincu et pris, 143, 144, 146; traité d'Amboise, 155 et suiv.; double ambassade, 163; il prend part à l'attaque du Havre, 164; se laisse vaincre par l'*Escadron volant* de la reine, 182; se plaint des excès des catholiques, 186; s'attire la haine du duc d'Anjou, 212; titre que lui donnent les huguenots, et projets d'usurpation qu'on lui attribue, 214; seconde guerre civile; campagne de Brie, 215, et suiv., 218; bataille de Saint-Denis, 221 et suiv.; marche en Lorraine, 225, 226; marche sur Chartres, 227; paix de Longjumeau, 228; perfidie de la reine mère, 235, 236; campagne de Poitou et combat de Jarnac, où il périt, 241 et suiv.

Condé (Henri de Bourbon, prince de) est conduit par Jeanne d'Albret à l'armée calviniste, IX, 247; combat à Moncontour, 257; se retire à

La Rochelle, 269; se rend à Paris, 304; sa conduite pendant et après la Saint-Barthélemi, 325, 337, 347; il va au siége de La Rochelle, 355; ce qu'il y fait, 358, 359; il s'évade et se remet en communication avec les églises protestantes, 376, est élu gouverneur général des protestants du Midi, 402; traite avec le prince palatin Jean-Casimir, 416; fait une trêve de sept mois avec la cour, 421, 422; son expédition en Lorraine, Bourgogne, Bourbonnais, 423, 425; il recouvre ses charges, offices et possessions, 427; se saisit de Saint-Jean-d'Angéli et de Brouage, 437; proteste contre les élections de 1576, 439; reprend les armes, 452; repousse les envoyés des États-Généraux, 458; s'empare de La Fère, 496; la reperd, 498. — Projets dont on l'accuse, X, 3; il publie une déclaration contre la Ligue, 4; est excommunié par le pape, 6; expéditions qu'il fait en Poitou, en Anjou, 12 et 13; en Saintonge, 18, 19; il vote la mort de Marie Stuart, 20 note; a des succès en Poitou, 36, 39; combat à Coutras, 40; retourne en Saintonge, 43; meurt, 53.

CONDÉ (Henri II de Bourbon, prince de), est enlevé de Saint-Jean-d'Angéli, par ordre d'Henri IV et élevé dans la religion catholique, X, 383; envoyé au-devant du cardinal légat, 403 note; épouse Charlotte de Montmorenci, l'enlève, s'enfuit à Cologne, à Bruxelles, en Espagne, 555, 556. — Revient à Paris, XI, 20; se vend à la régente, 21; se rapproche du comte de Soissons, ibid.; est gouverneur de Guienne, 26; paraît s'opposer au mariage de Louis XIII avec l'infante, puis l'approuve, 36, 37; cabale contre la régente, pour s'accommoder bientôt avec elle à prix d'argent, 40, 42, 43, 45, 46; recommence à cabaler, 46; siége aux États-Généraux de 1614, 53; intervient dans un différend entre le clergé et le tiers état, 74; se dessaisit du gouvernement d'Amboise, 76; agit très-insolemment avec la reine mère, 79; s'efface derrière le parlement, 87; fait éclater une guerre civile que termine le traité de Loudun, 91 à 97; est rappelé du Berri par la reine et le maréchal d'Ancre, 101; redevient factieux, est arrêté et mis à la Bastille, 102 et suiv.; ce qu'il a extorqué à la régente, 106; il est délivré, réhabilité, 142; appuie le duc de Luines, 159; va combattre les rebelles en Normandie, 160; en Anjou, 161; agit contre les huguenots au nord de la Loire, 175; rejoint Louis XIII, après la mort du duc de Luines, 181; aspire au trône, 182, 184; assiége Montpellier, est joué par Louis XIII, et part pour l'Italie, 189 et suiv.; combat en Languedoc le duc de Rohan sans succès, 271, 272; est envoyé en Provence contre le duc de Guise, 353; a le gouvernement de Bourgogne, 356; le commandement des provinces du centre, 382; sa bassesse à la mort du duc de Montmorenci, 390; il entre en Franche-Comté, assiége Dôle, 447, 448; reçoit l'ordre de lever le siége, 453; défend la Bourgogne envahie, 456; assiége sans succès Fontarabie, 486 et suiv.; commande en Roussillon, 502, 503, 536; est membre du conseil de régence; 584; en sort, 588. — Est gagné par Mazarin, XII, 159; exploite la régence d'Anne d'Autriche comme celle de Marie de Médicis, 168; soutient la régente contre le parlement, 201; meurt, 237.

CONDÉ (Louis II de Bourbon, prince de), (dit le Grand Condé), d'abord duc d'Enghien, fils du précédent, XI, 502; commande mille cinq cents volontaires nobles, dans l'armée de Roussillon, 559 *note*; est général en chef de l'armée du Nord, 587. — XII, 160; dégage Rocroi par une victoire éclatante, 162 et suiv.; gouverneur de Champagne, 171; prend Thionville, 172; Sierk, 173; mène six mille hommes à l'armée du maréchal de Guébriant, puis retourne à la cour, *ibid.*; va secourir Turenne en Brisgau, attaque et force les Bavarois dans leurs retranchements auprès de Freybourg, 195, 196; prend Philipsbourg, 197; parcourt en vainqueur la vallée du Rhin jusqu'à Coblentz, 198; retourne auprès de Turenne, 207; bataille de Nordlingen, 208 et suiv.; il rentre en France, 210; commande en Flandre, et prend Dunkerque, 213 et suiv.; ses prétentions exorbitantes, son ambition, 237; il hérite, après la mort de son père, des gouvernements de Bourgogne, de Bresse, de Berri, 238; est vice-roi de Catalogne, 239; échoue devant Lerida, 240; refuse la royauté qui lui est offerte par les Napolitains, 247; campagne en Flandre, victoire de Lens, 256, 260 et suiv.; offre à la reine mère ses services contre le parlement, 304; revient à Paris, mal disposé pour cette compagnie, et refuse de siéger dans son sein, 303; la décide à envoyer des députés à Saint-Germain, et force la cour à leur faire quelques concessions, 304, 305; se rend à l'assemblée générale du parlement, et s'y prend de querelle avec les membres des enquêtes, 308, 309; devient l'allié de la reine, et à quel prix, 311; ce qu'il propose de faire, et ce qu'on résout, *ibid.*, il prend Charenton, 320; conférences de Ruel, où il assiste comme député de la reine, 325, 326; avance à Mazarin l'argent nécessaire pour acheter les troupes allemandes de Turenne, 329; signe la paix de Ruel, 331; devient hostile à Mazarin, refuse le commandement de l'armée de Flandre, se retire en Bourgogne, 336; se rapproche de la cour, se brouille de nouveau, puis se réconcilie, 340; soutient le parlement de Bordeaux contre le duc d'Épernon, et le comte d'Alais contre le parlement de Provence, 343; force la reine à recevoir le marquis de

Jarzé, 344; porte plainte au parlement d'un attentat prétendu contre sa personne, 345; enlève le jeune duc de Richelieu, 347; est mis à la Bastille, 348; transféré à Marcoussis, 359; au Havre, 362; élargi, 370; hésite entre l'assemblée de la noblesse et le parlement, 373; traite avec la reine, 375; n'en obtient pas tout ce qu'il désire, et noue des relations avec l'Espagne, 376; intrigues compliquées où il se jette, vive querelle avec le coadjuteur, 377 et suiv.; il commence la guerre civile, 381, 382; traite avec l'Espagne, et lui livre une place française, 385; échoue devant Cognac, 386; se retire sur la Dordogne, et livre Bourg aux Espagnols, 387; campagne en Guienne, où il est battu par le comte d'Harcourt, 394; campagne sur la Loire, où, après avoir battu d'Hocquincourt, il est arrêté par Turenne, 398, 399; voyage à Paris, où il est malmené par le premier président du parlement et celui de la cour des aides, 400, 401; il négocie avec la cour, 402; campagne autour de Paris, combat du faubourg Saint-Antoine, 409, 411 et suiv.; émeute à Paris, excitée par lui; massacre de l'Hôtel de Ville, 415 et suiv.; il fait échouer un accommodement proposé par la cour, 419; fait nommer le duc d'Orléans lieutenant-général du royaume, 420, 421; donne un soufflet au comte de Rieux, qui le lui rend, 424; se déclare prêt à poser les armes, moyennant amnistie donnée par le roi en bonne forme, 425; continue la guerre, et se réunit au duc de Lorraine, 426; s'éloigne de Paris, 428; instructions qu'il donne à son confident Lenet relativement à l'*Ormée*, 438, 439; campagne en Champagne et dans le Barrois à la tête des Espagnols, dont il est nommé généralissime, 440, 441; il demande pour Bordeaux des secours à Cromwell, 445; campagne en Picardie, 455 et suiv.; il est ajourné devant la cour des pairs, et condamné à mort, 458; assiége Arras, 460; se retire en bon ordre sur Cambrai, 462; commande seul l'armée espagnole, et arrête les progrès de Turenne, 463; couvre la retraite des Espagnols, après la prise de Landrecies, 469; fait lever le siége de Valenciennes, 483; prend Condé, 484; prend Saint-Ghislain, sauve Cambrai, 489; assiste à la défaite des Dunes, qu'il ne peut empêcher, 495, 496; son rétablissement négocié, 481, 518, 519, 521; stipulé par le traité des Pyrénées, 425; il rentre en France et à la cour, 530; danse avec le roi, 546. — Sollicite en faveur de Fouquet, XIII, 44; soutient Molière auprès de Louis XIV, 185; on pense à lui pour le trône de Pologne, 296; il conquiert la Franche-Comté, 332 à 337; campagne contre la Hollande, 380, 382 et suiv.; il forme une petite armée en Alsace, 409; fait sauter le pont de Kehl, 410; commande en Hollande, 421; revient en

Brabant, 423; se porte en Flandre, 429; campagne sur la Meuse, en Hainaut, bataille de Senef, 440 et suiv.; il prend Limbourg, 468; commande l'armée placée entre Rhin et Meuse, 469; va remplacer Turenne en Alsace, 481; où il tient tête à Montecuculli, 483; se retire, *ibid.* — Ses dernières années, sa mort, XIV, 75 *note.*

Condé (Henri-Jules, prince de), d'abord duc d'Enghien, fils du grand Condé, est destiné, par la princesse sa mère, à servir de drapeau à la guerre civile, XII, 351; est emmené à Bordeaux, 354; exilé à Bruxelles, 460; grand maître de la maison du roi, 521. — On pense à lui pour le trône de Pologne, XIII, 296; il figure au passage du Rhin, 384; accompagne Louis xiv en Franche-Comté, 438; meurt, 607 *note.*

Condé (prince de), fils du duc de Bourbon, commande une armée de réserve derrière les maréchaux d'Estrées et de Soubise, XV, 588. — Proteste contre la suppression des parlements, XVI, 286; fait sa soumission au roi, 290; trop médiocre pour jouer un rôle, 315; témoigne hautement son regret de la retraite de Necker, 504; sollicite en faveur du cardinal de Rohan, 558; préside un des bureaux de l'assemblée des notables, 576; proteste contre le doublement du *Tiers,* 619.

Condillac (l'abbé de). Examen de sa doctrine métaphysique, XVI, 8 et suiv.; sa mort, 547.

Condorcet, disciple et ami de Turgot, XVI, 194; secrétaire perpétuel de l'Académie des sciences, est chargé d'un ensemble de recherches sur la canalisation du royaume, 338; publie des réflexions sur la jurisprudence criminelle, 368 *note;* aide Beaumarchais à éditer Voltaire, 547; ses ouvrages, ses doctrines, 524, 525; membre de la loge maçonnique des *Neuf Sœurs*, 532, prépare la résistance aux projets du ministère, 599.

Condruses, peuple germain de l'Ardenne, I, 148.

Confédération des protestants d'Allemagne contre la maison d'Autriche, X, 552, 553.

Confédération de Bar, XVI, 265 et suiv., 300 et suiv.

Conflans (le sire de), maréchal de Champagne, est tué par ordre d'Étienne Marcel, V, 186.

Conflans (marquis de), commandant français à Masulipatam, rend cette ville aux Anglais très-mal à propos, XV, 540.

Conflans (comte de), maréchal, commande la flotte de Brest, XV, 544; son désastre à l'embouchure de la Vilaine, 546.

Confrérie du saint nom de Jésus, fondée par le curé Lincestre, X, 209.

Connecte (Thomas), carme breton, sa prédication et sa mort, VI. 435.
Conrad, comte de Paris, offre la couronne de France à Lodewig de Germanie, II, 472.
Conrad, duc de Franconie, empereur après Ludwig, II, 504.
Conrad, fils de Rodolphe II, roi de la Bourgogne transjurane, a pour tuteur l'empereur Othon le Grand, II, 518; rencontre à Rome Hugues Capet, 539.
Conrad *le Pacifique*, roi d'Arles et de Provence, son expédition en faveur du roi de France Lodewig d'Outre-mer, II, 526, 527. — Son impuissance et sa nullité, III, 28; sa mort, *ibid*.
Conrad *le Salique*, duc de Franconie, roi de Germanie, empereur, III, 61, 62; roi de Bourgogne, 73; sa mort, 74.
Conrad, duc de Carinthie, prétend à l'empire après Henri II, III, 61.
Conrad de Franconie, fils de l'empereur Henri IV, est élu roi de Germanie par les ennemis de son père, III, 157; perd les deux duchés de Lorraine, 165; meurt, 211.
Conrad de Zoehringen devient comte de la Bourgogne transjurane, III, 206.
Conrad, duc de Souabe, est élu roi de Germanie par le parti gibelin, III, 425; prend la croix à la voix de saint Bernard, 432; comment il se comporte chez l'empereur grec, 437; son désastre en Asie, 440; il revient à Constantinople, 441; se retrouve avec les croisés à Saint-Jean-d'Acre, 446; se rembarque, 447; meurt, 470.
Conrad, fils de l'empereur Frédéric II, défait Henri de Brunswick, compétiteur de son père, IV, 209; devient roi des Romains et de Jérusalem, 240; sa mort, 259.
Conrad de Bologne, orfèvre, est chargé de travailler au tombeau de Louis XI, VII, 152.
Conradin, fils de Conrad, petit-fils de Frédéric II, hérite du comté de Catane, IV, 240; prend les armes contre Charles d'Anjou, son expédition, sa défaite et sa mort, 320, 321.
Conrart organise l'Académie française, dont il est le premier secrétaire perpétuel, XI, 579 *note*.
Conservateurs des hypothèques, nommés d'abord *greffiers des insinuations*. Leur institution, VIII, 435.
Constance-Chlore est associé à l'Empire en qualité de *César*, règne sur la Gaule, I, 284 et 285; ses vertus, ses talents, ses victoires sur les Barbares, 287; il reprend la Bretagne, 288; préserve de la persécution les chrétiens de la Gaule, puis leur accorde la tolérance, 289; sa mort, *ibid*.

Constance, f.s de Constantin, fait massacrer presque toute sa famille collatérale, I, 304; règne néfaste de ce prince, 303 à 314.

Constance, général d'Honorius. Ses succès en Gaule, I, 341, 342.

Constance, patrice, pousse Honorius à s'arranger avec les Burgondes et à faire la guerre aux Wisigoths; ses succès contre Ataülf, qu'il oblige à quitter la Gaule pour l'Espagne, I, 345.

Constance, seconde femme du roi Robert, III, 35; sa cruauté envers son confesseur Étienne, 55; envers Hugues de Beauvais, favori du roi, 60; mauvais offices qu'elle rend à son fils, le roi Henri Ier, 64; sa mort, 65.

Constance, fille de Robert *le Vieux*, duc de Bourgogne, épouse Alfonse VI, roi de Castille et de Léon, III, 142.

Constance, fille de Guillaume le Conquérant, épouse Allan-Fergant, duc de Bretagne, III, 145.

Constance, fille de Hugues, comte de Champagne, épouse Boémond, III, 203.

Constance, fille d'Alphonse VII, roi de Castille et de Léon, épouse Louis VII, roi de France, III, 463; meurt en couches, 476.

Constance, fille de Louis le Gros, III, 301; épouse Raimond V, comte de Toulouse, 463; se sépare de lui, 492.

Constance, fille du duc de Bretagne Conan IV, est fiancée, puis mariée à Geoffroi Plantagenet, fils d'Henri II, III, 480; met au monde, après la mort de son mari, Arthur Plantagenet, 524; appelle à Philippe-Auguste de la spoliation dont ce jeune prince est victime, 559; épouse en secondes noces Gui de Thouars, 579.

Constance, femme de l'empereur Henri VI, empoisonne son mari, III, 555 *note*.

Constance (tour de). Horrible prison où périssent en foule les femmes protestantes, XV, 442.

Constant, fils de Constantin. Sa part dans la succession paternelle; ses démêlés avec son frère Constantin II; il repousse les Franks; sa mort, I, 301 à 303.

Constant, fils de Constantin, décapité par ordre de Gerontius, I, 341.

Constant, protestant émigré, XIV, 64.

Constantin est proclamé *Auguste*. Ses victoires sur les Allemans et les Franks; traitement qu'il fait subir aux prisonniers, I, 290; ses démêlés avec son beau-père Maximien, *ibid.*; sa générosité pour Autun, 291 et 292; sa magnificence à Trèves, 292; il se déclare chef des chrétiens et triomphe de Maxence, 293; convoque un concile à Arles, 294; ses réformes législatives, 295; ses deux campagnes contre Licinius, 296;

il préside le concile de Nicée, 298; son baptême, 299; fonde Constantinople, *ibid.;* son administration, 300; sa mort, 301.

Constantin ii, fils du premier Constantin; fait la guerre à son frère Constant; sa mort, I, 301, 302.

Constantin est proclamé empereur par l'armée de Bretagne, passe en Gaule, sa campagne contre le lieutenant de Stilicon, I, 338, 339; il règne sur la Gaule et sur l'Espagne, perd cette dernière province, y pousse les barbares, est assiégé dans Arles, se fait prêtre, est mis à mort, 340 à 342.

Constantin xi, empereur d'Orient, se ligue avec l'empereur d'Occident et le pape contre les Normands d'Italie, III, 86.

Constantinople est prise par les Turcs, VI, 488.

Constitution de l'an 212, I, 261.

Consulat. Nature de cette institution. Son établissement, ses progrès, III, 232 à 237.

Contades (marquis de) prend le commandement de l'armée après le comte de Clermont, XV, 529; franchit le Rhin, *ibid.;* se met en quartiers d'hiver, 530; est battu à Todtenhausen, 555; abandonne la Westphalie et la Hesse, 556.

Contarini, VIII, 309; préside une commission chargée par Paul iii de travailler à l'amendement de l'Église, 310; représente le pape à Ratisbonne, 310; meurt, 311.

Contarini, ambassadeur de Venise au congrès de Münster, XII, 186; fausse confidence qu'il fait au ministre de France, 232.

Conti (François de Bourbon, prince de), IX, 544 *note*. — Se met à la tête des Allemands auxiliaires des calvinistes, X, 39, 47; se rallie au roi, 141; reconnaît Henri iv, 176; le suit en Normandie, 179; combat à Ivri, 200; rejoint Henri iv devant Paris, 217; est battu par le duc de Mercœur, 286; aspire à la royauté, 300. — Est sourd, bègue, presque idiot, XI, 3; meurt, 53.

Conti (la princesse de), sœur d'Henri de Guise, auteur des *Amours du grand Alcandre,* X, 384 *note*. — Ce qu'elle a coûté, selon Richelieu, au trésor public, XI, 106; elle épouse en secret le maréchal de Bassompierre et se fait exiler par trop d'attachement pour la reine mère, 349.

Conti, général italien au service de l'empereur, arrête un moment Gustave-Adolphe, XI, 364.

Conti (Armand de Bourbon-Condé, prince de) est gouverneur de Champagne et de Brie, XII, 238 *note;* se déclare contre le parlement et pour la cour, 303; passe au parti de la *Fronde,* dont il est proclamé généralissime, 315; présente au parlement un envoyé espagnol, 322; est mis à la Bastille, 348; transféré à Marcoussis, 359; au Havre, 362; élargi, 370; porte au parlement les plaintes de son frère contre la cour, 378; est chassé de Bourges, 384; menacé dans Agen, 394; gouverne la Guienne après le départ de son frère, 398; lutte en vain contre l'*Ormée*, et finalement en approuve tous les actes, 438; traite avec la cour, 447; sort de Bordeaux, 448; épouse une nièce de Mazarin, 458; commande l'armée de Catalogne, 460; prend Villefranche, Puicerda, 463, 464; plusieurs autres places, 471; assiége sans succès Alexandrie, 491. — Devient janséniste, écrit contre le théâtre, XIII, 194; il est question de lui pour le trône de Pologne, 296.

Conti (Louis, prince de), fils aîné du précédent, fait une campagne contre les Turcs malgré le roi, XIV, 67 *note*.

Conti (François-Louis, prince de), frère du précédent, et, de son vivant, prince de la Roche-sur-Yon, fait, malgré le roi, une campagne contre les Turcs, XIV, 67 *note;* combat héroïquement à Steenkerke, 165; compte parmi les *esprits forts,* 251; est proclamé roi de Pologne, mais ne peut arriver jusqu'à son royaume, 349; meurt, 607 *note*.

Conti (prince de), membre du conseil de régence à vingt-trois ans, XV, 8 *note;* présente requête au conseil pour que les princes légitimés soient dépouillés du droit de successibilité au trône, 43 *note;* se gorge de billets de la banque de Law et d'actions de la compagnie des Indes, qu'il déprécie par des réalisations impudentes, 56.

Conti (prince de), fils du précédent, commande l'armée des Alpes, force les gorges de la Stura et les retranchements de Château-Dauphin, XV, 270; commande en Allemagne, 285; en Belgique, et y prend plusieurs places, 297; on lui offre la candidature éventuelle au trône de Pologne, 449; son système de politique extérieure, *ibid.;* il dirige la correspondance secrète de Louis XV avec les ambassadeurs, 450; s'efforce d'éloigner ce prince de l'alliance autrichienne, 491; cesse de diriger la correspondance secrète, 496. — S'intéresse à J.-J. Rousseau et le protége, XVI, 127, 128; proteste contre la destruction des parlements, 286; vieilli avant le temps, 315; est acclamé par le peuple en sortant du palais de justice, 336; vote contre les mesures prises pour réprimer les troubles amenés par la cherté des farines, 347; est soupçonné d'être un des auteurs de ces troubles, 350; entrave les réformes de Turgot, 371; refuse en mourant les sacrements de l'église, 395.

Conti (prince de), fils du précédent, d'abord comte de La Marche, seul des princes du sang qui assiste au lit de justice où est prononcée la suppression des parlements, XVI, 286; préside un des bureaux de l'assemblée des notables, 576; proteste contre le doublement du *tiers-état*, 619.

CONVICTOLITAN, Éduen, élu vergobreith, I, 171.

CONVULSIONS au cimetière de Saint-Médard, XV, 168; dans des maisons privées, etc., 169, 170.

CONWAY, abbé de Redon, envoyé du roi de Bretagne Noménoé près du pape, II, 436.

COOK, marin anglais, concourt au siége de Québec, XV, 552 *note*. Ordre donné par Louis XVI aux marins français de le traiter en allié, s'ils le rencontrent, XVI, 440 *note*; sa mort, 523 *note*.

COOTE, colonel anglais, défait le comte de Lally à Vandavachi, XV, 569.

COP (Guillaume), médecin de François 1er, traducteur d'Hippocrate et de Galien, VII, 482. — VIII, 142.

COP (Nicolas), fils du précédent, recteur de l'université, lutte contre les fanatiques de la Sorbonne, VIII, 181; s'enfuit à Bâle, 182.

COPERNIC, IX, 12 *note*. — XII, 11.

COQUILLE (Gui), juriste, IX, 3; député du Nivernais aux États-Généraux de 1576, 444 *note*. — A ceux de 1588, X, 97.

CORBIE (abbaye de), II, 288.

CORBIE (ville de). *Association de paix* instituée dans cette ville, III, 239; elle oblige son abbé de consentir à sa charte communale, 269. — Elle est prise par les Impériaux, XI, 453; reprise, 456.

CORBIE (Philippe de), président au parlement, VI, 29.

CORBIE (Arnaud de), premier président. Son rôle pendant l'insurrection des Maillotins, V, 369; il revient aux affaires après l'expulsion des oncles du roi, 417; est accusé par Eustache Pavilli, 530.

CORBULON défend la Germanie romaine contre les Haukes, I, 234; joint par un canal le Rhin à la Meuse, *ibid*.

CORDEMOI enseigne au dauphin, fils de Louis XIV, l'histoire des rois des deux premières races, XIII, 245.

CORDOVA (Gonzalès de), général espagnol, XI, 189; gouverneur de Milan, envahit les domaines du duc de Mantoue, 277; assiége Casal, 289; lève le siège et accepte le traité signé par le duc de Savoie, 298; fait la guerre en Allemagne sans succès, 379.

CORDOVA, amiral espagnol, XVI, 458; n'ose pas attaquer les Anglais dans la Manche, 459; attaque sans succès Gibraltar, 472.

CORNEILLE de Lyon, peintre portraitiste, VIII, 134.

CORNEILLE (Pierre), sa carrière dramatique, caractères de son génie, XII, 134 à 142. — Il est pensionné par Louis XIV, XIII, 160 *note*; traite concurremment avec Racine le sujet de *Titus et Bérénice*, 192;

auteur d'*Andromède*, tragédie à machines, 193; comparaison de Corneille et de Racine, 202 à 204.

CORNWALLIS (lord), général anglais en Amérique, XVI, 450; campagne en Virginie et sur la rivière d'York, où il est réduit à mettre bas les armes, 460 et suiv.

CORPORATIONS. Caractères de cette institution, IV, 313. — Législation qui s'y rapporte, XIII, 110, 111, 146, 147. — Elles sont supprimées par Turgot, XVI, 368, 369 à 375; rétablies après la chute de ce ministre, 385.

CORRÉE, chef des Bellovakes, sa mort, I, 188.

CORRÉGE, peintre italien, VII, 466.

CORROZET (Gilles), imprimeur et littérateur, VII, 482.

CORSE (l'île de), soumise aux Génois et durement exploitée par eux, se soulève, XV, 223; offre de reconnaître la souveraineté de Louis xv, qui refuse, *ibid.*; accepte une transaction qui est violée par les Génois, *ibid.*; se soulève de nouveau, prend pour roi un baron allemand, est accablée et remise sous le joug par la France, 224; se soulève encore, 488. — Est disciplinée et relevée par Paoli, XVI, 250; vendue par Gênes à la France dont elle ne subit pas les lois sans résistance, 252, 253.

CORTEREAL, navigateur portugais, périt dans le détroit d'Anian (aujourd'hui d'Hudson), VIII, 7 *note*.

CORTEZ (Fernand), s'empare du Mexique, VIII, 7; prend part à l'expédition de Charles-Quint contre Alger, 276, 277.

CORTONE (le), peintre italien, XII, 147.

CORVÉE, abolie par Turgot, XVI, 363, 367, 369; rétablie par son successeur, 384.

CORVIN (Mathias), roi de Hongrie, renverse le gouvernement de Georges Podiebrad, roi de Bohême, VI, 577; ébranle la puissance autrichienne, 215; meurt, *ibid.*

COSSART (le Père), jésuite, achève la *Collection générale des conciles*, XII, 69.

COSSÉ-BRISSAC (Timoléon de), surprend et défait le capitaine huguenot Mouvans, IX, 241; est tué au siége de Mucidan, 248.

COSSÉ-GONNOR (le maréchal de), IX, 225; détruit les huguenots de Picardie, 231; combat à Moncontour, 258; est envoyé vers les huguenots comme négociateur, 263; combat Coligni à Arnai-le-Duc, 265; négocie avec les Rochelois, 275, 283; est enfermé à Vincennes, 376; à la Bastille, 378; y court un grand danger, 419; est délivré, *ibid.*; opine au conseil en faveur de la paix religieuse, 462.

Cosseins, capitaine des gardes de Charles IX, chargé de garder l'amiral Coligni, l'assassine, IX, 322; va au siége de La Rochelle, 355; y est tué, 358.

Costar, littérateur, dresse avec Chapelain la liste des gens de lettres à pensionner, XIII, 160 *note*.

Costeblanche, drapier, est élu échevin après la journée des *barricades*, X, 78; arrêté après la mort du duc de Guise, puis relâché, 121.

Coster (Laurent Jansson), de Haarlem. Les Hollandais lui attribuent l'invention de l'imprimerie, VII, 159.

Costume du XVIIe siècle, venu des Pays-Bas, perfectionné en France, XII, 124. — Costume du XVIIIe siècle, XV, 337. — XVI, 157, 514.

Cott, Éduen, I, 171.

Cotta (A.), lieutenant de César, est surpris et défait par les Éburons, I, 161.

Gotta (F.), intendant des vivres à Genabe. Sa mort, I, 165.

Cotteron, capitaine des gardes du duc de Vendôme, se fait tuer pour son général, XIV, 447 *note*.

Cotth, perce une grande route à travers les Alpes, I, 201.

Cotton (le Père), jésuite, s'insinue auprès d'Henri IV, X, 532; devient son confesseur, 533. — Désavoue au nom de son ordre le livre de Mariana, XI, 13; est confesseur de Louis XIII, et conseiller intime de la reine mère, 17; est congédié, 133; mandé à la barre du parlement, et forcé de désavouer son confrère Santarelli, 240 *note*.

Couci (Enguerrand de Boves, seigneur de), III, 254; s'arme contre son fils Thomas de Marle, 256; lutte qu'il soutient contre les bourgeois d'Amiens, 257.

Couci (Enguerrand de), fils de Thomas de Marle, fait la guerre à Louis le Gros, puis s'accommode en épousant la fille du comte de Vermandois, III, 292.

Couci (le châtelain de), son aventure, III, 386, 387.

Couci (le sire de) prend la croix sous l'*Orme des conférences*, III, 528.

Couci (Enguerrand, sire de), son crime et son procès, IV, 303.

Couci (Enguerrand, sire de), V, 370; est pris par les Turks à Nicopolis et meurt dans les fers, 450, 451.

Couédic (du), capitaine de la frégate la *Surveillante*, combat acharné qu'il soutient contre la frégate anglaise le *Québec*, son triomphe et sa mort, XVI, 444 *note*.

Coulau, docteur de Sorbonne, prétend établir par l'Écriture que les Perses ont connu le vrai Dieu, XIV, 297; attaqué par Bossuet, fait amende honorable, 298.

Coulon, vice-amiral sous Louis XI, s'empare de la flotte hollandaise, VII, 140.
Cour. Sens de ce mot, aux diverses époques de l'histoire de France, et particulièrement sous Louis XIV, XIII, 155 et suiv.
Cour des aides, établie à Poitiers, puis installée à Paris, VI, 352; sa compétence, 424, 425.
Cour des pairs, III, 504, 583. — IV, 294.
Cour des requêtes de l'hôtel, établie à Poitiers, puis installée à Paris, VI, 352.
Courcelles (Thomas de), docteur de l'Université, siége au procès de Jeanne Darc, VI, 250; en traduit les actes en latin, 253; la part qu'il y prend, 270, 280, 298; il est envoyé près du pape Nicolas V comme ambassadeur, 395; rôle qu'il joue dans la révision du procès de Jeanne Darc, 460; il fait l'oraison funèbre de Charles VII, 522; va conférer, à Beauté, avec le duc de Berri, 565.
Courcelles (de), gouverneur du Canada, XIII, 557.
Cours d'Amour, III, 384.
Court (Antoine), pasteur calviniste, fonde à Lausanne un séminaire de pasteurs dévoués au martyre, XV, 130 *note*.
Courtenai (Pierre de), fils de Louis le Gros, III, 304; prend la croix à Vézelai, 434.
Courtenai (Baudouin de), empereur de Constantinople, IV, 174; voyage qu'il fait en Occident, pour implorer le secours de Louis IX, 175, 176, 202; sa misère à Constantinople, 218; sa chute et sa fin, 317.
Courtenai (Robert de), conduit en Angleterre les secours envoyés à Louis de France, IV, 96; est fait prisonnier, *ibid.*; devient empereur de Constantinople, *ibid. note*.
Courtrai (bataille de), 1302, IV, 438 et suiv.
Cousin (Jean), VII, 477. — VIII, 134, 137; il est chargé du buste de Charles-Quint, 260.
Cousin, président en la cour des monnaies, helléniste, traducteur d'Eusèbe de Césarée, XIII, 177 *note*.
Cousinot (Guillaume), avocat de la famille d'Orléans, porte la parole contre le duc de Bourgogne, V, 493.
Cousinot (Guillaume), conseiller de Charles VII, VI, 373; bailli de Rouen, 442, est poursuivi par ordre de Louis XI, 529; se met à la tête des bourgeois de Paris pour repousser les Bourguignons, 559. — Est envoyé à Rome comme ambassadeur, VII, 48.
Coustou (les deux), sculpteurs, XIV, 237. — XV, 336.

Coutumes, Droit coutumier, III, 274 et suiv.; ordonnance de Charles vii prescrivant la réunion des diverses coutumes en un corps de droit civil, VII, 142 note.

Coutume de Beauvoisis, IV, 293 note, 567.

Covenant, ligue des presbytériens écossais contre l'introduction de l'épiscopat anglican, XI, 483.

Coypel, peintre, XIV, 237. — XV, 336.

Craggs, ministre anglais, félicite Dubois, au nom de Georges 1ᵉʳ, sur son avènement au ministère, XV, 95.

Cranmer (le docteur), VIII, 175; archevêque de Canterbury, 179; casse le premier mariage d'Henri viii et consacre le second, *ibid.;* propage la réforme religieuse en Angleterre, 391; rédige un code de droit canon anglican, 430; est brûlé vif, 434.

Crantz (Martin), ouvrier de Gutenberg, est appelé à Paris par le recteur de l'Université, VII, 160.

Craon (Pierre de) assassine le connétable de Clisson, V, 431 et suiv.

Crapone (Adam de), ingénieur, fait le canal du Rhône à la Durance et propose le canal du Midi, IX, 13.

Crassus, lieutenant de César, soumet l'Aquitaine, I, 155.

Crébillon, auteur dramatique, XIV, 244. — Censeur, refuse son visa à la tragédie de *Mahomet*, XV, 390.

Crébillon fils, romancier, XV, 333.

Créci (Hugues de) guerroie contre Louis le Gros, III, 215, 218.

Créci (bataille de), V, 87 et suiv.

Crémone (surprise et combat de), XIV, 386.

Crépi (traité de), VIII, 305.

Créqui (Antoine de), évêque de Nantes, puis évêque d'Amiens, puis cardinal, IX, 178 note.

Créqui, gendre de Lesdiguières, X, 565. — Maréchal, conduit l'attaque au Pas de Suze, XI, 297; occupe Suse après le départ du roi, 300; commande une division de l'armée française en Savoie, 328; fait deux campagnes dans le Milanais, 439, 440, 445; et une troisième, où il meurt d'un coup de canon, 481.

Créqui (duc de) va, de la part de Louis xiv, offrir à Cromwell une épée magnifique, XII, 497. — Son ambassade à Rome; insulte qui lui est faite, réparation à laquelle le pape est contraint, XIII, 288 et suiv.

Créqui (marquis de), lieutenant-général, commande l'aile droite de l'armée française, XIII, 316; concourt au siége de Lille, 320; coupe au comte de Marsin la route de Gand, 324; maréchal, envahit la Lorraine et en chasse le duc Charles iv, 358; est disgracié pour avoir refusé de prendre le mot d'ordre de Turenne, 380 *note;* conduit en Alsace l'arrière-ban du royaume, 454 ; prend Dinant, 468 ; commande un corps d'armée sur la Moselle et la Sarre, 469 ; y essuie de grands revers, 481, 482 ; investit Condé, 491 ; est détaché sur la Meuse avec un corps d'armée, 493 ; campagnes en Alsace, en Lorraine, dans le duché de Deux-Ponts, dans les Pays-Bas, en Brisgau, 508 à 511 ; belle campagne contre le duc de Lorraine, 536 et suiv. ; expédition en Allemagne, 542 ; il bloque Luxembourg, 586. — Bombarde cette ville, XIV, 17 ; l'investit, la prend, 18 ; force l'électeur de Trèves à la démanteler, *ibid.;* meurt, 60.

CRESCENTIUS (Jean), sénateur romain. Ses efforts pour la liberté romaine et ses malheurs, III, 33.

CRESPIGNI (Guillaume de), chevalier normand, combat corps à corps le roi d'Angleterre, III, 278.

CRÈVECOEUR (le sire des Querdes, baron de), conserve Abbeville au duc de Bourgogne, VII, 60 ; négocie avec les agents de Louis XI au détriment de Marguerite de Bourgogne, 124 ; est battu à Guinegate par Maximilien d'Autriche, 138 ; négocie le traité entre la France et la Flandre, 149 ; est membre du conseil après la mort de Louis XI, 177 ; est envoyé au secours des grandes communes de Flandre, 194 ; commande en Artois les troupes opposées à Maximilien, 200 ; prend Saint-Omer et Térouenne, 209 ; dissuade Charles VIII d'aller en Italie, 250.

CREVELD (bataille de), XV, 528.

CRILLON, mestre de camp du régiment des gardes, combat à Paris dans la *journée des barricades,* X, 64 et suiv. ; refuse d'assassiner le duc de Guise, 110 ; participe indirectement à cet attentat, 113 ; est blessé au combat de Tours, 148.

CRILLON (duc de), à la tête d'un corps d'armée espagnol, prend Minorque et assiége le fort Saint-Philippe, XVI, 458.

CRISPANO, capitaine général de Sicile, est assiégé dans son palais par les Messinois, XIII, 462.

CRISPINUS et CRISPINIANUS (saint Crépin et saint Crépinien), cordonniers, apôtres de Soissons, martyrs, I, 283.

CRISPUS, fils de Constantin, César, bat les Franks, I, 297.

CRITOGNAT, chef arverne. Son avis au siége d'Alésia, I, 482.

CROÏ (Antoine, sire de). Sa faveur auprès du duc de Bourgogne et l'usage qu'il en fait, VI, 517 ; il est nommé grand maître de la maison de Louis XI, 527 ; employé comme négociateur, 541 ; est gouverneur de Champagne et de Picardie, 542 ; tombe dans la disgrâce de Charles le Téméraire, 555.

Croï (Jean de), sire de Chimai, gouverneur du Luxembourg et de Namur ; sa faveur et l'usage qu'il en fait, VI, 517 ; il est envoyé près de Louis XI par le duc de Bourgogne, 541 ; tombe en disgrâce, 555.

Croï (Philippe de), sire de Quiévrain, est rudoyé par Charles le Téméraire, VI, 555. — Lui amène un renfort en Lorraine, VII, 114.

Croisade des enfants, IV, 87 *note;* sixième, 171 à 173 ; septième, 174 à 178.

Croisade contre Manfred, roi de Sicile, IV, 319 ; huitième, 200, 215 à 239 ; neuvième, 324, 326 à 333.

Croisades. Première, III, 153 à 192 ; seconde, 200 à 202 ; troisième, 426 à 450 ; quatrième, 526 à 548 ; cinquième, 567 à 571.

Croisades contre les Albigeois, IV, 28 à 65 ; 108 à 110 ; 125 à 150.

Croix du Maine (La), bibliographe, IX, 390 *note*.

Crom, Crom-Lech, I, 58.

Cromé (Morin de), auteur présumé du *Dialogue du Maheustre et du Manant*, IX, 530. — Est adjoint au comité des *Dix*, X, 265 ; participe au meurtre du président Brisson, 266 ; échappe par la fuite aux sévérités du duc de Mayenne, 270 ; effet de son livre, 336 ; il est condamné à mort et exécuté en effigie, 468.

Cromwell conseille à Henri VIII de se déclarer chef de l'Église d'Angleterre, VIII, 177.

Cromwell (Olivier) décide l'événement de la bataille de Marston Moor, XII, 189 ; fait juger, condamner, exécuter Charles Iᵉʳ, 324 ; gouverne l'Angleterre, 431 ; relève sa puissance, *ibid.;* soumet l'Écosse, 433 ; attaque la France à l'improviste et lui fait perdre Dunkerque, 434 ; est lord protecteur, 446 ; fait une guerre terrible aux Provinces-Unies, 472 ; fait des traités de commerce avec la Suède, le Portugal, le Danemark, 474 ; négocie avec l'Espagne, 475 ; envoie des flottes dans la Méditerranée et dans les Antilles, *ibid.;* fait alliance avec la France, 476, 478, 479, 488 ; meurt, 501.

Cromwell (Richard), fils du précédent, est élu *protecteur* après lui, XII, 501 ; s'entremet avec la France pour pacifier le nord de l'Europe, 537 ; perd le pouvoir, 540.

Croquants. X, 366. — XI, 305 *note*, 460. — XII, 179.

Croupes, parts de bénéfices sur les fermes, XVI, 339 *note*.

Crozat, riche négociant, prête trois millions au gouvernement pour avoir la charge de trésorier de l'Ordre, XV, 13 ; renonce au monopole du commerce de la Louisiane, 39.

Crozé (de), protestant, ancien gouverneur du Havre, est mis à mort par les catholiques, IX, 142.

Crucé, orfévre, un des héros de la Saint-Barthélemi, IX, 325.
Crucé, procureur, un des instigateurs de la Ligue, IX, 531. — Et de la journée des barricades, X, 66 ; est élu substitut provisoire au corps de ville de Paris, 119 ; membre du conseil général de la Ligue, 134 ; du conseil des *Seize,* 263 ; adjoint au comité des *Dix,* 266 ; participe au meurtre du président Brisson, *ibid.;* est arrêté par ordre du duc de Mayenne, 270 ; condamné à mort et exécuté en effigie, 368.
Cruche, prêtre, grand *fatiste,* est battu par les gentilshommes de l'hôtel du roi, VIII, 22 *note.*
Crussol d'Acier (le seigneur de) favorise les huguenots, IX, 107 ; se met à leur tête et guerroie contre les catholiques, 136, 240 ; se joint à l'armée de Condé, *ibid.;* est fait prisonnier à Moncontour, 259 ; est sauvé du massacre de la Saint-Barthélemi, 232 *note;* est duc d'Uzès, commande dans le Bas-Languedoc et fait la guerre aux huguenots, 406.
Cubes (Bituriges). Peuple *autonome* sous Auguste, I, 199.
Cueilli, curé de Saint-Germain l'Auxerrois. Son ambassade auprès du roi de Navarre, X, 4 ; il est élu député de Paris aux États-Généraux de 1588, 96 ; prêche avec violence contre Henri IV, 264 *note,* 306, 335.
Cueva (don Bertrand de La), favori d'Henri l'Impuissant, VI, 540.
Cueva (marquis de La), général espagnol, s'enfuit devant la flotte française, XIII, 463.
Cugnières (Pierre de), avocat général au parlement, V, 13, 14, 74.
Cujas (Jacques), juriste, IX, 3 ; est appelé à Paris pour y professer le droit romain, 394 *note.*
Culant (le sire de), amiral, introduit un secours dans Orléans, VI, 126 ; marche avec Jeanne Darc sur cette ville, 161 ; sur Jargeau, 174 ; attaque une porte de Rouen, 438 ; assiége Castillon, 482.
Culdoe (Jean), prévôt des marchands, V, 344 et suiv.
Cumberland (duc de), second fils de George II, commande en Flandre l'armée anglo-batave et perd la bataille de Fontenoi, XV, 284 et suiv. ; écrase à Culloden l'insurrection gaëlique, 289 ; pousse à la guerre contre la France, 475 ; commande l'armée hanovrienne en Westphalie, 515 ; est battu à Hastenbeck, 517 ; capitule à Kloster-Zeven, 518 ; perd le commandement et disparaît de la scène politique, 523.
Cureau de la Chambre, médecin, physionomiste, un des premiers membres de l'Académie des sciences, XIII, 170.
Curies. Leur organisation et leurs fonctions, I, 262. — III, 222 ; modifications qu'elles subissent sous la domination franke, 223 et suiv.

Curiosolites, peuple armoricain. Leur soulèvement contre les Romains et leur défaite, I, 152 et suiv.

Cusa (Nicolas de), cardinal et philosophe, XII, 7, 8, 11.

Cyrano de Bergerac, littérateur, XII, 127.

Czartoriski (les princes) veulent rendre en Pologne la monarchie héréditaire, XVI, 256; ont le dessous dans les diétines préparatoires et appellent les Russes, 259; qui font élire le prince Poniatowski, leur neveu, 261; opèrent quelques réformes, 263; maintiennent la Pologne neutre entre la Russie et la Turquie, 268.

D

Daces ou Gètes, soumis par Trajan, I, 241.

Dacier (Anne Lefèvre, madame), épouse du littérateur de ce nom. XIII, 245.

Daffis, avocat général au parlement de Toulouse, massacré par les ligueurs, X, 138.

Daffis, frère du précédent, premier président du parlement de Bordeaux, est député par sa compagnie vers Henri IV, X, 236.

Dagobert Ier, fils de Chlother II, est associé à la royauté et règne sur l'Austrasie, II, 130; son caractère hautain, 132; son mariage et ses différends avec son père, *ibid.*; il s'empare de presque toute la succession paternelle et ne laisse à son frère Haribert que l'Aquitaine, 134; éclat du commencement de son règne, 135; il réunit l'Aquitaine à son empire après la mort de Haribert; sa puissance, 136, 137; ses revers en Bohême, 139, 140; il renonce, en faveur de son fils Sighebert, au gouvernement de l'Austrasie; soumet les Wascons, 142; et les Bretons, 143; sa mort, 145.

Dagobert II, fils de Sighebert II, est tondu par ordre de Grimoald et envoyé secrètement en Irlande, II, 151; en est rappelé et remis sur le trône, d'où il est bientôt précipité, 160.

Dagobert III succède à Hildebert, II, 176; meurt à seize ans, 179.

Daguerre, lieutenant-colonel; son débarquement dans l'île Sainte-Marguerite, XI, 467.

Dailli (Marguerite de), dame de Chatillon, chasse les ligueurs de son château et fait leur chef prisonnier, X, 257 *note*.

Daillon du Lude défend glorieusement Fontarabie contre les Espagnols, VIII, 30.

Dalayrac, compositeur de musique, XVI, 157.

[DAR] DES MATIÈRES. 173

DALIBARD, physicien français, exécute les expériences démonstratives de la théorie de Franklin sur la foudre, XVI, 20.

DALMATES. Ils se soulèvent contre l'empire romain, I, 219.

DAMES DE CHARITÉ (Congrégation des), XII, 65.

DAMIANI (Pierre) travaille avec Hildebrand à la réformation de l'Église, III, 93, 98; soutient que les cardinaux sont les supérieurs des archevêques, 104.

DAMIENS frappe Louis XV d'un petit couteau. Son procès et son affreux supplice, XV, 510.

DAMMARTIN (le seigneur de) s'unit au comte de Chartres contre Louis le Gros, III, 218.

DAMPIERRE (les), fils de Marguerite, comtesse de Flandre, disputent l'héritage de leur mère aux d'Avesnes, leurs frères utérins, IV, 253.

DAMPIERRE (le sire de) meurt à Azincourt, VI, 20.

DANCOURT, poëte comique, XIV, 240.

DANDOLO (Henri), doge de Venise, prend Zara avec l'assistance des croisés, III, 568.

DANÈS (Pierre), élève de Lascaris, VII, 482. — Professeur de grec au collége royal, VIII, 144.

DANET (Pierre), philologue, XIII, 245.

DANIEL (le père), jésuite. Dans quel esprit est écrite son *Histoire de France*, XV, 44 *note;* il a la charge d'historiographe, 352.

DANTE, V, 110 *note.* — VII, 385 *note.*

DANVILLE refait la géographie antique, XVI, 18.

DAOUD-KILIDJE-ARSLAN, sultan de l'Asie Mineure, détruit les deux premières bandes de croisés, III, 169, 170; perd Nicée, 183; est défait par les croisés à Gorgoni, *ibid.;* à Antioche, 187; détruit les trois corps d'armée de la seconde croisade, 202.

DARC (Jeanne). Sa mission, VI, 132 et suiv. — Sa naissance, son enfance, sa jeunesse, 139 et suiv.; sa résolution, son voyage, 146 et suiv.; elle voit Charles VII, 152; est examinée à Poitiers, 154; marche sur Orléans, 157 et suiv.; qu'elle délivre, 164 à 170; chasse les Anglais de toutes leurs positions sur la Loire, 174 et suiv.; mène Charles VII à Reims, 182 et suiv.; écrit aux hussites, 190; fait une campagne dans l'Ile de France, 207 et suiv.; une en Bourbonnais, 219, 220; est anoblie, 221; se sépare du roi et se rend à Lagni, 225; va défendre Compiègne, 227; est prise dans une sortie, 229 et suiv.; incidents de sa captivité, 235, 236, 238, 243 et suiv.; est vendue aux Anglais et amenée à Rouen, 246; son procès et sa mort, 247 à 300; révision de son procès, 454 à 462.

Darc (Pierre), frère de Jeanne, combat auprès d'elle à Compiègne, VI, 230; ce qu'il devient ensuite, 458; il comparaît à Notre-Dame, demandant justice de la condamnation de sa sœur, *ibid.*

Darc (Jean), frère de Jeanne, est dupe de la fausse Jeanne Darc, VI, 353; est nommé bailli du Vermandois et capitaine de Chartres, 458 *note.*

Darc (fausse Jeanne), VI, 353.

Darcet, chimiste, XVI, 20.

Dardanus, préfet du prétoire, poignarde Jovinus, I, 343.

Daschkoff (princesse), amie de Catherine II, auteur présumé de son premier manifeste, XV, 587 *note.*

Daubenton, jésuite, confesseur de Philippe V, est gagné par Dubois et concourt à renverser Alberoni, XV, 100; rapproche Philippe V du duc d'Orléans, 113.

Daubenton, collaborateur de Buffon, XVI, 24.

Daun, gouverneur du Milanais, XV, 184; feld-maréchal, bat le roi de Prusse en Bohême, 516; bat le prince de Brunswick-Bevern, prend Schweidnitz et Breslau, 522, 523; est défait par le roi de Prusse et rejeté en Bohême, *ibid.;* force ce prince à lever le siége d'Olmütz, 531; le bat à Hohenkirchen, 532; est battu par lui à Dresde, *ibid.;* lui fait lever le siége de cette ville, 567; est défait par lui à Torgau, *ibid.;* pousse le prince Henri de Prusse hors des montagnes de la Saxe, 584.

Dauphiné. Origine de cette dénomination, III, 31 *note.* — Réunion de cette province à la France, V, 116.

Daurat, poëte, insulte l'amiral Coligni après sa mort, IX, 335 *note.*

Dauvet (Jean), procureur-général au parlement de Paris; mission dont il est chargé auprès du duc de Bourgogne, VI, 499. — Il devient premier président, VII, 4.

David, roi d'Écosse, attaque l'Angleterre, III, 298; est vaincu, 424.

David de Dinant, docteur panthéiste, IV, 56; ses livres sont brûlés par ordre du concile de Sens, 57.

David, avocat au parlement de Paris. Mémoire trouvé dans ses papiers après sa mort, et publié par les huguenots, IX, 440.

David (Louis), peintre d'histoire, XVI, 160.

Davila, serviteur de Catherine de Médicis et son historien, IX, 196.

Davila, frère du précédent, gentilhomme de Catherine de Médicis, X, 60.

Deageant, premier commis du contrôleur-général Barbin, XI, 115.

Décéates. Celtes ligures. Ils sont vaincus par les Romains et assujettis à Massalie, I, 108 et 109.

DECENTIUS, frère de Magnentius, associé par lui à l'empire; ses revers, sa mort, I, 304.

DÉCIUS, consul romain, combattant les Gaulois, se dévoue aux dieux infernaux pour décider la victoire, I, 96.

DÉCIUS, empereur, tombe sous les coups des Goths avec toute son armée, I, 269.

DÉCLARATION DU CLERGÉ DE FRANCE SUR LA PUISSANCE ECCLÉSIASTIQUE, rédigée par Bossuet, votée par le clergé en assemblée générale (1682), XIII, 622.

DÉCLARATION D'INDÉPENDANCE DES ÉTATS-UNIS, XVI, 447.

DÉCRÉTALES (fausses), fabriquées à Mayence par le diacre Benoît, II, 395 *note*.

DÉCUMATES. Ce qu'ils étaient, I, 263.

DÉFENSEUR, magistrat municipal, III, 224.

DEFFANT (Mme Du) réunit les beaux esprits de son temps dans son salon, XV, 330, 331.

DELATOUR, peintre de portraits au XVIIIe siècle, XV, 337. — Ses deux portraits de Voltaire et de Rousseau, XVI, 83.

DELBÈNE, évêque d'Albi, factieux et rebelle, XI, 380, 381.

DELISLE, géographe, XIV, 264.

DELORME (Pierre), architecte de Gaillon, VII, 384 *note*.

DELORME (Philibert), architecte, VIII, 138; construit le château d'Anet, 362. — IX, 16; le tombeau de François Ier, 17 *note;* le château de Chenonceaux, 20 *note;* le palais des Tuileries, 328 *note*, 385; publie un traité d'architecture, 385; meurt, 387.

DÉMOCRITE, philosophe grec, proclame l'existence de mondes sans nombre, XII, 9.

DENAIN (bataille de), XIV, 563 et suiv.

DENBIGH (le comte de), amiral anglais, tente vainement de secourir La Rochelle, XI, 280.

DENIS, capitaine au long cours, touche au Brésil avant la formation des établissements portugais, VIII, 130; visite l'île de Terre-Neuve, *ibid.*

DERBY (Henri de Lancastre, comte de) prend l'île de Cadsand, V, 38; ses victoires en Guienne, en Périgord, en Angoumois, 74; il envahit le Poitou, 97; vient au siége de Calais, 103; ravage la Normandie, 147.

DERWENT-WATER (lord) introduit la franc-maçonnerie en France, XV, 399.

DESAULBEAUX (Pierre), architecte et sculpteur rouennais, VII, 385 *note*.

Descartes (Joachim), conseiller au parlement de Rennes, l'un des juges du comte de Chalais, XI, 239 *note*.

Descartes (René), fils du précédent. Sa vie et sa doctrine, XII, 23 à 50; sa mort, 55.

Deschamps (Eustache), poëte chroniqueur, VI, 92 *note*.

Descharges, constructeur de navires, invente les sabords, VIII, 337 *note*.

Deshaies, ambassadeur de France en Danemark, travaille à l'organisation des protestants d'Allemagne en *Ligue du Nord*, XI, 240; ambassadeur extraordinaire à Constantinople, obtient la restitution de l'église du Saint-Sépulcre aux religieux francs, 243 *note*; envoyé en Perse, y fonde une compagnie de négociants et un couvent de capucins, *ibid*.

Deshaies de Courmenin, fils du précédent, négocie un traité de commerce avec la Russie, XI, 317; obtient du Danemark, pour le commerce français, une réduction importante des droits du Sund, *ibid*.; est décapité, 387.

Deshoulières (Mme), poëte, XIII, 210; fréquente la société du Temple, XIV, 251; est surnommée *dixième muse*, 252; ses hardiesses, sa conversion, *ibid*.

Désidérius, duc de Toulouse, saccage l'Albigeois et le Limousin, II, 64; est défait par Mummolus, 65; conquiert le Périgord, l'Agénais, etc., pour le roi de Neustrie, 73; prend les armes pour Gondowald et vole les trésors de la princesse Rigonthe, 82; sa mort, 98.

Désidérius (saint Didier), évêque de Vienne. Brunehilde le fait lapider, II, 113.

Désidérius, duc de Toscane, monte sur le trône langobard, II, 241; ses premiers actes, *ibid*.; il marie sa fille à Charlemagne, qui la répudie bientôt, 254; accueille la veuve et les enfants de Karloman, 255; sa chute, 261, 264, 265.

Désiré (Arthus), prêtre, est arrêté, porteur d'une dépêche où le clergé de France invoque le secours du roi d'Espagne, IX, 86 *note*.

Deslandes, conseiller au parlement, chargé d'instruire le procès de la maréchale d'Ancre, refuse de conclure à la mort, XI, 124.

Desmares, prédicateur, XIII, 219.

Desmarets (Jean), avocat-général, réclame la régence pour le duc d'Anjou, V, 339; ses services à la cause royale pendant l'insurrection des *Maillotins*, 368 et suiv.; sa mort, 390.

Desmarets, poëte, XII, 126; réagit contre la littérature espagnole, 131.

DESMARETZ, contrôleur-général des finances, XIV, 491; expédients de toute espèce qu'il emploie pour subvenir au gouvernement de Louis XIV en détresse, et qui ne font qu'aggraver le mal, 492, 507, 515, 528, 534, 535, 536, 593 et suiv.; Louis XIV le met, par son testament, au nombre des membres du conseil de régence, 611. — Il avait accueilli un projet de banque proposé par Law, XV, 37.

DESMARETZ (le Père), jésuite, confesseur de Louis XV, XVI, 242 *note*.

DESPEISSES (d'Espeisses), avocat-général, prodigue les louanges à Henri III et au duc d'Épernon, X, 51; président du parlement royaliste de Tours, communique à Mornai un plan de transaction entre Henri IV et Charles X, 182 *note*.

DESPENCE, docteur en théologie, dispute contre les Calvinistes au collége de Poissi, IX, 99; prend part à la rédaction d'une confession de foi sur l'Eucharistie, 100.

DESPORTES, poëte français, IX, 471, 472 *note*. — Favori d'Henri III, abbé de Tiron, X, 20 *note*; conseiller intime d'André de Brancas, seigneur de Villars, et négociateur pour lui, 275; chef d'une école poétique, 482.

DESPORTES, peintre, XVI, 160 *note*.

DESPREZ, teinturier, est élu échevin après la journée des barricades, X, 78; sa conduite après la mort du duc de Guise, 118.

DESTOUCHES, poëte comique, auteur du *Glorieux*, XV, 332.

DESTOUCHES, musicien français, XV, 334.

DETTINGEN (bataille de), XV, 264.

DEUTÉRIE, matrone romaine, épousée par Théodebert, II, 24, 25.

DEUX-PONTS (le duc de), prétend à l'héritage du duc de Clèves, Berg et Juliers, X, 553.

DEUX-PONTS (duc de), neveu de l'électeur de Bavière Charles-Théodore et son héritier présomptif; péril que lui fait courir à deux reprises la faiblesse de son oncle et l'ambition de l'empereur Joseph II, XVI, 437 et suiv.; 554.

DIALOGUE *du maheustre et du manant*, X, 336.

DIANA, nom ou qualification d'Ésus, I, 58.

DIANE, fille d'Henri II et de Diane de Poitiers, VIII, 362 *note*; est promise à Horatio Farnèse, petit-fils du pape Paul III, 377; l'épouse, 428; le perd, 429.

DIAZ (Juan), est assassiné par son frère pour s'être fait luthérien, VIII, 352 *note*.

DIDEROT (Denis). Sa vie, ses travaux, son caractère, XVI, 41 à 58, 142 et suiv.; sa mort, 517.

Didius Julianus, sénateur, achète l'empire, I, 257; est détrôné et mis à mort, 258.

Die (Isoard, comte de) prend la croix, III, 164.

Die (la comtesse de), femme poëte, III, 388 *note*.

Dieppe. Expéditions des marins de cette ville au xiv° siècle, VII, 293. — Au xvi°, VIII, 130. — Henri iv s'y établit et s'y défend contre le duc de Mayenne, X, 179 et suiv. — Elle est bombardée et brûlée par les Anglais, XIV, 197.

Diesbach, général des Suisses, se fait tuer à la bataille de Pavie, VIII, 66.

Dieskau (M. de), officier-général, commandant des troupes françaises au Canada, XV, 475; est blessé et pris dans une action imprudemment engagée, 478.

Dijon adopte la charte communale de Soissons, III, 261. — Est assiégée par les Suisses, VII, 424, 425. — Violente émeute en cette ville, qui perd du coup le droit d'élire ses magistrats municipaux, XI, 327, 328.

Dillon (M. de), archevêque de Narbonne, membre de l'Assemblée des Notables, proteste contre les prétentions despotiques du ministre Calonne, XVI, 577; orateur du clergé dans l'Assemblée extraordinaire de 1788, approuve, à quelques réserves près, la restitution de l'état civil aux protestants, 642 *note*.

Dime ecclésiastique, imposée aux fidèles par le concile de Mâcon, II, 85; elle est établie légalement par Charlemagne, 282.

Dinant. Origine, industrie de cette ville, VII, 6 et suiv.; sa querelle avec Charles le Téméraire, 9, 13; sa destruction, 14.

Dioclétien, empereur romain. Pourquoi il tue Aper, I, 279; il est proclamé empereur, *ibid.*; triste état de l'empire quand il arrive au trône; les Bagaudes, 279 et suiv.; il s'associe un *Auguste*, 284, puis deux Césars, 285; change l'organisation et les divisions administratives de l'empire, 285; institue le despotisme oriental, 286; interdit par un édit l'exercice du culte chrétien, 289; abdique, *ibid.*

Dionysius (saint Denis), apôtre de Paris, I, 268; son martyre, 270.

Divion (la demoiselle de) produit des pièces fausses en faveur de Robert d'Artois, son procès, son supplice, V, 16 et suiv.

Divitiac, druide éduen, va implorer le secours des Romains, 131; détermine les Édues à s'armer pour César contre les Belges, 148.

Divitiac, chef suesson. Ses conquêtes en Bretagne, I, 146, 147.

Djem ou Zizim, fils de Mahomet ii, dispute le trône othoman à son frère Bayézid, VII, 246; se réfugie à Rhodes, puis en France, *ibid.*, d'où il est envoyé à Rome par Charles viii, 247; sa fin, 254, 263, 268.

DMITRI IVANOWITZ, tzar de Russie, est assassiné par Boris Godunow, X, 543.

DMITRI ou Démétrius (le faux), ses succès d'un jour, et sa mort, X, 543.

DODE, grand domestique de Peppin de Héristall, ses violences envers l'évêque de Maestricht, II, 175.

DODUN, contrôleur général des finances, exécuteur inhumain des volontés de Pâris-Duvernei, XV, 126.

DOHNA (le burgrave de), vient en France au secours des protestants, et y fait une campagne très-malheureuse, X, 44 et suiv.

DOIGNON (le comte du) gouverneur de Brouage, bat dans la Gironde la flotte bordelaise, XII, 343; embrasse le parti de Condé, ses antécédents, 384; perd La Rochelle et l'île de Ré, 386; traite avec la cour, 446.

DOL. Établissement dans cette ville d'un évêque métropolitain, sans le concours de l'archevêque de Tours, et malgré le pape, II, 437.

DOLE. Siége de cette ville par le prince Henri de Condé, XI, 448; levée du siége, 453.—Elle est assiégée par Louis XIV, et se rend à lui, XIII, 336; est rendue à l'Espagne, 340; reprise pour toujours, 439.

DOLET (Étienne), savant imprimeur, VIII, 143; ses tendances religieuses, 147; il est persécuté et mis à mort, 343 et suiv.

DOLLÉ (Louis), avocat des curés de Paris contre les Jésuites, X, 369.

DOLMENS, I, 49 et suiv.

DOMAT, avocat du roi au présidial de Clermont, XIII, 75 *note;* prépare son grand travail sur les lois civiles, 179; analyse de cet ouvrage, 255 et suiv.

DOMINIQUE (saint), chanoine d'Osma, devient le chef de la mission contre les Albigeois, IV, 24, 25; fonde l'ordre religieux qui porte son nom, 60; sa mort, 112.

DOMINIQUIN (Le), peintre italien, XII, 148.

DOMITIEN, empereur romain, ordonne que les vignes de la Gaule soient arrachées, I, 240.

DOMITIUS ÆNOBARBUS, consul. Son expédition dans la Gaule, I, 111, 112.

DOMITIUS, commandant de l'escadre pompéienne, est reçu dans Massalie, I, 192.

DOMITIUS, général romain, franchit l'Elbe, I, 218.

DONAR, dieu des Germains, I, 212.

DONATIEN (saint), apôtre de Nantes, martyr, I, 283.

DONATO ou DONATELLO, sculpteur florentin, VII, 236.

DONEAU, juriste, IX, 3.

DORAT, philologue, IX, 2.

DORDRECHT (synode de), XI, 149.

DORIA (André), amiral génois, bat l'amiral espagnol Henri de Moncade, VIII, 56; assiége par mer la ville de Gênes, 107; rend l'indépendance à cette république, 109 et suiv.; attaque la Provence de concert avec Charles-Quint, 238, 240; assiste aux conférences d'Aigues-Mortes, 253; commande la flotte de Charles-Quint dans l'expédition contre Alger, 276, 277; porte secours au duc d'Albe, dans le Roussillon, 281; est battu par les flottes combinées de France et de Turquie, 427.

DORIA (Philippino), neveu d'André, bat l'amiral espagnol Hugues de Moncade, VIII, 109.

DORIOLE (Pierre), chancelier de France, instruit contre le connétable de saint Pol, VII, 100.

DORSET (lord), commande les troupes envoyées par Henri VIII en Gascogne, VII, 412.

DOUAI. Mode d'élection des magistrats municipaux dans cette ville, III, 520 *note*.

DOUGLAS (le comte de), débarque à La Rochelle avec 5000 Écossais, VI, 98; est fait duc de Touraine, *ibid.*; marche au secours d'Ivri, 99; est tué à Verneuil, 101.

DOUMERC, agent des spéculateurs sur les grains du temps de Louis XV, est arrêté sous Louis XVI comme provocateur de la *Guerre des Farines*, et parvient à se disculper, XVI, 349.

DOYAT (Jean), confident de Louis XI, VII, 146; son supplice après la mort de ce prince, 169.

DRAGONNADES inventées par Louvois, XIII, 626; suspendues, grâce aux réclamations de Colbert, 627. — Reprises après sa mort, XIV, 41 et suiv.

DRAGUT RAÏS, successeur d'Hariadan Barberousse, VIII, 426; fait une expédition en Corse, 427.

DRAKE (Francis) combat les Espagnols en Amérique, X, 27; à Cadix, à Lisbonne, 54; dans la Manche, 93; à la Corogne, à Lisbonne, 153 *note*.

DRAPETH, chef sénon, sa mort, I, 189.

DREUX (bataille de), IX, 145 et suiv.

DREUX *de Coutances*, fils de Tancrède de Hauteville. Ses succès en Italie, III, 85, 86.

DREUX, sire de Mouchi-le-Châtel, allié à Bouchard de Montmorenci contre Louis le Gros, III, 207; est battu par ce prince, *ibid.*

DREUX (Robert, comte de), fils de Louis le Gros, III, 301; prend la croix à Vézelai, 431; refuse le serment demandé par l'empereur grec, 439; revient en France, 450; repousse les attaques du comte de Chartres, et envahit la Normandie, 468.

DREUX (le comte de) est au siége de Saint-Jean-d'Acre, III, 540.

DREUX (Philippe ou Guillaume de), évêque de Beauvais, est vaincu et pris par Richard Cœur-de-Lion, III, 554. — Ses exploits à la bataille de Bovines, IV, 83.

DREUX (Pierre de), dit Mauclerc, épouse Alix, duchesse de Bretagne, et gouverne le duché, IV, 68; sa conduite politique en diverses circonstances, 76, 98, 132, 136, 138, 139 et suiv., 142 et suiv., 170; il prend la croix, est chef de la croisade, 174; bat les musulmans à Gaza, mais se rembarque précipitamment, 178; reprend la croix avec Louis IX, 206; comment il quitte l'Égypte et sa mort, 236.

DROGHE (Drogo), fils de Peppin de Héristall, est fait par lui duc de Champagne, II, 171; sa mort, 175.

DROGO, fils naturel de Charlemagne, II, 336; Lodewig le Pieux le garde auprès de lui, 367; le fait tonsurer, 375; le fait archevêque de Metz, 377; son dévouement à l'empereur, 398; il dirige l'assemblée d'Attigni, 403; assiste Lodewig à ses derniers moments, 407; fait avec Lodewig, fils de Lother, une campagne en Italie, 430.

DROIT (étude du) au moyen âge, III, 566 *note*.

DROIT DE JOYEUX AVÉNEMENT, XV, 141; abandonné par Louis XVI, XVI, 318; ce qu'il a rapporté à Louis XV, et ce qu'il a coûté aux contribuables, *ibid.*

DROIT DE LA CEINTURE DE LA REINE, XV, 142. — Abandonné par Marie-Antoinette, XVI, 318.

DRUCOURT (Mme de), épouse du gouverneur de Louisbourg, concourt héroïquement à la défense de cette ville, XV, 535.

DRUIDESSES, I, 63, 64; leurs prédictions à Alexandre-Sévère, *ibid.*, 265, 266 *note;* à Aurélien, *ibid.;* à Dioclétien, 279.

DRUIDISME. Son organisation, I, 59 et suiv.; écriture, symboles et doctrines des druides, 65 et suiv.; affaiblissement du druidisme, 134, 135; son sort sous la domination romaine, 204; Claude le persécute, 229; ses derniers refuges, *ibid.;* ses efforts pour soulever la Gaule contre les Romains, 234 et suiv.

DRUIDISME (Néo-), I, 74, 75 *note*. — III, 332 et suiv.

DRUSUS. Son expédition en Germanie; sa mort, I, 248.

DUAREN, juriste breton, VIII, 144.

DUBOIS (*Sylvius*), médecin et professeur d'anatomie, VIII, 142.

DUBOIS (Guillaume, dit l'abbé), détourne le régent des idées de Saint-

Simon, XV, 15; ancien précepteur, ambassadeur en Angleterre, 45; ministre des affaires étrangères, 47; veut rendre la magistrature amovible, 54; devient hostile à Law pour plaire au ministère anglais, *ibid.;* s'unit à ce même Law contre le parlement, 65; comment il définit la monarchie française, 69 *note;* ses commencements, son caractère, 79; politique qu'il fait adopter au régent, 80; il obtient du roi d'Angleterre un traité d'alliance avec la France, 81, 82; ses projets, hostiles à l'Espagne, profitables à l'Autriche, 87; il ligue cette puissance avec l'Angleterre et la France contre l'Espagne, 90; est pensionné par l'Angleterre, 94; comment il parvient à faire déclarer la guerre à l'Espagne, 95, 96; pertes immenses qu'il lui fait subir, 97 et suiv.; intrigues par lesquelles il renverse Alberoni, 100; médiation qui pacifie le nord de l'Europe, 102; il fait échouer les efforts du gouvernement turc pour resserrer ses liens avec la France, 104; brigue le cardinalat, 110; se fait nommer archevêque de Cambrai, *ibid.;* services qu'il rend au pape dans l'affaire de la *Bulle Unigenitus,* 111; comment il devient cardinal, 112, 113; il se rapproche de l'Espagne, traite avec elle, resserre les liens de parenté entre les deux branches de la maison de Bourbon, 113, 114; rend aux jésuites leur influence, 115; se rend maître du conseil de régence, *ibid.;* réinstalle le gouvernement à Versailles, *ibid.;* fait exiler Villeroi, 117; est premier ministre, *ibid.;* préside l'assemblée du clergé, 119; meurt, *ibid.* et 120.

Dubos (l'abbé) combat la théorie du comte de Boulainvilliers sur l'histoire de France, XV, 354.

Dubosc, procureur de la commune de Coutances, accuse Boniface viii d'hérésie, IV, 431.

Dubourg, président au parlement, chancelier après Duprat, VIII, 225 *note;* meurt, 265 *note;* son œuvre de législateur, 269.

Dubourg, lieutenant-général, bat le général autrichien de Merci et le rejette hors de l'Alsace, XIV, 519.

Ducange (Charles Dufresne), trésorier de France en la généralité d'Amiens; ses travaux littéraires et scientifiques, XIII, 176.

Ducasse, gouverneur de Saint-Domingue, prend part à l'expédition du chef d'escadre Pointis contre Carthagène, XIV, 227; combat héroïquement à Velez-Malaga, 434; commande, en qualité d'amiral, la flotte destinée au siége de Barcelone, 584.

Ducauroi, maître de chapelle d'Henri iv, X, 477.

Ducerceau (Androuet), architecte, auteur du Pont-Neuf, IX, 387, 474 *note.* — Abandonne sa position près d'Henri iii pour rester fidèle à sa croyance, X, 14; travaille au Louvre et aux Tuileries, 475.

DUCHAFFAULT, lieutenant-général, commande à Ouessant la seconde division de la flotte française, XVI, 430.

DUCHATEL (Tannegui), prévôt de Paris, VI, 23; emporte le dauphin à la Bastille, 37; l'emmène à Melun, 38; est son conseiller, 44; assassine le duc de Bourgogne, 56 et suiv.; excite les Penthièvre à l'attentat qui les perd, 65; laisse prendre Meulan par les Anglais, 93; devient sénéchal de Beaucaire, 107, 108.

DUCHATEL (Tannegui), grand écuyer de Louis XI, VI, 570. — Est tué au siége de Bouchain, VII, 131.

DUCHATEL (Pierre), savant français, lecteur de François Ier, VII, 482.— Évêque de Tulle, puis de Mâcon, VIII, 147; sauve Étienne Dolet, 344.

DUCHESNE, docteur de Sorbonne, VIII, 148, 152.

DUCHESNE (André), savant français, X, 489. — Ses travaux historiques, XII, 71.

DUCIS, poëte tragique, XVI, 56.

DUDLEY (John), comte de Warwick, duc de Northumberland, gouverne l'Angleterre pour Édouard VI, mineur, VIII, 430; son entreprise audacieuse, ses revers et sa mort, 431, 432.

DUDLEY (Guilford), fils du comte de Warwick, épouse Jane Grey de Suffolk, VIII, 431; son arrestation et sa mort, 432, 433.

DUELS (édits contre les), X, 496. — XI, 256.

DUFAY, intendant du Jardin des Plantes, demande en mourant qu'on lui donne Buffon pour successeur, XVI, 22, 23.

DUGUAI-TROUIN, marin de Saint-Malo, XIV, 150; se signale par des prodiges d'audace et d'énergie, 198, 219, 417; enlève aux Anglais un grand convoi, 475; prend la ville de Rio de Janeiro et un nombre prodigieux de vaisseaux ennemis, 544.

DUHAMEL, commentateur d'Archimède, VIII, 143.

DUHAMEL-DUMONCEAU, physicien français, affirme le premier l'identité du fluide électrique et de la foudre, XVI, 19; donne la première théorie des engrais, *ibid.*, *note*.

DUHAN, secrétaire de Turenne, auteur du *Traité des droits de la reine très-chrétienne sur les divers États de la monarchie espagnole*, révèle à Louis XIV l'existence du *droit de dévolution*, XIII, 315.

DUJARDIN (Pierre), dit le capitaine Lagarde, dénonce des accointances entre le duc d'Épernon et Ravaillac, XI, 34.

DULAU, archevêque d'Arles, membre de l'assemblée des Notables, insinue que les États-Généraux ont seuls qualité pour voter l'impôt, XVI, 578.

Dumarsais, grammairien philosophe, collaborateur de l'*Encyclopédie*, XVI, 49,

Dumas, gouverneur de Pondichéri, refuse aux Mahrattes une famille fugitive qu'ils lui demandent les armes à la main, XV, 305, 306.

Dumnac, chef des Andes, I, 189.

Dumnorix, Éduen, son influence, I, 138; il proteste contre l'invasion de la Bretagne par César; sa fuite, sa mort, 158, 159.

Dumont, financier, est pendu devant la Bastille, XIII, 43.

Dumoulin (Charles), jurisconsulte, VIII, 142; son livre contre la cour de Rome, 406 *note*. — *Papinien français*, IX, 3; il hésite longtemps entre les religions qui se disputent la France, 141 *note;* donne des consultations contre les décrets du concile de Trente, qui sont supprimées par le parlement, 178 ; contre l'évêque d'Amiens, *ibid.;* contre les Jésuites, 203; attaque certaines doctrines de Calvin, et meurt catholique, *ibid. note.*

Dumouriez, colonel français, envoyé du duc de Choiseul près des confédérés de Bar, XVI, 269; plan qu'il imagine pour sauver la Pologne. 273 *note;* il se brouille avec les confédérés, 300 ; est commandant de Cherbourg, 560 *note*.

Dumoustier, pastelliste, VIII, 134.

Dundee (vicomte de), soulève en faveur de Jacques II une partie de la Haute-Écosse, XIV, 111; est tué à la tête de ses montagnards, 115.

Dunes (bataille des), XII, 495 et suiv.

Dunkerque, est prise par le duc d'Enghien, XII, 216, reprise par les Espagnols avec l'assistance de l'Angleterre, 434; assiégée par Turenne, 493 et suiv.; prise et livrée aux Anglais, 496, 497. — Rachetée par Louis XIV au prix de cinq millions, XIII, 286. — Les ouvrages militaires de son port sont démantelés, XIV, 539, 564, 572. — Le traité de 1783 en autorise la reconstruction, XVI, 487.

Dunois (Jean, comte de) (le *Bâtard d'Orléans*), fils de Louis Ier, duc d'Orléans, et de la dame de Canni. Mot de Valentine de Milan sur lui, V, 496. — Il délivre Montargis, VI, 113; défend Orléans avant Jeanne Darc, et avec elle, 119, 120, 126, 128, 162, 165, 166; prend Chartres, 314; Meulan, 341, aide à reprendre Paris, 347 et suiv.; reçoit de son frère Charles d'Orléans le comté de Dunois, 374; s'oppose à l'amélioration du gouvernement, 386, 387; rentre dans le devoir, 389; guerroie en Normandie, 392; fait de nouveaux actes d'opposition, 403; est en grand crédit auprès du roi, 428; ses exploits en Normandie, 434, 435, 438, 442, 444, 446; dans le Bordelais, 454 et suiv.; il arrête le duc d'Alençon, 510; assiste à l'assemblée de Tours, 552; prend part à la *ligue du bien public*, 554, 565, 570. — Se rallie, VII, 12; siège aux États-Généraux de 1468, 29, 34.

Dunois (le comte de), fils du précédent, son influence sur Louis II, duc d'Orléans, VII, 167; profit qu'il en tire, 168; démarche singulière qu'il fait aux États-Généraux de 1484, 75; ses intrigues contre Anne de Beaujeu, 193 et suiv.; guerre qui en résulte, et part qu'il y prend, 203 et suiv.; il se rallie aux intérêts nationaux, 217; est témoin du mariage d'Anne de Bretagne avec Charles VIII, 219; meurt, *ibid.*

Dunoyer, financier ruiné par la protection intéressée des Biron, XV, 24, *note.*

Duparquet, neveu du gouverneur de l'île de Saint-Christophe, meurt héroïquement en combattant les Espagnols, XI, 320.

Duparquet, achète de la *Compagnie des îles* le monopole du commerce à la Martinique, à Sainte-Lucie, etc., XIII, 13 *note.*

Dupati, président au parlement de Bordeaux, publie un mémoire sur la justice criminelle, que le parlement de Paris veut poursuivre, et que le roi protége, XVI, 548.

Dupin (l'abbé), combattu par Bossuet et condamné par l'archevêque de Paris pour des propositions malsonnantes, XIV, 293.

Dupleix, XV, 244, 306, 307; son génie, ses projets, 308, 309; il achève à ses frais les fortifications de Pondichéri, *ibid.*; est sauvé d'une attaque des Anglais par le Nabab du Carnatic, 310; ses discussions avec Labourdonnais, 311; ses opérations militaires contre les Anglais et leurs alliés hindous, 313 et suiv.; suite de ses opérations dans l'Inde, ses succès, sa fortune, 453 à 458; sentiment que son bonheur fait naître à Paris, 458; ses revers, 460 et suiv.; qu'il est près de réparer; il est révoqué, 462; son retour en France, et sa mort, 463, 464.

Dupont (de Nemours), éditeur des Œuvres de Quesnai, XVI, 169 *note;* son évaluation de la population de la France en 1791, 236 *note;* il rédige le plan d'organisation municipale de Turgot, 575 *note;* premier commis des finances sous Calonne, suggère à ce ministre l'idée d'établir des assemblées de trois degrés pour répartir les charges publiques dans les provinces qui n'ont point d'États, *ibid.*

Duport (Adrien), conseiller au Parlement, porte sa compagnie à déclarer qu'il n'appartient qu'aux États-Généraux de voter les subsides, XVI, 587; lui dénonce les abus d'autorité de Calonne, et ses dilapidations, 588; fait une motion contre les lettres de cachet, 597; réunit chez lui en conciliabules ceux qui veulent s'opposer aux projets du ministre Loménie de Brienne, 599.

Duprat. Comment il devient magistrat, VII, 308 *note;* il est nommé garde des sceaux, 438; négocie le concordat, 453, 459. — Dirige en France l'administration intérieure, VIII, 22; rend les charges de judicature vénales, 23; institue la dette publique, 24; devient homme d'Église et archevêque de Sens; ses discussions avec le parlement, 93 *note;* conseil détestable qu'il donne à François Ier, 110; il devient cardinal, 157; excite le roi contre les protestants, 157, 158; meurt, 224 *note*.

Duprat de Nantouillet, prévôt de Paris, voit sa maison pillée par Charles ix et les princes, IX, 365 *note*.

Dupuy (Pierre), savant français, X, 489. — Conseiller au grand Conseil, garde de la Bibliothèque royale, auteur (en collaboration) du *Traité des droits du roi très-chrestien sur plusieurs états et seigneuries*, XI, 403 *note;* d'un livre sur les *Libertés de l'Église gallicane*, 513. — De l'*Histoire du différend de Philippe le Bel et de Boniface* viii, XII, 74; du *Procès des Templiers, ibid*.

Dupui, premier consul à Montauban pendant le siége, XI, 177.

Duquesne (Abraham), marin dieppois, fait des prodiges à Tarragone, XI, 537. — Arme à ses frais quelques bâtiments avec lesquels il défait les Anglais, XII, 446 *note*. — Dirige les travaux et constructions du port de Brest, XIII, 131, 134; lieutenant du vice-amiral d'Estrées à Sole-Bay, 389, 390; de l'amiral de Vivonne à Messine, 463; combat et défait, dans les eaux de Sicile, l'amiral de Ruyter, 487, 488; bataille de Palerme, 489, 490; il va chercher à Toulon des troupes de débarquement, *ibid.;* ses campagnes contre les Barbaresques, 591 et suiv. — Il cesse de servir, XIV, 24; meurt protestant; prodigieuse injustice du gouvernement à son égard, 60.

Duquesnoi, sculpteur wallon, XII, 149.

Durand, charpentier du Puy en Velai, sa vision, il provoque l'organisation des *Frères de la Paix*, ou *Chaperons blancs*, III, 511, 512.

Durand de Villegagnon fait une expédition navale sur les côtes de l'Écosse, VIII, 392; conduit à Rio de Janeiro une colonie de réformés dont il fait avorter l'établissement, 488.

Durand, poëte, auteur de Ballets, est roué vif pour avoir écrit un pamphlet contre le duc de Luines, XI, 132.

Durand (Gilles), auteur de l'*Ane ligueur*, X, 482.

Duranti, premier président au parlement de Toulouse, est massacré par les ligueurs, X, 138.

Duras (le seigneur de), est banni à perpétuité de la Guienne, VI, 485.

Duras (le cadet de), un des chefs de l'infanterie française, VII, 372; combat à Ravenne, 405.

Duras (de), chef protestant, signe l'acte d'association d'Orléans, IX, 124; se porte en Guienne, 134; y commet mille excès, y est battu et revient à Orléans, 136; est blessé à mort, 150.

Duras (duc de), commande un petit corps d'armée à Maseyck, XIII, 408; est rejeté en deçà de la Meuse, 410; prend les forts de Joux et de Sainte-Anne, 439; maréchal, 480. — Commande l'armée devant Philipsbourg, XIV, 93, 94; propose au roi de détruire toutes les villes du Rhin, de Mayence à Philipsbourg, 105; commande l'armée du Rhin, 108; laisse prendre Mayence, 109.

Durat, chef des Pictons, I, 189.

Durer (Albert), peintre allemand, VII, 386 *note;* est partisan de Luther, 526.

Duret, avocat des jésuites contre les curés de Paris, X, 370.

Dureteste, chef de l'*Ormée*, meurt sur l'échafaud, XII, 448.

Duserre, huguenot, prépare des enfants aux extases et aux visions, XIV, 399 *note*.

Duval, évêque de Séez, rédige, de concert avec les docteurs calvinistes, une confession de foi sur l'Eucharistie, IX, 100.

Duval d'Esprémènil, avocat du roi au Châtelet, XVI, 286; conseiller au parlement, dénonce un écrit contre la corvée, 369; attaque la création de rentes opérée par Necker, 388; pérore avec fureur contre ce ministre, 502; porte le parlement à déclarer que les États-Généraux seuls ont qualité pour voter les subsides, 587; combat vivement le duc de Nivernais qui prêche la prudence, 589; est porté en triomphe par le peuple, *ibid.;* s'oppose à l'édit qui rend l'état civil aux protestants, 597; provoque la réunion du parlement du 3 mai 1788, et la déclaration de principes qu'elle amène, 599; est arrêté, 602.

Duverdier-Vauprivas, bibliographe, IX, 390 *note*.

Duvergier de Hauranne (Jean), abbé de Saint-Cyran, initiateur et chef du jansénisme en France, sa vie, sa doctrine, XII, 81 et suiv.; sa mort, 88.

Duvernei, anatomiste, XIII, 172. — Fait le premier l'expérience de la grenouille, XVI, 522 *note*.

Dyle (bataille de la), gagnée sur les Normands par l'empereur Arnolfe, II, 491.

E

Ebbe ou Hibba, général de Théoderik, bat les Franks et les Burgondes devant Arles, qu'il délivre, I, 452; bat Ghesalick, 455.

EBBE, évêque de Sens, repousse les Arabes l'épée à la main, II, 200, 201.

EBBE, archevêque de Reims, va prêcher l'Évangile aux Danois, II, 382; son ingratitude envers Lodewig le Pieux, 399; son procès, sa démission, 403.

EBBLE, comte frank, fait une expédition en Navarre, est pris au retour dans le défilé de Roncevaux et envoyé à l'émir de Cordoue, II, 384.

EBLES, abbé, neveu de Gozlin; part qu'il prend à la défense de Paris, II. 480, 482, 484; abbé de Saint-Germain-des-Près, 492; il soulève l'Aquitaine contre le roi Eudes, et meurt les armes à la main, *ibid.*

ÉBOLI (la princesse d'), maîtresse de Philippe II, VIII, 470. — Le trahit pour Antonio Perez, est dénoncée, meurt en prison, X, 573.

ÉBRAHER, duc de Paris, sa trahison envers son collègue et son châtiment, II, 95.

ÉBROIN, maire du palais sous Chlother III, II, 151; esprit de son gouvernement, 152; ses disgrâces après la mort de Chlother; il est enfermé à Luxeuil, 153, 154; comment il se remet en possession du pouvoir, 156, 157; sa férocité envers Leodegher, 159; il bat les Austrasiens, sa perfidie et sa cruauté envers le duc Martin, 161; sa mort violente, 162.

ÉBURONS, peuple belge, I, 148; leur prise d'armes contre César, 161; leur ruine, 164.

ÉBUROVIKES, peuple armoricain. Ils se soulèvent contre César, I, 152; sont défaits, 154.

ECDICIUS, maître des milices de la Gaule, I, 388; sauve la cité des Arvernes, 392; ses grandes qualités, 395, 396; il se réfugie chez les Burgondes, I, 397.

ÉCHEVINS, magistrats municipaux, III, 225.

ECK, chancelier de l'université d'Ingolstadt, adversaire de Luther, VII, 522, 523.

ÉCLUSE (bataille de l'), V, 49 et suiv.

ÉCOLE MILITAIRE. Sa fondation, XV, 430. — Elle est supprimée par le comte de Saint-Germain, XVI, 366; réorganisée, 428 *note*.

ÉCOLE des ponts et chaussées. Sa fondation, XV, 430.

ÉCONOMIE POLITIQUE. Naissance et développement de cette science, XVI, 163 à 182, 192 à 194; comment elle est appréciée par l'avocat général Séguier et le parlement, 376, 377.

ÉCORCHEURS, VI, 355, 362, 368, 379.

ÉCROUELLES (guérison des), par l'attouchement des rois de France, VII, 265 *note*.

EDGARD ATHELING, est proclamé roi d'Angleterre par les habitants de Londres et les chefs des comtés du sud, III, 121; se soumet à Guillaume le Conquérant, 122.

ÉDIT DE NANTES, X, 424 à 425. — Développement graduel et systématique des restrictions et vexations qui précèdent la révocation, XIII, 599 à 615; 625 à 634. — XIV, 37 à 46; la révocation s'accomplit, 47; conséquence de cette mesure, 48 à 66, 118, 119, 346 et suiv., 400 et suiv., 417 et suiv., 440, 598 et suiv. — XV, 106; aggravation sous Louis XV des lois persécutrices de Louis XIV, 128, 129; léger adoucissement sous Fleuri, 160; assemblée de pasteurs au *Désert*, 444; recrudescence des persécutions, *ibid.* et suiv. — Nouvel adoucissement, XVI, 234; la révocation est désavouée avec éclat par le contrôleur-général de Calonne, au nom de Louis XVI, à l'ouverture de l'assemblée des notables, 574; restitution de l'état civil aux protestants, et fin des persécutions, 595, 597.

ÉDITH, reine d'Angleterre, est enfermée dans un cloître, III, 107.

ÉDOUARD Ier, roi d'Angleterre, rétablit, avant d'être roi, la puissance de son père, IV, 317; prend la croix avec Louis IX, 326; son expédition à Saint-Jean-d'Acre, 333; son retour, 354; il acquiert par succession les comtés de Ponthieu et de Montreuil-sur-Mer, 371; ce qu'il obtient de Philippe le Bel en lui rendant hommage, 384; il tente vainement de pacifier l'Europe méridionale, 385 et suiv.; subjugue le pays de Galles, 400; veut assujettir l'Écosse, 404; a des revers en Guienne, 401, 403, 404; des succès en Écosse, 408; malmène le clergé d'Angleterre, 411; secourt le comte de Flandre, 416; perd une partie de l'Écosse, 417; traite avec Philippe le Bel, dont il épouse la sœur, 418; reconquiert l'Écosse par la bataille de Falkirk, *ibid.*; recouvre l'Aquitaine, 447; meurt, 473.

ÉDOUARD II, roi d'Angleterre, est fiancé avec Isabelle, fille de Philippe le Bel, IV, 418; l'épouse, 461; monte sur le trône, 473; s'entend mal avec les barons anglais, 504; et avec sa femme, 558; sa chute et sa mort, 561.

ÉDOUARD III, vient en France à la place de son père Édouard II, IV, 560; comment il devient roi, 561. — Il rend hommage à Philippe VI, V, 10; recueille Robert d'Artois, 18; venge son père, 27; se prépare à la guerre contre la France, 28 et suiv.; la déclare, 35; ses premières opérations, 39 et suiv.; prend le titre de roi de France, 46; détruit la flotte française, 49 et suiv.; échoue devant Tournai, 52; campagne en Bretagne, 65 et suiv.; campagne en Normandie, 81 et suiv.; retraite sur la Somme, 86; bataille de Créci, 87 et suiv.; siége et prise de Calais, 102 et suiv.; institution de l'ordre de la jarretière, 109, 127; campagne en Artois, 136; situation de ses affaires après la bataille de Poitiers, 173; traité accepté par le roi Jean et rejeté par la France, 220; campagne à travers la France, 223 et suiv.; traité de Brétigni, 227; nouvelle guerre, 273; succès diplomatiques, 285; revers militaires, 285 et suiv., 292 et suiv.; trêve, 297; sa mort, 314.

ÉDOUARD, comte de March, prétendant au trône d'Angleterre, V, 479.

ÉDOUARD IV, roi d'Angleterre, d'abord duc d'York, détruit l'armée de Marguerite d'Anjou, et s'empare du trône, VI, 539. — Négocie avec le duc de Bourgogne, VII, 11, 24; traite avec le duc de Bretagne, 29; est vaincu par son frère, le duc de Clarence, et fait prisonnier, 52; est relâché, restauré, 53; est détrôné de nouveau et s'enfuit en Hollande, 55; remonte sur le trône, 62; son expédition contre la France, 95 et suiv.; il se brouille avec le duc de Bourgogne, 97; fait périr le duc de Clarence, 136; sa mort, 150.

ÉDOUARD VI, roi d'Angleterre, d'abord prince de Galles, VIII, 288; monte sur le trône, 356; montre des dispositions tolérantes, 430 *note;* meurt, 434.

EDOWIG, chef de bandes frankes et allemanes. Sa défaite et sa mort, I, 342.

ÉDUES, leur situation géographique, I, 16; ils s'allient aux Romains, 110; qui augmentent leur puissance aux dépens des Arvernes, 112; ils en abusent, 130; sont vaincus, 131; subjugués par Ariowist, 132; les Romains se rapprochent d'eux, 140; leur faible résistance contre les Helvètes, 142; leur diversion en faveur de César attaqué par les Belges, 148; intercèdent pour les Sénons, 163; se soulèvent contre César, 175; se soumettent, 187; leur territoire est compris dans la Lugdunaise, 196; *Nation alliée*, 199; ils s'insurgent contre Tibère, 224, 225; obtiennent de Claude le droit de cité romaine, 230.

EDWARD *le Confesseur*, fils d'Éthelred, roi des Anglo-Saxons, trouve, ainsi que son père, un asile auprès de Richard II, duc de Normandie, III, 70; monte sur le trône d'Angleterre, 84; ses fautes, 107; il promet sa succession à Guillaume le Bâtard, 108; et la donne à Harold, 110.

EFFIAT (le marquis d'), est nommé surintendant des finances, XI, 234; en expose la situation aux notables de 1626, 249; habileté de son administration, 288 *note;* il est grand-maître de l'artillerie après Sulli, et commande l'armée française en Piémont, 329, 330; est fait maréchal, 347; fait la guerre dans les provinces du Rhin, où il meurt, 349.

Effiat (Henri d'), marquis de Cinq-Mars, fils du précédent, favori de Louis XIII, cabale contre le cardinal de Richelieu, XI, 540, 541; lui dispute l'influence prédominante, puis conspire, 554 et suiv., 560, 562, 564; est arrêté, jugé, condamné, exécuté, 566 et suiv.

Ega, seigneur neustrien; Dagobert mourant lui confie Nanthilde et Chlodowig, II, 145; est maire du palais sous Chlodowig, 146; sa mort, 147.

Eghihard, prévôt de la table royale, périt à Roncevaux, II, 272.

Eginhard, secrétaire de Charlemagne. Ce qu'il faut penser de son aventure, II, 337.

Egmont (Charles d'), duc de Gueldre, fait la guerre à Philippe d'Autriche, VII, 359; attaque les Pays-Bas, 395; procure au roi de France des lansquenets, 439; dont il est capitaine-général, 444; va défendre son duché envahi par l'empereur, 446. — Attaque les Pays-Bas, VIII, 74; envoie du secours au duc de Lorraine, 77; est forcé d'entrer dans l'alliance impériale, 117; promet son héritage à Charles-Quint, 252 *note*; meurt, 264 *note*.

Egmont (le comte d'), gouverneur de Flandre, en repousse une armée française, VIII, 468, 469. — Joue le rôle d'intermédiaire entre la noblesse protestante des Pays-Bas et Philippe II, IX, 191, 208; est arrêté, 213; mis en jugement, 203; et meurt sur l'échafaud, 213.

Egmont, (le comte d'), fils du précédent, sert l'Espagne et contraint le duc de Mayenne à livrer la bataille d'Ivri, X, 199; y perd la vie, 200, 202.

Einard, un des douze défenseurs de la tour du Petit-Pont, assaillie par les Normands, II, 484.

Eire, la nature, I, 58.

Elagabal, empereur, I, 264.

Elbeuf (le marquis d'), sixième fils du duc Claude de Guise, VIII, 395; prend part à la défense de Metz, 422 *note*. — Demande l'autorisation de poursuivre en justice l'amiral de Coligni, IX, 168.

Elbeuf (le marquis, puis duc d'), fils du précédent, fait la guerre de Flandre avec le duc d'Anjou, IX, 503; traite avec l'Espagne, 539; s'empare de Caen, 546; est repoussé des provinces du Centre, 549; traite avec la cour, 552. — Avertit le duc de Guise de son danger, X, 112; est arrêté après le meurtre de ce prince, 114; racheté de Du Guast par le roi, 140; mis à rançon, et rejoint le duc de Mayenne, 312; jure de ne traiter jamais avec Henri IV, 325; traite et le reconnaît pour roi, 357 ; signe en son nom une trêve avec le duc de Mercœur, 378.

Elbeuf (le duc d'), fils du précédent, combat les huguenots en Guienne, XI, 186 ; complote avec Gaston d'Orléans, 349 ; est frappé de confiscation, 355 ; veut commander l'armée insurrectionnelle de Monsieur, 383 ; est gracié, 386 ; condamné à mort par contumace, 393 ; rentre en France, 586 ; est du parti des *Importants*, XII, 160 ; est innocenté par le parlement, 168 ; recouvre le gouvernement de Picardie, 169 ; est élu général des troupes de la Fronde, 314, 315 ; négocie avec l'Espagne, 321 ; dénonce au parlement le retour de Mazarin, 390.

Elbeuf (la duchesse d'), fille naturelle d'Henri IV, confidente de Marie de Médicis et exilée par Richelieu, XI, 349.

Eldred, archevêque d'York, se soumet à Guillaume le Conquérant, III, 122 ; le sacre roi d'Angleterre, *ibid.*

Éléonore (Aliénor, Aanor), fille de Guilhem X, duc d'Aquitaine, et son unique héritière, devient pupille de Louis le Gros, III, 299 ; et sa bru, 300 ; suit Louis VII à la croisade, 435 ; ses légèretés à Antioche, 446 ; son mariage est déclaré nul, 460 ; dangers qu'elle court, 461 ; elle épouse Henri, comte d'Anjou et duc de Normandie, *ibid.*; comment elle vit avec lui, 492 et suiv. ; sa captivité, 494 ; elle recouvre la liberté et le gouvernement du Poitou, 510 ; son fils Richard lui confie la régence en partant pour la croisade, 534 ; son voyage en Castille, 560 ; sa mort, 582.

Éléonore, comtesse de Foix, fille de D. Juan, roi de Navarre et d'Aragon, est déclarée, par son père, héritière de la Navarre, VI, 536.

Éléonore d'Autriche, sœur de Charles-Quint, reine douairière de Portugal, est demandée en mariage par le connétable de Bourbon, VIII, 44 ; par François 1er, 80 ; accordée à ce monarque, 117 ; l'épouse, 119 ; le pousse vers l'alliance autrichienne, 161 ; travaille à le réconcilier avec l'empereur, 250 ; assiste aux conférences d'Aigues-Mortes, 253.

Éleuthère, évêque de Rome, est détourné par saint Irénée des erreurs de Montanus, I, 253.

El-Haur, wali d'Espagne, envahit la Septimanie, et prend Narbonne, II, 194.

Élipand, archevêque de Tolède, renouvelle l'hérésie de Nestorius ; il est cité devant le concile de Francfort, qui le condamne, II, 349.

Élisabeth de Vermandois, femme de Philippe, comte de Flandre, III, 386.

ÉLISABETH, reine d'Angleterre; sa naissance, VIII, 179; elle abjure la Réforme, 432; est reléguée à Woodstock, 433; monte sur le trône, 473; rétablit les lois religieuses d'Henri VIII et d'Édouard VI, 474. — Soutient les *covenantaires* d'Écosse, IX, 33, 48; les protestants de France, moyennant la remise du Havre, 140, 155; perd cette ville, 164; fait la paix avec la France, 165, 166, 183; met en prison Marie Stuart, 232, *note;* aide les huguenots, 242; négociations matrimoniales, 278, 291; conspiration catholique contre sa vie, 292; traité avec la France, 295; ses irrésolutions à l'égard des insurgés des Pays-Bas, 299, 302, 360, 478; elle s'allie enfin aux Provinces-Unies, 480, mariage avec le duc d'Anjou, projeté, puis rompu, 499, 503, 504, 508; elle fait des politesses à Henri III, 543, 548. — Accepte le protectorat des Provinces-Unies, X, 18 *note;* secourt les protestants du continent, 18, 23; fait périr Marie Stuart, 27 et suiv.; guerre avec l'Espagne, 91, 92; ses relations avec Henri IV pendant la guerre civile, 226 *note;* 241, 258, 274, 277, 360, 394, 396, 411, 414, 418; elle renouvelle son alliance avec les Hollandais, 497; négocie avec Rosni, 513; défend le duc de Bouillon, 519; meurt, 524.

ÉLISABETH DE FRANCE, fille d'Henri II; mariage projeté entre elle et Édouard VI d'Angleterre, VIII, 404; elle est fiancée au roi d'Espagne Philippe II, 477; l'épouse, 501. — Entrevue de Bayonne entre elle et sa mère, Catherine de Médicis, IX, 189 et suiv.; sa mort, 229.

ÉLISABETH D'AUTRICHE, fille de Maximilien II, épouse Charles IX, IX, 274; l'empêche d'assassiner le prince de Condé, 347.

ÉLISABETH DE FRANCE, fille d'Henri IV et de Marie de Médicis, X, 528 *note;* est destinée au fils aîné du duc de Savoie, 558; — Fiancée au prince des Asturies, XI, 35, 36, 37; l'épouse, 95. — L'excite aux résolutions énergiques et fait renvoyer Olivarez, XII, 161, 162; meurt, 200.

ÉLISABETH d'Angleterre, fille de Jacques Ier, femme de Frédéric, électeur palatin, le décide à accepter la couronne de Bohême, XI, 153.

ÉLISABETH FARNÈSE, princesse de Parme, épouse Philippe V, roi d'Espagne et renvoie la princesse des Ursins, XIV, 584, *note.* — Son empire sur son mari, son ambition, XV, 77; elle abandonne et fait renvoyer Albéroni, 101; obtient pour ses enfants la réversibilité du Parmesan et de la Toscane, 102; cesse d'être reine, et le redevient bientôt; 131, 132; fait déclarer la guerre à l'Angleterre, 153; se résigne à la paix, 154, 155; réclame énergiquement Gibraltar au congrès de Soissons, 155; rompt avec l'Autriche, traite avec la

France, l'Angleterre et la Hollande, 156 et suiv.; prend possession de Parme, Plaisance, etc., au nom de son fils aîné, 159; reprend Oran sur les Mores, 172; traité secret avec la France et la Sardaigne, tendant à l'agrandissement de sa maison, 181; agrandissement réalisé en partie par la paix de 1736, 197 et suiv.; elle excite sa bru, fille de Louis xv, à demander un apanage en Italie, 236; se fait un ennemi du roi de Sardaigne, 255; fait prendre possession de Milan au nom de son fils puîné, 287; fait perdre une campagne, par ses exigences, aux généraux de France et d'Espagne, 295.

ÉLISABETH DE RUSSIE, seconde fille de Pierre 1er. Tentatives faites pour la marier en France, XV, 103, 132, 133; elle monte sur le trône, 246; bat les Suédois, et leur impose un roi, 254; envoie des troupes auxiliaires à l'Angleterre et à l'Autriche contre la France, 321, 323; signe avec l'Autriche et la Saxe un traité tendant au partage de la Prusse, 497; accède au traité de l'Autriche avec la France, 512; traite avec la Suède pour le maintien de la paix commerciale dans la Baltique, et l'interdiction de la course, 544; demande la Prusse à ses alliés comme indemnité des frais de la guerre, 564; renouvelle pour vingt ans son traité avec l'Autriche, *ibid.*; meurt, 585.

ÉLIGIUS (saint Éloi), II, 136; ses rapports avec Dagobert, 144.

ELPHINSTON, marin anglais, dirige les efforts des Russes dans leur guerre maritime contre les Turcs, XVI, 270.

EL-SAMAH, wali d'Espagne, envahit l'Aquitaine, et attaque Toulouse; il est vaincu par Eudes, et meurt sur le champ de bataille, II, 192, 193.

ÉMERI (Particelli, sieur d'), contrôleur général des finances, XII, 168; agiote sur les *valeurs d'État* dépréciées, 178; édit du *toisé*, 179; établissement du *tarif*, 273 et suiv.; il est nommé surintendant des finances, 275; édits de *rachat*, 276, 277; édits bursaux, rétablissement du *droit annuel*, 278, 279; il est destitué, 289; remis en place, 344; meurt, 354.

ÉMICON, comte teuton, se croise, et pousse les croisés au massacre des Juifs, III, 171; ne va pas au delà de la Hongrie, 172.

ÉMILIEN, empereur, couronné par l'armée d'Illyrie, et détrôné par celle de Gaule, I, 269.

EMMA, fille de Robert, duc de Paris, épouse de Raoul, duc de Bourgogne, II, 508.

EMMA (Hemme), fille de l'empereur Othon 1er, et femme du roi Lother, II, 539; soupçons dont elle est l'objet, 542, 543; lettre qu'elle écrit à sa mère, 544. — Elle tombe aux mains du duc Karle, son beau-frère et son ennemi, III, 22.

Empfer (Jacob d'), capitaine allemand; sa noble conduite, et sa belle mort, VII, 405, 406.

Enclos (Ninon de L'), XII, 123. XIV, 252. Elle pressent les facultés et l'avenir de Voltaire, XV, 359.

Encyclopédie. But et plan de cette immense publication ; ses principaux auteurs; phases qu'elle a parcourues; appréciation de son mérite, XVI, 43 à 52.

Enfants sans souci, VII, 326, 350, 403.

Enghien (le sire d'), détruit la ville de Grammont, en massacre tous les habitants, V, 362; est massacré lui-même, *ibid.*

Enghien (duc d'), fils du duc de Bourbon, petit-fils du prince de Condé, XVI, 619.

Entragues (Charles de Balzac de Clermont d'), créature du duc de Guise, IX, 473; gouverneur d'Orléans, en repousse les troupes royales, 546; assiège Gien sans succès, 549. — Négocie avec Henri III, X, 57, 84; est dans la confidence du complot tramé contre le duc de Guise, 110; coopère à l'exécution, 112; reconnaît la royauté d'Henri IV, 176; lui vend sa fille, 503; conspire contre lui, est condamné à mort, puis gracié, 538.

Entraigues (d'), commandant de la citadelle de Pise; ce qu'il fait pour les Pisans, VII, 283.

Entremonts (la dame d'), épouse l'amiral Coligni, IX, 284 *note;* sa retraite à Genève, sa détention en Savoie, 348 *note.*

Entzheim (bataille de), XIII, 450.

Enville (duc d'), vice-amiral du Levant, chargé de défendre le Canada et de reprendre Louisbourg, meurt du scorbut, XV, 303, 304.

Éon de l'Étoile, gentilhomme breton, chef de secte; sa condamnation; supplice de ses sectateurs, III, 458.

Épée (l'abbé de L'), instituteur des sourds et muets, XVI, 392.

Épernon (Jean-Louis de la Valette, duc d'), son duché, ses charges et gouvernements, source de tout cela, IX, 505; mission dont il est chargé auprès du roi de Navarre, 524; il fait lever aux Ligueurs le siége de Gien, 549.—Commande un petit corps d'armée en Dauphiné et en Provence, X, 19; retourne à Paris, 36; se marie, 38 *note;* honneurs et dignités accumulés sur sa tête, 50, 51; il va s'établir en Normandie, 57; se fait donner les profits de la gabelle, 82 *note;* est disgracié, et se retire à Angoulême, 83, 89, où il faillit d'être massacré, *ibid.;* envoie des secours à Henri III, 144; rentre en grâce auprès de lui,

145; quitte l'armée après sa mort, et se retire dans son gouvernement, 177; rejoint Henri IV, 243; achève la défaite des Savoyards en Provence, 287; perd le gouvernement de Provence, 365; prétend s'y maintenir malgré le roi, 389; traite avec lui, 394; voit ses profits illicites rognés par le duc de Sulli, 439; est témoin de la mort d'Henri IV, 568. — Prend aussitôt le commandement de la garde française et de la garde suisse, XI, 3; force le parlement à proclamer Marie de Médicis régente, 4; fait des avances à Sulli, 5, 6; se fait payer chèrement ses services, 7; pousse la reine aux alliances catholiques, 15; fait bâtonner un lieutenant des gardes, 26 *note;* retourne à Angoulême, 26 *texte;* est accusé de complicité dans l'assassinat d'Henri IV, 34; traite avec une extrême insolence l'abbé de Saint-Germain et le parlement, 59; prend contre cette compagnie le parti du roi, 90; escorte la cour pendant le voyage de Bordeaux, 93, 97; ce qu'il a extorqué à la régente, 106; il la reçoit dans son gouvernement, quand elle s'enfuit de Blois, 140, 142; chasse de Béarn le duc de La Force, 174; resserre La Rochelle, 176; combat sans succès le duc de Rohan, 272; repousse les Espagnols de Bayonne, 457; soumet les *Croquants* du Périgord, 460; contrarie les opérations de l'armée de Biscaye, 486 et suiv.; meurt en Saintonge, profondément disgracié et humilié, 489.

Épernon (duc d'), d'abord marquis de la Valette, fils du précédent, XI, 237; est fait duc et pair, 356; entre dans une cabale contre Richelieu, 456; aide son père à soumettre les *Croquants* du Périgord, 460; fait échouer l'expédition de Biscaye et le siège de Fontarabie, 486 et suiv.; s'enfuit, est condamné à mort par contumace, 488, 489; tente de livrer Metz aux Impériaux, *ibid*, *note;* cabale avec la reine mère, 539. — Est du parti des *Importants*, XII, 160; est innocenté par le Parlement, 168; recouvre le gouvernement de Guienne, 169; y allume, par son arrogance, la guerre civile, 337, 342; est mandé à la cour, 355; révoqué, 361; reprend le château de Dijon sur le parti du prince de Condé, 436, est gouverneur de Bourgogne, prend Bellegarde, 444. — Meurt, XIII, 277.

Éperons (journée des), VII, 422.

Éphémérides *du citoyen*, recueil périodique économiste, supprimé par arrêt du Châtelet, XVI, 385.

Épinai (Mme d'), donne à Rousseau une retraite, XVI, 88; ce qu'il faut penser de ses Mémoires, 402 *note.*

Épiscopius, théologien hollandais, dévoué aux doctrines arminiennes, XI, 150, 151.

Éponine, femme de Julius Sabinus, son dévouement, I, 239.

Éporédorix, Éduen, trahit ses concitoyens au profit de César, I, 173; se retourne contre lui, 175; marche au secours d'Alésia, 182.

Érard (Guillaume), un des juges de Jeanne Darc, VI, 280; prononce le sermon de la condamnation, 284.

Érasme, après avoir organisé le collége *Trilingue* de Louvain, refuse d'en venir faire autant à Paris, VII, 484; son œuvre littéraire, 512; il s'élève contre les réformateurs iconoclastes, 532; écrit à Charles-Quint en faveur de François 1er, VIII, 84 *note;* est dénoncé à la faculté de théologie de Paris, 153; lettre qu'il adresse à François 1er, 154; conseils qu'il donne à Berquin, 160.

Éraste (Thomas), médecin Suisse. Sa doctrine politico-religieuse, XI, 147.

Érastianisme, XI, 147 *note*.

Érault de Chamans, garde des sceaux, négociateur, VIII, 303.

Ercalthaï, lieutenant du khacan des Mongols, envoie une ambassade à Louis IX, IV, 218.

Éremburge, fille d'Élie, comte du Maine, épouse Foulques V, comte d'Anjou, III, 196.

Ériland, un des douze défenseurs de la tour du Petit-Pont, assaillie par les Normands, II, 481.

Erkinoald, maire du palais, sous Chlodowig II, en Neustrie, II, 148; sa mort, 154.

Erlach (d'), major général du duc Bernard de Saxe-Weimar, se met au service de la France, XI, 498. — Va d'Alsace en Flandre renforcer l'armée française, XII, 264; commande les troupes qui ont abandonné Turenne, 329; meurt, 439.

Ermenfred, l'un des douze défenseurs de la tour du Petit-Pont, assaillie par les Normands, II, 481.

Ermenfrid, concussionnaire, menacé de la mort par Ébroïn, l'assassine, II, 162; il est récompensé par Peppin de Héristall, *ibid.*

Ernest d'Autriche, fils de l'empereur Maximilien II, dispute le trône de Pologne au duc d'Anjou, IX, 360. — Est appelé au gouvernement des Pays-Bas, X, 307 *note,* et 364; obtient quelques avantages en Picardie, *ibid.;* meurt, 376.

Ernest-Auguste, duc de Hanovre. A quel prix il devient électeur, XIV, 165, 209; il incline vers le catholicisme, 291; épouse une petite-fille de Jacques II, roi d'Angleterre, 371 *note*.

Érules. Leur apparition, I, 270; ils désolent la Grèce, *ibid.;* ravagent la Germanie romaine et la Belgique, Maximien les écrase, 283; ils ravagent la Gaule à la suite des Alains et des Vandales, 337.

Erwig, un des douze défenseurs de la tour du Petit-Pont, assaillie par les Normands, II, 484.

Escars (d'), chambellan d'Antoine de Bourbon, le ramène au catholicisme, IX, 110.

Eschenbach (Wolfram d'), templier souabe, auteur des poëmes de *Parcival* et de *Titurel*, III, 398.

Escobar, docteur jésuite malmené par Blaise Pascal, XII, 105.

Escoman (la demoiselle d'), dénonce un complot tramé contre Henri IV, X, 567. — Accuse de la mort de ce prince la duchesse de Verneuil et le duc d'Épernon, est mise en prison et y meurt, XI, 34.

Escovedo découvre les amours de la princesse d'Éboli et d'Antonio Perez, qui le fait périr, X, 573.

Esmandreville (d'), président de la cour des aides de Rouen, calviniste, est mis à mort par les catholiques, IX, 142.

Esnambuc (d'), gentilhomme normand, commence la colonisation de Saint-Christophe, XI, 320; est gouverneur de cette île, 427 *note;* fonde la colonie de la Martinique, où il bâtit le fort Saint-Pierre, *ibid.*

Espagne (Charles d') est fait connétable, V, 122; faveur dont il jouit auprès du roi Jean et dont il abuse, 129; sa querelle avec le roi de Navarre et sa mort, 130.

Espagne (Louis d') guerroie en Bretagne, V, 62 et suiv.

Esparre (le sire de L'), VI, 454; concourt à faire rentrer les Anglais en Guienne, 480; se rend au roi de France, 484; est banni à perpétuité de la Guienne, 485, décapité, *ibid.*

Esparre (André de Foix, sire de L'). Son expédition en Navarre, VIII, 4, 5.

Espenan (d'), gouverneur français de Salces en Catalogne, rend cette place après l'avoir longtemps défendue, XI, 503; fait la guerre avec succès dans le Roussillon, 530; est obligé de rendre Tarragone, 534. — Commande à Rocroi le centre de l'armée française, XII, 164.

Espinac (Pierre d'), archevêque de Lyon, joue un rôle important aux États de 1576, IX, 447, 448; répond à un pamphlet de Du Plessis-Mornai, 554. — Se joint au duc de Guise dans la journée des *Barricades*, X, 65; entre au conseil privé, 88; porte à Henri III les réclamations du duc de Guise, 101; qu'il décide à rester à Blois, 111; est arrêté après le meurtre de ce prince, 114; mis à rançon par Du Guast, 141; détourne le duc de Mayenne d'accepter les propositions de l'Espagne, 194; le ramène à Paris après la bataille d'Ivri, 204; dirige l'administration de cette ville, 209; tente diverses négociations, 216, 224, 226; lutte aux États-Généraux de 1593 contre les violences du légat, 302 et suiv.; discute aux conférences de Suresne contre l'archevêque de Bourges, 311, 313, 314; ramène sous l'autorité du duc de Mayenne la ville de Lyon, 338; qui bientôt reconnaît Henri IV, 344.

Espinchal (d'). Son procès, sa condamnation, ses aventures, XIII, 73 *note*.

Espine (de L'), ministre protestant, transige avec les catholiques sur l'eucharistie, IX, 100.

Essarts (Pierre des), prévôt de Paris, dirige l'instruction du procès intenté à Jean de Montagu, surintendant des finances, V, 505; dont il obtient la charge, 506; est déposé, 512; rétabli, 519; accusé par Eustache de Pavilli, 529; s'enfuit en dénonçant le duc de Bourgogne, 530; est rappelé par le duc de Guienne, 531; est incarcéré, 533; décapité, 538.

Essex (le comte d'), fait une expédition contre La Corogne et Lisbonne, X, 153 *note*; favori d'Élisabeth d'Angleterre, il amène à Henri IV des troupes auxiliaires, 258; assiége Rouen, 274; arrive trop tard au secours de Calais, 394; est décapité, 524 *note*.

Essex (le comte d') se tue en prison, XIV, 31.

Estaing (comte d') s'empare des comptoirs anglais de l'île de Sumatra, XV, 594. — De ceux du golfe Persique, XVI, 427 *note*; prend plusieurs navires anglais, *ibid.*; est vice-amiral, *ibid.*; part pour l'Amérique avec une escadre, *ibid.*; se dirige sur Boston, 433, 434; fait contre Sainte-Lucie une entreprise qui ne réussit pas, 435; enlève aux Anglais les îles de Saint-Vincent et de la Grenade, 444; attaque sans succès Savannah, est blessé, retourne en Europe, 445; pourquoi on lui retire le commandement d'Amérique, 447, 448; il convoie de Cadix en France la flotte marchande des Antilles, 449; fait donner le commandement des forces envoyées dans l'Inde au bailli de Suffren, 476.

Este (Hercule d'), duc de Ferrare, est témoin de l'entrevue de Ludovic Sforza, son gendre, avec Charles VIII, VII, 257; abandonne la cause de Ludovic, 317; s'allie à Louis XII, 319, 320; lui manque de foi, 325; revient à lui, 363; l'excite contre la république de Venise, 370; reprend sur elle Rovigo et les domaines de la maison d'Este, 376.

Este (Alphonse d'), duc de Ferrare, se joint aux Français contre les Vénitiens, VII, 389; est attaqué par le pape, 390; excommunié, 392; prend une grande part à la bataille de Ravenne, 405, 406; est obligé de se soumettre au pape, 410; est abandonné par François Ier, 488. — Entre dans une coalition contre ce prince, VIII, 35; dans une autre, contre l'empereur, 82; recouvre Modène, 102; traite avec l'empereur, 120.

ESTE (Hippolyte d'), cardinal de Ferrare, est du conseil d'État sous Henri II, VIII, 351. — Est chargé d'une mission par le pape Pie IV, IX, 95; investi par une bulle des pouvoirs inquisitoriaux, 132.

ESTE (Anne d'), fille du duc de Ferrare et de Renée de France, duchesse de Guise, puis de Nemours; est fiancée au duc François de Guise, VIII, 389. — Demande l'autorisation de poursuivre en justice l'amiral de Coligni, IX, 168; lui donne le baiser de paix, 197; épouse le duc de Nemours, 216; est employée par Catherine de Médicis à exciter les Guises contre Coligni, 310; sauve la fille du chancelier de L'Hospital du massacre de la Saint-Barthélemi, 334 *note*. — Est arrêtée après la mort de son fils Henri de Guise, X, 114; dont elle réclame en vain le cadavre, 116; annonce par les rues de Paris la mort d'Henri III, 168; n'ose désavouer les meurtres commis par les *Seize*, mais presse son fils, le duc de Mayenne, de revenir à Paris, 268; reçoit la visite d'Henri IV, 353; engage son petit-fils, Charles de Guise, à traiter, 364; ce qu'elle dit de la reine Élisabeth, 524 *note*.

ESTE (Louis d'), cardinal, neveu du cardinal Hippolyte, légat du pape en France, IX, 289 *note*.

ESTE (Alphonse d'), dernier duc de Ferrare, X, 498 *note*.

ESTE (César d') perd le duché de Ferrare et conserve celui de Modène, X, 498 *note*.

ESTE (François d'), duc de Modène, fait la guerre aux Espagnols de concert avec les Français, XII, 255; est contraint à la neutralité, 341; demande pour son fils une nièce du cardinal Mazarin, 471; généralissime des confédérés (France, Savoie, etc.) en Italie, prend Valenza, 485; assiége sans succès Alexandrie, 491; pénètre dans le Milanais, 501, 502; meurt, *ibid*.

ESTE (Marie-Béatrix d'), fille du duc de Modène, petite-nièce de Mazarin, épouse Jacques, duc d'York, plus tard roi d'Angleterre, XIII, 431. — Met au monde un fils, XIV, 86; se réfugie en France avec lui, 97, 98; obtient de Louis XIV que son fils soit reconnu roi d'Angleterre, 383.

ESTELLE, échevin à Marseille pendant la peste, XV, 599.

ESTENDUÈPE (L'), chef d'escadre, escortant un convoi de la compagnie des Indes, est attaqué par les Anglais, perd six vaisseaux et sauve le convoi, XV, 314.

ESTIENNE (les), savants imprimeurs, VII, 483. — Robert Estienne, VIII,

143; se retire à Genève, 400 *note*. — Henri et Robert Estienne, ses deux fils, IX, 2.

ESTIENNE (Henri), auteur présumé du *Discours merveilleux de la vie, actions et déportements de la reine Catherine de Médicis*, IX, 388.

ESTISSAC (d'), évêque de Maillezais, donne asile à Rabelais, VIII, 206.

ESTIVET (Jean d'), promoteur au procès de Jeanne Darc, VI, 248, 270, 276.

ESTOILE (Pierre de L'), juriste, élève d'Alciat, VIII, 144.

ESTOILE (Pierre de L'), conseiller du roi, grand audiencier en la chancellerie de France, chroniqueur, auteur de la protestation du roi de Navarre contre l'excommunication fulminée par Sixte-Quint, X, 9.

ESTOURMEL (d'), gouverneur du Santerre pour la Ligue, traite avec Henri IV, X, 343.

ESTOUTEVILLE (le sire d') défend Harfleur contre Henri V, VI, 9; contre Talbot et le duc de Somerset, 394.

ESTOUTEVILLE (le cardinal d'), évêque de Digne, légat du pape, entreprend la révision du procès de Jeanne Darc, VI, 456; réforme les statuts de l'Université, 457; autorise la fête annuelle d'Orléans, *ibid.*; est fait archevêque de Rouen, *ibid.*; s'entremet pour rapprocher le roi et le dauphin, 481.

ESTRADES (comte d'), envoyé de Richelieu en Angleterre, XI, 483; ambassadeur en Hollande, 560. — XII, 233 *note;* défend Dunkerque contre les Espagnols, 431; refuse de la vendre à Cromwell, 433; capitule, 434. — Ambassadeur en Angleterre, y est insulté par l'ambassadeur d'Espagne, XIII, 283; prépare le rachat de Dunkerque, 286; avertit Louis XIV de l'importance d'occuper au plus vite Utrecht et Muyden, 387; gouverneur de Maëstricht, introduit quinze cents Français à Liége, 468; maréchal, 480; plénipotentiaire à Nimègue, 493, 518, 530.

ESTRÉES (Gabrielle d'). Sa première entrevue avec Henri IV, X, 234 *note;* elle le pousse à l'abjuration, 310; à la conquête de la Franche-Comté, 375; est accusée de la mort du duc de Longueville, 384 *note;* prend les intérêts de Balagni-Montluc, 386; ceux du duc de Mayenne, 387; ceux de Belin, 395; ceux du baron de Rosni, 400; est marquise de Montceaux, 410; s'entremet entre Henri IV et le duc de Mercœur, 420; prétend épouser Henri IV, 500; est duchesse de Beaufort, 501; meurt, *ibid.*

ESTRÉES (le maréchal d') prend Trèves, XI, 379; différend amené par l'assassinat d'un de ses écuyers pendant son ambassade à Rome, 515, 517.

Estrées (d'), vice-amiral du Ponant, commande la flotte française à Sole-Bay, XIII, 389, 390, lutte contre l'amiral de Ruyter, 425, 426; expéditions navales qu'il fait de compte à demi avec l'État, 514, 515, 516. — Maréchal, XIV, 27; il châtie les Barbaresques, *ibid.*

Estrées (cardinal d'), chargé d'affaires de France à Rome, obtient de Louis xiv la dissolution de l'assemblée du clergé de 1682, XIII, 624.

Estrées (Victor-Marie d'), commande à Beachy-Head l'arrière-garde de la flotte française, XIV, 138; bombarde Barcelone et Alicante, 147; concourt à la prise de Rosas, 181; au siége de Barcelone, 228; comprime une révolte des Napolitains, 390; prend le titre de maréchal de Cœuvres, 433; commande sous le comte de Toulouse à Vélez-Malaga, 433, 434. — Préside le conseil de marine, XV, 9.

Estrées (maréchal d') envahit les domaines prussiens du Bas-Rhin, XV, 515; occupe la Westphalie, 515, 546; bataille de Hastenbeck, 517; il est rappelé, *ibid.*; commande avec Soubise l'armée d'Allemagne, perd une bataille, laisse prendre Cassel, 588.

Esus, dieu suprême des Gaulois, I, 57; les Romains l'adoptent, 204.

Établissements de saint Louis, IV, 286 et suiv.; 306 et suiv.

Étallonde (d'), jeune officier accusé de sacrilége, s'enfuit, XVI, 144.

Étampes (Anne de Pisseleu, demoiselle d'Heilli, plus tard duchesse d'), maîtresse de François Ier, VIII, 92; le porte à la tolérance envers les réformés, 164; conseil qu'elle lui donne lors du voyage de Charles-Quint à travers la France, 260, 264; elle sauve l'amiral de Brion, 267; lutte d'influence avec Diane de Poitiers, 267, 268; ses menées funestes à la France, 301; ses déboires après la mort de François Ier, 367.

Étampes (Léonor d'), évêque de Chartres, affirme que les rois sont des dieux, XI, 226 *note*; porte la parole au nom de l'assemblée des notables de 1626, 253.

État civil (institution des registres de l'), VIII, 272.

États-Généraux, réunis en 1302, à Paris, IV, 428; en 1307, à Tours, 479; en 1317, à Paris, 534. — En 1351, à Paris, V, 122; en 1356, à Paris, 158 et suiv.; en 1357, à Paris, 170 et suiv.; en 1358, à Paris, 184, 185, à Compiègne, 192; en 1359, à Paris, 220; en 1369, à Paris, 271; en 1382, à Compiègne, 369; en 1412, à Paris, 527. — En 1420, à Paris, VI, 73; en 1428, à Chinon, 120; en 1433, à Tours, 320; en 1434, à Vienne, 324; en 1439, à Orléans, 378. — En 1468, à Tours, VII, 29; en 1484, à Tours, 70; en 1506, à Tours, 355. — En 1560, à Orléans, IX, 52, 65; en 1576, à Blois, 439, 442, 445 et suiv. — En 1588, à Blois, X, 95 et suiv.; en 1593, à Paris, 299 à 334. — En 1614, à Paris, XI, 49 à 86; analyse des cahiers des trois ordres en 1614,

592 et suiv. — En 1789, à Versailles; lettres de convocation, règlement des élections, XVI, 627; élections, 629 et suiv.; cahiers du clergé, 633 et suiv.; de la noblesse, 636 et suiv.; du tiers état, 640 et suiv.; ouverture, 651; négociations sur la réunion des trois ordres, 652 et suiv.; le tiers état prend le titre d'ASSEMBLÉE NATIONALE, 655, 656.

ÉTATS DE BOURGOGNE, IX, 484. — XI, 327.

ÉTATS DE NORMANDIE, IX, 486. — XI, 504.

ÉTATS DE BRETAGNE, IX, 486. — XI, 504. — Ils doublent par un don gratuit la contribution ordinaire de la province, XIII, 469, 470; votent, sous la pression de la peur, un nouvel octroi de trois millions, 473. — Sont dissous par le régent pour s'être opposés à ses mesures financières, XV, 99. — S'unissent au parlement de Bretagne contre le duc d'Aiguillon, XVI, 237; et en faveur de La Chalotais, 244, 245; demandent obstinément justice contre d'Aiguillon, 279; renoncent à leur opposition, 290; perdent le droit d'élire leurs députés, 508, 509; le recouvrent, 542; se soulèvent contre les édits du 8 mai 1788, 608; sont prorogés indéfiniment après une lutte très-vive entre la noblesse et le tiers état, 622, 623.

ÉTATS DE LANGUEDOC, XI, 305, 306, 380, 384, 387. — XII, 201, 273 à 282.

ÉTATS DE DAUPHINÉ. Ils se réunissent sans convocation royale et siègent à Vizille, XVI, 609 et suiv.; se réunissent de nouveau, votent le doublement du tiers état aux États-Généraux et la délibération en commun des trois ordres, 621.

ÉTATS DE FRANCHE-COMTÉ, réunis pour la première fois depuis la réunion de cette province à la France, XVI, 623.

ÉTATS-UNIS D'AMÉRIQUE, d'abord colonies anglaises. Leur prospérité au XVIIIe siècle, XV, 466; éléments divers qui ont concouru à les former, 467, 468; ils empiètent de plusieurs côtés sur les possessions françaises, 471; s'augmentent de la vallée de l'Ohio, de la rive gauche du Mississipi, 593. — Commencement de leurs démêlés avec la mère patrie, XVI, 255, 403; lutte légale, 404 et suiv.; premier conflit entre les soldats et le peuple, 406; lutte légale encore, 407, 408; lutte armée, 409 et suiv.; effet produit en France par cette insurrection, 412; déclaration de l'indépendance des États-Unis, 417; opérations militaires, 419, 421; traité avec la France, 423, 424; envoi d'un ministre français à Boston, 427; incidents de la *guerre de l'indépendance*, 433 et suiv., 445, 449, 450, 460 et suiv.; négociations, 467, 471; paix, 482 et suiv.

Ethelred, roi d'Angleterre, est détrôné par Swen, roi des Danois, III, 70.

Étienne II, pape, réclame les secours de Peppin contre Astolfe, roi des Langobards, II, 232, 234; son voyage en France. Il sacre de nouveau Peppin et ses fils, et leur confère le titre de *patrice des Romains*, 235, 236; est réinstallé, 237; lettre de saint Pierre, 238; donation au pape, par Peppin, de l'exarchat de Ravenne, 239.

Étienne III, pape. Sa lettre à Charlemagne à propos du mariage projeté de celui-ci, II, 254.

Étienne IV, pape, succède à Léon III. Son voyage en France, II, 370.

Étienne VIII, pape. Son intervention en faveur de Lodewig d'Outre-Mer, II, 520.

Étienne, fils de Héribert de Vermandois, comte de Troies et de Meaux, rend l'hommage féodal aux rois Hugues Capet et Robert, III, 23; meurt sans enfant, 49.

Étienne, roi de Hongrie, reçoit le baptême, III, 51.

Étienne, écolâtre de saint Pierre d'Orléans, adopte les opinions manichéennes; il est mis en jugement; son supplice, III, 54, 55.

Étienne, fils d'Eudes II, après lui, comte de Champagne, attaque le roi Henri 1er, est battu et meurt bientôt après, III, 78.

Étienne-Henri, comte de Chartres, Blois et Meaux, prend la croix, III, 163; son voyage, 172, 173; il arrive à Nicée, 182; combat à Gorgoni, 183; déserte à Antioche, 186; prend part à la seconde croisade, 201; ses revers, 202, 203.

Étienne, comte de Bourgogne, va à la deuxième croisade, III, 201; en revient, 202.

Étienne de Chartres, comte de Boulogne, se fait proclamer roi d'Angleterre, III, 297; fait hommage à Louis le Gros comme duc de Normandie, 298; lutte qu'il soutient contre Geoffroi Plantagenet; il perd la Normandie, mais il reste roi d'Angleterre, 423 et suiv.; nouvelle lutte, terminée par une transaction, 463; sa mort, *ibid.*

Étienne, troisième fils de Thibaut IV, comte de Chartres, Champagne, etc., hérite du comté de Sancerre, III, 453; prend les armes contre Henri Plantagenet, comte d'Anjou, 462, 463.

Étrusques ou Tyrrhéniens. Ils passent les Alpes rhétiennes et occupent l'Italie centrale, I, 8; sont chassés de la vallée du Pô par les Gaëls et refoulés au delà de l'Apennin par les Kimris, 17; implorent le secours des Gaulois contre les Romains, 95; auxquels ils se soumettent, 96.

Eu (le comte d'), tuteur de Guillaume le Conquérant, est assassiné par Guillaume de Montgomeri, III, 81.

Eu (Raoul, comte d'), connétable, défend Tournai, V, 53; Caen, 82; y est fait prisonnier, 83; est décapité par ordre du roi Jean, 121.

Eu (le comte d') combat à Azincourt, VI, 15; y est fait prisonnier, 20; est délivré et s'entremet entre le roi et les seigneurs révoltés, 390; guerroie en Normandie, 392, 435; est député par Louis XI près du duc de Bourgogne, 551; est lieutenant-général de l'Ile de France, 565. — Siége aux États-Généraux de 1468, VII, 29, 31.

EUCHARISTIE. Controverses sur ce sujet, III, 90 et suiv. — Discussion entre les catholiques et les protestants au colloque de Poissi, IX, 98 et suiv.

EUDE, chef aquitain, II, 168; duc de Toulouse, roi d'Aquitaine; progrès de sa domination, 173, 174, 177; est reconnu roi par Raghenfried, au nom du roi de Neustrie, 183; par Karle Martel, 184; défait les Arabes devant Toulouse, 192, 193; son traité avec Othman-ben-Abou-Nessa, 197; il est vaincu devant Bordeaux par Abd-el-Rahman et se réfugie près de Karle Martel, 200; part qu'il prend à la bataille de Poitiers, 204; il n'est plus que duc d'Aquitaine, 206; sa mort, 208.

EUDES ou ODE, fils aîné de Robert le Fort, II, 453; comte de Paris, 480; défend cette ville contre les Normands, *ibid.;* va réclamer le secours de l'empereur, 482; son brillant retour, *ibid.;* il est proclamé et sacré roi de la France occidentale, 486; remporte une victoire éclatante sur les Normands, 487; soumet le comte de Poitiers, 489; est battu par les Normands, 491; guerres civiles qu'il lui faut soutenir, 492, 493; son arrangement avec Karle le Simple, et sa mort, 494.

EUDES, fils aîné de Héribert II, comte de Vermandois, hérite d'Amiens, Ham et Château-Thierri, II, 522; perd Amiens, 524; prend les armes contre Lodewig d'Outre-Mer, 524, 525.

EUDES Ier, comte de Chartres, soutient Hugues Capet, III, 19; ajoute Dreux à ses domaines, 21; perd la Touraine, puis en recouvre une partie, *ibid.* et 30; meurt, 32.

EUDES II, fils du précédent; ses entreprises contre Bouchard d'Anjou, III, 48; contre le duc de Normandie, 49; il s'empare des comtés de Troies et de Meaux et s'intitule comte de Champagne, *ibid.;* prend Beauvais, *ibid.;* secourt Regnard, comte de Sens, contre le roi Robert, 52; attaque le roi Henri Ier; à quel prix, 64; ce prix lui est enlevé, 66; il tente sans succès de s'emparer du royaume de Bourgogne, 73; envahit la Haute-Lorraine, *ibid.;* et périt dans une bataille, 74.

Eudes, fils aîné du roi Robert, est exclu du trône, III, 62, 64; se révolte contre Henri Ier, 78; est enfermé au château d'Orléans, *ibid.*

Eudes, comte de Nantes, s'associe à l'entreprise de Guillaume le Conquérant contre les Anglo-Saxons, III, 116.

Eudes, évêque de Bayeux, frère de Guillaume le Conquérant; rôle qu'il joue à Hastings, III, 118; il est fait comte de Kent et chargé de gouverner l'Angleterre en l'absence de Guillaume, 125; bat Roger de Hereford et Raulfe de Gaël, insurgés contre le roi, 143; prend le parti de Robert, fils aîné du Conquérant, contre Guillaume le Roux, 148.

Eudes, fils puîné de Robert le Vieux, duc de Bourgogne après son frère Hugues, III, 142.

Eudes, duc de Bourgogne, périt en Palestine, III, 203.

Eudes, comte de Corbeil, combat pour Louis le Gros, III, 215; meurt, 219.

Eudes, duc de Bourgogne; son procès contre l'évêque de Langres, jugé par la cour des pairs de France, III, 504.

Eudes, fils de Hugues III, duc de Bourgogne, lui succède, III, 515; condamne en cour des pairs Jean-sans-Terre, 583. — Prend part à la croisade contre les Albigeois, IV, 32; refuse la vicomté de Béziers, 37.

Eugène, fantôme d'empereur de la façon d'Arbogast, est livré par ses gardes à Théodose et mis à mort, I, 327, 328.

Eugène III, pape, disciple de saint Bernard, appelle les Français à la croisade, III, 427, 428; son voyage en France, 435; nouveau voyage en France, provoqué par les progrès de l'hérésie, 457.

Eugène IV, pape, lutte contre le concile de Bâle, VI, 328, 392; est déposé, 394; meurt, 395.

Eugène de Savoie-Soissons (le prince) est repoussé par Louis XIV, et fait, comme volontaire, une campagne contre les Turcs, XIV, 67 *note;* sauve à Staffarde l'armée du duc de Savoie, 134; bat les Turcs, 350; commande l'armée impériale en Italie, fait reculer Catinat, bat Villeroi, 375 à 379; un des *triumvirs* de la coalition contre la France, 385; seconde campagne en Italie contre Villeroi, Vendôme et Philippe V, 386 à 390; il préside à Vienne le conseil de la guerre, 415; campagne en Allemagne, victoire de Hochstedt, 423 et suiv.; campagnes en Italie, 445 à 449, 462; en Piémont, en Milanais, 463 et suiv., 466 et suiv.; en Provence, 479 et suiv.; prise de Suze, 482; campagne sur le Rhin, puis en Flandre, siège et prise de Lille, 496 et suiv., 501 et suiv.; ses sentiments à l'égard de Louis XIV et des négociations entamées, 512; bataille de Malplaquet, conquêtes en Flandre, 520 à 530; il conjure l'empereur de transiger avec les Hongrois, 539 *note;*

protége avec un corps de troupes la diète de Francfort, 541; prend le commandement de l'armée impériale, 542; ses efforts pour prévenir la paix entre la France et l'Angleterre, 547; campagne malheureuse en Flandre contre Villars, défaite de Denain, 562 à 567; il commande l'armée impériale en Allemagne, 576; négocie le traité de Rastadt, 580. — Défait les Turcs à Peterwaradin et à Belgrade, XV, 89; presse en vain l'empereur Charles VI de se mettre sur le pied de guerre en Italie, 184; campagne dans la vallée du Rhin, 192 à 195; sa mort, 220.

EULER, géomètre et philosophe, XVI, 3; métaphysicien, démèle l'attention de la sensation, 10 *note*.

EURIK ou EWAR'IK, roi des Wisigoths, assassine son frère Théoderik, et monte sur le trône à sa place; ses dispositions, I, 390, 391; ses conquêtes en Espagne, en Gaule, 391, 392, 396, 397, 398; étendue de son empire, 399; ses lois, 401, 402; son hostilité contre le catholicisme, 404; sa mort, 406.

EUSÈBE *de Césarée,* I, 296.

EUSKES. *Voy.* AUSKES.

EUSPICIUS, prêtre, sauve Verdun de la vengeance de Chlodowig, I, 459.

EUSTACHE LE MOINE, commandant la flotte française envoyée au secours de Louis, fils de Philippe-Auguste, en Angleterre, est vaincu et tué, IV, 96.

EUSTACHE DE SAINT-PIERRE, bourgeois de Calais, V, 105 et suiv.

ÉVANGILE ÉTERNEL, livre attribué à Jean de Parme, IV, 267.

ÉVARIK, chef des Alains établis dans l'Orléanais, est envoyé contre les Armoricains par Aétius, et arrêté par saint Germain, I, 362.

EVERTZEN, amiral hollandais, battu à Beachy-Head, XIV, 137, 138.

ÉVRAUD, bailli de Nevers, est brûlé vif sur la place publique de cette ville, IV, 16.

ÉVREUX (Raoul, comte d'), fait trancher la tête à la comtesse sa femme, III, 150.

ÉVREUX (Louis, comte d'), frère puîné de Philippe le Bel, est armé chevalier, IV, 415.

ÉVREUX (Philippe, comte d'), fils du précédent, épouse Jeanne, fille de Louis X, 535; revendique la Navarre du chef de sa femme, 564. — Traite sur ce point avec Philippe VI, V, 2; est couronné à Pampelune, 3; combat avec Philippe VI contre les Anglais, 43; meurt à Xerez, 112.

EXILI, Italien soupçonné de tenir école d'empoisonnement, XIV, 108 *note*.

EXILLES (combat d'), ou du col de l'assiette, XV, 320.

EXPILLI (l'abbé), statisticien. Son évaluation de la population de la France, XVI, 236.

EXUPERANTIUS tente de faire revenir les Armoricains sous le gouvernement d'Honorius, I, 354.

EXUPÈRE (saint), évêque de Toulouse, préserve cette ville de la dévastation, I, 337.

F

FABERT (Abraham), capitaine des gardes de Louis XIII, fière réponse qu'il fait à ce roi, XI, 563. — Il se dévoue à la fortune de Mazarin, XII, 374; le reçoit à Sedan, 390; couvre le siége de Stenai, 460; prend cette ville, 462. — Maréchal, refuse le cordon bleu, XIII, 465.

FABIANUS (saint Fabien), évêque de Rome, envoie des missionnaires chrétiens dans les Gaules, I, 268.

FABIUS (les trois), envoyés aux Gaulois comme ambassadeurs, amènent le premier conflit entre les Gaulois et les Romains, I, 49.

FABIUS MAXIMUS, consul. Son expédition dans la Gaule, I, 111, 112.

FABIUS (C.), lieutenant de César, défait les Andes, I, 189.

FAGEL, grand pensionnaire de Hollande, XIII, 533.

FAIN (Pierre), architecte, auteur du portique de Gaillon, VII, 384 *note*.

FAIRFAX, général anglais, défait Charles Ier à Naseby, XII, 190.

FAKHR-EDDIN, général des Musulmans, IV, 224 et suiv.

FALCONBERG, (lord), gendre de Cromwell, vient, au nom de son beau-père, complimenter Louis XIV, XII, 497.

FALCONET, statuaire, XVI, 159.

FALSTAFF, origine de ce type, VI, 3 *note*.

FALSTOLF (John), conduit un convoi pour l'armée anglaise qui assiége Orléans, VI, 127; bat les Français à Rouvrai (*journée des harengs*), 128; est battu à Patai, 177.

FARDULFE, diacre langobard, découvre la conspiration de Peppin le Bossu contre son père, et reçoit pour récompense l'abbaye de Saint-Denis, II, 314.

FARE (marquis de La), un des habitués du Temple, XIV, 254. — Reçoit du régent 600,000 francs en billets de banque de Law, XV, 66 *note*.

FARE (La), évêque de Laon, publie un mandement que le parlement de Paris supprime, XV, 164.

FARE (marquis de La), premier consul d'Aix. Ses menées pour empêcher l'élection de Mirabeau, et succès qu'elles obtiennent, XVI, 634.

FAREL, théologien, VIII, 446; est appelé à Meaux par l'évêque Guillaume Briçonnet, 449; répand les premiers germes de la Réforme en Dauphiné, puis à Genève, 150, où il décide Calvin à s'établir, 321; en est banni, et se retire à Strasbourg, 322.

Fargis (le comte du), ambassadeur de France en Espagne, y fait un traité qui n'est point ratifié, XI, 227; un autre qui est ratifié après quelques modifications, 228; retourne en Espagne comme envoyé particulier de *Monsieur*, 383.

Fargis (la comtesse du), dame d'atours d'Anne d'Autriche, offre à Gaston d'Orléans la main de sa maîtresse au cas où le mariage de celle-ci avec Louis XIII serait dissous, XI, 337; est chassée d'auprès de la reine, 347; condamnée à mort par contumace, 375 *note*.

Farmer, capitaine de la frégate anglaise *le Québec*, combat contre la frégate française *la Surveillante*, et s'abîme dans les flammes avec son bâtiment, XVI, 444 *note*.

Farnèse (Pierre-Louis), bâtard du pape Paul III, VIII, 249; est investi des duchés de Parme et de Plaisance, 355; assassiné, 377.

Farnèse (Horatio), petit-fils du pape Paul III, duc de Castro, épouse Diane, fille de Henri II et de Diane de Poitiers, VIII, 377, 428; prend part à la défense de Metz, 422 *note;* à celle de Hesdin, où il périt, 429.

Farnèse (Ottavio), duc de Parme, petit-fils du pape Paul III, se ligue avec les ennemis de son grand-père, et le fait mourir de chagrin, VIII, 401; attaqué par Charles-Quint et le pape Jules III, se met sous la protection de la France, 404, qu'il trahit pour se donner à Philippe II, 446 *note*.

Farnèse (Alexandre), est nommé gouverneur des Pays-Bas, IX, 483; grand succès qu'il obtient contre les insurgés, 500, 504, 510, 517, 535; il est complice de l'assassin du prince d'Orange, 535, 536; se rend maître de toute la Flandre, et bloque Anvers, 537; somme les Guises d'exécuter le traité de Joinville, 543. — Prend Anvers, X, 2 *note;* devient duc de Parme, 45 *note;* envoie des auxiliaires au duc de Guise, *ibid.;* son mot en apprenant la fuite d'Henri III, 74; il rassemble une armée pour envahir l'Angleterre, 90; envoie des secours au duc de Mayenne, 180, 199; première campagne en France, 227, 228, 229 et suiv.; conférence avec les chefs de la Ligue, 268, 272 et suiv.; seconde campagne en France, 277, 280 et suiv.; sa mort, 298.

Farnèse (Édouard), duc de Parme, traite avec la France pour l'invasion et le partage du Milanais, XI, 424; fait dans ce but une campagne inutile, 439, 440; est contraint à se séparer de la France, 464. — Sa querelle avec le pape Urbain VIII, XII, 194.

Farnèse (Antonio), dernier duc de Parme de la famille Farnèse, meurt sans enfants, XV, 158.

Faron, favori de Raghenaher, I, 459.

Fastrade, seconde femme de Charlemagne. Mauvais services qu'elle lui rend, II, 298, 302, 313; sa mort, 322.

Fauchet (le président), auteur des *Antiquités Françaises* et des *Antiquités Gauloises*, IX, 390. — X, 488.

Fauquemberg (le comte de), combat à Azincourt, VI, 16; y périt, 20.

Fausta, fille de Maximien et femme de Constantin, I, 294.

Faustus, évêque de Riez, provoque la réunion dans Arles, d'un concile qui condamne la doctrine de la prédestination, I, 350; sert d'intermédiaire entre Ewarik et Julius Népos, 396.

Favart (madame), actrice aimée et persécutée par le maréchal de Saxe, XV, 340 *note*.

Favier, général des monnaies, fait frapper des médailles en l'honneur de la Saint-Barthélemi, IX, 336.

Favorinus, philosophe et orateur gaulois, I, 242.

Favre (Jean), protestant, obtient d'aller prendre au bagne la place de son père, XV, 443.

Fay (du), gouverneur de Philipsbourg, y est assiégé, et capitule après une vigoureuse défense, XIII, 496, 497.

Faye (La), ministre protestant, reçoit les derniers adieux d'Henri IV à la religion réformée, X, 327.

Fayel (la dame de), III, 387.

Fayette (le sire de La), est fait maréchal, VI, 76; marche au secours d'Ivri, 99; est pris à Verneuil, 104; concourt à la défense d'Orléans, 126; est ambassadeur de France au congrès d'Arras, 333.

Fayette (le vice-amiral de La), bat l'amiral espagnol Hugues de Moncade, VIII, 56.

Fayette (mademoiselle de La), aimée de Louis XIII, XI, 473 et suiv.

Fayette (madame de La), auteur de romans et de mémoires historiques, XIII, 210. — Meurt, XIV, 244.

Fayette (La), part pour l'Amérique malgré les défenses du roi, XVI, 420; est nommé officier général dans l'armée américaine, et combat à côté de Washington, 421; rétablit la concorde entre les Français et les Américains, 434; reprend son rang dans l'armée française, 436; fait partie de l'état-major de l'armée destinée à envahir l'Angleterre, 441; retourne en Amérique, 449; campagne en Virginie, prise d'York-Town, 460 et suiv.; il entreprend à ses frais, à Cayenne, une expérience sur l'affranchissement graduel des noirs, 512 *note*; so laisse entraîner aux idées de Mesmer, 527; fait partie de l'assemblée des notables, 569; avec quelles dispositions, 570; s'efforce de faire rendre l'état civil aux protestants, 574 *note;* demande la mise en liberté des victimes de la gabelle, 579; reprend pour son compte une dénonciation contre Calonne, que le dénonciateur n'ose signer, *ibid.;* demande que le roi soit supplié de convoquer une assemblée nationale, 584; fait adopter la restitution de l'état civil aux protestants et la réforme du code criminel, 584, 585; prépare la résistance aux projets du ministère, 599; se trompe sur le calme apparent du peuple, 605 *note.*

FÉLIX, fonde l'église de Valence, I, 253.

FÉLIX, évêque d'Urgel, renouvelle l'hérésie de Nestorius, est condamné par le concile de Francfort, se rétracte et meurt dans l'exil, II, 318, 319.

FELTON, puritain écossais, assassine le duc de Buckingham, XI, 283.

FÉNELON (Bertrand de Salignac de Lamothe), ambassadeur de France en Angleterre, IX, 278; explication qu'il est chargé de donner à la reine d'Angleterre sur la Saint-Barthélemi, 344.

FÉNELON (abbé de), missionnaire en Poitou et en Saintonge pour la conversion des protestants, XIV, 57; est lié d'affection avec madame de Maintenon, 65, 185; précepteur du duc de Bourgogne, *ibid.;* ses idées politiques, lettre anonyme qu'il adresse au roi, 185 et suiv.; son poëme de *Télémaque,* 250; sa personne, son caractère, ses premières œuvres, 298 à 305; ses liaisons avec tous ceux qui désirent des réformes, 306; il s'efforce d'agir sur le roi par madame de Maintenon, *ibid.;* éducation qu'il donne au duc de Bourgogne, 307 et suiv.; il est nommé archevêque de Cambrai, 313; déplait à Louis XIV, *ibid.;* se laisse aller au quiétisme, est poursuivi par Bossuet, disgracié, exilé, condamné par le saint-office, 346 et suiv.; écrit des mémoires sur les moyens d'éviter la guerre de la Succession, puis de la conduire, 489; relève le courage abattu du duc de Bourgogne, 549; comment il entend la régénération de l'État, 554; il accepte la Bulle *Unigenitus,* 605; meurt, 608.

FENOUILLET, évêque de Montpellier, remarquable orateur, XI, 51 *note.*

FÉODALITÉ, instituée par le capitulaire de Kiersi, II, 466. — Ses origines. Tableau des institutions féodales, III, 4 à 18; abus qui en résultent, 226 et suiv.

FERDINAND, fils aîné d'Alphonse le sage, roi de Castille, épouse Blanche, fille de Louis IX, IV, 325; gouverne sous son père, 359.

FERDINAND, fils naturel d'Alphonse V, roi d'Aragon, devient roi de

Naples, VI, 514 ; traité avec Louis XI, 556. — Ses spéculations, ses cruautés, ses excès, VII, 246 ; traité qu'il conclut avec Pierre de Médicis, 249 ; offres qu'il fait à Charles VIII, 250.

FERDINAND LE CATHOLIQUE, fils du roi d'Aragon, épouse Isabelle de Castille, VII, 85 ; marche au secours de son père assiégé dans Perpignan, *ibid.*; fait la guerre à la France, 92 ; devient roi d'Aragon, 140 ; réclame le Roussillon et la Cerdagne, 211 ; prend Grenade, 223 ; recouvre par un traité la Cerdagne et le Roussillon, *ibid.*; déclare la guerre à la France, 266 ; s'allie contre elle aux Vénitiens, etc., 269 ; ses desseins sur Naples, 284 ; il réorganise l'inquisition, 314 ; persécute les Juifs et les Maures, 315 ; négocie et traite avec Louis XII, touchant l'Italie, 316, 320 ; fait une fausse démonstration contre les Turcs, 330 ; s'empare du royaume de Naples, 334 et suiv.; s'y maintient, 344 et suiv.; ainsi qu'en Roussillon, 347 ; dispute à Philippe d'Autriche la régence de Castille, 352 ; épouse Germaine de Foix, 353 ; est obligé de quitter la Castille, 358 ; menace Gênes, 362 ; visite Louis XII à Savone, 366 ; entre dans la ligue de Cambrai, 370 ; s'en retire après y avoir gagné ce qu'il voulait, 388 ; envoie des secours au pape, 393 ; désapprouve le concile de Pise, 396 ; prépare la guerre contre la France, 398, 409 ; s'empare de la Navarre, 411, 412 ; traite avec Louis XII, 416, 426 ; ses intentions relativement à son petit-fils Ferdinand, 441 ; sa mort, 453.

FERDINAND II, roi de Naples, d'abord duc de Calabre, fils d'Alphonse II, est envoyé, à la tête d'une armée, contre Milan, VII, 252 ; ne peut dépasser la Romagne, 254, 258 ; se replie sur le Tibre, 260 ; évacue Rome, 262 ; devient roi, 266 ; est détrôné, *ibid.*; recouvre son royaume, 278 et suiv.; meurt, 284.

FERDINAND, fils de Frédéric, roi de Naples, est chargé de défendre Tarente, VII, 331 ; se rend à Gonzalve, qui le fait traîtreusement prisonnier, *ibid.*

FERDINAND D'AUTRICHE, frère puîné de Charles-Quint, est élevé par son grand-père, le roi d'Aragon, VII, 427. — Reçoit de son frère les états héréditaires de la maison d'Autriche, VIII, 2 ; convoque la diète de Nuremberg, 31 ; entre dans une coalition contre la France, 35 ; varie dans ses procédés à l'égard des luthériens, 97, 114 ; est élu roi de Bohême, 115 ; de Hongrie, 116 ; roi des Romains, 167 ; perd le Wurtemberg, que son frère lui a donné, 183 ; obtient la paix du sultan, 226 ; essuie en Hongrie de grands revers, 248, 276 ; envahit la Saxe, 354 ; sans résultat, 355 ; soumet la Bohême révoltée, 375 ; règle avec Charles-Quint les affaires de la maison d'Autriche, 402 ;

réclame la liberté du landgrave de Hesse, 409 ; négocie avec Maurice de Saxe, 411 ; recouvre la Hongrie, puis la reperd, *ibid. note;* consent au recès d'Augsbourg, 442 ; devient empereur, 445 ; traite avec la France, 446. — Fait d'importantes concessions au pape, IX, 173 ; envoie une ambassade en France, 177 ; meurt, 187.

FERDINAND II, empereur, d'abord archiduc de Styrie, persécute violemment les protestants, X, 496 ; prétend à l'empire, 544, 552. — Fait la guerre à la république de Venise, XI, 125 ; est proclamé héritier de l'empereur Mathias pour la Bohême, 137 ; pour la Hongrie, 138 ; est élu empereur, 152, 153 ; sauve à grand'peine sa capitale assaillie par Bethlem Gabor, 154 ; reprend la Bohême sur l'électeur palatin Frédéric, 166 ; s'empare du Bas-Palatinat, 188, 193 ; accable les Grisons, *ibid.;* dépouille l'électeur palatin, 196 ; met son fils sur le trône de Bohême, 258, 259 ; décrète le séquestre du duché de Mantoue, 277 ; consomme l'asservissement de la Bohême, triomphe partout, 311 ; voit sa fortune échouer contre Stralsund, 313 ; intervient activement dans les affaires d'Italie, 321, 322 ; réunit la diète de Ratisbonne et la trouve hostile, 333 et suiv. ; réduit son armée, destitue Waldstein, 335 ; traite avec la France, 336 ; invasion des Suédois, 361 ; destruction de Magdebourg, 363 ; désastre de Leipzig, 364 ; il rappelle Waldstein, 371, 372 ; le fait assassiner, 420 ; obtient encore de grands succès, 421 et suiv. ; fait élire son fils roi des Romains, 462 ; meurt, *ibid.*

FERDINAND III, empereur, d'abord roi de Bohême, XI, 259 ; de Hongrie, 333 ; défait les Suédois, 420 ; se rend au camp du général Galas, 447 ; est élu roi des Romains, puis empereur, 462 ; convoque une diète à Ratisbonne, 551. — Fait renvoyer le premier ministre Olivarez, XII, 161 ; essuie de nombreux revers, 205, traite avec Rakoczi, 211 ; dégage le duc de Bavière, *ibid.;* rend la liberté à l'électeur de Trèves, 212 ; congrès et traité de Westphalie, 221 à 236, 254, 263 et suiv. ; qu'il viole secrètement à plusieurs reprises, 455, 482, 483 ; il lance un décret impérial sans effet contre le duc de Modène, 485 ; envoie des secours à l'Espagne dans le Milanais, 491 ; meurt, 503.

FERDINAND-CHARLES D'AUTRICHE, archiduc, comte du Tyrol, XII, 269.

FERDINAND-MARIE, électeur de Bavière, entre dans la *ligue du Rhin*, pour le maintien de la paix, XII, 502 ; la France en veut faire un candidat à l'empire, 505 ; rôle au-dessus de ses forces, 507. Il se donne à la France, promet à Louis XIV sa voix pour l'empire, et sa fille pour Monseigneur, XIII, 359 ; fait alliance avec le roi de Suède, 467 ; lève 20,000 hommes, et n'en fait rien, 512 ; meurt, 569.

Ferdinand vi, roi d'Espagne, second fils de Philippe v, XV, 132; lui succède, et abandonne subitement l'Italie et les alliés de son père, 296; état de ses finances et de son armée, 320; il garde obstinément la neutralité, 544; meurt, 564.

Ferdinand iv, roi de Naples, XV, 564, *note*. — Chasse les Jésuites, XVI, 220; demande au pape leur suppression, et envahit la principauté de Bénévent, *ibid*.

Feria (le duc de), ambassadeur extraordinaire de Philippe ii auprès des États de la Ligue, X, 304; fait son entrée dans Paris, 306; s'entend mal avec le duc de Mayenne, 307; se présente aux États Généraux, 308; demande le trône pour l'infante Claire-Eugénie, 312, 313, 315, 317, 318, 320 et suiv.; sort de Paris, 351, 352; conseille à l'archiduc Ernest de faire arrêter le duc de Mayenne, 364.

Feria (le duc de), gouverneur du Milanais, est battu par Lesdiguières et le duc de Savoie, XI, 224; envahit le Mantouan, 277; conduit un corps d'armée en Allemagne, 404, 405; en Alsace; y perd la moitié de ses troupes, et meurt de chagrin, 407.

Fériol, ambassadeur à Constantinople, XIV, 350.

Fermat, géomètre français, XII, 30.

Fermor, général russe, envahit la Prusse et le Brandebourg, où il subit une défaite sanglante, XV, 530, 531.

Fernand d'Autriche (don), infant d'Espagne, cardinal, gouverneur de la Belgique, parti d'Italie avec un corps d'armée espagnol, bat les protestants à Nordlingen, XI, 420; refuse à la France la liberté de l'électeur de Trèves, 426, 427; envahit la Picardie, 449, 454; traite avec le comte de Soissons et Marie de Médicis, 458; prend Venloo, Ruremonde, échoue devant Maubeuge, 471; fait lever le siège de Gueldre, 495; perd Hesdin, 495, 496; repousse de la Flandre le prince d'Orange, 522; perd Arras, *ibid.* et suiv.; promet des secours aux princes révoltés de Sedan, 546; prend la ville d'Aire, 549; meurt, 550.

Fernel, médecin, VIII, 142. — Donne, le premier, la valeur approximative d'un degré du méridien, IX, 11.

Féron, avocat, mari de la *Belle Féronnière*, VIII, 254 *note*.

Ferrand de Portugal, comte de Flandre et de Hainaut, se ligue avec le roi Jean et l'empereur Othon contre Philippe-Auguste, IV, 68, 69; est attaqué par ce dernier, 72; est pris à la bataille de Bovines, 84; et enfermé dans la tour du Louvre, 85, 86; recouvre la liberté, 136.

Ferrandina (le duc de), amiral espagnol, XI, 525, 537.

Ferré (le Grand), V, 217 *note*.

Ferreolus (saint Ferréol), fonde l'église de Besançon, I, 253.

Ferrier (Arnoul du), célèbre juriste, VIII, 144; président au parlement de Paris, y défend les droits de l'humanité, 495; échappe à la vengeance d'Henri II, 500. — Est ambassadeur de France au Concile de Trente, IX, 171.

Ferrière (La), gentilhomme de Paris, fondateur de la première église réformée de France, VIII, 490.

Ferté-Senneterre (le maréchal comte de la), d'abord lieutenant-général, fait une fausse manœuvre à Rocroi, la veille de la bataille, XII, 164; y est blessé et pris, 165; est maréchal, 383; gouverneur de la Lorraine, 389 *note;* se joint au cardinal Mazarin, 394; amène de Lorraine un renfort à l'armée royale, et combat au faubourg Saint-Antoine, 410 et suiv.; renforce Turenne, 455; prend Belfort, Ensisheim, Thann, 459; couvre le siège de Stenai, 460; secourt Arras, 461; prend Clermont en Argonne, 463; se fait battre et prendre devant Valenciennes, 483; racheté, prend Montmédi, 489; et Gravelines, 499.

Fervacques, officier de Charles IX, lui demande en vain qu'un de ses amis, huguenot, soit épargné à la Saint-Barthélemi, IX, 329; tente de prendre Anvers par trahison, et y demeure prisonnier, 515, 516. — Est maréchal sous Henri IV, et membre du Conseil de régence, X, 565.

Feu saint Antoine, ou *mal des ardents*, III, 31 *note*.

Feuillade (duc de La), conduit à ses frais plusieurs centaines d'officiers au secours de Candie, XIII, 363; prend la ville de Salins, 439; est maréchal après Turenne, 480; supplie à genoux Louis XIV de ne point risquer sa tête sacrée dans une bataille, 492; ramène de Sicile la flotte et les troupes françaises, 520, 521. — Construit la place des Victoires, où il érige un monument à Louis XIV, XIV, 74; meurt odieux à ce prince, 151.

Feuillade (duc de La), fils du précédent, gendre de Chamillart, commande un corps d'armée dans les Alpes, XIV, 437; s'empare du comté de Nice, moins la ville, 438; est placé sous le commandement du duc de Vendôme, 445; continue le siège de Chivasso, 446; assiège Turin, est défait devant cette place, et lève le siège, 461 et suiv.

Feuillée (le Père), minime, va déterminer, aux Canaries, la position du premier méridien, XV, 395 *note*.

Feuquières (le marquis de), ambassadeur près de la diète protestante de Heilbronn, y exerce une influence prépondérante, XI, 398; sa mission près de l'Électeur de Saxe, 399; près de Waldstein, 400; il assiége Thionville, est battu, pris, et meurt, 495.

Feuquières, ambassadeur de France en Suède, XIII, 467. — En Espagne, XIV, 39.

Fevret de Fontette, complète la *Bibliothèque historique de la France*, XVI, 151 *note*.

Fichet (Guillaume), recteur de l'Université de Paris, fait venir trois ouvriers de Gutenberg, VII, 160.

Ficin (Marsile), savant florentin, VII, 232.

Fidès (sainte Foi), martyre, I, 283.

Fiennes (Moreau de), connétable, commande l'armée picarde contre le parti navarrois, V, 219; recouvre la Charité-sur-Loire, 249; se démet de sa charge, 282.

Fiesque (Jean-Louis de), chef du parti aristocratique à Gênes, appelle les armes de Louis xii contre sa patrie, VII, 361.

Fiesque. Sa conjuration et sa mort, VIII, 355.

Fiesque (comte de), noble génois, protégé de Louis xiv, XIV, 23; en obtient 100,000 écus payés par la république de Gênes, 26.

Filles-de-la-Croix (congrégation des). XII, 65.

Filles de sainte Marthe (institution des). XV, 348 *note*.

Fin (Beauvais de la), sert d'entremetteur entre le duc de Savoie et le duc de Biron, X, 506; trahit ce dernier, 515.

Finances de la France. Système financier de Philippe le Bel, IV, 395, 399, 404; expédients employés sous Louis x, 524 et suiv.; exactions de Philippe v, 549. — *Finances* sous Philippe vi, gabelle, impôt sur les ventes, V, 67 et suiv., 116; sous le roi Jean, 122, 123, 138 à 143, 234; finances sous Charles v, 277, 303 et suiv.; sous Charles vi, 343, 468, 529, 530. — Sous Charles vii, VI, 379, 380, 384, 423 et suiv. — Sous Louis xi, VII, 34 *note*, 143; sous Charles viii, 187 et suiv. — Sous François 1er, VIII, 22, 23 et suiv. — Sous Charles ix, IX, 72, 91 et suiv.; sous Henri iii, 454 et suiv. — X, 99 *note*, 105 et suiv.; sous Henri iv, 397, 398, 406 et suiv., 434 et suiv. (opérations de Sulli), 440 et suiv. jusqu'à 454. — Sous Louis xiii, XI, 56, 61 à 68, 76, 247 et suiv., 440 et suiv., 442, 479. — Sous Louis xiv, XII, 177 à 182, 272 et suiv., 289 et suiv., 306 et suiv., 337, 344, 345, 452 et suiv., 486, 487. — XIII, 7 et suiv., 17 à 21, 34, 36 à 40, 47 à 66, 374 et suiv., 414 et suiv., 546 à 554. — XIV, 8 et suiv., 119 à 124, 204, 205, 222, 343 et suiv., 482 et suiv., 492, 515, 528, 593 à 598. — Sous Louis xv, XV, 46 à 74, 124, 125, 140 et suiv., 148 et suiv., 206, 437 et suiv., 504, 505, 557 à 563. — XVI, 224 à 232, 246, 275 et suiv.; 287 et suiv.; sous Louis xvi, 331 et suiv.; 354 et suiv.; 367 et suiv.; 388 et suiv., 490 et suiv., 498 et suiv., 507, 508, 510, 540 à 548, 560 et suiv., 572 et suiv., 576 et suiv., 583 et suiv., 613, 614.

Finé (Oronce), professeur de mathématiques au collége royal, VIII, 143, 145.

Firminus (saint Firmin), apôtre d'Amiens, martyr, I, 283.

Firminus, comte d'Arvernie pour Sighebert, envahit sans succès la Provence, II, 49.

Fiscalins, II, 36.

Fitz-James, évêque de Soissons, premier aumônier de Louis xv, fait exiler madame de Châteauroux et madame de Lauraguais, XV, 270, 271; est exilé à son tour, 276.

Fitz-James (duc de), gouverneur du Languedoc, met aux arrêts le parlement de Toulouse, XVI, 228; suite de cette affaire, 229, 230; il est fait maréchal, *ibid.*

Flaokhat, est élevé à la dignité de maire du palais en Burgondie; fait périr son compétiteur Willibald, et meurt lui-même presque aussitôt, II, 149.

Flavacourt (madame de), née de Nesle, refuse de succéder auprès de Louis xv à sa sœur, madame de Châteauroux, XV, 276.

Flavi (Guillaume de), gouverneur de Compiègne, refuse de la rendre au duc de Bourgogne, VI, 224; y est assiégé, 227 et suiv.; détails sur la fin de sa vie, 231 *note;* excès qu'il commet, 368.

Flèche (Élie, sire de la), est proclamé par les Manceaux comte du Maine, III, 150; lutte contre les ducs de Normandie, 195, 196.

Fléchier (abbé), précepteur du fils d'un magistrat, le suit en Auvergne, où il écrit ses mémoires sur les *grands-jours* de cette province, XIII, 68; approuve le divertissement du théâtre, 195; ses oraisons funèbres, 219; il écrit la vie de l'empereur Théodose, 245. — Célèbre la révocation de l'édit de Nantes, XIV, 55; prêche, en Bretagne, les protestants *mal convertis*, 57; demande que les nouveaux convertis soient assujettis à une contrainte salutaire, 346.

Flesselles, intendant de Bretagne, odieux aux Bretons, futur prévôt des marchands, XVI, 245.

Fleuranges (Robert de La Mark, sire de), dit le *jeune aventureux*, est sauvé à Novare par son père, VII, 418; est armé chevalier par François 1er, 450. — Amène à son père des troupes françaises, VIII, 12; est fait prisonnier à Pavie, 66; défend Péronne contre les impériaux, 242; meurt, 243.

Fleuri (abbé), auteur de l'*Histoire ecclésiastique*, XIV, 253; sous-précepteur du duc de Bourgogne, 343. — Confesseur de Louis xv, XV, 105.

Fleuri, évêque démissionnaire de Fréjus, est nommé précepteur de

Louis xv, XIV, 612. — Éducation qu'il lui donne, XV, 117; il quitte la cour et y revient tout de suite, *ibid.;* entre au conseil d'État, 118; fait le duc de Bourbon premier ministre, 121; est hostile aux jansénistes, 143; prend le parti des constitutionnaires contre le pape Benoît xiii, *ibid.;* renverse le duc de Bourbon, 145, 146; engage Louis xv à déclarer qu'il entend gouverner par lui-même, 147; est fait cardinal, *ibid.;* débuts de son administration, économe et pacifique, 148 et suiv.; il se lie étroitement à l'Angleterre, 152; laisse dépérir la marine, *ibid.;* aide Robert Walpole à se maintenir au ministère, 154; congrès de Soissons, où il est premier plénipotentiaire; campagne diplomatique qui assure la paix de l'Europe, 155 à 160; il adoucit un peu le sort des protestants et persécute les jansénistes, 160; lutte avec le parlement, 164 et suiv.; est contraint par l'opinion à soutenir en Pologne les intérêts de Stanislas Lesczinski, 173 et suiv.; ce qu'il fait en ce sens, 176 à 181; alliance avec le Piémont et l'Espagne contre l'Autriche, 181, 182; guerre à l'Autriche, 183; paix de 1736 et négociations qui la précèdent, 197 à 206; il donne au roi des préventions contre la reine, 207; tolère Mme de Mailli, 208; capitule sur la morale, mais sauve la caisse, 209; état de la France sous son administration, 209 à 217, sa médiation entre la Turquie, la Russie et l'Autriche, 221; traité défensif, ménagé par lui, entre la Suède et la Turquie, 222; traité de commerce avec la Turquie, *ibid.;* il pacifie la république de Genève, 223; repousse la Corse qui s'offre à la France et la remet sous le joug de Gênes, 223, 224; envoie une flotte au secours de l'Espagne, en guerre avec l'Angleterre, 228; embarras où le jette la mort de l'empereur Charles vi, 234 et suiv., 235, 236; traité d'alliance avec la Prusse, 238; traités de commerce avec la Suède et le Danemark, *ibid. note;* il envoie deux armées en Allemagne, *ibid.;* détourne l'électeur de Bavière d'assiéger Vienne, 239; s'humilie devant l'Autriche pour obtenir la paix, 250, 251; ordonne au comte de Belle-Isle d'évacuer Prague à tout prix, 253; meurt, 256; jugement sur son administration, *ibid.;* ses mesures contre le *club de l'Entre-sol*, 356; et les loges maçonniques, 359.

FLEURIAU D'ARMENONVILLE, garde des sceaux, auteur de la loi qui punit de mort le vol domestique, XV, 126; est destitué, 155.

FLEURIAU DE MORVILLE, ministre des affaires étrangères sous le duc de Bourbon et destitué par Fleuri, XV, 154, 155.

FLECRIEU (chevalier de), directeur de la marine, inspire au ministre Sartine ses meilleures mesures, XVI, 415 *note;* instructions qu'il donne à La Peyrouse, 523 *note*.

FLEURUS (bataille de), XIV, 128, 129.

FLIBUSTIERS. Établissement de cette république de corsaires dans l'île de la Tortue, XI, 428 *note*. — Ils s'insurgent contre les priviléges de la *Compagnie occidentale*, puis se civilisent et deviennent colons, XIII, 123, 124. — Combattent avec fureur les Espagnols des colonies américaines, saccagent la Vera-Cruz et Campêche, ravagent le Pérou et le Chili, XIV, 20.

FLORENCE (république de), l'Athènes du moyen âge, sa philosophie, sa littérature, ses artistes, VII, 232 et suiv.; réaction tentée par Savonarola, 240; elle paie les dettes des Médicis, 248; incidents du passage de Charles VIII à Florence, 251, 258, 259, 260; hostilités passagères contre la France, 277; hostilités contre les républiques voisines, 283; catastrophe de Savonarola, 285 et suiv.; tentative contre Pise, avortée, 327; nouvelle entreprise couronnée de succès, 378 *note;* elle retombe sous le joug des Médicis, 410. — Entre dans une coalition contre l'empereur, VIII, 82; restauration de la république, 102; sa dernière lutte et sa chute, 102 et suiv.

FLORENTIUS, préfet du prétoire en Gaule sous Constance, I, 307.

FLORES D'AVILA (le marquis de), gouverneur de Perpignan, rend cette place à l'armée française, XI, 572.

FLORUS (Julius), Trévire, se révolte contre la domination romaine et sa mort, I, 223, 224.

FLORUS, diacre lyonnais. Son livre sur l'élection des évêques, II, 378; son poëme sur le démembrement de l'Empire, 421.

FLORUS, fils de Philippe Iᵉʳ et de Bertrade de Montfort, III, 209.

FLOTTE (Pierre), chancelier sous Philippe le Bel, dirige les poursuites contre Bernard de Saisset, IV, 425; son ambassade à Rome, *ibid.* et suiv.; comment il traite la bulle *Ausculta fili,* 429; son discours aux États-Généraux, 430; il suit en Flandre l'armée de Robert d'Artois et périt à la bataille de Courtrai, 437, 441.

FLOTTE (Guillaume), fils du précédent, V, 71.

FOIX (le comte de) va à la première croisade, III, 179; assiste Alphonse-Jourdain, comte de Toulouse, contre le duc d'Aquitaine, III, 294.

FOIX (le comte de) (nouvelle branche) embrasse le parti d'Orléans, V, 507; passe au parti bourguignon, 521. — Guerroie contre Bernard d'Armagnac, VI, 22; revient au parti du dauphin, 64; se *tourne* Anglais, 71; se retourne Français, 92; obtient le comté de Bigorre, 110; meurt, 405.

FOIX (Gaston de Grailli, comte de) envahit la Gascogne anglaise, VI, 435, 450, 451, 453; ses relations de parenté avec les rois d'Aragon et de Navarre et ce qu'elles amènent, 536, 540; il soutient Louis xi contre la *Ligue du Bien public*, 557. — Siége aux États-Généraux de 1468, VII, 29; entre dans une nouvelle ligue contre Louis xi, 65; meurt, 83.

Foix (le comte de), neveu de Louis xi, devient roi de Navarre, VII, 140 *note*.

Foix (Catherine de), reine de Navarre, épouse Jean d'Albret, VII, 200 *note*. — Meurt, VIII, 4 *note*.

Foix (Gaston de), duc de Nemours, héritier de la branche de Foix-Narbonne, VII, 347 *note;* est fait gouverneur du Milanais, 397; repousse l'invasion des Suisses, 398; dégage Bologne assiégée, 399; prend Brescia, 400; entre en Romagne, 404; périt à Ravenne, 405 et suiv.

Foix (Germaine de), fille du vicomte de Narbonne et nièce de Louis xii, épouse Ferdinand le Catholique, VII, 353; hérite des droits de son frère, Gaston de Foix, sur la Navarre, 411.

Foix (Françoise de), comtesse de Châteaubriant, maîtresse de François 1er, VII, 438. — Comment elle finit, VIII, 92, 93.

Foix (Lescun, maréchal de) attaque infructueusement le Modénais, VIII, 17; défend Parme contre les troupes de l'empereur et du pape, 19; est chassé de Milan, 20; amène un renfort à l'armée d'Italie, 25; combat à La Bicoque, 26; rend le Milanais aux ennemis, 27; détruit les brigands de l'Anjou, 44; périt à la bataille de Pavie, 62, 65.

Foix (Paul de), conseiller au parlement, est jeté à la Bastille, VIII, 500. — Perd son office, puis le recouvre, IX, 34 *note;* est envoyé comme ambassadeur près de la reine d'Angleterre, 294.

Foix (Louis de), architecte français, constructeur de l'Escurial et de la Tour de Cordouan, X, 475 *note*.

Folano, prédicateur florentin, meurt de faim dans un cachot du château Saint-Ange, VIII, 122.

Folquet, troubadour d'abord, puis moine de Cîteaux, est fait évêque de Toulouse, IV, 24; y organise la guerre civile, 43; en est chassé, 44; y rentre en triomphe, 54; perversité qu'il déploie contre les Toulousains et leur comte, 102, 103, 146, 147; il préside à Toulouse le tribunal de l'inquisition, 153; sa mort, 156.

Fontaine (La) écrit des élégies en faveur de Fouquet, XIII, 44; sa vie, son œuvre littéraire, 205 à 209. — Il loue la révocation de l'édit de Nantes, XIV, 55; meurt, 244; après avoir soutenu la cause des anciens contre les modernes, 249; se plaisait dans la société du Temple, 254; ses opinions politiques et religieuses, sa conversion *in extremis*, 252.

FONTAINEBLEAU (château de), vieux manoir de saint Louis, agrandi et somptueusement décoré par François 1er, VIII, 134 et suiv.

FONTAINES (Godefroi de), chancelier de l'Église et de l'Université de Paris. Sa doctrine touchant le principe de l'individualité, IV, 284.

FONTAINES (Pierre de), grand légiste, IV, 293, 567.

FONTAINES (le comte de), général lorrain au service de l'Espagne, combat et meurt à Rocroi, XII, 165, 166.

FONTANGES (Mlle de), maîtresse de Louis XIV, XIII, 640.

FONTANON, jurisconsulte, membre du conseil général de la Ligue, X, 134.

FONTEÏUS, proconsul, sauve Massalie et Narbonne; ses excès, I, 127, 128; il est accusé par les habitants de la province et défendu par Cicéron, qui le fait acquitter, *ibid.*

FONTENAI-MAREUIL, ambassadeur de France à Londres, XI, 392. — A Rome, XII, 247; reconnaît la république napolitaine et engage le duc de Guise à tenter la fortune, 248, 249.

FONTENELLE. Ses écrits, ses relations avec la société du Temple, XIV, 234, 252; secrétaire perpétuel de l'Académie des sciences; ses *Éloges*, 260; ses *Dialogues des morts*, 308. — Ses relations avec Dubois, pour lequel il rédige le manifeste qui précède la déclaration de guerre à l'Espagne, XV, 97; cartésien en physique, il tend, en métaphysique, au sensualisme, 354; aperçu prophétique signalé dans sa dernière publication, 426.

FONTENOI (bataille de), XV, 280 et suiv.

FONTEVRAULD (abbaye de), III, 214 *note.*

FONTRAILLES, confident de Cinq-Mars, et son complice XI, 554, 555; va négocier en Espagne, 556; et traite avec Olivarez au nom de Cinq-Mars, des ducs d'Orléans et de Bouillon, 562.

FORBIN (Palamède de), prend possession de la Comté de Provence au nom de Louis XI, VII, 147.

FORBIN (le bailli de), bloque le port de Collioure, XI, 559.

FORBIN, marin français, XIV, 114; enlève un grand convoi anglais portant des troupes et des munitions en Espagne, 475; commande une escadre chargée de porter en Écosse le prétendant Jacques Stuart, et le ramène sans qu'il ait débarqué, 496, 497.

FORBONNAIS (Véron de), chef des bureaux du controleur général Silhouette, auteur des *Recherches sur les finances de la France*, achète une charge de conseiller au parlement de Metz, et débute par soumettre ses propriétés à la taille, XV, 562 *note.* — Combat à certains points de vue les économistes, XVI, 295.

FORCALQUIER (le comte de), est de la première croisade, III, 179.

FORCE (le duc de Caumont La), échappe au massacre de la Saint-Barthélemi, IX, 324. — Est auprès d'Henri IV, après la mort d'Henri III, X, 178 note ; est gouverneur du Béarn, 523 ; accompagne Henri IV à l'arsenal, le jour de la mort de ce prince, 568. — Ramène son cadavre au Louvre, XI, 3 ; se soulève contre la cour, 95 ; conseille au parlement de Pau de se soumettre au roi, 163 ; adhère aux résolutions de l'assemblée protestante de La Rochelle, 171 ; qui l'investit d'un commandement, 173 ; est chassé du Béarn par le duc d'Épernon, 174 ; accablé par les forces supérieures du roi, 176 ; s'enferme dans Montauban, 177 ; recommence la guerre en Guienne, 184 ; se soumet au roi, et devient maréchal, 187 ; est président adjoint de l'assemblée des notables de 1626, 246 ; commande une division de l'armée de Piémont, 328, 339 ; est rappelé, 342 ; défait les mercenaires liégeois du duc d'Orléans, 358 ; commande l'armée de Champagne, prend Vic et Moyenvic, en Lorraine, 367 ; envahit le Palatinat, 378 ; poursuit le duc d'Orléans en Bourgogne, 379 ; en Languedoc, 381 ; bat les rebelles du Vivarais, 382 ; campagne en Lorraine et dans l'électorat de Trèves, 405, 406, 408 ; campagne dans la haute Alsace et la vallée du Rhin, 421, 422 ; autre campagne en Lorraine, 435 ; il reçoit, sur les degrés de l'hôtel de ville, les enrôlements des volontaires parisiens, 453 ; couvre le siège de Saint-Omer, 484, 485 ; prend Renti et le Catelet, *ibid.*

FORCE (le marquis de Caumont La), fils du précédent, est élu par l'assemblée de La Rochelle chef du cinquième cercle, XI, 173 ; est chassé du Béarn, 174 ; s'enferme dans Montauban, 177 ; recommence la guerre en Guienne, 184. — Embrasse le parti du prince de Condé, XII, 384.

FORCE (le duc de La). Persécutions qu'on lui fait souffrir, ainsi qu'à la duchesse sa femme, pour leur faire abjurer le protestantisme, XIV, 54, *note*.

FORÊT (Pierre de La), archevêque de Rouen, chancelier de France, ouvre les États-Généraux de 1355, V, 137 ; et de 1356, 160 ; devient cardinal, 169.

FORMIGNI (combat de), VI, 445.

FORNOVO (bataille de), VII, 274 et suiv.

FORTUNATUS (Venantius), fait un épithalame en vers latins aux noces de Sighebert et de Brunehilde, II, 43.

FOSSE (Mlle La). Sa guérison miraculeuse, XV, 167, 168.

FOSSE (La), peintre, XIV, 237.

Fosse (La), poëte dramatique, auteur du *Manlius*, XIV, 244, *note*.
Fosseuse (Mlle de), maîtresse du roi de Navarre, IX, 524 *note*.
Foucaud (les), filles du procureur Foucaud, calvinistes et martyres, X, 76 *note*.
Foucaut, intendant du Béarn, *convertit* les protestants de sa province, XIV, 40 et suiv.; va faire la même opération en Poitou, 43.
Foucquet (Jean), de Tours, peintre sur vélin, VI, 470.
Foulon, peintre portraitiste, VIII 134.
Foulon, intendant des finances, XVI, 285 *note*; est proposé pour contrôleur général, et écarté, 541.
Foulques, archevêque de Reims, chef du parti karolingien, appelle Gui de Spolète pour le faire régner en France, II, 486; appelle secrètement à Reims, dans le même but, le jeune Karle, fils posthume de Lodewig le Bègue, et le sacre roi, 492; sa mort, 495.
Foulques-Nerra, comte d'Anjou, soutient Hugues Capet, III, 19; acquiert une partie de la Touraine, 21; prend Nantes, 30; bat les Bretons, 31; sa superstition, sa cruauté, 43 et suiv.; son intervention dans les affaires de famille des rois de France, 60, 65; sa mort, 75.
Foulques iv, *le Rechin*, comte d'Anjou et de Touraine, se bat pendant neuf ans, pour la succession de Geoffroi *Martel*, son oncle, contre Geoffroi *le Barbu* son frère, III, 105; prend la défense de la commune du Mans, 129; fait la guerre au roi Philippe Ier, ravisseur de sa femme, 151; aide le comte du Maine à reconquérir son domaine, 196; se réconcilie avec Bertrade, 209.
Foulques v, comte d'Anjou, acquiert par mariage le comté du Maine, III, 196; fait la guerre à Louis le Gros, 214; l'assiste contre le roi d'Angleterre, 217, 219, 275; revendique la charge de sénéchal de France, *ibid.*; prend Alençon, 276; aide Louis le Gros contre le comte d'Auvergne, 283; va en Palestine, et en revient templier, *ibid.*; soutient les Normands révoltés contre le roi d'Angleterre, 284; assiste Louis le Gros contre l'empereur, 286; contre le comte d'Auvergne, 287; marie son fils Geoffroi à l'héritière d'Angleterre, lui abandonne ses États, épouse la fille du roi de Jérusalem, et règne après lui, 296; meurt, 427.
Foulques, curé de Neuilli-sur-Marne. Singulière allocution qu'il adresse à Richard Cœur-de-Lion, III, 558; il prêche la cinquième croisade à Arcis-sur-Aube, 568 et suiv.
Fouquet de la Varenne, contrôleur général des postes, introduit les jésuites auprès d'Henri iv, X, 531.

Fouquet (Nicolas), procureur général au parlement de Paris, quitte cette ville après la journée du 4 juillet 1652, XII, 418; partage avec Servien la surintendance des finances, 444; agrandit sa position, et en abuse, 453; emploie des expédients funestes, 467, 468; s'enrichit de la misère du soldat, 494. — Son origine, son faste, ses espérances, XIII, 2, 3; membre du conseil secret de Louis xiv, 5; il prend des mesures tendant au développement du commerce maritime, 14, 15; retranche un quartier des rentes de l'hôtel de ville, 18; désordre de son administration, 19, 20, 21; dénoncé à Mazarin par Colbert, il se précautionne contre un orage, 25; se prend de querelle avec son frère, 26, 2e *note;* s'efforce de tromper le roi sur l'état des finances, 26, 27; vend sa charge de procureur général, 28; adresse ses vœux à Mlle de La Vallière, 29; fête de Vaux, *ibid.;* son arrestation, 31; son procès, 40 et suiv.; sa condamnation, sa captivité, sa mort, 44, 45.

Fouquet (l'abbé), frère du surintendant, XIII, 2; avec lequel il a une querelle scandaleuse, 26 *note.*

Fouquet, général prussien, défait par le général autrichien Laudon, XV, 567.

Fourcroi, avocat, travaille avec Lamoignon à l'*unification* des coutumes, XIII, 78 *note.*

Fourcroi, chimiste français, XVI, 549.

Fourier calcule le refroidissement de la terre, XVI, 31 *note.*

Fourqueux (M. de), contrôleur général des finances, XVI, 582, 583.

Fous (fête des), III, 562 *note.*

Fox (John), capitaine anglais au service des Gantois, les trahit, VI, 502.

Fox (Henri), ministre anglais, XV, 475.

Fox, homme d'état anglais, fils du précédent, combat la mise en interdit du port de Boston, XVI, 407; prêche en vain la conciliation, 409; soutient la cause de la tolérance religieuse, 452; devient ministre, 467; se retire, 473; se coalise avec lord North, *ibid.;* rentre au pouvoir avec lui, 485; chef de l'opposition, combat le traité de commerce de 1786 avec la France, et tout rapprochement avec elle, 566 *note.*

Fragonard, peintre, XVI, 160.

Franc-Fief (droit de), X, 444.

Franc-Maçonnerie. Caractères de cette institution; son introduction en France; son utilité, XV, 399, 400. — Modifications qu'elle subit à la fin du xviiie siècle, XVI, 526, 529, 532; parti que Mirabeau croit en pouvoir tirer, 535.

Franc (le) de Pompignan, archevêque de Vienne, présente au roi les doléances de l'assemblée du clergé, XVI, 353; pousse le clergé du Dauphiné dans les voies révolutionnaires, 510.

FRANCE. Sa constitution physique, I, 21.—A quelle contrée s'appliquait autrefois cette dénomination, II, 30; France féodale, après le traité de Verdun, 421, 423; duché de France, 487; son étendue, 505; le duc de France est élu roi, 546, 547. — Son domaine, ou *domaine de la Couronne*, moins étendu que l'ancien duché, III, 205; acquisition d'une partie du comté de Sens, du Vexin, du comté de Bourges, *ibid.*; droit de la couronne sur les villes épiscopales, *ibid.*; acquisition de l'Aquitaine, 299, 300; perte de l'Aquitaine, 460; acquisition de l'Amiénois, 507; confiscation et conquête de la Normandie, de l'Anjou, du Maine, du Poitou, 572 et suiv. — Conquête du Bas-Poitou, de la Saintonge, de l'Angoumois, du Limousin, du Périgord, IV, 121, 122; le Languedoc assuré à la maison royale, 148 et suiv.; transaction avec le roi d'Angleterre, qui recouvre le Périgord, le Limousin et la partie méridionale de la Saintonge, 264; réunion définitive de l'héritage des comtes de Toulouse, Toulousain, Querci, Rouergue, marquisat de Provence, Poitou, Auvergne, Aunis, partie de la Saintonge et de l'Angoumois, 348; acquisition par mariage de la Champagne et de la Navarre, 356, 357; réunion de Lyon à la France, 500; réunion définitive de la Champagne et de la Brie, 521, 531, 535. — V, 2; restitution de la Navarre, 2; état de la France, comparé à celui de l'Angleterre au commencement des guerres contre les Anglais, 35 et suiv.; acquisition du Dauphiné, 71, 116; de Montpellier, 116, 117; état de la France en 1358, 218, 219; perte du Périgord, du Rouergue, du Querci, du Bigorre, du Poitou, de la Saintonge, de La Rochelle, de l'Angoumois, du Limousin, de Montreuil-sur-Mer, de Calais, de Guines, du Ponthieu, abandonnés au roi d'Angleterre par le traité de Brétigni, 227; la Bourgogne réunie à la couronne, 234, et presque aussitôt distraite en faveur du quatrième fils du roi Jean, 238, 239; abandon de Lille, Douai, Orchies au comte de Flandre, 270; recouvrance du Querci et du Rouergue, 272; de l'Angoumois, de La Rochelle, 288, 289; du Poitou, 294; conquête partielle de la Guienne, 296; et du Périgord, 315, 316; reprise du comté d'Évreux, 317, 318.—Situation désespérée de la France en 1429, VI, 132 et suiv.; cession de la Picardie au duc de Bourgogne, 337; bienfaits de l'administration de Jacques Cœur, 411; conquête de Bordeaux, de Bayonne, de la Guienne, du Périgord, 450 et suiv.; acquisition du Roussillon et de la Cerdagne, 537; rachat partiel de la Picardie, 542. — Reprise de la Bourgogne, VII, 121, 122; de toute la partie de la Picardie qui était restée au duc de Bourgogne, 123; acquisition de l'Anjou et de la Provence, 146, 147; réunion de la Bretagne à la France, 218, 219, 304 et suiv., 355 et suiv.; abandon du Roussillon et de la Cerdagne, 223; prospérité de la France sous Louis xii, 378, 379. — Perte de Tournai, VIII, 16; conquête des Trois-Évêchés, 414 et suiv., 476. — État moral de la France au début des guerres de Religion, IX, 103 et suiv.— Situation politique en 1590, X, 234; acquisition de la Bresse, 510. — Réunion du Béarn à la couronne, XI, 163 et suiv.; acquisition de l'Alsace, 497 et suiv.; conquête du Roussillon : Collioure, 558; Perpignan, 572. — Acquisition définitive, par le traité de Munster des Trois-Évêchés et de l'Alsace, XII, 268; prise de Dunkerque; cette ville est cédée à l'Angleterre, 497; acquisitions de la France, par le traité des Pyrénées, en Artois, en Flandre, en Hainaut, dans le Luxembourg, 542; Acquisition définitive du Roussillon, *ibid*. — Du duché de Bar, du comté de Clermont en Argonne, de Stenai, Dun, Jametz et Moyenvic, rachat de Dunkerque, XIII, 286; conquête de Douai, Lille, 317 et suiv.; et autres villes, cédées par l'Espagne au traité d'Aix-la-Chapelle, 339; conquête de la Franche-Comté, 437 et suiv.; de Valenciennes, Cambrai et Saint-Omer, 500 et suiv., cédées par l'Espagne, ainsi que Bouchain, Condé, Aire, etc., au traité de Nimègue, 526, 535; réunion de Strasbourg à la France, 580 et suiv. — État de la France en 1693, XIV, 189; vers 1700, 330 à 335; en 1709, 506 et suiv. — Sous Fleuri, XV, 209 à 217; acquisition de la Lorraine, 199, 201, 204; état moral au milieu du xviiie siècle, 325 et suiv.— Acquisition de la Corse, XVI, 251 et suiv.

France-Turquie, pamphlet dirigé contre Catherine de Médicis, IX, 372.

Franche-Comté, conquise deux fois par Louis xiv, XIII, 332 à 337, 339, 438, 439.

Francin, sculpteur provençal, XII, 146 *note*.

Franco-Gallia, IX, 34 *note*, 370.

François d'Assise (saint), fonde l'ordre des Frères-Mineurs, IV, 60 et suiv.

François Ier, duc de Bretagne, succède à son père Jean vi, VI, 432; combat les Anglais, 433, 434, 437, 446; son crime et sa mort, 511.

François ii, duc de Bretagne, VI, 513; rend hommage à Louis xi, 533; fait alliance avec le comte de Charolais, 542; question débattue entre lui et le roi, 546; son rôle dans la *Ligue du bien public*, 550, 560, 564, 570. — Dans les querelles de Louis xi avec son jeune frère, VII, 5, 6, 28, 29, 34, 49; il refuse l'ordre de Saint-Michel et accepte la

Toison-d'Or, 54; se rapproche de la France, 55; recommence à intriguer avec le duc de Guienne, 65; s'accommode avec le roi, 98 *note;* est toujours hostile à la France, 151, 152; s'abandonne à un favori nommé Landois, 192, 194; dont on le délivre, 198; entre dans la ligue des grands vassaux contre Anne de Beaujeu, 200; établit à Vannes un parlement indépendant, 201; embarras qu'il s'attire et revers qu'il essuie, 203, 205; il demande la paix, 207; meurt, 208.

FRANÇOIS DE PAULE (saint), est mandé par Louis XI, VII, 153; console Jeanne de France de son malheur, 304.

FRANÇOIS Iᵉʳ, d'abord François d'Orléans, comte d'Angoulême, VII, 348; est fiancé à la fille de Louis XII, 354 et suiv.; devient duc de Valois, 412; fait la guerre en Navarre, *ibid.;* en Picardie, 423; se marie, 428; monte sur le trône, 434; ses premières mesures, 437; sa passion pour Françoise de Foix, 438; préparatifs de la guerre d'Italie, 439, 441 et suiv.; expédition en Italie, et bataille de Marignan, 445 et suiv.; traité avec le pape, et conférences de Bologne, 451, 452; son retour en France, 453; traité de Noyon, 456; alliance perpétuelle avec les Suisses, 458; débats sur le concordat, 462, 463; édit sur la chasse, 464 *note;* son goût pour les arts, ses mœurs, son talent poétique, 475 et suiv.; il rachète Tournai, 485; envoie un corps auxiliaire au roi de Danemark, 486 *note;* fonde le Havre, 487; traite avec l'empereur, les rois d'Espagne et d'Angleterre, *ibid.;* il dispute à Charles-Quint la couronne impériale, 489 à 496; entrevue du *camp du drap d'Or,* 501; il est blessé par Montgommeri, 503. — Expédition en Navarre, VIII, 4; siége de Mézières, 12; guerre dans le Hainaut, 13 et suiv.; désordres financiers, 22; perte du Milanais, 26; guerre avec l'Angleterre, 29; altercations avec le connétable de Bourbon, et mesures prises contre lui, 14, 38, 39; le comte de Saint-Vallier et Diane de Poitiers, 45; guerre en Provence, 57; expédition en Italie, siége et bataille de Pavie, 58 à 66; captivité du roi, 67 à 88; traité de Madrid, 89; qui n'est point exécuté, 90 et suiv.; négociations avec les gouvernements italiens, 91, 92; Anne de Pisseleu, *ibid.;* pacte avec Henri VIII, 102; nouvelles négociations avec l'empereur, 105 et suiv.; l'Italie reconquise et reperdue, 107 et suiv.; traité de Cambrai, 116 et suiv.; le roi épouse Éléonore d'Autriche, 119; abandonne tous ses alliés d'Italie, 120 et suiv.; ce qu'il fait pour l'industrie, le commerce, la navigation, les arts, les sciences, 125 à 146; ses oscillations dans la question religieuse, 149, 154, 160, 168, 182, 222, 223 et suiv., 286, 331 et suiv.; annexion de la Bretagne à la France, 177 *note;* nouvelle entrevue avec Henri VIII, *ibid.;* nouvelle guerre contre l'empereur, 219, 229 et suiv., 237 et suiv.; traités avec le sultan, 244, 245; campagne en Artois, 247; conférences de Nice et d'Aigues-Mortes, 251 et suiv.; maladie du roi, 254; traité de Tolède, 255; passage de Charles-Quint à travers la France, 257 et suiv.; nouvelle guerre, 279 et suiv.; insurrection de La Rochelle, 282 et suiv.; guerre dans le Hainaut, 288, 290; guerre en Champagne, 299 et suiv.; traité de Crépi, 305; expédition contre l'Angleterre, 337; changement de front de la politique française, 341, 342; paix avec l'Angleterre, 348; mort de François Ier, 357.

FRANÇOIS DE FRANCE, fils aîné de François Ier, est fiancé à Marie d'Angleterre, VII, 486. — Est livré en otage aux Espagnols, VIII, 90; comment on le traite en Espagne, 118; son retour en France, 119; il est proclamé duc de Bretagne, 178 *note;* meurt, 239.

FRANÇOIS II, roi de France, d'abord dauphin, VIII, 373; épouse Marie Stuart, et prend le titre de roi d'Écosse, 464; reçoit à la tête une assiette lancée par son père à Dandelot, 467; prend les armes d'Angleterre, 473. — Monte sur le trône; est gouverné par Marie Stuart et par les Guises, IX, 18, 20, 21; est sacré à Reims, 22; conjuration d'Amboise, 34 et suiv.; assemblée des notables, 49; États Généraux convoqués à Orléans, 52 et suiv.; complicité de François II dans les embûches dressées contre le roi de Navarre, 59; il tombe malade et meurt, 59 et suiv.

FRANÇOIS, duc d'Alençon, quatrième fils d'Henri II, IX, 18; on pense à lui faire épouser la reine d'Angleterre, 278, 294, 295; ne prend aucune part à la Saint-Barthélemi, et défend la mémoire de l'amiral, 335 *note;* rôle qu'il joue au siége de La Rochelle, 355, 357 et suiv.; ses prétentions, ses intelligences avec les huguenots, son projet de fuite, bientôt abandonné, 373 et suiv.; va recevoir au pont de Beauvoisin son frère Henri III, 406; conspire contre lui, 412; sa fuite et sa révolte, 418 et suiv., 425; il fait la paix, et devient duc d'Anjou, etc., 427; siége aux premiers États de Blois, 440; montre tout à coup un grand zèle contre les huguenots, 447, 462; leur fait la guerre, 463, 464; ses visées, 475; il quitte la cour, et fait une expédition en Flandre, 484 et suiv.; négocie la *Paix de Fleix*, 499; demande la main de la reine d'Angleterre, *ibid.;* seconde expédition en Flandre, après qu'il a accepté le sceptre des Provinces-Unies, 501, 503, 504; ses fiançailles avec Élisabeth et sa déconvenue, 508; il est proclamé duc de Brabant, 509, 510; ses folies en Flandre, 515 et suiv.; son retour en France, 517; sa mort, 523, 524.

FRANÇOIS HYACINTHE, duc mineur de Savoie, XI, 481; meurt, 482.

François Iᵉʳ, empereur d'Allemagne, d'abord duc de Lorraine, et fiancé à l'archiduchesse Marie-Thérèse, échange la Lorraine et le duché de Bar contre la Toscane, XV, 197 à 202; dont il prend possession, 205; commande l'armée autrichienne contre les Turcs, qui le refoulent sur Belgrade, 220; marche au secours de Prague, et se retire précipitamment lorsqu'elle est prise, 243, 244; s'établit fortement dans les montagnes qui séparent le haut Palatinat de la Bohême, 252; garde la neutralité quant à la Toscane, 255; est élu empereur, 285; a le titre sans la fonction, 291. — Meurt, XVI, 265.

Francourt, chancelier du roi de Navarre, victime de la Saint-Barthélemi, IX, 324.

Francs-maçons. Apparition de ces confréries d'ouvriers, III, 409, 410.

Frangipani, Hongrois, agent du gouvernement français à Constantinople, VIII, 88, 91.

Frank (Guillaume), met en musique les psaumes de Marot, VIII, 287, *note*.

Frank (Sébastien), VIII, 505.

Franklin (Benjamin), demande que le Canada soit enlevé à la France, XV, 470; met en avant un projet d'union fédérale qui n'est pas adopté, 474; agent des colonies américaines, indique à William Pitt les meilleurs moyens d'attaquer le Canada, 533. — Démontre théoriquement et par des expériences l'identité du fluide électrique et de la foudre, XVI, 19; vient à Paris, 393; son entrevue avec Voltaire, 394, 395; il est chargé par le congrès de Philadelphie de préparer le plan de la confédération américaine, 410; concourt à la rédaction de l'acte par lequel les États-Unis proclament leur indépendance, 417; les représente à Paris, 419, 420; négocie et signe le traité d'alliance entre eux et la France, 423, 424; est reçu par Louis XVI en audience solennelle, 426; négocie la paix de 1783, et la signe trop tôt, 482 et suiv.

Franks. Leur première apparition dans l'histoire, sous ce nom, qui remplace celui d'Istewungs, I, 267; ils aident les Goths à vaincre Décius, 269; se ruent sur la Germanie romaine et la Belgique, *ibid.*; sont refoulés au delà du Rhin par Posthumus, 270; quelques-uns dévastent la Gaule, puis l'Espagne et l'Afrique, 272; grands ravages des Franks dans la Gaule, 276; ils sont battus et refoulés par l'empereur Probus, 277; échantillon de leur audace et de leur esprit d'aventure, 278; Maximien saccage leur territoire, 283; guerre avec les Romains, 287, 290, 295, 297, 302, 305, 306; leurs progrès lors de l'avénement de Julien, 306; Julien les tient en respect, 311; invasion nouvelle; ils détruisent une armée romaine, 326 ; Stilicon les arrête, 330 ; ils battent les Wandales, et sont battus par les Alains, 336 ; saccagent Trèves et envahissent la Tongrie, 344 ; nouvelles irruptions, nouveaux ravages; leur manière de combattre, 367, 368 ; leur religion, 405 ; situation des tribus frankes à l'avénement de Chlodowig, 409.

FRANQUET D'ARRAS, capitaine bourguignon, vaincu par Jeanne Darc, VI, 226.

FRANQUEVILLE, de Cambrai, sculpteur, X, 476. — XIII, 229.

FRAUGET, commandant de Fontarabie, est dégradé de noblesse pour avoir rendu cette place à l'ennemi, VIII, 47.

FRÉA, déesse des Germains, I, 242.

FRÉDÉGONDE, comment elle devient femme de Hilperik, II, 44, 42 ; elle est répudiée, 45 ; redevient concubine de Hilperik, 46 ; puis sa femme, 47 ; fait assassiner Sighebert, 55, 56 ; son influence sur Hilperik, et l'usage qu'elle en fait, 56 à 74, *passim ;* ses crimes, 71, 72 ; comment elle devient veuve, 78 ; son habile conduite, 79, 80 ; elle tente d'assassiner Brunehilde, 84 ; ses menées, 87 ; nouveaux attentats, 87, 88, 89, 93, 94 ; son expédition contre les Austrasiens, stratagème qu'elle imagine à la bataille de Truccia, 102 ; ses derniers succès et sa mort, 105, 106.

FRÉDÉRIC DE HOHENSTAUFFEN, duc d'Alsace et de Souabe, dispute la couronne impériale à Lother de Saxe, III, 295.

FRÉDÉRIC, dit *Barberousse*, duc de Souabe, neveu de l'empereur Conrad, prend la croix à la voix de saint Bernard, III, 432 ; est élu empereur après son oncle, 471 ; prend le parti du pape contre les Romains, *ibid.;* réunit par mariage la Franche-Comté à ses domaines, *ibid.;* prétend au pouvoir absolu, 472 ; échoue, 473, 498 ; prend la croix, 529 ; ses succès en Asie, et sa mort, 540.

FRÉDÉRIC II, fils de l'empereur Henri VI, lui succède en Sicile, III, 555 *note.* — Est proclamé empereur par le pape et le parti gibelin tout à la fois, IV, 67 ; devient l'adversaire du pape, 171 et suiv.; son expédition en Palestine ; il devient roi titulaire de Jérusalem, 173 ; guerre qu'il soutient contre le pape, 174 ; suite de ses démêlés avec Grégoire IX, 181 et suiv.; ses querelles avec Innocent IV, 197, 202, 208 ; sa mort, 240.

FRÉDÉRIC, petit-fils de l'empereur Frédéric II, hérite des duchés d'Autriche et de Souabe, IV, 240 ; est dépouillé de l'Autriche par l'empereur Richard, s'associe à l'entreprise de Conradin contre Charles d'Anjou, et périt avec lui, 320, 321.

Frédéric d'Aragon, est élu roi par les Siciliens, IV, 389; traité entre lui et Charles II, roi de Naples, *ibid.*; il est reconnu roi par le pape Boniface VIII, 448, 449.

Frédéric d'Autriche, empereur, VI, 412; demande les secours de Charles VI contre les Suisses, 413. — Négocie le mariage de son fils Maximilien avec Marie de Bourgogne, VII, 79; son entrevue avec Charles le Téméraire, 80, 81; il vient au secours de Neuss assiégée par ce prince, 94; fait la paix avec lui, 94; secours qu'il accorde à son fils contre Louis XI, 136; contre les Flamands, 210; sa mort, 250.

Frédéric, prince de Tarente, frère du roi de Naples Alphonse II, commande la flotte napolitaine, VII, 252; échoue dans une entreprise contre les Génois, 256; règne après son neveu Ferdinand II, 282; ses offres à Louis XII, 329; sa chute, 334.

Frédéric, duc de Saxe, VII, 490; refuse la couronne impériale, et vote pour Charles-Quint, 496; fonde l'université de Wittemberg, 509; s'entremet auprès du pape en faveur de Luther, 520; est vicaire de l'empire, 522; protége Luther, 530, 531.

Frédéric, électeur palatin, accepte la couronne de Bohême, offerte par la diète de ce pays, XI, 153; la perd, 165; est mis au ban de l'empire et abandonné par ses alliés, 166 et suiv.; perd ses États héréditaires, 182, 188, 193, 196; entre à Munich à côté de Gustave Adolphe, 371; meurt, 399.

Frédéric Ier, d'abord l'électeur de Brandebourg Frédéric III, puis roi de Prusse, entre dans les provinces rhénanes avec un corps d'armée, XIV, 107; prend Bonn, 110; se joint au prince de Waldeck, 130, renouvelle la *Grande Alliance*, 210; devient roi, 367; entre dans la coalition contre la France, 386; fournit un contingent de huit mille hommes pour l'armée impériale d'Italie, 445; hérite de la principauté de Neufchâtel, 472 *note;* meurt, 575.

Frédéric-Auguste I, électeur de Saxe, appuie faiblement la coalition contre la France, XIV, 168; s'y engage plus avant, 179 *note;* commande l'armée impériale contre les Turcs, par lesquels il est battu, 220; se convertit au catholicisme, 289, 349; devient roi de Pologne, *ibid.;* est battu par le roi de Suède, 367, 407; détrôné, 426, 470, 471; restauré, 542, 588. — Meurt, XV, 173; ses mœurs, 343.

Frédéric-Guillaume Ier, roi de Prusse, traite à Utrecht avec Louis XIV, XIV, 573, 575. — Avec le régent, XV, 85, 86; acquiert Stettin et une portion de la Poméranie, 102; s'allie à la France et à l'Angleterre contre l'Autriche et l'Espagne, 138; adresse de vives remontrances au roi de Pologne sur les excès des jésuites de Thorn, 139 ; traite avec l'empereur, et garantit sa *Pragmatique*, 154 ; sa mort, ses qualités, ses brutalités, son armée, son trésor, 228, 229, 343.

FRÉDÉRIC-AUGUSTE II, électeur de Saxe, prétendant au trône de Pologne, XV, 173 ; gagne à sa cause l'empereur d'Allemagne et le gouvernement russe, 177 ; est proclamé roi de Pologne, 178 ; prétend à la succession d'Autriche, 231 ; traite avec Marie-Thérèse contre le roi de Prusse, puis avec le roi de Prusse contre Marie-Thérèse, 238 ; envahit la Bohême, 240, 241 ; abandonne ses alliés, 250 ; renoue avec l'Autriche, 274 ; refuse la candidature à l'empire, 278, 280 ; s'enfuit de Dresde devant Frédéric II, 285 ; vend sa neutralité à la France, 291 ; se ligue avec l'Autriche et la Russie contre la Prusse, 497 ; quitte de nouveau sa capitale à l'approche de Frédéric, se réfugie au camp de Pyrna, puis en Pologne, 498. — Meurt, XVI, 258.

FRÉDÉRIC II, roi de Prusse (le Grand Frédéric), XV, 228, 229, commence par augmenter l'armée formée par son père, 230 ; prend la résolution de revendiquer et d'envahir la Silésie, 233 et suiv. ; offres qu'il fait à Marie-Thérèse, en prenant les trois quarts de cette province, 235 ; bataille de Molwitz, 237 ; il s'allie à la France, 237, 238 ; prend Neisse, 240 ; traite avec l'Autriche, *ibid.* ; pousse la Saxe contre la Bohême, *ibid.* ; reprend les armes ; campagne en Moravie ; puis en Bohême, 245, 246 ; bataille de Czaslau, 249 ; nouveau traité de paix avec l'Autriche, 250 ; ses efforts pour décider la Hollande à rester neutre entre l'Autriche et la France, et la diète germanique à interposer son arbitrage, 260 ; il se rapproche de la France, 264 ; aide le maréchal de Noailles dans ses négociations, 266 ; traite avec la France, 267 ; avertit d'avance Louis XV de sa marche sur Prague, 270 ; ne réussit point parce qu'il n'est pas soutenu, 273, 274 ; proteste contre l'élection de l'empereur François Ier, 285 ; le reconnaît en faisant la paix après une brillante campagne qui lui assure la Silésie tout entière, 285, 286 ; aide la France à obtenir la neutralité de l'empire, 291 ; paix d'Aix-la-Chapelle, 322 et suiv. ; curieuse discussion épistolaire entre lui et le roi d'Angleterre son oncle, 343 ; sa liaison avec Voltaire et d'autres littérateurs et savants, ses travaux littéraires, ses établissements scientifiques, 401, 402 ; il demande en vain au gouvernement français la liberté des prisonnières de la tour de Constance, 442 ; lui offre de s'unir à lui contre l'Autriche et l'Angleterre, 490 ; s'allie à George II, 494 ; envahit la Saxe et la Bohême, 498 ; s'empare de Dresde, défait l'armée autrichienne, fait l'armée saxonne prisonnière, *ibid.* ; est assailli à la fois par les Autrichiens, les Français, les Suédois et les Russes, 515 ; défait les Autrichiens à Prague, 516; est battu par eux à Kolin, *ibid.;* marche contre les Russes, 518; veut se tuer, et fait des vers sur sa mort prochaine, 519; bat les Français et les Allemands à Rosbach, 524; subside annuel que lui fournit l'Angleterre, 526; campagne en Moravie, en Brandebourg, en Silésie, 531, 532; il est battu par les Russes, 556; les refoule en Pologne, 557; perd en Saxe un corps d'armée, *ibid.;* siége de Dresde, bataille de Torgau, 567; situation critique où il se trouve entre les Russes et les Autrichiens, 584; paix et alliance avec la Russie, 585; avec la Suède, 586; il reprend Schweidnitz, 588; paix avec l'Autriche, 596. — Son caractère, ses relations avec Voltaire à Berlin, XVI, 3, 4; il accueille l'abbé de Prades, 48; offre à Diderot d'achever dans ses États l'Encyclopédie, 51; réfute le *Système de la nature,* 146; ses projets contre la Pologne dont il hâte la dissolution par ses intrigues, 258 à 264; il aide la tzarine contre les Turcs de son argent et de ses conseils, 267; amène cette princesse et Marie-Thérèse à l'idée du partage de la Pologne, 271, 272; négociations et intrigues qui aboutissent à ce partage, 299 à 302; il fait avorter les entreprises de l'empereur Joseph II sur la Bavière, 437 et suiv.; fixe Lagrange à Berlin pendant vingt années, 518; fait échouer l'échange, projeté par Joseph II, des Pays-Bas autrichiens contre la Bavière, et forme une confédération des princes allemands pour le maintien de la constitution de l'empire, 554; meurt, après avoir émancipé les Juifs, 565.

FRÉDÉRIC-AUGUSTE III, électeur de Saxe, revendique, après la mort de l'électeur de Bavière Maximilien-Joseph, les alleux de la Bavière, XVI, 438; en reçoit la valeur en argent, 439.

FRÉDÉRIC DE HESSE-CASSEL, roi de Suède, XV, 543 *note.*

FRÉDÉRIC-GUILLAUME II, roi de Prusse, neveu du Grand Frédéric, d'abord *prince-héritier,* est dominé par les mystiques allemands, XVI, 534; monte sur le trône, 565; appuie en Turquie la politique anglaise, 590; rétablit par la force des armes le prince d'Orange dans la charge de capitaine général des Provinces-Unies, 591, 592.

FRÉDERIK, assassin de son frère Thorismond, I, 379; commande les Wisigoths à la bataille d'Orléans, où il est vaincu par Œgidius, 385.

FRÉDERIK, fondateur de la maison de Bar, premier duc de Haute-Lorraine, II, 535; est beau-frère de Hugues Capet, 540.

FRÉGOSO (Battistino), chef du parti français à Gênes, est chargé de gouverner cette ville de concert avec le sire de Ravenstein, VII, 320.

FRÉGOSO (Janus), soulève Gênes, en chasse les Français et se fait nommer doge, VII, 410; est exilé de Gênes, 417; y rentre, 419.

Frégoso (Octavien), doge de Gênes, traite secrètement avec le roi de France, VII, 442.

Frégoso (César), assiége par terre la ville de Gênes, VIII, 107; sa mort, 274.

Fréminet (Martin), peintre, X, 476.

Frères des écoles chrétiennes (institution des), XV, 348 *note*.

Fréret (Nicolas). Ses immenses travaux, XV, 352, 353.

Fréron, rédacteur de *l'Année littéraire*, XVI, 50 *note*.

Freundsberg (Georges de), commandant de la garde de l'empereur, son allocution à Luther, VII, 529. — Il se met à la tête des lansquenets recrutés contre la France, VIII, 61; en enrôle 14,000 contre le pape, 98; meurt d'apoplexie, 100 *note*.

Frey (le Père), jésuite, décide ses confrères à porter leur opposition à la sentence des consuls de Marseille devant la grand'chambre du parlement de Paris, XVI, 207.

Freybourg (bataille de). XII, 194 à 196. — Siége et prise de cette ville en 1713, XIV, 578. — En 1744, XV, 273.

Fribourg (le comte de), délivre la Bourgogne des *Écorcheurs*, VI, 363.

Friburger (Michel), ouvrier de Gutenberg, est appelé à Paris par le recteur de l'Université, VII, 160.

Fridelo, fils d'un comte de Rouergue, chef de la maison des comtes de Toulouse, rend Toulouse à Karle le Chauve, à condition de la garder comme son vassal, II, 438.

Friedlingen (bataille de), XIV, 397.

Frisons, Germains inghewungs; où ils habitent, I, 214; ils attaquent les Romains à plusieurs reprises, 226; se joignent à Civilis, 235. — Reparaissent dans l'histoire après plusieurs siècles, II, 169; après de longs et sanglants démêlés avec les Franks, sont écrasés par Karle Martel, 207, 208.

Froissart. Jugement sur cet écrivain, V, 467 *note*.

Frontenac (de), gouverneur du Canada, XIII, 557. — Repousse victorieusement une invasion anglaise, XIV, 142.

Fuensaldaña, général espagnol, fait une pointe en Picardie, XII, 422; prend Dunkerque, 423, 430, 434; et trois places en Champagne, 441; rentre en Picardie où il trouve devant lui Turenne, 455, 456; assiége Arras, 460; est battu devant cette place, 462, 463; se retire précipitamment devant Turenne, 469; est gouverneur du Milanais, 483; décide son gouvernement à traiter avec la France, 514.

Fuentes (le comte de) est nommé gouverneur des Pays-Bas, X, 307 *note*; rassemble une armée considérable, 376; prend Le Catelet, Doullens, Cambrai, 383, 385, 386; envoie 4,000 Suisses au duc de Savoie, 508; correspond avec le duc de Biron, 514.

FUGGER (les), banquiers d'Augsbourg, VII, 396; prennent à ferme les indulgences papales, 490, 517; avancent les frais de l'élection de Charles-Quint, 491.

FULBERT, porte-étendard de Karle le Simple, tue Robert de Paris, II, 507.

FULBERT, évêque de Chartres, III, 54.

FULRAD, archichapelain du roi Peppin, reconduit à Rome le pape Étienne, II, 237; porte les Langobards à choisir pour roi Desiderius, 244; est abbé de Saint-Denis, 255; prend parti pour Charlemagne, au détriment du fils de Karloman, *ibid.*

FUMÉE (Adam), médecin de Charles VII, est mis, par son ordre, à la Bastille, VI, 524.

FUMÉE (Antoine), conseiller au parlement, est mis à la Bastille, VIII, 500. — Élargi, IX, 31 *note*.

FÜRSTEMBERG (le comte de), attaque sans succès la Champagne, VIII, 47.

FÜRSTEMBERG (le comte de), ambassadeur de l'empereur, réclame l'assistance de Louis XIII pour le catholicisme et la royauté, XI, 154.

FURSTEMBERG (Guillaume de), ministre de l'électeur de Cologne, est enlevé par des officiers autrichiens, XIII, 436; dévoué à la France, 584; recouvre la liberté, redevient ministre, détruit les franchises municipales de Liége, XIV, 20; évêque de Strasbourg après son frère, aspire en vain à l'archevêché de Cologne et à l'évêché de Liége, 80 et suiv.; est abandonné par ses troupes allemandes, 109.

FÜRSTEMBERG (Egon de), évêque de Strasbourg, chef du parti français dans cette ville, XIII, 584. — Meurt, XIV, 80.

FUST (Jean), bailleur de fonds de Gutenberg, VII, 159.

FYROUZ, habitant d'Antioche, livre une tour de cette ville aux chrétiens, III, 186.

G

GABELLE, établie par Philippe de Valois, V, 67, 68; étymologie de ce mot, 69; l'achat du sel est rendu obligatoire par quantités déterminées, 303. — Formes de cet impôt; révoltes qu'il provoque, VIII, 282, 380. — Ses abus monstrueux, signalés aux États-Généraux de 1588, X, 99 *note*. — Son organisation en 1614, XI, 56 *note*. — Améliorations opérées par Colbert, XIII, 64, 65; aggravations décrétées en 1673 et en

1675, 417, 469 ; il est ramené au taux de 1672, 546. — Aggravé d'un cinquième en 1774, XVI, 287 *note;* le comte de Provence, à l'assemblée des notables, en demande la suppression, 579.

GÆSATES. Étymologie de leur nom. Ils s'allient aux Boïes contre les Romains, I, 98; sont écrasés à la bataille de Télamone, 99; vaincus de nouveau, 100; s'opposent au passage d'Annibal, 101.

GAETANO *de Thiène*, VIII, 309; fonde l'ordre des Théatins, 343.

GAGES (comte de), général d'une armée hispano-napolitaine; campagne peu brillante qu'il fait en Italie, XV, 286, 287, 295, 296.

GAGUIN, général des Mathurins, historien, VII, 153, 157 *note*.

GAIE SCIENCE. Sens de ce mot, III, 379.

GAÏLEN, serviteur de Mérowig, délivre son maître, II, 65 ; lui donne la mort sur sa demande, 68; sa fin, *ibid.*

GAILLARD, président au parlement de Paris. Sa théorie historique sur l'origine et les droits de ce corps, VIII, 94 *note*.

GAILLON (château de), VII, 384.

GAIMAR, duc de Salerne, attire les Normands en Italie, III, 86.

GAIME (l'abbé), curé savoyard, bienfaiteur de J.-J. Rousseau, XVI, 63.

GALACTORIUS, évêque de Béarn, soulève ses ouailles contre les Wisigoths et se met à leur tête; il est battu et meurt en combattant, I, 446.

GALAND (Pierre), professeur d'éloquence latine au collége de France, VIII, 144.

GALAS, général autrichien et négociateur, XI, 359; combat à Nordlingen, 421; sur le Rhin, en Lorraine, 435 et suiv., 447; envahit sans succès la Bourgogne, 456; est battu par les Suédois à Chemnitz, 497. — Battu derechef, XII, 193, 205; va secourir l'électeur de Bavière, 214.

GALAS, ambassadeur d'Autriche à Londres, XIV, 545.

GALBA, chef des Suessons, généralissime de la ligue belge contre César, I, 148.

GALBA (Sergius Sulpicius) est proclamé empereur par Vindex, I, 232; puis par le sénat et le peuple romain; ses imprudences; sa mort, 233 et 234.

GALERIUS est associé à l'empire en qualité de César; règne en Illyrie, I, 284 et 285 ; pousse Dioclétien à persécuter le christianisme, 289 ; et le persécute lui-même avec acharnement, *ibid.;* sa mort, 293.

GALESWINTHE, fille d'Athanagild, épouse Hilperik, ses malheurs, sa mort, 45 à 47.

GALIANI (abbé) combat les théories des économistes sur le commerce des grains, XVI, 295, 296.

GALIGAÏ (Leonora Dori, dite), sœur de lait de Marie de Médicis, épouse Concini, domine la reine, X, 512; l'anime contre Henri IV, 555; ses intrigues, 564. — XI, 15, 41; son avidité, 42; faiblesse où elle entraîne Marie de Médicis, 45, 97; elle fait argent de tout, *ibid.*; empêche son mari de se retirer en Italie, 110; de s'accommoder avec de Luines, 114; son arrestation, 117; son procès, son supplice, 123 et suiv.

GALILÉE, astronome florentin; ses travaux, ses découvertes, XII, 11 et suiv.; persécutions qu'il subit, 14 et suiv.

GALIOT DE GENOUILLAC commande l'artillerie de François Ier, VII, 444; rend d'éminents services à Marignan, 448. — A Pavie, VIII, 62, 63.

GALISSONNIÈRE (La), gouverneur du Canada, XV, 303 *note;* repousse les attaques des Anglais, 304; et les envahissements de leurs colons, 471; s'efforce d'éclairer le gouvernement sur les dangers du Canada et l'importance de cette colonie, *ibid.;* escorte l'armée envoyée contre Minorque, 482; bat la flotte anglaise, 483; meurt, 485.

GALLAND, orientaliste, XIII, 178.

GALLARDS (des), ministre protestant, transige avec les catholiques sur l'Eucharistie, IX, 100.

GALLES (Édouard, prince de), dit le *prince Noir*, fils d'Édouard III, V, 76; accompagne son père en France, 81, 84; gagne ses éperons à Créci, 88; ravage le Languedoc, 136; le Rouergue, l'Auvergne, le Limousin, le Berri, 148; défait l'armée française à Poitiers, 149 et suiv.; comment il traite le roi Jean, prisonnier, 154, 173, 174; il le ramène à Calais, 229; est investi du duché d'Aquitaine, 235; son expédition en Espagne, 258 et suiv.; difficultés de son gouvernement, 264 et suiv.; il est cité devant la cour des pairs de France, 268; sa cruauté à Limoges, 280; son retour en Angleterre, 281; sa mort, 313.

GALLIEN. Valérien, son père, l'associe à l'empire. Son indolence fastueuse, I, 269 et 270; il va en Italie, perd les trois provinces occidentales, veut les reprendre, est blessé, 271 et 272; édit de ce prince qui exclut les sénateurs de l'armée, 278.

GALLUS, empereur, s'engage à payer un tribut aux Goths. L'empire attaqué de toutes parts sous son règne. Il est détrôné par les légions d'Illyrie, I, 269.

GALLUS (saint Gall), disciple de saint Colomban, II, 127.

GALVANI, physicien italien, XVI, 522 *note.*

GAMA (Vasco de) découvre la route de l'Inde, VII, 297.

GAND. Révolte de cette ville contre le comte de Flandre, V, 30, 31, 34; troubles dans ses murs, meurtre d'Artevelde, 77, 78; nouveaux troubles, fomentés par le comte, qui est rentré en possession du pouvoir, 115; mœurs des Gantois, 355; nouvelle révolte, lutte armée, 356 à 365, 372 à 386, 395 et suiv., 402 et suiv. — Autre soulèvement, VIII, 257; la commune de Gand abattue par Charles-Quint, 262.

GANDIA (le duc de), fils aîné du pape Alexandre VI, est assassiné par son frère César, VII, 286 *note*.

GANNA, prophétesse teutonique, fait un voyage à Rome, I, 240.

GANNASK, chef de pirates Haukes, est battu par Corbulon, I, 231.

GARANCE (culture de la), XIII, 142.

GARASSE, jésuite, auteur d'une *somme* théologique, XI, 241 *note*. — Dénonce à grand bruit les progrès de l'athéisme en France, XII, 5; sa *somme théologique* réfutée par l'abbé de Saint-Cyran, 83.

GARAYE (don Juan de), général espagnol, est forcé de lever le siége d'Ille, XI, 531.

GARCIA (Inigo), chef des Navarrois, II, 440.

GARCILASSO DE LA VEGA, poëte espagnol, tué à la place de Charles-Quint, VIII, 241.

GARDE (Paulin, baron de La), envoyé de François Ier près du sultan Soliman, VIII, 278; prend part à l'expédition contre Mérindol et Cabrières, 333 et suiv.; guerroie dans la Manche contre les Anglais, 337, 338, 339; est mis en accusation, et acquitté, 371; surprend une flotte marchande espagnole, 404; fait une expédition maritime dans la Méditerranée, 427. — Une autre sur l'Océan, contre les Calvinistes, IX, 265; rassemble une flotte destinée à combattre les Espagnols, 295.

GARDIE (La), grand chancelier de Suède, XIII, 360.

GARIGLIANO (bataille du), VII, 345.

GARIN, cordelier, prêche avec violence contre Henri IV, X, 335.

GARLANDE (Anselme, sire de), est fait sénéchal par Louis le Gros, III, 214; soutient la cause du roi les armes à la main, 215; se brouille un moment avec lui, 291.

GARNET (Henri), provincial des jésuites en Angleterre, est condamné à mort, comme complice de la conspiration *des poudres*, X, 543.

GARNIER, poëte français, X, 482. — XII, 128.

GARNIER, historien, XVI, 151 *note*.

GAROCÈLES, montagnards des Alpes, I, 142.

GASSENDI (Pierre), philosophe provençal, publie un livre contre la doctrine d'Aristote, XII, 14; sa doctrine à lui, 50 et suiv.

GASSION (le maréchal de), colonel d'abord, soumet les révoltés de Normandie, XI, 506; prend part à la défense des lignes d'Arras, 524. — Maréchal de camp, combat glorieusement à Rocroi, XII, 163 et suiv.; maréchal, 171; prend Gravelines, 192; Mardyk, Linck, etc., 212; Armentières, Menin, etc., 212, 213; périt dans une autre campagne en Flandre moins heureuse, 242 et suiv.

GAST (Luce de), écrivain français du moyen âge, III, 395 *note*.

GAST (Louis de), bailli de Meaux, défend cette ville contre Henri V, qui le fait décapiter, VI, 80.

GASTON-PHŒBUS, comte de Foix et de Béarn, prend le parti du roi de Navarre contre le roi de France, V, 132; secourt l'île de Meaux, 197; ses victoires, 235; il est fait gouverneur du Languedoc, 327; sa bonne administration, 347; comment il quitte son gouvernement, 348; ses dispositions testamentaires, non exécutées, 430.

GATES, général américain, fait prisonnier le général anglais Burgoyne avec toute son armée, XVI, 421; incline vers une alliance éventuelle des États-Unis et de l'Angleterre contre la France, 422; est battu en essayant de recouvrer Charles-Town, 449.

GATIEN (saint), apôtre de Tours, I, 268.

GATTA (don Carlos de La), général espagnol, attaque les Français devant Turin, pénètre dans la ville, et n'en peut plus sortir, XI, 520, 521.

GAUBIL (le Père), jésuite, traducteur du *Chouking*, livre chinois, XV, 571 *note*.

GAUCOURT (le sire de), bailli du duc d'Orléans, commande en cette ville, pendant le siège, VI, 119; est un des associés de La Trémoille, 151; accompagne Jeanne Darc, 159, 161, 166, 168; est envoyé près le duc de Bourgogne, 205; attaque Paris avec Jeanne Darc, 214; l'empêche d'attaquer la Normandie, 219; bat le prince d'Orange, 240; contribue à la chute de La Trémoille, 318; surprend Saint-Denis, 332; guerroie en Normandie, 392; est destitué par Louis XI de la grande maîtrise de la maison du roi, 527.

GAUDIN, ligueur, maire de Beauvais, est chassé de cette ville, X, 363.

GAUDRI, chapelain d'Henri Ier, roi d'Angleterre, fait prisonnier le duc de Normandie Robert Courte-Heuse, à la journée de Tinchebrai, III, 199; devient évêque de Laon, 251; donne, pour de l'argent, son consentement à l'établissement de la commune laonnoise, 252; son parjure et sa mort, 253, 254.

GAULE. Son organisation administrative sous Auguste, I, 194 et suiv.; civilisation de la Gaule sous les Romains, 200 et suiv.; nouvelle organisation sous Dioclétien, 285.

GAULOIS (Gaëls), leur commencement, leur origine, I, 1 et suiv.; leur lutte avec les Kimris, 15; première guerre avec les Romains, 18 à 22; expédition en Macédoine, en Thessalie, en Grèce, 24 et suiv.; ils conquièrent la Thrace, 27; l'Asie Mineure, *ibid.;* sont vaincus par Antiochus, et se fixent en Asie sous le nom de Galates, 28; fournissent des soldats à Carthage, *ibid.;* étendue du territoire qu'ils occupent au IIIe siècle avant J.-C., 29; leurs mœurs et leurs croyances, 30 à 87; causes de leur décadence, 88 et suiv.; leur industrie, 90 et suiv.; guerre des Gaulois cisalpins contre Rome, et leur assujettissement, 95 à 103; chute des Gaulois d'Asie, 105; des Gaulois d'Espagne, 106; premières conquêtes des Romains dans la grande Gaule, et invasion des Kimro-Teutons, 106 à 129; Ariowist en Gaule, 130 et suiv.; César : conquête de la Gaule, 146 à 190.

GAUTHIER (abbé), agent des premières négociations qui préparent le traité d'Utrecht, XIV, 538, 545.

GAUTIER (Walter), archevêque de Sens, préserve cette ville des Normands, II, 485; sacre le roi Eudes, 486; Robert de Paris, 506; Raoul, 508.

GAUTIER, comte de Pontoise et du Vexin français, dispute le Maine à Guillaume le Bâtard, qui l'empoisonne, III, 106.

GAUTIER *sans avoir*, chef de la première bande de Croisés, traverse l'Europe et arrive à Constantinople, III, 167; passe en Asie, et périt auprès de Nicée, 169, 170.

GAUTIER CALLEN, archidiacre d'Oxford, retrouve le *Brut y brenyned*, III, 365.

GAUTIERS, paysans normands, soulevés au nom de la Ligue, et taillés en pièces par le duc de Montpensier, X, 149.

GAVRE (bataille de), VI, 502.

GAZETTE DE FRANCE, fondée par Renaudot; Louis XIII y met des articles, XI, 356.

GEISA, roi de Hongrie, accorde aux Croisés le passage à travers ses États, III, 433.

GÉLASE II, pape, chassé de Rome, meurt à Cîteaux, III, 280.

GELDUIN, est fait archevêque de Sens par Henri Ier, III, 65; et déposé par un concile, 96.

GELÉE (Claude), dit *le Lorrain*, peintre, XII, 150.

GEMELLUS, vicaire préfectoral établi à Arles par Théoderik, I, 455.

GENABE, ville gauloise, est prise par les Carnutes, I, 165; reprise par les Romains, 168; l'empereur Aurélien accroît son importance et lui donne son nom, qu'elle a gardé (Aurelianum, Orléans), 275, 276.

GENEBRARD, professeur d'hébreu au collège de France, membre du comité des Seize, archevêque d'Aix, député du clergé aux États-Généraux de 1593, X, 263, 301; se retire à Marseille, 344 *note*.

GÉNÉRALITÉ (recette générale). Une ordonnance de François 1er divise le royaume en seize généralités, VIII, 273 *note*.

GÊNES (république de), se place sous le protectorat du roi de France, V, 448; s'en trouve mal, et s'en affranchit, 503. — Prend de nouveau le roi de France pour doge, VI, 514; expulse le gouverneur français et la garnison, 516; Louis XI abandonne ses droits ou prétentions sur Gênes au duc de Milan, 548. — Gênes ballottée entre le duc de Milan et le roi de France, plusieurs fois prise et reprise, VII, 247, 253, 256, 277, 278, 319, 360, 362, 364, 365, 410, 417, 419, 442. — VIII, 27, 107; recouvre enfin son indépendance, 109, 111; conjuration de Fiesque, 355. — Relations de Gênes avec l'Espagne au XVIIe siècle; elle dispute un fief impérial au duc de Savoie, XI, 211; est attaquée par ce prince et Lesdiguières, 216, 217; secourue par le gouverneur de Milan, 223; fin de cette guerre, 228. — Gênes accorde le passage sur son territoire à une armée française marchant contre les Espagnols, XII, 220. — Elle est insultée par Louis XIV, bombardée, opprimée, XIV, 23 et suiv.; arme contre l'empereur, 519; refuse de saluer Charles d'Autriche comme roi d'Espagne, 543. — Donne asile au cardinal Alberoni persécuté par le pape, XV, 104; exploite trop durement la Corse, la pousse à la révolte, et ne peut la soumettre qu'avec des secours étrangers, 223, 224; s'allie à l'Espagne et à la France contre l'Autriche, 286, 287; se soumet à cette puissance quand ses alliés l'ont abandonnée, 295, 296; chasse les Autrichiens, 299; est assiégée par eux, et les repousse, 320, 321; a de nouveau recours à la France contre la Corse, 488. — Ferme le comptoir commercial des jésuites, XVI, 207; vend l'île de Corse à la France, 251, 252.

GENÈVE, soutient contre son évêque et la maison de Savoie une longue guerre, au sortir de laquelle elle embrasse le protestantisme, VIII, 230, 321; institutions que Calvin lui donne, 323. — On y consacre, par un jeûne expiatoire, le souvenir de la Saint-Barthélemi, IX, 343. — Elle est transformée par les émigrés français du XVIIe siècle, XVI, 63; mouvement démocratique dans cette république, étouffé par l'intervention de Berne, de la Sardaigne et de la France, 548.

GENEVIÈVE (sainte), prédit l'éloignement d'Attila, I, 373; respect qu'elle inspire à Hilderik, 406, 407; services qu'elle rend à Paris, 414.

GENGIS-KHAN, IV, 179.

GENTIL (Le), astronome, XVI, 18.

GEOFFRIN (Mme) et son salon, XV, 330, 331.

GEOFFROI, comte d'Anjou, envahit la Normandie, II, 533; origine et commencement de la maison d'Anjou, *ibid. note*.

GEOFFROI *Grise-Gonelle*, comte d'Anjou, fait la guerre aux comtes de Chartres et de Rennes, III, 30.

GEOFFROI, fils de Conan, comte de Rennes, puis duc de Bretagne, III, 31.

GEOFFROI *Martel*, comte d'Anjou, fils de Foulques-Nerra, ses succès contre le duc d'Aquitaine, III, 74, 75; sa révolte contre son père, et son châtiment, *ibid.*; il secourt le roi de France, bat le comte de Chartres, le fait prisonnier, et acquiert la ville de Tours, 78, 79; attaque avec peu de succès la Normandie, 83; usurpe la suzeraineté du Maine, 84; guerroie de nouveau contre Guillaume de Normandie, sans être plus heureux, 84, 85; meurt, 105 *note*.

GEOFFROI, comte du Mans, est obligé de subir la suzeraineté du duc de Normandie, III, 84; retourne sous celle du comte d'Anjou, 106 *note*.

GEOFFROI *le Barbu*, neveu du comte d'Anjou Geoffroi *Martel*, dispute le comté à Foulques le Réchin, est vaincu, et incarcéré, III, 105 *note*.

GEOFFROI, comte de Rennes, méconnaît l'autorité du duc de Bretagne, III, 106.

GEOFFROI PLANTAGENÊT, fils de Foulques v, comte d'Anjou, épouse Mathilde, veuve de l'empereur Henri v et fille d'Henri 1er d'Angleterre, III, 296; est devancé par Étienne de Boulogne en Angleterre et en Normandie, où il fait sans succès une expédition, 297, 298; recommence la lutte, et finalement y gagne la Normandie, 423 et suiv.; sa mort, 453.

GEOFFROI, archidiacre de Monmouth, traduit le *Brut y brenyned* en latin, III, 365.

GEOFFROI D'ANJOU, second fils de Geoffroi Plantagenêt, tente d'enlever Éléonore d'Aquitaine, III, 461; prend les armes contre Henri, son frère aîné, 462, 463; est dépouillé de ses domaines par son frère Henri, 464; les Nantais lui défèrent le duché de Bretagne, 465; sa mort, *ibid*.

GEOFFROI, troisième fils d'Henri II, roi d'Angleterre, est fiancé à la fille de Conan IV, duc de Bretagne, lequel abdique en sa faveur, III, 480; se révolte contre son père, 493 et suiv.; est mis en possession de son duché, 497; se révolte de nouveau, 508; vient à Paris, où il trouve la mort, 523.

GEOFFROI, évêque-comte de Langres, son procès contre le duc de Bourgogne, jugé par la cour des pairs de France, III, 504.

GEOFFROY-SAINT-HILAIRE (Étienne) forme les galeries zoologiques du Muséum, XVI, 25 *note;* crée la théorie de l'unité de type, 39.

GEOFFROY-SAINT-HILAIRE (Isidore), auteur de la théorie des *séries parallèles*, XVI, 26 *note.*

GEORGEL, ex-jésuite, secrétaire du cardinal de Rohan, XVI, 556, *note;* vicaire général de la grande-aumônerie, mandement impudent qu'il publie pendant la captivité de son patron, 558.

GEORGES DE DANEMARK (prince), épouse Anne d'Angleterre, fille cadette de Jacques II, XIV, 34; quitte son beau-père, et va se joindre au prince d'Orange, 97.

GEORGES Ier, roi d'Angleterre, d'abord simple électeur de Hanovre, arrière-petit-fils de Jacques Ier, est appelé éventuellement à régner sur la Grande-Bretagne, XIV, 371; entre dans la coalition formée contre la France, 384; campagne qu'il fait en Souabe et sur le Rhin, 497, 518, 519; il s'oppose autant qu'il le peut à la conclusion de la paix entre la France et l'Angleterre, 545; monte sur le trône d'Angleterre, 591; se plaint vivement de l'ouverture du canal de Mardyck, *ibid.;* se livre aux whigs, persécute les tories, 592. — Offre au duc d'Orléans de l'aider contre le duc du Maine, XV, 4; réprime avec cruauté l'insurrection jacobite, 76; traite avec l'empereur et avec la France, 81, 82; s'allie à l'Autriche et à la France contre l'Espagne, 87, 90, 91; déclare la guerre à cette puissance, 93, 96; fait la paix, 101; paix de Nystadt, 102; bons offices qu'il rend à Dubois, 110, 112; traité avec l'Espagne et la France, 114; il refuse sa petite-fille, demandée pour Louis XV, 133; réclame contre l'ouverture du port d'Ostende, 136; s'allie à la France et à la Prusse contre l'Autriche et l'Espagne, 138; se plaint vivement du fanatisme des jésuites de Thorn, 139; expédie trois flottes contre l'Espagne, 146; meurt, 154; ses mœurs, sa conduite envers sa femme, 343.

GEORGES II, roi d'Angleterre, fils du précédent, monte sur le trône, XV, 154; traite avec l'Espagne, *ibid.*, 155, 157; avec l'Autriche, et garantit la *pragmatique* de l'empereur Charles VI, 159; obtient du parlement des subsides pour lui et pour Marie-Thérèse, 237; s'allie à l'Autriche, à la Saxe et à la Russie contre la Prusse, 238; expédition qu'il fait en Allemagne, et résultat qu'il obtient, 238, 239; il contraint le roi de Naples, par l'envoi d'une flotte, à se retirer de la coalition franco-espagnole, 255 ; se met à la tête d'une armée anglo-germanique, 259 ; bataille de Dettingen, 261 ; ses projets contre la France, 262 ; il traite avec le roi de Sardaigne, 263 ; passe le Rhin, se porte sur Worms, *ibid.;* fait la paix malgré lui, 324 et suiv.; vole le testament de son père, pour se dispenser d'acquiter les legs qu'il contient, 343 ; fait attaquer les flottes françaises sans déclaration de guerre, 475, 476 ; achète des soldats au landgrave de Hesse-Cassel, 491 ; demande 6,000 auxiliaires aux Provinces-Unies, 486 ; y renonce, 487 ; traite avec la Russie, 489 ; avec la Prusse, 494 ; renverse Pitt du ministère, et se voit presque aussitôt contraint à le reprendre, 523 ; rompt la capitulation de Kloster-Zeven, *ibid.;* meurt, 572.

GEORGES III, roi d'Angleterre, incline vers le parti tory, XV, 573, traité de paix qui termine la guerre de *Sept ans,* 593. — Guerre d'Amérique, XVI, 403 à 486 ; traité de commerce avec la France, où le droit des neutres est reconnu, 565.

GÉPIDES, arrière-ban des Goths. Ils viennent piller la Gaule, I, 337.

GÉRARD, comte de Bourges, s'y maintient malgré Karle le Chauve, II, 453.

GÉRARD, comte d'Alsace, obtient de l'empereur Henri III le duché de Haute-Lorraine, III, 88. — XV, 204 *note.*

GÉRARD, évêque de Cambrai. Lutte qu'il soutient contre les bourgeois de cette ville, III, 128.

GÉRARD DENIS, syndic des tisserands de Gand, mine la popularité d'Artevelde, V, 76 ; l'assassine, 78.

GÉRARD ROUSSEL, élève de Lefèvre d'Étaples, est appelé à Meaux par Guillaume Briçonnet, VIII, 149 ; est autorisé par François Iᵉʳ à prêcher dans Paris, 182 ; échappe à la persécution, et devient évêque d'Oloron, 225 ; est assassiné dans sa chaire épiscopale, 400 *note.*

GÉRARD (Balthazar), assassin du prince d'Orange, IX, 536.

GERBAUD (Gherbold), se signale par sa bravoure au siége de Paris, II, 483.

GERBERGE, sœur de l'empereur Othon le Grand, femme de Lodewig d'Outre-Mer, fait de vains efforts pour délivrer son mari, II, 526 ; gouverne son fils Lother, 531.

GERBERT, écolâtre de Reims, et secrétaire de l'archevêque Adalbéron, II, 542, 543, 544. — Est élu archevêque de Reims, III, 24 ; ses antécédents, 24, 25, 31 ; il est forcé de quitter l'archevêché de Reims, et devient archevêque de Ravenne, 33 ; siége au concile de Rome de 998, 34 ; devient pape, 46.

GERBIER, avocat, rédacteur de l'*Avertissement* qui accompagne les mémoires présentés par Calonne à l'assemblée des notables, XVI, 580.

GERGOVIE, ville des Boïes, I, 168.

GERGOVIE, chef-lieu des Arvernes. Siége qu'elle soutient contre César, I, 172 et suiv.; moyen employé par Auguste pour la faire disparaître, 197.

GERING (Ulrich), ouvrier de Gutenberg, est appelé à Paris par le recteur de l'Université, VII, 160.

GERMAINS (Ghermanna). Leurs premières tentatives pour s'établir dans les Gaules, I, 129; leur état social après la conquête de la Gaule par les Romains, 203 et suiv.; leurs mœurs, 208 et suiv.; leur religion, leurs traditions nationales, 212 et suiv.; ils attaquent l'empire sous Alexandre Sévère, 265.

GERMAIN (saint), évêque d'Auxerre. Son énergie, il sauve l'Armorique, I, 362; son voyage à Ravenne, 363; sa mort, 364.

GERMAIN (saint), évêque de Paris, excommunie le roi Haribert, II, 41; sa lettre à Brunehilde, 53.

GERMANICUS. Ses trois campagnes en Germanie. Tibère l'envoie en Syrie, I, 221 et 222.

GÉRONTIUS, lieutenant de Constantin, lui enlève l'Espagne, vient l'attaquer dans la Gaule, est abandonné par son armée, se tue, I, 341.

GERSON (Jean), théologien. Danger qu'il court pendant les troubles de Paris, V, 538; son sermon au service funèbre du duc d'Orléans, 550; son rôle au concile de Constance, *ibid.* et suiv.; sa fin, 557; auteur présumé de l'*Imitation*, 558. — Son dernier écrit, VI, 194, 196.

GERTRUDE DE SAXE, comtesse de Frise et de Hollande, attaquée par Robert de Flandre, termine la guerre en l'épousant, III, 132.

GERVAIS, archevêque de Reims, sacre le roi Philippe Ier, III, 100; est nommé grand chancelier, 104.

GESNER, fondateur de la zoologie moderne, IX, 13.

GESTE (chanson de), III, 342 et suiv.

GHEÏLO, évêque, sacre Gui, duc de Spolète, roi de France, II, 486.

GHENSERIK, roi des Wandales, s'établit en Afrique, I, 369; insulte le roi des Wisigoths, *ibid.*; pousse Attila sur la Gaule, *ibid.*

GHÉRARD, comte de Paris, passe du parti de Karle le Chauve à celui de Lother, II, 440.

GHÉRARD, GÉRARD (de Roussillon), gouverneur de la Provence pour Lother, II, 433; repousse les Normands de la vallée du Rhône, 446; repousse l'agression de Karle le Chauve, 448; est refoulé au delà de l'Isère, 458.

GHÉSALIK, bâtard d'Alarik II; son usurpation, sa défaite, sa fuite, I, 451; ses aventures et sa mort, 455.

GHIBERTI, sculpteur florentin, VII, 236.

GHILDE. Aperçu de cette institution, III, 57, 238.

GHISELBERT de Mons. Prend le titre de duc du Lotherrègne, et se ligue contre Karle le Simple avec Robert de Paris, II, 505; ses intrigues et ses changements de front, 507, 512, 518; sa mort, 518.

GHISELBERT, comte de Dijon, fait crever les yeux à l'évêque de Langres, II, 495; partage le duché de Bourgogne avec Hugues le Blanc et Hugues le Noir, 517.

GHISLA, fille de Lother II et de Waldrade, épouse le chef danois Godefrid, II, 476.

GHISLEMAR, maire du palais en Neustrie, bat les Austrasiens par surprise, et meurt subitement, II, 163.

GIAC (le sire de), hante la reine Isabeau de Bavière à Vincennes, VI, 28; prête serment au Dauphin après l'assassinat du duc de Bourgogne, 60. — Devient le favori de Charles VII; ses intrigues, ses crimes, sa mort, 110, 111.

GIAC (la dame de), dame d'honneur de la reine Isabelle de Bavière, et maîtresse de Jean sans Peur, rapproche ce prince des Armagnacs, VI, 54; le décide à partir pour Montereau, 57; reste auprès du Dauphin, 60; sa mort, 111.

GIBBON, historien anglais, réfute le manifeste de guerre de la France, XVI, 440.

GIBELINS, origine et sens de cette dénomination, III, 295.

GIBRALTAR est pris par les Anglais, XIV, 432. — Bloqué par les Espagnols, XVI, 441; assiégé sans résultat par eux et les Français, 471, 472.

GIÉ (le maréchal de), arrête les progrès de Maximilien d'Autriche en Artois, VII, 200; commande à Fornovo l'avant-garde française, 274; est chargé par Louis XII d'attaquer l'Espagne, 339; n'y fait rien, 347; est gouverneur du comte d'Angoulême; sa disgrâce, 348.

GIFFORD, jeune prêtre catholique, se met en communication avec Marie Stuart, X, 27, et la trahit, 28.

GILBERT, simple chevalier, à la troisième croisade, est mis, pendant quelque temps, à la tête de l'armée, III, 443.

GILBERT DE LA POIRÉE, évêque de Poitiers, accusé d'hérésie et condamné, se rétracte, III, 458, 459.

GILBERT, physicien anglais, découvre le magnétisme terrestre, XII, 13.

GILBERT DES VOISINS, greffier en chef du parlement de Paris, sacrifie sa charge et se fait exiler plutôt que d'être infidèle à cette compagnie, XVI, 284.

GILLES (Pierre), épicier, conduit contre l'île de Meaux un détachement de Parisiens, V, 197; est décapité, 212.

GILLES DE BRETAGNE, frère du duc François. Son procès et sa mort tragique, VI, 511.

GINCKEL, général hollandais, commandant en Irlande pour Guillaume III, défait à Aghrim les Français et les Irlandais insurgés, XIV, 147; prend Limerick, soumet l'Irlande, *ibid.;* comte d'Athlone est repoussé par les Français au delà du Wahal, 393.

GIOCONDO (frà), de Vérone, architecte, VII, 381.

GIORGION, peintre, VII, 236, 466.

GIOTTO, peintre, VII, 234.

GIRARD, enfant placé par son père sur le siége épiscopal de Lyon, III, 75.

GIRARDON, sculpteur, auteur du *tombeau de Richelieu*, à la Sorbonne, XIII, 231. — *Inspecteur des ouvrages de sculpture*, XIV, 236; auteur de la statue équestre de Louis XIV érigée sur la place Vendôme, 237.

GIROLAMO DELLA ROBBIA décore le château de Madrid en terre cuite coloriée, IX, 15.

GIRON (don Pedro), chef du parti populaire espagnol soulevé contre Charles-Quint, VIII, 3.

GIUSTINIANI (Demetrio), Génois; instrument de son supplice, VII, 365 *note*.

GIVRI s'emploie à faire reconnaître Henri IV pour roi de France, X, 173, 174; combat pour sa cause en Brie, 189; à Ivri, 200; se moque du légat du pape, 206; occupe Charenton, 211; surprend Corbeil par escalade, 233; meurt au siége de Laon, 362.

GLANSDALE (William), capitaine anglais, VI, 117; commande au siége d'Orléans le fort des Tournelles, 123; et la Bastide des Augustins, 124; insulte Jeanne Darc, 163; périt en défendant contre elle le fort des Tournelles, 169.

GLEEN, général autrichien, est battu et pris à Nordlingen, XII, 209; échangé contre le maréchal de Gramont, 210; reprend l'offensive, 211.

GLENDOWR (Owen) soulève les Gallois contre l'Angleterre, V, 468.

GLIZIN (George), savant, attiré en France par Louis XI, VII, 155.

GLOCESTER (Robert, comte de), fils naturel d'Henri Ier, combat pour sa sœur Mathilde contre le roi Étienne de Boulogne, III, 424.

GLOCESTER (Thomas, comte de Buckingham, duc de), fils d'Édouard III; envahit la France, V, 329; la Bretagne, 346; sa rébellion et sa mort, 455.

GLOCESTER (le duc de), frère d'Henri v, assiége avec lui Melun, VI, 70; est après sa mort lieutenant de la régence en Angleterre, 89; épouse Jacqueline, comtesse de Hainaut, 103; s'empare du Hainaut, 104; insulte le duc de Bourgogne, *ibid.*; quitte Jacqueline et se remarie, 114; secourt la place de Calais, 358; dispute l'influence au cardinal de Winchester, 371, 398; succombe, 406, 407, 430.

GLOCESTER (le duc de), troisième fils de Charles Ier, sert dans l'armée espagnole à la bataille des Dunes, XII, 495.

GLUCK, compositeur de musique, XVI, 158.

GLYCERIUS, empereur de la façon de Gondebald, I, 394.

GOAR, chef alain, se joint aux Romains et aux Allemans, I, 336; s'arrête chez ces derniers avec sa horde, 342; se joint aux Wisigoths d'Ataülf, 343; devient auxiliaire de l'empire, 345.

GOBIEN (Le), jésuite, avance que la Chine a, pendant près de deux mille ans, adoré le vrai Dieu, XIV, 297; est condamné par la Sorbonne, 298.

GODEAU, évêque de Vence, poëte, auteur d'une histoire ecclésiastique, hante l'hôtel Rambouillet, XII, 126.

GODEFRID, roi des Danois. Ses entreprises contre l'empire frank, II, 347, 353; retranchement par lequel il sépare ses États de la Saxe, 354; son ambition, 355; il envahit la Frise, 356; meurt assassiné, *ibid.*

GODEFRID, chef danois, ravage la Gaule septentrionale, II, 438; pénètre dans la Seine, 441; ravage la Gaule occidentale, *ibid.*

GODEFRID, chef normand, met l'Austrasie à feu et à sang, II, 475; épouse une princesse carolingienne et devient comte de Frise, 476; meurt assassiné, 478.

GODEFROI, comte des Ardennes, premier duc de Basse-Lorraine, II, 535; reçoit en fief du roi de Germanie une portion du Hainaut, 536; est battu en la défendant et blessé à mort, *ibid.*

GODEFROI *le Hardi,* duc de Haute et de Basse-Lorraine, se soulève contre l'empereur Henri III, III, 87; perd la Haute-Lorraine, 88.

GODEFROI *le Bossu,* chef de la maison de Basse-Lorraine, est assassiné à Anvers, III, 137.

GODEFROI DE BOUILLON. Ses commencements, III, 137; il prend la croix, 164; quelle était alors sa position, 165; il est investi du commandement de l'armée des croisés du nord, et se dirige vers Constantinople par la Hongrie, 172; ses relations avec le roi de ce pays, 176; avec Alexis Comnène, *ibid.* et suiv.; il combat à Gorgoni, 183; son duel avec un ours, 184 *note;* autre exploit qui lui est attribué au siége d'Antioche, 185 *note;* ce qu'il imagine au siége de Jérusalem, 189; il est élu roi de Palestine, 190; bat, près d'Ascalon, l'armée du khalife d'Égypte, 191; meurt, 202 *note.*

GODEFROI ou Geoffroi, évêque d'Amiens, concède aux bourgeois de cette ville une charte communale, III, 256; ce qu'il en résulte, 257, 258.

GODEFROI, juriste, auteur du *Corpus juris civilis,* IX, 3.

GODEFROI (Théodore), savant français, X, 489. — Auteur (en collaboration) du *Traité des droits du roy très-chrestien sur plusieurs estats et seigneuries,* XI, 403 *note.*

GODEFROI (Denis), érudit français, XIII, 177.

GODEGHISEL, roi des Burgondes, I, 388; est chassé par ses frères, Hilperik et Godomar, 393; rentre avec Gondebald, 394; règne à Genève; traite secrètement avec Chlodowig contre son frère Gondebald, 430; sa trahison, 432; bientôt châtiée, 435; il a altéré la monnaie, 446.

GODEHEU, successeur de Dupleix dans l'Inde, puis directeur de la Compagnie, XV, 462; traite avec le gouverneur anglais Saunders, 463.

GODET-DESMARAIS, évêque de Chartres, confesseur de Mme de Maintenon, XIV, 243; se prononce contre le *Quiétisme,* 317; demande que les protestants convertis par force soient contraints aux sacrements, 346.

GODIN, géomètre; va mesurer un degré du méridien sous l'équateur, XV, 395, 396.

GODOLPHIN, ministre anglais, XIV, 404, 536.

GODOMAR, roi des Burgondes, I, 388; chasse ses frères Gondebald et Godeghisel, 393; sa mort, 394.

GODOMAR, second fils de Gondebald, règne sur le midi de la Burgondie, II, 4; ses guerres avec les rois franks, 5 à 7, 15, 17; il se reconnaît vassal du roi des Ostrogoths, 17; il est vaincu par les Franks, et meurt en prison, 18.

GODWIN, chef anglo-saxon, est exilé par Edward le Confesseur, III, 107; son retour, 108.

GOËL (Ascelin de); comment il traite Guillaume de Breteuil, son prisonnier, III, 150.

GOETZ, général impérial, est battu à deux reprises par le duc Bernard de Saxe-Weimar, XI, 490, 491.

GOEZMAN, conseiller au *Parlement Maupeou,* XVI, 306.

GOFFREDI (Jean), cardinal d'Albi, combat Jean d'Armagnac, l'assiége dans Lectoure, le fait périr, VII, 83.

GOISLARD DE MONTSABERT, conseiller au parlement, dénonce à sa Compagnie les vérifications auxquelles procèdent les contrôleurs, XVI, 598; est arrêté, 602.

Goix (Le), quartenier ligueur, est massacré par les *politiques*, X, 225.
Goix (Le), ligueur aussi, et membre du *conseil des Dix*, X, 265.
Goliards (fête des), IV, 368 *note*.
Gomar, théologien hollandais, XI, 147.
Gomaristes, XI, 146.
Gomberville, romancier, habitué de l'hôtel Rambouillet, XII, 126.
Gondebald (Gondebaud), roi des Burgondes, I, 388; est chassé par ses frères, Hilperik et Godomar; se réfugie auprès de Rikimer, et devient patrice, 393, 394; fait un empereur, *ibid.*; repasse les Alpes, bat Hilperik et Godomar, qu'il fait périr et remonte sur le trône, *ibid.*; attaque les Wisigoths, 407; accorde à Chlodowig la main de sa nièce Chlothilde, 416; orage qui se forme contre lui, 430 et suiv.; sa défaite, 433; comment il est sauvé par Arédius, 434; sa restauration, 435; loi *Gombette*, 436 et suiv.; Gondebald attaque et prend Narbonne, 451; assiége Arles de concert avec les Franks, *ibid.*; est battu par les Ostrogoths, 452. — Sa mort, II, 4.
Gondebald, duc austrasien, sauve le petit roi Hildebert, II, 57.
Gondi, comte de Retz, puis maréchal, IX, 239; favori de Charles ix, 264; avertit Catherine de Médicis des entrevues de Charles ix avec l'amiral de Coligni, 302; sert d'intermédiaire entre le fils et la mère, 314; part qu'il prend à la Saint-Barthélemi, 315 et suiv., 326; au siége de La Rochelle, 355, 358; il combat les reitres amenés par Thoré, 420. — Se retire en Italie, X, 146 *note*; est appelé par Henri iv au conseil des finances, 398; préside un bureau de l'Assemblée des notables, 405.
Gondi, évêque de Paris, envoyé d'Henri iii auprès du pape, IX, 430. — X, 11 *note*; cardinal de Retz, 191 *note*; se retire à la campagne après la mort d'Henri iii, 197; revient à Paris, 217; est député vers Henri iv, 224; vers Mayenne, 226; se rallie au roi, qui l'envoie négocier à Rome, 293, 294; fait déclarer par la Sorbonne le roi inviolable, 372; négocie la réconciliation de ce prince avec l'église romaine, 379; préside le conseil de finances dit *conseil de raison*, 408. — prend le parti du nonce contre le parlement, XI, 14; est chef nominal du conseil, 181; pousse à la guerre contre les huguenots, 184; meurt, 191.
Gondi, duc de Retz, quitte la cour, et va rejoindre à Angers la reine mère, XI, 159; quitte brusquement l'armée insurgée pendant la bataille, 161; défend le château de Blavet contre les attaques du duc de Soubise, 215.
Gondi (Jean-François de), archevêque de Paris, siége à l'assemblée des notables de 1626, XI, 247 *note*. — Meurt, XII, 465.
Gondi (Paul de), cardinal de Retz, va conspirer à Sedan avec le duc

de Bouillon et autres, XI, 546 et suiv. — Se met au service de la reine, au début de la Fronde, en est mal récompensé et passe à l'opposition, XII, 296, 297; excite en secret le prince de Condé contre Mazarin, 304; les curés de Paris contre le prêt à intérêts, 309; dispute Condé à Mazarin, 310; mauvais services qu'il rend à la cour, 312, 315; parti qu'il tire du duc de Beaufort, 316; il intrigue avec l'Espagne dont il introduit l'agent au parlement, 321, 322; calme l'agitation populaire, 326; protége contre elle le premier président Molé, 332; visite la reine à Compiègne, 339; accusé d'une tentative d'assassinat contre Condé, s'en défend et dénonce les *agents provocateurs* de Mazarin, 346, 347; va conférer avec ce même Mazarin et avec la reine, *ibid.*; demande le cardinalat, ne l'obtient point, et passe au parti des princes, 362; parle pour eux au parlement, 365; veut marier sa maîtresse au prince de Conti, 366; excite le duc d'Orléans contre Mazarin, 367; soulève la garde bourgeoise contre la reine, 368; se retire à l'archevêché après la séparation des deux Frondes, 375; redevient le partisan de la reine et l'adversaire du prince de Condé, 377, 379, 380; veut former un *tiers parti*, 390, 391; échoue, 393; est cardinal, *ibid.*; se rend à Compiègne, à la tête d'une députation du clergé, pour demander que le roi rentre à Paris, 427; est mis à Vincennes, 443; traite avec Mazarin, est transféré à Nantes, s'évade, se réfugie à Rome et y fait élire Alexandre VII, 464 et suiv.; quitte Rome, voyage en Allemagne, 488.

GONDIOK, roi des Burgondes, reçoit de Rikimer le titre de maître des milices, I, 384; sa mort, 388.

GONDOWALD, bâtard de Chlother Ier; ses aventures, ses intrigues, son entreprise audacieuse, sa mort, II, 82 à 84.

GONDREN (le père), deuxième chef de l'Oratoire, XII, 67 *note*.

GONIN (Martin), pasteur d'Angrogne, arrêté et supplicié à Grenoble, VIII, 329 *note*.

GONTBALD, moine placé par Lother près de Lodewig le Pieux pour le surveiller, entreprend sa délivrance, II, 389; devient son favori, 391.

GONTHER, fils de Chlodomir, est recueilli par sa grand'mère et assassiné par ses oncles, II, 7 et suiv.

GONTHER, fils de Chlother, est envoyé par son père en Aquitaine, II, 17.

GONTHEUKE, veuve de Chlodomir, épouse Chlother en secondes noces, II, 7.

GONTHIER (*Gunther*), médecin, VIII, 142.

GONTHRAMN (Gontran), fils de Chlother, est envoyé par son père contre

Chramn, II, 29 ; sa part dans la succession paternelle, 37, 38; son procédé avec Théodehilde, veuve de son frère, 44 ; sa part dans la succession d'Haribert, *ibid.* et 45; guerres qu'il soutient contre Sighebert, 48; contre les Langobards et les Saxons, 50; contre Hilperik, 62, 74, 75; sa conduite envers son neveu Chlother II et Frédégonde, 79 et suiv.; il déclare Hildebert son unique héritier, 83; assemble un concile à Mâcon, 85 ; ses différends avec Frédégonde, 87 et suiv.; dangers qu'il court, 90 ; ses entreprises contre les Wisigoths, 96 à 99; sa mort, 101.

GONTHRAMN-BOSE, duc austrasien, défait Théodebert, fils de Hilperik, et le tue, II, 54 ; sa retraite à Saint-Martin de Tours, 62 ; ses intrigues, 66, 67 ; son ambassade, 81; il se lie avec Gondowald, le trahit, le vole, 82; et le tue, 84; son châtiment, 92.

GONTIER (le Père), jésuite, prêche à Saint-Gervais contre l'édit de Nantes et contre Henri IV, X, 564.

GONZAGUE (François de), marquis de Mantoue, commande l'armée vénitienne opposée à Charles VIII, VII, 273; est battu à Fornovo, 275; s'allie à Louis XII, 319, 320 ; commande l'armée française, 343 ; la conduit dans le royaume de Naples, puis résigne le commandement, 344, 345; suit Louis XII devant Gênes, 363 ; l'excite contre Venise, 370; reprend à cette république ce qu'elle lui avait enlevé, 376. — Se joint aux ennemis de la France, VIII, 18, 35.

GONZAGUE (Fernand de), général au service de Charles-Quint, VIII, 239 ; gouverneur du Milanais, est complice de l'assassinat du duc de Parme, 377; fait massacrer les soldats italiens au service de la France, 405; guerroie contre les Français en Piémont, 426.

GONZAGUE (François de), duc de Mantoue et marquis de Montferrat, meurt sans enfant mâle, XI, 40.

GONZAGUE (Marie de), hérite du marquisat de Montferrat, XI, 40; on se dispute sa tutelle, qui reste à son oncle le duc de Mantoue, 44; elle épouse le fils du duc de Nevers, 277; devient veuve et tutrice de son fils, 467; conspire contre la France et en faveur de l'Espagne, 481, 519.

GONZAGUE (Vincent de), duc de Mantoue, XI, 40; tuteur de la marquise de Montferrat, en dépit du duc de Savoie, 40, 44; meurt, 277.

GONZAGUE (Anne de), princesse palatine, première femme (en secret) du duc de Guise et répudiée par lui, XII, 247; s'entremet entre le coadjuteur de Retz et les princes de Condé, 362; retourne au parti Mazarin, 369; détourne Condé des conseils violents, 371; réconcilie Mazarin avec le duc de Bouillon et le vicomte de Turenne, 389; ramène le duc de Mantoue à l'alliance française, 471.

GONZAGUE (Charles III de), duc de Mantoue, excite les habitants de Casal à s'insurger contre la garnison française, XII, 435; revient à l'alliance française, 471; retourne à l'alliance autrichienne, 494; est réduit à demander grâce à la France et à ses alliés, 501.

GONZAGUE (Marie-Louise de) devient reine de Pologne, XII, 245. — Correspond avec Louis XIV et prépare l'élection au trône polonais du duc d'Enghien, XIII, 296; meurt, 324.

GONZAGUE (Charles IV de), duc de Mantoue, marquis de Montferrat, vend Casal à Louis XIV, XIII, 584. — Soutient contre l'Autriche le parti de la France et de l'Espagne, XIV, 374.

GORDIEN Ier, GORDIEN II, GORDIEN III, empereurs éphémères, I, 267.

GORDON, Anglais, tente d'incendier Brest et paie cet exploit de sa vie, XVI, 235.

GORDON (lord George), chef des associations protestantes contre le papisme, XVI, 452.

GONZALVE de Cordoue, à la tête d'une armée espagnole, aide le roi Ferdinand à remonter sur le trône de Naples, VII, 278 à 284; fait contre les Turcs une démonstration sans résultat, 330; revient dans le royaume de Naples et en chasse les Français, 331, 333, 334 et suiv.

GORDES (de), lieutenant-général en Dauphiné, protége les huguenots contre la rage des catholiques, IX, 340.

GOSSUIN, un des douze défenseurs de la tour du Petit-Pont, assaillie par les Normands, II, 484.

GOTESKALK renouvelle les disputes sur la double prédestination; traitement qui lui est infligé par Hinkmar, II, 469.

GOTHELON, duc de Basse-Lorraine, veut se placer sous la suzeraineté du roi de France, III, 64; défait Eudes II, comte de Chartres-Champagne, 74.

GOTHS, au midi de la Baltique, vers la Vistule, I, 215; ils descendent vers le Bas-Danube et se fixent entre la Theyss et le Don, 263 et 264; font irruption en Mœsie, Illyrie, Thrace, tuent l'empereur Décius, détruisent son armée, imposent un tribut à son successeur, 269; ravagent la Grèce et l'Asie Mineure, *ibid.;* sont repoussés par Valérien, 270; quelques-uns descendent en Italie, puis se retirent, 274; leur prospérité; ils se divisent en Ostrogoths et en Wisigoths, 320; ils sont chassés par les Huns, *ibid.*

GOTTSCHALK, prêtre, commande un corps de quinze mille croisés teutons, qui est exterminé par les Hongrois, III, 170.

GOUDIMEL (Claude) met en musique les psaumes de Marot, VIII, 287 *note*, 494. — Est massacré à Lyon, IX, 339. — Fut le maître de Palestrina, X, 477.

Gough (sir Mathieu), capitaine anglais, est battu à Formigni, VI, 445; sa mort, 449.

Goujon (Jean), VIII, 134, 137, 362 *note*. — Sa religion, IX, 16; Anet, le Louvre, la Fontaine des Innocents, *ibid.*; tradition relative à sa mort, 328 *note*.

Goulard (Simon), ministre protestant, auteur des *Mémoires de la Ligue*, IX, 441 *note*.

Gourdon (le capitaine), gouverneur de Calais, repousse les offres de la reine d'Angleterre, IX, 183 *note*.

Gourgues (Dominique de), gentilhomme gascon, venge les victimes des Espagnols dans la Caroline, IX, 286 *note*.

Gourmont, savant imprimeur, VII, 483.

Gournai (la demoiselle de), fille adoptive de Montaigne, dédie au cardinal de Richelieu, qui accepte, une édition des *Essais*, XII, 4.

Gournai (Vincent de), négociant, puis membre du bureau de commerce, et un des premiers économistes; principes qu'il expose, démontre et propage, XVI, 165 et suiv.

Gourville intervient auprès de Mazarin en faveur de Fouquet, et le sauve, XIII, 25; l'avertit des dangers auxquels il s'expose, 27; est condamné à mort par contumace, 43. — Effets de cette condamnation, XIV, 3; le roi songe à le faire contrôleur-général des finances, *ibid.*; il sonde quelques grands d'Espagne sur le projet de placer le duc d'Anjou sur le trône de Charles II, 352.

Gouttes (le commandeur Des) est donné pour lieutenant au jeune amiral d'Estrées, XI, 526. — Au duc de Richelieu, XII, 250.

Govea, juriste, IX, 3.

Gozbert, un des douze défenseurs de la tour du Petit-Pont, assaillie par les Normands, II, 484.

Gozlin, chancelier, abbé de Saint-Denis et de Saint-Germain-des-Prés, offre la couronne de France au roi de Germanie, II, 472; est battu par les Normands, 474; est élu évêque de Paris, qu'il défend contre les Normands, 480; sa mort, 482.

Graal (le Saint-), III, 392 et suiv.

Gracilis (Ælius). Par quel argument il détourne Antistius Vetus d'une entreprise utile à la Gaule, I, 232.

Græcus, évêque de Marseille, intermédiaire entre Ewarik et Julius Nepos, I, 396.

Grains. Leur prix sous Charlemagne, II, 321, 322. — Législation sur les grains, VIII, 129, 130, 398. — IX, 487 *note.* — X, 450, 451. — XIII, 94 à 102. — XVI, 233, 297, 332, 363, 367, 369 à 375.

GRAMMONT signe l'acte d'association protestante d'Orléans, IX, 121.

GRAMMONT ou GRAMONT (le comte, puis maréchal de) défend Bayonne contre les Espagnols, XI, 457; est maréchal, 553; est battu à Honnecourt, 565.— Commande, en Brisgau, sous le duc d'Enghien, XII, 19 *note;* est battu et pris à Nordlingen, 208; est échangé contre le général Gleen, et commande l'armée française avec Turenne, 210; se retire à Philipsbourg, 211; se joint au prince d'Orange, 214; combat glorieusement à Lens, 262; commande un corps d'armée du parti de Mazarin, 321; est chargé d'aller s'entendre au Havre avec les princes prisonniers, 367; est député à Saint-Maur vers le prince de Condé, 377; est envoyé comme ambassadeur près la diète de Francfort, 505; à Munich, près le duc de Bavière, 507; va demander pour Louis XIV la main de Marie-Thérèse d'Autriche, 519.

GRAMMONT, ambassadeur de France en Espagne, avertit le gouvernement espagnol des dangers de Gibraltar, XIV, 432.

GRAMMONT (maréchale de), nièce du cardinal de Noailles, aide Fleuri à circonvenir son oncle, XV, 162.

GRAMONT (comte de), s'introduit à Dôle, et persuade aux habitants de se rendre au roi de France, XIII, 335.

GRAMONT (duc de), cause, par son imprudence, la défaite de Dettingen, XV, 261.

GRAMONT (duchesse de), sœur du duc de Choiseul, XV, 571, 573.

GRANCEI (le maréchal de), gouverneur de Gravelines, XII, 389 *note.*

GRAND CONSEIL, VII, 464.

GRANDIER (Urbain), son procès et son supplice, XI, 605, 606.

GRANDS JOURS à Poitiers, IX, 487; à Clermont, 507; à Troies, *ibid.* — En Limousin, X, 541. — En Auvergne, XIII, 68 et suiv. — Ordonnance sur les Grands Jours, IX, 199.

GRANDVAL, aventurier français, est pendu et écartelé pour avoir tenté d'assassiner le roi d'Angleterre Guillaume III, XIV, 166 *note.*

GRANSON (bataille de), VII, 104.

GRASSE (de), amiral français, ravitaille la Martinique, XVI, 459; prend Tabago, 460; concourt à la prise d'York-Town, *ibid.* et suiv.; retourne aux Antilles, et y fait faute sur faute, 463 et suiv.; est battu, fait prisonnier, 468, 469; amené à Londres, où les Anglais lui font une ovation, 470.

GRATIEN, fils de Valentinien, I, 320; sa victoire sur les Allemans à Argentaria, 321; son expédition à travers l'Allemannie, 321 et 322; il confère l'empire d'Orient à Théodose, *ibid.;* il est détrôné et mis à mort, 322, 323.

GRAVERON (Mme de), jeune veuve protestante, brûlée vive à Paris, VIII, 492.

GRAVES, amiral anglais, fait de vains efforts pour dégager l'armée anglaise bloquée à York-Town, XVI, 461, 462.

GRAVILLE (le sire de), VI, 93, 174, 318.

GRAVILLE (l'amiral de), s'intéresse à la délivrance du duc d'Orléans; VII, 216; dissuade Charles VIII de la guerre d'Italie, 250.

GRÉBAN (les frères), auteurs des *Actes des apôtres*, mystère, IX, 555 note.

GREENE, général américain, XVI, 460 ; refoule les Anglais dans Charles-Town, 463.

GRÉGEOIS (feu), III, 544 note.

GRÉGOIRE, évêque de Tours, historien; ce qu'il dit des crimes de Chlodowig, I, 457, 458. — Il refuse de livrer Gonthramn-Bose à Rokholen, II, 62; et Mérowig à Hilperik, 66; son énergie dans le procès intenté à Prætextatus, 67.

GRÉGOIRE III, pape, sacre évêque l'Anglo-Saxon Winfrid, II, 243; offre le consulat romain à Karle Martel, 245; meurt, 216.

GRÉGOIRE IV, pape, prend contre Lodewig le Pieux le parti de Lother, et vient en France à la suite de celui-ci, II, 394. — Sa démarche auprès de Lodewig, 397.

GRÉGOIRE V, pape de la façon du roi de Germanie Othon III, qu'il couronne empereur, III, 33 ; sépare le roi Robert de sa femme Berthe, 34.

GRÉGOIRE VI, pape, III, 77.

GRÉGOIRE VII, pape. *Voy.* HILDEBRAND.

GRÉGOIRE VIII, pape, promoteur de la quatrième croisade, III, 528.

GRÉGOIRE IX, pape, confie l'inquisition aux dominicains et en augmente les rigueurs, IV, 157 et suiv.; suscite une croisade contre les hérétiques d'Allemagne, 160; intervient en faveur de l'université de Paris, 163; de l'archevêque de Reims contre les bourgeois de cette ville, 166, 167; ses démêlés avec l'empereur Frédéric II, 172 et suiv., 181 et suiv.; il fait prêcher une croisade, et en cause l'avortement, 177, 178; sa mort, 183.

GRÉGOIRE X, pape, s'efforce de guérir les plaies de la chrétienté, IV, 352, 353; assemble à Lyon un grand concile, *ibid.;* sa mort, 355.

GRÉGOIRE XI, pape après Urbain V, s'entremet entre Édouard III et Charles V, V, 284, 296; persécute les Vaudois et les Turlupins, 309; ses démêlés avec Florence, 310.

GRÉGOIRE XII, pape de Rome après Innocent VII, V, 501 ; son obstination à garder la tiare, 502, 503 ; sa déposition, 552.

GRÉGOIRE XIII, pape, IX, 295 ; conditions qu'il met au mariage d'Henri de Navarre avec Marguerite, 306 ; sa joie quand il apprend la Saint-Barthélemi, 342, 344 ; offre de contribuer aux frais de la guerre civile en France, 466 ; comment il se venge de la paix de Bergerac, 475 ; activité de sa diplomatie, 535 ; il autorise les ligueurs à prendre les armes, 541 ; meurt, 548.

GRÉGOIRE XIV, pape, doit son élection à l'influence espagnole, X, 232 ; ses hostilités contre Henri IV, 246, 252 ; repoussées par les prélats français, 255 ; sa mort, 256.

GRÉGOIRE XV, pape, se fait médiateur entre la France et l'Espagne, XI, 170 ; est dépositaire de la Valteline, 195 ; meurt, *ibid.*

GRÉGOIRE, député du clergé aux États-Généraux, se joint au tiers état, XVI, 654.

GRÉGOIRE DE TIFERNO, savant attiré en France par Louis XI, VII, 153.

GRÉMONVILLE, ambassadeur de France à Vienne, XIII, 324 *note;* négocie le premier traité de partage de la monarchie espagnole entre Louis XIV et l'empereur, 328 ; reçoit ses passe-ports, 429.

GRENIER (les frères), gentilshommes protestants, décapités par décret du parlement de Toulouse, XVI, 140.

GRESSET, poëte comique, auteur du *Méchant,* XV, 333.

GRÉTRI, compositeur de musique, XVI, 157 et suiv.

GREUSE, peintre, XVI, 160.

GRIFFITH-AP-CONAN, chef suprême de la Cambrie, fait rassembler et rédiger en prose les *Mabinogion,* III, 363.

GRIGNAN (le comte de), gouverneur de Provence, provoque la persécution contre les Vaudois, VIII, 332 ; ses ambassades, 336 *note*, 341 ; il est mis en accusation pour l'affaire des Vaudois, et se sauve par la protection du duc François de Guise, qu'il achète, 371.

GRIJALVA découvre le Mexique, VIII, 7.

GRIMALDI (Lucien de), prince de Monaco, noble génois, émigré en France, VII, 362.

GRIMALDI, ambassadeur d'Espagne, XV, 593. — Ministre, XVI, 253.

GRIMM, correspondant des princes d'Allemagne, XVI, 144 ; curieux extrait de sa correspondance, relatif à J.-J. Rousseau, 402 *note.*

GRIMOALD, fils de Peppin de Landen, après lui maire du palais, II, 147 ; sa tentative infructueuse d'usurpation, et sa mort, 151.

GRIMOALD, fils de Peppin de Héristall, est fait par son père maire du palais, II, 174 ; sa mort, 176.

Grimoald, fils d'Aréghis, duc de Bénévent, repousse l'invasion d'Adalghis, son oncle, qu'il défait, II, 306; se soulève contre Charlemagne, 315; est forcé de se soumettre, *ibid*.

Gringoire (Pierre), poëte du xve siècle, VII, 403.

Grippo, troisième fils de Karle Martel. Ce que son père lui laisse, II, 216; il est spolié par ses deux frères et enfermé, 217; délivré et richement doté par Peppin; son ingratitude et ses aventures, 226, 227; sa mort, 233.

Groslot, bailli d'Orléans, victime de la Saint-Barthélemi, IX, 324.

Grossier (Jean), capitaine quartenier de Paris, contribue à ramener cette ville sous l'autorité royale, X, 350.

Grotius (Hugo Van der Groot). Doctrine soutenue dans ses deux premiers ouvrages, XI, 147; il est arrêté, 149; condamné à une prison perpétuelle, 150; s'évade et se réfugie en France, 151 *note;* y remplit les fonctions d'ambassadeur de Suède, 426 *note*.

Groulart (Claude), premier président au parlement de Rouen, quitte cette ville soulevée par la Ligue, X, 132; se rend à Saint-Denis près d'Henri iv, 327.

Gryneus (Simon), publie à Paris un recueil de relations de voyages, VIII, 143.

Guadeloupe (la). Fondation de cette colonie, XI, 427 *note*. — Elle grandit et prospère, XV, 243; est prise par les Anglais, 548; rendue, 593. — Sa prospérité augmente, XVI, 235.

Gualo, cardinal-légat, défend à Louis de France, au nom du pape, d'accepter la couronne d'Angleterre, IV, 92.

Guarin, évêque de Beauvais, l'un des promoteurs de la *paix de Dieu*, III, 68.

Guarini, auteur du *Pastor fido*, X, 480.

Guasges, Wasges, Gascons, Basques (voy. *Auskes*). Ils résistent aux Franks et aux Goths, II, 74; s'emparent de la Novempopulanie, qui devient Wasconie, ou Gascogne, 100.

Guaspre, peintre français, XII, 149.

Guast (Bérenger Du), favori du duc d'Anjou, est blessé au siége de La Rochelle, IX, 358; obtient d'Henri iii 50,000 livres et deux évêchés à revendre, 413; est assassiné, 421.

Guast (Du), capitaine des gardes d'Henri iii, assassine le cardinal de Guise, X, 116; commande au château d'Amboise, et exploite cette position avec effronterie, 140.

Guastalla (le duc de) prétend à la succession du duc de Mantoue, XI, 277.

Guat (le marquis Du) (del Guasto) se signale à la bataille de Pavie, VIII, 63, 64, 66, commande les Espagnols en Lombardie, et réduit Milan au désespoir, 94, 95 ; est fait prisonnier dans le golfe de Salerne, 109 ; fait la campagne de Provence avec Charles-Quint, 235, 240 ; guerroie en Piémont, 247, 248 ; fait assassiner deux agents diplomatiques de François 1er, 274 ; va au secours de Nice assiégée, 291 ; est battu à Cérisolles, 295.

Guébriant (le comte, plus tard maréchal de) commande un corps de troupes françaises dans l'armée du duc Bernard de Saxe-Weimar, XI, 480 ; s'illustre au siège de Brisach, 490, 491 ; hérite du cheval de bataille du duc Bernard, 498 ; obtient de grands succès en Alsace, dans le Palatinat du Rhin, dans la Hesse, 498, 499 ; dans la vallée du Danube, dans la Basse-Saxe, 551, 552 ; est rappelé en deçà du Rhin, 553 ; défait à Kempen le général impérial Lamboi, 557 ; est fait maréchal, 560 ; tient la campagne entre Rhin et Meuse, 571 ; repasse le Rhin, 574. — Prend Rothweil, en Alsace, et y meurt, XII, 173, 174.

Gueldre (Adolphe, duc de) met son père en prison et s'empare du duché, VII, 78 ; est dépossédé, arrêté, condamné à une prison perpétuelle, *ibid.;* délivré par les Gantois, qui le prennent pour chef, 131 ; périt en attaquant Tournai, *ibid.*

Gueldre (Arnold, duc de), est incarcéré par son fils, et délivré par Charles le Téméraire, auquel il vend son duché, VII, 78.

Guelfe (Welf) IV, duc de Bavière, est de la seconde croisade, III, 201 ; vient en France en qualité d'ambassadeur du roi de Germanie, 211.

Guelfes. Origine et sens de cette dénomination, III, 295.

Guémené (prince de), fait une banqueroute de 30 millions, et se relève par les faveurs de la cour, XVI, 543.

Guénée (l'abbé), auteur des *Lettres de quelques Juifs*, XVI, 139 *note.*

Guénégaud, secrétaire d'État, est chargé de déchirer dans les registres du parlement l'arrêt d'*union;* ne peut remplir son mandat, XII, 281.

Guéret (le Pere), jésuite, professeur de Jean Chastel, X, 372.

Guérin, évêque de Senlis, combat en Flandre et à Bovines avec Philippe-Auguste, IV, 78, 84.

Guérin, avocat-général au parlement de Provence, VIII, 333 ; est pendu, 372.

Guersende, comtesse du Maine, livre à Geoffroi de Mayenne la citadelle du Mans, III, 129.

Guesclin (Bertrand Du) combat pour Charles de Blois, V, 170 ; entre au service du régent de France, 222 ; son origine et ses commencements, 245 ; ses succès en Normandie, 245 à 249 ; revers en Bretagne,

250; expédition de Castille, 256 et suiv.; il est fait prisonnier à Navarrete, 260; est racheté, et retourne en Espagne, 266; revient guerroyer en Languedoc et Gascogne, 278; est fait connétable, 282; expédition contre Robert Knolles, 283; succès en Poitou, en Berri, 286 et suiv.; en Bretagne, 292; en Guienne, 296; en Bretagne, 297; grande fortune de Du Guesclin, 248, 258, 278, 282, 297; services qu'il rend en Guienne, en Normandie, 315, 316; en Bretagne, 320; il se brouille un moment avec Charles v, 323; sa dernière expédition et sa mort, 328.

GUESDON, avocat angevin, conspire contre Henri IV, X, 507 *note*.

GUESLE (La), procureur-général, est chassé de Chartres, X, 132; introduit Jacques Clément auprès d'Henri III, et le renverse d'un coup d'épée après son crime, 160.

GUÉTI, peintre portraitiste, VIII, 134.

GUEUX (les), IX, 207.

GUEUX DE MER (les), IX, 299.

GUI, GUI DE CHÊNE, sens de cet emblème, I, 68 et suiv.

GUI, un des douze défenseurs de la tour du Petit-Pont assaillie par les Normands, II, 481.

GUI (Wido), duc de Spolète, convoite la couronne de France, est sacré à Langres, renonce et repasse en Italie, II, 486; devient empereur, *ibid*.

GUI, fils de Renaud, comte de Bourgogne, prétend à la couronne ducale de Normandie, III, 82.

GUI, comte de Flandre, s'unit à Édouard Ier contre Philippe le Bel, IV, 405; trahison dont il est victime, 407; il déclare la guerre à Philippe; ses revers, sa captivité, 414 et suiv.; sa mort, 453.

GUI DE NAMUR, fils de Gui, comte de Flandre, secourt les habitants de Bruges, et gagne à leur tête la bataille de Courtrai, IV, 438 et suiv.; ses revers, sa captivité, 455; sa délivrance, 457.

GUIBERT (Clément III), archevêque de Ravenne, est élu pape, en opposition à Grégoire VII, III, 137; couronne Henri IV empereur, 138.

GUIBERT, abbé de Nogent, historien, III, 255.

GUICCIARDINI, historien, gouverneur du Modénais, repousse les Français, VIII, 17; les attaque dans le Milanais, 18; défend Parme contre Lautrec, 20; trahit sa patrie, 121.

GUICHE (La), grand-maître de l'artillerie, est envoyé par Henri III au duc de Guise pour l'empêcher de venir à Paris, X, 59; détourne le roi de faire périr le duc, 62; combat à Ivri, 201.

Guiche (comte de), lieutenant-général, reconnaît le gué du Rhin à Tol Huys, XIII, 383; défait les Hollandais, 384, 385.

Guiche (duc de), colonel des gardes françaises, se vend au duc d'Orléans, XV, 3.

Guichen (comte de), lieutenant-général de mer, combat l'amiral Rodney trois fois de suite, et a trois fois la supériorité, XVI, 448; convoie la flotte marchande des Antilles, 449; une armée de Cadix à Minorque, 458; revient dans la Manche avec l'amiral Cordova, 459.

Guidacerio (Agathio), professeur d'hébreu au collége royal, VIII, 144.

Guide (Le), peintre italien, XII, 148.

Guignard (le Père), jésuite, est pendu pour des écrits trouvés au collége de Clermont, X, 372.

Guignes (de), auteur d'une savante *Histoire des Huns*, XVI, 151 *note*.

Guigues II fonde le comté de Viennois (Dauphiné), III, 29.

Guigues V, dauphin du Viennois, assiste à la diète de Besançon, III, 471; marie sa fille à Alberic, fils de Raimond V, comte de Toulouse, 478.

Guilbert, chevalier normand; son désintéressement, III, 124.

Guilhem, duc de Gascogne, est pris par les Normands, II, 434.

Guilhem *le Pieux*, comte d'Auvergne et marquis de Gothie, reconnaît la suzeraineté du roi des Français, II, 489; s'arme contre lui, 492; prend le titre de duc d'Aquitaine, *ibid.;* embrasse le parti karolingien, *ibid.;* reconnaît Karle le simple pour roi de France, 494.

Guilhem II, comte d'Auvergne et duc d'Aquitaine, fait hommage au roi Raoul moyennant le comté de Bourges, II, 509; passe au parti carolingien, 512; est attaqué par Raoul, *ibid.*

Guilhem, *tête d'étoupe*, comte de Poitiers, dispute au comte de Toulouse le duché d'Aquitaine, II, 514; épouse la sœur du duc de Normandie, 517; aide Lodewig d'Outre-Mer contre les grands vassaux révoltés, 520; en reçoit le duché d'Aquitaine, où il se maintient malgré Hugues le Grand, 530.

Guilhem, dit *Fier-à-Bras*, duc d'Aquitaine, II, 532. — Soutient Karle de Lorraine, III, 19; fait la guerre à Hugues Capet, 20; est battu par le comte de Périgord, 21; abdique, 23.

Guilhem *Taillefer*, comte de Toulouse, conquiert l'Auvergne et la donne en fief au vicomte de Clermont, II, 532; partage le marquisat de Gothie avec le comte de Rouergue, *ibid.* — Donne sa fille Constance au roi Robert, III, 33.

Guilhem, comte d'Arles et de Provence, détruit les Sarrasins des Basses-Alpes, II, 535; épouse la femme de Lodewig V, fils du roi des Français Lother, 543. — Érige la Provence en comté souveraine, III, 29.

GUILHEM V, *le Grand*, duc d'Aquitaine, fils de Guilhem Fier-à-Bras, guerroie contre le comte de Périgord, III, 23; sa prospérité et sa puissance, 24; il refuse l'empire, offert par les Italiens, 64; meurt, 64.

GUILHEM VI, *le Gras*, duc d'Aquitaine, fait au comte d'Anjou une guerre très-malheureuse, III, 74, 75.

GUILHEM VII, frère et successeur du précédent, relève l'Aquitaine, qu'il augmente de Bordeaux et du duché de Gascogne, III, 76.

GUILHEM VIII (Gui-Geoffroi), duc d'Aquitaine, siége à Reims, au sacre de Philippe Ier, III, 100; fait une expédition contre les Mores d'Espagne, 105; s'associe à l'entreprise de Guillaume le Conquérant contre l'Angleterre, 115; meurt, 141.

GUILHEM IX, duc d'Aquitaine, succède à son père, Guilhem VIII, III, 144; enlève Toulouse et le Rouergue à Bertrand, fils de Raimond de Saint-Gilles, 194; veut aller en Terre Sainte, 195; soulève une émeute contre les légats du pape, 200; rend à Bertrand ce qu'il lui a pris, et se met à la tête de la seconde croisade, *ibid.;* ses revers, et comment il s'en console, 202; ses querelles avec Alphonse-Jourdain, comte de Toulouse, 221; il aide le roi de France contre l'empereur, 286; son intervention dans la querelle entre Louis le Gros et le comte d'Auvergne, 287; sa croisade contre les Mores d'Espagne, et sa mort, 293, 294; ses poésies, 312.

GUILHEM, comte de Forez, prend la croix, III, 164; arrive à Constantinople, 179.

GUILHEM VI, comte d'Auvergne, en querelle avec l'évêque de Clermont, est soumis par le roi Louis le Gros, III, 283, 287; va par mer à la troisième croisade, 440.

GUILHEM X, duc d'Aquitaine, succède à son père Guilhem IX, III, 294; aide Geoffroi Plantagenêt contre Étienne de Boulogne, 298; son pèlerinage et ses dispositions avant de quitter ses États, 299; sa mort, 300.

GUILLARD, évêque de Senlis, conduit à Saint-Denis le corps de François II, IX, 62.

GUILLART, président au parlement de Paris, ambassadeur, VII, 492.

GUILLART DU MORTIER, orateur du tiers état à l'assemblée des notables de 1558, VIII, 463.—Ajourne son assentiment à la sentence de mort du prince de Condé, IX, 60.

GUILLART, évêque de Chartres, est cité devant le tribunal de l'inquisition, IX, 169.

GUILLAUME *Longue épée*, duc de Normandie, fils de Roll, rend hommage à Karle le Simple, II, 513; à Raoul, après avoir succédé à son père,

515; ses alliances, ses inclinations françaises, 517; ses hostilités contre Lodewig d'Outre-Mer, 518; il se rapproche de lui, 520; sa mort, 521.

Guillaume, abbé de Saint-Bénigne de Dijon, s'oppose à ce que le pape Jean XIX reconnaisse l'Église grecque, III, 47.

Guillaume *le Bâtard, le Conquérant*, fils naturel de Robert le Diable, est agréé comme successeur de son père, III, 72; ses premières guerres, contre Gui de Bourgogne, 82; contre Geoffroi Martel, comte d'Anjou, 83; il épouse Mathilde de Flandre, 84, 85; fait de nouveau la guerre au comte d'Anjou, *ibid.*; sa prospérité et ses crimes, 105, 106; ses relations avec Edward le Confesseur, 107; avec Harold, 108 et suiv.; il défère l'Angleterre au saint-siége, 111; ses préparatifs, 113 et suiv.; invasion de l'Angleterre, bataille de Hastings, 116 et suiv.; il est couronné à Westminster, 122; comment il traite l'Angleterre, 122 et suiv.; il détruit les institutions communales du Mans, 130, sa conduite pendant la guerre des Investitures, 139, 142; ses mauvais succès en Bretagne, 143, 145; sa querelle avec le roi de France, sa mort, ses funérailles, 145 et suiv.

Guillaume, comte d'Arques, oncle de Guillaume le Conquérant. Ses démêlés avec son neveu, III, 84.

Guillaume, fils d'Osbert ou Osberne, sénéchal de Normandie. Comment il remplit le mandat des États, consultés sur l'invasion d'Angleterre, III, 113; il est chargé du gouvernement de l'Angleterre, en l'absence de Guillaume le Conquérant, 125; périt en Flandre dans un combat, 132.

Guillaume *le Charretier*, devient chevalier après la conquête de l'Angleterre, III, 124.

Guillaume *le Tambour*, devient chevalier après la conquête de l'Angleterre, III, 124.

Guillaume *le Roux*, second fils de Guillaume le Conquérant, hérite de la couronne d'Angleterre, III, 146 et suiv.; dispute la Normandie à son frère aîné, 148, 149; ses entreprises sur le Vexin et sur le Maine; sa mort, 194, 195.

Guillaume, évêque d'Orange, est chargé, avec Adhémar, de la conduite de la guerre sainte, III, 164; il fait partie du corps des Français méridionaux, 179; sa mort, 188.

Guillaume *Atheling*, fils d'Henri 1er, roi d'Angleterre, reçoit en fief de Louis le Gros le château de Gisors, III, 218; épouse Mathilde, fille du comte d'Anjou, 277; meurt, 282.

Guillaume Cliton, fils de Robert *Courte-Heuse*, s'efforce vainement de délivrer son père et de recouvrer la Normandie, III, 275 et suiv.;

son mariage, 288 ; il devient comte de Flandre, 290 ; sa mort, 294.

Guillaume, comte de Nevers, Auxerre et Tonnerre, est traîtreusement arrêté par le comte de Chartres, III, 275 ; aide Louis le Gros contre le comte d'Auvergne et contre l'empereur, 283, 286, 287 ; refuse la charge d'administrer le royaume pendant la troisième croisade, et se fait chartreux, 433.

Guillaume III, comte de Bourgogne, emporté par le diable, III, 296.

Guillaume IV, dit *l'Enfant*, comte de Bourgogne, meurt assassiné, III, 295.

Guillaume de Champeaux, écolâtre de la cathédrale de Paris, chef de l'école réaliste après saint Anselme, III, 312 ; sa lutte contre Abélard, 314.

Guillaume, fils d'Étienne, roi d'Angleterre, meurt, III, 478.

Guillaume, roi d'Écosse, envahit l'Angleterre, est vaincu et pris, III, 496.

Guillaume, fils du comte de Champagne Thibaut IV, archevêque de Reims, sacre Philippe-Auguste, III, 502 ; son zèle contre les hérétiques d'Arras, 517 ; est chargé de la régence, conjointement avec la reine-mère, pendant l'absence du roi, 536 ; fait une campagne en Flandre, 545 ; prononce la dissolution du mariage de Philippe-Auguste avec Ingeburge, 564.

Guillaume, archevêque de Tyr, historien, légat du pape Grégoire VIII, prêche la quatrième croisade, III, 528.

Guillaume III, roi de Sicile, beau-frère de Richard Cœur-de-Lion, III, 552 *note ;* est détrôné et aveuglé par l'empereur Henri VI, 555 *note.*

Guillaume *l'Orfèvre*, artisan prophète, IV, 55.

Guillaume-Arnaud, dominicain, inquisiteur à Toulouse, en est chassé par les Capitouls, IV, 159 ; est massacré au château d'Avignonnet par les hérétiques proscrits, avec d'autres dominicains et familiers du saint-office, 193.

Guillaume de Saint-Amour, docteur universitaire, IV, 265 ; lutte qu'il soutient contre les ordres mendiants, 266 et suiv.

Guillaume de Lorris, auteur du roman de la *Rose*, IV, 368.

Guillaume *le Chauve*, insurgé de Bruges ; traitement qu'il subit, V, 9.

Guillaume de Bavière, comte d'Ostrevant, épouse la fille de Philippe le Hardi, duc de Bourgogne, V, 398 ; devient comte de Hainaut, Hollande et Zélande, 476 ; marie sa fille Jacqueline à Jean, duc de Touraine, deuxième fils de Charles VI, 478 ; tente vainement de secourir l'évêque de Liége, son frère, 491 ; négocie la paix entre les factions d'Orléans et de Bourgogne, 497. — Rapproche son gendre de Jean-sans-Peur, VI, 26, 27; de la reine Isabeau, *ibid.;* meurt, *ibid.*

GUILLAUME, verrier de Marseille, est mandé à Rome par Jules II, VII, 387.

GUILLAUME, landgrave de Hesse, fils de Maurice *le Savant,* XI, 363; envahit la Westphalie, 366; s'y maintient malgré les Impériaux, 462; meurt, 464.

GUILLAUME III (de Nassau), roi d'Angleterre, d'abord prince d'Orange, est exclu du statnoudérat, XII, 474. — Est adopté par la Hollande comme *enfant de l'État,* XIII, 326; entre au conseil d'État, 364; est élu capitaine-général et amiral des Provinces-Unies, 372, 379; s'entend mal avec Jean de Witt, 381; garde le cours du Lech, celui de l'Yssel et laisse les Français passer le Rhin, 382, 383; se replie sur Utrecht, 385; en Hollande, 388; protége les assassins de Corneille et de Jean de Witt, 394; est proclamé stathouder de Hollande par le parti populaire, 398; stathouder à vie, 399; son caractère, *ibid.;* il refuse la souveraineté héréditaire, 401; récompense les assassins des frères de Witt et s'empare de la dictature, 405; organise la défense de la Hollande, 406; fait contre les Français une campagne très-laborieuse, 410 et suiv., 430, 431; est proclamé stathouder et capitaine-général héréditaire de Hollande, Zélande, Gueldre, Over-Yssel, 433; se joint à l'armée de l'empire avec vingt-cinq mille Hollandais, quelques milliers d'Espagnols et le titre de généralissime du roi d'Espagne, 441; est battu à Senef, 441 et suiv.; échoue contre Oudenarde, 444; prend Grave, 444, 445; s'obstine à la guerre, 464; décline l'honneur d'épouser la fille du duc d'York, *ibid.;* se fait offrir le titre de duc de Gueldre et le refuse, 465; est tenu en échec par le maréchal de Luxembourg, 484; essaie vainement de troubler le siége de Bouchain, 492; échoue contre Maestricht, 493 et suiv.; repousse et fait repousser par les États-Généraux les propositions de Louis XIV, 498; en obtient un dernier effort pour défendre la Flandre, 502; va au secours de Saint-Omer et se fait battre à Cassel, 503, 504; échoue devant Charleroi, 513; perd une partie de son influence, 517; va en Angleterre, 518; épouse la fille du duc d'York, *ibid.;* tente sans succès de débloquer Mons, 530, 532; soutient et anime en Angleterre le parti de l'opposition, 572; prépare une nouvelle coalition contre la France, 573, 586 et suiv. — Envoie aux Espagnols quatorze mille auxiliaires, XIV, 18; recouvre toute son influence sur les Provinces-Unies, 67; ameute l'Europe contre Louis XIV, 70; ligue d'Augsbourg, 72; il commence à intervenir dans les affaires de l'Angleterre et prépare son expédition contre son beau-père, Jacques II, 85, 86; déclare sa résolution d'aller en Angleterre, 92; expédition qui lui vaut la couronne d'Angleterre, 95 et suiv., 99, 104; et celle d'Écosse, 102; *grande alliance* contre la France, 107; déclaration de guerre, 112; discussions avec le parlement anglais, 124, 125; expédition en Irlande, 137; bataille de la Boyne, 139 et suiv.; siége de Limerick, 144; il passe en Hollande et y préside un congrès de princes, ministres et généraux, 143; essaie en vain de secourir Mons, 144; dissout le parlement et passe des whigs aux tories, 156; refuse le gouvernement des Pays-Bas espagnols, 162, 163; tente sans succès de secourir Namur, 163, 164; est battu à Steenkerke, 165, 166; empêche le siége de Liége. 172, 173; est battu à Neerwinden, 174 et suiv.; fait repousser les avances pacifiques de Louis XIV, 193; retourne au parti whig, 194; fait en Belgique une campagne sans résultat, 195; règne seul après la mort de Marie, 202; attaque et prend Namur, 206 et suiv.; renouvelle la *grande alliance*, 210; prévient une descente projetée des Français en Angleterre, 213, 214; tient en échec le marquis de Boufflers, 215; négociations qui aboutissent à la paix de Ryswick, 221 à 231; traités de partage de la monarchie espagnole conclus avec la France, 355, 357; son projet réel, 358; il prépare la guerre contre la France, 368; retourne au parti tory, 371; s'allie à l'empereur contre la France et l'Espagne, 377, 378; état de sa santé, 382; il rappelle de France son ambassadeur, 383; meurt, 384.

GUILLERAGUES, ambassadeur de France à Constantinople, XIII, 591.

GUILLOTIN, négociant de Bordeaux, approuve l'insurrection d'Angoulême contre la gabelle, VIII, 382; est brûlé vif, 385.

GUINEGATE (bataille de), VII, 138; autre bataille de Guinegate, dite *Journée des Éperons*, 422.

GUISE (Claude de Lorraine, comte de), est blessé à Marignan, VII, 449.
— Reprend sur les Espagnols la Basse-Navarre, VIII, 16; repousse de la Champagne le comte de Fürstenberg, 47; est chargé de la défense d'une province frontière, 58; est appelé au conseil de régence pendant la captivité du roi, 69; repousse les anabaptistes de la Lorraine et de l'Alsace, 77; est fait duc, 238; défend la Picardie contre les Impériaux, *ibid.*, 242, 243; est un des chefs du parti catholique violent, 268; est donné pour conseil au duc d'Orléans, 280; fait partie du conseil d'État sous Henri II, 361; meurt, 395.

GUISE (Marie de), fille du duc Claude de Guise, femme de Jacques V, roi d'Écosse, empêche le mariage de sa fille Marie Stuart avec le fils du roi d'Angleterre, VIII, 288; entraîne l'Écosse dans l'alliance française, 392. — Proscrit les réformés, qui lui enlèvent la régence d'Écosse, IX, 32, 33; meurt, 48.

Guise (François de Lorraine, duc de), d'abord comte d'Aumale, VIII, 306; est blessé au siége de Boulogne, 340; entre au conseil privé sous Henri II, 360; exploite la faiblesse de ce monarque, 364, 366; comment il acquiert la terre de Grignan, 374; il pacifie la Saintonge et l'Angoumois, 385; épouse la fille du duc de Ferrare, 389; dirige la défense de Metz, 424, 425; aspire à la royauté napolitaine, 446; fait rompre la trêve de Vaucelles, 447; son expédition en Italie, 448 et suiv.; son retour, sa puissance, 459; il assiége et prend Calais, 460 et suiv.; fait donner les grandes charges à ses amis, 466, 467; prend Thionville et Arlon, 468. — Sa situation et ses mesures à la mort de Henri II, IX, 19 et suiv.; sa férocité à Amboise, 38 et suiv.; assemblée des notables à Fontainebleau, 49 et suiv.; plan d'extermination des huguenots conçu par lui et que la mort de François II fait avorter, 53, 57, 59 et suiv.; antagonisme entre lui et le roi de Navarre, 77; *triumvirat*, 80, 84; conférence de Saverne avec le duc de Wurtemberg, 112; massacre de Vassi, 113; il rentre à Paris, 115; s'empare de la personne du roi, 117; obtient le gouvernement du Dauphiné, 122; assiége et prend Bourges, 134; assiége Rouen, 141; ramène à Paris l'armée catholique, 143; décide le succès de la bataille de Dreux, 145, 146; est fait commandant général des armées du roi, 148; assiége Orléans, 149, 150; est assassiné, 151, 152.

Guise (Claude de), marquis de Mayenne, puis duc d'Aumale, épouse une fille de Diane de Poitiers, VIII, 362 *note;* obtient d'Henri II toutes les terres vacantes du royaume, 366; prend le titre de duc d'Aumale, 395; est pris par le margrave de Brandebourg, 423. — Assiste à la conférence de Saverne avec le duc de Wurtemberg, IX, 112; revient à Paris, 115; remplit avec succès une mission en Normandie, 139; combat à Dreux, 146; poursuit les Châtillon d'une haine implacable, 168, 197; combat à Saint-Denis, 222; commande une armée dans l'Est, 248, 249; fait sa jonction avec le duc d'Anjou, 250; combat à Moncontour, 258; feint de se réconcilier avec Coligni, 296; son rôle dans le drame de la Saint-Barthélemi, 318, 323, 328, 332; il va au siége de La Rochelle, 355, et y périt, 357.

Guise (le bâtard de), abbé de Cluni, VIII, 395.

Guise (le grand prieur de), cinquième fils du duc Claude, général des galères, VIII, 395; prend part à la défense de Metz, 422 *note*. —Combat avec succès les protestants de Normandie, IX, 139; meurt, 162 *note*.

Guise (Charles de), archevêque de Reims, est du conseil privé sous Henri II, VIII, 360; exploite sa position, 364; devient cardinal, 366; comment il acquiert les terres de Marchais et de Meudon, 367; il s'intitule *Cardinal de Lorraine,* 395; négocie avec Paul IV, pape, et aspire à la tiare, 446; fait rompre la trêve de Vaucelles, 447; gouverne la France après le désastre de Saint-Quentin, 459; porte la parole pour le clergé à l'assemblée des notables de 1558, 463; est un des négociateurs du Câteau-Cambrésis, 469; ses efforts pour le rétablissement de l'inquisition, 489, 491; extrémités où il pousse Henri II, 498 et suiv. — Sa situation et ses mesures après la mort de ce prince, IX, 19 et suiv.; il sacre François II, 22; presse le supplice d'Anne Du Bourg, 31; indispose les gens de guerre par son insolence, *ibid.;* appuie la proposition de convoquer les États-Généraux, 51; prépare l'extermination des huguenots, 53; perd, après la mort de François II, le maniement des finances, 64; échecs qu'il subit aux États-Généraux, 66, 67; il se retire à Reims, 77; sacre Charles IX, 83; se prononce pour le *colloque de Poissi,* 86; rôle qu'il y joue, 97 et suiv.; il quitte la cour, 103; conférence de Saverne, 112; il est investi par une bulle des pouvoirs inquisitoriaux, 132 *note;* demande l'autorisation de poursuivre en justice l'amiral de Coligni, 168; se rend au concile de Trente, 172 et suiv.; s'efforce d'en faire accepter en France les dispositions, 177; entrée peu brillante qu'il fait à Paris, 187; son entrevue avec le duc d'Albe, 192 *note;* sa réconciliation apparente avec le maréchal de Montmorenci et l'amiral de Coligni, 197; ses pratiques avec l'Espagne, 206, 217; conseils qu'il donne à la reine mère, 235, 249; il se rend en Poitou, 259; pousse son neveu Henri de Guise à épouser la princesse Marguerite, 273; détourne le duc d'Anjou d'épouser la reine d'Angleterre, 291 *note;* se rend à Rome, 296; sa joie à la nouvelle de la Saint-Barthélemi, 343; sa mort, 410.

Guise (le cardinal de), quatrième fils du duc Claude de Guise, archevêque de Sens, VIII, 395. — Assiste à la conférence de Saverne, IX, 112; demande l'autorisation de poursuivre Coligni en justice, 168; sacre Henri III, 442; opine, au conseil, pour la guerre religieuse, 462.

Guise (le cardinal de), fils du duc François de Guise, se rend maître de la ville de Troies, X, 84; est élu président du clergé aux États-Généraux de 1588, 98; est arrêté après la mort du duc Henri de Guise, 114; et assassiné, 115.

Guise (Henri, duc de), fils du duc François, a la survivance de la grande maîtrise et du gouvernement de Champagne, IX, 153; demande l'autorisation de poursuivre Coligni en justice, 168; fait une entrée à Paris, 188; est l'âme de la *sainte ligue* de Champagne et de Brie, 232 *note;* campagne de Poitou, 241, 245, 251, 253, 257 *note;* le mariage qu'il poursuit, et celui qu'il fait, 273, 274; il refuse de se réconcilier avec Coligni, 288; y consent, 296; le fait assassiner, 310; son rôle dans le drame de la Saint-Barthélemi, 318, 323, 328, 332, 340; il va au siége de La Rochelle, 355; est éloigné de la cour, 373; est *balafré* comme son père, 420; est le promoteur de la *Ligue,* 430, 433; jure malgré lui l'édit de paix de 1576, 437; est lieutenant-général à l'armée de la Loire, sous le duc d'Anjou, 463; meurtre de Saint-Mesgrin, 473; affaire Salcède, 513; moyens qu'il emploie pour exalter le fanatisme catholique, 527; ses plans, 532 et suiv.; traité de Joinville, 539; il commence la guerre contre Henri III, avec le titre de lieutenant-général de la Ligue, 543, 545, 547; lui impose le traité de Nemours, 552. — Prend le commandement de l'armée de l'Est, X, 12; envahit les terres du duc de Bouillon, 25; force Henri III à continuer la guerre civile, 37; campagne contre les huguenots, 45 et suiv.; il prépare ouvertement une nouvelle attaque contre le roi; menées qui aboutissent à la Journée des Barricades, 52, 55, 56 et suiv. jusqu'à 70; sa conduite après la fuite d'Henri III, 75 et suiv., 81, 82, 84; il est nommé commandant général des armées, 85, 87; se rend aux États-Généraux de Blois, 95, 100; force Henri III à supprimer un passage de son discours d'ouverture, 101; à lui livrer Orléans, 107; est assassiné par son ordre, 109 et suiv.

Guise (Charles, duc de), d'abord prince de Joinville, est arrêté après la mort du duc Henri, X, 114; racheté de Du Guast, par Henri III, 140; s'évade de Tours, 257; confère avec le duc de Parme, 268, 273; va défendre Rouen contre Henri IV, 277, 279; aspire au trône de France, 281, 300; rentre à Paris, 312, 324; jure de ne jamais pactiser avec Henri IV, 325; se maintient en Champagne, 359; tue le maréchal de Saint-Paul, 364; traite avec le roi, *ibid.* et 365; ramène la Provence sous l'autorité royale, 378, 389 et suiv., 417. — Rend divers services à Marie de Médicis devenue régente, XI, 3 et suiv.; en obtient d'elle de très-importants, 7; soutient le roi contre le parlement, 90; escorte le voyage matrimonial de Louis XIII et de la cour, 93, 95, 97; prend part aux intrigues et cabales de la cour, 101, 103 et suiv., 109; prépare une expédition contre Alger, 129 *note;* correspond avec la reine mère prisonnière à Blois, 139; appuie le duc de Luines, 159; est chargé de bloquer La Rochelle du côté de la mer, 186; livre bataille à la flotte rochelloise, 192; commande la flotte française opposée au duc de Buckingham, 267; se démet, 284; fait une mauvaise campagne contre le duc de Savoie, 296; complote contre le cardinal de Richelieu, 331, 338, 349; s'exile à Florence, 353, 409; meurt, 539.

Guise (François Paris de), ainsi nommé parce qu'il a la ville de Paris pour marraine, X, 129.

Guise (chevalier de), fils du duc Henri, tue en plein jour et dans la rue le baron de Luz, XI, 40.

Guise (Henri II, duc de), va comploter à Sedan avec le duc de Bouillon, XI, 539; se résout à la guerre civile, 546; se retire à Bruxelles, 549; rentre en France, 586. — Est du parti des *importants*, XII, 160; est innocenté par le parlement, 168; ses bizarreries, ses mariages et ses divorces, 247; il se rend à Rome, devient roi de Naples, et bientôt après est pris par les Espagnols, 248 et suiv.; recouvre la liberté, et fait sur Naples une seconde tentative qui échoue, 464.

Guiton, marin de La Rochelle, livre bataille à la flotte royale, XI, 192; est battu devant l'île de Ré, et se retire sur les côtes d'Angleterre, 220, 221; traite pour les Rochelois avec le duc de Buckingham, 269; est élu maire de La Rochelle, 278; en dirige la défense, 284 et suiv.; est exilé, puis rappelé, et fait capitaine de vaisseau, 286.

Guitri, capitaine du château de Montereau, le rend à Henri v, VI, 69, 70; échoue dans une entreprise sur Montargis, 318.

Guitri, capitaine huguenot, IX, 374; entre dans le complot du duc d'Alençon, qu'il fait échouer par sa précipitation, 375. — Grands services qu'il rend à Henri IV au commencement du règne de ce prince, X, 173, 174, 183.

Gunther, chef burgonde, I, 342; est battu par Aétius et les Huns, 357; implore la paix, *ibid.*; sa mort, *ibid.*

Guron, officier français, défend Casal contre les Espagnols, XI, 289.

Gurwant, comte de Rennes, renverse le roi de Bretagne Salomon, et veut régner à sa place; sa mort, II, 462.

Gustave Wasa, roi de Suède, traite avec François Ier, VIII, 278.

Gustave-Adolphe, roi de Suède, offre aux protestants d'Allemagne de se mettre à leur tête, XI, 210; ses victoires et conquêtes autour de la Baltique, 315; il fait la paix avec la Pologne, et s'allie à la France, 316; débarque à Stralsund, 334; ses brillantes campagnes, ses victoires et sa mort, 361 et suiv., 364, 365 et suiv., 370, 371, 373, 394, 395.

Gustave III, roi de Suède, se rend absolu par un coup d'État militaire, XVI, 304; arme pour faire respecter ses droits de puissance neutre, violés par l'Angleterre, 454; adhère aux principes posés par la Russie sur cette question, 456.

GUTENBERG (Jean), invente les caractères mobiles, VII, 159.

GUTURWATH, chef des Carnutes, est livré aux Romains; son supplice, I, 189.

GUYANE FRANÇAISE. Fondation de cette colonie, XI, 428 *note*. — Ses limites, du côté des possessions portugaises, réglées par le traité d'Utrecht, XIV, 574. — La liberté du commerce lui est donnée, et l'on y envoie des colons dont les cinq sixièmes périssent, XVI, 235.

GUYET (Nicolas), laboureur, député de Houdan et de Montfort-l'Amauri aux États-Généraux de 1576, IX, 446 *note*.

GUYON (Mme), apôtre du *quiétisme* en France; ses prédications, ses livres; persécutions qu'elle subit, XIV, 315 à 320.

GUYOT de Provins, auteur de la grande satire intitulée la *Bible Guyot*, III, 397.

GUZMAN (Louise de), duchesse de Bragance, décide son mari à l'insurrection, et le pousse au trône, XI, 532. — Offre à l'Espagne une transaction qui est repoussée, XII, 544 *note*.

GUYTON DE MORVEAU, chimiste, XVI, 520.

GWAROCH, *tiern* de Vannes, chef des Bretons contre les Franks, II, 95.

GWAROCH, comte de Nantes, III, 30.

GWIOMARKH, chef breton, s'insurge contre Lodewig le Pieux; il est surpris et tué, II, 381, 382.

GWYON, dieu gaulois. Mythe de Gwyon et Koridwen, I, 55; c'est l'inventeur de la poésie, de l'écriture, etc., 64 et suiv.; les Romains l'identifient à leur Mercure, 204. — Transformations que subit ce type au moyen âge, III, 353, 358 et suiv.

H

HAAREN (de), négociateur des Provinces-Unies, signataire du traité de Nimègue, XIII, 530.

HACHETTE (Jeanne Fourquet, dite Jeanne). Ses exploits au siége de Beauvais, VII, 74; sa récompense, 74.

HACQUEVILLE, président au parlement, nommé par le duc de Mayenne, X, 269.

HADJI-HUSSEIN, chef algérien, soulève les janissaires, massacre le dey, se fait proclamer dey à la place du mort, résiste à la flotte française, puis se résigne à traiter, XIII, 593, 594.

HAEN, vice-amiral hollandais, a la tête emportée par un boulet à la bataille de Palerme, XIII, 490.

HAGANON, favori de Karle le Simple. Son influence et son insolence, II, 505; lutte qu'il soutient contre les grands vassaux, 506, 507.

HAGENBACH (Pierre de), bailli des cantons d'Alsace et de Souabe engagés à Charles le Téméraire; ses excès et son châtiment, VII, 85 et suiv.

HAÏDER-ALI, général du rajah de Maïssour, allié des Français dans l'Inde, XV, 669. — Fonde un grand État, impose à la présidence anglaise de Madras une paix désavantageuse, XVI, 429; reprend les armes, bat les Anglais, s'empare du Carnatic, 474; fait contre les Anglais une campagne laborieuse, 475; meurt, 480.

HAIE (traité de La) entre la Hollande et l'Angleterre, XIII, 331.

HAIE (de La), ambassadeur de France à Constantinople, XIII, 292.

HAIE (de La), fils du précédent, ambassadeur de France à Constantinople, XIII, 363.

HAIE (de La), vice-roi des établissements français aux Indes-Orientales, fonde un fort à Trinquemale, s'empare de San-Thomé, y est assiégé et forcé de capituler, XIII, 427.

HAIME (Aimon), comte d'Albi sous Charlemagne, II, 273.

HAINAUT (Guillaume, comte de), est nommé par Édouard III vicaire-général de ce prince dans *son royaume de France,* V, 35; le quitte, et rejoint Philippe VI, 43; retourne à Édouard, et combat contre le roi de France, 47 et suiv.; périt dans une expédition en Frise, 79.

HAITTON, évêque de Vich, versé dans les mathématiques, III, 25.

HAKEM, émir de Cordoue, reprend sur les Franks la Marche d'Espagne, et la reperd aussitôt, II, 331; guerre qu'il fait aux Franco-Aquitains, 355; il traite avec Charlemagne, 356.

HAKIM-BAMRILLAH, khalife d'Égypte, détruit l'église du Saint-Sépulcre, III, 51.

HALIL-ACHRAF, sultan d'Égypte, prend Saint-Jean-d'Acre et chasse les chrétiens de la Palestine, IV, 397.

HAMAVES, Germains Istewungs, I, 214; entrent dans la confédération franke, 267; sont battus par Constantin, 293; envahissent la Gaule, et sont battus par Julien, 310; envahis par Arbogast, 326.

HAMILTON, curé de Saint-Côme, X, 244; membre du conseil des *Seize*, 263; est adjoint au comité des *Dix*, 265; commande une bande d'assassins, 267; essaie sans succès de s'opposer à l'entrée d'Henri IV à Paris, 352; est condamné à mort et exécuté en effigie, 508.

HARALD-HARFAGHER, chef de la nation norwégienne, II, 466 *note*, 497.

HARARIK, chef des Franks; territoire qu'il occupe, I, 409; sa chute et sa mort, 459.

HARAUCOURT (Guillaume de), évêque de Verdun, aumônier de Charles de France; ses perfidies, son châtiment, VII, 47; sa délivrance, 142.

HARCOURT (Jean d'), maréchal de l'armée française, brûle la ville de Rosas, en Catalogne, IV, 383.

HARCOURT (Godefroi d'), seigneur normand, échappe à Philippe VI et se donne à Édouard III, V, 72, 73; lui conseille d'envahir la Normandie, 81; taille en pièces les bourgeois d'Amiens, 86; combat à Créci, 88; revient à Philippe VI, 99; retourne aux Anglais, 147; ravage la Normandie, 167; y est tué, *ibid.*

HARCOURT (Louis, comte d'), l'un des intimes de Charles le Mauvais, V, 130, 143; est décapité par ordre du roi Jean, 145.

HARCOURT (le comte d') commande en chef sur les côtes du Ponant, XI, 446, 447; en Sardaigne, 467; reprend aux Espagnols les îles de Lérins, *ibid.*; ravitaille Casal et la citadelle de Turin, 501, 502; dégage Casal, 519; reprend Turin, 520, 521; prend Coni, 550; est rappelé en France pour couvrir la frontière du Nord, 553, 564, 571.— Quitte le gouvernement de Guienne, XII, 169; est ambassadeur en Angleterre, 188; vice-roi de Catalogne, 203; prend Rosas et Balaguer, 204, 205; échoue devant Lérida, 222; nommé gouverneur de Normandie, est repoussé par le parlement et la ville de Rouen, 317; s'oppose à la marche du duc de Longueville, 329; commande en Flandre, 336; dans le Midi, 383; y combat avec de grands succès le prince de Condé, 384, 386, 387, 394; prend Agen, puis quitte son armée et va s'emparer de Brisach, 439, 440; qu'il est obligé de rendre, 458, 459.

HARCOURT (marquis, puis maréchal d'), ambassadeur de France en Espagne, XIV, 354; proteste contre le testament de Charles II en faveur du prince de Bavière, 357; commande l'armée d'Alsace, 517; fait avorter les projets de l'électeur de Hanovre, 518, 519; est maréchal, 542; porté au conseil de régence par le testament de Louis XIV, 611. — Y est maintenu par le régent, XV, 8.

HARCOURT (marquis d') commande en Normandie, et s'y conduit comme en pays conquis, XVI, 607.

HARDI, poëte français, X, 482. — XII, 130.

HARDOUIN DE PÉRÉFIXE, précepteur de Louis XIV, XII, 545. — Archevêque de Paris, XIII, 185; lance un mandement contre le *Tartufe*, *ibid.*

HARFLEUR (siége de), VI, 7 et suiv.

HARIADAN *Barberousse*, VIII, 226; est dey d'Alger après son frère, et commandant général des flottes du sultan, 227; prend Tunis, 228;

le reperd, est battu par Charles-Quint, 230; ses expéditions contre l'Italie, Nice, etc., 248, 291, 292.

HARIETT, Frank, comte des deux Germanies, sa mort courageuse, I, 318.

HARIBERT, fils de Chlother 1er, est envoyé par son père contre Chramn, II. 29; sa part dans la succession paternelle, 37, 38; ses mœurs, ses mariages, 38, 40; sa mort, 43.

HARIBERT, second fils de Chlother II, son lot après la mort de son père, II, 134; sa mort, 136.

HARLAI (de), président de la Tournelle, VIII, 499. — IX, 128 *note*.

HARLAI (Achille de), fils du précédent; premier président, X, 11; tient tête courageusement au duc de Guise, 75, 77, 86; est contraint à jurer de venger sa mort, 124; est arrêté sur son siège même, et mis à la Bastille, 127; rachète sa liberté, et rejoint sa compagnie à Tours, 189; se rend à Saint-Denis pour l'abjuration d'Henri IV, 327; fait enregistrer le rétablissement de l'édit de 1577, 373; combat les édits bursaux d'Henri IV, 413; fait partie de la commission qui réforme l'Université, 478; préside les juges du maréchal de Biron, 516; combat en vain le rappel des jésuites, 532; est membre du conseil de régence, 565. — Proclame Marie de Médicis régente, XI, 6; préside la commission qui juge Ravaillac, 10; pose aux jésuites quatre questions embarrassantes, 31; se retire, 33.

HARLAI DE CHAMPVALLON, amant de la reine de Navarre, IX, 521.

HARLAI DE SANCI est envoyé en Suisse par Henri III, X, 141; lui amène un corps auxiliaire, 155 et suiv.; embrasse le parti d'Henri IV, 174; dégage Genève attaquée par les troupes du duc de Savoie, 240; pousse Henri IV à déclarer la guerre à l'Espagne, 374; est envoyé auprès de la reine d'Angleterre, 394; dirige médiocrement les finances, 398; est victime de sa franchise à l'endroit de Gabrielle d'Estrées, 400; lutte avec le parlement de Rouen pour l'enregistrement de certains édits bursaux, 413; se fait catholique pour conserver sa position, et néanmoins la perd, 436.

HARLAI DE CHAMPVALLON, archevêque de Paris, empêche la publication du Nouveau Testament traduit en français, XIII, 265; excite Louis XIV contre les protestants, 611; combat les prétentions romaines, 622; pousse à la persécution des protestants, 627. — Célèbre le mariage du roi et de Mme de Maintenon, XIV, 35; interdit les conférences de Régis sur la philosophie cartésienne, 266.

HARLAI, procureur général au parlement de Paris. Le roi pense à le faire contrôleur général des finances, XIV, 3; il interjette appel comme d'abus, *devant le futur concile*, d'une bulle et d'une sentence du pape Innocent XI, 79 ; déclare que le roi n'a pas l'intention de se séparer du saint-siége, 82.

HARLAI DE BONNEUIL, négociateur français, XIV, 224.

HARLEY, plus tard comte d'Oxford, travaille à faire cesser la guerre entre l'Angleterre et la France, XIV, 537 ; grand trésorier, 569 ; ralentit les négociations d'Utrecht, *ibid.;* ménage à la fois le fils de Jacques II et l'électeur de Hanovre, 590, 591 ; est destitué, *ibid.;* repoussé avec mépris par George Ier, 592.

HARO (le comte de), général espagnol, comprime l'insurrection des *comuneros*, bat les Français, et leur reprend la Navarre, VIII, 4, 5.

HARO (don Luis de), premier ministre d'Espagne, XII, 213 ; négociations au congrès de Westphalie, 224 à 236 ; paix avec la Hollande, 254 ; il s'obstine à la guerre contre la France, 264 ; se décide à de grands efforts, 455 ; négocie sans résultat avec Cromwell, 475, 476 ; fait saisir les biens et personnes des Anglais dans les ports d'Espagne, 477 ; négocie avec la France, 480 et suiv. ; obtient contre les Portugais des succès suivis de revers, 501 ; se décide à traiter avec la France, 514 ; négociations de l'île des Faisans, 518 et suiv. ; paix des Pyrénées, 523 et suiv., 534, 535 ; il s'acharne à la guerre contre le Portugal, 541 *note*.

HAROLD (à la dent noire), roi de Danemark, vient au secours de Richard Ier, duc de Normandie, et le rétablit dans son duché, II, 525 ; son second voyage ; il se fait chrétien ; sa mort, 534.

HAROLD, fils aîné de Godwin, son voyage en Normandie, III, 108 et suiv. ; il succède à Edward le Confesseur, 110 ; repousse les prétentions de Guillaume III, est excommunié par le pape, 112 ; défait son frère Tostig et le roi de Norwége à Stamford-Bridge, 117 ; périt à Hastings, 118 et suiv.

HAROLD, roi de Norwége, envahit le Northumberland et le Yorkshire ; sa défaite et sa mort, III, 117.

HAROUDJ *Barberousse*, pirate, bat les Espagnols devant Alger, VII, 456 ; meurt, 227.

HAROUN AL RESCHID, khalife de Bagdad. Ses relations avec Charlemagne, II, 340, 352.

HARUDES, peuple germain, I, 143.

HASSAN-AGA, renégat sarde, lieutenant d'Hariadan Barberousse, défend victorieusement Alger contre Charles-Quint, VIII, 277.

HASTENBECK (bataille de), XV, 517.

HASTING, chef normand, envahit le Maine, II, 452 ; traite avec Lodewig, se fait chrétien, devient comte de Chartres, 475 ; vend son comté à

? ..(Tetb...), autre Normand, 479; bat le roi Eudes dans le Vermandois, 494.

HASTINGS (bataille de), III, 148 et suiv.

HASTINGS (Warren), général anglais, réalise dans l'Inde, au profit de son pays, les plans de Dupleix, XVI, 429; y soulève les populations par l'atrocité de son gouvernement, 474.

HATTEWARES ou HASSEWARES, Germains Istewungs, I, 244; entrent dans la confédération franke, I, 267; attaquent la Gaule, à l'instigation de l'empereur Constance, et sont écrasés par Julien, I, 313.

HATZFELD, général autrichien, est battu par les Suédois, XI, 462. — Obtient des avantages sur les Français en Souabe, XII, 174; est feldmaréchal, 205; est battu par les Suédois, et fait prisonnier, *ibid.*

HAUKES, Germains inghewungs; où ils habitent, I, 244; expédition maritime de leurs pirates contre la Germanie inférieure et la Belgique, 231; ils aident Civilis, 238; changent de nom, et deviennent les Saxons, 283.

HAUTEFORT (Mlle d'), aimée de Louis XIII, XI, 472, 540.

HAUTEVILLE-LORÉ (Élisabeth de) vit maritalement avec le cardinal de Châtillon, évêque de Beauvais, IX, 82 *note*.

HAÜY, physicien, XVI, 523 *note*.

HAÜY, fondateur de l'Institut des jeunes aveugles, XVI, 523 *note*.

HAVANE (la), siége et prise de cette ville par les Anglais, XV, 594; elle est rendue à la paix, 594.

HAVRE (le) fondé par François Ier, VII, 487.

HAWKE, amiral anglais, attaque une escadre française escortant un convoi de la compagnie des Indes, XV, 344; défait une flotte française à Belle-Isle, 546.

HAY (lord), ambassadeur d'Angleterre, vient demander pour le prince de Galles la main d'une fille d'Henri IV, et se mêle aux cabales de la cour de France, XI, 102.

HAY DU CHATELET (Paul), écrivain dévoué au cardinal de Richelieu, XI, 352.

HÉBERT (Martin), curé de Saint-Patrice, à Rouen, tue de sa main dix-sept royalistes, X, 276 *note*.

HEDWIGE, sœur de l'empereur Othon le Grand, épouse Hugues le Grand, duc de France, II, 548; gouverne son fils Hugues Capet, 531.

HEIDELBERG (ville et château de) détruits par l'ordre de Louis XIV, XIV, 104, 105.

HEILBRON (diète protestante de), XI, 398.

HEINRIK, duc des Marches saxonnes, conseille à Karle le Gros le meurtre de Godefrid, II, 478; vient secourir Paris assiégé par les Normands, 482; sa mort, 483.

HEINRIK (Henri *l'Oiseleur*), duc de Saxe, est secouru contre l'empereur Conrad par Karle le Simple, II, 505; devient roi de Germanie, *ibid.*; attaque Karle le Simple dans le Lotherrègne, 507; intervient auprès du roi Raoul en faveur du comte de Vermandois, 516.

HEINSIUS (Daniel), grand pensionnaire de Hollande, dirige, après la mort de Guillaume III, la politique des Provinces-Unies, XIV, 385; obtient des États-Généraux, pour le duc de Marlborough, l'autorisation de diriger la guerre à son gré, 453; les détourne d'écouter les propositions de Louis XIV, 471; veut qu'on fasse de la Franche-Comté un royaume pour Philippe V, 511; pousse les États-Généraux à des exigences insensées, 527; s'efforce en vain d'empêcher l'Angleterre de traiter avec la France, 545; repousse pour les Provinces-Unies la trêve conclue entre ces deux puissances, 563; conséquences de cette politique, 587.

HÉLINAND, troúvère picard, III, 292 *note*.

HELLA, déesse de la mort chez les Germains, I, 212.

HÉLOÏSE, III, 314 et suiv., 328, 331.

HELVES. Les Romains les assujettissent, I, 113; les dépouillent au profit de Massalie, 127; ils se soulèvent, et sont vaincus par Pompée, *ibid*.

HELVÈTES. Leur situation géographique; ils s'allient aux Kimro-Teutons, I, 116; leur expédition dans la Gaule et leur défaite, 141 et suiv.; leur territoire est annexé à la Belgique romaine, 196.

HELVÉTIUS, médecin hollandais établi à Paris, transmet les ouvertures pacifiques de Louis XIV à quelques membres des États-Généraux des Provinces-Unies, XIV, 471.

HELVÉTIUS, fils du précédent, fermier-général, puis écrivain; analyse et appréciation de son livre *de l'Esprit*, XVI, 11 à 16.

HEMBIZE, Gantois, protestant et démagogue, se vend à l'Espagne, IX, 535.

HÉNAULT (le président), auteur de l'*Abrégé chronologique de l'histoire de France*, XV, 352 *note*.

HENNEBON assiégé par Charles de Blois, et défendu par la comtesse de Montfort, V, 61, 62.

HENNEPIN, récollet, est chargé par Cavelier de La Salle de remonter le Mississipi jusqu'à ses sources, XIII, 558.

HENNEQUIN, président au parlement de Paris, premier organisateur de la Ligue en cette ville, IX, 436.

HENNEQUIN (Aimar), évêque de Rennes, député aux États-Généraux de 1588, X, 97; s'y oppose à l'admission des princes de la maison de Bourbon, *ibid.*; entre au conseil général de la Ligue, 135; décide le duc de Mercœur à l'insurrection, 112.

HENNUYER (Jean), évêque de Lisieux, IX, 344 *note*.

HENRI, troisième fils de Hugues le Grand, duc de France, clerc, II, 534; est duc de Bourgogne après son frère Othon, 538. — Meurt, III, 50.

HENRI II, empereur, d'abord duc de Bavière, arrache le jeune Othon III à sa mère, l'impératrice Théophanie, II, 541; est obligé de renoncer à ses projets d'usurpation, 542. — Devient roi de Germanie, puis empereur, III, 48; bat les Grecs en Italie, 57; meurt, 61.

HENRI Ier, roi de France, d'abord duc de Bourgogne, III, 50, est couronné du vivant de son père Robert, 62; l'attaque à main armée, *ibid.*; monte sur le trône, 64; est attaqué par son frère et secouru par le duc de Normandie, 65; de quel prix il paie la protection de ce duc contre le comte de Chartres et de Champagne, 66; et celle du comte d'Anjou, 78; il bat le comte de Champagne, *ibid.*; ses démêlés avec Gui de Bourgogne et Guillaume de Normandie, 82, 84, 85; son mariage avec la fille du tzar, 100; sa mort, 101.

HENRI III, *le Noir*, fils de Conrad *le Salique*, après lui roi de Germanie et de Bourgogne, termine les contestations relatives au siége archiépiscopal de Lyon, III, 76; ses succès, son mariage, ses efforts pour rétablir l'ordre dans l'Église, *ibid.* et suiv.; il est couronné empereur, 87; dépouille Godefroi le Hardi de la Haute-Lorraine, qu'il donne à Gérard, comte d'Alsace, 88; impose sa suzeraineté au comte de Flandre, *ibid.*; meurt, 99.

HENRI IV, roi de Germanie, III, 104; ses vices, ses excès, 134; sa lutte contre Grégoire VII, 135 à 138; il se fait couronner empereur par l'antipape Guibert ou Clément III, 138; est repoussé de Rome par Robert Guiscard, *ibid.*; s'enfuit de Lombardie à l'approche des croisés, 173; ses dernières infortunes et sa mort, 211.

HENRI de Bourgogne, neveu des ducs de Bourgogne Hugues et Eudes, devient comte de Portugal, et souche de la maison royale de ce pays, III, 142.

HENRI Ier, roi d'Angleterre, troisième fils de Guillaume le Conquérant. Sa part de succession, III, 146; parti qu'il en tire, 148; services qu'il rend à son frère Robert, et comment il en est payé, 149, 150; il s'empare du trône d'Angleterre, 195; de la Normandie, 198, 199; sa conduite envers Louis de France, son hôte, 208; ses querelles avec le roi de France, 217, 219, 275 et suiv.; comment il perd ses deux fils, sa fille et sa bru, 281; il soumet les Normands révoltés, 284, 287; obéit au ban de guerre de Louis le Gros, *ibid.;* fait reconnaître pour son héritière sa fille Mathilde, qu'il marie à Geoffroi Plantagenêt, fils du comte d'Anjou, 296; sa mort, *ibid.*

Henri v, fils d'Henri iv, est proclamé roi de Germanie, du vivant de son père, par le parti du pape, III, 214; revendique le droit d'investiture dès que son père est mort, *ibid.;* envahit l'Italie, fait le pape prisonnier, est excommunié par le concile de Vienne sur le Rhône, 242; traite avec le pape Calixte ii sur la question des investitures, 284; attaque la France, *ibid.;* meurt, 286.

Henri 1er, fils aîné de Thibaud iv, comte de Chartres, Champagne, etc., prend la croix à Vézelai, III, 434; ses exploits à la croisade, 444; il hérite des comtés de Champagne et de Brie, 453; prend les armes contre le comte d'Anjou, 462; contre Philippe-Auguste, 505, 506; meurt, 507.

Henri, fils de Louis le Gros, moine à Clairvaux, puis évêque de Beauvais, I'I, 300; guerroie contre le comte de Chartres, et envahit la Normandie, 468; enlève à la commune de Beauvais son droit de justice, 474; devient archevêque de Reims, *ibid.;* ses querelles avec la commune de Reims, *ibid.*

Henri ii, fils de Geoffroi Plantagenêt, duc de Normandie, comte d'Anjou, du Maine et de Touraine. Sous quelle condition il hérite de tous les domaines de son père, III, 453; il épouse la duchesse d'Aquitaine, 461; devient roi d'Angleterre, 462, 463; refuse de rendre le Maine et l'Anjou à son frère Geoffroi, et le dépouille, 464; revendique la charge de grand sénéchal de France, 466; force Conan iv, duc de Bretagne, à lui céder le comté de Nantes, *ibid.;* attaque Toulouse, où il trouve devant lui le roi de France, 467; contre lequel il guerroie, 468; accroissement de sa puissance, 478; il soumet la Bretagne, 480, 481; comprime les soulèvements de l'Aquitaine, 482; sa querelle avec Thomas Becket, 484 à 489; il est excommunié, à quel prix il obtient son absolution, 490; il fait la conquête de l'Irlande, 491; acquiert la suzeraineté de Toulouse, 492; ses querelles avec sa femme et ses trois fils, 492 et suiv.; ses bons procédés pour Louis vii affligé, 501; pour Philippe-Auguste, 507; nouveaux chagrins que ses fils lui donnent, 508; sa querelle avec Bertrand de Born, et sa réconciliation, 509; pardonne à la reine, 510; séduit la fiancée de son fils Richard, ce qui fait éclater la guerre entre lui et Philippe-Auguste, 524; prend la croix, 528; nouvelles querelles avec Philippe et Richard Cœur-de-Lion, 530 et suiv.; sa mort, 534.

Henri, moine défroqué, disciple de Pierre de Bruis, ses prédications, son procès, sa condamnation, III, 456, 457.

Henri *au Court-Mantel*, fils aîné de Henri II, roi d'Angleterre, est fiancé, à l'âge de trois ans, à Marguerite, fille du roi de France, âgée de six mois, III, 466; marié à six ans, 477; investi du duché de Normandie, des comtés du Maine et d'Anjou, 481; couronné à York, 487; réclame de son père la possession réelle de l'Angleterre ou des seigneuries de Normandie et d'Anjou, conspire, s'enfuit, s'insurge, 493 et suiv.; son rôle au sacre de Philippe II de France, 502; il le soutient contre le comte de Flandre et les princes champenois, 507; s'arme de nouveau contre son père, 508; sa mort, *ibid*.

Henri II, comte de Champagne, III, 507; prend la croix, 528; est au siége de Saint-Jean-d'Acre, 540; acquiert par mariage le titre de roi de Jérusalem, 548; meurt, 568.

Henri, abbé de Clairvaux, puis légat du pape et cardinal-évêque d'Albano, dirige une première croisade contre les hérétiques du Midi et prend le château de Lavaur, III, 510; intervient entre Philippe-Auguste et Henri II, sous l'*orme des conférences*, et y prêche la quatrième croisade, 528.

Henri VI, empereur d'Allemagne, fils et successeur de Frédéric Barberousse, écrit à Philippe-Auguste pour lui annoncer la captivité de Richard, III, 547; prétextes qu'il allègue, et son véritable motif, 548; à quel prix il lui rend la liberté, *ibid*. et suiv.; il s'empare de la Sicile et de la Pouille, 555; sa mort, *ibid*.

Henri III, fils de Jean-sans-Terre, lui succède au trône d'Angleterre, IV, 94 et suiv.; réclame sans succès de Louis VIII la Normandie et d'autres domaines, 120; ses querelles avec les barons anglais, 121; il perd le Poitou, 122; débarque à Saint-Malo, 142; et fait une mauvaise campagne, 144; attaque de nouveau le roi de France, avec moins de succès encore, 185 à 192; mesure violente qu'il prend contre les Français qui ont des fiefs en Angleterre, 195; réduit les Gascons révoltés, 255; s'arrange définitivement avec Louis IX, 264; lutte de nouveau contre les barons d'Angleterre, 345 et suiv.; meurt, 350.

Henri, landgrave de Thuringe, est élu empereur par les archevêques de Mayence et de Cologne, battu par Conrad, fils de Frédéric II, et meurt de chagrin, IV, 208, 209.

Henri III, comte de Champagne et roi de Navarre après Thibaud VII, son frère, IV, 333; meurt d'apoplexie, 356.

Henri de Trastamare, frère de Pierre le Cruel, se réfugie en Languedoc, puis monte sur le trône de Castille, V, 255, 258; perd la couronne et la recouvre, 260 et suiv., 266, 270; envoie une flotte au secours de la France, 285.

Henri IV, roi d'Angleterre, d'abord comte de Derby et duc de Hereford, est exilé par Richard II, séjourne à Paris, repart pour l'Angleterre, et s'empare du trône, V, 456 et suiv.; épouse la duchesse de Bretagne, 463; refuse le cartel du duc d'Orléans, 466; sa modération, 467; ses efforts pour faire la paix avec la France, 479; il aide le duc de Bourgogne, 520; les *Armagnacs*, 523; recommence les hostilités contre la France, 526; meurt de la lèpre, 531. — Sa politique dans la question religieuse, VI, 2.

Henri V, roi d'Angleterre, renouvelle la trêve avec la France, V, 531. — Sa politique religieuse, VI, 2; ses prétentions sur la France, 5; il se prépare à la guerre, 5, 6; sa première campagne, 7, 9, 11 et suiv., 15 et suiv.; il retourne à Londres, 21; négocie, fait alliance avec l'empereur, 25, 26; s'empare de la Normandie, 32, 35, 45, 48 et suiv.; négocie sans résultat avec le roi et la reine de France, 53; traite avec le duc Philippe de Bourgogne, 63; avec Charles VI, à Troies, 66 et suiv.; épouse Catherine de France, 69; prend Sens, Montereau, *ibid.*; Melun, 70, 71; entre à Paris, 72; retourne à Londres, 75; revient en France, où il altère les monnaies, 77; ses succès dans la Beauce et le Perche, 78; dans la Brie, dans le Nord, 80, 81; sa dernière maladie et sa mort, 82, 83.

Henri VI, roi d'Angleterre, naît d'Henri V et de Catherine de France, VI, 84; est proclamé roi de France, 85; est amené d'Angleterre à Rouen, 223; est sacré à Paris, 310, 311; sa nullité, 371, 406; son mariage, 407; il devient fou, 510; perd la couronne, 539. — La recouvre, VII, 55; la perd de nouveau, ainsi que la vie, 63.

Henri, dit *l'Impuissant*, roi de Castille, VI, 536, 540.

Henri (Jean), chantre de Notre-Dame, député de Paris aux États-Généraux de 1484, VII, 174.

Henri VII (Tudor), d'abord comte de Richemont, détrône Richard III, et prend sa place, VII, 197, 198; entre dans une ligue en faveur de la duchesse de Bretagne, contre la France, 211; fait une expédition dans le Ponthieu, qui se termine par le traité d'Étaples, 222 et suiv.; sa politique extérieure et intérieure, 312; son incroyable procédé envers Philippe d'Autriche, 354; sa mort, 388.

Henri (don), infant de Portugal. Services qu'il rend à la navigation, VII, 292.

Henri VIII, roi d'Angleterre, s'allie aux ennemis de la France, VII, 388,

398; lui déclare la guerre, 402, 409; la commence, 411; campagne dans la Flandre française; prend Tournai, 421 à 426; il traite avec Louis XII, 429; fait amitié avec François 1er, 440; lui devient hostile, 451, 454; lui vend Tournai, 485; son entrevue avec ce prince au *Camp du drap d'or*, 501; avec Charles-Quint, 502. — Nouvelles alliances contre la France, et nouvelle guerre, VIII, 16, 29, 35, 42, 47; il change de dispositions et de conduite après la bataille de Pavie, 71 et suiv., 85, 102, 104, 119; sa passion pour Anna Boleyn, et suites qu'elle entraîne, 171 et suiv.; il se fait chef de l'Église d'Angleterre, 177, 179, 180; il fait décapiter Anna Boleyn, 255; se marie pour la troisième fois, 287; ses entreprises sur l'Écosse, 288, 300; il prend Boulogne, *ibid.*; se rembarque, 307; fait la paix avec la France, 348; meurt, 356; violence de son administration, 389, 390.

HENRI II, second fils de François 1er, d'abord duc d'Orléans, est livré aux Espagnols comme ôtage de l'exécution du traité de Madrid, VIII, 90; est fort maltraité en Espagne, 118; revient en France, 119; son mariage, 178, 179; il devient dauphin, 239; fait une campagne en Artois, 247; une en Piémont, 248; va recevoir Charles-Quint à Bayonne, 258; veut l'arrêter à Chantilli, 264; empire de Diane de Poitiers sur lui, 264, 267, 268; il fait une campagne en Roussillon, 280 et suiv.; commande l'armée de Champagne, 304; proteste contre le traité de Crépi, 306; échoue devant Boulogne, 307; se brouille avec son père par une étourderie, 311 *note*; monte sur le trône, 360; s'abandonne à sa maîtresse et à ses favoris, 366; son rôle dans la querelle de Jarnac avec La Chataigneraie, 369 et suiv.; son voyage à Turin, 379, 380; il rend aux villes aquitaniques leurs franchises, 385; recouvre Boulogne et fait la paix avec l'Angleterre, 393 et suiv.; sa faiblesse avec les Guises, le pape, le clergé, 395, 398; sa cruauté à l'égard des hérétiques, 399; il lutte tout à la fois contre l'empereur et contre le pape, 404, 405; prend des mesures contre les protestants, 406; traite avec Maurice de Saxe, 408, 409; son expédition en Lorraine, occupation des Trois-Évêchés, 412 et suiv.; expédition en Alsace, 416; en Belgique, 436, 437; traité avec le pape, trêve avec l'empire et l'Espagne, signée et immédiatement rompue, 446, 447; il montre quelque énergie après le désastre de Saint-Quentin, 457; réunit une assemblée de notables, 463; sa violence contre d'Andelot, 466; paix de Câteau-Cambrésis, 475 et suiv.; édits rétablissant l'inquisition, violences contre le parlement, 489, 491, 493, 498 et suiv.; il est blessé mortellement dans un tournoi, 501.

HENRI III, roi de France, troisième fils d'Henri II, IX, 18; duc d'Orléans,

97; d'Anjou, 212; origine de sa haine contre Louis de Condé, *ibid.;* il est fait lieutenant-général du royaume, 223; campagne en Poitou, batailles de Jarnac et de Moncontour, 241, 244 et suiv., 247, 250, 254, 256 et suiv., 264; il s'oppose au mariage de sa sœur avec le duc de Guise, 273; refuse d'épouser la reine d'Angleterre, 278, 291; son rôle dans le drame de la Saint-Barthélemi, 309, 313, 314, 315 et suiv., 318, 321, 333 *note;* au siége de La Rochelle, 355, 359; il est élu roi de Pologne et part pour ce pays, 359 et suiv., 365, 366; y reçoit la nouvelle de la mort de son frère et revient régner en France, 402 et suiv.; son voyage du Pont de Beauvoisin à Reims, où il est sacré, 406 à 412; son mariage, *ibid.;* ses folies, 413; il négocie avec les insurgés, 414; perd le trône de Pologne, 417; ses sentiments pour son frère d'Alençon, 418; il veut faire étrangler deux maréchaux, 419; ses occupations à Paris, 421; trêve de sept mois dont il ne remplit pas les conditions, 421, 422; paix de *Monsieur,* 426; il devient l'objet du mépris universel, 438; convoque les États-Généraux à Blois où il se rend, 439; adopte le formulaire de la Ligue, 444; premiers États de Blois, 446 à 462; paix de Bergerac, 466; ses mœurs, 470 et suiv.; il fonde l'ordre du *Saint-Esprit,* 474; embarras financiers, 483; il reçoit Genève sous la protection de la France, 486; édit financier, édit sur la police du royaume, ordonnance de 1579, 487 et suiv.; guerre *des Amoureux,* 495 et suiv.; il demande pour son frère la main de la reine Élisabeth, 503; prodigue les faveurs aux ducs d'Épernon et de Joyeuse, 505 et suiv.; nouvelles exactions, 515; nouvelles momeries, 518, 519; insulte qu'il fait au roi de Navarre, 520; il n'ose accepter la souveraineté des Pays-Bas, 537; fait quelques pas vers les huguenots, quelques concessions à l'opinion publique, 538; accueille les représentants des Provinces-Unies, 542, 543; reçoit l'ordre de la Jarretière, 543; change tout à coup de politique, 544; résiste un moment à la Ligue, puis se livre à elle, 545, 548, 549, 552. — Cherche à lui échapper, X, 9, 11; violente les huguenots, 14; voyages à Lyon, capucinades, contradictions incessantes, 19 et suiv.; complots des ligueurs contre lui, 30, 31; il se décide à agir contre les huguenots, 36, 37; campagne contre les Allemands auxiliaires du calvinisme, 46 et suiv.; démêlés avec la Sorbonne, 50; nouvelles faiblesses pour d'Épernon, *ibid.;* nouveaux complots des ligueurs, 55; négociations avec l'Espagne, l'Angleterre, la Ligue, 56 et suiv.; journée des *Barricades,* qui le chasse de Paris, 60 à 74; son séjour à Chartres, d'où il convoque les États-Généraux à Blois, 79 à 83; son séjour à Rouen, 85 à 89; il déclare libre tout esclave qui a touché la terre de

France, 93 *note ;* s'installe à Blois et y change de ministres, 95; ouverture et premiers débats des États-Généraux, 100 à 108 ; assassinat du duc et du cardinal de Guise, 109 à 115 ; mesures subséquentes, 115 à 121 ; il veut intenter à ses victimes un procès posthume, 130 ; se prépare à la guerre contre la Ligue, 131, 132, 140, 141 ; prend l'offensive en Anjou, 141 ; s'établit à Tours, où il traite avec le roi de Navarre, 143 et suiv.; y est attaqué par les ligueurs, 147; se présente devant Poitiers, qui le repousse, 149 ; négocie sans succès avec le roi d'Espagne et le pape, 152 et suiv.; marche sur Paris, 157 ; est assassiné, 160.

Henri IV, roi de France, fils d'Antoine de Bourbon, roi de Navarre, IX, 111 ; est conduit à La Rochelle par sa mère et présenté aux chefs calvinistes, 237 ; fait ensevelir à Vendôme le corps du prince de Condé, 247 ; est proclamé chef des protestants, *ibid.;* assiste à la bataille de Moncontour, 257 ; ses premières campagnes sous Coligni, 262 et suiv.; il se retire à La Rochelle, 269 ; épouse Marguerite de France, 275, 279, 283, 293, 294, 304, 306 ; sa conduite lors de la Saint-Barthélemi, 325, 334, 337 ; il se fait catholique, 347 ; ordonne le rétablissement du catholicisme en Béarn, 350 ; va au siége de La Rochelle, 355, 358, 359 ; fait une première tentative d'évasion qui échoue, 374, 375 ; est envoyé au-devant d'Henri III, 406 ; se fait flagellant, 410 ; repousse la proposition que lui fait Henri III d'assassiner le duc d'Alençon, 418 ; s'échappe de la cour, 423 ; hésite à abjurer le catholicisme, 424 ; paix *de Monsieur*, 427 ; Henri retourne à la religion réformée, 436 ; se saisit d'Agen, 437 ; proteste contre les élections de 1576, 439 ; reprend les armes, 452 ; sa réponse aux envoyés des États-Généraux, 459 ; paix de Bergerac, 465 ; négociations avec la reine-mère, 483 ; conférences de Nérac, 485 ; guerre *des Amoureux*, 496 ; paix de Fleix, 499 ; Henri élude les offres de Philippe II, 520 ; les repousse, 522 ; refuse de recevoir sa femme chassée de Paris par le roi, 524 ; devient héritier du trône, 524 ; refuse d'abjurer le calvinisme, *ibid.;* publie un manifeste contre la Ligue, 549. — Prépare la résistance du parti protestant, X, 1, 3 et suiv.; est excommunié, 6 ; fait afficher sa protestation à Rome, 8 ; sa réponse à l'édit violent de 1585, 15 ; campagne en Gascogne et sur la Charente, 17 et suiv.; négociations, 21, 23, 24 ; il vote la mort de Marie Stuart, 28 *note ;* guerre en Poitou, 37, 39 ; bataille de Coutras, 40 ; il va se reposer auprès de Corisande d'Andouins, 43 ; prend Marans, 90 ; refuse sa sœur au comte de Soissons, 97 *note ;* préside à La Rochelle l'assemblée générale des réformés, 103 ; obtient de grands succès en Poitou, 143 ; traite avec Henri III, 144 ; entrevue de Tours, 146; marche de la Loire sur Paris, 157; son dernier entretien avec Henri III, 161; sa situation en arrivant au trône et son caractère, 163 et suiv.; ses premières mesures, 172 et suiv.; il porte le corps d'Henri III à Compiègne, 178; campagne en Normandie, bataille d'Arques, 179 et suiv.; il marche sur Paris, emporte et met au pillage les faubourgs de la rive gauche, 186; se replie sur Étampes, 188; prend Vendôme, 189; entre à Tours, ibid.; ses succès dans le Maine, l'Anjou, la Bretagne, la Normandie, 190, 191; campagne autour de Paris, bataille d'Ivri, 198 et suiv.; campagne sur la Marne, la Seine, l'Yonne, 207; siége de Paris, 210 à 227; campagne contre le duc de Parme, 227 à 229; il attaque sans succès les faubourgs de Paris, 230; se retire en Beauvaisis, ibid.; harcèle le duc de Parme jusqu'à la frontière, 233; s'éprend de Gabrielle d'Estrées, 234 note; difficultés de sa situation, 241; *Journée des farines*, 243; siége et prise de Chartres, 243, 247; édit favorable aux laboureurs, 248 note; prise de Louviers, 253; sa réponse aux anathèmes de Grégoire XIV, ibid.; il rétablit les édits de tolérance de 1577 et 1580, 254; prend Noyon, 256; siége de Rouen, qui est secouru par le duc de Parme, 274 à 282; fin de cette campagne sans résultats, 283 et suiv.; campagne en Champagne et Brie, 286; délibère sur la question de son abjuration, 287 et suiv.; presse de nouveau Paris, 296; repousse les Espagnols, 309; se dispose à abjurer, 310, 311, 313 et suiv.; prend Dreux, 321, 324; abjure, 324, 326 et suiv.; fait auprès du pape des démarches mal accueillies, 339; gagne du terrain en France de tous les côtés, 342, 344 et suiv.; est sacré à Chartres, 345; entre à Paris, 348 et suiv.; fait rentrer sous l'autorité royale une grande partie de la France, 356, 357, 360 et suiv.; est frappé par Jean Chastel, 371; déclare la guerre à l'Espagne, 373; campagne en Bourgogne, 375 et suiv.; il est absous par le pape, 379 et suiv.; traite avec Mayenne et autres ligueurs, 387 et suiv.; recouvre Marseille, 390 et suiv.; prend La Fère en perdant Calais, 393 et suiv.; ses embarras financiers, 397 et suiv.; assemblée de notables à Rouen, 404, 404 et suiv.; Amiens perdu et reconquis, 409 à 417; négociations de Vervins, 418; voyage en Bretagne, édit de Nantes, 420 et suiv.; paix de Vervins, 427; son administration intérieure, 437 à 490; sa politique extérieure, 491 et suiv.; annulation de son premier mariage, 500, 502; son arrangement avec Henriette d'Entragues, 503; guerre de Savoie, 505, 507 et suiv.; il épouse Marie de Médicis, 509; réunit la Bresse à la France, 510; sa situation entre la reine et la marquise de Verneuil, 511; complots du maréchal de Biron et leur dénoûment, 511 et suiv.; Henri se prépare à combattre la maison d'Autriche, 520 et suiv.; rappelle les jésuites, 528 et suiv.; autorise le prêche de Charenton, 534; guerre douanière avec l'Espagne et la Belgique, 535; grands avantages obtenus du sultan, 537; complots des d'Entragues et scandales, 538 et suiv.; agitation des huguenots, voyage en Limousin, soumission forcée du duc de Bouillon, 540 et suiv.; grands succès diplomatiques, 547 et suiv.; succession de Berg et Juliers, 553 et suiv.; amour pour la princesse de Condé, qui devient une affaire politique, 555; traité de Hall, 557; grands préparatifs de guerre, 558 et suiv.; mort d'Henri IV, 566 et suiv.

HENRI (Jacques), maire de La Rochelle, IX, 354; négocie le traité qui termine le siége, 363; châtie ceux qui ont voulu livrer la ville aux catholiques, 373.

HENRICIENS, sectaires du XII° siècle, III, 457.

HENRIETTE-MARIE DE FRANCE, fille d'Henri IV, est demandée en mariage pour le prince de Galles, depuis Charles Ier, XI, 203; l'épouse, 209, 247; se compromet par l'excès de son zèle catholique, 259; entre dans un complot contre le cardinal de Richelieu, 392; prend vivement le parti de sa mère retirée en Angleterre, 493. — Vient en France après la bataille de Marston-Moor, XII, 189; décide Anne d'Autriche à céder au parlement, 300.

HENRIETTE D'ANGLETERRE, sœur de Charles II, épouse Philippe de France, duc d'Orléans, XIII, 279. — Propose à Corneille et à Racine le sujet des amours de Titus et de Bérénice, 192; a du penchant pour Louis XIV, *ibid.*; est employée par ce prince comme agent diplomatique auprès de Charles II, 347, 350, 352; meurt, 353.

HÉRAULT, lieutenant de police. Conversation entre lui et Voltaire, XV, 385 *note*.

HERBELOT (d'), orientaliste, XIII, 178.

HERBERAI DES ESSARTS, traducteur d'*Amadis*, IX, 11.

HERBERT, abbé de Saint-Pierre-le-Vif; ses entreprises contre la commune de Sens, et leur résultat, III, 434.

HERBERT, amiral anglais, est battu à Bantry par Château-Renaud, XIV, 113; à Beachy-Head par Tourville, 137; fait retirer les bouées et balises de la côte d'Angleterre et de la Tamise, 139; est disgracié, 149.

HEREFORD (Roger, comte de), se soulève contre Guillaume le Conquérant, est vaincu et pris, III, 142, 143.

HÉRIBERT, fils de Peppin, comte de Vermandois, est contraint de se soumettre au roi Eudes, II, 494.

HÉRIBERT II, comte de Vermandois, beau-frère et gendre de Robert de Paris, embrasse son parti contre Karle le Simple, II, 506; qu'il met en déroute à Saint-Médard, 507; s'empare de sa personne par trahison, et l'enferme à Château-Thierri, 509; sa campagne contre les Normands, 511, 512; usage qu'il fait de son prisonnier, 513; ses revers, 515; il recouvre ses États perdus, 516; ses hostilités contre Lodewig d'Outre-Mer, 518 et suiv.; sa mort, 521.

HÉRIBERT, fils d'Héribert II de Vermandois, est comte de Meaux, puis de Troies, et abbé de Saint-Médard, II, 522; se soulève contre Lodewig d'Outre-Mer, 525; est contraint à se démettre de ses abbayes, 540; ne concourt point à l'élection de Hugues Capet, 546. — Ne le reconnaît point pour roi de France, III, 19; meurt, 23.

HÉRIBERT, chapelain d'Arefast, lui dénonce le manichéisme d'Orléans, III, 54.

HÉRIBERT IV, comte de Vermandois, assiste au sacre de Philippe Ier, III, 100.

HÉRIBERT, comte du Mans, devient vassal du duc de Normandie, III, 106; meurt, *ibid.*

HÉRIOLD, prince danois, prétendant à la royauté, suscite la guerre entre les Danois et les Franks, II, 369; est admis par traité à régner sur une partie du Jutland, 382; se fait baptiser, *ibid.;* est rejeté par les Danois, et se réfugie dans l'Ost-Frise, 383; redevient païen; Lother le fait comte des îles de Zélande, 416.

HERISPOÉ, fils de Noménoé, II, 427; traite avec Karle le Chauve, après l'avoir battu, et reçoit de lui les insignes royaux, 439; est assassiné, 444.

HERLUIN, comte de Ponthieu, est attaqué par le comte de Flandre, et soutenu par le duc de Normandie, II, 521; punit quelques-uns des assassins de ce dernier, 523; devient l'allié du principal, 524; est tué par un Danois, 525.

HERLUIN, simple chevalier normand, fait transporter à ses frais, de Rouen à Caen, le corps de Guillaume le Conquérant, III, 147.

HERMANN, duc d'Alsace et de Souabe, dispute le trône de Germanie à Henri de Bavière, III, 48; meurt, 157 *note.*

HERMÉNEFRID, roi de Thuringe, assassine l'un de ses frères et détrône l'autre; son manque de foi envers Théoderik; sa défaite, sa mort, II, 10.

HERMÉNEGILD, fils de Leowigild, est converti au catholicisme par sa femme Ingonde, prend les armes contre son père, est pris et mis à mort, II, 96.

HERMENGARDE, fille de l'empereur Lodewig, épouse de Boson, II, 273;

défend Vienne contre les rois de Neustrie, de Burgondie et d'Allemagne, 474; est prise, 476.

HERMENGARDE, comtesse de Chartres-Champagne, III, 74.

HERMINN, l'un des fils de Mann, I, 213.

HERMINUNGS, *fils d'Herminn*, l'un des trois grands rameaux de la race teutonique, I, 213; ils sont refoulés par Tibère vers l'est et le nord, 219; guerre entre eux et les Istewungs, 223.

HERMONYME de Sparte, savant attiré en France par Louis XI, VII, 155.

HERMUNDURES. Germains de la confédération suève, I, 213; enlèvent aux Kattes les marais salans de la Sala, 242.

HEROET, poëte du XVIe siècle, VII, 482.

HERPE, connétable, arrête la reine Brunehilde, II, 122.

HERPIN, comte de Bourges, vend sa seigneurie au roi Philippe 1er pour aller à la croisade, où il est battu, III, 201, 202; ses malheurs, sa captivité, sa délivrance, sa mort, 203.

HERRIK, duc de Frioul, force le *ring* des Huns et enlève leur trésor, II, 325.

HERSENT, prêtre, dénonce, dans un pamphlet latin, les projets schismatiques de Richelieu, XI, 546.

HERTAUD, baron poitevin. Sa fidélité pour le roi d'Angleterre, approuvée et récompensée par le roi de France, IV, 190 *note*.

HERTHA, déesse de la terre chez les Germains, I, 213, 214.

HERUSKES, Germains istewungs, I, 214; sont battus par Constantin, 293.

HERVÉ, l'un des douze défenseurs de la tour du Petit-Pont assaillie par les Normands, II, 481.

HERVÉ, trésorier de Saint-Martin de Tours, fait abattre l'ancienne église de l'abbaye, et en édifie une nouvelle, III, 38.

HERVEY, anatomiste anglais, démontre la circulation du sang, XII, 13.

HESCHAM, émir de Cordoue, fils d'Abd-el-Rahman, attaque l'empire des Franks, II, 316; sa mort, 329.

HESSE-CASSEL (landgrave de), défend Neuss contre le duc de Bourgogne, VII, 89.

HESSE-CASSEL (prince de) tente de sauver Landau, et perd la bataille de Spire, XIV, 413, 414; est battu à Castiglione, 466; prend Pizzighitone, 467.

HESSE-CASSEL (landgrave de) vend ses soldats à l'Angleterre pour la guerre d'Amérique, XVI, 411; incroyable lettre qu'il écrit à un de ses officiers, *ibid. note*.

Heureux (les frères L'), sculpteurs, auteurs de la *frise marine* de la galerie du Louvre, X, 476.

Hévélius, astronome de Dantzick, objet des libéralités de Louis xiv, XIII, 162 *note*.

Hilaire (saint), disciple de saint Athanase, I, 299; évêque de Poitiers; est exilé par Constance, 305. — Sa doctrine sur l'Eucharistie, III, 90.

Hildebert, fils de Chlodowig. Sa part dans l'héritage paternel, II, 2, 4; sa résidence habituelle, 3; son expédition contre le roi des Burgondes, 5; son crime contre ses neveux, 7, 8; sa tentative sur l'Auvergne, 13; son expédition contre les Wisigoths, 14; il entreprend la conquête de la Burgondie, 15; qui s'accomplit, 17; partage avec Chlother la province d'Arles, 20; traite avec Justinien, 21; son expédition en Espagne, 22; il s'arme contre Chlother, sa mort, 30.

Hildebert, fils de Sighebert. Comment il échappe à Hilperik, II, 57; il est proclamé roi d'Austrasie, *ibid.*; il fait une expédition en Italie, 76, 77; est adopté par son oncle Gonthramn, roi de Burgondie, 83; conspiration à laquelle il échappe, 89 et suiv.; il est reconnu roi à Paris, à Orléans, en Burgondie, 101; guerre malheureuse contre les Neustriens, 101 et suiv.; contre les Bretons, 104; guerre plus heureuse contre les Warnes, *ibid.*; sa mort, *ibid.*

Hildebert, deuxième fils de Théoderik, remplace sur le trône son frère Chlodowig iii, II, 171; sa mort, 176.

Hildebrand, frère de Karle Martel, assiége et prend Avignon, II, 210.

Hildebrand, moine toscan, excite l'empereur Henri iii à poursuivre la simonie, III, 77; vient présider, comme légat du pape Nicolas ii, le concile de Tours, 92; ses projets et ses tendances, 93 et suiv.; il fait interdire le mariage aux prêtres, 97, 98; décrétale sur l'élection des papes, 99; son rôle dans la querelle de Guillaume et d'Harold, 111, 112; il est élu pape et prend le nom de Grégoire vii, 126; ses relations avec Guillaume le Conquérant, 128; lettres écrites par lui sur Philippe i^{er}, 133, 134; sa lutte contre Henri iv et sa mort, 134 à 138.

Hilderik, fils de Merowig. Ses déportements, sa déposition, son exil, I, 381 à 383; sa restauration, 385; il se joint à OEgidius contre les Wisigoths, *ibid.*; son respect pour sainte Geneviève, 407; singularité de son mariage, sa mort, 408; son tombeau découvert à Tournai en 1655; *ibid.*

Hilderik, second fils de Chlodowig ii. Comment il devient roi d'Austrasie, II, 151; de Neustrie, de Burgondie, 153, 154; il est assassiné avec sa femme et un de ses enfants, 155.

HILDERIK, prince mérovingien, passe sa vie au fond d'un cloître, II, 179 *note*.

HILDERIK, le dernier Mérovingien, est proclamé roi par Karloman et Peppin, II, 218; déposé, tondu et enfermé au monastère de Sithieu, 228; sa mort, 236 *note*.

HILDUIN, abbé de Saint-Denis, passe du parti de Karle le Chauve à celui de Lother II, II, 410.

HILDUIN, comte de Ponthieu, combat les Normands, II, 511; est tué, 512.

HILL, HILLO, chef frank, assiége Nantes, I, 448.

HILPERIK, roi des Burgondes, reçoit de Rikimer le patriciat, I, 387; sa mort, 388.

HILPERIK, roi des Burgondes, I, 388; chasse ses frères Gondebald et Godeghisel, 393; sa défaite et sa mort, 394.

HILPERIK, fils de Chlother, s'empare des trésors de Chlother et tente d'usurper la part de ses frères, II, 36; il échoue, 37; sa part dans la succession paternelle, *ibid.* et 38; il répudie Audowère, 41; épouse Frédegonde, 42; envahit les États de Sighebert, qui le bat, *ibid.*; sa part dans la succession de Haribert, 44, 45; il épouse Galeswinthe, fille du roi des Wisigoths, 45, 46; reprend Frédegonde après la mort de celle-ci; ses humiliations, 47; ses agressions contre Sighebert, 51 à 54; ses revers, comment Frédegonde relève sa fortune, 55, 56; ses entreprises sans résultat, ses vices, ses crimes et sa mort, 61 à 78.

HILPERIK, prince mérovingien, est élevé au trône par les Neustriens, II, 179; règne sous Raghenfrid, puis sous Karle Martel et meurt bientôt, 181 à 184.

HINKMAR, archevêque de Reims, retient les prélats neustriens dans le parti de Karle le Chauve, II, 445; s'efforce de relever la puissance de l'épiscopat, 446; est partisan de l'indissolubilité du mariage, 454; des épreuves judiciaires, 455, 465; lutte contre les entreprises de la papauté, 456 *note*, 458, 459; contre Karle le Chauve, 464; fait fustiger le théologien Gotteskalk, 468; sacre Lodewig le Bègue, 474; meurt, 476.

HIPPOLYTE (saint), disciple de saint Irénée. Livre intéressant que l'on a de lui, I, 254.

HIRE (Étienne de Vignolles, dit La) guerroie en Picardie, VI, 79; secourt Montargis, 113; défend Orléans, 119, 120, 127, 128, 161, 164, 166; combat à Patai, 178; est fait bailli du Vermandois, 200; fait la guerre en Normandie, 207, 218, 306, 307, 334; est écorcheur, 363; échoue dans une entreprise contre le concile de Bâle, 377; guerroie en Normandie, 392; meurt, 404.

Hire (La), géomètre, achève la méridienne de l'Observatoire, XIII, 174.
— Prend les niveaux de la rivière d'Eure, XIV, 7.

Hirmentrude, femme de Karle le Chauve, II, 425 note.

Hobbes, philosophe anglais. Sa doctrine, XII, 53.

Hocho (D. Luis de), capitaine-général de Sicile, y excite les pauvres contre les riches, XIII, 464; est destitué, *ibid.*

Hochstedt (bataille de) gagnée sur l'armée allemande par le maréchal de Villars et l'électeur de Bavière, XIV, 411; autre, gagnée par Eugène de Savoie et Marlborough sur l'électeur de Bavière, les maréchaux de Tallard et de Marsin, 427 et suiv.

Hocquincourt (le maréchal d'), gouverneur de Péronne, XII, 389 *note;* se joint à Mazarin quand ce ministre revient en France, 394; assiége et fait capituler Angers, 395; est battu à Bléneau par le prince de Condé, 399; marche de Briare sur Fontainebleau et Châtres, 402; bat les rebelles à Étampes, puis regagne Péronne, 405; aide Turenne à forcer les lignes d'Arras, 462; est gagné au prince de Condé par la duchesse de Chatillon et ramené par Mazarin et Turenne, 470; se laisse prendre de nouveau et s'enfuit, 492; passe à l'ennemi et meurt d'une balle française, 494.

Hoel, comte de Nantes et de Cornouailles, méconnaît l'autorité du duc de Bretagne, III, 105.

Hoel, duc de Bretagne, fait la guerre aux comtes de Rennes et de Penthièvre, III, 143.

Hoel, fils de Conan III, duc de Bretagne, désavoué par son père comme adultérin, est reconnu pour duc par les Nantais, puis dépossédé, III, 465.

Hohenlohe, mystique protestant, VIII, 157.

Holaghou, frère du khacan des Mongols, détruit Bagdad, et devient khacan à son tour, IV, 322.

Holbach (le baron d'), centre du parti encyclopédique, XVI, 143 et suiv.

Holbein, peintre allemand, VII, 386 *note;* est partisan de Luther, 526.

Holda, déesse germanique, I, 242.

Holland (lord), ambassadeur d'Angleterre, contraint les Rochelois à faire la paix avec Louis XIII, XI, 227; excite la duchesse de Chevreuse, sa maîtresse, contre le cardinal de Richelieu, 232.

Holstein-Gottorp (duc de), gendre du tzar Pierre Ier, cède au roi de Danemark une portion du Slesvig, XV, 172.

Homfroi, fils de Tancrède de Hauteville. Ses succès en Italie, III, 86, 87.

Hommage féodal, III, 3 *note*.

Honorat (saint), évêque d'Arles, fonde le monastère de Lérins, I, 149.

Honorius, empereur d'Occident, I, 329; son triste règne, 334 à 355.

Honorius II, pape élu par le parti opposé à Alexandre II. Schisme qui ne disparaît qu'à sa mort, III, 104.

Honorius III, pape, successeur d'Innocent III, prend le parti d'Henri III d'Angleterre contre Louis de France, IV, 95; celui d'Amauri de Montfort contre les Raimond, qu'il persécute, 108; suspend les hostilités contre Raimond VII, 119; les reprend, 125; défend l'enseignement public du droit civil à Paris, 291.

Honorius IV, pape, fait avorter les efforts d'Édouard Ier pour la pacification du Midi, IV, 385.

Hood, amiral anglais, XVI, 459; ses campagnes contre la marine française pendant la guerre d'Amérique, 461, 462, 465, 468, 469.

Hôpital de Saint-Jean de Jérusalem (ordre de l'). Sa formation, III, 204. — Il s'établit à Rhodes, IV, 497; hérite des propriétés de l'ordre du Temple, *ibid*. — Est obligé de quitter Rhodes, VIII, 31; s'établit à Malte et à Tripoli, 228. — S'y défend héroïquement contre les Turcs, IX, 170 *note*. — Est obligé de renoncer à la course contre les musulmans et tombe dans la langueur, XV, 104.

Hôpital (le marquis de L'), géomètre, publie l'*Analyse des infiniment petits*, XIV, 261.

Horik, roi des Danois, prend et brûle Hambourg, II, 430.

Horn (Jean de), amiral de Bourgogne, est massacré par les Brugeois, VI, 359.

Horn (le comte de), amiral de Flandre, intermédiaire entre Philippe II et la noblesse protestante des Pays-Bas, IX, 208; est arrêté, 213; mis en jugement, 230; traîné à l'échafaud, 231.

Horn, maréchal suédois, est battu et pris à Nordlingen, XI, 420. — Envahit les provinces méridionales du Danemark, XII, 193.

Horn (le comte de) est roué à Paris pour assassinat, XV, 59.

Horse, duc de Toulouse. Échec qu'il subit, sa destitution, II, 307.

Hospital (Michel de L') rapporte le procès du sire de Vervins, VIII, 368. — Juriste renommé, IX, 3; chancelier de Marguerite de France, 10; chancelier de France : ses antécédents, son caractère, ses projets, 43 et suiv.; ses efforts pour arrêter les persécutions, prévenir ou faire cesser la guerre civile, 45, 57, 60, 64, 66, 82, 85, 95, 97, 100, 102, 109, 111, 117, 149, 157, 177, 189, 218, 219, 227, 234; il ouvre les États-Généraux d'Orléans, 66; et leur expose les besoins du royaume, 72; fait déclarer la majorité de Charles IX, 166; combat l'acceptation des décrets du concile de Trente, 178; institue les tribunaux de commerce, 198; rédige la grande ordonnance de Moulins, 199; se retire, 237; fin de sa vie, 334 *note*.

Hospital (Du Hallier, plus tard maréchal de L'), concourt au siége d'Arras, XI, 523, 524. — Est donné pour mentor au duc d'Enghien, XII, 162 et suiv.; quitte le gouvernement de Champagne, 174; gouverneur de Paris, fait avec le duc d'Orléans un traité qui met cette ville à l'abri des entreprises des insurgés, 396; est malmené par Mlle de Montpensier, 414; échappe au massacre de l'hôtel de ville, 418.

Hotman (François), jurisconsulte protestant, auteur de la *Franco-Gallia*, IX, 34 *note*; esprit et succès de ce livre, 370; auteur de l'*Anti-Tribonianus*, 391.

Hotman (Charles), sieur de La Rocheblond, receveur de l'évêque de Paris, un des instigateurs de la Ligue, IX, 530.

Houdetot (Mme d'), XVI, 90.

Houdon, statuaire, XVI, 159; moule le masque de J.-J. Rousseau, 400 *note*.

Hougue (bataille navale de La), XIV, 158 et suiv.; désastre qui suit la bataille, 160 et suiv.

Houtsteen, amiral de Zélande, commande les vaisseaux hollandais envoyés contre La Rochelle, XI, 220.

Howard (sir Edward), amiral anglais, est défait et tué dans le port du Conquêt, VII, 420.

Howard (lord) défait Jacques IV, roi d'Écosse, à Flodden-Field, VII, 427.

Howard d'Effingham, amiral anglais, commande la flotte opposée à l'*Invincible Armada*, X, 92 et suiv.

Howe, général anglais, bat Washington à Brandywine, prend Philadelphie, XVI, 424; devient ministre, 467.

Howe, amiral anglais, XVI, 434; ministre, 467; ravitaille Gibraltar, 472.

Hu le puissant, chef des Kimris, I, 14, 15, 64; dieu gaulois, 469, 481, 482.

Hubert, protestant, est brûlé en place de Grève, VIII, 153.

Hubbert (saint Hubert) succède à Landebert sur le siége épiscopal de Maestricht et fonde Liége, II, 176 *note*.

Hue de Miromesnil, ancien président au parlement de Rouen, est chancelier, XVI, 320; concourt à la restauration des parlements supprimés par Maupeou, 335; son allocution au parlement de Paris à propos de la *guerre des farines*, 347; il combat dans le conseil l'abolition des corvées proposée par Turgot, 369 ; prête son concours, de mauvaise grâce, aux réformes de ce ministre, 373 ; pousse aux finances Joli de Fleuri, 505 ; puis d'Ormesson, 510 ; son discours à l'assemblée des notables, 572 ; justice qu'il rend à Necker, et qui le fait renvoyer, 581.

Huet (les), famille de menuisiers d'Amiens, auteurs des sculptures sur bois de la cathédrale de cette ville, VIII, 139 *note*.

Huet, savant écrivain, expose les origines et la théorie du roman, XIII, 210 ; est sous-précepteur du dauphin, 245. — Sceptique par dévotion, XIV, 267.

Hughe, fils de Drogue et petit-fils de Peppin de Héristall, II, 181 ; traite avec Karle Martel, puis conspire contre lui, 184 ; s'engage dans les ordres et devient archevêque de Rouen, etc., etc., 185.

Hughe, fils naturel de Charlemagne, II, 336 ; Lodewig le Pieux le garde auprès de lui, 367 ; le fait tonsurer, 375 ; lui donne l'abbaye de Saint-Quentin, 377 ; il meurt en combattant près d'Angoulême, 429.

Hughes, amiral anglais ; ses campagnes dans les mers de l'Inde contre le bailli de Suffren, XVI, 477 à 482.

Hugonnet, chancelier de Bourgogne, livre le connétable de Saint-Pol à Louis xi, VII, 100 ; son ambassade auprès de ce prince, 125 ; sa fin tragique, 127.

Huguenots. Origine de ce sobriquet, IX, 28.

Huguerie (La), conseiller de Jean Casimir et du burgrave de Dohna, qu'il trahit au profit des princes lorrains, X, 44, 45.

Hugues l'Abbé, comte ou marquis d'Anjou, II, 472 ; fait sacrer les fils de Lodewig le Bègue, 473 ; aide le roi de Germanie à battre les Normands, 474 ; fait déférer la couronne de Neustrie à Karle le Gros, 478 ; défend Paris contre les Normands, 480 ; meurt, 482.

Hugues (le Loherain), fils de Lother ii et de Waldrade, prétend succéder à son père ; il est battu, II, 474 ; Karle le Gros lui fait arracher les yeux, 478.

Hugues le Blanc ou le Grand, fils de Robert, après lui comte de Paris et duc de France, défait Karle le Simple à Saint-Médard, II, 507 ; ses démêlés avec le comte de Vermandois, 514 ; il fait revenir et couronne Lodewig d'Outre-Mer, 517 ; nombreuses péripéties de la lutte qu'il engage presque aussitôt contre lui, 518 à 529 ; il acquiert pour son fils Othon la Bourgogne et veut conquérir l'Aquitaine ; sa mort, 529, 530.

Hugues, comte d'Arles et de Vienne, s'empare du royaume de Provence, II, 509 ; acquiert l'Italie en échange de la Provence, 510, 511.

Hugues, fils de Héribert II, comte de Vermandois, est fait archevêque de Reims à l'âge de cinq ans, II, 513; perd son siége, 514; le recouvre, 519; s'y maintient en dépit du roi, 522; est dépossédé, 526; excommunié, 528.

Hugues le Noir, comte de Besançon, frère du roi Raoul, II, 516; partage le duché de Bourgogne avec le duc de France et le comte de Dijon, 517; lutte contre Hugues le Grand et en faveur de Lodewig d'Outre-Mer, 518 et suiv.; est contraint de quitter le parti du roi, 520; meurt, 529.

Hugues Capet, fils de Hugues le Grand, II, 530; son mariage, 533; ses démêlés avec Othon II, 536, 538; son voyage à Rome, 539; danger auquel il échappe en revenant, 540; avances qu'il fait au clergé, *ibid.*; il est élu et sacré roi de France, 547. — Guerres contre le duc de Basse-Lorraine et le duc d'Aquitaine, III, 19, 20 et suiv.; il fait déposer l'archevêque de Reims par les prélats français, 25; sa mort, 27.

Hugues de Beauvais, favori de Robert, comte palatin, est assassiné par ordre de la reine Constance, III, 60.

Hugues, archevêque de Tours, refuse de faire la dédicace du moûtier de Beaulieu, édifié par le comte d'Anjou, III, 44.

Hugues, chapelain, tue un juif d'un soufflet, III, 53.

Hugues, fils aîné du roi Robert, meurt à 18 ans, III, 62.

Hugues, comte de Chalon-sur-Saône, vainqueur du comte de Bourgogne, est vaincu par le duc de Normandie, III, 63.

Hugues, fils de Robert *le Vieux*, duc de Bourgogne, assiste au sacre de Philippe Ier, III, 100; règne après son père, abdique et se fait moine, 141, 142.

Hugues le Grand, frère de Philippe Ier, III, 101; comte de Vermandois, du chef de sa femme, prend la croix, 163; son voyage, 172 et suiv.; Alexis Comnène s'en fait un otage, 175; il est délivré par Godefroi de Bouillon, 177; combat à Gorgoni, 183; est envoyé vers l'empereur Alexis et ne revient pas, 188; prend part à la seconde croisade, 201; meurt en Cilicie, 202.

Hugues le Tailleur devient chevalier après la conquête de l'Angleterre, III, 124.

Hugues, comte du Maine, restauré par ses sujets, III, 128.

Hugues, archevêque de Lyon. Mission dont il est chargé, comme légat, par le pape Urbain II, III, 151.

Hugues, comte de Champagne après Thibaud III, III, 163 *note;* prend les armes contre Louis le Gros, 218; l'assiste contre l'empereur, 286.

Hugues, duc de Bourgogne après Eudes, son père, III, 203; assiste

Louis le Gros contre le roi d'Angleterre, 247; accorde aux Dijonnais une charte communale, 264; assiste Louis le Gros contre l'empereur, 286.

Hugues, fils de Louis le Gros, III, 301.

Hugues III, duc de Bourgogne, assiste au sacre de Philippe-Auguste et lui chausse les éperons d'or, III, 302; se ligue contre lui avec les princes de la maison de Champagne, 507; ses brigandages réprimés par Philippe-Auguste, 515; il prend la croix, 528; fait massacrer les prisonniers de Saint-Jean-d'Acre, 543; est nommé par Philippe-Auguste connétable des Français en Palestine, 544; meurt en Palestine, 548.

Hugues IV, duc de Bourgogne, l'un des chefs de la ligue des barons contre les clercs, IV, 210; garde le camp devant Mansourah, 225.

Huillier (Nicolas L'), président en la chambre des comptes, porte la parole pour le tiers état aux États-Généraux de 1576, IX, 447.

Huillier (L'), prévôt des marchands, préside le tiers état aux États-Généraux de 1593, X, 304; s'emploie activement à rouvrir les portes de Paris à Henri IV, 349, 350; est nommé président de la chambre des comptes, 353 note.

Hultz (Jean) achève la cathédrale de Strasbourg, VI, 466.

Humanité. *Doctrine de l'humanité*, fruit de l'unité romaine, I, 247 et suiv.

Humbercourt, lieutenant du duc de Bourgogne à Tongres, VII, 37; livre le connétable de Saint-Pol au roi de France, 100; son ambassade auprès de ce prince, 125; sa fin tragique, 127.

Humbert, comte de Savoie, est de la seconde croisade, III, 201.

Humbert III, comte de Savoie, assiste à la diète de Besançon, III, 472.

Humbert, dauphin de Viennois, vend le Dauphiné au roi de France, V, 74; sa retraite définitive, 116.

Hume (David), philosophe écossais, recueille chez lui Jean-Jacques Rousseau, XVI, 130; métaphysicien, historien, économiste, 164.

Humfrid, marquis de Gothie, s'empare de Toulouse, la défend contre les Normands, se retire en Italie, II, 450, 451.

Humières (Jacques, seigneur d') provoque et organise la Ligue en Picardie, IX, 431; en est le chef, 436.

Humières (d'), lieutenant-général de Picardie, y travaille les esprits dans l'intérêt d'Henri IV, X, 173; prend possession d'Amiens au nom de ce prince, 363; est tué à l'attaque de Ham, 384.

Humières (maréchal d') est disgracié pour n'avoir point voulu prendre le mot d'ordre de Turenne, XIII, 380 *note;* ramène les dernières troupes françaises restées en Hollande, 434; investit Condé, 491; prend Aire, 494; concourt aux sièges de Valenciennes, 500; et de Saint-Omer, 502, 504; commande un corps détaché entre l'Escaut et la mer, 512; coupe la route de Bruxelles à Charleroi, 513; prend Saint-Ghislain, 514; investit Gand, 522. — Prend Courtrai, Dixmuyde, XIV, 17; bombarde Oudenarde, 18; prend Dinant, 94; commande l'armée des Pays-Bas, 108, 111, 128.

Hunald, fils d'Eudes, duc d'Aquitaine, résiste à Karle Martel et traite avec lui, II, 208, 209; se soulève contre Peppin, 217; envahit la Neustrie, 222; se soumet et abdique, 223; tente de soulever l'Aquitaine contre Charlemagne, auquel il est livré par Lupus, chef des Wascons, 252, 253; sa mort, 264.

Huns, peuple mongol. Ils quittent le fond de l'Asie, fondent sur les Alains, puis sur les Goths qu'ils dépossèdent, I, 320; étendue de leur domination au commencement du ve siècle, 335; leurs progrès, 368; leur irruption en Occident et leur désastre aux Champs catalauniques, 369 à 379; leur décadence après Attila; ils sont rejetés vers l'Asie 395. — Reparaissent sous le nom d'Abares ou Awares et sont battus par Sighebert, II, 42; puis traitent avec lui et s'établissent dans la vallée du Danube, 48; leurs mauvais succès en Bavière, 306.

Hurault du Fay (Michel), petit-fils du chancelier de L'Hospital, auteur de l'*Excellent et libre discours sur l'estat présent de la France*, X, 80 *note.*

Huss (Jean), V, 553.

Hussites (insurrection des), VI, 575.

Hutten (Ulrich de), soldat et poëte, écrit contre les cordeliers et les dominicains, VII, 511; s'unit à Luther, 525; écrit à Charles-Quint, 528.

Huxelles (maréchal d'), d'abord lieutenant-général, défend Mayence avec bravoure et habileté, XIV, 109; ambassadeur à Gertruydenberg, 526, 527; à Utrecht, 548; désigné par Louis xiv pour le conseil de régence, 611. — Préside le conseil des affaires étrangères, XV, 9; négocie avec les ministres du tzar, 85; négocie un traité entre la France et la Prusse, 86; éclate au conseil contre le pacte formé par la France, l'Angleterre et l'Autriche contre l'Espagne, et le signe presque aussitôt, 94; a fait bâtir l'une des premières *petites maisons,* 335 *note.*

Huyghens, astronome hollandais, attiré en France par Colbert, XIII, 170; ses travaux, ses découvertes, 172, 173, 174. — Il quitte la France après la révocation de l'édit de Nantes, XIV, 62 *note.*

Hyde, ambassadeur d'Angleterre en Hollande, XIII, 534.

Hyde, orientaliste anglais, auteur d'un livre sur la religion de Zoroastre, XIV, 297.

Hyoens (Jean) organise à Gand la confrérie des *Chaperons blancs ;* ses succès et sa mort, V, 356, 357.

I

Ibarra (don Diégo d'), ambassadeur d'Espagne, soutient les *Seize,* X, 264, 268 ; négocie à Guise avec les Lorrains, 273 ; ses menées, 280, 302, 305 ; faux renseignements qu'il donne à son maître, 348 ; sa sortie de Paris, 350 et suiv. ; il conseille à l'archiduc Ernest d'Autriche de s'emparer de la personne du duc de Mayenne, 361.

Ibarra (don Diégo d'), amiral espagnol, attaqué par un brûlot, saute avec tout son équipage, XIII, 490.

Ibères, habitants des bords de l'Èbre ou Ibris, I, 5.

Iberville (d') colonise la Louisiane, XIII, 559. — Ses exploits au Canada, XIV, 231 *note.*

Ibrahim, grand-vizir, conclut un traité de commerce avec la France, VIII, 244.

Ibrahim, grand-vizir, tente d'initier la Turquie aux arts de l'Occident, et de rendre ses relations avec la France plus étroites, XV, 104 ; est assassiné par les janissaires, 105 *note.*

Idacius, évêque espagnol, un des persécuteurs de Priscillianus, I, 323, 324.

Idiaquez (don Juan), ministre de Philippe II, négocie avec le président Jeannin, X, 250.

Illuminisme, XVI, 532 et suiv.

Imperiali (le cardinal), gouverneur de Rome, excite les gardes corses à insulter l'ambassadeur de France, XIII, 288 ; est obligé d'aller se justifier devant Louis XIV, 294.

Importants (parti des), XII, 160 ; sa défaite, 170.

Impôt sur le revenu établi par les États-Généraux de 1356, V, 143.

Impôt du timbre, établi par Mazarin, aboli, puis rétabli par Colbert, XIII, 469.

Imprimerie (invention de l'), VII, 159.

Imprimerie royale. Création de cet établissement, VIII, 145. — Le cardinal de Richelieu y met la main, XI, 429.

Inconvénients des droits féodaux, brochure de Boncerf, inspirée par le contrôleur-général Turgot, et condamnée par le parlement de Paris, XVI, 371.

INDÉPENDANTS (secte des). Leurs doctrines, XII, 189; application pratique de leurs idées, 431.

INDULGENCES (trafic des), VII, 506 et suiv., 547.

INDUS (Julius), Trévire, combat l'insurrection de Julius Florus, et la comprime, I, 224.

INDUTIOMAR, chef du parti national chez les Trévires; son insurrection et sa mort, I, 162, 163.

INGEBURGE, sœur du roi de Danemark Knut VI, épouse Philippe-Auguste, est répudiée, appelle en cour de Rome, et rentre dans ses droits, III, 560 et suiv.

INGH ou INGHEV, le troisième fils de Mann, I, 213.

INGHEWUNGS, l'un des trois grands rameaux de la race teutonique, I, 213; quelle région ils occupent, 214; ils attaquent l'empire romain, 231.

INGO, chef des Normands de la Loire après Raghenold, accable les Bretons, II, 515; est vaincu par Allan-Barbe-Torte, *ibid. note*.

INGOBERGHE, femme de Haribert; sa jalousie, sa répudiation, II, 40.

INGOMER, premier né de Chlodowig et de Chlothilde, meurt après avoir été baptisé, I, 419.

INGONDE, seconde femme de Chlother; anecdote, II, 44.

INGONDE, fille de Sighebert et de Brunehilde, femme d'Herménégild, convertit son mari au catholicisme, II, 96; meurt en exil, *ibid.*

INNOCENT II (Grégoire) assiste au concile de Clermont, III, 164; est élu pape, mais ne peut se faire reconnaître à Rome, 293; sacre, à Reims, le jeune Louis, fils de Louis le Gros, *ibid.;* condamne Abélard et Arnaldo de Brescia, 330; ses querelles avec Louis le Jeune, 420 et suiv.; sa mort, 423.

INNOCENT III, pape, menace les rois Richard et Philippe d'excommunication s'ils ne font la paix, III, 556, met la France en interdit, 562; s'efforce en vain de réconcilier Philippe-Auguste et Jean-sans-Terre, 578. — Ses premières mesures contre les hérétiques de Provence, IV, 22; ses efforts pour leur susciter des ennemis, 24, 27; comment il reçoit à Rome le comte de Toulouse, 39, 40; il réunit le quatrième concile de Latran et le préside, 55 et suiv.; se brouille avec l'empereur Othon, lance sur lui l'anathème, et lui suscite un concurrent, 67; frappe l'Angleterre d'interdit, *ibid.*, et le roi Jean de déchéance, 68; provoque une croisade contre ce prince, *ibid.;* à quel prix il s'arrange avec lui, 70; il déclare la grande charte d'Angleterre illicite, et en défend l'observation, 90; s'oppose à ce que Louis accepte la couronne d'Angleterre, 92; sa mort, 94.

INNOCENT IV, pape, IV, 183; sa haine contre Frédéric II, et ses démêlés avec cet empereur, 197 et suiv., 201, 202, 208, 214; il s'oppose à l'association des laïques contre les empiétements des clercs, 210; vend des indulgences, 214; persécute la famille de Frédéric II, après la mort de ce prince, et fait prêcher la croisade contre Conrad, 240; envahit Naples à main armée, et y meurt après avoir été battu, 260; a défendu l'enseignement public du droit civil dans les royaumes chrétiens, 291.

INNOCENT VI, pape, V, 126; décrète une croisade contre la *grande compagnie*, 236.

INNOCENT VII (Cosmato Meliorati), est élu pape de Rome après Boniface IX, V, 465.

INNOCENT VIII, pape, VII, 240; ses hostilités contre le roi de Naples, 246; il demande au roi de France le prince Djem, frère du sultan Bayézid, 247; meurt, 248.

INNOCENT IX, pape, X, 282; meurt, 293.

INNOCENT X, pape, condamne cinq propositions de Jansénius, XII, 101, 102; se montre hostile à la France, 219, 220; proteste contre le traité de Westphalie, 271; protège le cardinal de Retz contre Mazarin, 464; meurt, 465.

INNOCENT XI, pape, offre sa médiation aux négociateurs de Nimègue, XIII, 542, 543; dévoué à l'Autriche, hostile à la France, 586; condamne soixante-cinq propositions soutenues par les jésuites, 618 *note:* et le *Nouveau Testament de Mons*, *ibid.*; engage une lutte violente contre le gouvernement français à propos du *droit de régale*, 618, 623, 625. — Intercède auprès de Louis XIV en faveur de Gênes, XIV, 25; célèbre par un *Te Deum* la révocation de l'édit de Nantes, 55; est pris pour arbitre dans la question de la succession palatine, 68; ses démêlés avec Louis XIV à propos des franchises des ambassadeurs à Rome, 78 et suiv., et de l'élection de l'archevêque de Cologne, 80 et suiv.; il favorise le prince d'Orange, 83; meurt, 116.

INNOCENT XII (cardinal Pignatelli), pape, s'efforce de pacifier la chrétienté, XIV, 154, 192; obtient une transaction sur les principes de la *déclaration* de 1682, 192; appuie la candidature de l'électeur de Saxe au trône de Pologne, 349; donne, sur la question de la succession d'Espagne un avis favorable à la maison de Bourbon, 360; meurt, *ibid.*

INNOCENT XIII (cardinal Conti), pape, élu grâce aux intrigues de Dubois, lui donne le chapeau, XV, 113.

INQUISITION (tribunal de l'), IV, 152, 153, 154, 157 et suiv. — Annulé en France, VI, 519.

INSCRIPTION MARITIME, instituée par Colbert, XIII, 128 et suiv.; régime des classes; chiffre de l'inscription en 1670, en 1680, en 1685, 559.

INSUBRES. Leur position géographique, I, 17; leur guerre contre les Romains, et leur défaite, 99, 100; la part qu'ils prennent à l'expédition d'Annibal, 102; leur défaite, 103.

INTENDANTS DE PROVINCE, créés par le cardinal de Richelieu; leurs attributions, XI, 460, 461.

INTERIM, tentative de compromis entre les catholiques et les luthériens, VIII, 378.

INVALIDES (hôtel des), XIII, 242, 243. — Désorganisation de cette institution sous le ministère du comte de Saint-Germain, XVI, 428 *note*.

IRÈNE, impératrice de Constantinople, veuve de Léon l'Isaurien, demande la fille de Charlemagne, Rotrude, pour son fils Constantin, II, 286; rompt ce mariage; ses relations avec Charlemagne, 342; sa mort, 343.

IRÉNÉE (saint) fonde à Lyon, avec saint Pothin, la première église des Gaules, I, 251; son voyage à Rome, 253; il devient évêque de Lyon, *ibid.*; services qu'il rend à l'église chrétienne, 254.—Sa doctrine touchant l'Eucharistie, III, 90.

IRNERIO fonde l'école de droit de Bologne, III, 472 *note*, 566 *note*.

ISAAC COMNÈNE, prince grec, est dépouillé de l'île de Chypre par Richard Cœur-de-Lion, III, 542.

ISAAC L'ANGE, empereur de Constantinople, détrôné, incarcéré, aveuglé par son frère, et délivré par les croisés, III, 569, 570.

ISABELLE DE HAINAUT, nièce de Philippe, comte de Flandre, épouse Philippe-Auguste, III, 506; meurt, 535.

ISABELLE D'ANGOULÊME, fiancée au comte de La Marche, est enlevée par Jean sans Terre et l'épouse, III, 572.—Épouse le comte de La Marche après la mort de Jean, IV, 122; ses intrigues contre les rois de France Louis VIII et Louis IX, 136, 185.

ISABELLE DE FRANCE, fille de Louis IX, épouse Thibaud, comte de Champagne et roi de Navarre, IV, 264; sa mort, 333.

ISABELLE, fille du roi d'Aragon, épouse Philippe, fils de Louis IX, IV, 264; prend la croix avec son mari, 324; sa mort, 333.

ISABELLE DE FRANCE, fille de Philippe le Bel, est fiancée à Édouard II d'Angleterre, IV, 418; l'épouse, 471; cause de son aversion pour son mari, 559; son voyage en France, son expédition contre Édouard II, traitement qu'elle lui fait subir, 560, 561. — Elle proteste contre l'avénement de Philippe de Valois, V, 10; son châtiment, 27.

ISABELLE DE FRANCE, fille du roi Jean, épouse Jean Galeas Visconti, V, 230.

ISABELLE (Isabeau) DE BAVIÈRE épouse Charles VI, roi de France, V, 398; fêtes de son couronnement, 421 et suiv.; on lui donne la duchesse de Bourgogne pour surveillante, 437; son intimité avec le duc d'Orléans, 470; ses excès, 480; elle se réfugie à Melun, 490; rentre à Paris. où elle préside le conseil, 492; fait alliance avec Jean-sans-Peur, 506; affronts qu'elle subit, 534. — Elle va conférer avec le comte de Hainaut, VI, 27; est exilée, 28, 29; devient l'alliée et l'instrument de Jean-sans-Peur, 31 et suiv.; rentre à Paris, 42; négocie avec Henri V, roi d'Angleterre, 53; se retire à Troies, 55, 56; écrit à la veuve de Jean-sans-Peur, 62; signe et fait signer au roi le traité de Troies, 66, 67; est pensionnée par Henri V, 69; son abaissement sous la domination anglaise, 311; sa mort, 340.

ISABELLE DE FRANCE, fille de Charles VI, épouse Richard II, roi d'Angleterre, V, 446; puis Charles, fils aîné du duc d'Orléans, 479; demande justice du meurtre de son beau-père, 492.

ISABELLE DE PORTUGAL épouse Philippe I, duc de Bourgogne, VI, 223. — Pousse son fils Charles vers l'alliance anglaise, VII, 11; a pour douaire les Açores, 17 *note*.

ISABELLE DE LORRAINE, fille du duc Charles II, femme de René d'Anjou, VI, 307.

ISABELLE DE CASTILLE épouse Ferdinand d'Aragon, VII, 85; succède à son frère, 92; assiége Grenade, 211; la prend, 223; marie ses enfants, 284 *note;* donne à Christophe Colomb les moyens de découvrir l'Amérique, 296; réorganise l'inquisition, 314; persécute les Juifs et les Maures, 315; meurt, 351.

ISABELLE-CLAIRE-EUGÉNIE, fille aînée de Philippe II, qui convoite pour elle le trône de France, X, 193, 250, 254, 300; épouse l'archiduc Albert d'Autriche, et devient souveraine des Pays-Bas, 428; accueille et retient auprès d'elle la princesse de Condé, 556. — Invite les Provinces-Unies à reconnaître *leurs princes naturels*, XI, 169; reste seule souveraine de la Belgique, 183; tente d'unir l'Angleterre et l'Espagne contre la France, 261; meurt, 401.

ISAMBARD DE LA PIERRE, assesseur au procès de Jeanne Darc, VI, 254, 272, 275, 283, 292, 296, 300.

ISARN, évêque de Grenoble, aide le comte de Provence à détruire les Sarrasins établis dans les Alpes, II, 535.

Isarn, vieux prédicant albigeois, est brûlé vif à Narbonne, IV, 130.

Isle (Jean de L'), échevin, V, 177; entre au grand conseil, 188; est tué par les amis de Jean Maillart, 210.

Isle-Adam (le sire de L'), livre à Jean-sans-Peur le passage de l'Oise, VI, 30; s'empare de Paris, 36; laisse massacrer les prisonniers armagnacs, 41; est fait maréchal, 42; laisse prendre Pontoise, 55; est destitué par Henri v et mis à la Bastille, 75 *note;* est fait capitaine de Paris, 200, 208; ses cruautés, 223; il est battu en Champagne, 245; se joint aux Français, 341; reprend Pontoise, *ibid.;* bat les Anglais devant Saint-Denis, 346; entre à Paris, *ibid.;* est massacré à Bruges, 360.

Isola (baron de L'), envoyé de l'empereur auprès des Provinces-Unies, conclut avec cette république un traité d'alliance, XIII, 408.

Ist ou Istew, le second fils de Mann, I, 213.

Istewungs, l'un des trois grands rameaux de la race teutonique, I, 213; ils bordent le Rhin, et sont les aïeux des Franks, 214; leurs guerres avec les Romains, Varus, Germanicus, etc., 220 et suiv.; contre les Herminungs, 223; ils menacent la Gaule, 226.

Ithacius, évêque espagnol, un des persécuteurs de Priscilianus, I, 323, 324.

Ivan, tzar de Russie, frère de Pierre Ier, XIV, 220.

Ivan, petit-neveu de Pierre le Grand, succède à la tzarine Anne, XV, 235; est détrôné, 246. — Égorgé dans sa prison, XVI, 263 *note*.

Ives, évêque de Chartres, est emprisonné par le sire du Puiset, III, 152; relâché, *ibid.;* accusé par le roi devant un concile, duquel il appelle au pape, *ibid.;* hostile aux communes, 244.

Ivetot (royaume d'), III, 8 *note*.

J

Jacquerie, V, 193 et suiv.

Jacques Ier, roi d'Écosse, devient le prisonnier du roi d'Angleterre, VI, 77; meurt, 364 *note*.

Jacques (les frères) de Reims, sculpteurs, VII, 386.

Jacques iv, roi d'Écosse, envahit l'Angleterre, est vaincu et tué, VII, 426.

Jacques *d'Angoulême,* sculpteur, VIII, 133.

Jacques v, roi d'Écosse, amène à François Ier un corps auxiliaire, VIII,

243 *note;* épouse Magdeleine de France, fille de ce prince, *ibid.;* la perd et se remarie avec la fille du duc de Guise, *ibid.;* siége au parlement à côté de François 1ᵉʳ, 246; meurt, 288.

JACQUES VI, roi d'Écosse, plus tard Jacques 1ᵉʳ, roi d'Angleterre, monte sur le trône d'Écosse, IX, 214 *note*. — Fait alliance avec la reine d'Angleterre, X, 26; lui succède, 525; fait acte d'hostilité contre le papisme, 527; envoie des secours aux Hollandais, 528; fait la paix avec l'Espagne, 535; se rapproche de la France après la *conspiration des poudres,* 543; se coalise avec Henri IV, 557. — Demande pour son fils une fille de ce prince, XI, 102; écrit sur la théologie, 147; abandonne son gendre, l'électeur palatin, 167; puis le secourt faiblement, 188; veut marier son fils avec une princesse d'Espagne, 196 et suiv.; change d'idée, 199; lui fait épouser Henriette-Marie, sœur de Louis XIII, 203, 209; promet son concours à ce prince contre les huguenots, 246; meurt, 247.

JACQUES II, roi d'Angleterre, d'abord duc d'York et réfugié en France, XII, 402; sert dans l'armée française, puis dans l'armée espagnole, 479, 495; assiste à la bataille des Dunes, 496. — Commande la flotte anglaise à Lowestoft, et bat la flotte hollandaise, XIII, 305; se déclare catholique, 350; lutte de nouveau contre la marine hollandaise à Sole-Bay, 390; résigne ses emplois lorsque le roi son frère révoque l'édit de tolérance, 418; épouse la fille du duc de Modène, 431; consent au mariage de sa fille Marie avec le prince d'Orange, 518; est seul excepté de l'exclusion du parlement anglais, décrétée contre tous les catholiques, 572; se retire en Belgique, *ibid.;* est rappelé, puis envoyé en Écosse, 573. — Rentre au conseil, XIV, 30, 31; devient roi et montre aussitôt un grand zèle pour sa religion et une extrême cruauté, 32, 33; prend l'argent de Louis XIV et traite avec les Provinces-Unies, ennemies de ce prince, *ibid.;* entreprend la restauration du culte catholique, 34; sa conduite envers les protestants français réfugiés en Angleterre, 63 *note;* ses efforts imprudents en faveur du catholicisme, 69, 83 et suiv.; sa conduite équivoque et bizarre entre Louis XIV et les ennemis de ce monarque, 87, 88, 92; il est détrôné, se réfugie en France et s'y déclare jésuite, 96 et suiv.; envahit l'Irlande, 111; échoue devant Londonderry, 114; est battu sur les bords de la Boyne et revient en France, 139 et suiv.; est mis à la tête d'une armée destinée à l'invasion de l'Angleterre, 156; est cause, par son incapacité, du désastre de la Hougue, 161; tente de faire assassiner Guillaume III, 166 *note;* meurt, 382, 383.

JACQUES STUART, fils de Jacques II, roi d'Angleterre. Sa naissance, XIV,

86; sa mère l'amène en France, 97, 98; Louis XIV le reconnaît pour roi d'Angleterre, 383; il tente de débarquer en Écosse avec six mille soldats et ne réussit pas, 493, 496; est obligé de quitter la France et se retire en Lorraine, 590; prépare une descente en Angleterre ou en Écosse, 592, 593. — L'effectue sans résultat et se retire à Avignon, XV, 76; demande au pape, pour Dubois, le chapeau de cardinal, 112.

JACQUET DE RUE, émissaire de Charles le Mauvais. Ses intrigues, son arrestation, ses aveux, son supplice, V, 316 et suiv.

JACQUET, sculpteur, X, 476.

JACQUEVILLE (Hélion, sire de), gentilhomme bourguignon, est nommé capitaine de Paris, V, 533; son rôle dans les troubles, 538 et suiv. — Sa mort, VI, 32.

JAI (Le), président au parlement, y dirige l'opposition, XI, 87; est enlevé et incarcéré, 93; proscrit, 109; soutient le courage du cardinal de Richelieu, qui le fait premier président, 346.

JAMIN (François), architecte, auteur de la grande porte du château de Fontainebleau, X, 475.

JANE GREY de Suffolk. Son mariage, son élévation, sa chute, sa mort, VIII, 431 et suiv.

JANET, peintre portraitiste, VIII, 134.

JANSÉNISTES. Naissance de cette secte; leurs doctrines, leurs progrès, XII, 81 et suiv.; lutte qu'ils soutiennent contre le pape et les jésuites sur les cinq propositions, 101 à 107. — Contre Louis XIV, XIII, 264 et suiv. — A propos de la *bulle Unigenitus*, XIV, 601 et suiv. — Sous la régence, XV, 108, 109; sous Louis XV, 142, 143, 160 et suiv.; *convulsions*, 167 et suiv.; guerre des *billets de confession*, 444 à 448.

JANSÉNIUS (Corneille), évêque d'Ypres, auteur de l'*Augustinus*, père du jansénisme, sa vie, sa doctrine, XII, 81 et suiv.

JARNAC (combat de), IX, 244 et suiv.

JARS (le chevalier du), condamné à mort pour avoir trahi le secret de l'État, ne perd que la liberté, XI, 392, 393.

JARZÉ (le marquis de). Son aventure avec Anne d'Autriche, XII, 344.

JAUREGUI tente d'assassiner le prince d'Orange, IX, 509.

JAYME, fils puîné de D. Jayme, roi d'Aragon, sa part d'héritage, IV, 359; il s'allie au roi de France contre le roi d'Aragon son frère, 377; perd les îles Baléares, 385; commande l'armée française, 388; perd la seigneurie de Montpellier, 400.

JAYME, fils puîné de D. Pèdre d'Aragon, succède à son père en Sicile, IV, 384; à son frère en Aragon; ce qu'il en résulte, 388, 389.

JEAN, compétiteur de Valentinien, III, 1, 356.

JEAN VIII, pape, couronne Karle le Chauve empereur, II, 463; ses en'reprises contre les libertés de l'église gallicane, 464; il va rejoindre Karle à Verceil, puis s'enfuit à Rome, 467; en est chassé et vient en Gaule, 472.

JEAN SCOTT ÉRIGÈNE, II, 469.

JEAN X, pape, réclame la mise en liberté de Karle le Simple, II, 513; meurt assassiné, *ibid.*

JEAN XII, pape, fait couper à un cardinal le nez, la langue et la main droite, III, 26.

JEAN XIII, pape, est assassiné par son compétiteur Boniface VII, III, 26.

JEAN XIV, pape, est assassiné par son compétiteur Boniface VII, III, 26.

JEAN XV, pape, s'oppose à la déposition d'Arnoul, archevêque de Reims, et à la nomination de Gerbert, III, 27; ses démêlés avec Jean Crescentius et sa mort, 33.

JEAN XVI, pape de la façon de Jean Crescentius. Traitement barbare que l'empereur Othon III lui fait subir, III, 33.

JEAN XVIII, pape, est corrompu à prix d'or par le comte d'Anjou, III, 44.

JEAN XIX, pape simoniaque, III, 46, 47.

JEAN *Porphyrogénète*, fils d'Alexis Comnène, est donné comme otage à Godefroi de Bouillon, III, 178.

JEAN (le *Prêtre*), III, 398 *note*.

JEAN-SANS-TERRE, dernier fils d'Henri II et son fils préféré, III, 532; trahit son père, 533, 534; intrigue avec Philippe-Auguste, 546; fait de concert avec lui la guerre à son frère captif, 549; par quelle félonie il obtient sa grâce de Richard, 550; il lui succède, 558; affront qu'il fait au comte de La Marche, 572; il est cité devant la cour des pairs, *ibid.*; fait prisonnier son neveu Arthur de Bretagne et l'assassine, 573, 574; perd la Normandie, l'Anjou, le Poitou, 575 à 584; est condamné par la cour des pairs, 582 et suiv. — Est frappé de déchéance par Innocent III, IV, 67 et suiv.; à quel prix il rentre en grâce auprès du pape, 69 et suiv.; campagne honteuse qu'il fait sur la Loire, 75, 76; il est obligé de signer la grande charte, 89, 90; prend les armes pour la détruire, 91; est attaqué par Louis de France, devant lequel il fuit sans combat, 93; sa mort, 94.

JEAN TRISTAN, troisième fils de Louis IX; sa naissance et origine de son surnom, IV, 237; il prend la croix, 324; reçoit en apanage le comté de Valois, 325; meurt de la peste à Carthage, 328.

JEAN DE PARME, général des franciscains, IV, 264; auteur de l'*Évangile éternel*, 267; sa condamnation, 268.

JEAN DE MEUNG, continuateur de Guillaume de Lorris, IV, 368 et suiv.

JEAN, fils aîné du duc de Bretagne, prend la croix, IV, 324 ; arme contre Philippe le Bel, 403 ; est obligé à la paix par ses sujets et obtient la pairie, 414 ; sa mort, 460.

JEAN XXII, pape, IV, 535, 543. Comment il se met d'accord avec le roi de France, 562. — Lutte qu'il soutient contre les *spirituels* et l'empereur, V, 19 et suiv.; sa mort, 522, 523.

JEAN Ier, roi de France pendant six jours, fils posthume de Louis x le *Hutin*, IV, 533.

JEAN II, roi de France, fils de Philippe VI, V, 25 ; fait la guerre en Hainaut, 47, 48 ; en Bretagne, 59 et 60, 66 et 67 ; préside les États de la Langue d'Oc; 79 ; guerroie dans la Guienne, 80 ; perd sa première femme, 111 ; se remarie, 117 ; monte sur le trône, 119 ; son administration financière, 120, 126 ; il fait décapiter sans forme de procès le comte d'Eu, 121 ; convoque les États-Généraux, 122 ; fait la guerre en Angoumois, 124 ; institue l'ordre de l'Étoile, *ibid.;* donne sa fille à Charles, roi de Navarre, 128 ; ses démêlés avec ce prince, 129, 132, 133, 135, 144 et suiv.; il fait une campagne en Artois, 136 ; convoque de nouveau les États-Généraux, 137 et suiv.; campagne en Normandie, 147 ; bataille de Poitiers, 149 et suiv.; captivité du roi, 155, 174, 220 ; il est transféré à Calais, 229 ; recouvre la liberté, 230 ; s'empare de la duché de Bourgogne, 234 ; veut prendre la croix, 237 ; donne la Bourgogne à son plus jeune fils, 238 ; va mourir en Angleterre, 239.

JEAN de Meulan, évêque de Paris, va au-devant du roi de Navarre, V, 178 ; excommunie le maréchal de Normandie et enterre solennellement sa victime, Perrin Marc, 185.

JEAN IV (dit *Jean de Montfort*), duc de Bretagne, accompagne en Normandie le duc de Lancastre, V, 147 ; est vainqueur à Aurai et reconnu duc de Bretagne, 250 et suiv.; services qu'il rend aux Anglais et sacrifices qu'il leur fait, 274, 285, 291, 292, 294 et suiv.; confiscation de son duché, 320 ; sa restauration, 322 ; injure qu'il fait au connétable de Clisson, 409 ; nouvelles entreprises contre le roi de France, bientôt abandonnées, 429, 430 ; effets de sa haine contre Clisson, 432, 433, 438 ; il s'accommode avec lui, 443 ; sa mort, 455.

JEAN XXIII (Balthasar Cossa) est élu pape après Alexandre v, V, 503 ; déposé par le concile de Constance, 552.

JEAN V DE MONTFORT, duc de Bretagne, V, 455 ; proteste contre la taille proposée par le duc d'Orléans, 473 ; se réunit aux princes d'Orléans, 507 ; envoie son frère à leur secours, 509. — Échappe au désastre d'Azincourt, VI, 21; s'efforce de pacifier le royaume, 23, 27; traite avec le roi d'Angleterre, 33.

JEAN, duc de Touraine, second fils de Charles VI, épouse la fille du comte de Hainaut, V, 478. — Est dauphin après le duc de Guienne, VI, 23; devient duc de Berri et d'Auvergne et comte de Poitou, 25; se voit refuser l'entrée de Paris, *ibid.;* se rapproche du duc de Bourgogne, 26; meurt à Compiègne, 27.

JEAN de Troies, chirurgien; son rôle dans les troubles de Paris sous Charles VI, V, 514, 516, 532 à 538.

JEAN VI, duc de Bretagne, est pris en trahison par les Penthièvre, VI, 65; délivré par la duchesse, *ibid.;* reconnaît la royauté d'Henri VI, 95; revient au parti français, 107; repasse aux Anglais, 114; meurt, 432.

JEAN, couleuvrinier, se distingue au siége d'Orléans, VI, 124.

JEAN-ALBERT, roi de Pologne, fait avec Louis XII un traité d'alliance contre les Turcs, VII, 330.

JEAN-FRÉDÉRIC, électeur de Saxe, VIII, 97 *note;* proteste contre le décret de la diète de Spire, 114; signe la confession d'Augsbourg, 164 *note;* forme la *Ligue de Smalkalde,* 167; est mis au ban de l'empire, 352; quitte l'armée protestante pour repousser l'ennemi de ses États, 354, 355; les perd avec la liberté, 373, 374; redevient libre, 419.

JEAN DE DOUAI, sculpteur, dit *Jean de Bologne,* IX, 48 *note.* — Auteur du cheval de bronze de la statue d'Henri IV sur le môle du Pont-Neuf, XI, 47.

JEAN-CASIMIR, prince palatin, IX, 225; amène aux huguenots de France un renfort considérable, 226; traite dans le même but avec le prince de Condé, 416; son expédition, 423, 425; paix qui la termine, 428, 437; il secourt les insurgés des Pays-Bas, 478, 480, 482; soutient en vain les prétentions de Gebhard Truchses, 535.

JEAN-GUILLAUME, duc de Saxe, amène des renforts à l'armée catholique de France, IX, 227.

JEAN-GUILLAUME, duc de Clèves, Berg et Juliers, comte de La Mark et de Ravenstein, meurt sans postérité, laissant une succession litigieuse, X, 553.

JEAN-GEORGES Ier, électeur de Saxe, refuse au roi de Suède le pont de Dessau, XI, 363; fait alliance avec lui, 364; envahit la Bohême, 365; n'obtient pas la direction du parti protestant, 398; le quitte, 399; traite avec l'empereur, 425; est défait par les Suédois, 462. — Contraint à une trêve, XII, 210.

JEAN-CASIMIR WASA, roi de Pologne, proteste contre l'ascension au trône de Suède de Charles-Gustave, est détrôné par celui-ci, s'enfuit en Silésie, XII, 503 ; rentre en Pologne, 504 ; reprend la Courlande, 538 ; fait la paix, 539. — Songe à abdiquer, XIII, 296 ; abdique et se retire à Paris en l'abbaye de Saint-Germain-des-Prés, 324 *note.*

JEAN-GEORGES II, électeur de Saxe, est gouverné par des conseillers vendus à l'Autriche, XII 506 ; traite avec Louis XIV et se vend à lui pour vingt mille écus par an, XIII, 299 ; envoie des renforts à l'armée de l'empereur, 430 ; vend sa voix à Louis XIV, en cas d'élection impériale, 596. — Va secourir Vienne menacée par les Turcs, XIV, 15 ; entre dans la *Ligue d'Augsbourg* contre la France, 74 ; se joint à l'électeur de Bavière, 127 ; meurt, 168.

JEAN V, roi de Portugal, conclut une trêve avec la France, XIV, 569, 573 ; traite definitivement à Utrecht, 574 ; fait la paix avec l'Espagne, 582 *note.* — Ses mœurs, XV, 343.

JEANNE, fille de Baudouin VI, comte de Flandre, femme de Ferrand de Portugal, gouverne la Flandre après la bataille de Bovines, IV, 68 ; se voit contester le gouvernement par un faux Baudouin, 123 *note.*

JEANNE, fille de Raimond VII, comte de Toulouse, est fiancée au troisième fils de Louis VIII, Alphonse, comte de Poitiers, IV, 154 ; suit Louis IX à ses deux croisades, 235, 324 ; sa mort, 348.

JEANNE, fille d'Henri, comte de Champagne et roi de Navarre, devient pupille de Philippe III, IV, 357 ; est fiancée à Philippe le Bel, *ibid.;* l'épouse, 377 ; sa jalousie des bourgeoises flamandes, 419 ; odieux propos à elle attribué, 438.

JEANNE, fille de Louis X et de Marguerite de Bourgogne, est remise entre les mains de son oncle, IV, 531 ; la question de succession est réglée contre elle, 533 ; elle épouse Philippe, fils du comte d'Évreux, 535. — Traite avec le roi de France Philippe VI, V, 2 ; meurt de la *peste noire,* 111.

JEANNE, reine de Naples. Ses crimes et ses aventures, V, 115 *note;* elle persécute les Vaudois, 309 ; embrasse le parti du pape Clément VII, 312 ; choisit pour héritier le duc d'Anjou, 340 ; est dépossédée, prise et mise à mort, 370, 371.

JEANNE de France, fille de Charles VI, duchesse de Bretagne, délivre son mari, prisonnier du comte de Penthièvre, VI, 65.

JEANNE de France, seconde fille de Louis XI, épouse le duc d'Orléans, VII, 84 ; obtient sa liberté, 246 ; est répudiée, 303.

JEANNE (*la Folle*), fille de Ferdinand le Catholique, épouse Philippe d'Autriche, VII, 284 note; perd la raison, 351; est reine de Castille, ibid.

JEANNIN, président au parlement de Dijon, entraîne sa compagnie dans le parti de la Ligue, X, 130; entre au conseil général de ce parti, 135; détourne le duc de Mayenne d'accepter les propositions de l'Espagne, 194; son ambassade en Espagne et en Belgique, 249 et suiv.; autres négociations dont il est chargé, 273, 280; il conseille au duc de Mayenne de faire la paix avec Henri IV, 342; est assiégé à Laon et s'y défend avec énergie, 361 et suiv.; négocie le traité du duc avec le roi, 387; approuve le rappel des jésuites, 532; va négocier en Hollande, 548, 550. — Conseille Marie de Médicis après la mort d'Henri IV, XI, 3; la pousse aux alliances catholiques, 15; fait rappeler Sulli, 21; négocie avec les princes révoltés, 45; dirige les finances, 61; lutte avec opiniâtreté contre les États-Généraux qui lui demandent des comptes, 63 et suiv., 66 et suiv.; contre le parlement, 90; est renvoyé, 100; rappelé, 117; surintendant des finances, 118; veut la paix avec les huguenots, 182, 184; meurt, 200 note.

JEFFERIES (le docteur), Anglais, accompagne l'aéronaute Blanchard dans son voyage de Douvres à Calais, XVI, 522.

JEFFERSON, un des rédacteurs de la *Déclaration d'indépendance des États-Unis*, XVI, 417.

JEFFREYS, l'idéal du mauvais juge, est fait lord chancelier, XIV, 33.

JEHAN de Brie, le rustique, *le bon laboureur*, V, 299.

JÉRÔME (*Hieronymus*), fils de Karle Martel, II, 247 note.

JÉRÔME de Prague, V, 554.

JERSEY (île de). Entreprise audacieuse du baron de Rullecourt contre cette possession anglaise, XVI, 457.

JÉRUSALEM (siége et prise de) par les croisés, III, 188 à 190.

JÉSUITES. Leur institution, leurs constitutions, VIII, 313 et suiv.; leurs succès, 406 note; la France les repousse, ibid. — Les reçoit enfin; à quelles conditions et en quels termes, IX, 99 note; ils s'installent, se font immatriculer dans le corps universitaire, ouvrent le collége de Clermont, 202; leurs luttes, leurs progrès en France et en Allemagne, 203, 204; violence de leurs prédications contre les huguenots, 232.— Ils refusent le serment à Henri IV jusqu'à ce que le pape l'ait reconnu, X, 356; leur expulsion après l'attentat de Jean Châtel, 368 à 372; leur architecture, 473; ils relèvent le catholicisme en Pologne, 495; échouent en Suède, ibid.; n'exécutent qu'en partie l'arrêt qui les a bannis de France, 528; y sont rappelés et fournissent un confesseur à Henri IV, ibid.; obtiennent en Russie un succès momentané, suivi d'un revers éclatant, 543 ; subissent en Angleterre un échec terrible (conspiration des poudres), 543 ; sont chassés du territoire vénitien, 546. — Procès que la Sorbonne leur intente devant le parlement de Paris, XI, 31, 32 ; ils sont autorisés à rouvrir à Paris leur collége, 133. — Persécutent Galilée, XII, 14 et suiv. ; leur doctrine morale, combattue par les jansénistes et foudroyée par Pascal, 72 à 104. — Ils entravent le développement de la colonisation au Canada, XIII, 122, 123 ; noircissent le cartésianisme dans l'esprit de Louis xiv, 170 ; se mettent du côté de ce prince contre le pape, 619 ; obtiennent la dissolution de l'assemblée du clergé de 1682, 624. — S'efforcent d'empêcher qu'on n'enseigne en France la philosophie cartésienne, XIV, 266 ; autorisent en Chine leurs néophytes à prendre part aux cérémonies célébrées en l'honneur de Confucius, ainsi qu'à la fête des *Ancêtres*, et sont condamnés par le pape, 296 et suiv. ; appuient la candidature de l'électeur de Saxe au trône de Pologne, 349 ; leur crédit, fort diminué en France au commencement du xviiie siècle, est relevé par le père Le Tellier, 604 et suiv. — Rude échec qu'ils subissent à la mort de Louis xiv, XV, 10 ; parti qu'ils tirent du cours forcé des billets de la banque de Law, 72 *deuxième note ;* ils empêchent le régent de laisser rentrer les protestants, 107 ; organisent des congrégations dans les villes de garnison pour embaucher des soldats, 108 ; Dubois leur rend toute leur influence, 115 ; horrible affaire de Thorn dont ils sont les instigateurs, 138 ; ils introduisent les représentations dramatiques dans leurs colléges, 332 *note ;* instituent le culte du *Sacré cœur de Jésus,* 347 ; sont hostiles à la Pompadour et se groupent autour du dauphin, 436 ; leur influence au Canada, 468, 469. — Ils demandent la rédaction, dans l'*Encyclopédie,* des articles théologiques et ne l'obtiennent pas, XVI, 48 ; étendue de leur commerce, 201 ; ils se font un empire au Paraguai et s'attirent l'inimitié du Portugal et de l'Espagne, 201, 202 ; sont accusés et dénoncés au pape par le marquis de Pombal, 203 ; chassés du Portugal, 204 ; refusent de remplir les engagements du père La Valette, 206, 207 ; leur procès devant les consuls de Marseille, puis devant le parlement de Paris, et leur expulsion, 207 à 216 ; ils sont chassés des Espagnes, 216 et suiv. ; abolis, 219 et suiv.

Jeux floraux, institués à Toulouse, IV, 554.

Joanneau, avocat protestant, dirige par deux fois la résistance de Sancerre, assiégée par les catholiques, IX, 244, 364 ; est assassiné par eux, *ibid.*

Joannès, Logothète, débarque en Calabre avec une armée grecque, II 306 ; sa défaite et sa mort, *ibid.*

Jobert, savant français, auteur de la *Science des Médailles*, XIII, 178.

Jodelle, poëte dramatique, IX, 555; insulte l'amiral Coligni après sa mort, 335 *note*.

Joinville (le sire de), sénéchal de Champagne, aide les bourgeois de Troies à repousser le duc de Bourgogne, IV, 441.

Joinville (le sire de), fils du précédent, historien de Louis IX, accompagne ce prince en Égypte, IV, 218, 220, 231, 235, 236; refuse de le suivre à Tunis, 324; signe l'acte d'union des nobles et des bourgeois contre Philippe le Bel, 510.

Joli, conseiller au Châtelet, s'efforce de soulever le peuple de Paris et ne réussit pas, XII, 345.

Joli de Fleuri, avocat-général au parlement de Paris, prend des conclusions conformes aux intérêts du duc d'Orléans, XV, 5.

Joli de Fleuri, procureur-général au parlement de Paris. Ses conclusions dans l'affaire du *Collier*, XVI, 558.

Joli de Fleuri, conseiller d'État, est malgré lui contrôleur-général des finances, XVI, 505; se proclame admirateur de Necker et rétablit les abus que Necker a détruits, 507; fait suspendre le paiement des lettres de change des colonies, 510; se retire à la suite d'un différend avec le ministre de la marine, *ibid.*; justifie Necker des accusations de Calonne, 581.

Joliet, Canadien, arrive au Mississipi par la rivière Ouisconsin, XIII, 558.

Jonquière (La), gouverneur du Canada, XV, 303 *note*; chef d'escadre; désastre que l'amiral Anson lui fait subir, 313.

Joseph, moine défroqué, prêche, en Hongrie, l'insurrection contre l'Autriche, XIII, 539.

Joseph Iᵉʳ, empereur, fils de Léopold Iᵉʳ, d'abord archiduc d'Autriche, est associé à la couronne de Hongrie, XIV, 77; élu roi des Romains, 126; commande l'armée impériale sur le Rhin, 387, prend Landau, 396; cède ses prétentions sur l'Espagne à son frère l'archiduc Charles, 422; se joint à l'armée germanique, qui assiége de nouveau Landau, 430; monte sur le trône, 439; éloigne les jésuites, négocie avec les Hongrois, *ibid.*; met les électeurs de Cologne et de Bavière au ban de l'empire, 453; rejette toutes les demandes des Hongrois, 470; repousse les propositions de Louis XIV, 471; s'engage à respecter la liberté de conscience des luthériens de Silésie, 472; s'empare du royaume de Naples, 477, 478; exécute mal les conditions de son traité avec la Savoie, 547, 548; ses entreprises sur l'Italie centrale, 549 *note*; il transige avec les Hongrois, 539; meurt, *ibid.*

Joseph II, empereur, d'abord archiduc d'Autriche, XV, 545. — Son voyage à Rome, où il se montre hostile aux jésuites, XVI, 220, 222; il est élu roi des Romains, puis empereur, 265; l'impératrice sa mère conserve le gouvernement, *ibid.;* il s'entend avec le roi de Prusse sur le partage de la Pologne, 271, 272; négociations et intrigues qui amènent cet événement, 299 à 303; son voyage à Paris, 391, 392, 412; son entreprise sur la Bavière, que le roi de Prusse fait échouer, 437, 439; il offre sa médiation à la France et à l'Angleterre, dans la guerre d'Amérique, 482; tente de séparer l'Espagne de la France, *ibid.;* exprime hautement son estime pour Necker qui vient de se retirer, 504; réformes qu'il accomplit dans ses États, 550 *note;* ses vues sur la Moldavie et la Valachie, 551; il détruit une partie des places de la Bavière, 552; son différend avec la Hollande et transaction qui le termine, 552, 553; il essaie d'échanger la Belgique contre la Bavière, 553, 554; son voyage en Crimée, 591.

Joseph Ier, roi de Portugal. Tentative d'assassinat dirigée contre lui; causes de cet événement et ses suites, XVI, 203, 204.

Josepin, peintre italien, XII, 147.

Josselin, évêque de Soissons, conseiller de Louis VII, III, 424.

Jossequin (Philippe), favori de Jean-sans-Peur, le pousse à se rendre à Montereau, VI, 57; prête serment au dauphin après l'assassinat, 60.

Jouffroi (M. de), invente et fait manœuvrer sur la Saône un batelet mû par une machine à vapeur, XVI, 522 *note.*

Jourdain de Lille, seigneur de Casaubon, ses excès et ses crimes, sa longue impunité, son supplice, IV, 552.

Journal de Paris, première feuille quotidienne publiée en France, XVI, 570.

Joussouf s'empare de la Provence, et pénètre jusqu'à Lyon, II, 209.

Jouvenel (ou Juvénal) des Ursins, prévôt des marchands, fait passer une ordonnance qui rend éligibles les places de président, conseiller et maître des requêtes au parlement, V, 460; sa fermeté contre les ducs de Lorraine et de Bourgogne, 527; il est enfermé au Petit Châtelet, 538; pousse à la réaction bourgeoise, 540. — S'échappe de Melun quand les Bourguignons sont dans Paris, VI, 37; va se joindre au dauphin à Poitiers, 44.

Jouvenel des Ursins (Jean), évêque de Beauvais, historien de Charles VI, VI, 310 *note;* porte la parole devant les États-Généraux de 1433, 320; est membre du conseil, 373; ambassadeur auprès du saint-siége, 395; archevêque de Reims, 407; est chargé de reviser le procès de Jeanne Darc, 458; revise les procédures inquisitoriales d'Arras, 548;

sacre Louis XI, 524. — Son rôle aux États-Généraux de 1468, VII, 31 *note*.

JOUVENEL DES URSINS (Guillaume), VI, 323; est chancelier de France après Regnault de Chartres, 407; entre dans Bordeaux avec le comte de Dunois, 453; est destitué par Louis XI, 528; nommé chambellan, 559. — Recouvre les sceaux, VII, 4.

JOUVENET, peintre, XIII, 231. — XIV, 236, 237.

JOVIEN, successeur de Julien, I, 318.

JOVINUS, maître de la cavalerie sous Valentinien. Ses victoires sur les Allemans, I, 318.

JOVINUS se proclame Auguste à Mayence, et règne sur la Gaule orientale et centrale, I, 342; sa mort, 343.

JOYEUSE (le vicomte de), lieutenant du connétable de Montmorenci, IX, 136; préserve les protestants du massacre, 340; est nommé commandant du Haut-Languedoc, 406; y obtient des succès, 416; devient maréchal, 506; s'entend mal avec le gouverneur du Languedoc, 522 *note*; maintient Toulouse dans la soumission au roi, 548. — Fait la guerre contre les ducs de Montmorenci et de Châtillon, X, 19; est gouverneur du Languedoc pour la Ligue, 215; est chassé de Toulouse, 238; appelle les Espagnols en Languedoc, *ibid.*; meurt, 288.

JOYEUSE (le duc de), fils du précédent, mignon d'Henri III, épouse la belle-sœur du roi, qui le fait amiral, IX, 505, 506; son fanatisme, 524; il repousse le duc d'Elbeuf des provinces du centre, 549; pousse le roi vers le parti de la Ligue, *ibid.* — X, 10; fait la guerre dans le Midi, 19; dans le Poitou, 36, 38; est vaincu et tué à Coutras, 40 et suiv.

JOYEUSE (Henri de), comte *du Bouchage*, frère Ange en religion, conduit à Chartres une procession de moines, X, 84; quitte le froc et devient le chef des catholiques du Languedoc, 288; empêche les Toulousains de reconnaître Henri IV, 378; traite avec ce prince, et devient maréchal, 388.

JOYEUSE (le cardinal de), négociateur pour Henri III auprès de Sixte-Quint, X, 153, 155; représentant de la Ligue en Italie, agit dans l'intérêt d'Henri IV, 379; déclare, au nom du pape, la nullité du mariage de ce prince, 502; est ambassadeur à Venise, 547; membre du conseil de régence, 565; sacre Marie de Médicis, 567. — Est député du clergé aux États-Généraux de 1614, XI, 51; et président de son ordre, 52.

JOYEUSE (Scipion de), grand-prieur de Malte en Languedoc, et chef des catholiques dans cette province, prend Carcassonne, est battu et se noie, X, 288.

JOYEUSE (maréchal de), remplace le maréchal de Lorges à l'armée du Rhin, XIV, 210.

JUAN DE CASTILLE (don), fils de Henri de Trastamare, impose à Charles, roi de Navarre, une paix désastreuse, V, 319.

JUAN, roi de Navarre, devient roi d'Aragon, VI, 514; ses crimes envers son fils et sa bru, 536; il déclare sa fille Éléonore comtesse de Foix, héritière de la Navarre, *ibid*. — Fait soulever le Roussillon contre Louis XI, VII, 84; défend la ville de Perpignan contre les Français, 85.

JUAN D'AUTRICHE (don), fils naturel de Charles-Quint, vainqueur à Lépante, IX, 289 *note*; est nommé gouverneur des Pays-Bas, 478; traite avec les États-Généraux des provinces catholiques, 479; saisit Namur et Luxembourg, 480; obtient de nouveaux succès, 481; meurt, 483.

JUAN D'AUTRICHE (don), fils naturel de Philippe IV, essaie contre Naples un coup de main qui ne réussit pas, XII, 248; s'empare de cette ville, 251; investit Barcelone, 385; la prend, et se rend maître de toute la Catalogne, 434, 435; est gouverneur de Belgique, 483; dégage Valenciennes, *ibid.*; prend Condé, 484; saint Ghislain, 489; s'efforce de secourir Dunkerque, et perd la bataille des Dunes, 494 et suiv. — Chasse d'auprès de la régente d'Espagne le jésuite Nithard, et se fait donner la vice-royauté d'Aragon, XIII, 357; dispute le pouvoir à cette régente, 486, 487; le lui enlève, 502; fait la paix avec la France, 528, 535; fait épouser au roi d'Espagne Marie Louise d'Orléans, 570; meurt, 571.

JUBILÉ institué en 1300 par Boniface VIII, IV, 422.

JUDICAEL, roi des Bretons, vient à Clichi se soumettre à Dagobert, II, 143.

JUDICAEL, fils du comte Gurwant, dispute longtemps à Allan la couronne de Bretagne, II, 462; est tué par les Normands après les avoir battus, 490.

JUDITH, fille de Welp (ou Welphe), comte bavarois, épouse Lodewig le Pieux, II, 376; sa passion pour Bernhard, 387; ses disgrâces, 389; elle ressaisit sa position et son influence, 391; est exilée à Tortone, 398; ramenée en France, 404; recommence à se mêler des affaires, 404; amène le partage de Worms, 406; est attaquée par Peppin II, d'Aquitaine, et secourue par son fils Karle le Chauve, 410; lui amène des renforts, 411.

JUDITH, fille de Karle le Chauve, se donne, malgré son père, à Baldwin ou Baudouin, comte de Flandres, II, 448.

JUGEMENTS D'OLÉRON, III, 461 note.

JUIFS. Persécutions auxquelles ils sont en butte, III, 51 et suiv.; massacres commis par des bandes de croisés dans l'Allemagne occidentale, 171; autres massacres dans la même contrée, lors de la troisième croisade, 432; rigueurs et spoliations de Philippe-Auguste, 517; les Juifs massacrés en Angleterre, 519. — Coutume qui leur est imposée en Languedoc, après les guerres albigeoises, IV, 146; persécutions et massacres dans la France occidentale, 175; leur condition s'améliore sous Philippe le Bel, 396; qui finit par les spolier totalement, 464; ils sont rappelés sous Louis x, 524; massacrés par les pastoureaux, 542; persécutés, brûlés, spoliés, 548. — De même, à propos de la peste noire, V, 112; rappelés par le conseil du duc de Normandie, depuis Charles v, 231; favorisés par lui, 277; pillés et égorgés par le peuple de Paris, 343, 344. — Proscrits par lettres patentes du roi Louis XIII, en 1615, XI, 593.

JULES II (Giuliano della Rovere), d'abord cardinal de Saint-Pierre, légat du pape en Suisse, y combat la diplomatie française, VII, 144 note; vient en France comme ambassadeur, 141; excite Charles VIII à la guerre contre Naples, 253, 255; commande des troupes françaises opérant contre Ludovic Sforza, 284; est élu pape, 342; se ligue avec les ennemis de Venise, 349; prend Pérouse et Bologne, 358, 359; intercède vainement en faveur de Gênes, 362; dont il pleure la chute, 366; pousse à la guerre contre Venise, et entre dans la ligue de Cambrai, 369, 370, 372; attaque la Romagne, 376; change de politique et fait la guerre à la France, 388 et suiv., 392, 393; ses revers en Romagne, 395; ses mesures contre le concile de Pise, 395 et suiv., 402; ses succès, 410, 413; ses projets et sa mort, 414.

JULES ROMAIN, peintre, VIII, 136.

JULES III, pape, VIII, 401; attaque le duc de Parme, 404; fait une trêve avec lui, et avec le roi de France, 418; meurt, 439.

JULIEN, empereur romain, échappe au massacre de sa famille, I, 301; Constance lui confère la pourpre, et l'envoie commander en Gaule, 306; ses campagnes contre les Allemans et les Franks, ses victoires, ses vertus, son admirable administration, 306 à 311; comment il devient empereur, 312; il déclare la guerre à Constance et au christianisme, 313; sa mort, 314.

JULIERS (Guillaume de), est élu chef des Brugeois, IV, 437; les commande à Courtrai, 438; périt à Mons-en-Puelle, 456, 457.

JULIERS (le margrave de), est nommé par Édouard III vicaire général du royaume de France, V, 35; lui manque de foi, 39.

JULIERS (Wilhelm de), duc de Gueldre, défie le roi de France Charles VI, V, 413; met en déroute une armée brabançonne, *ibid.*; s'accommode avec le roi, 414; vient aider à Paris le parti orléanais, 464.

JULIUS NEPOS, empereur d'Occident, cède à Ewarik toute la Gaule à l'ouest du Rhône, I, 396; est détrôné par le patrice Oreste, 397.

JURANDES. Voy. *Corporations*.

JURATS, magistrats municipaux, III, 224 *note*.

JURIDICTION CONSULAIRE (tribunaux de commerce), institution due au chancelier de l'Hospital, IX, 198.

JURIEU, ministre protestant réfugié en Hollande, agite par ses lettres ses coreligionnaires de France, XIV, 64; fait éclater, par un livre sur l'Apocalypse, l'insurrection des Cévennes, 117; publie les pamphlets de Levassor, 169 *note*; lutte contre Bossuet, 289, 290; est professeur en Hollande, 324; ami, puis adversaire de Bayle, 326.

JUSSIEU (Bernard de), botaniste, XVI, 21; apporte en France, dans son chapeau, le cèdre du Liban, 27 *note*.

JUSSIEU (Antoine de), frère du précédent, botaniste, XVI, 24.

JUSSIEU (Joseph de), frère des précédents, comme eux botaniste, suit au Pérou, en cette qualité, La Condamine et ses compagnons, XVI, 24 *note*.

JUSTE (les), sculpteurs, VII, 381, 383, 384 *note*; Jean Juste, auteur du tombeau de Louis XII et d'Anne de Bretagne, 478. — VIII, 134.

JUSTE-AU-CORPS A BREVET, XIII, 165.

JUSTIN (saint). Sa doctrine sur l'eucharistie, III, 90.

JUSTINIEN, empereur d'Orient, II, 19; demande aux rois franks de l'aider contre les Ostrogoths, 20; traité qu'il fait avec eux, 21.

JUTHUNGS. D'où ils viennent, I, 270.

K

KAÏNARDJI (traité de), XVI, 305, 439, 549.

KANINEFATS, tribu katte; ils sont soumis par les Romains et transplantés en Batavie, I, 219; se joignent à Civilis, 235.

KARA-MUSTAPHA, grand-vizir, attaque l'Autriche avec une puissante armée, XIV, 42; assiége Vienne, 44; s'enfuit, 45.

KARLE MARTEL. Sa naissance, II, 175; il est déshérité par son père, 176; jeté dans un cachot par sa belle-mère, 177; s'échappe, se met à la tête des Austrasiens, est battu par les Frisons, 179; bat les Neustriens, 180; les défait de nouveau, 181, 183; les soumet définitivement, 185; ses expéditions contre les Saxons, les Souabes, les Bavarois, les Aquitains, 197, 198, 199; contre les Arabes, bataille de Poitiers, 201 à 205; il soumet la Burgondie, 206; les Frisons, 207; son expédition en Septimanie, 210, 211; contre les Saxons, 212; il soumet la Provence, *ibid.*; ambassade que lui envoie le pape Grégoire III, 215; ses dernières dispositions et sa mort, 216, 217.

KARLE, fils aîné de Charlemagne, II, 285; bat les Westphaliens sur les rives de la Lippe, 299; bat les Slaves de Bohême, 348; part qui lui est assignée dans la succession paternelle, 350; autres expéditions contre les Slaves, 351, 354; sa mort, 360.

KARLE *le Chauve*, empereur des Franks. Sa naissance, II, 380; son père forme pour lui un petit royaume, 386; qui lui est enlevé avec la liberté, 389; Lodewig lui transfère le royaume d'Aquitaine, 393; il est enfermé au monastère de Prüm, 398; faveur de Lodewig pour lui, 404, 405; il est couronné, *ibid.*; pacte de Worms, 406; sa situation après la mort de son père, 410; ses démêlés avec Lother, qu'il bat à Fontenailles, *ibid.*, 411; serment qu'il prête à Lodewig le Germanique, 417, 418; ses succès contre Lother, paix et partage de Verdun, 419, 420; il assassine le duc Bernhard, 428; son désastre en Aquitaine, 429; il achète la retraite des Normands, 431; ses démêlés avec Noménoé et avec Lantbert, 432; il bat les Normands sur la Dordogne, 434; est battu par les Bretons, 435, 436; prend Toulouse, 438; reconnaît l'indépendance de la Bretagne, 439; sa déconvenue près de Vernon, 441; il défait les Normands, 443; perd ses États et les recouvre immédiatement, 444, 445; entreprise avortée contre la Provence, 448; traité honteux avec les Normands, 452; il s'empare du Lotherrègne, 457; le partage avec Lodewig le Germanique, 458; sa fermeté contre le pape Adrien II, 458 à 460; sa juste sévérité envers son fils Karloman, *ibid.*; comment il devient empereur et roi d'Italie, 463; il associe son fils Lodewig le Bègue à la royauté, 464; est battu par son neveu Lodewig, roi d'Austrasie, 465; paie de nouveau les Normands, 466; capitulaire de Kiersi, *ibid.*; sa dernière entreprise et sa mort, 467.

KARLE, troisième fils de Lother Ier; sa part dans la succession paternelle, II, 412; son existence misérable et sa mort, 454.

KARLE, second fils de Karle le Chauve, est sacré, à huit ans, roi d'Aquitaine, II, 442; sa révolte contre son père, 443; se soumet, 450; sa mort, 454.

KARLE *le Gros*, fils de Lodewig le Germanique, chargé par son père d'arrêter Karle le Chauve, est mis en fuite, II, 463; ce que son père lui laisse en mourant, 464; il quitte le siége de Vienne pour s'aller faire couronner empereur, 474; hérite de son frère Lodewig, 476; fait un traité ignominieux avec les Normands, *ibid.*; est élu roi de la Neustrie et de la Burgondie, 477; sa perfidie et sa cruauté envers Godefrid et Hugues le Loherain, 478; il vient secourir Paris, et traite avec les Normands, 484; sa déposition et sa mort, 485.

KARLE *le Simple*, fils posthume de Lodewig le Bègue, II, 472, 477; est sacré roi, 492; monte sur le trône, 494; reçoit l'hommage de Roll, devenu duc de Normandie, 500; règne sur le Lotherrègne, et porte ses armes au delà du Rhin, 504, 505; lutte avec ses grands vassaux, 506, 507; tombe dans un piége tendu par le comte de Vermandois, qui s'empare de sa personne, 509; est tiré de sa prison, mais y rentre presque aussitôt, 513; meurt, 514.

KARLE, second fils de Lodewig d'Outre-Mer, II, 530; sa campagne dans le Hainaut, 536; il reçoit d'Othon le duché de Basse-Lorraine, *ibid.*; sa mauvaise conduite, 542; ses procédés après la mort de son frère, 543; ses prétentions après celle de son neveu, 546. — Lutte qu'il soutient contre Hugues Capet, III, 19 et suiv.; sa captivité, sa mort, 22.

KARLE, troisième fils du précédent; son sort, III, 23.

KARLOMAN, fils aîné de Karle Martel. Sa part d'héritage, II, 216; son premier acte après la mort de son père, 217; ses mesures, concertées avec son frère, 218 et suiv.; expédition en Aquitaine, 220; en Bavière, 221; en Saxe, 222; bat les Saxons et les baptise de force, 223; sa trahison à l'égard des Allemans, et sa retraite, 225; son ambassade auprès de Peppin, son arrestation et sa mort, 235.

KARLOMAN, fils puîné de Peppin, est sacré par le pape Étienne II, II, 236; sa part dans la succession paternelle, 250, 251; il se brouille avec son frère aîné, 252; sa mort, 255.

KARLOMAN, troisième fils de Karle le Chauve. Son début, II, 453; ses crimes, sa dégradation, ses complots, sa condamnation, sa mort, 460.

KARLOMAN, fils aîné de Lodewig le Germanique, est dupe de la fourberie de Karle le Chauve, II, 463; ce que son père lui laisse, 464; son expédition en Italie, 467; sa mort, 474 *note*.

KARLOMAN, fils de Lodewig le Bègue, II, 472; est sacré par l'archevêque de Sens, II, 473; on lui assigne la Burgondie et l'Aquitaine, 474; il assiége Vienne, *ibid.*; la prend, 476; combat les Normands, *ibid.*; sa mort, 477.

KATTES, Germains istewungs, la contrée qu'ils habitent, I, 214; ils font irruption dans le pays des Ubiens et dans la Belgique, 235; ils ruinent les Hérusques, 242; entrent dans la confédération franke, 267.

KAUNITZ (comte de), plénipotentiaire autrichien au congrès d'Aix-la-Chapelle, XV, 323; travaille à réunir l'Autriche et la France contre la Prusse, 489; ambassadeur en France, puis premier ministre en Autriche, gagne les bonnes grâces de Mme de Pompadour, et décide l'impératrice Marie-Thérèse à la flatter, 490, 494; repousse comme un piège l'offre que lui fait lord Bute d'abandonner la Prusse, 584. — Sert d'intermédiaire entre Marie-Thérèse et Joseph II, XVI, 265; accompagne ce prince lors de sa seconde entrevue avec Frédéric II, et accepte en principe le partage de la Pologne, 272; négociations et intrigues qui amènent le premier démembrement de cette république, 299 à 302.

KEENE, ambassadeur d'Angleterre en Espagne. Extraits de sa correspondance relatifs au ministre espagnol José Patiño, XV, 225, 3e *note*.

KELAOUN-MALEK-AL-MANSOR, sultan d'Égypte, assiége et détruit Tripoli d'Asie, IV, 396; commence le siége de Saint-Jean-d'Acre, *ibid.*; sa mort, 397.

KEMENI, prince de Transilvanie, tué dans une escarmouche, XIII, 294.

KEMPEN (bataille de), XI, 557.

KEPLER, astronome allemand, ses travaux, ses découvertes, XII, 11 et suiv.

KEPPEL, amiral anglais, combat deux fois la flotte française à Ouessant, XVI, 429, 430; devient ministre, 467.

KERBOGHA, sultan de Mossoul, général en chef des Turks, vient assiéger les croisés dans Antioche, III, 186; est battu, 187; détruit les trois corps d'armée de la seconde croisade, 202.

KÉRÈSES, peuple germain de l'Ardenne, I, 148.

KERSIMON, seigneur breton, repousse les Anglais débarqués sur la côte de Bretagne, VIII, 469.

KHIOMARA, femme galate. Son aventure, I, 38 *note*.

KHROK, chef alleman. Ses ravages et sa mort, I, 303 *note*.

KIERSI (capitulaire de), qui institue la féodalité, II, 466.

KIMRIS. Leur origine, I, 12 et 13; ils abandonnent les régions orientales aux Teutons, envahissent l'Occident, et partagent la Gaule avec les Gaëls, 14 et 15; Kimris du Nord (Cimbres), leur expédition dans les contrées méridionales, 115 à 125; il en reste quelques débris près de la Baltique, 214.

KIOPROUGLI, grand-visir, relève l'empire turc, XIII, 278.

KIOPROUGLI (Achmet), fils du précédent, fait une expédition en Hongrie, XIII, 297, 298.

Kirke, général anglais, sert avec un zèle sanguinaire les passions de Jacques II, XIV, 33; tente de livrer ce monarque au prince d'Orange, 97.

Kloster-Zeven (capitulation de), XV, 518.

Kniphausen, ambassadeur de Prusse en France, XV, 490.

Knivet (Thomas), amiral anglais, VII, 420.

Knolles (Robert), fameux chef de compagnie, V, 181, 250, 279, 283, 293.

Knox (John), prédicant écossais, est pris dans le fort Saint-André et envoyé sur les galères de France, VIII, 392. — Devient le chef de la Réforme en Écosse, IX, 22, 48; comment il apprécie Marie Stuart, 165 *note*, et le meurtre de Riccio, 214.

Knut. Voyez Canut.

Kolin (bataille de), XV, 516.

Königseck (maréchal). Campagne qu'il fait en Italie, contre les Français, à la tête de l'armée autrichienne, XV, 188, 189, 190, 196; campagne en Bohême, toujours contre les Français, 250 et suiv.; il commande une division en Flandre, et combat à Fontenoi, 280, 282.

Koning (Peter), syndic des tisserands de Bruges, chef des Brugeois révoltés, IV, 435, 436; reçoit l'ordre de chevalerie le jour de la bataille de Courtrai, 438.

Koningsmark, général suédois, envahit l'archevêché de Bremen, XII, 193; s'en empare ainsi que de celui de Verden, et se réunit aux généraux français, 207; retourne dans le Nord, *ibid.*; prend la *petite ville* de Prague, assiége la *vieille* et la *nouvelle*, 259.

Koridwen, divinité gauloise; mythe de Koridwen et Gwyon, I, 55.

Kranach, peintre allemand, VII, 386 *note;* est partisan de Luther, 526.

Krasinski, évêque de Kaminiek, conspire contre la domination étrangère, XVI, 265; vient demander un roi à la France, 266.

Krim-Gheraï, khan de la petite Tartarie; son expédition dans la petite Servie, et sa mort subite, XVI, 267.

Kunersdorff (bataille de), XV, 556.

Kunibert, évêque de Cologne, chargé d'administrer l'Austrasie, II, 141.

Kwads (Quades), Germains de la confédération suève, I, 213; leurs guerres contre les Romains sous Marc-Aurèle, 243; ils envahissent la Gaule à la suite des Alains et des Wandales, 335. (Voyez *Suèves*.)

Kyriel (sir Thomas) débarque à Cherbourg, et se fait battre à Formigni, VI, 445.

L

Labbe (le Père), jésuite, commence la *Collection générale des Conciles*, XII, 69.

Labbé (Pierre), jésuite, rédacteur des *Testaments politiques*, latin et français, du cardinal de Richelieu, XI, 576 *note*.

Labé (Louise), dite *la belle cordière*, femme poëte, IX, 9 *note*.

Labiénus, lieutenant de César. Ses services à la bataille de la Sambre, I, 150; il est attaqué par Indutiomar, 163; bat les Trévires, 164; marche contre les Sénons et les Parises, 172; sa campagne sur la Seine, 176; il subjugue les Trévires, 189.

Labourdonnais (Mahé de), XV, 211; sa naissance, ses débuts, 304; il devient gouverneur des îles de France et de Bourbon, 305; fait agréer ses plans à Paris, *ibid.*; va secourir les comptoirs de l'Inde, *ibid.*; délivre Mahé attaquée par les Malabares, 306; reçoit l'ordre de renvoyer ses vaisseaux, *ibid.*; différence de vues entre lui et Dupleix, 309; son expédition contre les Anglais, 310; il prend Madras, 311; sa destitution, son retour en Europe, son procès, sa mort, *ibid.* et 312.

Laboureur (Le), érudit, XIII, 177.

Labouteille, exempt, est assommé dans une émeute à Paris, XVI, 322.

Lacarri, savant jésuite, XIII, 175.

Lacase sauve la colonie française de Madagascar, XIII, 113, 114; épouse une princesse malgache, 120.

Lactance, donné pour conseil au fils de Constantin, I, 297.

Lacurne de Sainte-Palaie, érudit, XVI, 154 *note*.

Lacy (Roger de), connétable de Chester, défend les Andelis contre Philippe-Auguste, III, 575 et suiv.

Ladislas, duc de Bohême, amène un renfort à la troisième croisade, III, 441.

Ladislas, roi de Bohême, dispute la Hongrie à Maximilien d'Autriche, VII, 215; s'accommode avec lui, 218; fait avec Louis XII un traité d'alliance contre les Turcs, 330.

Ladislas IV, roi de Pologne, épouse Marie de Gonzague, veuve du duc de Mantoue, XII, 245; envoie des secours à la France, *ibid.*

Lafage, pasteur réformé, victime du fanatisme catholique, XV, 443.

Laffemas (Barthélemi de), négociant, contrôleur général du commerce, X, 456.

LAFFEMAS, fils du précédent, maître des requêtes de l'hôtel, informe contre le maréchal de Marillac, XI, 375 ; reçoit à tort un surnom odieux, 393. — Fait opposition à un édit qui institue de nouveaux maîtres des requêtes, XII, 278 *note*.

LAFFITEAU, ex-jésuite, évêque de Sisteron, agent de Dubois à Rome ; sa négociation, XV, 112.

LAFONTAINE (Jean de), commissaire examinateur au procès de Jeanne Darc, VI, 264, 266.

LAFOREST, ambassadeur de France, négocie et conclut un traité de commerce avec la Turquie, VIII, 244.

LAGRANGE. Son évaluation de la population de la France de 1789 à 1791, XVI, 236 *note* ; coup d'œil sur sa vie et ses travaux, 518 *texte et note* ; son jugement sur les travaux de Lavoisier, 520.

LAICTRE (Eustache de) est fait chancelier, VI, 42 ; ses mesures après l'assassinat du duc de Bourgogne, 61 ; après le traité de Troies, 66, 67.

LAILLIER (Michel), bourgeois de Paris, conspire contre la domination anglaise, VI, 93 ; la renverse, 346 ; est fait prévôt des marchands, 354.

LAINEZ, général des jésuites après Ignace de Loyola, VIII, 314 *note* ; figure au concile de Trente, 354. — Au colloque de Poissi, IX, 99.

LAKMANN, roi de Suède, est appelé en France par le duc de Normandie Richard II, III, 49.

LALAING (Jacques de), « le héros wallon », VI, 504.

LALANDE, astronome, XVI, 49, 519.

LALLY-TOLENDAL (comte de), gouverneur de l'Inde française ; ses premières opérations dans ce pays, XV, 538 et suiv. ; ses revers, son procès, sa mort, 569 et suiv.

LALLY-TOLENDAL (comte de), fils du précédent, obtient la réhabilitation de la mémoire de son père, XV, 572. — XVI, 397.

LAMBERT, fils de Gui ou Wido de Spolète, empereur, II, 496.

LAMBERT, fils de Régnier au Long Cou, comte de Mons, dépossédé du Hainaut par le roi de Germanie, prend les armes pour le reconquérir, II, 535 ; se fait rendre le comté de Louvain, *ibid*.

LAMBERT, évêque d'Arras et légat du pape, relève Philippe Ier de l'excommunication fulminée contre lui, III, 209.

LAMBERT, ex-cordelier français, organise les églises libres de la Hesse, VIII, 491 *note*.

LAMBERT D'HERBIGNI, maître des requêtes, collaborateur de Colbert pour l'*Ordonnance de la marine*, XIII, 564.

Lambert, musicien français, XIII, 194 *note*.

Lambert (Mme de), femme auteur, réunit dans son salon les beaux esprits contemporains, XV, 331.

Lambin, philologue, IX, 2.

Lamboi, général wallon, XI, 491; commande en Belgique les troupes auxiliaires de l'empereur, 522; se joint au comte de Soissons et au duc de Bouillon et bat le maréchal de Châtillon, 547; se joint, devant Aire, au cardinal infant, 549; est battu à Kempen et fait prisonnier, 557. — Est battu par les Hessois, XII, 259.

Lamoignon, maître des requêtes, est nommé premier président au parlement de Paris, XII, 486. — Résiste à l'emportement du roi et de Colbert contre Fouquet, XIII, 42; travaille à la rédaction de l'*Ordonnance civile*, 77; entreprend l'*unification* des coutumes, 78 *note;* fait interdire la représentation de *Tartufe*, 185; fait adopter le système des emprunts, 377.

Lamoignon de Basville, intendant du Poitou, puis du Languedoc et partout persécuteur des calvinistes, XIV, 43, 44; comprime une révolte dans les Cévennes, 117; donne l'exemple d'une capitation qui frappe tout le monde, 204; opprime les protestants avec plus d'acharnement que le gouvernement ne le demande, 348; soulève les Cévennes par ses cruautés, 399; demande des troupes contre les *Camisards*, 401; fait dévaster les Cévennes, 417, 418. — Rédige avant de mourir, à l'usage des intendants, une instruction « digne de Tibère », XV, 129.

Lamoignon de Malesherbes, premier président de la cour des aides, directeur de la librairie, s'emploie en faveur de l'*Encyclopédie*, XVI, 48; cache chez lui les papiers de Diderot, qu'il a ordre de saisir, 50; décide J.-J. Rousseau à faire imprimer l'*Émile* en France, 127; inspire les remontrances de la cour des aides et les présente au roi, 354 et suiv.; ministre de la maison du roi, des affaires protestantes, etc., 360; bonnes mesures qu'il prend, réformes qu'il ne peut obtenir, 360 et suiv.; il propose le comte de Saint-Germain pour le ministère de la guerre, 364; se retire, 379; travaille à l'amélioration du sort des protestants, 574 *note;* ministre d'État sans portefeuille, 583; contribue à faire prévaloir une politique indigne de la France, 592; moyen qu'il propose au roi pour éviter la convocation des États-Généraux, 613 *note*.

Lamoignon (le chancelier de) persuade à Louis xv de temporiser dans l'affaire des jésuites, XVI, 209.

Lamoignon, président au parlement de Paris, pousse sa compagnie à demander la réforme des frais de justice et des épices, XVI, 548 ; est garde des sceaux, 581 ; fait des efforts inutiles pour faire rentrer Necker au ministère, 583 ; discours prononcé par lui dans une séance royale subitement transformée en lit de justice, 596 ; sa lutte contre le parlement, 599 à 605 ; sa démission, 614 ; sa mort, *ibid.*, *note*.

LAMPEGIA, fille d'Eude, femme d'Othman ben Abou-Nessa, est prise par Abd-El-Rahman, qui l'envoie au khalife, II, 199.

LANCASTRE (Edmond, comte de), frère d'Édouard 1er, vient en France comme ambassadeur, IV, 402.

LANCASTRE (Jean de Gand, duc de), troisième fils d'Édouard III, fait une expédition dans la France septentrionale, V, 274, 275 ; épouse une fille de Pierre le Cruel et s'intitule roi de Castille, 285 ; envahit la France sans succès, 294, 295 ; négocie et signe une trêve, 296, 297 ; gouverne l'Angleterre pour son neveu mineur, 319 et suiv. ; protége Wickleff, 337 ; ses visées sur la Castille, 350 ; il l'envahit, mais n'y peut rester, 405, 409, 418.

LANCELOT DE L'ISLE, capitaine anglais, VI, 117, 130.

LANCELOT, janséniste, solitaire de Port-Royal, auteur de plusieurs livres classiques, XII, 90 *note*.

LANCRET, peintre, XVI, 160 *note*.

LANDAU. Prise de cette ville par l'armée franco-weimarienne, XI, 499. — Elle est fortifiée par Vauban, XIII, 567. — Siéges qu'elle subit, XIV, 396, 413, 414, 430, 577.

LANDE (La), capitaine français, défend contre Charles-Quint Landrecies, VIII, 290 ; et Saint-Dizier, où il perd la vie, 301.

LANDEBERT (saint Lambert), évêque de Maestricht. Sa sévérité pour Peppin de Héristall, querelles qui en résultent, sa mort, II, 175, 176.

LANDERIK, amant de Frédegonde, II, 78 ; complice de l'assassinat de Hilperik, 79 ; maire du palais, 101 ; envahit le Soissonnais à la tête d'une armée, *ibid.* ; envahit les cantons cédés à Théoderik, 109 ; est battu à Étampes, 110.

LANDOIS (Pierre), favori de François II, duc de Bretagne, VII, 192 ; répand des bruits injurieux sur la naissance de Charles VIII, 196 ; est jugé, condamné à mort et exécuté, 199.

LANDRIANO, nonce du pape, apporte en France des bulles violentes contre Henri IV, X, 246 ; demande la réunion des États-Généraux et l'élection d'un roi catholique, 248 ; est décrété de prise de corps par le parlement royaliste de Châlons-sur-Marne, 252.

LANFRANC, moine lombard, transplanté en Normandie. Son opinion dans la question de l'eucharistie, III, 94; il obtient la légitimation du mariage de Guillaume le Conquérant, 114; devient archevêque de Canterbury et primat d'Angleterre, 126.

LANFRANC, peintre italien, XII, 147.

LANGLOIS DE BEAUREPAIRE, échevin de Paris, s'emploie activement à rouvrir à Henri IV les portes de cette ville, X, 349, 350; devient maître des requêtes de l'hôtel, puis prévôt des marchands, 353 *note*.

LANGOBARDS, Germains de la confédération suève, I, 213; Tibère pénètre chez eux, 219. — Ils envahissent l'Italie, pénètrent en Burgondie et battent le patrice Amatus, II, 49; y reviennent et sont exterminés, 50; reviennent encore et sont trois fois battus par Mummolus, 62, 63.

LANGRES, attaquée par les Allemans, est sauvée par Constance Chlore, I, 288; prise d'assaut par Khrok, 303 *note*.

LANGTON (Étienne), est élu archevêque de Canterbury malgré le roi Jean, par l'influence d'Innocent III, IV, 67; se met à la tête de la coalition des barons qui impose au roi la grande charte, 89, 90.

LANGUE ROMANE, III, 339 et suiv.

LANGUE D'OC. LANGUE D'OÏL, *ibid*.

LANGUEDOC. Formation de cette province, IV, 151. — Ses limites, V, 70 *note*.

LANGUET (Hubert), auteur d'un livre intitulé : *Vindiciæ contrà tyrannos*, IX, 387.

LANGUET, évêque de Soissons, écrit la *Vie de Marie Alacoque*, XV, 347.

LANJUINAIS, économiste, publie le *Parfait monarque*, qui est poursuivi par le parlement, XVI, 376.

LANNOI (Raoul de), bailli d'Amiens, est fait gouverneur de Gênes, VII, 365.

LANNOI (Charles de), vice-roi de Naples, commande l'armée espagnole, VIII, 50; quitte Milan et s'établit à Lodi, 59, 61; attaque les Français devant Pavie, 63 et suiv.; reçoit l'épée de François Iᵉʳ prisonnier, 66; l'envoie à Pizzighitone, 67; est chargé de traiter avec lui, 79; lui conseille d'aller en Espagne, 82; le conduit à la frontière de France, 90; réclame l'exécution du traité de Madrid, 91; fait une trêve avec le pape, 99; meurt, 108.

LANTARA, peintre, XVI, 160 *note*.

LANTBERT, comte de La Marche de Bretagne, II, 382; est du parti de Lother et bat les comtes neustriens du parti de Lodewig, 402; sa mort, 404.

LANTBERT, fils du précédent, se révolte contre Karle le Chauve, fait alliance avec les Bretons et les Normands, s'empare de Nantes et de son territoire, II, 427; perd Nantes, mais se maintient sur l'Oudon, 432; fait la guerre avec le roi de Bretagne contre Karle le Chauve, 435, 437.

LANTHILDE, sœur de Chlodowig, baptisée avec lui, I, 425.

LANTURLU, cri de ralliement des vignerons de Dijon révoltés en 1630, XI, 328.

LAON. Charte communale de cette ville, obtenue à prix d'or par les bourgeois, III, 251, 252; ce qu'amène le manque de foi du roi et de l'évêque, 253 et suiv.; la commune de Laon rétablie, 259. — Abolie définitivement, IV, 553.

LAONNOIS (commune du), formée de seize bourgs ou villages, III, 500.

LAPIERRE (Jean de), docteur en théologie, patronne les premiers imprimeurs venus en France, VII, 160.

LAPLACE, astronome, XVI, 519; chimiste, 520.

LARCHANT, capitaine des gardes d'Henri III, est confident des projets de son maître contre le duc de Guise, X, 110; participe à l'exécution, 111; est présent au meurtre d'Henri III, 160.

LARCHER, conseiller de la grand'chambre, victime des *Seize* et du comité des *Dix*, X, 266.

LARGILLIÈRE, peintre de portraits, directeur de la peinture après Mignard, XIV, 237.

LAROCHE DU MAINE défend vaillamment Fossano contre les Impériaux, VIII, 234; curieuse conversation entre lui et Charles-Quint, 235.

LAROMIGUIÈRE, philosophe, rectifie la théorie métaphysique de Condillac, XVI, 10 *note*.

LARRIVEI importe d'Italie en France la comédie en prose, XII, 128.

LASCARIS (Jean) vient en France et y fait des élèves, VII, 482.

LATILLI (Pierre de), évêque de Châlons, chancelier sous Philippe le Bel, est incarcéré sous Louis Hutin et accusé d'empoisonnement, IV, 515; acquitté sous Philippe le Long, 537.

LATOBRIGES, Gaëls du Haut-Danube. Ils se joignent aux Helvètes, I, 141.

LATUDE est enfermé à la Bastille pour avoir menacé par écrit Mme de Pompadour, XV, 446 *note*.

LAU (Châteauneuf, sire du), favori de Louis XI, est incarcéré par son ordre, VII, 12 *note;* s'évade, 36 *note;* se trouve à Péronne avec Louis XI, *ibid.*

LAUBANIE, gouverneur de Landau, rend cette place après l'avoir héroïquement défendue, XIV, 430.

LAUBARDEMONT, conseiller d'État, instruit le procès d'Urbain Grandier, et préside ses juges, XI, 605, 606; juge Cinq-Mars et de Thou, 568.

Laud, primat d'Angleterre, archevêque de Canterbury, pousse Charles I*er* à rapprocher l'anglicanisme du *papisme*, et à détruire le presbytérianisme en Écosse, XI, 541, 542 ; est mis en accusation, *ibid*. — Condamné à mort, exécuté, XII, 190.

Laudon, général autrichien, se réunit au général russe Soltikoff, et décide la victoire de Kunersdorf, XV, 556 ; défait à Landshut le général prussien Fouquet, 567 ; surprend Schweidnitz, 584.

Laudonnière, capitaine de vaisseau, son expédition dans la Caroline, IX, 285 *note*.

Launoi (de), chanoine de Soissons, instigateur de la Ligue, IX, 531. — Est élu membre du conseil général d'icelle, X, 134 ; propose la formation d'un conseil secret de dix personnes, 265 ; est adjoint à ce conseil, *ibid.*; est exilé de Paris, 270.

Launoi (de), sorbonniste, adopte la doctrine de Galilée, XII, 17 ; son œuvre immense de critique, 70.

Lauraguais (duc de), épouse Mlle de Nesle, maîtresse du roi, XV, 209.

Lauraguais (Diane-Adélaïde de Nesle, duchesse de), maîtresse de Louis XV, XV, 209 ; reçoit l'ordre de se retirer à cinquante lieues de la cour, 271.

Laurent, stucateur, VIII, 137 *note*.

Laurent, ingénieur, auteur du canal souterrain de Saint-Quentin, XVI, 238 *note*.

Laurière (Eusèbe de), jurisconsulte. Ses grands travaux, XIV, 254, 255. — Commence le *Recueil des ordonnances des rois de France de la troisième race*, XV, 352.

Lautrec, combat à Ravenne, VII, 407 ; est maréchal et gouverneur de Guienne, 438 ; fait une reconnaissance dans la vallée de Barcelonette, 444 ; commande un corps auxiliaire envoyé aux Vénitiens, 453. — Est gouverneur du Milanais, VIII, 14, 16, 18 ; en est chassé, 19, 20 ; revient assiéger Milan, et se fait battre à la Bicoque, 25 et suiv.; repousse les Espagnols de Bayonne, 47 ; est membre du conseil de régence pendant la captivité du roi, 69 ; dont il conduit les deux fils à la frontière d'Espagne, 90 ; fait une nouvelle campagne en Italie, 102, 107 ; sa marche sur Naples, ses revers et sa mort, 108 et suiv.

Lauzun (comte de), marié à la *Grande Mademoiselle*; son expédition en Irlande, XIV, 140, 141.

Laval (Charlotte de), épouse de l'amiral de Coligni, l'excite à prendre les armes pour la cause protestante, IX, 118.

Lavardin (marquis de), son ambassade à Rome, XIV, 79.

Lavaur (le Père), supérieur des jésuites français dans l'Inde, XV, 571.

LAVERDI (M. de), adversaire des jésuites, XVI, 212; contrôleur général des finances, envoie au trésor le cadeau d'avénement des fermiers généraux, 229; est renvoyé, 245, 246; a autorisé la société Malisset, 293.

LAVERGNE DE TRESSAN, archevêque de Rouen, persécuteur acharné des calvinistes, XV, 128, 129, 160.

LAVOISIER, chimiste, XVI, 19; son évaluation de la population de la France de 1789 à 1791, 236 *note;* perfectionne la poudre à canon, 361; fermier général, 519; créateur de la chimie moderne, ses travaux, ses découvertes, 519, 520.

LAW (John), entretient le régent de France de l'organisation du crédit, XV, 16; établit dans un mémoire que les monnaies doivent être immuables, 18; parvient à faire adopter ses idées, 28; sa naissance, sa jeunesse, exposition et appréciation de ses théories, 29 à 36; ses premières tentatives en divers pays, 36, 37; il ouvre d'abord une banque particulière, autorisée par le gouvernement, qui réussit et se développe, 38, 39; forme la *compagnie des Indes occidentales*, 40; altère les monnaies, 41; se réfugie au Palais-Royal pour se soustraire à la haine du Parlement, 45; application en grand de ses théories, ses succès, ses revers, sa fin, 49 à 67.

LAW, neveu du précédent, officier au service de la compagnie des Indes, XV, 460.

LAWFELD (bataille de), XV, 348.

LAWRENCE, général anglais; guerre qu'il soutient contre les Français dans l'Inde, XV, 459 et suiv.

LAZARISTES OU PRÊTRES DE LA MISSION (congrégation des), fondée par saint Vincent de Paul, XII, 64.

LEAKE, vice-amiral anglais, XIV, 435; s'empare de la Sardaigne et de Minorque, 495.

LEBEAU, historien du Bas-Empire, XVI, 154 *note.*

LEBEL, valet de chambre de Louis xv, et son pourvoyeur, XV, 433. — Découvre et amène au roi Jeanne Vaubernier, XVI, 27.

LE BRETON, avocat, est pendu dans la cour du Palais de justice, X, 30 *note.*

LEBRUN (Charles), peintre, rival malheureux de Lesueur, XII, 153. — Décore le château de Vaux, XIII, 30; caractères de son talent, qui attirent sur lui la faveur de Colbert et de Louis xiv, 229; il est nommé directeur de l'Académie de peinture et de sculpture, 230; directeur de la manufacture des Gobelins, *ibid.;* autorité qu'il exerce sur les arts et l'industrie, *ibid.;* sa mort, 236.

Leclerc (Jean), cardeur de laine, premier martyr du protestantisme en France, VIII, 150, 154.

Leclerc, journaliste genevois établi en Hollande, auteur de la *Bibliothèque universelle* et de la *Bibliothèque choisie*, XIV, 324 *note*.

Lecointe (le Père), oratorien, auteur des *Annales ecclésiastiques de la France*, XII, 68 *note*.

Lecomte, échevin de Paris, suit Henri III dans sa fuite, X, 77; est réintégré par Henri IV, 354 *note*.

Lecomte, jésuite, avance que la Chine a, pendant près de deux mille ans, adoré le vrai Dieu, XIV, 297; est condamné par la Sorbonne, 298.

Lecoq (Robert), évêque de Laon, l'un des négociateurs du traité de Mantes, V, 135; député du clergé aux États-Généraux, 159; ses antécédents, *ibid.*; son rôle dans les événements de cette époque, 174, 175, 177, 178, 179, 192; comment il finit, 218.

Leduc (Gabriel), architecte, auteur du dôme du Val-de-Grâce, XII, 144 *note*.

Lecouvreur (Mlle), introduit l'usage de *parler* les vers au lieu de les chanter, XV, 332.

Lee (Arthur), commissaire du congrès de Philadelphie près le gouvernement français, XVI, 423; est reçu par Louis XVI en audience solennelle, 426.

Lefèvre de Saint-Remi, historien picard, héraut de la Toison-d'Or, VI, 14; va signifier au roi d'Angleterre le traité d'Arras, 340.

Lefèvre d'Étaples (Jacques), VII, 482. — Professeur de théologie et de belles-lettres, VIII, 146; est menacé par la Sorbonne et se retire à Meaux, 148; traduit en français le Nouveau Testament, 149; sort de France, 153; est rappelé par le roi, qui lui confie l'instruction de son plus jeune fils, 155; se retire et meurt à Nérac, 188 *note*.

Lefèvre (Jean), doyen de la Sorbonne, X, 125.

Lefèvre, prévôt des marchands, échappe à la mort en donnant sa démission XII, 418; recouvre sa charge, 428.

Lefranc de Pompignan, XVI, 50 *note*.

Légion thébaine. Elle est massacrée; pourquoi, I, 281.

Législation industrielle et commerciale sous François Ier, VIII, 126 et suiv.; sous Henri II, 464. — Sous Charles IX (ordonnances du chancelier de Birague), IX, 198, 383; sous Henri III, 487 *note*. — Sous Louis XIV (règlements de Colbert), XIII, 110, 112 et suiv., 137 à 144. — Effet des règlements de Colbert sur l'industrie du XVIIIe siècle, XV, 428. — Règlements plus libéraux sous Louis XV, XVI, 233, 234; corporations, maîtrises, jurandes abolies par Turgot, 368 à 375; rétablies par son successeur, 385; améliorations opérées par Necker, 493, 494.

Legoix (les), bouchers à Paris, du parti cabochien, V, 514 à 541. — VI, 41, 348.

Legras (Mlle) fonde la congrégation des *Sœurs de la Charité*, XII, 64.

Lehwald (maréchal prince) attaque les Russes sans succès à Jœgendorf, XV, 518; refoule les Suédois dans l'île de Rügen, 519.

Leibniz (Wilhelm) vient proposer au gouvernement français la conquête de l'Égypte, XIII, 366 et suiv. — Ramène la philosophie au dogme de la perfectibilité, XIV, 251; propose une méthode nouvelle pour disposer les matières du droit civil, 255; invente le calcul différentiel, 260; donne une théorie nouvelle de l'univers, 263 et suiv.; exposition de sa doctrine métaphysique, 277 et suiv.; ses efforts pour concilier le catholicisme et le protestantisme, et sa correspondance avec Bossuet, 291, 292. — Il prophétise la révolution, XV, 349; meurt, 350; a fondé l'Académie de Berlin, 402.

Leicester (le comte de), gouverneur des Provinces-Unies, X, 18 *note;* ses fautes, ses revers, 26.

Leidrade, Bavarois, attaché à Charlemagne, archevêque de Lyon, II, 288.

Leipzig. Diète protestante dans cette ville, XI, 361; bataille gagnée sous ses murs par Gustave-Adolphe, 564.

Lejeune (le Père), oratorien célèbre, XII, 68.

Lekain, acteur tragique, XVI, 395 *note.*

Lelong (le Père), oratorien, commence la *Bibliothèque historique de la France*, XVI, 151 *note.*

Lemaire (Jean), poëte hennuyer, VII, 334; valet de chambre de Louis xii, lui dédie un pamphlet contre le pape, 394.

Lemaistre (Jean), dominicain, vicaire du saint-office; son rôle au procès de Jeanne Darc, VI, 251 et suiv., 264.

Lemaistre, premier président au parlement de Paris, VIII, 396; sa conduite dans l'affaire de la *Mercuriale,* 498 et suiv. — Il est le chef du parti fanatique dans le parlement, IX, 77; est suspendu de ses fonctions, 88; meurt, 144.

Lemaistre (Jean), conseiller aux enquêtes, un des instigateurs de la Ligue, IX, 532. — Est député vers Henri iii par le corps de ville de Paris, après le meurtre du duc de Guise, X, 120, 121; est élu membre du conseil général de la Ligue, 135; proteste contre les excès des Seize, 268; est fait, par le duc de Mayenne, président au parlement,

269; s'oppose énergiquement à l'élection d'un roi par les États-Généraux, 321; négocie la reddition de Paris à Henri IV, 349 *note*.

LEMAISTRE (Antoine), avocat, puis solitaire à Port-Royal, XII, 86.

LEMAISTRE DE SACI, frère du précédent, comme lui janséniste et solitaire; son mot sur Descartes, XII, 90; il traduit la Bible, *ibid. note*; gouverne Port-Royal, 102; se joint à Pascal pour détourner Mme Périer de marier sa fille, 116.

LEMERCIER, architecte, auteur du dôme de la Sorbonne, XII, 144 *note*.
— Du dôme de l'*horloge* au Louvre, XIII, 232; achève, dans ce palais, la façade intérieure de l'ouest et continue celle du sud, 232.

LEMERCIER DE LA RIVIÈRE, économiste, XVI, 169 *note*; intendant des îles du Vent; son désintéressement, son dévouement, 232 *note*; son voyage en Russie, 262 *note*.

LÉMERI, chimiste, XIII, 172.

LÉMERI, jésuite, confesseur de Louis XV, ne pouvant lui donner l'absolution, lui propose de communier *en blanc* pour sauver les apparences, ce qui le fait exiler, XV, 265 *note*.

LEMOINE (le Père), jésuite, poëte, XII, 126.

LEMOINE, sculpteur, auteur d'une statue de Louis XV érigée à Nantes par les États de Bretagne, XV, 271.

LEMOINE (François), peintre d'histoire, XV, 335, 336.

LEMONNIER, géomètre, va mesurer un degré du méridien dans la région polaire, XV, 395. — Démontre par des expériences la vérité de la théorie de Franklin sur la foudre, XVI, 20.

LEMOVIKES, peuple gaulois. Ils prennent les armes à la voix de Vercingétorix, I, 167; leur territoire est annexé à l'Aquitaine, 195.

LENET, confident du prince de Condé, XII, 297 *note*; conseiller d'État, 351; va traiter à Madrid au nom du prince, 382; y réussit, 385; reste, comme conseil, auprès du prince de Conti et de Mme de Longueville, 398; sort de France, 447, 448; est condamné à mort et exécuté en effigie, 458.

LENFANT, historien des conciles de Constance et de Bâle, protestant émigré, XIV, 61.

LENOIR, directeur du comptoir de Pondichéri, fait révoquer Dupleix envoyé à Chandernagor, XV, 307 *note*.

LENOIR, maître des requêtes, seconde Calonne dans l'instruction de l'affaire La Chalotais, XVI, 240; lieutenant-général de police, fait mal son devoir dans la *Guerre des farines* et perd sa place, 346.

LENONCOURT (Robert de), cardinal, évêque de Metz, aide les Français à s'emparer de cette ville, VIII, 414.

LENOSTRE dessine les jardins de Vaux, XIII, 31; le jardin des Tuileries, 234; le parc de Versailles, 238; celui de Saint-Cloud, 354 *note;* celui de Sceaux, 545 *note.*

LENS (bataille de), XII, 261, 262.

LENS (Charles de) est fait amiral, VI, 42; est assassiné sur le pont de Montereau, 60.

LEODEGHER (saint Léger), évêque d'Autun, antagoniste d'Ébroin, II, 153; il se brouille avec le roi Hilderik, qui l'exile à Luxeuil, 154; s'y réconcilie avec Ébroin, mais recommence presque aussitôt la lutte, 155; il est assiégé dans Autun et se livre lui-même volontairement; affreux traitement qu'il subit, 157, 158, 159.

LÉON (saint), diacre, puis évêque de Rome, I, 364.

LÉON, empereur d'Orient. Ses efforts pour soutenir l'empire d'Occident, I, 388; il échoue contre les Wandales, 392.

LÉON. Ses menées avec Chramn, fils de Chlother, II, 29.

LÉON *l'Isaurien,* empereur de Constantinople, chef des iconoclastes, II, 214.

LÉON III, est élu pape après Adrien, II, 324; complot contre lui, son voyage à Paderborn, 333; il sacre Charlemagne empereur des Romains, 338; sa mort, 370.

LÉON, légat du pape, vient en France instruire l'affaire de la déposition de l'archevêque de Reims Arnoul, III, 27; réclame contre le mariage du roi Robert avec Berthe de Bourgogne, 32.

LÉON IX, pape, préside un concile à Reims, III, 78; lutte contre les Normands en Italie et finit par sanctionner leurs conquêtes, 86, 87; convoque maint concile pour vider la question de l'eucharistie, 91.

LÉON X, pape (Jean de Médicis), d'abord cardinal-légat, commande les troupes papales, VII, 399; est fait prisonnier à Ravenne, 407; s'échappe, 410; rentre à Florence, 411; est élu pape, ses premiers actes, 415, 416; il réconcilie Rome et la France, 427; s'efforce d'accommoder les différends entre la France et l'Angleterre, 429; ses desseins, sa conduite à l'égard de François 1er, 442, 443, 451; conférence de Bologne, 452; Concordat, 460; il prépare une croisade; ce qu'il y gagne, 488; il s'emploie en faveur de la candidature à l'empire de François 1er, 492; abandonne sa cause, 495; sa conduite à l'égard de Luther, 520 et suiv.; fait avec Charles-Quint contre la France un traité secret, 530. — Qui devient public, VIII, 16, 17; sa mort, 20.

LÉON XI, pape, d'abord Alexandre de Médicis, archevêque de Florence, cardinal-légat, X, 402; négociateur à Vervins pour le saint-siège, 426; est élu pape aux frais d'Henri IV et meurt vingt-six jours après son élection, 545.

Léonard Limousin, directeur de la fabrique d'émaux sur cuivre de Limoges, IX, 14.

Leontius, évêque d'Arles, intermédiaire entre Ewarik et Julius Népos, I, 396.

Léopold, duc d'Autriche, insulté par Richard à la prise d'Acre, s'empare de sa personne et le livre à l'empereur Henri vi, III, 547, 548.

Léopold, archiduc d'Autriche, évêque de Strasbourg et de Passau, occupe, comme commissaire impérial, le duché de Juliers, X, 554. — En est chassé et va guerroyer en Bohême, XI, 18; dans le Bas-Palatinat, 193; dans le pays des Grisons, *ibid.*

Léopold-Guillaume d'Autriche, archiduc, frère de l'empereur Ferdinand iii, se joint au général Piccolomini, et se fait battre avec lui par Guébriant, XI, 552; est battu par les Suédois à Breitenfeld, 574. — Va secourir l'électeur de Bavière et repousse les Français jusqu'au Rhin, XII, 211; campagne en Allemagne, 217 et suiv.; campagnes en Flandre, 236, 242, 243, 259, 260; bataille de Lens où il est vaincu, 261; il négocie avec les frondeurs, 321, 322; entre en armes dans le Laonnois, 329; prend Ypres, 335; fait une campagne en France avec Turenne, 354, 355, 359, 360, 363; a de grands succès en Flandre, 383, 422; assiége et prend Dunkerque, 423, 430, 434; porte la guerre en Picardie, 456; investit Arras, 460; arrête le duc de Lorraine et l'envoie en Espagne, 461; est battu devant Arras, 462, 463; est rappelé en Allemagne, 483; prend la régence pendant la minorité de l'empereur Léopold, 504; fait alliance avec la Pologne, *ibid.*; se rend à Francfort, 507, 508.

Léopold 1er, empereur, fils de Ferdinand iii, d'abord Léopold-Ignace, archiduc d'Autriche, XII, 503; roi de Hongrie, 504; couronné empereur, 508, 509; demande sans succès la main de Marie-Thérèse d'Autriche, infante d'Espagne, 514. — N'ose soutenir le pape contre Louis xiv, XIII, 290; réclame l'assistance de la diète germanique contre les Turcs et refuse celle de Louis xiv, 294, 295; est obligé d'accepter le secours de six mille Français, 297; traite avec les Turcs, 298; n'ose soutenir l'Espagne contre la France, 323, 324; traite éventuellement avec Louis xiv, touchant le partage de la monarchie espagnole, 327 et suiv., 356; ses cruautés envers les Hongrois, *ibid. note;* négociations entre Louis xiv et lui, 357, 359; négociations avec l'électeur de Brandebourg et la Hollande, en vue de résister à la France, 407 et suiv.; coalition contre elle avec l'Espagne, la Lorraine et les Provinces-Unies, 428; façon originale dont il passe ses troupes en revue, 430; il soulève tout l'empire contre Louis xiv, 436, 437; sape les libertés de la Hongrie, qui s'insurge, 538; traite avec Louis XIV, 540; entre dans une nouvelle coalition contre la France, 588, 589; essuie de grands revers en Hongrie, 590. — XIV, 10, 11; guerre contre les Turcs, où il est sauvé par Jean Sobieski, 12 à 16; trêve de vingt ans avec la France, 21; nouveaux revers en Hongrie, 30; projet de mariage pour sa fille avec l'électeur de Bavière, 39; succès en Hongrie, 67; affaire de la succession palatine où il intervient, 68, 70; Ligue d'Augsbourg, 71; succès contre les Turcs et les Magyars; il acquiert la Transylvanie et rend la couronne de Hongrie héréditaire dans sa famille. 76; déclare la guerre à la France, 103; pourquoi il ne traite pas avec les Turcs, *ibid. note; grande alliance* contre la France, 107; il s'obstine à la guerre contre les Turcs, 115; fait élire son fils aîné roi des Romains, 126; fait repousser par la coalition les offres pacifiques de Louis XIV, 193; fait le duc de Hanovre électeur, puis suspend l'investiture, 209; renouvelle la *grande alliance*, 210; offres qu'il fait au duc de Savoie pour le ramener à la coalition, 217; il est forcé de consentir à la neutralité de l'Italie, 218; fait alliance avec le tzar, 220; refuse de traiter avec Louis XIV, 221; s'y résigne enfin et négocie, 223 et suiv.; paix de Ryswick, 232; négociation tendant à la réunion des églises catholique et luthérienne, 290; il appuie la candidature de l'électeur de Saxe au trône de Pologne, 349; traite avec le sultan, qui renonce à la Transylvanie et à la Hongrie, 350; prétend à la succession d'Espagne, 354; repousse avec obstination le traité de partage qui lui est proposé par Louis XIV et Guillaume III, 357 à 360; résout la guerre contre la France, 367; confère à l'électeur de Brandebourg la dignité royale, *ibid.;* revendique le duché de Milan comme fief de l'empire, 374; revendique toute la succession d'Espagne, *ibid.;* se ligue avec l'Angleterre et les Provinces-Unies contre la France et l'Espagne, 379, 380; déclare la guerre au roi de France et *au duc d'Anjou*, 390; achète l'alliance du duc de Savoie, 416; obtient celle du roi de Portugal, 422; cède ses prétentions à son second fils, qu'il proclame roi d'Espagne, *ibid.;* meurt, 439.

Léopold Iᵉʳ, duc de Lorraine, fils de Charles V, XIV, 191; rentre en possession de son duché, 232; accepte éventuellement le Milanais en échange de la Lorraine, 357; reste neutre pendant la guerre de la succession d'Espagne, et fait le bonheur de son peuple, 398.

Léowigild, roi des Wisigoths, demande pour son fils Rekkared la main de Rigonthe, fille de Hilperik, II, 77; fait périr son fils Herménegild, 96; ses démêlés avec Gonthramn, 96, 97.

Lepaute, habile horloger, XVI, 19.

Lepaute (Mme), femme du précédent, astronome, XVI, 19.
Lepautre, sculpteur, XIV, 237. — XV, 336.
Lépicié, peintre, XVI, 160 *note*.
Lépidus (Æmilius), prend parti pour Sertorius, soulève la Province, marche sur Rome, est vaincu par Pompée, I, 127.
Lépreux, IV, 545, 546.
Lérins (école de), I, 349 à 351.
Lerme (le duc de), premier ministre du roi d'Espagne Philippe III, X, 509; fait emprisonner et censurer le père Mariana, jésuite, 534 *note*; intervient dans les négociations relatives à la querelle de Rome avec Venise, 547. — Est renversé et supplanté par son propre fils, XI, 155.
Lerme (le duc de), fils du précédent, supplante son père, XI, 154; est renvoyé, 170.
Leroi, horloger, XVI, 19.
Leroux d'Infreville, intendant général de la marine pour la Méditerranée, XIII, 134; signale au cardinal de Richelieu l'importance de la position de Brest, 134.
Lesage, prêtre compromis dans l'affaire des poisons, XIV, 108 *note*.
Lesage, auteur comique, romancier; *Turcaret, Gil Blas*, XIV, 245.
Lesage (Louis), physicien français, fait à Genève les premiers essais de télégraphie électrique, XVI, 522 *note*.
Lescarbot (Marc), historien de la *Nouvelle France*, X, 465 *note*.
Lescaro (Imperiale), doge de Gênes, vient à Versailles présenter à Louis XIV les excuses de sa république, XIV, 26.
Lescot (Pierre), architecte, VIII, 138. — Commence le Louvre, construit la fontaine des Innocents, IX, 46; et l'hôtel de Soissons, 386.
Lescun (Odet d'Aidie, sire de), favori du duc de Bretagne, et vendu à Louis XI, décide son maître à la paix, VII, 34; Charles de France à traiter avec le roi, 49; ramène le duc de Bretagne au parti français, 55; s'attache à Charles de France et trahit Louis XI, 64; se retire en Bretagne, 67, 68; se revend à Louis XI, 75; son insurrection contre le gouvernement d'Anne de France, 202.
Lescun (Paul de), conseiller au parlement de Béarn, président de l'assemblée protestante de La Rochelle, est décapité par arrêt du parlement de Bordeaux, XI, 187.
Lesczinski (Stanislas), est élevé au trône de Pologne, XIV, 471; détrôné, 588. — Vit confiné à Weissembourg, XV, 134; voit sa fille monter au trône de France, 135; se rend en Pologne, 176; est élu par la diète, et proclamé roi, 177; est assiégé à Dantzig par les Russes, s'évade, se réfugie à Kœnigsberg, 177 à 180; négociations où ses intérêts sont

débattus, 197 et suiv.; il échange sa royauté contre le duché de Lorraine, 201; fait le bonheur de cette province, 204; quitte Lunéville menacée par les Pandours, 269. — Meurt, XVI, 273.

Lesdiguières prend le commandement des huguenots du Dauphiné, IX, 416, 498. — Soutient avec succès la cause royale contre la Ligue, X, 12, 20, 90, 140, 144, 192 *note*, 239; défait à plusieurs reprises les troupes savoyardes et espagnoles, 249, 258, 286, 287; est donné pour lieutenant au duc de Guise, 378; commande en Dauphiné, 412; s'empare de la Maurienne, 414; de la ville de Montmélian, 507; du château, 508. — Se laisse gagner à la politique catholique, XI, 36; offre ses services à Louis XIII contre le maréchal d'Ancre, 114; fait deux brillantes expéditions contre les Espagnols et le duc de Savoie, 125, 126; est duc et pair, 159; appuie le duc de Luines, *ibid.*; se sépare du parti protestant, est fait maréchal-général, et commande l'armée catholique, 171 et suiv.; négocie avec le duc de Rohan, 184; se fait catholique et devient connétable, 188; réconcilie les huguenots avec le roi, 189 et suiv.; est membre du conseil de cabinet, 200; dirige la guerre en Ligurie, 214, 216, 217; en Piémont, 223, 224; meurt, 244.

Lesdiguières, gouverneur du Dauphiné. Tristes renseignements qu'il donne à Colbert sur l'état de sa province, XIII, 473.

Lestocq, médecin français, conseiller d'Élisabeth de Russie, la fait monter sur le trône, XV, 246 *note*.

Lesueur (Eustache), peintre français, sa vie et ses œuvres, XII, 150 et suiv.

Lètes (Lœti), sens et étymologie de ce mot, I, 277; insurrection des Lètes contre Julien, 307; ils s'arment contre les Huns, 371.

Lettres chez les Gaulois, I, 67 et suiv., 202. — Sous Charlemagne, II, 290 et suiv. — xie et xiie siècle, scolastique, littérature de la langue d'oïl et de la langue d'oc, poésie chevaleresque, chansons de geste, poésie kimrique, légendes celtiques, etc., III, 303 à 400. — xiiie siècle, IV, 365 et suiv. — xive siècle, V, 259. — xve siècle, VII, 155 et suiv. — xvie siècle, 479 et suiv. — VIII, 142 et suiv., 206 et suiv. — IX, 2 à 13, 387 et suiv. — xviie siècle, X, 477 à 490. — XII, 67 à 72, 90 à 118, 119 à 143. — XIII, 159 et suiv., 175 et suiv., 180 à 227. — XIV, 238 à 255. — xviiie siècle, XV, 332 et suiv., 350 à 385, 388 à 394, 404 à 426. — XVI, 1 à 6, 25 à 59, 60 à 132, 133 à 140, 142 à 154, 516, 517, 535 et suiv.

Leucate (bataille de), XI, 468.

Leucippe, philosophe grec, proclame l'existence de mondes sans nombre, XII, 9.

Leudès, maire du palais sous Theoderik, est vaincu et traîtreusement massacré par Ébroin, II, 155 à 157.

Leudri, archevêque de Sens, III, 42; appelle le roi Robert contre le comte de Sens, 52; meurt, 65.

Leukes, peuple belge, I, 147; *autonome* sous les Romains, 199.

Leuthen (bataille de), XV, 523.

Leuther, chef alleman, envahit l'Italie à la tête d'une armée d'Allemans et de Franks, la pille, y meurt de la peste, II, 25, 26.

Levacher (le Père), missionnaire, prisonnier des Algériens, meurt à la bouche d'un canon, XIII, 593.

Levasseur fait les premiers essais de colonisation aux îles de Saint-Christophe et de la Tortue, XI, 428 *note*.

Levasseur (Thérèse), femme de J.-J. Rousseau, XVI, 65, 89, 130.

Levassor, oratorien, puis protestant, auteur présumé des *Soupirs de la France esclave qui aspire après sa liberté*, XIV, 169.

Levau, architecte, construit le collège des *Quatre-Nations*, XII, 547. — XIII, 231; gâte les Tuileries par le dôme de l'Horloge, 232; commence, au Louvre, la façade orientale, qui lui est bientôt retirée, *ibid.*; conduit les premiers travaux de Versailles, 237; meurt, *ibid.*

Lève ou Leyve (Antoine de), capitaine espagnol, combat à Ravenne, VII, 405. — Défend Pavie, VIII, 59; en sort pendant la bataille, et se joint à l'armée impériale, 64, 66; commande les Espagnols à Milan, 94, 95, 98; en est repoussé par Lautrec, 107; défait le comte de Saint-Pol, 112; occupe de nouveau le Milanais, 231; envahit le Piémont, 234; la Provence, 235; y meurt, 240.

Leveau de Bar remplace, comme prévôt de Paris, Tannegui Duchâtel, VI, 38; laisse massacrer les prisonniers armagnacs, 44.

Lévis (chevalier de), général français. Ses efforts pour défendre Montréal et pour le reprendre, XV, 552, 553.

Lexoves, peuple armoricain. Ils prennent les armes contre César, et sont vaincus, I, 152, 154.

Leyen (Jacques-Gaspard de), électeur de Trèves, dévoué au parti autrichien, XII, 506. — Livre aux officiers impériaux Coblentz et Ehrenbreitstein, ce qui attire sur Trèves les armes de la France, XIII, 423; s'allie contre elle à l'empereur, 437; est dépossédé par les Français, 481; fait la paix avec Louis xiv, 540. — Est obligé de détruire les fortifications de Trèves, XIV, 18, 19; accède à la Ligue d'Ausbourg,

94; proteste contre l'élévation du duc de Hanovre au rang d'électeur, 209.

LIBERATI, mathématicien, pendu pour son dévouement à Henri IV, X, 270.

LIBERTAT, capitaine quartenier de Marseille, ramène cette ville sous l'autorité royale, X, 390 et suiv.

LICINIUS, procurateur en Gaule sous Auguste. Son histoire, ses exactions, I, 197 *texte et notes.*

LICINIUS règne sur l'Illyrie, la Thrace et la Grèce, I, 293; ses deux guerres malheureuses contre Constantin, I, 296.

LIEFWIN PYN, grand doyen des métiers à Gand, déloyalement décapité, VIII, 257.

LIEFWYN (saint Libuin), missionnaire anglais. Son voyage audacieux chez les Saxons, II, 259.

LIÉGE. Origine de cette ville et de sa population, son industrie, son état politique, VII, 7 et suiv.; ses démêlés avec l'évêque Louis de Bourbon, 9, 23, 37 et suiv.; avec les ducs de Bourgogne, 7, 15, 23, 25, 26, 37 et suiv.; sa ruine, 44. — Ses libertés communales détruites par son évêque, aidé par le roi de France, XIV, 20.

LIEUDEWIT, gouverneur de la Pannonie inférieure, se soulève contre Lodewig le Pieux; sa mort, II, 381.

LIGNE (prince de), vice-roi de Sicile, XIII, 461, 462.

LIGNEROLLES, favori du duc d'Anjou, est assassiné par le vicomte de La Guerche, IX, 282.

LIGNIÈRES, engagé dans la conjuration d'Amboise, trahit ses compagnons, IX, 37.

LIGUE. Commencement de cette association, IX, 160, 186, 202, 232, 430 et suiv.; acte constitutif, 433; formulaire, 443; elle avorte, 462; se reforme, 525, 530 et suiv.; son manifeste, 544. — Démocratie de la Ligue, X, 32 et suiv.; nouvelle organisation à elle donnée après la mort du duc de Guise, 133; ses progrès, 136 et suiv.; suppression du conseil général de l'Union, 195; siége de Paris, 210; violences et châtiment des Seize, 264 et suiv.; États de la Ligue, 301; décadence et fin de la Ligue, 334 et suiv., 344 et suiv., 387, 388 et suiv., 420.

LIGUE *du Bien public*, VI, 553, 555, 572.

LIGUE *de Cambrai*, VII, 370.

LIGUE DU RHIN entre les petits États d'Allemagne et la France, XII, 502, 509, 510. — Envoie 6,500 hommes au secours de l'empereur, XIII, 297; se dissout, 313, 314.

LIGUE D'AUGSBOURG, formée contre Louis XIV, XIV, 74.

LIGUORI, évêque, soutient qu'un roi a le droit d'assassiner son sujet, X, 109 *note*.

LIGURES. Leur origine, I, 6; leur émigration d'Espagne; en quel pays ils s'établissent, *ibid*.

LILLE. Sa commune, III, 262. — Elle est prise par Louis XIV et Turenne, XIII, 319 et suiv.; cédée par l'Espagne à la France, 339. — Prise par le prince Eugène de Savoie, et remise aux députés des Provinces-Unies, XIV, 501 et suiv.; rendue par le traité d'Utrecht, 572.

LIMEUIL (Mlle de), fille d'honneur de Catherine de Médicis, et maîtresse du prince Louis de Condé, IX, 182.

LIMOGES (Guiomar, comte de). Sa querelle avec Richard Cœur-de-Lion, III, 556.

LINCESTRE ou GUINCESTRE, élu par le peuple curé de Saint-Gervais, prêche violemment contre Henri III, X, 124, 126; annonce à ses ouailles la défaite d'Ivri, 204; fonde la *confrérie du saint nom de Jésus*, 209; prêche la concorde, 319; est appelé par Henri IV à l'assemblée ecclésiastique de Mantes, *ibid.*; se rend auprès de ce prince à Saint-Denis, 325.

LINDSAY, amiral anglais, tente de débloquer La Rochelle, XI, 284.

LINGONS, peuple kimri. Ils occupent les bouches du Pô. I, 17; se soumettent aux Romains, 99; quittent l'Italie, 103.

LINGONS (de la Gaule). Leur territoire est annexé à la Belgique romaine, I, 196; nation alliée, 199; ils se soulèvent contre Vespasien, 236; sont battus par les Séquanes, 237; se soumettent, 238.

LINGUET, avocat, écrivain, adversaire des économistes, XVI, 354; défend les corporations que Turgot veut abolir, 373; demande la convocation des États-Généraux, 581.

LINIÈRES, jésuite, confesseur de Louis XV, XV, 115.

LINNÉ, naturaliste suédois, XVI, 26, 27 *note*.

LIONCI et Ce, négociants de Marseille. Faillite de cette maison, causée par ses rapports avec les jésuites, XVI, 206.

LIONNE (Hugues de), neveu d'Abel Servien, XII, 263; secrétaire des commandements de la reine mère, 374; révèle les desseins de cette princesse contre le prince de Condé, 377; est exilé, 378; se réconcilie avec Mazarin, 444; va négocier à Rome sans succès une autorisation de poursuites contre le cardinal de Retz, 465; ambassadeur en Espagne, 480 et suiv.; à Francfort, 505 à 509; arrête avec Mazarin et discute avec Pimentel les bases de la paix *des Pyrénées*, 515; négocie le mariage de Marie-Thérèse avec Louis XIV, 519, 521, 529 *note*. — Fait partie du conseil secret de Louis XIV, XIII, 5; échappe à l'orage qui abat Fouquet, 34; est secrétaire d'État aux affaires étrangères et cède la marine à Colbert, 136; arrange par un compromis l'affaire des jansénistes, 265; négocie la cession de la Lorraine à la France, 285; fait de tous côtés des ennemis à la Hollande, 346 à 359; meurt, 360.

Lisois, religieux d'Orléans, adopte les opinions manichéennes. Son procès et son supplice, III, 54, 55.

Litavic, chef éduen. Ses efforts en faveur de Vercingétorix et contre César, I, 173, 175.

Lites, hommes de la glèbe chez les Germains, I, 246.

Litorius, lieutenant d'Aétius. Ses campagnes contre les Wisigoths et les Armoricains, sa défaite devant Toulouse, I, 358, 359.

Livarot, mignon d'Henri III, IX, 473.

Livingston, secrétaire d'État des affaires étrangères aux États-Unis, XVI, 485.

Livre des métiers, rédigé par Étienne Boileau, IV, 312 et suiv.

Lizet, premier président au parlement de Paris; son altercation avec le cardinal de Lorraine et sa démission, VIII, 395, 396.

Lleganez, général espagnol, conseiller du cardinal-infant en Belgique, XI, 421; gouverneur du Milanais, 445; prend Bremo, 481; Verceil, 482; Turin, 500; consent à une trêve, 501; est battu par le comte d'Harcourt, 502; assiége Casal et y subit un terrible échec, 519; est battu devant Turin, 520, 521; est chargé de secourir Tarragone, 536, 537; est battu devant Lérida, 572, 573. — Est destitué, XII, 175; fait lever le siége de Lérida, 222.

Locke, philosophe anglais. Ce qu'il voit en France, XIII, 473; il fait adopter au chancelier de l'échiquier une refonte des monnaies réparatrice, XIV, 204; sa doctrine philosophique, 281, 282; sa doctrine politique, 284 et suiv.; sa doctrine théologique, 288. — Il occupe de hauts emplois après la Révolution de 1688, XV, 373. — Il rédige les lois de la Caroline du Sud, XIV, 387 note.; — et XV, 467 note.

Lodewig le Pieux, troisième fils de Charlemagne, II, 273, 285; est oint comme roi d'Aquitaine par le pape Adrien, 286; son entrée royale en Aquitaine, ibid.; il est admis au nombre des guerriers et prend part à l'expédition contre les Huns, 314; aide son frère Peppin à soumettre le duc de Bénévent, 315; conquiert la Marche d'Espagne, 330, 331; assiége et prend Barcelone, 341, 342; sa part dans la succession paternelle, 350; ses expéditions contre les Arabes et les Wascons, 359; son père le couronne empereur, 363; ses premières mesures après la mort de Charlemagne, 366 à 368; il donne un royaume à son fils

Lother, un autre à son fils Peppin, 369; ses succès contre les Danois, 370; les Serbes, 372; les Wascons, *ibid.*; comment il reçoit le pape Étienne IV, 370; constitution de 817, 372, 373; traitement qu'il inflige à son neveu Bernhard, roi d'It.lie, 375; il perd sa femme Hermengarde et épouse Judith, 376; donne le royaume d'Italie à son fils Lother, 377; sa confession et sa pénitence publiques, *ibid.*; succès de ses armes contre les Obotrites, contre Lieudewit, contre Gwiomarkh, 381 et suiv.; ses pertes au delà des Pyrénées et sur le Danube, 383, 384; sa faiblesse devant les entreprises du clergé, 385; il donne un royaume à son quatrième fils, 386; soulèvement général contre lui; ses humiliations, 387 et suiv.; il se relève, 390; nouveaux désastres, son profond abaissement, 394 à 399; sa seconde restauration, 401 et suiv.; nouvelles faiblesses, nouvelles agitations, 404 et suiv.; sa mort, 407.

LODEWIG *le Germanique*, troisième fils de Lodewig le Pieux; son père lui donne la Bavière et ses dépendances, II, 373; il prend part à l'insurrection générale contre l'empereur, 388, 389; se rallie à lui, 390; renouvelle ses torts, 392, 394; délivre son père, 400, 402; l'attaque de nouveau, échoue et perd ses États, moins la Bavière, 405, 406; reprend les armes sans succès, 407; s'empare de la Germanie, 409; guerre contre Lother, 409, 411, 413; serment de Strasbourg, 417, 418; paix et partage de Verdun, 420; entreprise avortée contre Karle le Chauve, 445; partage du Lotherrègne, 458; il est frustré par son frère Karle de l'Italie et de l'empire, 463; envahit deux fois la France, *ibid.*; meurt, 464.

LODEWIG, fils aîné de Lother, défend l'Italie contre les musulmans, II, 424; sa campagne contre le pape Sergius, qui le couronne roi de Lombardie, 430; il est battu par les Sarrasins, 433; sa part dans les successions paternelle, 442; et fraternelle, 454; il lutte contre les Sarrasins, 457; hérite de la Provence, 458; meurt, 463.

LODEWIG, fils du Germanique. Ce que son père lui laisse en mourant, II, 464; il bat Karle le Chauve, 465; les Normands, 474; sa mort, 475.

LODEWIG II (Louis *le Bègue*), fils de Karle le Chauve, est investi et dépouillé du duché du Mans, II, 444; se révolte contre son père, 448; se soumet, 450; devient roi d'Aquitaine, 454; associé à l'empire, 464; est sacré roi des Franks, 471; meurt, 472.

LODEWIG II, fils du précédent, est sacré par l'archevêque de Sens, II, 473; règne sur la Neustrie, 474; sa mort, 476.

LODEWIG, fils de Boson, est roi de Provence, sous la suzeraineté de l'em-

[LON] DES MATIÈRES. 343

pereur, II, 486 ; est un moment roi d'Italie et empereur ; ce qu'il lui en coûte, 496, 497.

LODEWIG IV (Louis d'Outre-Mer). Sa mère Odgiwe l'emmène en Angleterre, II, 509 ; il est rappelé et monte sur le trône, 517 ; difficultés et périls de sa position, 518 ; sa lutte contre ses grands vassaux, 518 à 529 ; sa mort, *ibid*.

LODEWIG V (Louis *le Fainéant*), fils de Lother, est associé à la couronne, II, 539 ; son mariage, 543 ; son couronnement, *ibid*. ; son activité stérile et sa mort, 544, 545.

LODEWIG, deuxième fils de Karle, duc de Basse-Lorraine ; sa vie et sa mort, III, 23.

LOGRIENS. Leur établissement dans l'île d'Albion, I, 15.

LOHÉAC (le maréchal de) prend part au siége de Castillon, VI, 482 ; est destitué par Louis XI, 527 ; se ligue avec le duc de Bretagne, 554, 570. — Saisit, au nom du roi, la ville et le duché d'Alençon, VII, 29.

LOHIER (Jean), docteur normand, refuse de siéger au procès de Jeanne Darc, VI, 252 *note*.

LOIGNAC, officier des gardes d'Henri III, offre d'assassiner le roi de Navarre, IX, 461. — Assassine le duc de Guise, X, 110 et suiv. ; sa disgrâce et sa mort, 140.

LOISEL (Antoine), commente le droit français, IX, 390. — Est avocat général par *intérim*, X, 355 ; introduit dans la jurisprudence l'usage de la langue française, 485 *note*.

LOKHART, colonel, neveu de Cromwell, conclut un traité d'alliance avec le gouvernement français, XII, 488 ; général, commande les Anglais à la bataille des Dunes, 495.

LOLLARDS, V, 552.

LOLLIANUS, lieutenant de l'empereur Posthumus, se révolte contre lui, devient empereur à sa place, chasse les Franks, est assassiné par les soldats, I, 273.

LOMÉNIE, secrétaire du roi, spolié, puis assassiné à la Saint-Barthélemi, IX, 326.

LONDE (La), maire de Rouen pendant le siége de 1592, X, 275.

LONGJUMEAU (paix de) entre les catholiques et les protestants, IX, 228.

LONGUEIL (Richard de), évêque de Coutances, est chargé de reviser le procès de Jeanne Darc, VI, 458 ; est envoyé au dauphin et au duc de Bourgogne, 546.

LONGUEVILLE (Philippe de Navarre, comte de), frère de Charles le Mauvais, roi de Navarre, V, 130 ; s'arme contre le roi de France et s'allie aux Anglais, 147; ravage la Normandie, 167, 170; et l'Ile-de-France, 181.

LONGUEVILLE (le duc de), petit-fils du comte de Dunois, est fait prisonnier à la journée des *Éperons*, VII, 422, 423; amène le mariage de Louis XII avec Marie d'Angleterre, 429. — Ne peut secourir en temps opportun l'armée d'Italie, VIII, 50, 51.

LONGUEVILLE (Henri d'Orléans, duc de), est fait prisonnier à Saint-Quentin, VIII, 455. — Obtient que les restes du prince de Condé soient remis au roi de Navarre, IX, 247; gouverneur de la Picardie, empêche les catholiques d'y massacrer les huguenots, 340; va chercher La Noue à la frontière, 351. — Lui cède le commandement de l'armée royale, X, 150; services rendus par lui à Henri III et à Henri IV, 156, 157, 173, 174, 176, 179, 186, 189, 210; il incline un moment vers le cardinal de Bourbon, 289; est tué à Doullens, 384.

LONGUEVILLE (la duchesse de) est arrêtée par les ligueurs, X, 129 *note*. — Signe le traité de paix de Loudun, XI, 98 *note*.

LONGUEVILLE (le duc de) s'insurge contre Marie de Médicis, XI, 42; gagne à cet acte 100,000 livres de pension, 46; se révolte de nouveau, puis traite à Loudun, 91, 98; s'empare de Péronne, 102; la rend et reçoit Ham en échange, 105; se retire dans son gouvernement de Normandie, 159; est refoulé jusqu'à Dieppe, 160; fait deux campagnes heureuses en Franche-Comté, 469, 480; commande avec succès l'armée française en Alsace, dans le Palatinat, dans la Hesse, 498, 499; dans la Westphalie, 548; dans le Piémont et le Milanais, 573. — Son ambassade en Westphalie, XII, 184, 230, 236, 253, 263; il s'unit aux frondeurs, 345; est suspendu du gouvernement de Normandie, et n'en est pas moins bien accueilli par la ville et le parlement de Rouen, 317; est mis à la Bastille, 348; transféré à Marcoussis, 359; au Havre, 362; élargi, 370; quitte la Fronde, 382; arme contre la cour, 422.

LONGUEVILLE (Anne-Geneviève de Bourbon-Condé, duchesse de), XI, 232. — XII, 170; est outragée par la duchesse de Montbazon, qui est forcée de lui faire des excuses, *ibid.*; refuse de suivre la cour à Saint-Germain, 312; entraîne le prince de Conti, son frère, et le duc, son mari, dans le parti de la Fronde, pour complaire au prince de Marsillac, son amant, 345; s'installe à l'hôtel de ville de Paris comme otage de la fidélité du duc, *ibid.*; éloigne le prince de Condé, son frère, du cardinal Mazarin, 336; entreprend de délivrer son mari et ses deux frères, prisonniers d'État, 349; ses aventures en Normandie, son voyage en Hollande, en Belgique, à Stenai, son influence sur

Turenne, 350; elle est décrétée de lèse-majesté, 352; cause de son obstination à souffler le feu de la guerre civile, 376; elle se retire à Saint-Maur avec le prince de Condé, 377; est chassée de Bourges, 384; gouverne la Guienne, 398; ratifie les actes de l'*Ormée*, 438; traite avec la cour, 447; sort de Bordeaux, 448; devient janséniste, 458. — S'emploie avec une grande activité en faveur de ses coreligionnaires, XIII, 264.

Longueville (Mlle de), fille des précédents, demande au parlement de Paris d'intervenir en faveur de son père incarcéré, XII, 364.

Longueville (le duc de), fils des précédents, est tué au passage du Rhin, XIII, 384.

Loo (Guillaume de), seigneur d'Ipres, dispute sans succès la Flandre à Charles le Bon, III, 288; est banni par Louis le Gros, 291.

Lorges (de), lieutenant-général, puis maréchal, prend le commandement après la mort de Turenne et sauve l'armée, XIII, 477, 478; demande vainement au roi la permission de combattre, 492. — Dirige les opérations de l'armée d'Allemagne dont le dauphin a le commandement nominal, XIV, 126; fait une campagne insignifiante au delà du Rhin, 127; une autre, qui n'a pas de plus grands résultats, 167, 168; prend et détruit Heidelberg, 178; ravage le Wurtemberg, 179; fait deux autres campagnes sans éclat, après lesquelles il se retire des affaires, 195, 209, 210.

Lorient. Origine de cette ville, XIII, 119. — Sa prospérité, suite des succès de la compagnie des Indes, XV, 210.

Lorraine. Origine de ce nom. Formation et limites du royaume de Lorraine ou royaume de Lother (*Lotherrègne*), II, 442. — Réunion du duché de Lorraine à la France, XV, 199, 200, 201. — XVI, 273.

Lorraine (Claude de), comte de Guise. *Voyez* Guise.

Lorraine (François de), frère du duc régnant Antoine, périt à la bataille de Pavie, VIII, 64.

Lorraine (Jean de), cardinal, évêque de Metz, VIII, 151; ambassadeur de France près de Charles-Quint, 233; assiste aux conférences d'Aigues-Mortes, 253; est l'une des colonnes du parti catholique, 268; ses archevêchés, évêchés, abbayes, 342 *note;* il protége Rabelais, 346; se décharge d'une partie de ses bénéfices, 360 *note;* meurt, 395.

Lorraine (Charles III, duc de) reçoit Henri II à Nanci, VIII, 415; est élevé à la cour de ce monarque, *ibid.* — Épouse sa fille, Claude de France, IX, 18; désavoue François de Rosières, avocat trop zélé des prétentions de la maison de Lorraine, 519; reçoit le titre de lieutenant-général de la Ligue, 545; se joint au duc de Guise, 547. — Prétend au trône de France, X, 171; ses menées contre Henri IV pendant la guerre civile, 192, 240, 248, 300, 311; il signe avec lui une trêve particulière, 343; puis la paix et lui vend son armée, 365, 366.

LORRAINE (Henri, duc de), d'abord marquis de Pont-à-Mousson, fils aîné du duc Charles III, amène un renfort au duc de Guise, X, 48, 49; au duc de Mayenne, 180; retourne en Lorraine, 186; aspire au trône de France, 300; épouse Catherine de Bourbon, sœur d'Henri IV, 497; la perd, 535; hérite de la couronne ducale, se remarie, traite avec Henri IV du mariage de sa fille avec le dauphin, 559.

LORRAINE (Christine de), fille du duc Charles III, épouse Fernand de Médicis, grand-duc de Toscane, X, 109.

LORRAINE (Marguerite de), sœur du duc Charles IV, XI, 368; épouse Gaston d'Orléans, 369; s'enfuit de Nanci dans le Luxembourg, 404; puis à Bruxelles, 406; son mariage est déclaré nul par le parlement de Paris, 416; par l'assemblée du clergé de France, 419; puis reconnu valable, 458.

LORRAINE (Nicolas-François de), frère du duc Charles IV, cardinal, consacre le mariage secret de Gaston d'Orléans avec Marguerite de Lorraine, sa nièce, XI, 369; négocie avec Richelieu quand la Lorraine est envahie par les Français, 403 et suiv.; devient duc de Lorraine par l'abdication de son frère, se sécularise et se marie, 408; s'enfuit à Florence, *ibid.;* est décrété de déchéance et de confiscation par le parlement de Paris, 416. — Commande les troupes lorraines soldées par l'Espagne, après l'arrestation de son frère, XII, 460, 464; les donne à la France, 470.

LORRAINE (Nicole de), fille du duc Henri, épouse Charles de Vaudemont, qui devient duc de Lorraine, XI, 408.

LORRAINE (Claude de), deuxième fille du duc Henri, épouse Nicolas-François de Vaudemont, cardinal évêque de Toul, qui se sécularise et devient duc de Lorraine, XI, 408; s'enfuit avec lui à Florence, *ibid.*

LORRAINE (le chevalier de), favori du duc d'Orléans, est exilé par Louis XIV, XIII, 353.

LOTERIE. Introduite en France par le chancelier Poyet, VIII, 273. — *Loterie royale*, instituée par le contrôleur-général des finances De Clugni, XVI, 384.

LOTHER Ier, empereur, fils aîné de Lodewig le Pieux. Son père le fait roi de la Bavière et de ses dépendances, II, 369; lui reprend cet apanage, et le fait couronner empereur, 373; l'investit du royaume d'Italie à la place de Bernhard, 377; son voyage à Rome, actes d'autorité qu'il y fait, et constitution qu'il donne aux Romains, 380; son rôle dans le soulèvement général amené par les faiblesses de son père, 389; son mauvais gouvernement, sa lâcheté, ses trahisons, 390 à 394; il est proclamé empereur après l'affaire de Rothfeld, 398; échecs imprévus, nouveaux outrages à son père, nouvelles faiblesses, nouvelles perfidies, 401, 402; pacte de Worms, 406; diverses hostilités contre ses frères, 409, 410; il est battu à Fontenailles, 413; traité de Verdun, 420; il partage ses États entre ses trois fils, abdique et meurt, 442.

LOTHER II, fils de Lother Ier. Sa part dans la succession paternelle, II, 442; il aide son oncle Karle le Chauve contre les Normands, 444; paie un tribut à ces mêmes Normands, 451; sa part dans la succession de son frère Karle, 454; ses deux femmes, son excommunication, son voyage à Rome et sa mort, 454 et suiv.

LOTHER, roi de France, fils aîné de Lodewig d'Outre-Mer, est sacré à Reims, II, 530; ses querelles avec les grands vassaux, 532 et suiv.; avec le roi de Germanie, 536 et suiv.; ses machinations contre Hugues Capet, 540; ses dernières agitations et sa mort, 542, 543.

LOTHER ou LUTHER, duc de Saxe, est élevé à l'empire, et couronné à Aix-la-Chapelle, mais non pas généralement reconnu, III, 295; il met au ban de l'empire Renaud, comte de Bourgogne, qui a refusé de lui faire hommage, 296; sa mort, 425.

LOUCHART, commissaire, instigateur de la Ligue, IX, 531; y enrôle les maquignons, 532. — Invite le duc de Guise à se saisir de Paris, X, 47 *note;* offre le trône de France à Philippe II, 263; est élu membre du conseil des Dix, 265; participe au meurtre du président Brisson, 266; est étranglé par ordre du duc de Mayenne, 269.

LOUDUN (paix de), XI, 98 et suiv.; procès des religieuses de *Loudun*, 605.

LOUIS VI, *le Gros*, gouverne du vivant de son père, III, 205; se déclare le champion de l'Église et des opprimés, 206; ses premières guerres, 207 et suiv.; dangers que lui fait courir la reine Bertrade, 208; son couronnement, 213; nouvelles guerres contre les vassaux de la couronne. 212, 214 à 219; son mariage, 220; son rôle dans la révolution communale, 230, 252, 257, 261, 264, 270; guerre contre le roi d'Angleterre, 275 à 284; contre le comte d'Auvergne, 283; contre l'empereur, 285; contre le comte d'Auvergne, 286; il marie sa belle-sœur avec Guillaume Cliton, 288; venge la mort du comte de Flandre, 290; châtie Thomas de Marle, 291; associe à la couronne son fils aîné Philippe, 292; puis son second fils Louis le Jeune, 293; marie ce dernier avec Éléonore d'Aquitaine, 300; sa mort, *ibid.*

Louis vii, *le Jeune*, est sacré à Reims du vivant de son père, III, 293; épouse Éléonore d'Aquitaine, 300; comment il inaugure son règne, 418; il se fait couronner de nouveau, *ibid.*; soutient les Rémois qui se forment en commune, 419; assiége Toulouse sans succès, 420; sa querelle avec le pape Innocent II et Thibaut, comte de Champagne; il est excommunié, envahit le Pertois et brûle Vitri, *ibid.* et suiv.; intervient en Normandie contre Étienne, et pour Geoffroi Plantagenet, 425; prend la croix, 430; charge l'abbé Suger de gouverner en son absence, 433; sa déloyauté envers la commune de Sens, et ses cruautés, 434; son voyage, 435 à 444; sa valeur à la troisième croisade, ses fautes, son insuccès, son retour, 442 à 450; son divorce, 460; son second mariage, 463; sa conduite inégale avec Henri ii, 466 et suiv., 480 et suiv.; envers les communes, 473 et suiv.; son troisième mariage, 476; rôle qu'il joue entre Henri ii et Thomas Becket, 487 et suiv.; entre Henri ii et ses fils révoltés, 493 et suiv.; il vend une charte communale à seize bourgs ou villages du Laonnois, et les soutient contre leur évêque, 500; son pèlerinage au tombeau de Thomas Becket, 501; sa mort, 502, 503.

Louis viii. Sa naissance, III, 536; son mariage, 560. — Il fait une expédition dans la Province Narbonnaise, IV, 55; une autre sur la Loire, 76; il devient roi d'Angleterre, et bientôt cesse de l'être, 91 à 97; fait sans succès une seconde tentative contre le Midi, 108, 109; est sacré à Reims, 116; accepte d'Amauri de Montfort la cession du Languedoc, 118; enlève à Henri iii tout le Poitou jusqu'à la Garonne, 119 à 122; attaque de nouveau le Midi, assiége et prend Avignon, 127 et suiv.; sa mort, 130; son testament, 131.

Louis, comte de Chartres et de Blois, prend la croix à Arcis-sur-Aube, III, 568; devient duc de Nicée, 571.

Louis ix, roi de France à douze ans, son éducation, son sacre, agitations pendant sa minorité, IV, 133 à 145; ses premières armes, 142; comment il acquiert le duché de Narbonne, etc., 146 et suiv.; comment il termine la querelle entre l'archevêque et la commune de Reims, 167; son mariage, 169; il contraint le duc de Bretagne à la paix, 170; achète la couronne d'épines avec d'autres reliques, et bâtit la Sainte-Chapelle, 174 et suiv.; son expédition, ses succès, ses conquêtes en Poitou, 185 à 192; il reçoit à merci le comte de Toulouse, 194; option qu'il impose à ses feudataires, *ibid.*; sa prudence avec le pape Innocent iv, 198; ce qui le décide à prendre la croix, 200; il achète le comté de Mâcon, 203; sa médiation entre le pape et l'empereur, 208; il fonde Aigues-Mortes, 214; son accommodement définitif avec les seigneurs et villes du Midi, 212; son départ, son séjour dans l'île de Chypre, son expédition en Égypte, ses revers, 215 à 235; son voyage et son séjour en Palestine, 236 à 256; son retour, 256 et suiv.; arrangement qu'il prend avec le roi d'Aragon et le roi d'Angleterre, 261; son gouvernement intérieur, ses règlements, ses réformes, ses *établissements*, etc., 284 à 312; son arbitrage entre Henri III et les barons d'Angleterre, 316; il reprend la croix, 324; ses dispositions suprêmes, 325; son expédition contre Tunis et sa mort, 327 et suiv.; sa canonisation, 335.

Louis, fils aîné de Philippe III, IV, 357, 363.

Louis, dit *Hutin*, roi de France, fils aîné de Philippe le Bel, devient, du chef de sa mère, comte de Champagne et roi de Navarre, IV, 467; commande l'armée qui réunit Lyon à la France, 500; est armé chevalier, 504; ses infortunes conjugales, 506; son caractère et début de son règne, 514 et suiv.; son second mariage, 523; sa querelle avec le comte de Flandre, 524; comment il se procure de l'argent, 524 et suiv.; ses revers en Flandre et sa mort, 528, 529.

Louis, petit-fils de Robert III, comte de Flandre, succède à son aïeul, IV, 555; ses fautes, ses mésaventures, 556 et suiv. — Il invoque le secours du roi de France contre ses sujets, V, 3; abuse de la victoire, 9, 10; amène un nouveau soulèvement, 28 et suiv.; se défend par des crimes et s'enfuit, 34; rentre à Gand et à Bruges, pour fuir derechef, 40; périt à Créci, 92.

Louis de Bavière, empereur, IV, 558; recueille les franciscains *spirituels*, V, 19; ses relations avec le pape Jean XXII, 20, 21; avec Benoît XII, 25; avec Édouard III d'Angleterre, et Philippe VI de France, 41, 42, 55; il réunit le Hainaut à l'empire, 79.

Louis de Male, comte de Flandre, V, 99; échappe à ses sujets, qui veulent le marier malgré lui, 100; rentre en Flandre, et se remet en possession du pouvoir absolu, 115; donne sa fille unique à Philippe, duc de Bourgogne, 269; recueille Jean de Montfort, duc de Bretagne, 320; comment il gouverne la Flandre, 350; ses démêlés avec les Gantois, 356 à 365, 372 à 387; ses derniers actes et sa mort, 395 et suiv.

Louis de Bavière, frère de la reine Isabelle, emmène le dauphin, que Jean-sans-Peur lui reprend, V, 476; est arrêté par le peuple de Paris, 534; délivré, nommé commandant du Louvre, 544.

Louis de France, fils aîné de Charles VI, duc de Guienne, dauphin de Viennois, préside l'assemblée où Jean-sans-Peur plaide la légitimité de l'assassinat du duc d'Orléans, V, 488; celle où les d'Orléans font plaider le contraire, 492; son rôle au siége de Bourges, 525; ses vices, ses folies, 531; sa conduite pendant les troubles de Paris, 532 et suiv., 541 et suiv.; paix d'Arras, 547. — Comment il s'empare tout à coup du pouvoir, et usage qu'il en fait, VI, 3 et suiv.; demande que lui adresse Jean-sans-Peur, et sa réponse, 4, 5; il négocie avec Henri v, 5, 6; s'apprête à lui résister, 7, 8; mesures qu'il prend après le désastre d'Azincourt, 22; sa mort, 23.

Louis xi, roi de France, fils de Charles vii, naît, VI, 96; est fiancé à Marguerite d'Écosse, 121; l'épouse, 364; fait ses premières armes, 366; est envoyé dans le Poitou et dans le Languedoc, 376; se révolte contre son père, 388; se soumet, 390; est mis en possession du Dauphiné, 394; entre dans Pontoise par la brèche, 401; a le gouvernement d'entre Seine et Somme, 404; est rappelé dans le Midi, 405; triomphe du comte d'Armagnac, 406; son expédition contre les Suisses, 415, 416; il se brouille avec son père, 428; se remarie, 481; rompt de nouveau avec son père, et se retire chez le duc de Bourgogne, *ibid.* et suiv., 504 et suiv., 506, 507, 516, 521; devient roi, 522; est sacré à Reims, 523; entre à Paris, 524; va visiter sa mère, 526; réagit contre le gouvernement de son père, 527 et suiv.; provoque des émeutes et les réprime avec cruauté, 532; donne le duché de Berri à son jeune frère, 533; abolit la pragmatique, 534; rend aux villes de la Guienne leurs priviléges, 535; institue le parlement de Bordeaux, *ibid.*; l'université de Bourges, *ibid.*; acquiert le Roussillon et la Cerdagne, 537; règle les différends de l'Aragon et de la Castille, 540; entreprises et innovations qui sont le motif ou le prétexte du soulèvement des grands vassaux, 542 et suiv.; guerre du *bien public*, 555 et suiv.; traité de Saint-Maur, 569. — Il reprend la Normandie à son frère, VII, 5; ses déloyautés à l'égard de Liége, 9 et suiv., 25, 42 et suiv.; États-Généraux à Tours, 29; les juges inamovibles, 32; paix imposée au duc de Bretagne, 33; voyage de Louis à Péronne, et ce qui en résulte, 35 et suiv.; châtiment du cardinal Balue, 47, 48; Louis s'arrange avec son frère, 49; fonde l'ordre de Saint-Michel, 50; réunit au royaume l'Armagnac et le Rouergue, 51; guerre passagère avec le duc de Bourgogne, 56 et suiv.; reprise de possession de la Guienne, 67; destruction de la maison d'Armagnac, 83; châtiment du duc d'Alençon, 84; comment Louis xi marie ses filles, *ibid.*; il perd une partie du Roussillon, *ibid.*; sa politique à l'égard des Suisses, 87; il saisit l'Anjou et le Barrois, 93; envahit la Picardie et la Bourgogne, 94; comment il se débarrasse de l'invasion anglaise, 95; son traité avec Édouard iv, 98; avec le duc de Bretagne, *ibid.;* avec le duc de Bourgogne, 99; châtiment du connétable de Saint-Pol, 100 ; arrangement avec la maison d'Anjou, 107; institution des postes, 118; réunion à la France du duché de Bourgogne, de la Comté, de la Picardie, du Ponthieu, de l'Artois, 119 à 130; expédition dans le Hainaut, 131; châtiment du duc de Nemours, 133 et suiv.; nouvelle organisation militaire, 139; recours au pape, relations du roi avec le saint-siége, avec Florence, avec Gênes, 141; son administration intérieure, 142 et suiv.; réunion au royaume des domaines de la maison d'Anjou, 146; traité définitif avec les États de Flandre et Maximilien d'Autriche, 148; derniers moments de Louis XI et sa mort, 152 et suiv.

Louis XII, roi de France, fils de Charles d'Orléans, orphelin à trois ans, VI, 553. — Épouse Jeanne de France, VII, 84; serment que Louis XI exige de lui, 154; sa conduite après la mort de ce prince, 166; accroissement de sa fortune, 168; il demande la convocation des États-Généraux, 169; démarche singulière qu'il y fait, 175; sa lutte contre Anne de Beaujeu, 192 à 205; sa défaite et sa captivité, 205 et suiv.; son élargissement, 216, 217, 219; il pousse à la guerre d'Italie; ses vues particulières, 251; il commande la flotte française, 253 ; repousse la flotte napolitaine, 256; ses premiers démêlés avec Ludovic Sforza, 268, 273, 276; il devient roi, 290; sa noble conduite, 299; son divorce; il épouse Anne de Bretagne, 301 et suiv., 305; mesures d'administration intérieure, 306 et suiv.; débuts de sa politique extérieure, 310 et suiv.; conquête de la Lombardie, 318 et suiv., 321, 323, 325; bonté du roi à l'égard des *Enfants sans souci* et des Vaudois, 326; alliance avec Florence, et ses suites, 327; secours donné à César Borgia, 328; traité contre les Turcs, 330; conquête du royaume de Naples, *ibid.;* la fille de Louis XII fiancée à Charles d'Autriche, 332; traité de Trente avec l'empereur, 333; discussions et guerre avec l'Espagne, 334 et suiv.; perte du royaume de Naples, 337 et suiv.; continuation de la guerre contre l'Espagne, 339, 340, 343, 344 et suiv., 347; trêve, *ibid.;* maladie de Louis XII, et sa faiblesse conjugale, 348; ligue contre Venise, 349; traités avec la maison d'Autriche, 350; nouvelle maladie, plus grave, 352; Louis reçoit l'investiture du duché de Milan, *ibid.;* révoque ses engagements matrimoniaux avec la maison d'Autriche, 353; traite avec le roi d'Aragon, 353, 354; convoque les *États de Tours,* et en reçoit le surnom de *Père du peuple,* 355; fiance sa fille à François, comte d'Angoulème, 356; conquête de Gênes, 360 et suiv.; organisation de l'infanterie française, 366; ligue de Cambrai, 369, 370; expédition contre les Vénitiens,

372 et suiv.; bienfaits du gouvernement de Louis XII, 378 et suiv.; il se brouille avec les Suisses, 389; engage contre le pape une guerre spirituelle, 394, 395, 397, 402; passe à la guerre temporelle, 403; grands succès, 404 et suiv.; revers plus grands, 408, 410; trêve avec Ferdinand, alliance avec Venise, 416; Gênes et le Milanais reconquis et perdus encore une fois, 419; guerre avec l'Angleterre; suite de revers, 421 et suiv.; Louis XII veuf, 426; traite avec Ferdinand, et convient d'épouser Éléonore d'Autriche, 428; traite avec Henri VIII, et épouse Marie d'Angleterre, 429; meurt, 430; la législation sous son règne, 431.

Louis Jagellon, roi de Hongrie et de Bohême, épouse Marie d'Autriche, sœur de Charles-Quint, VII, 489. — Est vaincu et tué par les Turcs, VIII, 115.

Louis XIII, roi de France, vient au monde, X, 512. — Est mené au parlement après la mort d'Henri IV, XI, 6; est sacré à Reims, 21; fiancé à l'infante d'Espagne, 35 et suiv.; déclaré majeur, 48; épouse Anne d'Autriche, 93 et suiv.; il fait arrêter le prince de Condé, 103; tient lit de justice au parlement, 104; son caractère, 111; son goût pour de Luines, 112; assassinat du maréchal d'Ancre, et suites de cet événement, 115 à 121; intervention en Piémont et en Italie, 125 et suiv.; Notables à Rouen, 127 et suiv.; affronts que subit la reine mère, 131, 132; sa fuite et sa réconciliation, 139 et suiv.; services rendus à la maison d'Autriche, 143, 144, 154, 155; faveurs accumulées sur de Luines, 159; expédition en Normandie, 160; en Anjou, 161, 162; réunion du Béarn et de la Basse-Navarre au domaine de la couronne, 163; guerre contre les calvinistes, 172 à 180, 185 à 193; affaire de la Valteline, 193 et suiv.; La Vieuville, ministre, 195; puis Richelieu, 200; traité avec la Hollande, 203; avec la Turquie, 213 note; première révolte de La Rochelle, 214; guerre de Gênes, 216; ambassade de Buckingham, 217; guerre maritime contre La Rochelle, 220; Notables à Fontainebleau, 224; paix avec La Rochelle, 227; traité avec l'Espagne, 228; conspiration des *dames*, 231 et suiv.; engagements du roi envers Richelieu, 236; voyage en Bretagne et conspiration de Chalais, 237 et suiv.; États de Bretagne, 244; Notables à Paris, 246 et suiv.; difficultés avec l'Angleterre, 259; traité avec l'Espagne, offensif contre l'Angleterre, 261; expédition anglaise contre l'île de Ré, 262 et suiv.; repoussée, 270; siége et chute de La Rochelle, 271 et suiv.; guerre en Piémont; affaire du Pas de Suse, 292 et suiv.; traité avec le duc de Savoie, 298; paix avec l'Angleterre, 299; guerre du Languedoc, la dernière contre les huguenots, 300 et

[LOU] DES MATIÈRES. 353

suiv.; difficultés avec la reine mère et *Monsieur*, 309, 310; alliance avec la Suède, 316; colonisation en Amérique, 318 et suiv.; nouvelle guerre en Piémont, 325 et suiv.; voyage en Bourgogne, à Lyon, en Dauphiné, 327 et suiv.; conquête de la Savoie, 329; traité de Ratisbonne, 336; le roi malade à Lyon, 337; *Journée des dupes*, 342 et suiv.; exil de la reine mère, levée de boucliers et fuite de Monsieur, 349, 350; Louis XIII journaliste, 356; traités avec l'Espagne, la Savoie et l'Empire, 359; avec la Bavière, 362; avec le Maroc, 367 *note;* avec le duc de Lorraine, 368; campagne triomphante en Lorraine; acquisition du comté de Clermont en Argonne, 379; voyage en Languedoc; insurrection du duc de Montmorenci et de Monsieur, 382, 385 et suiv.; conquête de la Lorraine, 402 et suiv.; entrée en Alsace, 409; réconciliation avec Monsieur, 417; le roi protecteur des villes d'Alsace, 421; guerre contre l'Empire, 422; traité avec la Hollande, 423; guerre déclarée à l'Espagne, 426; le roi prend Saint-Mihiel en personne, 437; invasion en Franche-Comté, 447 et suiv.; invasion des ennemis en Picardie repoussée, 449 et suiv.; victoires navales, 467; invasion en Languedoc repoussée, 468; les favorites de Louis XIII, 472 et suiv.; comment il devient père, 478; il consacre la France à la Vierge, *ibid.;* expédition de Biscaye, 485 et suiv.; siége et prise d'Hesdin, 495, 496; conquête d'Arras, 522 et suiv.; traité avec les Catalans insurgés, 530; avec le Portugal affranchi, 533; traité qui réunit la Catalogne à la France, 534; Cinq-Mars, 540; déclaration sur les attributions du parlement, 543; restitution de la Lorraine à Charles IV, 545; voyage en Roussillon, et conjuration de Cinq-Mars, 556 et suiv.; conquête du Roussillon, 572; langueur du roi après la mort de Richelieu, ses dernières dispositions, sa mort, 582 et suiv.

Louis XIV, roi de France. Sa naissance, XI, 489; son baptême, 585. — Lit de justice qu'on lui fait tenir, XII, 202; autre lit de justice, 290; il est emmené à Ruel, 302; à Saint-Germain, 312; d'où il écrit au bureau de la ville de Paris, *ibid.;* rentre à Paris, 339; assiége Bellegarde en personne, 350; se rend à Compiègne, 354; en Guienne, 355, 357; sa colère contre le premier président Molé, 365; il est comme prisonnier au Palais-Royal, 369; lit de justice où il est proclamé majeur, 381; expédition en Berri, 383, 384; séjour à Poitiers, 384, 390, 392, 394; retour à Saint-Germain par Blois, Gien, Sulli, etc., 397, 400, 402; autre déplacement, combat du faubourg Saint-Antoine, 410, 412; négociation à Pontoise et à Compiègne, 419, 420, 422, 425, 427; rentrée définitive du roi dans Paris, 428; il rétablit tous les impôts dont on s'était plaint, 442; va au-devant de Mazarin et le ramène au Louvre dans son carrosse, 444; préside en lit de justice le parlement assemblé pour juger le prince de Condé, 458; est sacré à Reims, 460; tient un lit de justice en habit de chasse, 467; se rend à l'armée, 469; préside au ravitaillement de Saint-Ghislain, 485; prend possession de Montmédi, 490; entre à Dunkerque pour remettre cette ville aux mains des Anglais, 497; tombe malade, puis guérit, 498, 499; visite Lyon et la Bourgogne, tient un lit de justice au parlement de Dijon, 513; négociations pour le marier, 512 et suiv.; ses premières amours : Olympia et Marie Mancini, 516 et suiv.; traité des Pyrénées, 523 et suiv.; il abolit la municipalité libre de Marseille, 531, 532; s'empare d'Orange et en abat les fortifications, 533; signe la paix des Pyrénées et consomme son mariage, 534, 535; fait une entrée triomphale à Paris avec la reine, 536; son éducation politique, 544; il danse avec le prince de Condé et le duc de Beaufort, 546; prend en main le gouvernement, 549. — Distribution et emploi de son temps, XIII, 5; il se rend accessible à tous, 6; ôte aux gouverneurs des places fortes la disposition des contributions de leurs gouvernements, 7; situation économique de la France à la mort de Mazarin, 7 à 20; malversations, disgrâce, arrestation du surintendant Fouquet, 25 à 34; Mlle de La Vallière, 29; l'ordre rétabli dans les finances, 34 et suiv., 36 et suiv.; son ressentiment contre Fouquet, 40; dont il aggrave la peine, 44; suite de la réforme financière, 46 à 66; grands jours d'Auvergne, 68 à 73; législation civile, 77 et suiv.; législation criminelle, 81 et suiv.; institutions de bienfaisance, 84; police générale et administration de la justice, 85 et suiv.; ordonnances sur les eaux et forêts, 90; législation agricole, industrielle, commerciale, 94 à 127; organisation et développement de la marine, 128 à 137; douanes, 137 et suiv.; manufactures, 141 et suiv.; *ordonnance du commerce,* 151 et suiv.; triennalité des gouvernements militaires, 158; la cour de Louis XIV, 157 et suiv., 164 à 167; ce qu'il fait pour les lettres, les sciences, les arts, 160 à 163, 168 à 179, 183, 185, 218, 227 et suiv.; sa situation entre la reine et deux maîtresses, 226; son goût pour Versailles, où il s'érige un palais, 234 et suiv., 237 et suiv.; l'hôtel des Invalides, 242; éducation qu'il donne au dauphin, 243 à 261; actes d'arbitraire prodigieux qu'il commet, 261 *note;* sa conduite envers les protestants et les jansénistes au commencement de son règne, 262 et suiv.; sa politique à l'égard des provinces récemment acquises, 276; réorganisation de l'armée, 276 et suiv.; il soutient secrètement le Portugal contre l'Espagne, 279, 280; traite avec la Hollande, 280; refuse le salut au pavillon britannique, 281; grand travail diplomatique des premières années dirigé contre l'Espagne, 282; réparation qu'il exige du roi d'Espagne, dont l'ambassadeur a insulté le sien, 283; négociations avec l'Espagne et le duc de Lorraine, 285; rachat de Dunkerque, 286; insulte faite à Rome à son ambassadeur et réparation solennelle qu'il exige du pape, 287 et suiv.; expédition contre les Barbaresques, 292, 293; traité de commerce et alliance défensive avec le Danemark, 295; négociation avec la Pologne, *ibid.*; secours qu'il envoie à l'empereur contre les Turcs, 297; accroissement de son influence en Allemagne, 299; il projette et prépare la conquête de la Belgique et de la Franche-Comté, 300, 302; déclare la guerre à l'Angleterre, 308; aide les Hollandais contre l'évêque de Münster, 309; rappelle sa flotte de la Méditerranée dans l'Océan, *ibid.*; trêve d'un an avec l'Angleterre, 312; alliance offensive avec le Portugal, 313; guerre des *droits de la reine*, conquête de la Flandre française, 314 à 322; négociations avec l'Espagne, la Hollande, l'empereur; trêve accordée au gouverneur des Pays-Bas, 323 à 327; traité de partage éventuel de la monarchie espagnole entre Louis XIV et l'empereur, 327 et suiv.; négociation avec la Hollande, 329; avec l'Angleterre, 330; conquête de la Franche-Comté, 332 et suiv.; restitution de cette province, traité d'Aix-la-Chapelle, 338 et suiv.; causes de l'animosité de Louis XIV contre la Hollande, 342; il résout de l'attaquer, 344; prépare sa ruine par les voies diplomatiques, 346 à 357; s'empare de la Lorraine, 358; parvient à séparer de la Hollande la plupart des princes allemands et la Suède, 359 et suiv.; aspire à la couronne impériale, *ibid.*; envoie des secours aux Vénitiens, 363; négocie avec la Porte othomane, 364; rejette la proposition, faite par Leibniz, de conquérir l'Égypte, 366 et suiv.; déclare la guerre aux Provinces-Unies et les envahit à la tête de son armée, passage du Rhin, etc.; la Hollande lui échappe en coupant ses digues, 370 à 404; il menace l'empereur et l'électeur de Brandebourg, 408, 409; traite avec ce dernier, 413; accepte la médiation de la Suède et la réunion d'un congrès, ses propositions, 419, 420; prend Maestricht, 421, 422; coiffe la grande perruque, 423; soumet les villes impériales d'Alsace, *ibid.*; devient moins exigeant à l'égard des Provinces-Unies et voit toutes ses propositions repoussées, 424, 429, 430; dote la princesse de Modène épousée par le duc d'York, 431; évacue la Hollande, 432; résout la conquête de la Franche-Comté, 434; l'accomplit, 438 et suiv.; tourne l'effort de ses armes contre l'Espagne, 457; appuie la révolte de Messine, 462; offre inutilement la paix à la Hollande, 464, 465, fait alliance avec la Suède, 467; couvre le siége de Limbourg, 468; difficultés financières, aggravation des impôts, troubles qui en résultent, 469 et suiv.; honneurs qu'il fait rendre à Turenne mort, 479; sa déclaration touchant la Sicile, 486; il ordonne de rendre les honneurs militaires au vaisseau chargé des restes de Ruyter, 490 *note;* campagne sur le Haut-Escaut, 494 et suiv.; ouverture des négociations de Nimègue, traité secret et traité de commerce avec le roi d'Angleterre, 497, 498; prise de Valenciennes, 500, 501; de Cambrai, 502, 505; il double sa subvention au roi d'Angleterre, 507; négociations sans résultat, 517 et suiv.; il abandonne les Siciliens aux vengeances espagnoles, 520; prend les villes de Gand et d'Ypres, 522 et suiv.; nouvelles négociations et paix de Nimègue, 525 à 532; il appuie les insurgés de Hongrie, 539; traite avec l'empereur, 540; force à la paix l'électeur de Brandebourg et le roi de Danemark, 541, 542; interdit aux protestants le commerce avec le Japon, 554; fait à la France une ceinture de forteresses, 563; aspire au trône impérial, 569; marie son fils; louanges qu'il se donne à lui-même dans une pièce diplomatique, *ibid.;* il reçoit du corps de ville de Paris le surnom de *Grand*, 570; marie sa nièce au roi d'Espagne, *ibid.;* intrigues de sa diplomatie en Angleterre, 573, 574; il force l'Espagne à lui abandonner Charlemont, 575; complète la soumission de l'Alsace, *ibid.; chambres de réunion,* 578 et suiv.; réunion de Strasbourg à la France, 580; projets et entreprise contre la Savoie et le Piémont, 583, 584; prétentions sur Luxembourg, mises en avant, puis abandonnées, 585, 586; il fait raser les murailles d'Orange, 588; tente de calmer l'Allemagne, puis attire sur elle les efforts des Turcs, 589, 590; force l'empereur de Maroc à traiter, 592; fait bombarder Alger, *ibid.;* commencement et marche progressive des persécutions contre les protestants, 599; commencement de sa liaison avec Mme de Maintenon, 607; il se sépare de Mme de Montespan, puis s'en rapproche, 610; aggrave le sort des protestants, 613 et suiv.; ses démêlés avec la cour de Rome, 615 et suiv.; assemblée du clergé de 1681-1682; déclaration sur la puissance ecclésiastique, 622 et suiv.; violences contre les protestants, *dragonnades,* etc., 626 à 629; il maltraite Colbert, 632. — Donne les finances à Le Pelletier, XIV, 3; bâtit Marli, 5; position qu'il prend entre l'Autriche, la Hongrie, la Turquie et la Pologne, 11 et suiv.; invasion des Pays-Bas espagnols, 16 et suiv.; destruction des libertés communales de Liége, 20; trêve de Ratisbonne conclue avec l'Espagne et l'empire, 24; bombardement de Gênes et oppression de cette république, 23 et suiv.; nouvelles expéditions contre les Barbaresques, 26 et suiv.; relations avec la côte de Guinée, la Moscovie, Siam, 28 et suiv.; Louis encourage la réaction catholique en Angleterre, 33, 34; épouse Mme de Maintenon, 34; révocation de l'édit de Nantes, ce qui la précède et ce qui la suit, 37 à 66; ouverture de la succession palatine, 68; blocus de Cadix, 71 *note;* menaces et provocations adressées à l'empire germanique, 73; maladie du roi et sa guérison, *ibid.;* querelles avec le pape pour les franchises du quartier de l'ambassadeur, 78; pour l'archevêque de Cologne, 80 et suiv.; tarif de 1667 rétabli à l'entrée des marchandises hollandaises, 85; secours indirects à Jacques II, 88; guerre à l'électeur palatin et à l'empereur, 88, 89; prise de Philipsbourg, de Mayence, de Coblentz, etc., 93 et suiv.; guerre aux Provinces-Unies, 96; asile donné à Jacques II, 98; dévastation du Palatinat, 104 et suiv.; Louis fait arrêter un homme qui propose d'assassiner le prince d'Orange, 106 *note;* empêche Louvois de brûler Trèves, 110; déclare la guerre à l'Espagne, 111; dépense trois millions pour faire élire le pape Alexandre VIII, qui répond à ses avances par des hostilités, 116; fait fondre sa vaisselle et ses meubles d'or et d'argent, 121; traite rudement le duc de Savoie, 129; siège et prise de Mons, 144; joie du roi quand Louvois est mort, 151; offres modérées au duc de Savoie que celui-ci repousse, 154; siège et prise de Namur, 163, 164; fondation de l'ordre de Saint-Louis, 171; occasion manquée d'écraser l'armée du roi d'Angleterre, 172; retour du roi à des sentiments plus pacifiques, causes de ce changement, 184 et suiv.; propositions qu'il fait au roi de Danemark en invoquant sa médiation, 190; il négocie avec le duc de Savoie, 192; transige avec le pape sur la déclaration de 1682, *ibid.*, devient plus accommodant avec le roi d'Angleterre, 201; altère les monnaies, 203; fait un premier essai de capitation générale, 204, 205; montre des dispositions de plus en plus conciliantes, 210, 213; prépare une descente en Angleterre, 213, 214; traite avec le duc de Savoie, 216; décrète que les corsaires arboreront le pavillon national avant le premier coup de canon, 219; négociations, paix de Ryswick, 220, 223, 224 à 230, 231 et suiv.; Louis continue ou achève les Invalides, Versailles, Marli, 237; pensionne Domat, 257; éloigne Fénelon de la cour en le nommant archevêque, 312, 313; dénonce au pape le mystique espagnol Molinos, 314; affaire de Mme Guyon, condamnation, exil de Fénelon, 317, 319; enquête sur l'état de la France, 329; adoucissement du sort des réformés, 347; Louis veut faire monter le prince de Conti au trône de Pologne, 349; détourne le sultan de faire la paix, 350; proteste contre la création du neuvième électorat, 351; succession d'Espagne, testament de Charles II, que Louis XIV accepte, 354 et suiv., 361 et suiv.; instructions qu'il donne à son petit-fils, 364; il chasse des p'aces belges, formant la *barrière*, les garnisons hollandaises, 369; empêche Catinat d'occuper Trente, 376; met Villeroi à la tête de l'armée d'Italie, 377; prépare la défense de la Belgique, 381; négocie pour obtenir la neutralité de la Basse-Allemagne, 382; reconnaît le fils de Jacques II pour roi d'Angleterre, 383; refuse un nouveau moyen de destruction qui lui est offert, 398 *note;* guerre civile dans les Cévennes, 401; audience à Jean Cavalier, 420; envoi d'une armée en Espagne, 431; vigoureux effort pour remonter les armées, 440; blocus de Turin, 449; prêt de deux millions à Philippe V, 452; plan de campagne mal conçu, qui amène le désastre de Ramillies, 455, 456; ouvertures pacifiques qui sont repoussées, 471; timidité du roi qui lie les mains à Vendôme, 476; détresse financière, expédients ruineux, 483 à 488; disgrâce de Vauban et de la *dixme royale*, 489; les finances à Desmaretz, 491; caresses faites à Samuel Bernard, 493 *note;* plan de la campagne de 1708, 493; refus des offres de Marlborough, 504; perte de Lille, 505; état du royaume en 1709, 507 et suiv.; le roi demande la paix aux Provinces-Unies, qui la lui refusent, 509, 511 et suiv.; met Voisin à la place de Chamillart, 516; demande de nouveau la paix avec des concessions plus grandes; humiliations qu'il subit, 525 et suiv.; détresse financière, ruine universelle, 528; il conjure en vain son petit-fils de se sacrifier, 532; lui envoie Vendôme et quelques troupes, 533; négociations avec l'Angleterre, ouverture des conférences d'Utrecht, 538 et suiv., 545, 546; il donne au duc de Bourgogne une part dans le gouvernement, 549; refuse la Bastille et des juges au duc d'Orléans accusé d'empoisonnement, 553; conversation remarquable entre lui et Villars partant pour l'armée, 559; négociation relative aux droits éventuels de Philippe V à la couronne de France, 559, 561; trêve avec l'Angleterre, 564; avec la Savoie, 571; traité d'Utrecht, 573 et suiv.; traité de Rastadt, 580; envoi d'une flotte et d'une armée pour réduire Barcelone, 582, 584; bons offices rendus à Charles XII de Suède, 589; il retire au prétendant Jacques Stuart l'asile qu'il lui a donné, sans abandonner tout à fait sa cause, 590; contestation avec le roi d'Angleterre pour le canal de Mardyck, 591; secours détournés au prétendant, 593; ruine de la France, 593 à 598; redoublement de persécutions contre les réformés, 598 et suiv.; contre les jansénistes, 601 à 607; faveurs qu'il prodigue à ses enfants adultérins, 609; son testament, 611; sa mort, 612 et suiv.

LOUIS DE FRANCE, dauphin, fils de Louis XIV. Sa naissance, XIII, 244 *note;* éducation qui lui est donnée, 244 et suiv.; son mariage, 359, 569. — Il parle au conseil contre la révocation de l'édit de Nantes,

XIV, 46; campagne qu'il fait sur le Rhin où il prend Philipsbourg, Manheim, etc., 90 à 94; autres campagnes moins importantes, 126, 127, 179; campagne en Belgique, 194, 195; ses titres à la succession espagnole, 351; il décide son père à accepter le testament de Charles II, 362; meurt, 548.

Louis de France, duc de Bourgogne, petit-fils de Louis XIV. *Voyez* Bourgogne.

Louis XV, roi de France, d'abord duc d'Anjou, échappe à la mort qui vient de frapper son père, sa mère et son frère, XIV, 551. — Est installé à Vincennes, XV, 7; est amené au parlement pour y tenir un lit de justice, 8; autre lit de justice, 45, 46; il est fiancé à la fille de Philippe V, roi d'Espagne, 114; on lui donne un jésuite pour confesseur, 115; son caractère, 116 *note;* éducation qu'il reçoit, 117; écrit à Fleuri, qui a fait mine de le quitter, pour le faire revenir, *ibid.;* est sacré, 118; majeur, *ibid.;* laisse renvoyer sa fiancée en Espagne, 133; épouse Marie Lesczinska, 135; force par un lit de justice l'enregistrement de l'impôt du *cinquantième*, 141; exile le duc de Bourbon qui l'a voulu séparer de Fleuri, 145, 146; déclare qu'il entend gouverner par lui-même, 147; ses goûts, *ibid.;* force, par un lit de justice, l'enregistrement d'une déclaration hostile aux jansénistes et lutte à ce sujet contre le parlement, 164 et suiv.; signifie aux ambassadeurs étrangers qu'il protégera en Pologne la liberté des électeurs, 176; alliance avec l'Espagne et la Savoie, guerre contre l'Autriche, 181 et suiv.; paix de Vienne, 197 à 206; pourquoi il déteste Chauvelin et l'exile, 203; ses premières maîtresses, 207 et suiv.; il pousse Fleuri à la guerre, 236; traite avec la Prusse, la Suède, le Danemark, 238; envoie deux armées en Allemagne, *ibid.;* déclare qu'il n'aura plus de premier ministre, 257; aggrave la disgrâce de Chauvelin, *ibid. note;* composition de son ministère, *ibid.;* il perd Mme de Vintimille et la remplace par Mme de La Tournelle, qu'il fait duchesse de Châteauroux, 265; il traite avec le roi d'Espagne, *ibid.;* déclare la guerre à l'Angleterre et à l'Autriche, 267; traite en secret avec la Prusse, *ibid.;* veut conduire lui-même les affaires étrangères et presque aussitôt les abandonne au duc de Noailles, 268; fait une campagne en Flandre, 268, 269; va secourir les provinces de l'est et tombe malade à Metz, 269 et suiv.; perd Mme de Châteauroux et la remplace par Mme Lenormand d'Etioles, qu'il fait marquise de Pompadour, 276, 277; ôte les finances à M. Orri et les donne à M. de Machault, 277, 278; offre la candidature impériale à l'électeur de Saxe, 278; assiste à la bataille de Fontenoi, 281, 283; adopte un moment les idées du marquis d'Argenson, puis les abandonne, 292, 294; retourne en Belgique, 296; rejette les propositions de la Hollande, 297; correspond avec les ambassadeurs à l'insu du ministre, 301; remplace d'Argenson par Puisieux, *ibid.*; se rend encore une fois en Belgique, 318; revient à Versailles et offre la paix à la Hollande, 319; ses sentiments et ses procédés pour Voltaire, 402, 403; sa dépravation, ses débauches, qui le font mépriser et haïr, 432 à 436; persécutions, querelles religieuses, billets de confession, 443 à 448; correspondance secrète qu'il entretient avec les ambassadeurs, 450; sa lâche indifférence pour l'Inde, 461 et suiv.; politique française relativement au Canada, 471 et suiv.; guerre avec l'Angleterre, commencée sans déclaration et enfin déclarée, 475 à 479; succès à Port-Mahon et au Canada, 482 et suiv.; occupation de trois citadelles dans l'île de Corse, 488; alliance contractée avec l'Autriche contre la Prusse, 490 à 495; nouvelles querelles religieuses, 502; embarras financiers, misère du trésor, aggravation des impôts, lutte contre les parlements, 504 et suiv.; attentat de Damiens, 508, 509; renvoi de Machault et du comte d'Argenson, 510; transaction avec les parlements et le clergé, 511; rupture avec la Prusse, 512; subsides à l'Autriche et à la Russie, *ibid.*; alliance avec la Suède contre la Prusse, 513; second traité avec l'Autriche, 514; abandon du Canada, 525; les ouvertures de la Prusse repoussées, 526; Choiseul à la place de Bernis, 542; nouveau traité avec l'Autriche, 543; désordre prodigieux des finances, 557 et suiv.; cassette particulière de Louis XV dont il fait valoir les fonds, 560; sa sévérité cruelle pour Lally, 571, 572; préliminaires de paix signés à Fontainebleau, 593. — Son mauvais vouloir contre l'*Encyclopédie*, XVI, 48, 50. 51; il maintient Choiseul aux affaires, malgré les intrigues des jésuites et du duc de La Vauguyon, 208; suppression de la compagnie de Jésus, 209 à 212, 215, 220, 222; détresse financière, oppression fiscale, lutte contre les parlements, 224 à 234; affaire La Chalotais et nouvelle lutte contre les cours souveraines, 239 à 245; nouveaux embarras financiers, 245 à 247; acquisition de la Corse, 250 et suiv.; politique de la France dans la question polonaise, 259 et suiv.; Mme Du Barri, maîtresse en titre, 274, 275; renvoi de Choiseul, 282; destruction des parlements, 279 à 287; *pacte de famine*, société Malisset, dont le roi est actionnaire, 293 et suiv.; comment il prend le partage de la Pologne, 304; il est rudement admonété par un prédicateur, 307; s'abîme dans la fange, 308; meurt, *ibid.*

Louis de France, dauphin, fils de Louis XV, se rend auprès de son père malade et en est mal reçu, XV, 276; épouse une fille du roi d'Espagne, 277 ; suit son père en Flandre et assiste à la bataille de Fontenoi, 281, 283 ; épouse en secondes noces une fille de l'électeur de Saxe, 304 ; est l'espoir des jésuites, 436. — Leur sert d'instrument dans une intrigue dirigée contre le duc de Choiseul, XVI, 207, 208 ; fait tout ce qu'il peut pour les sauver, 212 ; meurt, 244.

Louis XVI, roi de France. Son mariage, XVI, 272 ; catastrophe qui en attriste les fêtes, 279 ; il monte sur le trône ; son caractère, ses dispotions, ses préventions contre Marie-Antoinette, 340 et suiv.; ses premiers actes, son premier ministère, 315 à 321 ; il prend l'engagement de soutenir Turgot, 323 ; paie sur sa cassette une année d'arrérages des pensions, 334 ; rétablit les anciens parlements, 333 et suiv.; manque d'énergie devant une émeute, 345 ; réponse qu'il fait aux remontrances de la cour des aides, 359 ; il donne le ministère de sa maison à Malesherbes, 360 ; celui de la guerre au comte de Saint-Germain, 364 ; signe l'abolition des corvées, maîtrises, jurandes, etc., 369 ; rajeunit un règlement de Colbert, tendant à la destruction des lapins, *ibid. note ;* impose au parlement l'enregistrement des édits de Turgot, 371 à 375 ; se sépare de ce ministre et de Malesherbes, 377 et suiv.; refuse de voir Voltaire, 394 ; empêche la reine d'aller l'applaudir à la Comédie-Française, 396 ; hésite sur la question américaine, 413 ; se décide à des secours indirects, 416 ; traite avec les États-Unis et reconnaît leur indépendance, 422 et suiv.; communique son traité au gouvernement anglais, 425 ; reçoit les envoyés américains en audience solennelle, 426 ; envoie aux États-Unis une escadre et un plénipotentiaire, 427 ; hésite longtemps à s'engager dans la guerre, 429 ; reste neutre entre l'Autriche et la Prusse, 438 ; ordonne aux marins français de traiter en allié le capitaine Cook, 440 ; adhère aux principes proclamés par la Russie sur les droits des neutres, 456 ; paix avec l'Angleterre, 483 et suiv.; suppression de la servitude personnelle et de la main-morte dans les domaines royaux, 494 ; abolition de la question préparatoire, *ibid.;* amélioration du régime des prisons, 495 ; renvoi de Necker, 501 et suiv.; évêchés et grades militaires réservés à la noblesse, 505, 506 ; différend avec les États de Bretagne, 508 ; achat du domaine de Rambouillet, 511 ; Calonne aux finances, 512 ; le *Mariage de Figaro,* défendu, puis toléré, 516 ; Louis XVI met à sa boutonnière des fleurs de pomme de terre, 523 *note :* instructions qu'il donne à La Peyrouse, *ibid. deuxième note ;* secours qu'il accorde aux inondés en diminuant les dépenses de sa maison, 544 ; il interdit à Necker le séjour de Paris, 545 ; protége le président Dupati contre le parlement de Paris, 548 ; affaire du Collier, 555 et suiv.; lit de justice pour forcer l'enregistrement d'un édit d'emprunt de 80 millions, 557; exil du cardinal de Rohan, 559; voyage à Cherbourg, 560; état des finances en 1786, *ibid.;* traité de commerce avec l'Angleterre, 565; avec la Russie, 567; réunion de l'assemblée des notables, *ibid.*, il l'ouvre en personne, 572; empêche Necker de répondre par un mémoire aux accusations de Calonne, 584; renvoie Calonne et Hue de Miromesnil, exile Necker, met au ministère le président de Lamoignon et M. de Fourqueux, 581, 582; va présenter lui-même aux notables la quatrième partie des plans de Calonne, *ibid.;* Loménie de Brienne aux finances, 583; fin de l'assemblée des notables, 585; lit de justice pour faire enregistrer deux édits qui établissent l'impôt du timbre et la subvention territoriale, 587; règlement qui réduit les dépenses de la maison du roi et de la maison de la reine, 588; affaire de Hollande, où la France ne joue pas le rôle qui lui appartient, 590, 594; séance royale au parlement transformée en lit de justice, 596; exil du duc d'Orléans, 597; lutte acharnée contre le parlement, la cour des comptes, la cour des aides, le Châtelet, les provinces, 597 à 612; Louis se résigne aux États-Généraux, 613; Necker aux finances, 614; rappel des parlements, 615; seconde assemblée des notables, 616; doublement du tiers décrété, 620; convocation des États-Généraux, 627; ouverture des États, 651; suprême et vain effort pour empêcher la fusion des trois ordres, 653.

Louis (abbé), conseiller au parlement, des plus influents, des plus libéraux, XVI, 599 *note.*

Louisbourg, ville fondée par les Français en Amérique, dans l'île du cap Breton, est prise par les Anglais, XV, 303; rendue par eux à la paix d'Aix-la-Chapelle, 324; reprise après une belle défense, 534, 535.

Louise de Savoie, sœur du duc Philibert II, épouse le comte d'Angoulême, VII, 311; ses lâches procédés à l'égard du maréchal de Gié, 349; honneurs que son fils lui prodigue, 437; elle est régente, 444; son influence sur les mœurs de son temps, 478; elle brouille son fils avec les La Mark, 494. — Avec le connétable de Bourbon, VIII, 14; son altercation avec Semblançai et sa vengeance, 27, 28, 95 *note;* elle s'enrichit des dépouilles du connétable, 38; est de nouveau régente du royaume, 43, 58; ses mesures après la bataille de Pavie, 69; elle fait alliance avec Venise, Ferrare, Florence, 82; avec Henri VIII, 85; ses concessions à Charles-Quint, 86, 88; elle donne à son fils une maîtresse, 92; ses querelles avec le parlement, 93, 94 *note;* elle négocie le traité de Cambrai, 116; meurt, 118.

Louise de Savoie, reine d'Espagne, gouverne son mari Philippe v, et fait éloigner le maréchal de Berwick, XIV, 450 ; est gouvernée elle-même par la princesse des Ursins, 495 ; meurt, 583.

Louise de France (Madame), fille de Louis xv, carmélite, XVI, 307 ; hostile à Turgot, 377.

Louisiane. Découverte de ce grand pays, XIII, 558 ; colonisation, 559. — Le monopole du commerce de la Louisiane est concédé à Crozat, puis à Law, XV, 39 ; et à une *Compagnie d'Occident*, 40 ; qui devient *Compagnie des Indes*, 49 ; actions du Mississipi, 51 ; procédés employés par le gouvernement pour peupler la Louisiane, 60 ; le code noir y est mis en vigueur, 126 ; elle est rétrocédée au gouvernement par la Compagnie des Indes, et prospère immédiatement, 214 ; cédée à l'Espagne et à l'Angleterre, 594. — Les Espagnols s'emparent de la partie anglaise, qui a reçu le nom de *Nouvelle-Floride*, XVI, 446.

Loutherbourg, peintre, XVI, 160 *note*.

Louvet, magistrat *armagnac*, se réfugie à la Bastille, VI, 37 ; est complice de l'assassinat de Jean-sans-Peur, 59 ; est expulsé du conseil de Charles vii, et retourne à Toulouse, 107.

Louviers (religieuses de) ; leur procès, XIII, 83 *note*.

Louvigni (le comte de), ami du comte de Chalais, le livre au cardinal de Richelieu, XI, 238.

Louville, agent de confiance de Louis xiv auprès de Philippe v, XIV, 379 *note*. — Envoyé de nouveau par le régent auprès de ce monarque, XV, 87 *note*.

Louvois (marquis de), fils de Michel Le Tellier, XIII, 276 ; organise mal le service des vivres, 320 ; pousse Louis xiv à la guerre de Hollande, 345 ; est surintendant des postes, *ibid. note;* a l'intérim des affaires étrangères, 350 ; fait adopter le système des emprunts, 377 ; prépare l'expédition de Hollande, *ibid.*; suit Louis xiv à Charleroi, 380 ; le décide à garder les places qui ont été prises, 386 ; a sur le roi une influence funeste, 392 ; le détourne d'accepter les propositions des Provinces-Unies, 396 ; rend les prisonniers hollandais au prix de 4 écus par tête, 406 ; imprime à la guerre un caractère sauvage, 412 ; son talent pour l'administration militaire, 421 ; il précède Louis xiv en Alsace, 424 ; est obligé de faire des excuses à Turenne, 456 ; contrarie le plus qu'il peut les opérations maritimes, 486 ; fait échouer l'expédition de Sicile, 490 ; mauvais conseil qu'il donne à Louis xv, 492 ; il forme une armée en quelques jours, 512 ; organise la campagne de 1678, 522 ; antagonisme entre lui et Colbert, 545 ; il l'empêche d'établir à La Hougue un grand port militaire, 568 ; prépare et accomplit la réunion de Strasbourg à la France, 581, 582; cabale avec M*me* de Montespan contre M*me* de Maintenon, 626; invente les *conversions par logements*, *ibid.* et 627; poursuit Colbert de délations calomnieuses, 633. — A la surintendance des bâtiments, XIV, 3; influe sur la direction des affaires étrangères, 4; complète Versailles, 5; imagine l'aqueduc de Maintenon, 6, 7; s'efforce d'empêcher le mariage du roi et de M*me* de Maintenon, 35, 36; obtient la direction des persécutions contre les protestants, et leur envoie des dragons pour missionnaires, 39 à 52; s'entend mal avec M*me* de Maintenon, 64; pousse Louis XIV à la guerre, 73; le décide à attaquer l'empereur et l'électeur palatin, 88; fait ravager et incendier le Palatinat, 104 et suiv.; détourne le roi d'employer le maréchal de Luxembourg, 107; veut faire brûler Trèves, 110; empêche Luxembourg de tirer parti de la victoire de Fleurus, 130; traite avec une extrême dureté le duc de Savoie, 132; déclin de son crédit, sa mort, 150 et suiv.

LOWENDAHL (comte de), bâtard de Danemark, principal lieutenant du maréchal de Saxe, XV, 298; envahit la Flandre hollandaise, 316; prend Berg-op-Zoom, 319; meurt, 431.

LOWESTOFT (bataille navale de), XIII, 306.

LOYOLA (Ignace de) défend Pampelune contre les Français, VIII, 4; vient étudier à Paris, 184; son portrait, son histoire, ses doctrines, 198 et suiv.; il envoie deux de ses compagnons en Irlande, 255; fonde la société de Jésus, 313 et suiv.; dont il est général à vie, 314. — Est canonisé, XI, 31.

LUCAIN (les frères), prédicateurs de la Ligue, sont chassés de Beauvais, X, 363.

LUCAS DE LEYDE, peintre, VII, 386.

LUCIENNE, fille du comte de Rochefort, est fiancée à Louis le Gros, III, 210; qui rompt cet engagement, 212.

LUCOIS, marchand de Bruges, devient général des finances de France, VI, 527.

LUCTER, lieutenant de Vercingétorix, soulève la Gaule méridionale, I, 167; résiste aux Romains le dernier, est vaincu par Caninius, et pris, 189.

LUDE (le comte du), gouverneur du Poitou, défend Poitiers contre les huguenots, IX, 253.

LUDE (le marquis du), gouverneur de Dunkerque, est blessé à mort par un boulet, XII, 497.

LUDWIG ou LODEWIG III, fils de l'empereur Arnolfe, règne après lui, II, 496; meurt, 504.

LUERN, chef arverne, son luxe, I, 92.

LUGDUNAISE, l'une des provinces de la Gaule romaine, I, 194.

LUGEAC (le marquis de), neveu de Mme de Pompadour et pourvoyeur du roi, XV, 433.

LUINES (Charles d'Albert, sieur de), prépare et consomme la perte du maréchal d'Ancre, XI, 112 et suiv.; édifie sur les ruines de sa victime sa grandeur, 118; sa fortune, 123; fait périr aussi la maréchale, 124, 125; convoque les notables à Rouen, mais ne tient aucun compte de leurs réclamations, 127 et suiv.; son mariage, 131; il prend le gouvernement de l'Ile de France, *ibid.;* maltraite la reine mère et ses adhérents, 131 et suiv.; autorise les jésuites à rouvrir leur collége à Paris, 133; rend les biens d'église du Béarn au clergé catholique, 134; éloigne le plus qu'il peut Louis XIII de sa mère, 140 et suiv.; grands services qu'il rend à la maison d'Autriche, 155; sa fortune, son orgueil, 156, 157; soulèvement des grands contre lui, promptement apaisé, 160 et suiv.; il est fait connétable, 172; guerre contre les huguenots, dirigée par lui, 174 et suiv.; sa mort, 180.

LUINI, peintre italien, X, 472.

LUIS (don), roi d'Espagne, fils de Philippe V, d'abord prince des Asturies, épouse Mlle de Montpensier, fille du régent de France, XV, 114; devient roi et meurt, 131.

LUITPRAND, roi des Langobards, aide Karle Martel à conquérir la Provence, II, 212.

LULLI, musicien florentin, s'associe à Quinault pour exploiter le privilége de l'Académie royale de musique, XIII, 193.

LUNEBOURG-ZELL (George-Guillaume, duc de), défait le maréchal de Créqui à Consaarbrück, XIII, 481; combat avec succès les Suédois, 483, 484; traite avec eux, 541. — Entre dans la coalition contre la France, XIV, 386.

LUPUS (saint Loup) préserve Troies de la destruction, I, 372; est emmené jusqu'au Rhin par Attila, 379.

LUPUS, duc de Champagne. Son dévouement à Brunehilde, II, 73.

LUPUS (saint Loup), évêque de Sens, reste fidèle à Brunehilde, II, 121; est exilé par Chlother II, et convertit des païens, 130.

LUPUS, Gallo-Romain, fonde en Aquitaine une puissance indépendante, II, 168 *note.*

LUPUS, abbé de Ferrières, est fait prisonnier par les Aquitains, II, 429.

LUSIGNAN (le comte de), tente sans succès de se soustraire à la suzeraineté du roi d'Angleterre, III, 482.

LUSIGNAN (Gui de), roi de Jérusalem, est vaincu à Tibériade par Salah-

E'din, et fait prisonnier III, 525; est au camp devant Saint-Jean-d'Acre, 540; Richard Cœur-de-Lion lui cède l'île de Chypre, 548.

Lusignan (le seigneur de) fait la guerre à Jean-sans-Terre, de concert avec son frère le comte de La Marche, III, 572, 573.

Lusignan (Henri de), roi de Chypre, y reçoit Louis IX, IV, 217; part avec lui pour l'Égypte, 219; entre à Damiette, 221; reste à la garde du camp devant Mansourah, 225; secourt et défend jusqu'au dernier moment Saint-Jean-d'Acre, 397.

Lusignan (Pierre de), roi de Chypre, s'efforce d'organiser une croisade contre les Turks, V, 237; descend en Égypte, et prend Alexandrie, 251.

Luther (Martin) est à Rome lors des querelles du pape avec Louis XII, VII, 394; ses antécédents, 513 et suiv.; ses prédications, sa doctrine, 516 et suiv., 523 et suiv.; lutte qu'il soutient contre les autorités ecclésiastiques, 520, 521, 525; il est retranché de l'Église, 527; comparaît devant la diète de Worms, 528 et suiv.; son séjour à la Wartbourg, 531; il est condamné par la Sorbonne, 532; suite de l'exposition de sa doctrine, *ibid.* et suiv. — Il remonte dans sa chaire de Wittemberg, VIII, 30; organise l'Église réformée, 33; son attitude pendant la guerre des paysans, 75 *note;* et lors de la diète d'Augsbourg, 162, 163, 167; permet la bigamie au roi d'Angleterre, 167; et au landgrave de Hesse, 321 *note;* approuve la persécution des anabaptistes, 197; proteste contre les concessions de ses amis à la diète de Ratisbonne, 314; meurt, 350.

Lutzen (bataille de) entre les Suédois et les impériaux, XI, 395.

Luxembourg est bombardée par le maréchal de Créqui, XIV, 17; assiégée, prise par ce capitaine, puis fortifiée par Vauban, 48; rendue par le traité de Ryswick, 231.

Luxembourg (Waleran de), comte de Saint-Pol et de Ligni, défie Henri IV. roi d'Angleterre, V, 467; est nommé capitaine de Paris, 514; s'allie à la corporation des bouchers, 545.

Luxembourg (Louis de), évêque de Térouenne, chancelier de France pour Henri VI, VI, 208; prend part au procès de Jeanne Darc, 283; est à Paris un des chefs du gouvernement, 324; se réfugie à la Bastille, 347 et suiv.; en sort par capitulation, 354.

Luxembourg (Jean de), seigneur de Beaurevoir, assiége Compiègne avec le duc de Bourgogne, VI, 229; vend Jeanne Darc aux Anglais, 235, 238 et suiv.; va l'insulter dans sa prison, 284; ses brigandages, 362; sa mort, 396.

Luxembourg (Louis de), comte de Saint-Pol. *Voy.* Saint-Pol.

Luxembourg (Louis de), comte de Ligni, est proclamé chef de la république de Sienne, VII, 274 ; est un des chefs de l'armée d'Italie, 317 ; s'efforce d'y rétablir la discipline, 318 ; est obligé de se renfermer dans Mortara, 321, 322 ; reçoit l'épée de Ludovic Sforza, 324.

Luxembourg-Martigues (Marie de), duchesse de Mercœur, excite son mari à l'insurrection, et soulève Nantes, X, 142, ses prétentions sur la Bretagne, 236 ; qu'elle est forcée d'abandonner, 420.

Luxembourg (François-Louis de), duc de Pinei, reconnaît la royauté d'Henri IV, X, 176 ; est délégué par les catholiques royaux auprès du pape Sixte V, 196 ; négocie avec lui, 208, 209 ; adresse à Grégoire XIV de vives remontrances sur la violence de ses procédés, 246.

Luxembourg (comte de Montmorenci-Bouteville, plus tard maréchal de), est pris par les Français à la bataille des Dunes, XII, 496. — Comment il acquiert le nom de Luxembourg, XIII, 334 *note;* il est chargé de soumettre Salins, *ibid. texte;* prend position sur le Bas-Rhin avec un corps d'armée, 380 ; attaque Deventer, 387 ; est gouverneur de la province d'Utrecht, 404 ; fait lever au prince d'Orange le siége de Woërden, 410 ; fait une tentative inutile contre La Haie, 411 ; est trompé par le prince d'Orange, 429 ; ramène en France sa petite armée, 433 ; prend Ornans, Pontarlier, Beaume, 438 ; est fait maréchal, 480 ; commande l'armée des Pays-Bas, 481 ; tient en échec le prince d'Orange, 484 ; commande en Alsace, 491 ; ne peut sauver Philipsbourg, 496, 497 ; investit Valenciennes, 500 ; Cambrai, 502 ; bat le prince d'Orange à Cassel, 503, 504 ; lui fait lever le siége de Charleroi, 512, 513 ; prend le commandement de l'armée après le départ du roi, 524 ; va camper devant Bruxelles, 528 ; se replie sur Mons, 529 ; en couvre le blocus, et repousse le prince d'Orange, 532. — Est en disgrâce pour son peu de souplesse avec Louvois, XIV, 108 *note;* compromis dans l'*affaire des poisons, ibid.;* commande l'armée de Belgique, 126 ; remporte la victoire à Fleurus, et n'en peut profiter, 127 et suiv.; prend Hall, bat le prince de Waldeck à Leuse, 145 ; couvre le siége de Namur, 163, 164 ; bat Guillaume III à Steenkerke, 165, 166 ; à Neerwinden, 174 et suiv.; prend Charleroi, 178 ; tient Guillaume III en échec par l'habileté de ses manœuvres, 195 ; meurt, 201.

Luxembourg (maréchal de), ami et hôte de J.-J. Rousseau, XVI, 127, 128.

Luxeuil (abbaye de), fondée par saint Colomban, II, 115.

Luz (le baron de), confident du duc de Biron, X, 517 ; épargné par Henri IV, 518. — Est assassiné par le chevalier de Guise, XI, 40.

Luzerne (de La), évêque de Langres, appuie, dans l'assemblée des notables, la restitution de l'état civil aux protestants, XVI, 585.

Luzzara (combat de), XIV, 389. — Autre combat sur le même point, XV, 189.

Lyges, nation sarmate, I, 276; ils sont taillés en pièces par l'empereur Probus, 277.

Lyon, Lugdunum sous les Romains, ville fondée par le proconsul Munatius Plancus sur l'emplacement d'une bourgade ségusienne appelée *Lugdun*, I, 195; son accroissement rapide et sa splendeur, 196; temple érigé près de cette ville, à Rome et à Auguste, par les soixante cités de la Gaule, 198; la première église chrétienne des Gaules y est établie, 251; première persécution contre les chrétiens, 252; elle est pillée et brûlée par les soldats de Septime-Sévère, 258. — Elle fait partie du royaume de Lorraine ou Lotherrègne, II, 442. — Caractères de son organisation municipale, III, 236. — Réunion de cette ville à la France, IV, 500. — Sa situation singulière pendant la Ligue, X, 337; elle rentre sous l'autorité royale, 344.

M

Mabillon (le Père), bénédictin, XIII, 176. — Ses travaux, sa mort, XIV, 254 *texte et note*.

Mabinogion (les), contes populaires kimriques, III, 357 et suiv.

Mably (l'abbé de). Examen de ses œuvres et de ses théories politiques, XVI, 148 à 153, 295, 303 *note;* sa mort, 517.

Macabre (danse), VI, 97.

Machault (M. de) est nommé contrôleur-général des finances sur la présentation de Mme de Pompadour, XV, 278; lui reste dévoué, 436; dispute l'influence au comte d'Argenson, 437; ses opérations financières, *ibid.* et suiv.; il est renversé par l'influence du clergé, dont il a menacé les privilèges, 439, 444 et suiv.; comment il accueillait la nouvelle des succès de Dupleix dans l'Inde, 458; il est ministre de la marine et s'efforce de réparer la négligence de ses prédécesseurs, 484; s'oppose à toute alliance offensive sur le continent, 490, 493, 495; perd sa place, et pourquoi, 509, 511. — Est sur le point de rentrer au ministère, XVI, 316.

Machet (Gérard), confesseur de Charles vii, VI, 285.

MACHIAVEL, agent de Florence près de Louis XII, VII, 391; ses œuvres, 473 et suiv.

MACON (le comte de) se signale par sa valeur à la troisième croisade, III, 444.

MAÇON (Robert Le), chancelier du dauphin Charles et *Armagnac*, VI, 29; se réfugie à la Bastille, 37; conseiller de Charles VII, 151.

MAÇON (Le), premier professeur d'éloquence latine au collége de France, VIII, 444.

MACQUER, chimiste, XVI, 20.

MACRA (sainte Macre), martyre, I, 283.

MACRIN, préfet du prétoire sous Caracalla, règne après lui, I, 264.

MADAGASCAR. Commencement de colonisation française dans cette île, XI, 428 *note*. — Autres essais, XIII, 14, 113, 114, 120.

MADRID (traité de), 1526, VIII, 89.

MAEL-GUN (*Lancelot*), type symbolique des poésies kimriques, III, 368 et suiv.

MAESTRICHT (siége de), XV, 322.

MAGDEBOURG. Siége et destruction de cette ville par les Impériaux, XI, 363.

MAGDELEINE DE FRANCE, fille de François Iᵉʳ, épouse Jacques V, roi d'Écosse, VIII, 243 *note;* meurt, *ibid.*

MAGELLAN, Portugais au service de l'Espagne, navigue le premier sur l'Océan Pacifique et périt aux îles Philippines, VIII, 7.

MAGHIARS, HONGROIS, OUÏGHOURS. Leur apparition en Europe, II, 504; leurs ravages en Lombardie, en Septimanie, 510; en Champagne, 542; en France, Bourgogne, Aquitaine, 529. — Ils embrassent le christianisme, III, 54.

MAGNAC (le baron de), préside la noblesse aux États-Généraux de 1588, X, 98.

MAGNAC, général de cavalerie, décide la victoire à Friedlingen, XIV, 397.

MAGNENTIUS, Frank salien, détrône Constant et le fait mettre à mort. Il est reconnu empereur par la Gaule et l'Italie, I, 302, 303; sa mort tragique. 304.

MAGNÉTISME ANIMAL, XVI, 527.

MAGNUS (*Olaüs*) représente, au concile de Trente, la Scandinavie catholique, VIII, 349.

MAGON, frère d'Annibal, vient en Italie, I, 102.

MAHAUT. fille du comte d'Artois, Robert II, IV, 524; femme d'Othon, comte de Bourgogne, 532; hérite de l'Artois au préjudice de son neveu Robert III, *ibid.;* est attaquée par celui-ci et défendue par Philippe le Long, 534. — Sa mort, V, 16.

MAHOMET. Dispositions de l'Asie lors de son avénement. Sa doctrine, ses succès, II, 188 et suiv.

MAHOMET II prend Constantinople, VI, 488. — Attaque l'Italie par le nord, VIII, 245; par le sud, 246.

MAHOMET III, sultan, fait beaucoup d'avances à Henri IV et à ses alliés, X, 522; lui accorde de grands avantages, 537.

MAHOMET V, sultan, offre sa médiation aux puissances occidentales, puis son alliance à la France et rencontre partout des refus, XV, 290.

MAHOMET-ALI, fils du nabab Anaverdi-Khan, se retire à Tritchenapali, XV, 454; est battu et assiégé par Tchunda-Saëb et les Français, 455; est secouru par les Anglais, 459; bloqué de nouveau dans Tritchenapali et de nouveau secouru, 461.

MAHRATTES, tribus indoues, dominent le midi de la presqu'île de l'Inde, XV, 305. — XVI, 474; négocient avec les Anglais, 475; traitent, 480.

MAIGNAC, prêtre, agent secret des intrigues de Concini avec le duc de Savoie, est surpris et meurt sur la roue, XI, 41.

MAIGNELAIS (Antoinette de), épouse du sire de Villequier, succède à Agnès Sorel près de Charles VII, VI, 443; son mariage, 444; comment elle se maintient, *ibid.;* elle complote contre Jacques Cœur, 471; ce qu'elle y gagne, 473; elle se met en communication avec le dauphin, 521; devient la maîtresse du duc de Bretagne, 570.

MAILLARD (Olivier), cordelier, prêche contre le divorce de Louis XII, VII, 304; contre ses ordonnances, 310; s'enfuit en Flandre, *ibid.*

MAILLART (Jean), riche bourgeois, V, 205; tue Étienne Marcel et fait rentrer le régent à Paris, 206, 209, 211; fait partie des négociateurs de Bretigni, 226.

MAILLEBOIS (maréchal de), fils du contrôleur-général Desmaretz, entre en Westphalie à la tête d'une armée et réduit le roi d'Angleterre à l'impuissance, XV, 238, 239; repasse le Rhin, puis rentre en Allemagne et chasse les Autrichiens de la Bavière, 252; est rappelé, *ibid.;* fait deux campagnes en Italie, 286, 295.

MAILLEBOIS (comte de), fils du précédent, ambassadeur en Piémont, XV, 294, 296; est soupçonné d'avoir voulu faire battre à Hastenbeck le maréchal d'Estrées, 555.

MAILLET (de), auteur du *Telliamed*, initiateur du système *Neptunien*, XVI, 21.

MAILLI (comtesse de), maîtresse de Louis xv, XV, 208, 209; est renvoyée, 265.

MAILLOTINS (insurrection des), V, 367 et suiv., 387 et suiv.

MAINARD, trésorier de l'église de Sens, est fait archevêque par le comte de Champagne et dépossédé par le roi de France, III, 65, 66.

MAINARD, poëte, XII, 125.

MAINE (Charles d'Anjou, comte du) renverse du pouvoir le sire de La Trémoille, VI, 318; gouverne à sa place, 319; suit Charles VII en Champagne, 396; à Pontoise, 401; recouvre son domaine occupé longtemps par les Anglais, 408; préside la commission chargée de juger les prétentions des évêques de Bretagne, 547; assiste à l'assemblée de Tours, 552; comment il sert Louis XI contre la *Ligue du bien public*, 560 et suiv. — Il perd le gouvernement du Languedoc, VII, 3; meurt, 82 *note*.

MAINE (Charles II, comte du), fils du précédent, VII, 82; hérite de la Provence à la mort du roi René, 146; meurt après avoir choisi pour héritier le roi de France, 147.

MAINE (duc du), fils de Louis XIV et de Mme de Montespan, lieutenant-général sous le maréchal de Villeroi, se fait remarquer par sa timidité, XIV, 207; domine Mme de Maintenon et le roi par elle, 508; est dominé lui-même par sa femme, *ibid.;* noircit le duc d'Orléans dans l'esprit du roi, *ibid.;* degrés de son élévation scandaleuse, 609; testament qu'il arrache au roi, 610, 611; il abandonne ce prince à ses derniers moments, 614. — Il renonce au commandement de la garde de Louis XV, XV, 6, 7; est membre du conseil de régence, 8; est dépouillé du droit de successibilité au trône, 43 *note;* perd la préséance sur les autres pairs, 46; proteste contre le pacte de la France avec l'Autriche et l'Angleterre, 91; est arrêté, 96.

MAINE (Louise-Bénédicte de Bourbon-Condé, duchesse du), domine son mari, le lance à la poursuite des honneurs, XIV, 608. — Défend avec acharnement le droit de successibilité au trône donné au duc par Louis XIV, XV, 43 *note;* sa conspiration contre le régent, 95 et suiv.; son influence sur la littérature contemporaine, 332.

MAINEVILLE (François de Roncherolles, sieur de), représente au traité de Joinville le cardinal de Bourbon, IX, 539. — Est un des agents les plus actifs du duc de Guise, X, 32; lui apprend la fuite du roi après les *Barricades*, 73; conduit à Chartres les députés du corps de ville de Paris, 82; est admis au conseil d'État, 88; est élu membre du conseil général de la Ligue, 134; périt au combat de Senlis, 151.

MAINMORTE, hommes mainmortables, III, 227.

MAINON D'INVAU, contrôleur-général des finances, XVI, 246, 247.

MAINTENON (Louis d'Angennes, sieur de), député aux États-Généraux de 1588, X, 97; parle avec force contre l'entreprise du duc de Savoie sur Saluces, 104; assiste au conseil où l'assassinat du duc de Guise est résolu, 109; reconnaît la royauté d'Henri IV, 176.

MAINTENON (Françoise d'Aubigné, veuve Scarron, plus tard marquise de) est chargée par Louis XIV et Mme de Montespan de l'éducation de leurs enfants adultérins, XIII, 607; obtient le titre de marquise, 609; est présentée chez la reine, *ibid.*; travaille à séparer le roi de Mme de Montespan, *ibid.*; l'excite contre les protestants, 611; éloigne Mme de Montespan et rapproche le roi de la reine, 626; approuve ses desseins contre le protestantisme, 627. — L'épouse, XIV, 34, 35; l'encourage aux persécutions religieuses, 36, 38, 39; s'adoucit à cet égard, appuie le fils et les gendres de Colbert, 64, 65; combat l'influence de Louvois, 73; obtient du roi qu'il emmène les dames au siége de Namur, 163; le dissuade de livrer contre le prince d'Orange une bataille décisive, 174 : son cercle intime; elle inspire au roi des sentiments pacifiques, 185, 186; fonde la maison de Saint-Cyr, fait écrire par Racine *Esther* et *Athalie*, 241, 242; accueille Mme Guyon, puis l'abandonne et Fénelon avec elle, 316, 317; fait donner les finances à Chamillart, 344; décide Louis XIV à reconnaître le fils de Jacques II pour roi d'Angleterre, 383; lui cache la guerre civile des Cévennes, 404; abandonne Chamillart et fait prendre à sa place Voisin, 516; est insultée au faubourg Saint-Antoine, 522; ne peut désennuyer le roi, 607; lui arrache un testament trop favorable au duc du Maine, 640; l'abandonne à ses derniers moments et se retire à Saint-Cyr, 614. — Ameute les hommes de l'ancien gouvernement contre l'abbé de Saint-Pierre, XV, 47 *note*.

MAINTENON (aqueduc de), XIV, 6, 7.

MAIRAN, membre de l'Académie des sciences, XV, 354. — Découvre les vrais caractères de la langue et de l'écriture chinoise, XVI, 17 *note;* signale le premier la chaleur propre de la terre, produite par un feu central, 31 *note*.

MAIRE (*mayeur*), III, 226.

MAIRET, poëte, XII, 131; opposé à la licence espagnole, 132; envieux de Corneille, 136.

MAIRIE DU PALAIS. Origine de cette institution chez les Franks, II, 59.

MAISON DU ROI. Sa composition sous Louis XIII, en 1626, XI, 252.

MAISONS (Longueil de), président au parlement, surintendant des finances, XII, 354.

MAITRISES. Législation qui s'y rapporte, XIII, 110, 111, 146, 147. — Elles sont supprimées par Turgot, XVI, 368, 369 à 375; rétablies après la retraite de Turgot, 385.

MAJORIEN repousse les Armoricains de la Touraine, I, 363; devient empereur. Ses victoires, sa bonne administration, sa mort, 381, 382.

MAJORITÉ DES ROIS fixée à 14 ans, V, 306.

MAL DES ARDENTS ou feu Saint-Antoine, III, 31 *note*.

MALAGRIDA (le Père), jésuite portugais, est brûlé vif à Lisbonne dans un auto-da-fé, XVI, 204.

MALCOLM, roi d'Écosse, III, 468.

MALDONATO, jésuite, persuade au prince de Condé d'abjurer le protestantisme, IX, 347.

MALEBRANCHE. Exposé de sa philosophie, XIV, 267 et suiv.— Sa mort, XV, 350.

MALEK-AL-SALEH NEDJM-EDDIN, sultan d'Égypte quand Louis IX y débarque, IV, 221 et suiv.

MALEK-AL-MOADHAM TOURAN-SCHAH, fils et successeur du précédent, IV, 230 et suiv.

MALHERBE. Ses poésies, son action sur la langue, X, 485 et suiv.; il chante *par ordre* l'amour d'Henri IV pour la princesse de Condé, 556.

MALOUET, député d'Auvergne; conseil qu'il donne à Necker, XVI, 560.

MALPLAQUET (bataille de), XIV, 521 et suiv.

MALTE (siége de), IX, 170 *note. Ordre de Malte; voy.* HÔPITAL DE SAINT-JEAN DE JÉRUSALEM.

MAMERTUS, évêque de Vienne, institue les Rogations, I, 396.

MANCHON, notaire apostolique au procès de Jeanne Darc, VI, 248, 460.

MANCINI, neveu de Mazarin; mission dont il est chargé auprès de Cromwell, XII, 497; il devient duc de Nivernais, 548.

MANCINI (Marie), nièce de Mazarin, aimée de Louis XIV, XII, 516 et suiv.; renonce à lui, 520; épouse le connétable Colonna, 547.

MANCINI (Olimpia). *Voy.* SOISSONS.

MANCINI (Hortense), nièce et légataire universelle du cardinal Mazarin, épouse d'Armand de La Porte, qui devient duc de Mazarin, XII, 548. — La Fontaine écrit pour elle une partie de ses contes, XIII, 205.

MANDELOT, gouverneur de Lyon. Sa conduite lors de la Saint-Barthélemi, IX, 339; il soulève Lyon contre Henri III, 547. — S'oppose à la marche de l'armée auxiliaire protestante, X, 48, 49; revient au parti royal, 57; meurt, 140.

MANFRED, fils bâtard de l'empereur Frédéric II, hérite de la principauté de Tarente, IV, 240; s'empare du royaume des Deux-Siciles, 260; lutte contre le pape, 318; est vaincu par Charles d'Anjou et meurt en combattant, 320.

Mangot, secrétaire d'État de la guerre et des affaires étrangères, XI, 101: chancelier, 106; destitué, 117.

Mani, dieu de la lune chez les Germains, I, 212.

Manichéens. Introduction de leur doctrine en France, III, 54; en quoi consiste cette doctrine, *ibid.*, 88; persécutions qu'ils subissent, 55, 89; accusations dirigées contre eux, 89; leur réapparition et leurs progrès, 454 et suiv.; progrès plus grands, 498. — Exposition plus complète de leurs idées, IV, 9 et suiv.; persécutions du catholicisme contre eux, 22 à 196, *passim;* leur extinction, 196, 197.

Manilius, proconsul, est défait par les Euskes, I, 127.

Manlius, consul, est défait par les Kimris, I, 119.

Mann, fils de Tuisto, I, 213.

Manni (Gautier, sire de) prend l'île et la ville de Cadsand, V, 38; surprend le château de Thun-l'Évêque, 43; délivre Hennebon, 62; détruit l'armée du prince Louis d'Espagne, 63; guerroie en Guienne, 74; défend Aiguillon, 80; joue un rôle important au siége de Calais, 104 et suiv.

Mans (commune du). Sa formation, sa chute, III, 128 et suiv.

Mansart (François), architecte, inventeur des *mansardes*, XIII, 237.

Mansart (Jules-Hardouin), neveu du précédent, premier architecte du roi, directeur des travaux de Versailles, XIII, 237; achève l'église des Invalides, 243; construit le château de Saint-Cloud, 354 *note;* — Et celui de Marli, XIV, 6.

Mansfeld (Wolfrad de) commande l'armée allemande après la mort du duc de Deux-Ponts, IX, 250; combat à Moncontour, 258.

Mansfeld (le comte de) commande les forces espagnoles de Belgique, X, 304; fait une expédition en Picardie, 307, 309; ne peut empêcher Henri IV de prendre Laon, 361.

Mansfeld (Ernest, bâtard de), *condottiere* allemand, XI, 182; battu par les Impériaux en défendant l'électeur palatin, est congédié par ce prince et passe en Hollande, 188, 189; arrête les progrès des Espagnols dans les Pays-Bas, 210; est battu par Waldstein; meurt, 258.

Mansourah (batailles de), IV, 223 et suiv.

Mansuetus, évêque des Bretons, I, 389.

Mantes, seule ville du domaine royal à laquelle Louis le Gros ait donné une charte communale, III, 264; sceau de la commune de Mantes, 240 *note.*

MANUEL COMNÈNE, empereur d'Orient. Ses lettres à Louis VII, III, 433, 436; ses prétentions, 437; ses procédés envers les croisés, 438 et suiv.

MANUEL PALÉOLOGUE, empereur d'Orient, vient en France demander du secours contre les Turks, V, 455.

MANUFACTURE DE LYON (soieries), VIII, 126.

MANUFACTURE DES GOBELINS, fondée sous Henri IV, X, 460. — Rétablie sous Louis XIV, XIII, 141; reçoit un grand développement, 230.

MANUFACTURE DE LA SAVONNERIE, fondée sous Henri IV, X, 460.

MANUFACTURE DE BEAUVAIS, fondée avec l'aide de Colbert, XIII, 141.

MANUFACTURE ROYALE DE PORCELAINE, établie à Vincennes, transférée à Sèvres, XV, 429.

MAP (Gautier), chapelain d'Henri II, roi d'Angleterre, III, 395, 398 note.

MAQUEDA (le duc de), général des galions, ravitaille Tarragone, XI, 537.

MARAVIGLIA, agent de François Ier auprès du duc de Milan, VIII, 219.

MARBEUF (M. de), gouverneur de la Corse, XVI, 253.

MARCA (de), auteur de l'*Histoire du Béarn* et du *Marca hispanica*, XII, 72.

MARC-AURÈLE. Ses guerres contre les Germains; dangers qu'il court dans le pays des Quades ou Kwads; il meurt à Vindobona (Vienne) en Pannonie; bonheur dont jouit le monde sous son règne, I, 242 et suiv.; il établit à Rome et dans les provinces des registres de l'état civil, 244; il persécute les chrétiens, 252.

MARCEL (Étienne), prévôt des marchands, porte la parole pour le tiers état aux États-Généraux de 1355, V, 137; ses antécédents, 157; travaux qu'il fait exécuter, 158; lutte qu'il soutient contre le pouvoir royal, 169, 175, 178, 179, 182, 186 et suiv., 196, 201, 203 et suiv., 207; sa mort, 209.

MARCEL (Gilles), frère d'Étienne, échevin, V, 177; est assassiné par les amis de Jean Maillart, 210.

MARCEL II, pape, VIII, 439.

MARCEL, ancien prévôt des marchands. Sa coopération au massacre de la Saint-Barthélemi, IX, 320, 328. — Est envoyé à Paris par Henri III pour disposer le corps de ville à l'obéissance, après le meurtre du duc de Guise, X, 115.

MARCELLINUS, complice de Magnentius, I, 302.

MARCELLUS, consul, tue le brenn Virdumar, I, 100.

MARCELLUS (saint Marcel) fonde l'église de Chalon, I, 253.

MARCELLUS, maître de la cavalerie en Gaule, n'aide pas Julien, I, 307.

Marchand (François), stucateur, VIII, 137 *note*.

Marchand, architecte, achève le Pont-Neuf, X, 475 *note*.

Marche (le comte de La) s'efforce en vain de se soustraire à la suzeraineté du roi d'Angleterre, III, 482 ; lui vend son comté, et part pour la terre sainte, 499.

Marche (Hugues de Lusignan, comte de La), dont Jean-sans-Terre a enlevé la fiancée Isabelle d'Angoulême, demande justice au roi de France, III, 572 ; fait la guerre au roi d'Angleterre, 573. — Épouse Isabelle après la mort de Jean-sans-Terre, incertitudes de sa politique, IV, 122, 136, 138 ; étendue de ses domaines, 145 ; il prend les armes contre Louis ix, 185, 186, 188 ; qui le contraint à se soumettre, 190 ; prend la croix, 206 ; est blessé à mort en débarquant en Égypte, 220.

Marche (Jean d'Armagnac, comte de La), fait la guerre en Gâtinais, VI, 365 ; est donné pour gouverneur au dauphin Louis, 377 ; est chassé par lui, 388 ; combat pour le roi contre le comte d'Armagnac son frère, 406.

Marche (Olivier de La), VI, 363 ; écuyer du comte de Charolais, 551.

Marcillac (l'abbé de), confident du cardinal de Richelieu, XI, 266 *note ;* prend part aux travaux du siége de La Rochelle, 273.

Marcus, Égyptien, apporte en Espagne les idées des gnostiques, I, 323.

Mare clausum, ouvrage exposant les prétentions de l'Angleterre sur le domaine de la mer, XI, 434 *note*.

Maréchal (François), architecte, auteur de la cathédrale de Beauvais, VIII, 140 *note*.

Mareuil (le bâtard de) assassine le connétable Charles d'Espagne, V, 130, 131 ; fait la guerre contre la France, 246 ; est tué à Cocherel, 248.

Marguerite, fille de Louis vii et de Constance de Castille, est fiancée, à six mois, au fils aîné d'Henri ii, III, 466 ; et mariée à trois ans, 477.

Marguerite, comtesse de Flandre et de Hainaut, prend la croix, IV, 206 ; ses deux mariages, et ses cinq fils qui se font la guerre, 253.

Marguerite, fille du comte de Provence, épouse Louis ix, IV, 169 ; ses aventures à la croisade, 215, 223, 235 et suiv.

Marguerite, fille de Hugues v, duc de Bourgogne, et femme de Louis le Hutin, est enfermée au château Gaillard d'Andeli, IV, 506 ; y est étouffée entre deux matelas, 523.

MARGUERITE, sœur de Philippe le Bel, épouse Édouard Ier, roi d'Angleterre, IV, 418.

MARGUERITE DE FLANDRE, femme de Jean de Montfort, soutient la guerre pendant la captivité de son mari, V, 60 et suiv.

MARGUERITE, fille de Louis de Mâle, comte de Flandre, épouse Philippe, duc de Bourgogne, V, 269; son héritage, 398; elle est placée par son mari auprès de la reine Isabeau, 437; calomnie le duc d'Orléans, 444; dépose sa ceinture et sa bourse sur le cercueil de son mari, 470.

MARGUERITE, fille du roi d'Écosse, est fiancée au dauphin, fils de Charles VII, VI, 121; l'épouse, 364; meurt à vingt ans, 428.

MARGUERITE D'YORK, fille d'Édouard IV, épouse Charles le Téméraire, VII, 33; démarche qu'elle fait auprès de Louis XI après la mort de son mari, 121.

MARGUERITE D'AUTRICHE, fille de Maximilien et de Marie de Bourgogne, tombe au pouvoir des Gantois, VII, 148; est fiancée au dauphin, fils de Louis XI, 149; amenée à Paris, 150; rendue à son père, 219, 226; épouse l'infant d'Espagne, fils de Ferdinand et d'Isabelle, et devient veuve, 284 *note;* se remarie, redevient veuve, est régente des Pays-Bas, 367, 368; fait construire l'église de Brou, *ibid. note;* ses travaux diplomatiques, 369, 370; ses manœuvres contre la France, 395, 424, 426; et pour l'élévation de la maison d'Autriche, 491, 492. — Elle négocie le traité de Cambrai, VIII, 116; meurt, 163 *note.*

MARGUERITE DE FRANCE, fille de François Ier, est fiancée à Philibert-Emmanuel, duc de Savoie, VIII, 477; l'épouse, 501, 502. — Inspire à son frère Henri II le goût des poésies de Ronsard, IX, 9, 10, 43.

MARGUERITE DE FRANCE, fille d'Henri II, IX, 18; ses amours avec Henri de Guise, 273; négociations tendant à la marier, *ibid.*, 275, 277, 279, 283, 293, 294; elle épouse le roi de Navarre, 306; danger qu'elle court lors de la Saint-Barthélemi, 325; elle rédige la défense de son mari lors du complot du duc d'Alençon, 377; ses amours avec La Môle, 378; elle est conduite par sa mère auprès de son mari, 483; dénoncée par Henri III comme maîtresse du vicomte de Turenne, 494; renvoyée outrageusement de la cour de France, 520; soulève Agen contre son mari, 549 *note.* — Est chassée par les Agénais, et se retire en Auvergne, X, 24 *note;* y demeure reléguée, 400; son mariage est annulé, 499 et suiv.

MARGUERITE, duchesse de Parme, gouvernante des Pays-Bas, IX, 26; de nom seulement, 190; traite avec les protestants, 208; tente de les exterminer, 209, 210; donne sa démission, 230.

MARGUERITE DE SAVOIE, duchesse douairière de Mantoue, vice-reine de Portugal, est arrêtée par les Portugais insurgés, et gardée en otage, XI, 532.

MARGUERITE DE SAVOIE, sœur du duc Charles-Emmanuel, voyage qu'on lui fait faire dans l'espoir d'un mariage avec Louis XIV, XII, 513 et suiv.

MARGUERITE D'AUTRICHE, fille cadette de Philippe IV, est fiancée à l'empereur Léopold, et déclarée héritière de la couronne d'Espagne par le testament de son père, XIII, 308.

MARIAGE DE FIGARO (le), XVI, 516.

MARIANA, jésuite. Son traité *de La Royauté*, X, 529; est condamné par la congrégation provinciale des jésuites de France, et par le général de l'ordre, Aquaviva, 534; autres publications qui le font incarcérer, *ibid. note.*

MARIC, Boïen, sa tentative d'insurrection et son supplice, I, 234.

MARIE, mère du khalife Hakim, fait reconstruire l'église du Saint-Sépulchre, III, 71.

MARIE DE FRANCE, poëte du XIIIᵉ siècle, IV, 367 *note.*

MARIE, fille de Louis VII, épouse le comte de Champagne, et tient à Troies une cour d'amour, III, 476 *note.*

MARIE DE LUXEMBOURG, fille de l'empereur Henri VII, épouse Charles IV, roi de France, IV, 554; meurt, 555.

MARIE, fille du roi de Hongrie Louis le Grand, épouse Sigismond de Luxembourg, margrave de Brandebourg, et lui apporte en dot la couronne de Hongrie, V, 400.

MARIE d'Avignon, sa vision, VI, 136.

MARIE D'ANGLETERRE, sœur d'Henri VIII, est fiancée à Charles-Quint, VII, 388, 426; mariée à Louis XII, 429. — Épouse Charles Brandon, duc de Suffolk, VIII, 434 *note.*

MARIE D'ANGLETERRE (Marie Tudor), fille d'Henri VIII, est fiancée au dauphin de France, VII, 486. — Reste seule vivante des trois enfants de Catherine d'Aragon, VIII, 172; est garantie de la persécution anglicane par l'intervention de Charles-Quint, 430; devient reine d'Angleterre, 431; épouse le prince d'Espagne, 432; commet d'horribles cruautés, 433, 434; fait la guerre à la France, 452; meurt, 472.

MARIE D'AUTRICHE, sœur de Charles-Quint, est promise en mariage à Louis, roi de Hongrie, VII, 489 *note.* — Devient veuve, VIII, 115; est gouvernante des Pays-Bas, 163; négocie et traite avec le gouvernement français, 247; travaille à réconcilier l'empereur et le roi de France, 250; s'oppose à l'établissement de l'inquisition dans les Pays-

Bas, 402; fait attaquer la Champagne, 417; se démet du gouvernement des Pays-Bas, 444.

MARIE STUART, reine d'Écosse, VIII, 288; est amenée en France, pour y épouser le dauphin, 392; l'épouse, 464; arbore l'écusson d'Angleterre, 473. — Rôle qu'elle joue auprès de son mari devenu roi, IX, 18; elle devient veuve, 61; suit à Reims le cardinal de Lorraine, 77; est offerte au roi de Navarre, 111; au fils de Philippe II, 113; retourne en Écosse, 165; ses mariages, ses crimes, sa captivité, son abdication, 213, 214; sa fuite de Loch-Leven, sa dernière défaite, sa captivité en Angleterre, 232 *note;* complots en sa faveur, 292. — X, 27; sa mort, *ibid.*

MARIE D'AUTRICHE, infante d'Espagne, fille de Philippe III, demandée en mariage par Charles Stuart, prince de Galles, XI, 196.

MARIE-THÉRÈSE D'AUTRICHE, infante d'Espagne, fille de Philippe IV, destinée par son père au fils de l'empereur, XII, 342 *note;* demandée sans succès pour Louis XIV, 481, 482; lui est offerte plus tard, 512 et suiv.; l'épouse, 534, 535; entre à Paris, 536. — Voyage en Flandre, XIII, 318; voit le roi lui revenir, 626. — Meurt, XIV, 6 *note,* 34.

MARIE-ANNE D'AUTRICHE, reine d'Espagne, régente après la mort de Philippe IV, XIII, 308; guerre que lui fait Louis XIV, et qu'elle soutient mal, 314, 316 et suiv., 323; traité de commerce avec l'Angleterre, *ibid.;* négociations sans résultat avec l'Empire, *ibid.;* paix avec le Portugal, 338; avec la France (traité d'Aix-la-Chapelle), *ibid.;* efforts qu'elle fait pour secourir la Hollande contre la France, 379, 410; alliance avec les Provinces-Unies, l'empereur et le duc de Lorraine, 428; le pouvoir lui est enlevé par don Juan d'Autriche, 486, 502; elle le recouvre, 571; traité avec l'Angleterre pour garantir l'exécution du traité de Nimègue, 573; coalition contre la France, 588, 589. — Guerre avec la France, XIV, 16 et suiv.; trêve conclue pour vingt ans, 21; on la soupçonne d'avoir empoisonné sa première bru, 352; elle quitte le parti autrichien dans la question de succession, et forme un parti bavarois, 353; meurt, *ibid.*

MARIE D'ANGLETERRE, fille du duc d'York (plus tard Jacques II), destinée par son oncle Charles II au prince d'Orange, XIII, 464; qu'elle épouse, 548. — Refuse d'approuver l'abrogation du *Test* décrétée par son père, XIV, 85; est proclamée reine d'Angleterre, d'Irlande et d'Écosse, 101, 102; meurt, 202.

MARIE LESCZINSKA, fille de l'ex-roi de Pologne Stanislas, devient reine de France, XV, 135; tente de séparer le roi de Fleuri, 145; éloigne d'elle son mari par sa maladresse et son excessive dévotion, 208. —

Fait tout ce qu'elle peut pour sauver les jésuites, XVI, 212; meurt, 273.

MARIE-THÉRÈSE D'AUTRICHE, fille aînée de l'empereur Charles VI. Mariage projeté entre elle et don Carlos, fils de Philippe V, roi d'Espagne, XV, 137, 156; elle est fiancée à François, duc de Lorraine, qui devient grand-duc de Toscane, 199; l'épouse, 220; hérite de tous les domaines de son père, 230; s'intitule reine de Hongrie et de Bohême, 233; repousse les propositions du roi de Prusse, 235, 237; obtient un subside du gouvernement anglais, 237; traite avec la Saxe, le Hanovre et la Russie, 238; repousse l'invasion des armées franco-bavaroises, grâce au dévouement des Hongrois, 239 et suiv.; reçoit des subsides de l'Angleterre et des Provinces-Unies, 248; prétend, pour traiter avec la France, que l'armée qui est dans Prague se rende prisonnière, 254; ses projets, ses prétentions, 262; traité d'alliance entre elle et le roi de Sardaigne, 263; elle veut l'Empire pour son mari, 264; le fait élire, 285; veut donner au roi de Sardaigne un territoire qu'elle a vendu aux Génois, 286; est empereur de fait, et ne laisse à son mari que le titre, 291; envoie 30,000 soldats en Italie, 294; soulève les Génois par l'abus qu'elle fait de sa puissance, 299; repousse la paix, 321; la subit, 323, 324; ses projets de vengeance contre le roi de Prusse; négociations qui amènent l'alliance de l'Autriche et de la France, 489 à 493, 495; traité secret avec la Saxe et la Russie, stipulant le partage de la Prusse, 497; elle fait payer par la France le subside qu'elle doit à la Russie, 512; adhère au traité de la France avec la Suède, 513; traité extraordinaire où elle amène Louis XV, 514; traité avec la Russie, 564; elle se refuse à un congrès proposé par la France, 573; se résigne à la paix, 596. — Hésite d'abord sur la question des jésuites, puis demande au pape leur suppression, XVI, 220, 222; affaires de Pologne, élection du prince Poniatowski, 259 et suiv.; elle conserve le pouvoir après la mort de son mari, 265; partage de la Pologne, 272, 299 à 302; dont elle se repent, 303; elle se fait céder par les Turcs la Bukowine, 305; désire que le duc de Choiseul rentre au ministère, 315; demande la médiation de la Russie, puis de la France, dans la question bavaroise, 439; meurt, 550.

MARIE-LOUISE-ÉLISABETH-ANNE-HENRIETTE DE FRANCE, fille aînée de Louis XV, épouse de l'infant d'Espagne don Philippe, demande à grands cris un apanage en Italie, XV, 236.

MARIE-JOSÈPHE DE SAXE, épouse le dauphin de France, XV, 304; pousse à la guerre contre la Prusse, de concert avec Mme de Pompadour, 512. — Meurt, XVI, 242.

MARIE-ANTOINETTE D'AUTRICHE, fille de Marie-Thérèse, reine de France, dauphine d'abord, XVI, 272; catastrophe qui assombrit les fêtes de son mariage, 279; préventions inspirées contre elle à son époux, 312; son caractère, inimitiés qui la menacent, 313, 314; elle abandonne le *droit de ceinture de la reine*, 318; fait renvoyer d'Aiguillon, 319; pousse au rappel de l'ancien parlement, 334; est hostile à Turgot, 377; sympathique à Voltaire, 394, 396; opposée à l'alliance de la France avec les États-Unis, 423; prend de l'ascendant sur son mari, 438; appuie Necker, 500; s'efforce en vain de le retenir, 503; situation que lui font dans l'opinion ses imprudences et la malveillance, 513; son entourage, 514; Saint-Cloud acheté pour elle, 542; *affaire du collier*, 555 et suiv.; elle entre dans la ligue formée contre Calonne, 580; le fait renvoyer, 582; fait arriver successivement au ministère M. de Fourqueux et M. de Brienne, 582, 583; impopularité qui la poursuit, 589; elle fait donner à Brienne le chapeau de cardinal, 614 *note*.

MARIGNAN (bataille de), VII, 447.

MARIGNAN (Medichino, marquis de), assiége Metz, VIII, 423; prend Sienne, 438; meurt, 444.

MARIGNI (Enguerrand de), légiste, IV, 427; haute position où il arrive, 461, 515; sa chute et son supplice, *ibid.* et suiv.

MARIGNI (Philippe de), frère d'Enguerrand, évêque de Cambrai, archevêque de Sens, poursuit et juge les templiers, IV, 490; troubles causés par ses excès, 548.

MARILLAC, archevêque de Vienne, fait un mémoire pour justifier la rupture de la trêve de Vaucelles, VIII, 447 *note*. — Parle en faveur des réformés dans l'assemblée de Fontainebleau, et demande la convocation d'un concile national, IX, 50; fait avertir les princes de Bourbon du piége qu'on leur tend, 56 *note;* meurt, *ibid.*

MARILLAC (Michel de), est élu membre du conseil général de la Ligue. X, 134; propose une réunion de toutes les chambres du parlement pour délibérer sur la trêve, et s'opposer à l'élection d'un roi, 321. — Est conseiller d'État, et chargé par Richelieu de l'administration des finances, XI, 206; cabale contre lui, 226; est surintendant, puis garde des sceaux, 234; instruit le procès du comte de Chalais, 238; porte la parole aux États de Bretagne, 241; son discours aux notables de 1626, 247; il excite la reine mère contre Richelieu, 278; est auteur du Code Michau, que repousse le parlement, 293 et suiv.; contrarie les projets de Richelieu contre la Savoie, 329; est destitué, exilé, 346.

MARILLAC (Louis de), maréchal de camp, XI, 270; employé au siège de La Rochelle, 274; maréchal de France commandant l'armée de Champagne, 327; conspire contre le cardinal de Richelieu, 331; propose de le faire périr, 338; commande en Piémont une des divisions de l'armée, 339; est un moment général en chef, puis destitué, arrêté, ramené en France, 342, 346; accusé de péculat, jugé, condamné à mort, exécuté, 374 et suiv.

MARILLAC, intendant du Poitou, persécuteur des protestants, XIII, 626, 627. — Intendant de Rouen, XIV, 48 *note*.

MARIN, légat du pape Agapit, réunit le concile d'Ingelheim, II, 527.

MARINE (gardes de), école instituée par Colbert, XIII, 131.

MARINI (Camillo), ingénieur italien, fortifie la ville de Metz, VIII, 422.

MARIOTTE, physicien, un des premiers membres de l'Académie des sciences, XIII, 170.

MARIUS, consul, est mis à la tête de l'armée romaine dans la *Province*, I, 120; extermine les Teutons, 121 et suiv.; les Kimris, 124 à 126.

MARIUS, ouvrier armurier, empereur trois mois, assassiné, I, 274.

MARIVAUX, auteur comique, XV, 332; romancier, 334 *note*.

MARK (Guillaume de La) défend la ville de Neuss contre Charles le Téméraire, VII, 94; massacre l'évêque de Liége, 148; est décapité, 149 *note*.

MARK (Robert de La), duc de Bouillon, combat à Novarre, VII, 418; procure des lansquenets à François Ier, 439; se brouille avec lui, 494. — Se révolte contre l'empereur, VIII, 41; est dépouillé de son duché, 117.

MARK (Guillaume de La), duc de Clèves, de Berg, de Juliers et de Gueldre par élection, épouse Jeanne d'Albret, VIII, 264; se joint à l'armée française qui envahit le Luxembourg, 280; se soumet à l'empereur et voit casser son mariage, 288 et suiv.

MARK (Robert, comte de La), seigneur de Sedan, fait partie, sous Henri II, du conseil privé, VIII, 360; épouse une fille de Diane de Poitiers, 368; est maréchal de France après Du Biez, *ibid.*; recouvre le duché de Bouillon, 417; est fait prisonnier à Hesdin, 429; meurt, 447 *note*.

MARK (de La), duc de Bouillon, gouverneur de Normandie, suspect de calvinisme, se retire à Caen et se déclare neutre, IX, 139; est dans le complot qui a pour objet l'évasion du duc d'Alençon et du roi de Navarre, 374.

MARK (de La), duc de Bouillon, donne asile aux protestants, X, 25; meurt à Genève, après une campagne malheureuse, 44 et suiv.

MARK (Charlotte de La), sœur et unique héritière du duc de Bouillon;

[MAR] DES MATIÈRES. 383

les Guises veulent la contraindre à épouser un prince lorrain, X, 52 ; elle épouse le vicomte de Turenne, 259.

MARKOMANS, peuple germain, I, 145 ; appartenant à la confédération suève, 243 ; leurs guerres contre les Romains sous Marc-Aurèle, 243 ; envahissent la Gaule à la suite des Wandales et des Alains, 335. *Voy.* SUÈVES.

MARKOMER tente de soulever les Franks, est enlevé par les Romains et transporté en Toscane, I, 330.

MARKOWÈFE, suivante d'Ingoberghe, concubine d'Haribert, puis sa femme, II, 40.

MARLBOROUGH (Churchill, duc de) combat sous Turenne à Entzheim, XIII, 450. — Tente de livrer Jacques II au prince d'Orange, XIV, 97 ; prend Corke et Kinsale, 141 ; correspond secrètement avec Jacques II, 156 ; est découvert et arrêté, 158 ; avertit Jacques II et Louis XIV des projets de Guillaume III sur Brest, 197 ; haute situation où l'élève la guerre de la succession d'Espagne, 384, 385, 392 ; grands succès militaires qu'il obtient, 394 ; honneurs et richesses qui s'accumulent sur lui, 404 ; campagne en Flandre et en Belgique, 405, 406 ; sur le Rhin et le Danube, bataille de Hochstedt, 423 à 429 ; il occupe Trèves et prend Trarbach, 430 ; est gorgé de trésors et d'honneurs, 431 ; nouvelle campagne sur la Moselle, la Meuse, etc., 442 et suiv. ; il obtient huit mille hommes du roi de Prusse en lui donnant la serviette, 445 ; les États-Généraux des Provinces-Unies lui donnent carte blanche, 453 ; bataille de Ramillies et conquêtes qui en sont la suite, 456 à 460 ; il demande pour l'archiduc toute la succession d'Espagne, 471 ; détourne Charles XII d'entrer en Bohême et l'accommode avec l'empereur, 472 ; manœuvre contre Vendôme, 476 ; se replie sur Louvain, 497 ; bat les Français à Oudenarde, 498 ; attaque la Flandre française, 500 ; couvre le siège de Lille, 501 et suiv. ; fait des ouvertures pacifiques qui sont repoussées, 504 ; dégage Bruxelles assiégée, 505 ; refuse quatre millions offerts par Louis XIV et pousse à la guerre, 511, 512 ; conquêtes en Flandre, bataille de Malplaquet, 520 à 525, 529, 530 ; il perd le titre de plénipotentiaire et la nomination aux emplois militaires, 537 ; prend Bouchain après une campagne laborieuse, 541, 542 ; est révoqué, 547 ; rétabli dans ses charges, 592.

MARLBOROUGH (Sarah Jennings, comtesse, puis duchesse de) gouverne la reine Anne, XIV, 385 ; est disgraciée, 536.

MARLE (Thomas de), seigneur de Vervins, recueille les bourgeois de Laon, III, 255 ; les défend pendant trois années, 256 ; ses excès contre Amiens et sa lutte contre Louis le Gros, 257, 258 ; sa mort, 291, 292.

MARLE (le comte de) combat à Azincourt, VI, 16; y périt, 20.

MARLE (Henri de), chancelier de France, VI, 29; est pris par les Bourguignons, 37; et massacré, 40.

MARLE (le comte de), fils aîné du connétable de Saint-Pol, est tué à Morat, VII, 114.

MARLI (palais de), XIII, 244 *note*. — XIV, 6.

MARLORAT (Augustin), ministre calviniste au colloque de Poissi, IX, 100; est mis à mort par les catholiques, 442.

MARNIX (Philippe de), seigneur de Sainte-Aldegonde, rédige le *compromis des nobles* et leur requête, IX, 207 *note;* soulève les Pays-Bas, 299; rédige l'acte de déchéance de Philippe II, 502; pousse les Provinces-Unies à offrir la souveraineté au roi de France, 537. — Défend Anvers contre les Espagnols, X, 2 *note*.

MAROBOD, Markoman; son ambition, I, 249; il reste neutre avec les Herminungs pendant la guerre des Istewungs contre les Romains, rend à ceux-ci la tête de Varus, est chassé par les Markomans, va mourir à Rome, I, 223.

MAROLLE, député du clergé de Saint-Quentin, se réunit au tiers état en proclamant la nécessité de vérifier les pouvoirs en commun, XVI, 654.

MAROT (Jean), poëte, VII, 354.

MAROT (Clément), VII, 479. — Il est blessé et fait prisonnier à Pavie, VIII, 66 *note;* tourne au protestantisme, 147; est arrêté, 153; élargi, 154; se retire chez la reine de Navarre, puis chez la duchesse de Ferrare, 195 *note;* revient à la cour, 268; traduit des psaumes en vers et se retire à Genève, 287; meurt, 297 *note*.

MAROZIA, dame romaine, II, 513.

MARQUEMONT (Simon de), archevêque de Lyon, ambassadeur de France à Rome, XI, 209 *note*.

MARQUETTE, jésuite, arrive au Mississipi par la rivière Ouisconsin, XIII, 558.

MARSAILLE (bataille de La), XIV, 179 et suiv.

MARSEILLE. Ses institutions municipales, III, 230 et suiv. — Elle jouit d'un gouvernement républicain, IV, 100, 128; est attaquée par le comte de Provence et sauvée par le comte de Toulouse, 155; assujettie par Charles d'Anjou, 251 et suiv. — Assiégée par les impériaux et le connétable de Bourbon, VIII, 55, 56. — Est ligueuse, mais reste française, X, 249, 287; est tyrannisée par ses officiers municipaux, 359, secoue leur joug et rentre sous l'autorité royale, 389 et suiv. — Perd ses franchises municipales, XII, 531, 532. — Est dépeuplée par la peste, XV, 599 et suiv. — Est admise parmi les ports qui jouissent du commerce d'Amérique, XVI, 212, 213.

Marses, Germains istewungs, I, 216.

Marsillac, gentilhomme du prince de Condé, est attaqué par son ordre et blessé grièvement pour être entré au service de la reine mère, XI, 79.

Marsin, officier général, commandant l'armée française en Catalogne, contraint les Espagnols à se retirer de Barcelone sur l'Èbre, XII, 242; est arrêté, 362; rétabli dans ses emplois et fait vice-roi de Catalogne, 385; quitte son gouvernement et se joint au prince de Condé, 386; dont il commande l'armée en Guienne, 398; est défait par le duc de Candale, 444; traite avec la cour, 447; quitte la France, 448; est condamné à mort et exécuté en effigie, 458. — Empêche Louis XIV de prendre Dendermonde, XIII, 318; mestre de camp général des troupes espagnoles, 321; est battu par les Français, *ibid.*

Marsin, fils du précédent, ambassadeur de France à Madrid, XIV, 379; maréchal, commande l'armée d'Allemagne, 412; prend Passau, 413; essuie plusieurs revers, dont le plus grand est la défaite de Hochstedt, 425 à 429; commande l'armée d'Alsace, 440; est envoyé au secours de l'armée de Flandre, 443; commande un corps d'armée sur la Moselle, 455; est renvoyé dans les Pays-Bas, 456; met en défense les places de la Sambre, 458; commande en Italie sous le duc d'Orléans, 459; en Piémont, 463; l'empêche d'agir, 464; est tué, 465.

Marston-Moor (bataille de), XII, 189.

Martellière (La), avocat de l'Université contre les jésuites, XI, 31.

Martenne (le Père Edmond), bénédictin, collaborateur et continuateur du Père Mabillon, XIV, 254.

Martial (saint), apôtre de Limoges, I, 268.

Martial de Paris, auteur des *Vigiles du roi Charles le septième*, VI, 92 *note*.

Martin (saint). Sa vie, I, 315, 316; son horreur des persécutions religieuses, 324; sa mort, vénération qui s'attache à sa mémoire, 325.

Martin, cousin de Peppin de Héristall et son complice, II, 160; sa défaite et sa mort, 161.

Martin IV, pape, excommunie l'empereur Michel Paléologue, IV, 373; le roi d'Aragon, 377; meurt, 379.

Martin V, pape élu par le concile de Constance, V, 556; cherche à rapprocher le duc de Bourgogne et Charles VII, VI, 108; annule le mariage du duc de Glocester avec Jacqueline de Bavière, 116.

Martin, un des *Seize*, X, 263; adjoint au *conseil des Dix*, 265.

Martin (François), commandant en chef des établissements français dans l'Inde, XIII, 553.

Martinet, inspecteur-général de l'infanterie, invente les équipages de pont, XIII, 377; meurt au siége de Doesbourg, 392.

Martinez Pasqualis, juif portugais, introduit le rite des *cohens* dans certaines loges *maçonniques*, XVI, 529.

Martinique (La). Fondation de cette colonie, XI, 427 *note*. — Expulsion par les colons d'un gouverneur et d'un intendant, XV, 66 *note;* prospérité de la Martinique vers 1740, 213; les Anglais s'en emparent, 589; la rendent, 593. — Sa prospérité augmente, XVI, 235.

Martinozzi (Anne-Marie), nièce de Mazarin, épouse le prince de Conti, XII, 458.

Martinuzzi, évêque de Waradin, est assassiné par ordre de Ferdinand Ier, roi des Romains, VIII, 418 *note*.

Masaniello, pêcheur napolitain; son étrange fortune et sa mort, XII, 246.

Mascaron, prédicateur, XIII, 219.

Masham (mistress) prend auprès de la reine Anne la place de lady Marlborough, XIV, 536.

Masolino, peintre, VII, 236.

Masque de fer (l'homme au), XIII, 45 *note*.

Massa (le prince de) est élu capitaine-général des Napolitains insurgés, XII, 247; égorgé, 248.

Massalie (l'ancienne Marseille) est fondée par les Phocéens, I, 11; est attaquée en vain par Conan, roi des Ségobriges, 12; est secourue par Bellovèse, 16, 17; est l'alliée de Rome contre Carthage, 101; et contre la Gaule espagnole, 106; appelle les Romains dans la Gaule, 108 et suiv.; s'agrandit aux dépens des Gaulois, 127; est attaquée par eux et sauvée par Fontéïus, *ibid.;* prend le parti de Pompée contre César, 192; est assiégée, se rend à discrétion et perd son indépendance, 192, 193; obtient sous Auguste le titre de *nation* alliée, 199.

Masselin (Jean), official de l'archevêché de Rouen, auteur du Journal des États-Généraux de 1484, VII, 170; où il préside la *nation* de Normandie, 174, 177, 186 et suiv.

Massénie, franc-maçonnerie du moyen âge, III, 398, 412.

Massieu (Jean), appariteur au procès de Jeanne Darc, VI, 248, 257, 260, 296.

Massillon. Insinuation tirée d'un de ses sermons sur l'exploitation par les riches de la misère publique, XIV, 508 *note*. — Il atteste la ductrine et les bonnes mœurs de Dubois, XV, 110; appréciation de son caractère et de son talent, 345.

MATERNUS, chef des *déserteurs;* son hardi projet, sa mort, I, 256 et 257.

MATHIAS, empereur d'Allemagne, d'abord archiduc d'Autriche et gouverneur des Pays-Bas, IX, 480: quitte ce gouvernement, 501. — Est candidat au titre de roi des Romains, X, 544; est élu, 552; se fait un empire à lui dans les états de l'empereur son frère, 552, 553. — Monte après lui sur le trône impérial, XI, 18; devient ardent pour la cause catholique, 137; perd la Bohême, 138; meurt, 143.

MATHIEU, second fils de Thierri, comte de Flandre, reçoit d'Henri II, roi d'Angleterre, le comté de Boulogne, III, 478.

MATHIEU DE VENDÔME, abbé de Saint-Denis, est chargé de la régence pendant l'absence de Louis IX, IV, 326; rassemble à Saint-Denis les tombeaux disséminés des rois de France, 331.

MATHIEU (le Père), jésuite, *courrier de la Ligue,* IX, 541. — X, 263.

MATHIEU, historien, X, 338 *note.*

MATHILDE, fille du comte de Flandre Baudouin V, épouse Guillaume le Conquérant, III, 84.

MATHILDE, fille de Foulques V, comte d'Anjou, épouse l'héritier du trône d'Angleterre, III, 277; meurt, 282.

MATHILDE, fille d'Henri Ier, roi d'Angleterre, femme de l'empereur Henri V, reste seule héritière de son père, III, 283; est acceptée pour lui succéder, 296; épouse Geoffroi Plantagenet, *ibid.;* son expédition en Angleterre, 424, 425.

MATIGNON, gentilhomme normand, dénonce les menées du connétable de Bourbon, VIII, 44.

MATIGNON, chef catholique, fait la guerre aux protestants de Normandie, IX, 139; empêche les catholiques de les massacrer, 340; continue à les combattre loyalement, 376, 379, 391; est fait maréchal, 470; prend La Fère, 498; est lieutenant-général du roi en Guienne et empêche les ligueurs de Bordeaux de se soulever, 548. — Aide faiblement les opérations du duc de Mayenne, X, 17, 18; comprime les ligueurs de Bordeaux et chasse les jésuites de cette ville, 139; la contient derechef après la mort d'Henri III, 181; y fait reconnaître Henri IV, 236; apaise la sédition des *Croquants,* 367; préside un bureau de l'assemblée des notables de Rouen, 405.

MATTIAQUES, Germains istewungs, I, 244; ils passent le Rhin et saccagent le pays des Ubiens, 235.

MATTIOLI (le comte), secrétaire du duc de Mantoue, XIII, 45 *note;* salarié par Louis xiv et par l'empereur, est enlevé par ordre de Louis et enfermé pour toujours à Pignerol, 584.

MAUGER, comte de Corbeil, fait la guerre aux vassaux révoltés d'Henri Ier, III, 65.

MAUGER, archevêque de Rouen, est déposé par un concile, III, 96.

MAUGIRON, lieutenant du duc de Guise, comprime le protestantisme en Dauphiné, IX, 47; en est chassé par le baron des Adretz, 138.

MAUGIRON, mignon d'Henri III, tué en duel, IX, 473.

MAUPEOU (de), premier président du parlement de Paris, puis chancelier, fait donner les finances à l'abbé Terrai, XVI, 247; grande révolution qu'il opère dans l'organisation de la magistrature, 279 à 287; intermédiaire entre le parti dévot et la Du Barri, 307; est renvoyé, 320 et suiv.

MAUPERTUIS, auteur du *Discours sur la figure des astres*, aide Voltaire à écrire les *Éléments de la philosophie* de Newton, XV, 386; va mesurer un degré du méridien dans la région polaire, 395. — Est jaloux de Voltaire à Berlin, XVI, 4; avance, dans un livre écrit en latin, que toutes les espèces animales sortent d'un premier animal, 38 *note*.

MAUR (saint) introduit en France la règle de saint Benoît et fonde le couvent de Glanfeuil, II, 34.

MAURAN (Pierre de), chef des manichéens de Toulouse, est condamné à une pénitence perpétuelle, III, 498.

MAUREPAS. *Voy.* PHELIPPEAUX DE MAUREPAS.

MAUREPAS (la comtesse de), femme du premier ministre, fait donner la marine à Turgot, XVI, 319; à Sartine, 321.

MAUREVERT (Charles de Louviers, sieur de) assassine le commandant de Niort, IX, 260; blesse l'amiral Coligni, 310; fait une triste figure au siége de La Rochelle, 358 *note;* tente d'assassiner La Noue, 376; est tué, *ibid. note*.

MAURICE DE SAXE, chef de la branche cadette de cette maison, VIII, 352; envahit les États de l'electeur Jean-Frédéric, 354; en est repoussé, 355; est investi du duché de Saxe par l'empereur, 374; est trompé par Perrenot de Granvelle, 375; reconnaît le concile de Trente, 376; assiége et prend Magdebourg, 403, 408; se retourne contre l'empereur et le chasse du Tyrol, 409 et suiv.; traite avec lui à Passau, 418; va guerroyer en Hongrie, 419; meurt, 442.

MAURICE *le Savant,* landgrave de Hesse, vient en France *incognito* pour conférer avec Henri IV, X, 520. — Sauve sa province de l'invasion en abandonnant l'électeur palatin, XI, 168.

MAURICE DE SAVOIE (le cardinal), frère du duc Victor-Amédée, est nommé par l'empereur régent de Savoie, XI, 500 ; signe une trêve avec la France, 501 ; s'empare de Nice, *ibid.;* s'accommode avec la duchesse douairière et la France, se sécularise, se marie, obtient de grands avantages sur les Espagnols, 573, 574.

MAURICE (île). Abandonnée par les Hollandais, elle est occupée par les Français et reçoit le nom d'*Ile-de-France*, XV, 63 ; domine l'Océan indien, 240. — Sa prospérité augmente, XVI, 235 ; elle est rétrocédée au roi par la Compagnie des Indes, 277.

MAURONTE défend la Provence contre les Arabes, II, 195 ; contre les Franks, 207 ; y appelle les Arabes, 209.

MAUVOISIN (Samson de), archevêque de Reims, est chargé de l'administration du domaine royal pendant la troisième croisade, III, 434.

MAXENCE, fils de Maximien, enlève l'Italie et l'Afrique à Sévère, I, 293 ; sa tyrannie, *ibid.;* il provoque Constantin, sa défaite et sa mort, *ibid.*

MAXIME, empereur éphémère, I, 267.

MAXIME, espagnol, est proclamé empereur par l'armée de Bretagne, I, 322 ; sa cruauté envers Priscillianus, 323, 324 ; il attaque Valentinien II, est vaincu par Théodose, pris et décapité, 325.

MAXIME, assassin de Valentinien III, règne après lui pendant deux mois, I, 380.

MAXIMIEN, principal lieutenant de Dioclétien, est associé à l'empire, I, 281 ; combat et réprime les Bagaudes, 282 ; enveloppe les chrétiens dans la répression, *ibid.;* ses expéditions contre les barbares, 283 ; il abandonne Rome et siège à Milan, 286 ; pousse Dioclétien à persécuter les chrétiens, 289 ; abdique, *ibid.;* sa trahison envers Constantin et sa mort, 290 et 291.

MAXIMILIEN D'AUTRICHE, empereur d'Allemagne. Charles le Téméraire lui offre sa fille en mariage, VII, 79 ; il l'épouse, 132 ; fait une trêve d'un an avec Louis XI, 136 ; envahit la Flandre française, 138 ; sa position difficile après la mort de sa femme, 148, 149 ; il obtient des Flamands la tutelle de son fils Philippe, 194, 196 ; est élu roi des Romains, 199 ; attaque de nouveau la France, 199, 200 ; ses disgrâces en Flandre, 210, 211 ; ses succès en Hainaut, *ibid.;* ses traités contre la France, 211 ; avec la France, 213 ; il épouse Anne de Bretagne par procuration, 215 ; dispute la couronne de Hongrie au roi de Bohême, *ibid.;* s'accommode avec lui, 218 ; se voit enlever Anne de Bretagne, *ibid.;* fait la paix avec la France, 226 ; devient empereur après son père, 250 ; entre dans une coalition contre la France, 269 ; fait une campagne malheureuse en Toscane, 283 ; comment il marie ses enfants, 284 *note;* il attaque la Bourgogne, 310 ; lutte contre les Suisses,

313; divers traités qu'il fait avec Louis xii, 320, 328, 333, 349, 350; il donne à ce prince l'investiture du Milanais, 352; intrigue partout contre lui, 359, 362, 366; obtient des Flamands la tutelle de son petit-fils, 367, 368; réussit auprès du pape, mais échoue contre les Vénitiens, 368; se coalise contre eux avec Louis xii, 370; ses mauvais succès, 377, 389; ses manœuvres contre Jules ii, 392, 393; il veut être pape, 396; se ligue à perpétuité avec les Suisses, 399; traite avec les Vénitiens et rappelle ses troupes de l'armée française, 404; ses concessions au pape et ce qu'il en obtient, 443, 444; il fait de nouveau la guerre à la France, 419, 421, 422, 423; se sépare d'Henri viii, 426; entre dans une nouvelle coalition, 444; envahit le Véronais, 454, 455; fait la paix avec Venise, 458; et avec les rois de France et d'Espagne un traité contre les Turcs, 487; ses dispositions dernières et sa mort, 489 et suiv.

MAXIMILIEN ii d'Autriche, VIII, 403. — Roi des Romains, empereur après son père Ferdinand i^{er}, accorde à ses sujets la tolérance religieuse, IX, 187, 205; marie sa fille Élisabeth à Charles ix, 274; verse des larmes en apprenant la Saint-Barthélemi, 342; est élu roi de Pologne, 417; meurt, *ibid.*

MAXIMILIEN, archiduc d'Autriche, candidat au titre de roi des Romains, X, 544; renonce à ses prétentions en faveur de son frère Mathias, 552. — Puis de son neveu Ferdinand, XI, 137.

MAXIMILIEN, duc de Bavière, aspire au titre de roi des Romains, X, 544; se met à la tête de la ligue catholique allemande, 553. — Traite avec les prétendants au duché de Berg et Juliers, XI, 17, 18; refuse de se porter candidat à l'empire, 144; soutient l'empereur Ferdinand ii dans la guerre de Bohême, 154; commande l'armée de la ligue catholique, 156; envahit la Bohême, défait l'armée du roi Frédéric, 165; s'empare du Haut-Palatinat, 182; en reçoit l'investiture, 196; négocie, 258; devient hostile à l'Autriche, 333 et suiv.; fait alliance avec la France, 362; est chassé de Munich par les Suédois, 370; obligé de se soumettre à Waldstein, 372; épouse une sœur de l'empereur, 425.— Négocie avec la France, XII, 206, 211, 216; et trompe Mazarin, 217; obtient la paix, 218, 219; recommence la guerre, 255; est battu et s'enfuit à Saltzbourg, 258; gagne au traité de Westphalie le Haut-Palatinat et le premier Électorat, 265.

MAXIMILIEN ii ou MAXIMILIEN-EMMANUEL, électeur de Bavière, XIII, 569; entre dans une coalition contre la France, 589. — Va secourir Vienne attaquée par les Turcs, XIV, 15; est battu devant Bude, 30; projets de mariage et d'agrandissement que Louis xiv fait échouer,

39; il bat les Turcs, 67; entre dans la ligue d'Augsbourg, 72; bat les Turcs à Mohacz, 77; envahit les provinces rhénanes, 107; prend Mayence, 109; commande en chef l'armée impériale, 127; négocie avec le duc de Savoie, 130; l'appuie, en Piémont, d'un nombreux corps auxiliaire, 146; est gouverneur des Pays-Bas espagnols, 163; commande un corps d'armée sous le prince d'Orange, 206; renouvelle son adhésion à la *grande alliance* contre Louis XIV, 210; proclame Philippe V en Belgique, 363; expulse des places belges les garnisons hollandaises, qu'il remplace par des garnisons françaises, 370; attire son frère, l'électeur de Cologne, à l'alliance française, 384; négocie *l'union des neutres* entre les cercles de la Basse-Allemagne, *ibid.*; prend Ulm, 396; occupe le cours de l'Iller, 398; traité secret où Louis XIV lui promet la Belgique, 407 *note;* prend Neubourg sur le Danube, 407; bat les impériaux, occupe Ratisbonne, 408; campagne qu'il fait avec le maréchal de Villars, victoire de Hochstedt, prise de Passau, etc., 408 à 413; autre campagne avec Marsin et Tallard, défaites de Donaverth et de Hochstedt, perte de la Bavière, 425 et suiv.; il se réfugie dans les Pays-Bas, 430; commande en Flandre le corps d'armée espagnol, 440; prend Hui, occupe Liége, 442; est mis au ban de l'empire, 455; défaite de Ramillies, et suites qu'elle entraîne, 457, 458; il demande, au nom de Louis XIV, des conférences au duc de Marlborough et aux États-Généraux des Provinces-Unies, 474; tient tête, en Souabe, à l'électeur de Hanovre, 497; assiége sans succès Bruxelles, 505; recouvre la Bavière et le Haut-Palatinat, 580; traité secret par lequel la France s'oblige à faire passer l'empire dans sa maison, *ibid. note.*

MAXIMILIEN-JOSEPH, électeur de Bavière, XV, 278; s'accommode avec l'Autriche, 279; s'allie à cette puissance contre la France, 291. — Chasse les jésuites, XVI, 220; meurt, 437.

MAXIMILIEN D'AUTRICHE, archiduc, est élu coadjuteur de l'archevêque de Cologne, XVI, 549.

MAXIMIN, assassin d'Alexandre Sévère, lui succède, son règne, sa mort, I, 266 et 267.

MAXIMIN DAZA, créature de Galerius, I, 289; règne sur l'Asie, la Syrie et l'Égypte, I, 293.

MAYENNE (Geoffroi de), tuteur de Hugues, comte du Maine. Ses démêlés avec la commune du Mans, III, 128 et suiv.

MAYENNE (le marquis, puis duc de), frère cadet du duc Henri de Guise, concourt à la défense de Poitiers contre les huguenots, IX, 253; fait une campagne maritime contre les Turcs, 288; commande l'armée royale, 425; jure, malgré lui, d'observer l'édit de pacification de 1576, 437; est gouverneur de Bourgogne, 453; se montre ennemi acharné des huguenots, 457, 462; commande avec succès l'armée de la Charente, 463 et suiv.; assassine Saint-Mesgrin, 473; pacifie le Dauphiné, 498; fait des avances aux huguenots, *ibid. note;* est forcé de vendre sa charge d'amiral, 506; traite avec le roi d'Espagne, 539; s'insurge, et s'empare de Dijon, 543; envoie au parlement d'Aix le manifeste de la Ligue, 547; traite avec la cour, 552. — Tient tête en Guienne, et médiocrement au roi de Navarre, X, 12, 17 et suiv.; conspire à Paris, sans succès, 31, 32; trame, à Lyon, un complot contre le duc d'Épernon, 36; commande les catholiques conjointement avec son frère, 46; est chargé de conduire la guerre en Dauphiné, 96; se retire en Bourgogne, 117; la soulève contre Henri III, 130; délivre Orléans, anime Chartres à la rébellion, 132; réorganise la Ligue à Paris, 133 et suiv.; à Rouen, 135; est proclamé lieutenant-général du royaume, 135, 136; tient la campagne contre Henri III sur la Loire et en Beauce, 145 et suiv.; prend Alençon et Montereau, 152; implore l'assistance espagnole, 153; négocie avec le pape, 154, 155; est menacé dans Paris par l'armée royale, 157; reconnaît le cardinal de Bourbon pour roi de France, 171; refuse de négocier avec Henri IV, 178; est battu par ce prince à Arques, 180, 183, 184; revient à Paris, 185, 188; sa position dans Paris vis-à-vis de l'Espagne et de la Ligue, 192 et suiv.; campagne autour de Paris, bataille d'Ivri, 198 et suiv.; il se retire à Soissons, 205; refuse des places de sûreté aux Espagnols, 215; en reçoit quelques renforts, *ibid.*; s'établit à Meaux, 224; rentre à Paris, 231; prend Provins et Corbeil, 232, 233; reçoit dans Paris des troupes espagnoles, 244; prend Château-Thierri, 247; négocie, 248; laisse prendre Noyon, 257; abat la faction des *Seize*, 259 et suiv.; confère avec le duc de Parme, 272 et suiv.; va secourir la ville de Rouen assiégée par Henri IV, 277, 280 et suiv., 285; fait à ce monarque, pour le reconnaître, des conditions inacceptables, 291; convoque les États-Généraux de la Ligue, 295; rôle qu'il y joue d'abord, 297, 300, 302, 303, 307; il fait des maréchaux, 304; prend Noyon, 307, 309; confère à Reims avec le duc de Lorraine. 311; revient agir sur les États-Généraux, 316, 329 et suiv., 332, 333; fait échouer à Lyon les projets du duc de Nemours, 337; quitte Paris, 347; se maintient à Laon, Soissons, etc., 359; se rend en Belgique, 360; perd Laon, 361; Amiens, 363; la Bourgogne, 375; traite avec le roi, 377, 378, 387, 388; s'entretient avec lui à Monceaux, 393 *note;* le rejoint au siége de La Fère, 393; l'accompagne au siége d'Amiens, 414, 416, est membre du conseil de régence, 565.

MAYENNE (Henri de Lorraine, duc de), fils du précédent, et, de son vivant, duc d'Aiguillon, gouverneur de Normandie, X, 275; de Bourgogne, 388; y renonce, et devient grand chambellan, *ibid.* — Va demander pour Louis XIII la main d'Anne d'Autriche, XI, 37; se révolte à plusieurs reprises, et, chaque fois, y gagne un accroissement de fortune, 42, 46, 94, 98, 101, 104, 105, 108, 110, 120; échange le gouvernement de l'Ile-de-France contre ceux de la Guienne et du Château-Trompette, 131; cabale avec la reine mère, 139; se retire dans son gouvernement, 159; meurt au siége de Montauban, 179.

MAZARIN (Giulio Mazarini), gentilhomme romain, agent diplomatique, rencontre le cardinal de Richelieu, XI, 323; services diplomatiques rendus par lui au gouvernement romain, 332, 341, 359, 424, 516; il s'attache au cardinal de Richelieu, 516; est fait cardinal, 518; négocie un traité entre le gouvernement français et le prince Thomas de Savoie, 544; appuie Richelieu auprès du roi, 564; suit le roi à Paris, 567; négocie avec le duc de Bouillon l'abandon de Sedan à la France, 570; est appelé au conseil par Louis XIII, 582; lui inspire des mesures de clémence, 583; est membre du conseil de régence, 584; y renonce, 588; est premier ministre, 589. — Fait recevoir la bulle qui condamne Jansénius par le clergé de France, XII, 102; et par le parlement, 107; impose le *formulaire* aux gens d'Église, 117; sa position auprès d'Anne d'Autriche, 158; il gagne le duc d'Orléans et le prince de Condé, 159; résiste aux prétentions des princes, des grands seigneurs, 169; et des grandes dames, 170; échappe à une embuscade du duc de Beaufort, 171; met Turenne à la tête de l'armée d'Allemagne, 174; son administration financière, 177 et suiv.; ce qu'il fait pour le roi d'Angleterre engagé dans la guerre civile, 187 et suiv.; il raccommode le duc de Parme avec le pape, 194; envoie le duc d'Enghien en Brisgau, 194; fait dominer la France sur la rive gauche du Rhin, 197, 198; fait accepter à la Suède et au Danemark la médiation de la France, 198; vend à la Franche-Comté la neutralité moyennant une rente de 40,000 écus à son profit, *ibid.*; embarras financiers où il tombe et commencement de sa longue lutte contre le parlement, 200 et suiv.; il rend à la duchesse de Savoie les places occupées par les troupes françaises, 204; traite avec la Hollande, 211 *note;* suspend les opérations militaires de Turenne, 216; traite avec la Bavière, 219; envoie contre les possessions des Espagnols en Toscane une expédition qui échoue, 220 et suiv.; ses prétentions au congrès de

Westphalie, 224, 230; négociations pour les soutenir, 230 à 237; il envoie le duc d'Enghien, devenu prince de Condé, en Catalogne, *ibid.* et suiv.; intervient dans l'insurrection napolitaine d'une manière insuffisante, 249 et suiv.; suite des négociations de Westphalie, 253; il rappelle Condé de Catalogne; comment il le remplace, 256; revers en Flandre, puis grands succès, 259 et suiv.; paix de Westphalie, 263 et suiv.; nouveaux embarras financiers, nouvelles discussions avec le parlement, commencement de la *Fronde*, 272 et suiv., 288 et suiv.; arrestation du conseiller Broussel et de deux présidents, et suites de cette mesure, 294, 296, 299, 300; il s'installe à Ruel avec la reine, 302; exile Châteauneuf, emprisonne Chavigni, 303; il est peu estimé, pourquoi, 309, 310; plan de campagne qu'il adopte contre Paris, 311; il se retire à Saint-Germain, 312; arrêt du parlement contre lui, 313; convocation sans résultat des États-Généraux, 318; *mazarinades*. 319; conférences de Ruel, 326; paix de Ruel, 329 et suiv.; entreprise avortée sur Cambrai, 335; il rentre à Paris, 339; discussions avec le prince de Condé, querelles, raccommodements, intrigues, nouvelles querelles, 340, 345 et suiv.; il le fait arrêter et emprisonner avec son frère et son beau-frère, 347, 348; va pacifier la Normandie, 350; la Bourgogne, *ibid.*; va à Compiègne, 354; rentre à Paris, 355; part pour la Guienne, *ibid.*; s'arrête à Libourne, 357; entre à Bordeaux, 361; revient à Fontainebleau, 362; refuse le chapeau de cardinal au coadjuteur, *ibid.*; se rend à l'armée devant Rethel, 363; rentre à Paris, 365; est attaqué plus vivement que jamais, *ibid.* et suiv.; se retire à Saint-Germain, 368; va délivrer les princes, puis sort de France, 370, 374; conseille la reine du fond de son exil, 376, 377; déclaration royale contre lui, 380; est chargé de négocier avec l'Espagne, 383; lève des soldats et rentre en France, 388 et suiv.; arrive à Poitiers et reprend la direction des affaires, 393, 394; ramène la cour à Angers, 395; à Blois, à Gien, 397; à Sulli, 400; à Sens, Melun, Corbeil, Saint-Germain, 402; à Melun, 406; à Saint-Denis, 410; voit de Charonne le combat du faubourg Saint-Antoine, 412; établit la cour à Pontoise, 420, 422; se rend à Bouillon, 425; fait une campagne avec Turenne, puis revient à Paris, 441, 442, 444; est-il l'époux secret d'Anne d'Autriche? 451 *note;* son avidité, ses concussions, 451, 452; il marie une de ses nièces avec le prince de Conti, 458; prend le gouvernement de l'Alsace, 459; donne au duc de Guise les moyens d'attaquer Naples, 464; désordre où il laisse tomber les finances; expédients qu'il emploie, 466 et suiv.; traité de paix et de commerce avec l'Angleterre, 478; négociations avec l'Espagne, 480 et suiv.; nouveaux embarras financiers, 485 et suiv.; alliance offensive avec l'Angleterre, 488; il spécule sur la nourriture des troupes, 494; flatte Cromwell, 497; veut se faire passer pour un grand capitaine, *ibid.;* traite avec l'électeur de Brandebourg et l'électeur palatin, 503; campagne diplomatique pour l'élection de l'empereur, 505 et suiv.; alliance du Rhin pour le maintien de la paix de Westphalie, 510, 511; négociations préparatoires de la paix des Pyrénées 514 et suiv.; il empêche le roi d'épouser Marie Mancini, 516 et suiv.; négociations de l'île des Faisans, 518 et suiv.; il asservit la municipalité de Marseille, 531; fait raser les fortifications d'Orange, 533; médiation entre le Danemark et la Suède, 537 et suiv.; il envoie au secours des Vénitiens une expédition qui échoue, 541; fait contre Alger et Tunis une démonstration sans résultat, 542; prépare Louis xiv à régner, 544; rend le Barrois au duc de Lorraine, 547; son testament, *ibid.;* sa mort, 549.

MAZARIN (Michel), frère du ministre, archevêque d'Aix, n'obtient pas le cardinalat, XII, 219; commande pendant trois mois l'armée de Catalogne, 256.

MAZARINI (Armand de La Porte, duc de), fils du maréchal de La Meilleraie. Mariage d'où lui vient son duché et sa fortune, XII, 548.

MEAUX adopte la constitution communale de Soissons, III, 261. — Est occupée par les *Jacques* et reprise par le comte de Foix, aidé du captal de Buch, V, 197. — Prise par le roi d'Angleterre Henri v, VI, 78, 79, 80, 81; reprise par les Français, 377. — Voit les premiers succès de la Réforme religieuse, la première persécution et le premier bûcher, VIII, 148 et suiv.

MEAUX (traité de) entre Louis ix et Raimond vii, comte de Toulouse, IV, 148.

MÉDAVI, chef d'un corps d'armée français, bat le prince de Hesse à Castiglione et concourt à la défense du Milanais, XIV, 466.

MÉDICIS (Côme de), VII, 232.

MÉDICIS (Laurent de), VII, 232, 248, 442.

MÉDICIS (Pierre de) succède à son père Laurent, VII, 249; s'allie au roi de Naples, *ibid.;* refuse le passage aux Français, 252; leur livre la Toscane, 259; est chassé par les Florentins, *ibid.;* meurt, 346.

MÉDICIS (Julien de), frère de Pierre, rentre à Florence, VII, 410, 411; commande l'armée du pape, 443; négocie avec François 1er, 451.

MÉDICIS (Hippolyte de) est chargé du gouvernement de Florence, VIII, 49 *note;* est chassé de cette ville, 102; rétabli, et devient grand-duc héréditaire, 120 et suiv.

MÉDICIS (Alexandre de), neveu de Clément VII, VIII, 49 *note;* est chassé de Florence, 102.

MÉDICIS (Jean de), dit le *grand diable*, VIII, 63.

MÉDICIS (Catherine de) épouse Henri, second fils de François 1er, VIII, 178, 179; devient reine; sa position à la cour, 361; elle est régente pendant une expédition d'Henri II, 413; harangue l'assemblée du peuple à l'hôtel de ville, 457. — Sa position après la mort d'Henri II, IX, 19; sa conduite dissimulée, 24, 43; elle fait donner les sceaux à Michel de L'Hospital, *ibid.;* parti qu'elle prend entre les Bourbons et les Guises, 60; elle est régente, 63; ses premiers arrangements, 64; son grand moyen d'influence sur les princes, 78; elle conduit Charles IX à un sermon huguenot, 80; réconcilie le prince de Condé et le duc de Guise, 85; incline vers la tolérance, 87; colloque de Poissi, 96 et suiv.; ses efforts pour prévenir la guerre civile, 111, 115; elle se retire avec ses enfants à Melun, à Fontainebleau, *ibid.;* est ramenée à Vincennes par les catholiques, 117; entrevue de Thouri, 128; négociations, 129; elle suit l'armée catholique à Bourges, 134; négocie avec le prince de Condé, 144; sa disposition d'esprit pendant la bataille de Dreux, 148; elle s'efforce d'apaiser la guerre civile, 149; sa conduite après la mort de François de Guise, 153 et suiv.; traité d'Amboise, 155; difficile à exécuter, 159 et suiv.; recouvrance du Havre, 163; elle fait déclarer la majorité de Charles IX, 166; incertitudes de sa politique, 177, 179; long voyage qu'elle fait avec son fils, 183 à 189; conférences de Bayonne, 189 et suiv.; elle donne des secours au duc d'Albe, 211; se retire à Meaux devant les protestants insurgés, 216; y est bloquée, 218; demande des secours à l'Espagne, 219; fait donner la lieutenance-générale du royaume au duc d'Anjou, 223; se rend au camp des catholiques, 225; paix de Longjumeau, 227; elle éloigne le chancelier de L'Hospital, 237; commence la troisième guerre civile, 239; se rend en Lorraine, 248; en Poitou, 259; retourne sur la Loire, 261; négocie, 262 et suiv.; paix de Saint-Germain, 265; ses dispositions après ce traité, 271; veut marier le duc d'Anjou avec la reine d'Angleterre, 278; demande pour lui la main de Marie Stuart et celle d'Élisabeth pour le duc d'Anjou, 291; ses procédés envers Jeanne d'Albret, 293; lutte d'influence entre elle et Coligni, 302, 303; elle résout la Saint-Barthélemi, 309; son rôle dans ce drame, 313 à 330; ses variations après le crime, 337, 345 et suiv.; accompagne jusqu'en Lorraine son fils Henri partant pour la Pologne, 366; rêve pour lui la seigneurie des Pays-Bas, 367; convoque une assemblée de notables à Saint-Germain, 372; tente de surprendre La

Rochelle, 373; fait refuser au duc d'Alençon la lieutenance-générale, *ibid.;* complot de ce duc, La Môle et Coconas, 375 et suiv.; elle est de nouveau régente, 379; ce qu'elle fait pour l'industrie et les arts, 384 et suiv.; ses premiers actes après la mort de Charles IX, 404; elle pousse Henri III à la guerre, 407; veut faire étrangler deux maréchaux, 419; ramène le duc d'Alençon au devoir, *ibid.*, 420, 421, 426; s'installe au château de Blois, 439; revient aux idées pacifiques, 461; conférences de Nérac, 483, 485; voyage en Dauphiné, 486; en Guienne, paix de Fleix, 499; elle prétend au trône de Portugal, 510 et suiv.; fait envoyer des secours au duc d'Anjou en Brabant, 515; est gagnée par Henri de Guise, 534; pousse à la guerre contre l'Espagne, 537; négocie avec le duc de Guise, 544, 547, 552. — Avec le roi de Navarre, X, 21, 23, 24; se livre aux Guises et s'emploie pour eux, 54, 58, 60, 65, 70, 72; reste à Paris après la fuite du roi, 75; fait disgracier d'Épernon, 89; ce qu'elle dit à son fils après l'assassinat d'Henri de Guise, 115; sa mort, 116.

Médicis (Côme de), duc de Florence, tente de surprendre Sienne, VIII, 438; reçoit de Philippe II le territoire de cette république, 477 *note.*
— Envoie des secours aux catholiques de France, IX, 250.

Médicis (Fernand de), grand-duc de Toscane; ses opérations de banque, X, 153, 395 *note*, 398 *note;* bons offices qu'il rend à Henri IV, 154, 310, 379; il essaie de s'en payer en prenant les îles de la rade de Marseille, et n'y peut réussir, 411, 417; voit ses bénéfices de banquier réduits par Sulli, 438; se réconcilie avec Henri IV, 497; est soupçonné d'avoir fait empoisonner Gabrielle d'Estrées, 502; négocie le mariage d'Henri IV avec sa nièce, Marie de Médicis, 504; l'épouse au nom de ce prince, 509.

Médicis (Jean de), frère du grand-duc de Toscane, s'empare du château d'If, X, 411.

Médicis (Marie de), nièce de Fernand, grand-duc de Toscane, X, 504; épouse Henri IV, 504, 509; sa situation entre son mari et la duchesse de Verneuil, 541; ses amours, sa faiblesse pour Concini et Léonora Dori, 542, 555; elle noue des intrigues avec l'Espagne, 564; est nommée régente en cas d'absence du roi, 565; est sacrée à Saint-Denis, 567. — S'empare de la régence dès que Henri IV est mort, XI, 3, 4, 6; prodigue les faveurs aux grands de la cour, 7; désavoue le parlement qui a soutenu les droits du roi contre le pape, 14; abandonne la politique extérieure d'Henri IV, 15 et suiv.; rappelle Sulli, qui s'est éloigné, puis le renvoie, 21 et suiv.; prépare une double alliance de la famille royale de France avec celle d'Espagne, 35 et suiv.; ses faiblesses pour Concini, 41, 55; et pour les princes révoltés, qu'elle soumet néanmoins quand elle est poussée à bout, 44 et suiv.; son attitude pendant les États-Généraux de 1614, 55 à 86; et en face du parlement, qui fait des remontrances, 90; elle accomplit les mariages espagnols, 92 et suiv.; négocie et s'accommode avec les princes insurgés, 97; se sert des uns contre les autres, 101 et suiv.; son attitude après la mort de Concini, 117; sa retraite et son séjour à Blois, 120, 131, 139; elle s'évade, puis s'accommode, 140, 142; se fixe à Angers, 143; y devient le drapeau et le chef d'une guerre civile, 159, 160; traite avec le roi, 162; reprend place au conseil, 182; où elle est l'organe de Richelieu, 183, 184, 194, 199; accompagne en Picardie sa fille, Henriette-Marie, devenue reine d'Angleterre, 218 *note;* cabale contre Richelieu, 277, 278, 290; est gouvernante, pendant l'absence du roi, des provinces situées au nord de la Loire, 292; maltraite fort le cardinal, 309; s'oppose autant qu'elle le peut à la guerre contre la Savoie, 328, 329; se ligue avec Anne d'Autriche contre Richelieu, 331; spécule sur la mort de son fils, qu'elle croit prochaine, 337; succombe à la *Journée des Dupes*, 342 à 348; va à Compiègne, puis s'enfuit en Belgique, 349, 354, 355; intrigue avec l'Espagne et tous les mécontents de France, 373, 374, 406, 409, 458; se retire en Hollande, puis en Angleterre, demande à rentrer en France, et ne l'obtient pas, 492, 493; cabale avec les mécontents réfugiés en Angleterre, 539; meurt à Cologne, 571.

Médicis (Jean Gaston), grand-duc de Toscane, le dernier des Médicis, XV, 159, épuisé par la débauche, 199; meurt, 205.

Medina-Sidonia (le duc de), amiral de l'*Invincible Armada*, X, 92 et suiv.

Medina-Sidonia (le duc de), capitaine-général d'Andalousie, prépare une insurrection dans cette province, XI, 539.

Médina (le duc de), vice-roi de Naples, opprime et ruine ses administrés, XII, 245.

Méhémet IV, sultan. Difficultés entre lui et la France, XIII, 591. — Il est renversé du trône par son armée, XIV, 77.

Méhémet-Effendi, ambassadeur du sultan en France, XV, 104, 105.

Meigret, philologue, VIII, 143.

Meilleraie (de La), grand-maître de l'artillerie après Sulli, assiége Dôle, XI, 447, 448; prend Hesdin, 495; est fait maréchal, 496; prend Arras, 522 et suiv.; prend Aire, mais ne peut la conserver, 549; prend Collioure, assiége Perpignan, 558, 559; a le gouvernement de Bretagne, 582, 586. — Fait une campagne en Flandre avec le duc d'Orléans, XII, 192; va prendre en Italie Piombino et Porto Longone, 221, 222; est surintendant des finances, 289; combat les émeutes dans Paris, 295, 296, 297, 298; quitte les finances, 344; prend Vaires, en Guienne, et en fait pendre le commandant, 357; attaque Bordeaux, 359; est chargé de garder à Nantes le cardinal de Retz, son cousin, et le laisse évader, 465.

MÉLANCHTHON s'unit à Luther, VII, 525. — Assiste à la diète d'Augsbourg, VIII, 163, 164; correspond avec la reine de Navarre, 182; approuve la persécution des anabaptistes, 197; représente les luthériens à Ratisbonne, 310; autorise la bigamie du landgrave de Hesse, 324 *note;* dénonce le livre de Michel Servet au sénat de Venise, 483; approuve son supplice, 486.

MELANDER, général en chef de l'armée autrichienne, est battu et tué à Zusmarshausen, XII, 258.

MELDES. Leur territoire est compris dans la province lugdunaise, I, 196; peuple autonome, 199.

MELENDEZ DE AVILA (D. Pedro) détruit les établissements français dans la Caroline, IX, 286 *note.*

MÉLISINDE, fille de Beaudouin II, roi de Jérusalem, épouse Foulques V, comte d'Anjou, III, 296; régente après la mort de son mari, demande les secours de l'Occident, 427.

MELLO (don Francisco de), gouverneur de la Belgique, bat le maréchal de Guiche à Honnecourt, XI, 564, 565; ne profite pas de ce succès, 571. — Investit Rocroi, XII, 162; est défait par le duc d'Enghien, 163 et suiv.

MELUN. Siège et prise de cette ville par le roi d'Angleterre Henri V, VI, 70.

MELUN (Guillaume de), dit *le Charpentier,* est délivré par Godefroi de Bouillon, III, 177; quitte l'armée des croisés au siège d'Antioche, 185; est ramené par Tancrède, 186.

MELUN (Charles de), bailli de Sens, confident intime de Louis XI, VI, 557; lieutenant-général dans l'Ile-de-France, 560; est destitué, 565. — Meurt, VII, 12.

MÉLUSINE, IX, 415.

MÉNAGE, linguiste, XII, 126.

MÉNAGER, membre du conseil du commerce, porte les propositions de Louis XIV à Londres, XIV, 540; est ambassadeur à Utrecht, 548.

MÉNAPES, peuple belge. Ils entrent dans la ligue contre César, I, 148; prennent part au soulèvement de l'Armorique, 152; leur territoire est envahi par les Germains, 156; dévasté par les Romains, 164; auxquels ils se soumettent, *ibid.*

MENDELSSOHN (Mosès), philosophe juif, XVI, 565 *note*.

MENDOÇA (Bernardino de), ambassadeur d'Espagne à Paris, IX, 530 *note*, 542; somme Henri III de repousser les offres des Provinces-Unies, 542; somme les Guise d'exécuter le traité de Joinville, 543. — X, 79; s'établit au quartier-général de la Ligue, 133; est révoqué ostensiblement, mais reste à Paris, 153; conseille au duc de Mayenne de proclamer le cardinal de Bourbon roi de France, 171; offre qu'il fait à la Ligue, au nom de son maître, 193; il rend le courage au duc de Mayenne, 204; secours qu'il donne au peuple de Paris affamé, 218; il invente les pains d'ossements broyés, 221; obtient l'introduction dans Paris des troupes espagnoles, 244; va conférer à Reims avec les chefs de la Ligue, 248.

MENDOÇA (don Inigo de), docteur en droit, annexé à l'ambassade espagnole, X, 307, 313; argumente contre la loi salique, 317.

MEN-HIRS, I, 149 et suiv.

MENTZEL, partisan autrichien, envahit la Lorraine, et périt devant Sarrebrück, XV, 263, 264.

MERCADER, routier basque, se met au service de Richard Cœur-de-Lion, III, 554; assiége le château de Chalus, le prend, et fait pendre l'arbalétrier qui a tué le roi d'Angleterre, 556, 557; est mis à mort par les bourgeois de Bordeaux, 560.

MERCI, général wallon au service de la Bavière, défait les Français en Souabe, XII, 174; prend Freybourg, 194; est repoussé par le duc d'Enghien et le vicomte de Turenne, dont il ne peut arrêter les progrès, 195 à 198; bat Turenne à Marienthal, 206; est tué à Nordlinghen, 208, 209.

MERCI (général comte de) passe le Rhin, est battu en Alsace, retourne en Souabe, XIV, 518, 519. — Descend en Italie, à la tête d'une armée impériale, et y trouve la mort, XV, 185, 186.

MERCIER, maître d'école, suspect de calvinisme, est poignardé par deux ligueurs, X, 76 *note*.

MERCŒUR (le duc de), de la maison de Lorraine, IX, 533; est gouverneur de la Bretagne qu'il soulève contre Henri III, 546. — Attaque le Poitou, d'où le prince de Condé le repousse, X, 12; se soulève de nouveau contre le roi, 142; bat le comte de Soissons, 152; appelle les Espagnols en Bretagne, 236, 237; bat les princes de Conti et de Dombes, 286; continue la lutte après le sacre d'Henri IV, 359, 360;

signe une trêve, 378; recommence la guerre, 410, 414; se soumet définitivement, 417, 420.

MERCOEUR (le duc de), fils aîné de César de Vendôme, XI, 539, 583. — Est du parti des *Importants,* XII, 160; son père demande pour lui la main d'une nièce de Mazarin, 336; il est envoyé en Catalogne avec le titre de vice-roi et n'y brille pas, 362; épouse Anne Martinozzi, 389; est gouverneur de Provence, 436; attaque les franchises municipales de Marseille, 533.

MERCOEUR (duc de), fils du précédent, petit-neveu de Mazarin, XII, 548.

MERCURIALES, VIII, 495 *deuxième note;* mercuriale de 1539, 495 et suiv.

MERCURINO DE GATTINARA, Piémontais, dirige les affaires espagnoles, VIII, 6; refuse de sceller le traité de Madrid, 89; convoque la diète d'Augsbourg, 162; meurt, 163.

MÉRÉ (Poltrot de), gentilhomme de l'Angoumois, assassine le duc François de Guise, IX, 151, 152; son procès et son supplice, 153, 155.

MERLIN, MERZIN, MERZEN, Mercure gaulois, I, 73, 74. — Transformation de ce type par le néo-druidisme, III, 358 et suiv. — Prophétie de Merlin appliquée à Jeanne Darc, VI, 136.

MERLIN, ministre protestant, attaché à l'amiral Coligni, IX, 322.

MÉROBAUD ou MÉLOBAUD, chef d'une tribu franke et comte des domestiques de l'empereur Gratien, ses services à la bataille d'Argentaria, I, 321; il devient consul, *ibid.;* puis *maître des milices,* et périt avec Gratien, 323.

MÉROFLÈDE, suivante d'Ingoberghe, concubine du roi Haribert, puis sa femme, II, 40.

MÉROWIG, MÉROWINGIENS. Puissance de cette famille, I, 365.

MÉROWIG, roi de la principale tribu salienne, I, 370; combat avec Aétius contre les Huns aux Champs catalauniques, 375.

MÉROWIG, fils de Hilperik, épouse Brunchilde, II, 63; se fie à son père, *ibid.;* qui veut le faire ordonner prêtre, sa fuite, ses aventures, sa mort tragique et mystérieuse, 65 à 68.

MÉROWIG, fils de Chlother II, est pris à la bataille d'Étampes et mis à mort, II, 110.

MERSENNE (le Père) dénonce les progrès de l'athéisme en France, XII, 5; publie quelques ouvrages de Galilée, 16.

MÉRU (le seigneur de), fils du connétable Anne de Montmorenci, propose le mariage de Marguerite de France avec le roi de Navarre, IX, 273; a du penchant pour les huguenots, 369.

26

MESMER, médecin allemand, importe en France le *Magnétisme animal*, XVI, 528.

MESMES (Henri de), seigneur de Malassise, négociateur du traité de Saint-Germain, IX, 270.

MESMES (de), lieutenant civil, député de Paris aux États-Généraux de 1614, y fait décider qu'on demandera l'abolition complète de la vénalité des charges, XI, 57; soutient la dignité du tiers état contre l'arrogance de la noblesse, 60, 61; président au parlement, y fait une violente sortie contre le cardinal de Richelieu, 453. — Se récrie contre la proposition d'ouïr au parlement l'envoyé espagnol, XII, 322; décide le premier président Molé à signer la paix de Ruel, 330.

MESMES (de), premier président au parlement de Paris, reçoit le testament de Louis XIV, XIV, 611. — Est partisan du duc du Maine, XV, 3; veut faire des remontrances au lit de justice de 1718 et ne peut se faire écouter, 46.

MASSAGÈTES. Ils chassent les Scythes de la Haute-Asie, I, 13.

MESSANCE, statisticien. Son évaluation de la population de la France, XVI, 236.

MESSIER, astronome, publie le *Catalogue des Nébuleuses*, XVI, 19.

METEZEAU, architecte de Louis XIII, imagine la digue de La Rochelle, XI, 274.

METHWEN (Methuen), ambassadeur d'Angleterre en Portugal, négociateur du traité de commerce qui porte son nom, XIV, 574.

METTRIE (La), médecin de Frédéric II, athée, combattu par Voltaire, XVI, 2.

METZ. Forme de l'élection des magistrats municipaux dans cette ville, III, 228 *note*, 520 *note*. — Elle est réunie à la France, VIII, 444; assiégée sans succès par Charles-Quint, 424 et suiv. — *Chambre de réunion* instituée par Louis XIV, XIII, 578.

MEULAN (le comte de), III, 198 *note;* soutient les Normands révoltés contre le roi d'Angleterre, 284.

MEUNG (Léon, châtelain de), est vaincu par Louis le Gros et tué, III, 208.

MEUSNIER, savant français, XVI, 520.

MEYRARGUES, gentilhomme provençal, est condamné à mort pour haute trahison, X, 541.

MÉZERAI (Eudes de), historien, XII, 72 *note*.

MÉZIÈRES (siége de), VIII, 12.

MI HAU (code), XI, 293, 294.

MICHAUDIÈRE (La), statisticien. Son évaluation de la population de la France, XVI, 236.

MICHEL *le Bègue,* empereur de Constantinople. Sa démarche contre le culte des images, II, 379.

MICHEL PALÉOLOGUE, empereur grec, reprend Constantinople sur les Latins, IV, 317; réunit l'église grecque à l'église latine, 354; est excommunié par le pape Martin IV, 373.

MICHEL *de Césène,* général des franciscains, adopte les opinions des *spirituels,* V, 19; est déposé, 24.

MICHEL-ANGE, peintre, sculpteur, architecte et poëte italien, VII, 466 et suiv. — Défend glorieusement sa patrie assiégée, VIII, 121.

MICHEL FEDOROWITZ, tzar de Russie, est contraint par Gustave-Adolphe à signer une trêve de quarante ans, XI, 315; fait un traité de commerce avec la France, 347.

MICHEL WIESNOWICZKI, roi de Pologne, XIII, 324 *note;* épouse une sœur de l'empereur, 358; se montre indigne du trône, 384.

MIDI (Nicole), docteur de l'Université, VI, 250; un des juges de Jeanne Darc, 275, 281, 297; harangue, au nom de l'Université, Charles VII entrant à Paris, 367.

MIGNARD (Pierre), peintre, décore le dôme du Val-de-Grâce, XIII, 229. — Portraitiste, directeur de la peinture après Lebrun, XIV, 236.

MIGNON (Nicole) conspire contre Henri IV, X, 507 *note.*

MIGNOT (l'abbé), neveu de Voltaire, fait inhumer le corps de son oncle dans l'abbaye de Scellières, XVI, 397.

MIGUEL (dom), fils du roi de Portugal et petit-fils de Ferdinand le Catholique, meurt en bas âge; conséquences de sa mort, VII, 332.

MIL (l'an). Croyance populaire touchant cette date et ses effets, III, 37 et suiv.

MILES DE DORMANS, chancelier; harangue qu'il adresse aux bourgeois de Paris, V, 343.

MILICE. Ce qu'elle était sous Louis XIV et sa réorganisation en 1726, XV, 140.

MILON, légat *à latere* du pape Innocent III, absout d'abord le comte de Toulouse, IV, 29 et 30; puis l'excommunie et jette l'interdit sur ses domaines, 39.

MILTITZ, chambellan du pape, porte au duc de Saxe la *Rose d'or,* et confère avec Luther, VII, 522.

MINARD, président de la grand'chambre, trahit le secret des délibérations du parlement, VIII, 498. — Est assassiné, IX, 30.

MINAS (Las), général portugais, entre en Espagne et s'empare de Madrid,

XIV, 455; se retire à Valence, 469; est battu et blessé à Almanza et se replie vers les bouches de l'Èbre, 473, 474.

MINGUETIÈRE (le capitaine La), envoyé par Coligni aux Antilles, est dénoncé aux Espagnols, surpris par eux et accablé, IX, 302 *note*.

MIOLLANS, chambellan de Charles VIII, travaille à la délivrance du duc d'Orléans, VII, 246.

MIRABEAU (le marquis de), économiste et persécuteur de son fils, XVI, 180 *note;* fait de vains efforts pour attirer Rousseau dans le camp économiste, 295; comment il qualifie Maurepas, 317; comment il traite son fils aîné, 536; son opinion sur la réunion de l'assemblée des Notables, 568 *note*.

MIRABEAU (comte de), fils du précédent, élève et victime de son père, XVI, 180 *note;* ce qu'il écrit sur J.-J. Rousseau, 402, *note;* adversaire violent de Necker, 491 *note;* il attire Lagrange en France, 518; *Lettre sur Cagliostro et Lavater,* écrite par lui à la demande du roi de Prusse, 534 *note;* parti qu'il croit pouvoir tirer de la franc-maçonnerie, 535; son génie ses vices, ses malheurs, ses premiers ouvrages, ses projets, *ibid.* et suiv.; il soutient Calonne de sa plume, 538; reproche qu'il lui fait, 539; il amène par des brochures la baisse des actions de trois compagnies financières, 546; voit supprimer deux de ces brochures, *ibid;* voyage en Prusse, et y décide le roi à l'émancipation civile des juifs, 565; suggère à Calonne l'idée d'assembler les Notables, 568; attaque Necker avec virulence, 582; excite les parlementaires à exiger la convocation des États-Généraux pour 1789, 594; croit la Révolution facile, 606 *note;* écrit qu'il publie sur les questions débattues préalablement aux élections, 624; élections de Provence; repoussé par la noblesse, il est élu par le tiers état, 630 et suiv.; combat la théorie des *mandats impératifs,* 651 *note;* fait voter par le tiers une adjuration au clergé, 653; lui propose de s'intituler : *Assemblée des représentants du peuple,* 656.

MIRABEL, MIRABELLO (le marquis de), ambassadeur d'Espagne, XI, 225. 275 *note;* cabale contre Richelieu, 331, 345; reçoit défense de se présenter chez la reine, 347.

MIRAMBEAU (le seigneur de), député de la noblesse de Saintonge aux États-Généraux de 1576, et le seul huguenot qui s'y rende, IX, 445 *note;* y proteste contre le vote de son ordre sur la question religieuse, 449.

MIRANDOLE (Pic de la), VII, 232.

MIREPOIX (le duc de), lieutenant-général du Languedoc. Marché qu'il offre à un protestant mis au bagne, XV, 444.

MIRLAVAUD, *trésorier des grains au compte de sa Majesté*, XVI, 298.

MIRON, médecin du duc d'Anjou, roi de Pologne, IX, 309, 419, 534.

MIRON (François), prévôt des marchands sous Henri IV, achève l'hôtel de ville de Paris, XI, 52.

MIRON (Robert), frère du précédent, prévôt des marchands après lui, préside le tiers aux États-Généraux de 1614, XI, 52; attaque les priviléges du clergé et de la noblesse, 54 *note;* soutient l'article du tiers qui établit l'indépendance de la couronne, 72; son discours en présentant le cahier de son ordre, 84.

MISSI DOMINICI, II, 277.

MITES (Richard), bourgeois de Rouen, meurt victime de son attachement à la cause française, VI, 248.

MOCENIGO, doge de Venise, y reçoit Henri III revenant de Pologne, IX, 404.

MOCENIGO (Jean), ambassadeur de Venise en France, X, 189.

MŒURS des Gaulois, I, 30 à 87; 91 et suiv.; 133 et suiv., 202, 203: des Germains, 207 à 216; des Gaulois au IIe siècle, 244 et suiv. — Mœurs chevaleresques, III, 333 à 400 *passim*. — Mœurs de la Provence et du Languedoc vers la fin du XIIe siècle, IV, 16 et suiv. — Mœurs du clergé au commencement du XVIe siècle, VII, 465; mœurs de la cour et des grands, 478, 479. — Au XVIIe siècle, XII, 120 et suiv. — XIII, 155 et suiv. — Au XVIIIe siècle, XV, 52, 53, 337 et suiv. — XVI, 154.

MOKRANOWSKI (les), magnats polonais. Ce qu'ils veulent pour la Pologne, XVI, 256.

MOLAI (Jacques de), grand-maître du Temple, est attiré à Paris par Philippe le Bel, IV, 471; son arrestation, 472; son interrogatoire, 486 et suiv.; son jugement et son supplice, 504, 505.

MOLANUS, directeur des églises consistoriales de Hanovre, sa correspondance avec l'évêque de Neustadt et Bossuet, XIV, 294.

MOLARD (le sire du), l'un des chefs de l'infanterie française, VII, 372, combat à Ravenne, et y périt, 405, 406.

MOLE (de La) porte au comte de Tende l'ordre de massacrer les huguenots de Provence, IX, 344; sa part dans la conspiration du duc d'Alençon, son procès, sa mort, 375 et suiv.

MOLÉ, conseiller au parlement, est élu procureur-général après l'épuration des *Seize*, X, 128. — Oppose la loi Salique aux propositions espagnoles, 316; en défend le principe avec énergie, 322; négocie la reddition de Paris à Henri IV, 349 *note*.

MOLÉ (Mathieu), procureur-général, XI, 123 *note ;* est réprimandé par Louis XIII, pour avoir voulu arrêter le duc de Luynes dans ses cruautés, 132 *note;* travaille au code Michau avec le garde des sceaux Marillac, 294 *note;* revendique pour le parlement l'instruction du procès du maréchal de Marillac, 375. — Poursuit et fait bannir des physiciens qui ont combattu la doctrine d'Aristote, XII, 15; premier président, 201; résiste d'abord aux conseillers des enquêtes, puis se joint à eux, *ibid.;* cherche en vain à concilier les prétentions de la cour et celles du parlement, 281; conduit au Palais-Royal la députation du parlement, 283; demande le retour des conseillers arrêtés, 298; obtient des concessions à la suite d'une émeute, 299, 300; signe l'arrêt du parlement contre Mazarin, 314 court de grands dangers dans une émeute, et y échappe par son sang-froid, 325; signe la paix malgré le parlement, et la lui fait accepter, 330, 334; intervient en faveur des princes de Condé, 365, 367; dénonce les menaces de l'assemblée de la noblesse, 374; est un moment garde des sceaux, 375; blâme sévèrement la conduite du prince de Condé, 378; et, en général, celle des princes du sang, 388; met une émeute en fuite par sa seule vue, *ibid.;* va rejoindre la cour à Poitiers, 390; se présente à la tête du conseil du roi, à la porte d'Orléans, et n'y peut entrer, 396; est garde des sceaux, 419; préside la fraction du parlement qui siége à Pontoise, 425; vend sa charge, 458 *note;* meurt, 486 *note.*

Molé, fils du précédent, président de la grand'chambre, complimente Mazarin, au nom du parlement, sur la paix des Pyrénées, XII, 536.

Molière (Poquelin de) fait jouer, au théâtre du Petit-Bourbon, les *Précieuses ridicules*, XII, 537. — A Vaux, *les Fâcheux*, XIII, 30; est pensionné par Louis XIV, 160 *note;* sa vie, ses œuvres, 180 à 187, 196 et suiv.; curieuse appréciation de *Tartufe* par un curé, 638.

Molière, musicien français, XIII, 194 *note.*

Molina, jésuite, auteur du livre intitulé : *Liberi arbitrii cum gratiæ donis concordia*, X, 534. — XII, 80; est malmené par Blaise Pascal, 105.

Molinet, chroniqueur poëte, VII, 354.

Molinisme, XII, 80 et suiv.

Molinos, mystique espagnol, est dénoncé à Rome par Louis XIV, et condamné à une prison perpétuelle, XIV, 314.

Monaco (prince de) chasse les Espagnols, se met sous la protection de la France, est fait duc de Valentinois, XI, 530.

Moncade (Hugues de), amiral espagnol, est battu par André Doria et l'amiral de La Fayette, VIII, 56; par le marquis de Saluces, et pris, 61; est vice-roi de Naples, 108; battu et tué près de Salerne, 109.

Moncontour (bataille de), IX, 236 et suiv.

MONDEJEU, gouverneur d'Arras, défend bravement cette place, XII, 461.

MONEINS (le comte de), lieutenant du roi de Navarre dans le gouvernement de Guienne, est assassiné à Bordeaux dans une révolte, VIII, 382.

MONGE, savant français, XVI, 519, 520.

MONK, amiral anglais, XII, 473 ; général, restaure la royauté en Angleterre, 540, 541. — Est battu sur mer par Ruyter, XIII, 310 ; revient à la charge avec un meilleur succès, 311.

MONMOUTH (duc de), fils naturel de Charles II, amène à Louis XIV une brigade anglaise auxiliaire, XIII, 392; soutient et excite le parti de l'opposition, 572.— Est emprisonné, achète lâchement son pardon, et se retire en Hollande, XIV, 31 ; tente de soulever l'Angleterre, échoue, est décapité, 32, 33.

MONNAIES. Gauloises, I, 90, 138 *note*, 153 *note*, 167 *note*. — Mérovingiennes, II, 22 ; carlovingiennes, 240. — Réforme des monnaies sous Louis IX, IV, 311 ; opérations sur les monnaies de Philippe le Bel, 405, 463, 464, 502, 503, 504. — De Philippe VI, V, 12, 68, 116; du roi Jean, 120, 121; valeur de la livre en 1355, 138 *note*; que le roi s'engage à ne plus altérer, 140; altérations nouvelles, 218. — Variations des monnaies sous Charles VII, VI, 375 ; on remet un peu d'ordre dans le système monétaire, 426. — Monnaies sous François Iᵉʳ, VIII, 128. — Sous Henri IV, X, 440. — Opérations de Chamillart, XIV, 484 et suiv.; de Desmaretz, 595. — Du duc de Noailles, XV, 18 ; de Law, 41, 42, 57, 58 ; la monnaie fixée pour toujours, 58.

MONNERAT, victime innocente des agents de la ferme des gabelles et du conseil d'État, XVI, 355 *note*.

MONOT (le père), jésuite, confesseur de la duchesse de Savoie, cabale contre le cardinal de Richelieu, XI, 474; excite sa pénitente contre la France, 481 ; est mis en prison, 500.

MONS est assiégé et pris par Louis XIV en personne, XIV, 144; rendu à l'Espagne par le traité de Ryswick, 231.

MONS-EN-PUELLE (bataille de), IV, 455 et suiv.

MONSIEUR. Première apparition de ce titre, IX, 472.

MONSIGNI, compositeur de musique, XVI, 157.

MONT-DE-PIÉTÉ institué à Paris par Necker, XVI, 391.

MONTAGU (Pierre de), évêque de Laon, provoque l'expulsion des oncles de Charles VI, V, 416 ; est empoisonné, 417.

MONTAGU (Jean, sire de) administre le royaume après l'expulsion des oncles de Charles VI, V, 417 ; s'enfuit, se réfugie à Avignon, 437;

devient surintendant des finances; son luxe, son procès, son supplice, 504 et suiv.

MONTAGU, archevêque de Sens, est tué à la bataille d'Azincourt, VI, 20.

MONTAGU, agent du roi d'Angleterre Charles II, fait décréter d'accusation le lord chancelier, XIII, 572. — Chancelier de l'échiquier, fonde la banque et réforme les monnaies d'Angleterre, XIV, 203, 204; relève le crédit, 221.

MONTAIGNE (Michel de). Son œuvre, IX, 396 et suiv.; il est maire de Bordeaux, 548. — Son opinion en matière de foi, X, 291; il convertit Charron à sa philosophie, 490 *note*; meurt, *ibid.*

MONTAIGU, agent du duc de Buckingham et de la duchesse de Chevreuse, est enlevé, par ordre du cardinal de Richelieu, sur le territoire lorrain, XI, 262 *note*.

MONTAL (de), gouverneur de Charleroi, défend vigoureusement cette place contre le prince d'Orange, XIII, 414; bloque Mons, 532.

MONTALEMBERT D'ESSÉ, capitaine français, défend Landrecies contre Charles-Quint, VIII, 290; débarque en Écosse, 392; défend Térouenne et y périt, 428.

MONTANUS. Sa doctrine hérétique, I, 253.

MONTARGIS, assiégée par le comte de Warwick, est délivrée par Dunois et La Hire, VI, 112, 113.

MONTAUBAN (siége de), XI, 177 et suiv.; démolition des fortifications de Montauban, 306.

MONTAUBAN (Artus de), favori du duc de Bretagne, VI, 511.

MONTAUBAN (le sire de) est fait amiral par Louis XI, VI, 527; prend la fuite à Montlhéri, 562; entre à propos dans Paris avec des troupes, 566.

MONTAUBAN, chancelier de Bretagne, combat le projet de mariage de la duchesse Anne avec Alain d'Albret, VII, 212; est témoin de son mariage avec Charles VIII, 219.

MONTAUSIER (duc de), type de l'*honnête homme*, XII, 124. — Gouverneur du dauphin, fils de Louis XIV, XIII, 244; jadis huguenot, 267 *note*.

MONTBARD, patrie de Buffon, XVI, 22.

MONTBARREI (prince de), ministre de la guerre, XVI, 428; est congédié, 451.

MONTBAZON (la duchesse de) insulte la duchesse de Longueville, cabale et se fait exiler, XII, 170, 171.

MONTBÉLIARD (le comte de), se met sous la protection de la France, XI, 406.

MONTBERON (le seigneur de), fils du connétable Anne de Montmorenci, est fait prisonnier à Saint-Quentin, VIII, 455. — Tué à Dreux, IX, 146.

MONTBRUN, capitaine huguenot, soulève les paysans du Comtat Venaissin contre le légat du pape, IX, 47; se réfugie à Genève, 52; bat à Vauréas le comte de Suze, 137; arrête le baron des Adretz, 150; soulève le Dauphiné, 375; son irrévérence envers Henri III, 409; sa mort, 416.

MONTBRUN (Saint-André de), capitaine huguenot, défend Privas contre Louis XIII, XI, 301, 302.

MONTCALM, général français, envoyé au Canada, XV, 482; enlève les trois forts d'Oswego, 486; prend le fort William-Henry, 525; repousse une armée anglaise très-supérieure en nombre, 535; demande des secours au gouvernement français dans les termes les plus pressants, 548, 549; meurt les armes à la main, en défendant Quebec, 550 et suiv.

MONTCHAL, archevêque de Toulouse, président de l'assemblée du clergé, en est expulsé par décision royale, XI, 517. — Déclare authentique la possession des religieuses de Louviers, XIII, 83 *note*.

MONTCHEVREUIL, témoin du mariage de Louis XIV avec Mme de Maintenon, XIV, 35.

MONTCLAR (baron de), lieutenant-général, XIII, 510, 537; décide la reddition de Strasbourg au roi de France, 581.

MONTEMAR, général espagnol, marche de la Toscane sur Naples, XV, 185; en chasse les Autrichiens, 191; se joint à l'armée franco-sarde pour assiéger Mantoue, 196; se replie sur Parme et la Toscane, 201.

MONTE-MARCIANO (le duc de), général du pape, amène des auxiliaires au duc de Mayenne, X, 258; marche au secours de Rouen, qu'Henri IV assiége, 277.

MONTECUCULI (Sebastiano de), échanson du dauphin François, est accusé de l'avoir empoisonné; son procès et son supplice, VIII, 239.

MONTECUCULI (le comte de), officier italien au service de l'empereur; combat avec éclat à Zusmarshausen, XII, 257. — Fait une campagne en Transylvanie et en Hongrie contre les Turcs, XIII, 294, 297; une campagne sur le Rhin, de concert avec l'électeur de Brandebourg, 408, 409, 410; autre campagne contre Turenne et avec le prince d'Orange, 430, 431; quitte le commandement pour cause de maladie, 440; le reprend, campagne contre Turenne et ses lieutenants, 473, 474 et suiv., 478, 481; campagne en Alsace contre le prince de Condé, 483.

MONTELEONE (le duc de), ambassadeur d'Espagne; travaille à la chute des ministres Villeroi et Jeannin, XI, 100; applaudit à l'avénement de Richelieu, 106.

MONTELON (le seigneur de), chef de brigands, VIII, 41.

MONTEMAYOR, auteur de la *Diana*, X, 480.

MONTEREAU. Assassinat de Jean-sans-Peur sur le pont de cette ville, VI, 58 et suiv.; prise de la ville et du château par les Anglo-Bourguignons, 69; l'un et l'autre est repris par Charles VII, 365.

MONTEREY, gouverneur des Pays-Bas espagnols, prohibe l'importation des eaux-de-vie et produits manufacturés de la France, XIII, 362; décide son gouvernement à secourir la Hollande, 410; et à déclarer la guerre à la France, 432; est battu en Roussillon, 514.

MONTESPAN (Mme de), XIII, 457; se fait donner le revenu du monopole du tabac, que Colbert lui fait retirer, 469, *note;* fait nommer son frère maréchal, 480; n'influe pas sur les affaires publiques, 607; se sépare de Louis XIV, puis s'en rapproche, 610; voit baisser son ascendant, *ibid.;* le perd tout à fait, 626.

MONTESQUIEU (Charles de Secondat, baron de). Ses penchants, ses facultés, son génie, XV, 365; son rang dans la magistrature, ses premiers travaux, 366; *Lettres persanes*, 367; il entre à l'Académie française, 370; le *Temple de Gnide*, *ibid.;* il voyage, *ibid.;* revient au château de la Brede, 407; *Grandeur et décadence des Romains*, *Esprit des Lois*, *Essais sur le goût*, *Pensées diverses*, mort de Montesquieu, 408 à 425.

MONTESQUIOU, assassin du prince de Condé, IX, 246.

MONTESQUIOU (maréchal de) commande l'armée du Nord pendant la maladie du maréchal de Villars, XIV, 529; lui suggère l'idée d'attaquer Denain, 565.

MONTFAUCON (le père), savant bénédictin, XIV, 254 — Son *Antiquité expliquée*, XV, 334; ses *Monuments de la monarchie française*, *ibid.*

MONTFERRAND (Pierre de), souldich de l'Estrade, VI, 454; conspire en faveur des Anglais, 480; est banni à perpétuité de la Guienne, 485.

MONTFERRAND, gouverneur de Bordeaux, y dirige le massacre des protestants, IX, 339.

MONTFERRAT (Guillaume, marquis de) va par mer à la troisième croisade, III, 440.

MONTFERRAT (Conrad, marquis de), prince de Tyr, est fait prisonnier avec Gui de Lusignan à la bataille de Tibériade, III, 526; dispute à Gui de Lusignan le trône de Jérusalem, 540, 544; sa mort attribuée par Philippe Auguste à Richard, 546.

MONTFERRAT (Boniface, marquis de), chevalier errant, III, 388 · est élu chef de la cinquième croisade, 568; devient roi de Macédoine, 571; est tué par les Bulgares, *ibid.*, *note.*

MONTFERRAT (Blanche de), régente de Savoie, reçoit Charles VIII à Suze, VII, 257.

MONTFERRAT (le marquis de) marche avec Louis XII contre Gênes, VII, 363.

MONTFORT (Amauri, comte de), guerroie alternativement pour et contre le roi de France et le roi d'Angleterre, III, 214, 219, 275, 276, 279, 281, 284, 287.

MONTFORT (Simon, comte de) prend la croix à Arcis-sur-Aube, III, 568. refuse de marcher sur Constantinople, et se rend directement en Palestine, 569, *note.* — Se croise contre les Albigeois, IV, 32 ; accepte les domaines du vicomte de Béziers, 37; ses succès et ses cruautés, 42 et suiv.; il bat à Muret le roi d'Aragon, 50 et suiv.; s'empare de tout le domaine du comte de Toulouse, 55; qui lui est adjugé presqu'en entier par le concile de Latran, 63 ; reçoit de Philippe-Auguste l'investiture du comté de Toulouse et du duché de Narbonne, 64; perd Beaucaire, 101; se venge sur Toulouse, 102, 103; la perd aussi, et périt en l'assiégeant, 104 et suiv.

MONTFORT (Amauri de), fils de Simon, est proclamé comte de Toulouse et vicomte de Béziers, IV, 107; ses revers, 108 et suiv., 117 et 118; il cède tous ses droits à Louis VIII, 118, 124; devient connétable de France, *ibid.*; prend la croix, 174; est fait prisonnier par les Sarrasins, 178.

MONTFORT (Simon de), fils du chef de la croisade contre les Albigeois, comte de Leicester, repousse les Pastoureaux de Bordeaux, IV, 247; réduit les Gascons insurgés, 255; son insurrection contre Henri III, ses succès et ses revers, 316, 317.

MONTFORT (Jean de Bretagne, comte de) prétend à l'héritage de son frère JEAN III, duc de Bretagne, V, 56; s'en empare de force, 57; est cité devant la cour des pairs, comparaît, s'enfuit, 58; traite avec Édouard III, 59; défend Nantes, est fait prisonnier, 60; s'échappe, 73; meurt 74.

MONTFORT (Jean de Bretagne, comte de), fils du précédent. (*Voy.* JEAN IV.)

MONTGOLFIER (les frères de), premiers inventeurs de la navigation aérienne, XVI, 520, 521 ; Joseph de Montgolfier y adapte un réchaud et une nacelle, *ibid.*

MONTGOMMERI (Guillaume de) assassine Osbern, sénéchal de Normandie, et périt sous les coups de Barnon de Glote, III, 81.

MONTGOMMERI, seigneur de Lorges, blesse François Iᵉʳ, VII, 503.

Montgommeri (le comte de), fils du précédent, capitaine des gardes de Henri II, le tue dans un tournoi, VIII, 501. — Commande les protestants assiégés à Rouen, IX, 141; s'échappe quand la ville est prise, 142; est envoyé contre Pontoise, 220; sa campagne en Béarn, 252; arrêt rendu contre lui, 255; il se rallie à l'armée calviniste battue à Moncontour, 262; échappe à la Saint-Barthélemi, 328; tente de secourir par mer La Rochelle assiégée, 357 et suiv.; son expédition en Normandie, 375; sa captivité, sa mort, 379, 401, 402.

Montholon, garde des sceaux sous François Ier, X, 95 *note*.

Montholon, fils du précédent, est fait garde des sceaux, X, 95; rend les sceaux à Henri IV, 178.

Montigni (le maréchal de) réduit la duchesse de Nevers à la soumission, XI, 110.

Montigni, géomètre, travaille avec César-François Cassini à la carte de France, XVI, 18.

Montjai (le seigneur de) s'unit au comte de Chartres contre Louis le Gros, III, 218.

Montlhéri. Danger que la reine Blanche de Castille et Louis IX courent auprès de cette ville, IV, 138. — Bataille de Montlhéri, VI, 560.

Montluc (Blaise de) est envoyé en mission près de François Ier, VIII, 293; défend la ville de Sienne contre les impériaux, 438; la Campagne de Rome contre le duc d'Albe, 448; est fait colonel général de l'infanterie, 467. — Va pacifier la Guienne, et y commet des atrocités, IX, 106; combat avec succès les protestants à Toulouse, 127; en Guienne, 135, 136; organise contre eux une première ligue, 160; s'entretient avec le duc d'Albe, 192 *note;* dénonce à la cour les mouvements des huguenots, 215; s'entend mal avec Danville, 263; se retire dans ses terres, 349; est fait maréchal par Henri III, mais refuse de servir, 407; meurt, *ibid. note*.

Montluc (Jean de), évêque de Valence, ambassadeur de France, traite avec les insurgés d'Écosse et la reine d'Angleterre, IX, 48; défend, à Fontainebleau, la cause des réformés, 50; fait un sermon calviniste, 80; rédige, pour la reine mère, une lettre adressée au pape, et tendant à la tolérance, 87; transige avec les docteurs calvinistes sur l'eucharistie, 100; va négocier à Orléans avec les protestants insurgés, 128; est cité devant le tribunal de l'inquisition, 169; son ambassade en Pologne, où il fait élire le duc d'Anjou, 306 *note*, 335, 345, 361, 362; accord qu'il fait conclure entre les protestants et les catholiques du Languedoc, 469.

Montluc (Pierre-Bertrand de), fils de Blaise. Son expédition en Afrique, et sa mort, IX, 407 *note*.

Montluc de Balagni, bâtard de l'évêque de Valence, gouverneur de Cambrai, chef ligueur, est battu à Senlis, X, 150, 151 ; va renforcer le duc de Mayenne en Normandie, 180 ; négocie avec Henri iv, 342 ; se joint à lui pour assiéger Laon, 361 ; devient prince de Cambrai, 363 ; abuse de cette position et la perd, 385, 386.

Montmor (de), conseiller d'État, tient chez lui des réunions scientifiques qui sont le berceau de l'Académie des sciences, XIII, 164 *note*.

Montmorenci (Bouchard, seigneur de). Plainte portée contre lui par l'abbé de Saint-Denis, son procès, guerres qu'il soutient contre le roi de France, III, 207, 213.

Montmorenci (le sire de) est au siége de Saint-Jean-d'Acre, III, 540.

Montmorenci (Mathieu de), connétable de France sous Louis viii, IV, 148.

Montmorenci (Anne, seigneur de), maréchal, fait avec François 1er la campagne de Pavie, VIII, 59 *note* ; où il est pris, 66 ; est chargé d'une mission près de Charles-Quint, 82 ; est racheté, 88 ; mauvais conseil qu'il donne à François 1er, 110 ; s'associe à la politique intolérante de Duprat, 157 ; pousse le roi vers l'alliance autrichienne, 164 ; l'excite contre les protestants, 222, 223 *note* ; campagne défensive en Provence, 237, 238 ; campagne en Artois, 247 ; en Piémont, 248 ; il s'efforce de réconcilier le roi et l'empereur, 250 ; assiste aux conférences d'Aigues-Mortes, 253 ; est fait connétable, 254 ; son influence, *ibid.* ; il escorte Charles-Quint traversant la France, 258 et suiv. ; est disgracié, 265 et suiv. ; est remis à la tête des affaires et exploite la position, 360, 364, 366 ; ses cruautés à Bordeaux, 383 et suiv. ; expédition en Lorraine, 414 ; en Alsace, 416 ; en Belgique, 436, 437 ; il décide Henri ii à une trêve, 446 ; campagne en Vermandois, bataille de Saint-Quentin, 453 et suiv. ; il négocie le traité du Cateau-Cambrésis, 469 ; est en faveur plus que jamais, 471, 473 ; ses violences contre le parlement et la Réforme, 499, 504. — Sa position après la mort d'Henri ii, IX, 19, 21, 22 ; il rapporte au parlement l'affaire d'Amboise, 42 ; assiste à l'assemblée des notables de Fontainebleau, 49 ; court à Orléans sur la nouvelle de la maladie de François ii, 61 ; reprend la direction des affaires militaires, 64 ; empêche un violent éclat du roi de Navarre, 77, 78 ; *triumvirat*, 79, 81 ; il obtient du clergé un subside, 101 ; se retire de la cour, 103 ; s'empare de la personne du roi, 117 ; détruit les prêches protestants de Paris, *ibid.* ; prend Bourges, 134 ; sauve Bernard de Palissi, 136 *note* ; ramène de Normandie à Paris l'armée catholique, 143; est fait prisonnier à Dreux, 146; mené à Orléans, 147; négocie le traité d'Amboise, 155; se réconcilie avec les Châtillon, 163; campagne en Normandie, 164; en Brie, 216, 217, 219; bataille de Saint-Denis, où il est tué, 321.

MONTMORENCI (François, duc de), fils aîné du connétable Anne, défend Térouenne, VIII, 428; échappe au désastre de Saint-Quentin, 455. — Est fait maréchal, IX, 22; prend, à la cour, le parti des Châtillon, 163, est gouverneur de Paris, 187; sa querelle avec les Guise, *ibid.*; qui est apaisée, 197; son ambassade auprès des chefs protestants, 216; il rétablit la bataille, à Saint-Denis, après la mort de son père, 222; est du parti des *politiques*, 265; propose le mariage de Marguerite de France avec Henri de Navarre, 273; va protéger les huguenots de Rouen, 277; persuade à Coligni de se rendre à la cour, 283; est envoyé en ambassade auprès de la reine d'Angleterre, 294; empêche le massacre des huguenots dans l'Ile de France, 340; appuie les prétentions du duc d'Alençon, 373; est enfermé à Vincennes, 376; à la Bastille, 378, 419; travaille au rétablissement de la paix, 420; son mariage, *ibid. note*, 426; sa mort, 471 *note*.

MONTMORENCI (le duc de), d'abord seigneur de Damville, deuxième fils du connétable Anne de Montmorenci, fait prisonnier, à la bataille de Dreux, le prince Louis de Condé, IX, 146; est gouverneur du Languedoc, où il persécute les huguenots, 187; combat à Saint-Denis, en qualité de maréchal, 222; agit avec mollesse contre les huguenots du Midi, 354, 375; échappe aux embûches et au poison de la reine mère, 376; se ligue avec les protestants, et s'arme contre la cour, 402, 405; prend Saint-Gilles, Aigues-Mortes, est élu protecteur général des protestants et catholiques unis, 411; recouvre tous ses biens et charges par la *paix de Monsieur*, 427; proteste contre les élections de 1576, 439; reprend les armes, 452; repasse au parti de la cour, 463; s'empare du château de Beaucaire par trahison, 469; prend le titre de duc de Montmorenci-Damville, 498; se rapproche des protestants, 548. — Combat le parti catholique, X, 19; soutient la cause d'Henri IV, 192, 238; est fait connétable, 375; délivre la ville de Lyon, 376; assiége La Fère, 395; réclame sa fille Charlotte, princesse de Condé, qui s'est enfuie à Bruxelles, 556; est nommé membre du conseil de régence, 565. — Appelle Sulli au Louvre, après la mort d'Henri IV, XI, 5; meurt, 53.

MONTMORENCI (Henri, duc de) est baptisé à Paris, X, 409. — Gouverneur du Languedoc après son père, XI, 53; se range du côté du roi contre le parlement, 90; est amiral de France, et bat la flotte rochelloise, 220, 221; vend sa démission de l'amirauté, 237, 244; fait la guerre sans succès contre le duc de Rohan, 272; révèle au duc de Savoie les desseins du cardinal de Richelieu, 325; fait contre ce prince une brillante campagne, 329, 330; est fait maréchal, 346; sa rébellion, sa défaite et sa mort, 373, 374, 380, 383, 384, 388, 389.

MONTMORENCI (Charlotte de), épouse le prince Henri de Condé, est aimée d'Henri IV, et emmenée par son mari hors de France, X, 555, 556. — Cabale contre le cardinal de Richelieu, XI, 232; implore en vain la grâce de son frère, 389; est marraine de Louis XIV, 585. — Demande et obtient satisfaction pour sa fille insultée, XII, 170; s'échappe de Chantilli et vient demander au parlement de Paris que ses fils soient mis en jugement, 352; meurt, *ibid.*

MONTMORENCI-BOUTTEVILLE (le sieur de), vice-amiral de France, député aux États-Généraux de 1614, demande que l'on tienne des vaisseaux armés sur les côtes de l'Océan, XI, 601.

MONTMORIN (comte de), ministre des affaires étrangères, XVI, 572; tente sans succès de faire rentrer Necker aux finances, 582, 583; soutient mal l'intérêt et l'honneur de la France dans la question hollandaise, 591, 592.

MONTPELLIER. Institutions municipales de cette ville au moyen âge, III, 233. — Le roi d'Aragon D. Pedro II en acquiert la seigneurie, IV, 20; Philippe IV se l'approprie, 400. — Louis XIII l'assiége en personne; elle se rend et perd ses fortifications, XI, 189 et suiv.

MONTPELLIER (le seigneur de) est de la première croisade, III, 179.

MONTPENSIER (Louis de Bourbon, duc de), VIII, 365; court à Pierrepont pour s'opposer aux Espagnols, 453; est fait prisonnier à Saint-Quentin, 455. — Se livre au parti de Guise, IX, 56; faveurs qu'il en reçoit, 57; embrasse le parti des *triumvirs*, 82 *note;* est gouverneur de l'Anjou et s'y couvre de crimes, 126, 133; lieutenant-général du roi en Saintonge, 136; encourage dans le Maine les excès des catholiques contre les protestants, 186; son entrevue avec le duc d'Albe, 192 *note;* il commande un corps d'armée contre les calvinistes, 241; combat à Jarnac, 245; à Moncontour, 257, 259; son rôle à la Saint-Barthélemi, 319, 324, 340; fait la guerre en Poitou, 376, 406, 415; est envoyé auprès du roi de Navarre et revient moins intolérant, 461, 462; meurt, 515.

MONTPENSIER (François de Bourbon, d'abord dauphin d'Auvergne, puis duc de) signe la requête des Guises contre Coligni, IX, 168; commande un corps de l'armée royale en Dauphiné, 376; opine au conseil en faveur de la tolérance, 462; va secourir en Flandre le duc d'Anjou, 515;

échoue contre Orléans, 546; dissipe dans le Poitou les levées de la Ligue, 549. — Commande un corps d'armée contre les huguenots, X, 37; est fait gouverneur de Normandie, 83; assiste à la séance d ouverture des seconds États de Blois, 100; bat les ligueurs en Normandie, 149; se rallie à Henri IV, 174, 176; le suit en Normandie, 179; combat à Ivri, 200; assiège Chartres, 244; meurt, 286.

MONTPENSIER (la duchesse de), fille du duc François de Guise, femme en secondes noces, puis veuve de Louis de Bourbon, duc de Montpensier, IX, 533; sa main est offerte au cardinal de Bourbon, *ibid.*; — Sa haine, ses menées, ses entreprises contre Henri III, X, 51, 52, 58; elle décide le duc de Mayenne à prendre les armes, 130; lettre écrite par elle sur le duc d'Aumale et surprise par les huguenots, 152 *note;* ses relations prétendues ou présumées avec Jacques Clément, 159; elle annonce par les rues de Paris le meurtre d'Henri III, 168; presse le duc de Mayenne de prendre la couronne, 170; le ramène à Paris après la bataille d'Ivri, 204; inspire les prédicateurs de la Ligue, 209; presse le retour de son frère après le meurtre du président Brisson, 268; joue aux cartes avec Henri IV, 353; pousse le duc de Guise, son neveu, à traiter avec ce prince, 364.

MONTPENSIER (le dernier duc de), d'abord prince de Dombes, gouverneur de Bretagne, reconnaît la royauté d'Henri IV, X, 191; combat le duc de Mercœur, 237; est vaincu par lui et change le gouvernement de Bretagne contre celui de Normandie, 286; se rapproche du cardinal de Bourbon, 289; propose au roi de reconstituer l'ancienne féodalité, 397; préside un bureau de l'assemblée des Notables de 1597, 403. — Meurt, XI, 7.

MONTPENSIER (Mlle de), fille du précédent et son unique héritière, épouse Gaston, deuxième fils d'Henri IV, XI, 232, 238; meurt en couches, 262.

MONTPEZAT défend vaillamment Fossano contre l'armée impériale, VIII, 234.

MONTPOUILLAN (le marquis de), fils du duc de La Force, entre dans la conspiration contre le maréchal d'Ancre, XI, 145; est écarté de la cour par de Luines, 139; meurt, 186, 187.

MONTRÉAL. Fondation de cette ville, XIII, 13. — Les Anglais s'en emparent, XV, 553; la France la leur cède, 593.

MONTRÉSOR, confident de Gaston d'Orléans, anime son maître contre le cardinal de Richelieu, XI, 445.

MONTREVEL (maréchal de), envoyé contre les Camisards, ravage et dépeuple le Haut-Languedoc, XIV, 401, 417; détruit presque entièrement les corps commandés par Roland et Cavalier, 418; est rappelé, *ibid.*

MONTREVILLE, ambassadeur de France en Écosse, XII, 190.

MONTROSE, chef écossais, soutient le parti de Charles Ier contre les *Covenanters*, XII, 190.

MONTS (de), vice-amiral, fondateur et gouverneur de la colonie du Canada, X, 465.

MONTSERI, un des *Quarante-Cinq*, porte le premier coup au duc Henri de Guise, X, 113.

MORAT (bataille de), VII, 110.

MORDAUNT, général anglais, mis en jugement pour avoir manqué l'occasion de détruire Rochefort, XV, 524.

MOREAU (le futur général Moreau), étudiant en droit, insurgé contre la noblesse de Bretagne, XVI, 622.

MORELLET (l'abbé), publie le *Traité des délits et des peines,* de Beccaria, traduit et remanié, XVI, 137 *note;* le *Manuel des inquisiteurs, ibid.;* une brochure contre le privilége de la compagnie des Indes, 278; écrit une réponse aux *Dialogues* de l'abbé Galiani, dont l'abbé Terrai empêche la publication, 297.

MORELLI, bourgeois huguenot de Paris, excommunié par ses coreligionnaires, IX, 121 *note.*

MORELLI, auteur du *Code de la nature,* XVI, 147; esprit de son livre, *ibid.*

MORENNE (de), curé, se rend à Saint-Denis auprès d'Henri IV, X, 325; écrit en faveur de ce prince et contre la Ligue, 334.

MOREO, représentant de Philippe II au pacte de Joinville, IX, 539. — Offres qu'il fait au nom de son maître au duc de Guise, X, 55; à la Ligue et aux *Seize,* 193; il va demander des secours au duc de Parme après la bataille d'Ivri, 204.

MORÉRI (l'abbé), auteur du *Dictionnaire historique,* XIII, 177.

MORET (Jacqueline de Beuil, comtesse de), maîtresse d'Henri IV, X, 539. — Voit ses biens confisqués, XI, 355.

MORET (le comte de), fils d'Henri IV et de Jacqueline de Beuil, complice de Gaston d'Orléans, est décrété de lèse-majesté, XI, 350; frappé de confiscation, 355; conspire de nouveau et périt à Castelnaudari, 383, 384.

MORHIER (Simon), prévôt de Paris, marche au secours des Anglais qui assiégent Orléans, VI, 127; son attachement obstiné au parti anglais, 208, 348, 350, 370.

MORICQ, maître des requêtes de l'hôtel, informe contre le maréchal de Marillac, XI, 373.

Morin, mystique, est brûlé vif, XIII, 263 *note*.

Morins. Peuple belge; leur rôle pendant les guerres de César, I, 148, 152, 157; révoltes étouffées sous Auguste, 197.

Morisques. Leur extermination, X, 559 et suiv. — Ceux qui se sont réfugiés en France en sont expulsés, XI, 18.

Morman ou Morvan-lez-Breiz, roi ou chef breton, se révolte contre Lodewig le Pieux; sa mort, II, 375, 376.

Mornai (du Plessis-), se signale d'abord par des écrits politiques, IX, 300, 388, 519 *note*. — Mission qu'il remplit auprès du roi de France, de la part du roi de Navarre, 522, 523, 524; dresse la déclaration de ce dernier contre les attaques des ligueurs, 549; autres écrits politiques, 551. — X, 4; nouvelles missions diplomatiques, 21, 144; il est fait gouverneur de Saumur, 181; transfère le cardinal de Bourbon de Chinon à Fontenai, *ibid.*; combat à Ivri, 200; négociations diverses, 206, 276, 280, 290; il demande au roi le rétablissement de l'édit de 1562, 373; dispute contre le cardinal du Perron sur l'eucharistie, 521 *note*. — Préside l'assemblée protestante de Saumur en 1611, XI, 27, 28; publie une histoire de la papauté que la Sorbonne censure, 31; s'efforce de calmer les passions huguenotes, 38, 95; siége en 1617 à l'assemblée des Notables, 127; prêche la modération à ses coreligionnaires, 149, 171; est dépouillé par Louis XIII du gouvernement de Saumur, 174; meurt, 175.

Morone (Jérôme), chancelier du duc de Milan, entreprend de délivrer son pays des Espagnols, VIII, 86; est dénoncé, arrêté, 87; délivré par le connétable de Bourbon, à qui il conseille l'expédition de Rome, 99 *note*.

Morone, légat du pape, IX, 173.

Morosini, légat du pape, X, 144; intermédiaire entre Henri IV et le duc de Mayenne, 145.

Mortagne (Jeanne de Vendôme, dame de), accuse calomnieusement Jacques Cœur VI, 472; est forcée de lui faire amende honorable, 473.

Mortemart (duc de), gentilhomme de la chambre, inspire à Louis XV le courage de rappeler Fleuri, XV, 145.

Mortimer, amant de la reine d'Angleterre, IV, 560, 561. — Son châtiment, V, 27.

Mortiz-Ali, est fait par Dupleix nabab du Carnatic, XV, 464.

Morus (Thomas), sa théorie sociale, ou *Utopie*, VII, 511. — Il est garde des sceaux après le cardinal Wolsey, VIII, 175; meurt, 256.

Morville (Hugues de), l'un des assassins de Thomas Becket, III, 489.

MORVILLIERS (Philippe de), premier président au parlement de Paris, VI, 79.

MORVILLIERS (Pierre de), est fait chancelier par Louis XI, VI, 528 ; son ambassade auprès du duc de Bourgogne, 554. — Il perd sa charge, VII, 4.

MORVILLIERS (Jean de), évêque d'Orléans, négociateur pour la France au Câteau-Cambrésis, VIII, 469. — Garde des sceaux après Michel de L'Hospital, IX, 238; parle dans le conseil en faveur du maintien de la paix avec l'Espagne, 300; suggère à la cour l'idée d'un procès posthume contre les victimes de la Saint-Barthélemi, 334; rédige le discours prononcé par Henri III, à l'ouverture des États de Blois, 447.

MORVILLIERS, gouverneur de Rouen pour le parti protestant, donne sa démission en apprenant que le Havre a été livré aux Anglais, IX, 140.

MOTHE-LEVAYER (La), sceptique prudent, précepteur du duc d'Anjou, frère de Louis XIV, XII, 4.

MOTHE-CANILLAC (le vicomte de La) est condamné à mort pour meurtre, et exécuté, XIII, 72.

MOTHE (comte de La), lieutenant-général favori de Chamillart, est battu honteusement dans une escarmouche, XIV, 503; est gouverneur de Gand, et rend la place sans combat, 506.

MOTTE-GONDRIN (La) lieutenant du duc de Guise au gouvernement du Dauphiné, est pris, à Valence, par les réformés, et pendu, IX, 123.

MOTTE-DARIÈS (La), second consul de Marseille, perd la vie en essayant de soulever cette ville en faveur de la Ligue, IX, 547, 548.

MOTTE-HOUDANCOURT (La), maréchal de camp, XI, 501; aide le comte d'Harcourt à Casal 519; à Turin, 520, 521; commande l'armée de Catalogne, 536 et suiv.; défait deux fois l'armée espagnole, 559 ; est fait maréchal, 560; bat les Espagnols devant Lerida, devient duc de Cardona, vice-roi de Catalogne, 572, 573. — Autres campagnes en Catalogne et en Aragon, XII, 175, 176, 199; il est destitué, emprisonné, mis en jugement, acquitté, 200; élargi, 345; se fait frondeur, *ibid.;* amène d'Étampes à Paris un grand convoi, 320; retourne en Catalogne, 386; défend Barcelone avec énergie, et ne peut la sauver, 434, 435; échoue devant Gironne, secourt Roses, défait les Espagnols, 457.

MOTTE-HOUDART (La), ennemi des vers, XIV, 250.

MOTTE-PIQUET (La), chef d'escadre, commande à Ouessant, sous le duc de Chartres, la troisième division de la flotte, XVI, 430, 434; combat, avec trois vaisseaux, quatorze vaisseaux anglais, 446; poursuit l'arrière-garde de la flotte anglaise qui vient de ravitailler Gibraltar, 472.

MOTTE-VALOIS (comtesse de La), son intrigue avec le cardinal de Rohan (*affaire du collier*), son procès, sa condamnation, XVI, 555 et suiv.

MOTTE (comte de La) est condamné au fouet, à la marque et aux galères, comme complice de sa femme dans l'*affaire du collier*, XVI, 559.

MOTTEVILLE (Mme de), XII, 158 *note*. — XIII, 210.

MOUCHI (de), inquisiteur, est commis au jugement de Du Bourg et consorts, VIII, 500.

MOULIN, protestant, est brûlé en place de Grève, VIII, 153.

MOULINS (assemblée de), IX, 196 et suiv.

MOUNIER, juge royal à Grenoble, chef du mouvement dauphinois, XVI, 610; secrétaire des États de Dauphiné assemblés à Vizille, en dirige les délibérations, 614; fait le rapport sur lequel les États, réunis de nouveau, votent le doublement du tiers et la délibération en commun des trois ordres, 624; député aux États-Généraux, propose que le tiers envoie quelques-uns de ses membres aux autres députés pour les inviter à délibérer en commun, 652; titre qu'il propose au tiers état d'adopter, 655 *note*.

MOURAD ou AMURAT III, sultan des Turcs, traite avec Henri III, IX, 540 *note*. — Reconnaît Henri IV, et lui adresse une lettre curieuse, X, 190 *note*.

MOURET, musicien français, XV, 334.

MOURGUES (Mathieu de), écrivain, défend contre Richelieu la cause de la reine mère, XI, 354.

MOUSSAIE (La), aide de camp du duc d'Enghien à Rocroi, et historien de cette bataille, XII, 163.

MOUSTIER, échevin de Marseille, s'illustre par son courage et son dévouement pendant la peste, XV, 599, 600.

MOUVANS, capitaine huguenot, s'insurge en Provence, IX, 47; se réfugie à Genève, 52; porte secours aux Vaudois du Piémont, 84; sauve, à Sisteron, les protestants provençaux, 138; arrête le baron Des Adretz, 150; est surpris, défait et tué, 241.

MOY (de), commandant à Niort, est assassiné par Maurevert, IX, 260.

Moy DE GOMERON, commandant de la citadelle de Ham, est dupe des Espagnols et leur victime, X, 384.

MOZART, compositeur allemand, XVI, 159.

MUI (comte de), ministre de la guerre, XVI, 319; meurt, 364.

MULEY-EL-GUALID, empereur du Maroc, fait un traité avec Louis XIII, XI, 367 *note*.

MULEY-ISMAEL, empereur du Maroc, obtient la paix de Louis XIV, XIII, 592.

MULHAUSEN, ville libre, se met sous la protection de la France, XI, 406. — Bataille de Mulhausen, XIII, 434.

MUMMOLUS (Éonius), comte d'Auxerre, patrice des Burgondes, défait les Langobards, II, 50; les Saxons, 51; les Poitevins, 52; les Langobards encore, 64, 65; reconquiert l'Aquitaine sur les Neustriens, *ibid.*; se retire dans Avignon avec sa famille, 74; prend parti pour Gondowald, s'insurge, est assiégé avec lui dans la cité des Convènes, et le livre, 82 à 84; sa mort, *ibid.*

MUNATIUS PLANCUS, proconsul, fondateur de Lyon, I, 195.

MUNICH, Allemand au service de la Russie, XV, 176; assiége Dantzig, 178; songe à soulever les Grecs contre les Turcs, 221; discipline l'armée russe, 222; gouverne la Russie, et promet au roi de Prusse de rester neutre, 235; perd le pouvoir, 237.

MUNICIPAL (régime), ses transformations successives et diverses, III, 222 et suiv.

MUNSTER (évêque de) fait la guerre aux Provinces-Unies, XIII, 309; s'allie contre elles à Louis XIV, 360, 361; attaque Deventer, 387; traite avec l'empereur, 437; s'unit à l'électeur de Brandebourg contre les Suédois, 484; traite avec eux, 544; fait un pacte avec le roi de Danemark et l'électeur de Brandebourg afin d'empêcher la guerre entre la France et l'Empire, 589. — Adhère à la *grande alliance*, XIV, 210.

MURET, philologue, IX, 2.

MURRAY (le comte de), fils naturel de Jacques V, roi d'Écosse, est régent après l'abdication de Marie Stuart, IX, 214 *note*; défait les partisans de cette reine, 232 *note*; est assassiné, 270.

MURZAPHA-JUNG, petit-fils du soubadhar du Dekhan, réclame l'héritage de son grand-père, XV, 453; s'associe avec un autre prétendant indien, et bat le nabab Anaverdi-Khan, *ibid.*; promet Masulipatam à Dupleix, 454; est mis dans les fers par son oncle Nazir-Jung, qui est en même temps son compétiteur, 455; passe des fers sur le trône, et bientôt après est assassiné, 456, 457.

Musciatto, négociant florentin, fermier général sous Philippe le Bel, IV, 395, 396; concourt à l'attentat commis contre Boniface VIII, 450.

Mustapha, sultan, bat les impériaux, XIV, 213; l'électeur de Saxe, 220; perd Azof, *ibid.*; est battu par le prince Eugène de Savoie, et fait une paix désastreuse, 350.

Mustapha, sultan, déclare la guerre à la Russie, XVI, 267; ses revers, ses pertes, 268, 270, 271, 304, 305.

Mystères, V, 463 *note.* — IX, 555.

N

Namur. Siége et prise de cette ville par Louis XIV (1692), XIV, 163; elle est reprise par Guillaume III (1695), 207, 209.

Namur (Jean de), fils de Gui, comte de Flandre, défend Courtrai contre Philippe le Bel, IV, 415; sans succès, 416; est fait prisonnier, 418; commande une colonne flamande à Mons en Puelle, 456; revient avec une nouvelle armée, 457.

Nanci tombe au pouvoir de Charles le Téméraire, VII, 100, 101; est reprise par le duc de Lorraine René, 114; assiégée par Charles, *ibid.*; bataille de Nanci, 115.

Nann, roi des Ségobriges, accueille les Phocéens et donne sa fille à leur chef, I, 11.

Nannenus, maître de la cavalerie, I, 326.

Nannètes (druidesses), leur séjour, I, 63, 64; leurs rites, 72.

Nantes est assiégée par les Franks, I, 418. — Par les Normands, II, 427, 441. — Sa municipalité, III, 265. — Siége de cette ville par Charles de Blois, V, 59, 60.

Nanteuil, graveur, XII, 154 *note.*

Narbonne, ville des Ligures occidentaux, I, 23; les Romains en font une colonie, 113; elle s'agrandit aux dépens des peuples gaulois de la *Province*, est attaquée par eux, et sauvée par Fontéius, 127; elle est assiégée par les Burgondes, 451. — Prise et pillée par les Arabes, II, 192; rentre sous le sceptre des rois franks, 242. — Sa municipalité, III, 230, 233.

Narbonne (le vicomte de) périt dans une bataille contre les Maures, III, 295.

Narbonne (le vicomte de) prend la croix sous l'orme des conférences, III, 528.

NARBONNE (le vicomte de), l'un des assassins de Jean-sans-Peur, VI, 59; guerroie sur la Loire, 82; sur la Seine, 93; ses dernières opérations et sa mort, 99, 100.

NARBONNE (le vicomte de) siége aux États-Généraux de 1484, VII, 175; est beau-frère du duc de Bretagne, 199; entre dans la ligue des princes contre Anne de Beaujeu, 200; commande l'arrière-garde française à Fornovo, 275; repousse les impériaux de la Bourgogne, 310.

NARSÈS. Ses exploits en Italie contre les Ostrogoths et les Franks, II, 25, 26.

NASIDIUS, lieutenant de Pompée, commandant une escadre, est battu par D. Brutus, I, 192, 193.

NASSAU (le comte de) amène un renfort à Charles le Téméraire, VII, 114; épouse Anne de Bretagne au nom de Maximilien d'Autriche, 215.

NASSAU (le comte de), lieutenant de Charles-Quint, ravage le duché de Bouillon, VIII, 12; assiége sans succès Mézières, et se voit repoussé de la vallée de l'Escaut, *ibid.* et suiv.; prend Guise, 238; assiége Péronne, 242; rentre aux Pays-Bas, 243.

NASSAU (Guillaume de), le Taciturne, prince d'Orange, VIII, 444; porte à Ferdinand d'Autriche les insignes de l'empire, 445; négocie le traité du Câteau-Cambrésis, 470; est un des otages qui en garantissent l'exécution, 497. — Est souverain d'Orange, IX, 137; s'entremet entre le gouvernement espagnol et la noblesse des Pays-Bas, 208; se retire en Allemagne, 210; refuse de comparaître devant le *conseil des troubles*, 230; embrasse le calvinisme et prend les armes, 231; campagne en Brabant, 243; en Bourgogne, 248; est à la tête de 20,000 Allemands, 299; perd cette armée, 342; se maintient dans le nord des Pays-Bas, 345; traite avec le gouvernement français, 360; avec les Pays-Bas catholiques, 478; est proclamé *Rewaerd* à Bruxelles, 480; élu gouverneur de Hollande et Zélande, 501; échappe à une tentative d'assassinat, 509; conduit le duc d'Anjou à Bruges et à Gand, 510; découvre le complot de Salcède, 513; se retire en Zélande, 535; est assassiné, 536.

NASSAU (Louis de) défait le comte d'Aremberg, IX, 231; est défait par le duc d'Albe, *ibid.*; entre en Bourgogne avec le duc de Deux-Ponts, 248; combat à Moncontour, 257; se retire à La Rochelle, 275; demande un prêt d'argent au duc de Florence, 278; confère avec le roi de France, 279, 284, 290; traite avec lui, 295; fait une expédition en Hainaut, à la tête d'un corps français, 299; signe un traité secret avec le roi de France, 360; s'abouche, en Lorraine, avec le duc d'Anjou, 367; son dernier combat et sa mort, 476.

NASSAU (Adolphe de), frère de Guillaume, périt au combat de Heiligherlee, IX, 231.

NASSAU (Guillaume de), neveu de Guillaume *le Taciturne*, est élu gouverneur héréditaire de Frise, IX, 537.

NASSAU (Maurice de), fils du *Taciturne*, est élu gouverneur héréditaire de Hollande et de Zélande, IX, 537. — Surprend Breda, menace Nimègue, X, 245; prend Zutphen, Deventer, Hulst, Nimègue, 254; est stathouder, 419; défait, en Flandre, l'archiduc Albert d'Autriche, 497; prend l'Écluse, 536; s'oppose à la paix, 548, 550. — Se fait Gomariste, XI, 148; opprime les Arméniens et Barneweldt, 149, 150; devient prince d'Orange par la mort de son frère aîné, 189 *note;* meurt, 210.

NASSAU (Philippe de) envahit le pays de Liége, et se joint au duc de Bouillon, X, 374.

NASSAU (Justin de), négociateur pour la Hollande à Vervins, X, 427.

NASSAU (Frédéric-Henri de), prince d'Orange, arrête les progrès des Espagnols dans les Pays-Bas, XI, 210; prend Bois-le-Duc, 321; Maestricht, 380; le Limbourg, 397; commande l'armée franco-hollandaise, et fait une campagne en Belgique, 432, 433; prend Schenk, 449; Breda, 471, 472; échoue devant Gueldre, 495; est repoussé de la Flandre, 522; attaque les Espagnols dans le pays de Clèves, 547; appuie Richelieu auprès de Louis XIII, 560. — Prend le Sas-de-Gand, XII, 193; manœuvre sur la Lys et l'Escaut, 213; devient fou, 214.

NASSAU-SIEGEN (le comte de), général au service de l'Espagne, est battu par le maréchal de La Force, XI, 485.

NASSAU (le comte de), lieutenant du duc Bernard de Saxe-Weimar, entre au service de la France, XI, 498.

NASSAU (Guillaume II de), prince d'Orange, stathouder de Hollande, traite avec Mazarin, et meurt bientôt après, XII, 433.

NASSAU (Guillaume III de), prince d'Orange, fils du précédent (*Voy.* GUILLAUME III, roi d'Angleterre).

NASSAU (Frison de), stathouder de Frise et de Groningue, XIV, 385; commande les Hollandais à Malplaquet, 523; meurt, *ibid. note.*

NASSAU (Guillaume IV de), prince d'Orange, devient stathouder héréditaire de toutes les Provinces-Unies, XV, 317; meurt 487.

NASSAU (Guillaume V de), prince d'Orange, stathouder héréditaire des Provinces-Unies, XV, 487. — Trahit son pays au profit de l'Angleterre, XVI, 454, 464, 479; il est suspendu de ses fonctions, et restauré par les armes de la Prusse, 591, 592.

NATION ALLIÉE; sens de ce titre, accordé par les Romains à certains peuples de la Gaule, I, 199.

NAUDÉ (Gabriel), philosophe sceptique, XII, 4; écrit le *Mascurat* pour la défense du cardinal Mazarin, 339; est bibliothécaire de ce ministre, voit vendre ses livres par arrêt du parlement, et en meurt, 391.

NAVAILLES (duc de). Son expédition dans l'île de Candie, XIII, 364; il prend Grai, Vesoul, Lons-le-Saulnier, 434; est fait maréchal, 480: commande en Roussillon, 491; défait les Espagnols, 514; prend Puicerda, 528.

NAVARRETE (bataille de), V, 260.

NAVARRO (Pedro), ingénieur espagnol, réduit les châteaux de Naples, VII, 338; les villes de Bougie et de Tripoli, 398 *note;* est capitaine général de l'infanterie espagnole, et amiral, 399; combat à Ravenne, et y est pris par les Français, 405 et suiv.; se met au service de France, 439; commande l'infanterie, aide au passage des Alpes, 444, 445; combat à Marignan, 449; opère en Milanais, 453; en Vénétie, 454. — Amène de France des renforts à Lautrec, VIII, 25; est pris à Gênes, 27; conseil malheureux qu'il donne à Lautrec, 108; il est pris de nouveau par les Espagnols, et décapité, 111.

NAVIGATION (acte de), XII, 431.

NAZIR-JUNG se fait proclamer soubahdar du Dekhan, XV, 453; son expépédition contre ses compétiteurs et les Français alliés de ces princes, 454, 455; sa mort, 456.

NEBISGAST ou NEBIOGAST, fils du roi des Hamaves, pris et sauvé par Julien, I, 308; est assassiné par ordre de Sare, lieutenant de Stilicon, 338.

NECKER, banquier genevois établi à Paris, défend dans une brochure le privilége de la Compagnie des Indes, XVI, 278; combat les théories économistes, 295; écrit l'*Éloge de Colbert*, 340; un *Traité de la législation des grains*, 340 et suiv.; est nommé *Directeur du trésor royal*, 386; refuse les appointements dus à sa place, 387; son caractère *ibid.*; ses premières opérations, 388; il est nommé *directeur-général des finances*, 389; suite de ses opérations, 390, 391; il fait mettre M. de Castries au ministère de la marine à la place de M. de Sartine, 451; suite de ses opérations et améliorations, 490 à 495; *Compte rendu des finances*, qu'il écrit et qu'il publie, 498; ses amis et ses ennemis; intrigues, cabales qui amènent sa démission, 500 et suiv.; marques d'estime et de regret qu'il reçoit, 504; son livre de l'*Administration des finances*, et succès qu'il obtient, 545, 546; attaques dirigées contre lui par Calonne, réfutation qu'il leur oppose, et qui le fait exiler, 581, 582; il rentre aux finances, et y rend de grands services, 614, 615; convoque les

Notables pour décider la question du doublement du tiers état, 616 ; congédie cette assemblée, et fait décréter, malgré son vote, le doublement, 620 ; lettre de convocation des États-Généraux, règlement sur la forme des élections, 627 ; conseil hardi de Malouet, qu'il repousse, 650 ; son discours à l'ouverture des États-Généraux, 652 ; terme moyen qu'il propose sur la question du vote en commun, 654.

NECKER (Mme) tient un salon hanté par les philosophes, XVI, 387 ; fonde l'hospice qui porte son nom, 391 ; a des relations amicales avec l'archevêque de Paris, 500.

NEERWINDEN (bataille de), XIV, 175 et suiv.

NEIMHEIDH, père commun des Gaëls et des Kimris, I, 50.

NÉMÈDES, I, 50.

NÉMÈTES, peuple germain, I, 145.

NEMOURS (Jacques d'Armagnac, comte de la Marche, comte, puis duc de) cabale contre Charles VII, VI, 402 ; assiste à l'assemblée de Tours, 552 ; se soulève contre Louis XI, 557 ; traite avec lui, 558 ; se soulève de nouveau, 564 ; ce qu'il arrache au roi, 570. — S'insurge encore, puis se soumet, VII, 51 ; son arrestation, son procès, son supplice, 133 et suiv.

NEMOURS (le duc de), de la maison de Savoie, prend part à la défense de Metz, VIII, 422 *note ;* est fait commandant des chevau-légers, 467. — Fait prisonnier le baron de Castelnau, IX, 37 ; tente d'enlever le duc d'Orléans, puis quitte le royaume, 103 ; est gouverneur du Lyonnais, 123 ; prend Vienne sur les protestants, 138 ; est repoussé de Lyon, 156 ; épouse la veuve du duc François de Guise, 216 ; pousse à bout les protestants de Lyon et de Grenoble, 232 ; commande l'armée de l'Est, 248, 249 ; rejoint le duc d'Anjou, 250 ; est forcé par Henri III de jurer l'édit de paix de 1576, 437.

NEMOURS (le duc de), fils du précédent et d'Anne d'Este, veuve de François de Guise, X, 71 ; le gouvernement du Lyonnais lui est promis, 89 ; il est arrêté après la mort d'Henri de Guise, 114 ; s'échappe, et va à Paris, 130 ; à Rouen, 135 ; joint l'armée de Mayenne en Normandie, 180 ; combat à Ivri, 200, 202 ; est nommé gouverneur de Paris, 205 ; qu'il défend vigoureusement contre Henri IV, 209, 214, 223 et suiv. ; se démet, et va faire la guerre à Lyon, 240 ; prend Vienne, 287 ; prétend à la royauté, 300 ; essaie de se rendre indépendant à Lyon, et se fait incarcérer, 337 ; s'échappe, et guerroie contre Lyon, 359 ; est repoussé par le maréchal de Montmorenci, 376 ; meurt, 378.

NEMOURS (le duc de), d'abord marquis de Saint-Sorlin, fait soulever la ville de Lyon, X, 344 ; devient duc de Nemours par la mort de son frère, et traite avec Henri IV, 389. — Se mêle aux intrigues de Marie de Médicis, XI, 159.

NEMOURS (le duc de) part pour le Berri avec le prince de Condé, XII, 381 ; déserte à l'ennemi avec les soldats du prince, 394; rentre en France à la tête d'une petite armée, 395; se prend de querelle avec le duc de Beaufort, son beau-frère, 398; est blessé au combat du faubourg Saint-Antoine, 414 ; est tué par le duc de Beaufort, 424.

NEMOURS (la duchesse de), auteur de Mémoires historiques, XIII, 210 ; marie sa fille au roi de Portugal, 309.

NEMOURS (Mlle de) épouse Alphonse VI, roi de Portugal, XIII, 309 ; détrône son mari, le fait enfermer, et épouse son beau-frère, 338 *note.*

NEPVEU (Pierre), architecte, construit le château de Chambord, VIII, 133.

NÉRET, échevin de Paris, s'emploie activement à ramener cette ville sous l'autorité royale, X, 349 *note*, 350.

NÉRON, empereur ; ce qu'il fait pour Lyon, et sa mort, I, 231 et suiv.

NERVA reçoit en Séquanie la nouvelle de son élévation à l'empire, I, 240.

NERVIENS, peuple belge; ils fournissent cinquante mille hommes contre César, I, 147; leur défaite sur les bords de la Sambre, 150; ils se soulèvent sans succès, 161, 163; se soulèvent de nouveau pour défendre Alésia, 181; peuple *autonome* sous les Romains, 199; leur insurrection provoquée par Julius Civilis, 238.

NESLE (le sire de) est au siège de Saint-Jean-d'Acre, III, 540.

NESLE (Simon de), comte de Ponthieu, est chargé de la régence pendant la seconde absence de Louis IX, IV, 326.

NESLE (Raoul de), connétable, bat les Aragonais, IV, 382 ; s'empare, au nom de Philippe le Bel, des villes et châteaux d'Aquitaine, 403; y fait la guerre, 407; ainsi qu'en Flandre, 416; meurt à la bataille de Courtrai, 439.

NESMOND (de), chef d'escadre ; ses exploits contre les Hollandais, XIV, 219, 227 *note.*

NESTORIUS, patriarche de Constantinople; son hérésie, II, 319.

NEUBOURG (le comte palatin de), prétend à l'héritage du duc de Clèves, Berg et Juliers, X, 553, 554. — Traite avec les électeurs de Bavière et de Brandebourg, XI, 18; se brouille avec ce dernier, se fait catholique, et appelle les Espagnols, 136.

NEUBOURG (duc de) se met en possession du Palatinat, XIV, 68; querelle que lui fait Louis XIV, où il a bientôt pour lui presque toute l'Europe, 68 et suiv.; Ligue d'Augsbourg, 72 ; il s'enfuit de Heidelberg devant les troupes françaises, 93 ; marie sa fille au roi d'Espagne, 190 ; proteste contre l'élévation du duc de Hanovre au rang d'électeur, 209, paix de Ryswick, 233 ; il recouvre le haut Palatinat confisqué jadis sur sa famille, 576 ; le perd, 580.

NEUBOURG (princesse de), fille du précédent, épouse Charles II, roi d'Espagne, XIV, 190 ; le fait tester en faveur de l'archiduc Charles d'Autriche, 353 ; devient impopulaire, 354 ; revient au parti autrichien qu'elle avait quitté, 359.

NEUFCHATEL (le sire de), maréchal de Bourgogne, arrive à Péronne avec des troupes, peu après Louis XI, VII, 36 ; excite contre ce roi Charles le Téméraire, 39.

NEUHOFF (Théodore, baron de) est proclamé roi de Corse, XV, 224 ; va chercher des secours contre l'invasion française, *ibid.*

NEUILLI (de), président en la cour des aides, instigateur de la Ligue, IX, 332. — Envoyé par sa compagnie auprès d'Henri III, retiré à Chartres, propage la Ligue en cette ville, X, 84 ; est député aux États-Généraux de 1588, 96 ; supplie en vain le duc de Guise de quitter Blois, 111 ; est arrêté après le meurtre de ce prince, 114 ; élu, quoique absent, membre du conseil général de la Ligue, 134 ; rançonné par son geôlier Du Guast, 141 ; nommé, par le duc de Mayenne, président au parlement de Paris, 269.

NEUSS. Siège de cette ville par Charles le Téméraire, VII, 89.

NEUTRES (droits des) dans les guerres maritimes, établis par le traité d'Utrecht, XIV, 573. — Violé par les Anglais, XVI, 453, 454 ; principes proclamés par la Russie et acceptés aussitôt par la France, l'Espagne, la Suède et le Danemark, 456 ; reconnaissance des droits des neutres par l'Angleterre au traité de 1786, 565.

NEVERS (François de Clèves, duc de) est du conseil d'État sous Henri II, VIII, 361 ; gouverneur de Champagne et général en chef, 453 ; échappe au désastre de Saint-Quentin, 455 ; réunit à Laon les débris de l'armée, 457 ; fait une marche habile pendant le siège de Calais, 460 ; porte la parole pour la noblesse à l'assemblée des notables de 1558, 463.

NEVERS (duc de), fils du précédent, gouverneur de Champagne, IX, 143 ; est blessé mortellement à Dreux, 147.

NEVERS (Ludovic de Gonzague, duc de) amène au secours des catholiques un corps d'armée soldé par le pape, IX, 226 ; prend une grande part à la Saint-Barthélemi, 315 et suiv., 323 ; au siège de La Rochelle, 355, 358 ; refuse d'évacuer les places du Piémont données par Henri III au duc de Savoie, 404 ; ses *Mémoires* et son *Journal*, 442 *note;* ardeur de son zèle catholique, 449, 462 ; il est lieutenant-général du duc d'Anjou, 463, position qu'il prend quand la Ligue s'organise, 541, 542, 548.—X, 6 *note,* 23, 57 ; maintient Amiens et autres villes sous l'autorité du roi, 84 ; commande l'armée royale en Poitou, 95 ; en Touraine, 131 ; la quitte lorsqu'elle est réunie à celle du roi de Navarre, 145 *note;* reste neutre d'abord entre la Ligue et Henri IV, 196 ; se décide pour celui-ci, 218 ; se rapproche du cardinal de Bourbon, 289 ; est ambassadeur à Rome, 339 et suiv.; gouverneur de Champagne, 364 ; s'emploie en faveur des jésuites, 368 ; commande en Picardie et ne peut sauver Doullens, 385 ; meurt, 386 ; après avoir présidé le conseil des finances, 398.

Nevers (la duchesse de), maîtresse de Coconas, se fait apporter sa tête et l'embaume, IX, 378.

Nevers (le duc de), fils du précédent, d'abord duc de *Rethelois,* X, 386. — XI, 39 ; se jette dans Casal et défend cette ville contre le duc de Savoie, 40 ; se révolte contre Marie de Médicis, 42 ; en obtient la survivance du gouvernement de Champagne, 46 ; insulte grièvement et impunément un officier public, 56 ; prend le parti du parlement contre la cour, 90 ; intervient entre celle-ci et les princes révoltés, 97 ; se révolte à son tour, 105 et suiv.; perd le Rethelois, 109 ; rentre dans le devoir, 120 ; rêve l'empire d'Orient et fonde un ordre de chevalerie, 213 *note;* devient duc de Mantoue, 277, 296 et suiv.; perd sa capitale et se retire dans les États romains, 330 ; reçoit l'investiture de l'empereur, 359 ; traite avec la France pour l'invasion et le partage du Milanais, 424 ; meurt, 466.

Nevers (la duchesse de) soulève le Nivernais, XI, 109, 110 ; envoie au roi les clefs de Nevers après la mort du maréchal d'Ancre, 120.

Newcastle (Pelham, duc de), ministre anglais, amène Georges II à consentir à la paix avec la France, XV, 322 ; commence la guerre du Canada de la manière la plus déloyale, 475 ; traite les habitants français de l'Acadie et du Canada avec barbarie, 477 ; déclare tous les ports de France bloqués fictivement, et tous les bâtiments expédiés pour ces ports de bonne prise, 487.

Newton fait adopter au chancelier de l'échiquier une réforme des monnaies qui en rétablit le poids, XIV, 204 ; publie le *Calcul des fluxions,* 260 ; les *Principes mathématiques de la Philosophie naturelle,* 262.—Occupe de hauts emplois après la Révolution de 1688, XV, 373 ; ses funérailles, *ibid.*

Nice assiégée et prise par les Français réunis aux Turcs, VIII, 294.

Nicée (siége et prise de), par les croisés, III, 182, 183.

NICÉTAS, évêque des manichéens, tient un concile au château de Saint-Félix-de-Caraman, près Toulouse, III, 459.

NICOLAÏ (de), premier président de la chambre des comptes, expose aux États-Généraux de 1576 le *fond des finances*, IX, 454.

NICOLAÏ (de), premier président de la chambre des comptes, attaque le contrôleur-général des finances, et manque de courage au moment décisif, XVI, 579.

NICOLAS 1ᵉʳ, pape. Son intervention dans l'affaire des deux mariages de Lother II, II, 455; comme il agrandit le pouvoir papal, 456 *note*.

NICOLAS II, pape. Décrétale relative à l'élection des papes, qu'Hildebrand lui fait rendre, III, 98; sa mort, 104.

NICOLAS III, pape. Cause de sa haine contre Charles d'Anjou, IV, 370; embarras qu'il lui suscite, *ibid.*; sa mort, 373.

NICOLAS IV, pape, délie Charles II d'Anjou de ses serments, et le couronne roi de Sicile, IV, 387; fait de vains efforts en faveur des chrétiens d'Orient, 397, 398.

NICOLAS V, antipape, V, 21; ses fautes, son arrestation, sa renonciation, sa captivité, *ibid.*

NICOLAS V, pape, est élu après Eugène IV, et obtient la renonciation de son compétiteur, Félix V (Amédée VII, duc de Savoie), VI, 395; s'oppose à la révision du procès de Jeanne Darc, 456, 457; écrit à Charles VII en faveur de Jacques Cœur, 475; qu'il recueille à Rome, 478.

NICOLAS le *Flamand*, bourgeois de Paris, V, 382; est décapité, 389.

NICOLE, auteur de la *Logique* de Port-Royal, XII, 89; de la *Perpétuité de la foi dans l'Eucharistie* (de moitié avec Arnauld), 108. — XIII, 265; attaque le théâtre avec virulence, 194; ses *Essais de morale*, 214.

NICOLO *de Pise*, architecte et sculpteur, VII, 234.

NICOLO DEL ABBATE, auxiliaire de Primaticcio, VIII, 136.

NICOPOLIS (bataille de), V, 450.

NICOT, auteur du *Trésor de la langue française* et introducteur du tabac, X, 488.

NIGEL, baron normand, bat le duc de Bretagne Allan III, III, 70.

NIMÈGUE (Paix de), négociations qui la préparent, XIII, 493, 497, 507, 517, 518, 527 et suiv.; conclusion et clauses du traité, 530 et suiv., 534, 535, 540, 542.

NIMES, principal établissement des Volk-Arécomikes, I, 23; *colonie de droit latin* sous Auguste, 159; monuments érigés dans cette ville par l'empereur Adrien, 241; elle donne le jour à l'empereur Antonin, 242. — Sa municipalité, III, 233.

NITHARD, historien de Karle le Chauve, combat pour lui à Fontenailles, II, 414.

NITHARD (Nidardo, Neithard), jésuite, confesseur de la reine douairière régente d'Espagne, XIII, 308; est chassé par don Juan d'Autriche, 357.

NITIOBRIGES, peuple de la Gaule méridionale. Leur chef amène un renfort à Vercingétorix, I, 171.

NIVELEURS, parti révolutionnaire en Angleterre, XII, 431.

NIVELLE, libraire de l'Union catholique, aide les jésuites à repousser les soldats d'Henri IV, X, 230.

NIVELLE DE LA CHAUSSÉE, auteur dramatique, inventeur du drame bourgeois, XV, 339 *note*.

NIVERNAIS (duc de), pair et ministre d'État sans portefeuille, s'efforce de calmer le parlement, XVI, 589.

NOAILLES (le seigneur de) accompagne Jean-sans-Peur à Montereau, VI, 58; y est assassiné, 59.

NOAILLES (de), ambassadeur de France en Angleterre, VIII, 433.

NOAILLES (le comte de) publie en France quelques ouvrages de Galilée, XII, 16.

NOAILLES (abbé, plus tard cardinal de) soutient en Sorbonne une thèse contre l'infaillibilité du pape, XIII, 617. — Évêque de Châlons, ami de madame de Maintenon, XIV, 65; archevêque de Paris, condamne la version de l'Ancien Testament de Richard Simon, 295; condamne la doctrine de Mme Guyon, 317; ne trouve rien à reprendre dans les *Maximes des Saints*, 318; cardinal, 346; conseille la tolérance envers les protestants, *ibid.*, 347; n'est point ami des jésuites, 601; sévit contre les Jansénistes et Port-Royal, *ibid.*, 603; affaire du père Quesnel et de la bulle *Unigenitus*, *ibid.* — Il préside le conseil de conscience, XV, 10; repousse la bulle *Unigenitus*, et finit par l'accepter, 108, 109, 111; ses dernières luttes et sa mort, 161 et suiv.

NOAILLES (duc de), lieutenant-général du Languedoc, dirige des troupes contre les calvinistes du Vivarais, XIII, 631. — Gouverneur du Bas-Languedoc, et persécuteur des protestants, XIV, 44; Fait la guerre en Catalogne, 111, 126; prend Urgel, 147; Roses 181; autres succès, 199, 200; demande son rappel, 211.

NOAILLES (duc, plus tard maréchal de) conduit les opérations militaires dans le Roussillon, XIV, 453; chasse les Anglais d'Agde et de Cette, 531; prend Girone, 534. — Révèle au duc d'Orléans les dernières dispositions de Louis XIV, XV, 3; préside le conseil des finances, 9; détourne le régent des idées de Saint-Simon, 15; son administration financière et son rapport sur l'état des finances de la France, 16 à 27; il se démet de la présidence du conseil des finances, 28; lutte contre l'influence et les idées de John Law, 39, 40; conseille au régent de laisser rentrer les protestants expatriés, 107; aide Fleuri à circonvenir le cardinal de Noailles, son oncle, 162; commande l'armée d'Italie, 195; ministre d'État sans portefeuille, aspire à la direction générale des affaires, 257; campagne d'Allemagne, bataille de Dettingen, 260 et suiv., 264; négociation qu'il entame avec les princes allemands, 266; il est chargé de diriger la diplomatie, 268; fait nommer le comte de Saxe maréchal, *ibid.*; commande avec lui l'armée de Flandre, *ibid.* et 269; se porte dans l'Est avec le roi, *ibid.*; poursuit mollement l'ennemi, 272; prend les villes forestières du Rhin et Freybourg, 273; fait refuser l'alliance offensive offerte par le sultan, 290; fait rejeter les propositions des Hollandais, 297; ambassadeur en Espagne, fait renvoyer le marquis d'Argenson, 301; fait bâtir une des premières *petites maisons*, 335 *note*; demande qu'on envoie au Canada des colons militaires, 471 *note*; conseille au gouvernement des démonstrations qui trompent l'Angleterre, 481, 432.

NOBLESSE, place qu'elle occupe dans les institutions féodales, III, 10.

NOGARET (Guillaume de), son ambassade à Rome, IV, 427; il devient chancelier, 444; sa requête contre le pape, *ibid.*; ses intrigues en Italie, 448; son attentat, 450 et suiv.; il envahit le Temple et arrête les Templiers, 472; soutient l'accusation intentée à la mémoire de Boniface VIII, 484; son rôle dans le procès des Templiers, 485.

NOGENT (le sire de) rentre aux affaires après l'expulsion des princes du sang, V, 417; est mis en accusation par leur ordre, 437; et sauvé par Charles VI, 440.

NOINTEL (de), ambassadeur de France à Constantinople; traité avantageux qu'il conclut avec la Porte, XIII, 126, 366, 370.

NOMENOÉ, chef imposé aux Bretons par Lodewig le Pieux, II, 382; envahit la Marche de Bretagne, 410; rend hommage à Karle le Chauve, 411; lève l'étendard de l'indépendance, 427; ses démêlés avec Karle, 432; il achète la retraite des Normands, 434; défait Karle à Ballon, 435, 436; se fait roi des Bretons, 437; sa mort, 439.

NOMINALISME, 307, 311.

NORBERT (saint), abbé de Prémontré, III, 327.

NORDLINGEN (bataille de), XII, 208 et suiv.

Norfolk (Raoul de Gaël, comte de) se révolte contre Guillaume le Conquérant, III, 143.

Norfolk (le duc de) assiége Montreuil, VIII, 300.

Norfolk (le duc de), fils du précédent. Sa conspiration et sa mort, IX, 292.

Normand, maire d'Angoulême, périt dans une entreprise contre la personne du duc d'Épernon, X, 89.

Normands. Caractère de leurs guerres contre la chrétienté, II, 335, 425; leur façon de faire la guerre, 426; leurs nombreuses expéditions, 404 à 491; leur établissement en Neustrie, 498. — Mœurs de la noblesse normande au xie siècle, III, 150.

Normands (charte aux), IV, 519.

Norris, marin anglais. Ses expéditions en Espagne, en Portugal, X, 153 *note;* en Bretagne, 360.

North (lord), premier ministre d'Angleterre, met le port de Boston en interdit, XVI, 407; plan d'accommodement de l'Angleterre et des États-Unis qu'il présente au parlement, 425; il est ébranlé un moment, mais réussit à se maintenir, 451; émeutes à Londres sous son administration, 452; violences exercées contre les neutres, 453 et suiv.; guerre déclarée à la Hollande, 456; il se retire, 467; se coalise contre ses successeurs avec Fox et les amis de Fox, 473; rentre au pouvoir, 485; ratifie le traité négocié par son prédécesseur, *ibid.*

Northumberland (le comte de) sollicite l'assistance française pour Édouard, comte de March, prétendant au trône d'Angleterre, V, 479.

Northumberland (le comte de) échoue dans une tentative d'insurrection catholique en Angleterre, IX, 270 *note.*

Noue (La), chef protestant, est fait prisonnier à Moncontour, IX, 259; campagne en Saintonge, 265; en Hainaut, 299; il rend Mons aux Espagnols par capitulation, 351; est député par le roi aux insurgés de La Rochelle, où il reste comme commandant général, 351, 352, 356; retourne au camp catholique, 357; est élu général des provinces poitevines, 373; y prend plusieurs places, 375; y essuie quelques revers, 445; porte à Montpellier la nouvelle de la paix de Bergerac, 465. — Bat les ligueurs à Senlis, X, 150, 151; va chercher et amène à Saint-Cloud les auxiliaires suisses, 157; combat devant Paris, 187; va guerroyer en Picardie, 189; revient devant Paris, 210; attaque sans succès les faubourgs Saint-Denis et Saint-Martin, 211; meurt, 257.

Noureddin, sultan des Turks, fils d'Amadeddin, III, 445.

Novarre (bataille de), VII, 417 et suiv.

Novembre (fête du 1ᵉʳ) chez les Gaulois, I, 71, 72.

Novion (le président de) propose le renouvellement de l'arrêt du parlement défendant aux étrangers de s'immiscer dans l'administration du royaume, XII, 303.

Novion (président de), auteur présumé d'un pamphlet contre les ducs et pairs, XV, 43 *note*.

Noyon. Couronnement, dans cette ville, du premier roi de la troisième race, II, 547. — Commune de Noyon, III, 248 et suiv.

Nuds-pieds (les), révoltés de Normandie, obéissant à la direction du prétendu général *Jean-nuds-pieds,* XI, 505, 506.

Nuremberg (diète de), VIII, 31 et suiv. — Comment l'industrie de la sculpture sur bois a été transplantée de Saltzbourg en cette ville, XV, 139 *note*.

Nuza (don Juan de La), *justicia-major* d'Aragon, lutte contre Philippe II, et perd la tête, X, 574.

Nystadt (traité de), qui pacifie le nord de l'Europe, XV, 102, 103.

O

O (François, seigneur d'), mestre de camp du régiment des gardes, massacreur à la Saint-Barthélemi, IX, 324; est fait surintendant des finances, 470; livre Caen au duc d'Elbeuf, 546. — Se rallie à Henri III, X, 57; combat à Paris le jour des barricades, 64 et suiv.; expose aux États-Généraux les besoins du gouvernement, 105; invite Henri IV à embrasser la religion du royaume, 173; le sert mal, 206; se rapproche du cardinal de Bourbon, 289; recouvre le gouvernement de Paris et de l'Ile-de-France, 353; s'entremet en faveur des jésuites, 368; meurt, 388.

O (Marquis d'), empêche le comte de Toulouse et le maréchal de Cœuvres de compléter leur succès à Velez-Malaga, XIV, 434; est mis auprès du duc de Bourgogne pour le diriger, 494; funestes conseils qu'il lui donne, 499, 500.

Oates (Titus) dénonce au conseil du roi d'Angleterre une prétendue conspiration papiste ayant pour but l'assassinat de Charles II, l'intronisation du duc d'York, et l'extermination des protestants, XIII, 571.
— Est mis au pilori comme calomniateur, XIV, 31.

Obdam, général hollandais battu à Eckeren par le maréchal de Boufflers, XIV, 405.

Oberg, général allemand battu par Chevert, XV, 529.

OCHINO, embrasse la Réforme, puis le socinianisme, VIII, 311; après avoir été le chef des capucins, 313.

OCKAM (Guillaume d'), franciscain anglais, *spirituel*, V, 19; se retire auprès de l'empereur, 21.

OCTONVILLE (Raoul d'), assassine le duc d'Orléans, V, 482.

ODAUCRE, un des douze défenseurs de la tour du Petit-Pont, assaillie par les Normands, II, 481.

ODÉNAT, mari de Zénobie, I, 274.

ODGIWE, femme de Karle le Simple, s'enfuit en Angleterre avec son fils Lodewig, II, 509; vient le retrouver à Laon, 518.

ODILE, duc de Bavière. Son ambition et ses intrigues, II, 218, 221; il est vaincu par Karloman et Peppin, 222; sa mort, 226.

ODILON, abbé de Cluni, III, 50, 69; refuse l'archevêché de Lyon, 76; travaille à la réforme de l'Église, 93; est le maître de Grégoire VII, *ibid. note*.

ODIN, dieu des Scandinaves. Son identité avec le Woden des Germains, I, 215.

ODOWAKER renvoie à l'empereur Zénon les insignes de la dignité impériale, et demeure roi d'Italie, I, 398; cède à Ewarik tous les droits de l'Empire sur la Gaule et sur l'Espagne, *ibid.*; est détrôné par Théoderik, I, 422.

ODYCK, négociateur hollandais, signataire du traité de Nimègue, XIII, 530.

ŒCOLAMPADE, un des chefs des *Sacramentaires*, VIII, 114 *note*.

OGERON (D'), gouverneur de Saint-Domingue, obtient pour sa colonie une sorte de liberté commerciale, et civilise les flibustiers, XIII, 123, 124.

OHEIM, colonel dans l'armée du duc Bernard de Saxe-Weimar, se met au service de la France, XI, 498.

OISELEUR (Nicolas l'), rend d'infâmes services à Pierre Cauchon et aux Anglais, VI, 249, 280, 284, 296.

OLAÜS, roi de Norwège, vient en France, appelé par le duc de Normandie, et se fait chrétien, III, 49.

OLDCASTLE (John), lord Cobham, VI, 3.

OLIER, fondateur du séminaire de Saint-Sulpice, XII, 68 *note*.

OLIVA, savant italien, se donne la mort pour échapper aux tortures de l'inquisition, XII, 16.

OLIVAREZ, ambassadeur d'Espagne à Rome, X, 209.

OLIVAREZ, premier ministre sous Philippe IV, roi d'Espagne, XI, 170; cause de sa mésintelligence avec le duc de Buckingham, 198; signe avec la France un traité d'alliance offensive contre l'Angleterre, 261 ; dont il donne secrètement avis au duc de Buckingham, 262 ; presse avec obstination le siége de Casal, 292 ; goûte et caresse Vincent Voiture, 383 ; amène, par les violences de son administration, le soulèvement de la Catalogne, 528 et suiv. ; celui du Portugal, 531 et suiv. ; fait faire au général marquis de Povar une campagne malheureuse, 559. — Est renvoyé, XII, 161, 162.

OLIVE (D'), conduit les premiers colons de la Guadeloupe, XI, 427 *note*.

OLIVIER *le Daim* intrigue en Flandre au profit de Louis XI, VII, 124 ; échoue à Gand, 129 ; introduit les Français dans Tournai, 131 ; jouit de la confiance intime de Louis XI, 146 ; est pendu après la mort de son maître, 168.

OLIVIER (François), seigneur de Leuville, est chancelier après Poyet, VIII, 269 ; refuse de sceller l'ordre d'exterminer les Vaudois de Provence, 332 ; est envoyé près de Charles-Quint, comme ambassadeur, 341 ; réforme l'administration de la justice, 348 ; est du conseil privé sous Henri II, 361 ; tombe en disgrâce, 396 ; son œuvre législative, *ibid.* et suiv. — Est rappelé après la mort d'Henri II, IX, 23 ; appuie les réclamations de Coligni en faveur des réformés, 36 ; meurt de douleur et de honte au spectacle des exécutions d'Amboise, 40.

OLMÈQUES, peuple d'Amérique, VIII, 8 *note*.

OLYBRIUS, empereur de la façon de Rikimer, I, 394 ; sa mort, *ibid*.

OMAR, émir, tente de secourir Narbonne assiégée par les Franks, il est vaincu et tué, II, 211.

OMBRES, ou AMHRA, *voyez* AMHRA. Ils implorent le secours des Gaulois contre les Romains, I, 95.

OÑATE (le comte d'), vice-roi de Naples après le duc d'Arcos, s'empare de cette ville, XII, 251.

O'NEIL, ou O'NEALE (Hugh), chef d'une insurrection irlandaise, d'abord vainqueur, X, 496 ; puis vaincu, 513.

OPDAM (d'), amiral hollandais, saute en l'air avec son vaisseau à la bataille de Lowestoft, XIII, 306.

OPPÈDE (Jean Meinier, baron d'). Son rôle dans le drame de Cabrières et de Mérindol, VIII, 330, 332 333 et suiv. ; son procès, son acquittement, sa mort, 371, 372.

OPPÈDE (d'), premier président au parlement de Provence, pousse le duc de Mercœur, gouverneur de cette province, à attaquer les franchises communales de Marseille, XII, 531 ; amène leur destruction, 532.

OQUENDO (don Antonio d'), amiral espagnol. Son expédition dans la Manche, et son désastre, XI, 494.

ORANGE, ville et principauté des Nassau, indépendantes du royaume de France, XII, 533 ; Louis xiv en fait raser les fortifications, *ibid.* — Elle est réunie à la France, XIV, 575.

ORANGE (Raimbaud, comte d') prend la croix, III, 164 ; arrive à Constantinople, 179.

ORANGE (le prince d') appuie les prétentions de Louis xi sur la Bourgogne, VII, 122 ; se soulève contre lui, 128, 129 ; recouvre ses terres confisquées, 168 ; son rôle dans la ligue formée contre Anne de Beaujeu, 200, 202, 203, 205 ; il est pris à Saint-Aubin du Cormier et enfermé au château d'Angers, 205, 207 ; combat le projet de mariage d'Anne de Bretagne avec Alain d'Albret, 212 ; s'entremet entre cette princesse et Charles viii, 218 ; est témoin de leur mariage, 219.

ORATOIRE (ordre de l') fondé par le père de Bérulle, XI, 141. — XII, 67, 68.

ORDONNANCES (grandes), (1357), V, 172 ; (1413), 535. — (2 novembre 1439), VI, 382 et suiv. — Réformation de la justice, sous Louis xii, VII, 307. — Grande ordonnance d'Orléans, IX, 73 et suiv. ; grande ordonnance de Moulins, 199 et suiv. ; ordonnance de 1579, 487 et suiv.

ORDONNANCE CIVILE, ou CODE LOUIS, réglant la procédure civile, XIII, 78.

ORDONNANCE CRIMINELLE, réglant l'instruction criminelle, XIII, 81.

ORDONNANCE DE LA MARINE, œuvre de Colbert, XIII, 561, 562. — Perfectionnée, développée par Seignelai, XIV, 143.

ORDRE DU TABLEAU, XIV, 152.

ORDRE DU SAINT-ESPRIT. Sa fondation, IX, 474.

ORDRE DE SAINT-LOUIS, fondé par Louis xiv, XIV, 171.

ORDRE DES AVOCATS. Date de cette qualification, XV, 165 *note.*

O'REILLY, Irlandais au service d'Espagne, capitaine-général de la Louisiane, XV, 595 ; comment il en prend possession, *ibid.*

ORESME (Nicolas), conseiller de Charles v. Ses œuvres, V, 299.

ORESTE, favori d'Attila, puis patrice ; chasse Julius Népos, et met sur le trône d'Occident son fils Romulus Augustulus ; sa mort, I, 397, 398.

ORGEMONT (Pierre d'), chancelier, demande la suppression de la régence et le sacre de Charles vi, V, 339 ; son réquisitoire après la rentrée du roi à Paris, 391.

ORGÉTORIX, chef helvète, entreprend de sauver la Gaule, son plan, son insuccès, sa mort, I, 137 et suiv.

ORIFLAMME, III, 285.

ORIGÈNE, docteur chrétien, s'efforce vainement d'entraîner l'Église hors de la *voie étroite*, XII, 74.

ORLÉANS, autrefois *Genabum*, doit son nouveau nom à l'empereur Aurélien, qui l'érige en *cité*, I, 275, 276 ; est assiégée par Attila, et sauvée par Aétius, 373.—Manichéens brûlés dans cette ville, III, 53 et suiv. ; son organisation municipale, 229 ; elle se donne une commune, et la perd immédiatement, 418 ; elle est exemptée de tout impôt direct, 519. — Siége d'Orléans par les Anglais, et délivrance de cette ville par la Pucelle, VI, 119, 121 à 131, 161 à 170.—Elle devient le quartier-général des calvinistes, IX, 119 et suiv.; est assiégée par le duc de Guise et l'armée catholique, 149.

ORLÉANS (Philippe, duc d'), second fils de Philippe de Valois, marche avec son père au secours de Calais, V, 102 ; a pour héritage le comté de Valois, 117 ; ne brille pas à Poitiers, 149, 151 ; est remis aux Anglais, comme otage, pour rançon du roi Jean, 230 ; rachète sa liberté, 238.

ORLÉANS (Louis, duc d'), d'abord duc de Touraine, épouse Valentine de Milan, V, 423 ; devient duc d'Orléans, 428 ; comte de Blois, 429 ; ses légèretés, 431, 437, 439 ; accusations répandues contre lui, 441, 454 ; influence funeste qu'il exerce, 459 ; accroissement de sa fortune et de sa puissance, *ibid.* et suiv.; lutte d'influence entre lui et le duc Philippe de Bourgogne, 461 et suiv.; cartel qu'il adresse au roi d'Angleterre, 466 ; il vole à main armée le trésor de l'État, 469 ; son intimité avec la reine, 470 ; ses mesures après la mort du duc Philippe, 471 ; sa lutte contre Jean-sans-Peur, ses excès, sa mort, 473 à 482.

ORLÉANS (Charles d'), fils aîné du duc Louis, épouse Isabelle, fille de Charles VI, V, 479 ; demande justice du meurtre de son père, 492 ; luttes de son parti contre le parti bourguignon, 497, 507, 511, 513, 519 et suiv., 523, 525, 538, 542. — Le duc de Guienne l'exclut des affaires, VI, 3 ; il se rend à l'armée malgré le conseil du roi, 13 ; combat à Azincourt, 15, 16, 19 ; est fait prisonnier, 20 ; reconnaît le traité de Troies, 75 ; son talent poétique, 117 ; est amené en France, 370 ; est racheté, son second mariage, 399 ; il s'unit aux mécontents, 402 ; grâces qu'il reçoit du roi, 404 ; il prend part aux négociations de Tours, 407 ; ses prétentions sur le duché de Milan, 549 ; ses derniers actes et sa mort, 552.

ORLÉANS (Louis d'), avocat au parlement de Paris. Son pamphlet intitulé : *Advertissement d'un catholique anglois aux catholiques françois*, X, 16 ; il est élu député aux États-Généraux de 1588, 96 ; s'échappe de Blois, après le meurtre du duc de Guise, 114 ; est élu avocat-général au parlement de Paris épuré par les *Seize*, 129 ; résiste aux violences de cette faction, 268 ; les attaque au parlement, 297 ; les combat avec énergie, 322 ; publie le *Banquet du comte d'Arète,* 336.

ORLÉANS (Gaston, duc d'), d'abord duc d'Anjou, second fils d'Henri IV, X, 558. — Réclame une place au conseil, XI, 204 ; conspire contre le cardinal de Richelieu, 231, 237 ; épouse l'héritière des Montpensier, 238 ; préside l'assemblée des Notables de 1626, 246 ; devient veuf, 262 ; commande l'armée envoyée contre La Rochelle, 267 ; refuse le commandement de l'armée du Montferrat, 292 ; se retire en Lorraine, 308, 309 ; rentre en France, 310 ; est nommé lieutenant-général à Paris, en Champagne et Picardie, 327 ; cabale contre Richelieu, 331 ; se rend à Lyon, 337 ; est ramené à Richelieu par ses confidents, après la *journée des Dupes,* 347 ; rompt avec lui de nouveau, cherche à soulever la Bourgogne, échoue, et s'enfuit en Lorraine, 348 et suiv. ; écrit contre le premier ministre, 352 ; a recours aux armes, et se fait battre, 358 ; épouse en secret Marguerite de Lorraine, et se retire à Bruxelles, 369 ; conspire avec le duc de Montmorenci, 373, entre en Bourgogne les armes à la main, pénètre jusqu'en Languedoc, 379, 380 ; est vaincu, se soumet, puis s'enfuit à Bruxelles, 383 et suiv. ; rend son mariage public, 406 ; fait un traité avec l'Espagne, 414 ; se réconcilie en apparence avec le roi, voit annuler son mariage, et feint d'y consentir, 416 et suiv. ; est mis à la tête de l'armée de Picardie, 454 ; complote l'assassinat de Richelieu, et n'ose en donner le signal, 455 ; s'enfuit à Blois, 457 ; se soumet, 458 ; intrigue avec Cinq-Mars, 541, 555 et suiv., 562 ; avoue ses menées, et dénonce ses complices, 567 ; est exclu par déclaration royale de tout droit politique, 582 ; est relevé des effets de cette déclaration, 583 ; est lieutenant-général du royaume, 584 ; se démet, 588. — Est gouverné par l'abbé de La Rivière, XII, 159 ; exploite les faiblesses de la régente, 168 ; obtient le gouvernement du Languedoc, 171 ; prétend au commandement de l'armée de Flandre, et n'en obtient que l'apparence, 192 ; appuie la régente contre le parlement, 201 ; va de nouveau guerroyer en Flandre, 212 et suiv. ; sa conduite politique au début de la Fronde, 282, 288, 293, 299, 303, 304, 308, 312 ; il prend part à l'attaque de Charenton, 320 ; aux conférences de Ruel, 320, 325, 326, 331 ; conjure le parlement de réprimer l'audace des libelles, 338 ; et la reine de rentrer à Paris, 339 ; abandonne le prince de Condé à la vengeance de Mazarin, 347, 348 ; est gouverneur de tout le pays au nord de la Loire, 355 ; propose pour terminer la guerre civile de Guienne une transaction qui n'est point acceptée, 358 ; transfère les princes de Condé à Marcoussis, 359 ; les laisse transférer au Havre, 362 ; se remet de leur parti, et se brouille avec la cour, 362, 364, 366 et suiv.; prend le parti du clergé contre le parlement, 372; hésite entre le parlement et la noblesse, 373; rôle indécis et très-peu brillant qu'il joue au milieu des intrigues de cette époque, 375, 377 et suiv., 388; il tourne les régiments qui dépendent de lui contre la cour, 392; s'engage à respecter la neutralité de Paris, 396; sa conduite équivoque à l'égard du prince de Condé, 400; pendant le combat du faubourg Saint-Antoine, 413; et dans les *journées* suivantes, 415 et suiv., 418 et suiv.; il est nommé, par le parlement, lieutenant-général du royaume, 420, 424; fait, dans le parlement, une déclaration conditionnellement pacifique, 425; donne des passe-ports à ceux qui veulent aller au roi, 427; se retire à Blois, 429, meurt, 530.

ORLÉANS (Philippe de France, d'abord duc d'Anjou, puis duc d'), second fils de Louis XIII, sa naissance, XI, 525. — La reine l'emmène à Saint-Germain, XII, 312; le charge de vaincre la résistance de la chambre des comptes au rétablissement illimité des acquits au comptant, 442; il assiste au sacre de Louis XIV, 460. — Épouse Henriette d'Angleterre, et devient duc d'Orléans, XIII, 279; sa vie intérieure, soupçon qui pèse sur lui, 353, 354; il se remarie, 355; suit Louis XIV à Charleroi, 380; prend Zutphen, 393; assiége Bouchain, 492; Saint-Omer, 502; prend cette ville après avoir battu le prince d'Orange, 503 et suiv. — Meurt, XIV, 459 *note*.

ORLÉANS (Anne-Marie-Louise d'), fille de Gaston, duc d'Orléans, frère de Louis XIII, duchesse de Montpensier, occupe la ville d'Orléans, XII, 396, 397; préside un conseil de guerre, 398; passe une armée en revue, 405; sauve les troupes du prince de Condé par le canon de la Bastille, 413. — Auteur de *Mémoires historiques*, XIII, 210. — Épouse du comte de Lauzun, XIV, 140.

ORLÉANS (Charlotte-Élisabeth de Bavière, princesse palatine, duchesse d'), XIII, 355. — Prétentions que Louis XIV élève en son nom sur la succession de l'électeur palatin son frère, XIV, 68; règlement de cette affaire, 233. — Elle conjure son fils de ne pas employer Dubois, XV, 80.

ORLÉANS (Marie-Louise d') épouse Charles II, roi d'Espagne, XIII, 574. — Offre ses diamants pour payer les 500,000 écus réclamés par Louis XIV, XIV, 74 *note;* meurt, 190.

ORLÉANS (Philippe, duc d'), d'abord duc de Chartres, fils du précédent, combat héroïquement à Steenkerke, XIV, 166; *esprit fort*, 251; duc d'Orléans et gendre du roi, va commander l'armée d'Italie, 459; la ramène en Piémont, est blessé devant Turin, 463 et suiv.; se retire vers Pignerol, 466; va commander en Espagne, prend Valence, 474; Lérida, 475; Tortose, 495; se compromet dans une intrigue tendant à l'élever sur le trône d'Espagne, 516, 517; est accusé d'avoir empoisonné ses cousins et demande des juges, 552; correspond intimement avec Fénelon, 608 *note;* position que lui fait le testament de Louis xiv, 611. — Sa position après la mort de ce prince, XV, 3; séance du parlement et lit de justice où le testament de Louis xiv est annulé, 5 et suiv.; organisation de la Régence, 8 et suiv.; il élargit les jansénistes incarcérés, 10; prend des mesures utiles aux arts et aux sciences, 11 *note;* caractère de son gouvernement, influence qu'il exerce sur les mœurs publiques, 11, 12; état où il trouve les finances, 13; mesures financières que lui fait adopter le duc de Noailles, 16 à 24; il le quitte pour prendre Law, 28; l'autorise à créer une banque dont il consent à être le protecteur, 38; et dont il préside une assemblée d'actionnaires, 39; décrète une refonte des monnaies malgré le parlement, dont il abat l'opposition par des coups d'autorité, 41 à 45; rétablit l'ancienne organisation du gouvernement, 46, 47; application du système de Law, 48 à 74; conduite ambiguë qu'il tient d'abord entre le roi d'Angleterre et le prétendant, 76; il se décide pour le roi et fait alliance avec lui, 80 et suiv.; traite avec la Prusse et la Russie, 85, 86; ses desseins, hostiles à l'Espagne, favorables à l'Autriche, 87; intrigue et négociation avec l'Espagne, *ibid.;* pacte avec l'Angleterre et l'Autriche contre l'Espagne, 90, 91; conspiration de Cellamare et guerre d'Espagne, 95 à 99; insurrection de la noblesse bretonne, durement réprimée, 100; paix avec l'Espagne, 101; proposition de mariage à lui faite par le tzar Pierre et qu'il élude, 103; sa conduite à l'égard des protestants, 106; des jansénistes, 108 à 111; traités avec l'Espagne; il marie deux de ses filles à deux infants et fiance Louis xv à une infante, 114; dislocation du conseil de régence, 115; il s'installe à Versailles, exile Villeroi, fait Dubois premier ministre, 115 à 118; position qu'il prend à la majorité du roi, 118; il succède à Dubois comme premier ministre, 120; meurt, 121; appréciation de la *Régence,* 122.

Orléans (duc d'), d'abord duc de Chartres, fils du régent, XV, 103; entre au conseil d'État, 118; se retire, après la mort de sa femme, à l'abbaye de Sainte-Geneviève, 131 *note;* le curé de Saint-Étienne du Mont lui refuse les sacrements à l'heure de la mort, 444.

Orléans (Louise-Élisabeth d'). Mademoiselle de Montpensier, fille du régent, épouse le prince des Asturies, fils de Philippe v, XV, 114; est fêtée par le spectacle d'un *auto-da-fé,* 115; est reine un moment et scandalise l'Espagne par ses folies, 131.

ORLÉANS (duc d'), petit-fils du régent, présente au roi la protestation des princes du sang et des ducs et pairs contre la défense qui leur a été faite de répondre à la convocation du parlement, XV, 503. — Proteste contre la suppression du parlement, XVI, 286; demande grâce, 290; se renferme dans la vie privée, 315; est salué au sortir du Palais de justice par les acclamations populaires, 336; fait une ovation à Voltaire, 397; témoigne hautement son regret de la retraite de Necker, 504; vend Saint-Cloud à la reine, 543; meurt, 576 *note*.

ORLÉANS (Philippe-Joseph, duc d'), d'abord duc de Chartres, fils du précédent, manifeste avec éclat sa sympathie pour le duc de Choiseul, XVI, 282, 283; proteste contre la destruction des parlements, 286; demande à rentrer en grâce, 290; son caractère, ses mœurs, 315; proteste contre les changements apportés à l'organisation du parlement reconstitué, 336; sa campagne maritime d'Ouessant et suites qu'elle a, 430 et suiv.; il témoigne hautement son regret de la retraite de Necker, 504; est grand-maître de la franc-maçonnerie, 532; préside un des bureaux de l'assemblée des Notables, 576; proteste contre une violence faite par Louis XVI au parlement, 596; est exilé à Villers-Cotterets, 597.

ORLOFF (Alexis), un des assassins de Pierre III, XV, 587. — Commande la flotte russe, bat les Turcs à Tchesmè, manque le moment d'attaquer Constantinople, XVI, 270.

ORMÉE (compagnie de l'). Sa lutte contre le parlement de Bordeaux, sa puissance dans cette ville, XII, 437 et suiv.; sa décadence et sa fin, 445 et suiv.

ORMESSON (d'), maître des requêtes, juge rapporteur au procès de Fouquet, conclut au bannissement, XIII, 44.

ORMESSON (d'), conseiller d'État, puis contrôleur-général des finances, XVI, 510, 511.

ORMOND (duc d') remplace Marlborough à la tête de l'armée anglaise, XIV, 547; évite toute opération agressive, 562; se sépare des Hollandais et des impériaux, occupe Gand, Bruges, Dunkerque, 563; contribue à faire destituer le comte d'Oxford, 591; est révoqué, 593; conspire, puis se réfugie en France, *ibid.*

ORNANO (San Pietro d') s'efforce de donner la Corse à la France, VIII, 427.

ORNANO (Alphonse d'), lieutenant du roi en Dauphiné, bat les Suisses auxiliaires des huguenots, X, 44; pousse Henri III à faire périr le duc de Guise, 60; participe au meurtre de ce prince, 109, 112; est envoyé à Lyon pour arrêter le duc de Mayenne, 145; est lieutenant-général du

Dauphiné, qu'il maintient sous l'autorité royale, 140 ; traite avec Lesdiguières, 144 ; soutient de concert avec lui la cause d'Henri IV, 192 *note;* est fait prisonnier par le duc de Savoie, 238 ; est appelé à Lyon par les royalistes, 344.

Ornano (d'), fils du précédent, colonel des Corses au service de Louis XIII, annonce à ce prince la mort du maréchal d'Ancre, XI, 116 ; est fait lieutenant-général de Normandie, 131 ; est mis à la Bastille par La Vieuville, 204 ; élargi par Richelieu, 206 ; conspire contre ce dernier, 231 et suiv. ; est mis à Vincennes, 234 ; y meurt, 239.

Orri, inquisiteur à Lyon, persécute Étienne Dolet, VIII, 343 ; et Michel Servet, 484.

Orri, contrôleur-général des finances ; expédients auxquels il a recours pour faire face aux frais de la guerre de 1733, XV, 206 ; ses qualités, ses défauts, 257 ; il est renvoyé à cause de son économie, 277.

Orsini, légat du pape, vient complimenter la cour de France sur le massacre de la Saint-Barthélemi, IX, 344.

Orsini (Virginio), cousin de Marie de Médicis, passe pour avoir été son amant, X, 512.

Orte (le vicomte d'). Belle lettre à lui attribuée, que l'on conteste, IX, 344 ; mais le fait, sinon la lettre, est authentique, 465 *note.*

Orval (le seigneur d'), gouverneur de la Bourgogne, repousse de la Champagne le comte de Furstemberg, VIII, 47.

Orval (le comte d'), fils puîné du duc de Sulli, s'enferme dans Montauban, XI, 177.

Orves (d'), chef de l'escadre française des Indes, se retire à l'Ile de France, XVI, 475 ; repart pour l'Inde avec Suffren, 476 ; meurt, 477.

Orvilliers (d'), beau-frère du gouverneur de Ham, y introduit les Français, X, 384.

Orvilliers (d'), commande la flotte française et combat avec gloire à Ouessant, XVI, 430, 431 ; son expédition contre l'Angleterre, qui échoue par la faute d'autrui, sa retraite, 441 et suiv.

Osbern, sénéchal du duc de Normandie, est assassiné dans la chambre même de ce duc, III, 81.

Osius, évêque de Cordoue, rédacteur du symbole de Nicée, I, 296.

Oskeri, chef normand, pille Rouen, II, 429 ; l'Aquitaine, *ibid.;* les deux rives de la Basse-Seine, 440.

Osman, sultan des Turcs, attaque sans succès la Pologne, XI, 183 *note;* rend l'église du Saint-Sépulcre aux religieux francs, 213 *note.*

Osmond enlève de Laon le petit duc de Normandie Richard, fils de Guillaume *Longue-Épée*, II, 524.

Osnabrück (évêque d') bat les Français à Consaarbrück, XIII, 481; se porte au nord de l'Allemagne, 383; combat avec succès les Suédois, 481; traite avec eux, 541; entre dans une coalition contre la France, 589.

Ossat (Armand d'), secrétaire du cardinal de Joyeuse, X, 154 *note;* négocie la réconciliation d'Henri IV avec Rome, et reçoit pour lui les coups de baguette du pape, 379 et suiv.

Ossian, XV, 289 *note*.

Ossuna (le duc d'), vice-roi de Naples, veut se faire roi des Deux-Siciles, échoue, et meurt en prison, XI, 155.

Ostrogoths. Ils deviennent vassaux des Huns, I, 320; leur situation au commencement du ve siècle, 335; ils se ruent sur l'Italie, *ibid.;* sont défaits par Stilicon, *ibid.:* s'affranchissent après la mort d'Attila, ce qu'ils deviennent, 395, 422.

Othe-Guillaume, fondateur de la comté de Bourgogne (Franche-Comté), III, 29; ses accroissements, 50.

Othman, émir, défend Narbonne avec succès contre les Franks, II, 210, 211.

Othman-Ben-Abou-Nessa, chef berbère, traite avec Eude et obtient la main de sa fille, II, 197; sa défaite et sa mort, 199.

Othon, proclamé empereur à Rome, est vaincu et se donne la mort, I, 234.

Othon Ier, *le Grand*, roi de Germanie. Étendue de sa puissance, II, 518; ses succès contre Lodewig d'Outre-Mer, 520; en faveur de ce prince, 521; son expédition en France, 526; il se saisit de la couronne impériale, 534; meurt, 535.

Othon, fils de Hugues le Grand, est investi du duché de Bourgogne, II, 529; épouse l'héritière du comte de Dijon, *ibid.;* perd Dijon et le recouvre bientôt, 532.

Othon II, fils et successeur d'Othon le Grand. Sa querelle avec le roi Lother, II, 536; son expédition contre Paris, 537; il se réconcilie avec Lother, 539; se lie avec Hugues Capet, *ibid.;* meurt, 541.

Othon de Vermandois, fils du comte Albert, fait une campagne dans le Hainaut contre le comte de Flandre et le duc de Basse-Lorraine, II, 536.

Othon III, fils d'Othon II, roi de Germanie, II, 541; est arraché à sa mère par son cousin Heinrik, duc de Bavière, *ibid.;* retiré de ses mains, 542. — Donne à Gerbert l'archevêché de Ravenne, III, 33; impose un pape aux Romains, *ibid.;* sa perfidie et sa cruauté envers Crescentius, *ibid.;* sa mort, 47.

OTHON, fils aîné de Karle, duc de Basse-Lorraine, succède à son père, puis meurt sans enfants, III, 22.

OTHON DE BRUNSWICK est porté au trône impérial par le parti guelfe, III, 555. — Ses entreprises contre Frédéric de Sicile et ses querelles avec le pape Innocent III, IV, 66, 67; il se met à la tête d'une coalition contre la France, 74; sa défaite à Bovines, 82; sa fuite, 83; sa retraite dans le Hartz, 88.

OTTO, gouverneur de Sighebert II, dispute à Grimoald la dignité de maire du palais, II, 147; est tué par le duc des Allemans, 148.

OTTO (le rhingrave) est battu par le duc Charles de Lorraine, XI, 421; évacue la Haute-Alsace devant les Français, *ibid.*

OUDRI, peintre, XVI, 161 *note.*

OUESSANT (bataille navale d'), XVI, 430.

OXENSTIERNA (Axel), chancelier de Suède, XI, 397, 398; directeur du parti protestant en Allemagne, 399; renouvelle l'alliance de la Suède avec la France, *ibid.;* vient conférer avec Richelieu, 426; nouveau traité avec la France, 444; il refuse de reconnaître Ferdinand III pour empereur, 462; reconnaît le duc de Bragance pour roi de Portugal, 533; nouveau traité avec la France, 552. — Guerre contre le Danemark, XII, 186; paix, 210; politique de la Suède au congrès de Westphalie, 225, 230; paix de Westphalie, 265.

OXENSTIERNA (Benoît), fils du précédent, représente la Suède à Osnabrück, XII, 225.

OXIBES, Celto-Liguriens. Ils sont vaincus par les Romains et assujettis à Massalie, I, 108 et 109.

P

PACHECO (Maria), femme de D. Juan de Padilla, VIII, 3; défend Tolède contre les troupes de Charles-Quint, 5; se retire en Portugal, 6.

PACTE DE FAMINE, ou Pacte constitutif de la société Malisset et Compagnie, XVI, 293 à 298; émeutes amenées par la cherté des grains, en partie l'œuvre de cette société, 305, 306; Turgot fait cesser ses opérations, 332.

PACTES DE FAMILLE entre les Bourbons de France et d'Espagne, XV, 266, 576 et suiv.

PADILLA (D. Juan de), embrasse le parti des *comuneros* de Castille, et en devient le chef, VIII, 3 ; succombe, 4.

PAGANINI, statuaire modénais, amené en France par Charles VIII, VII, 289 *note*.

PAINS OU PAYEN est constitué, par les rois de France et d'Angleterre, gardien de Gisors, III, 217.

PAIRS DE FRANCE (cour des). Origine de cette institution, III, 503, 504.

PAIX DE DIEU, III, 68, 69.

PAIX (*Institution de*), III, 259, 262.

PALAIS (les comtes du), condamnés à mort pour meurtre aux grands jours d'Auvergne, XIII, 73 *texte et note*.

PALATINAT (Haut et Bas), situation géographique de ces deux provinces, XI, 182 *note*.

PALERME (bataille navale de), XIII, 489 et suiv.

PALESTRINA, compositeur italien, X, 472.

PALISSE (Jacques de Chabannes, sire de La), est placé en observation devant Barlette, VII, 235 ; est forcé dans Ruvo, et fait prisonnier, 336 ; délivré, 346 ; est blessé au siége de Gênes, 364 ; secourt les impériaux contre les Vénitiens, 377 ; combat à Ravenne, 405 ; commande l'armée après Gaston de Foix, 408 ; est nommé gouverneur du Milanais, qu'il évacue, 409 ; rentre en France, 410 ; accompagne le duc de Valois en Navarre, 412 ; est battu à la *journée des éperons*, 422 ; est fait maréchal, 438. — Dégage Fontarabie, VIII, 30 ; commande en Provence, 55, 57 ; dissuade François Ier d'une campagne d'hiver en Italie, 58 ; lui conseille de lever le siége de Pavie, 62 ; commande l'aile droite à la bataille de Pavie, où il est tué, 64.

PALISSI (Bernard de), IX, 13 et suiv. ; est sauvé de la mort à Bordeaux par le connétable Anne de Montmorenci, 136 *note ;* échappe à la Saint-Barthélemi, 328 *note :* meurt en prison, X, 76 *note*.

PALLADIO, architecte italien, X, 472.

PALLUAU (le comte de), gouverneur de Courtrai, sage conseil qu'il donne à Mazarin, XII, 259.

PALSGRAVE, anglais, auteur de la première grammaire française, VIII, 143.

PANCARTE (la), impôt du sou pour livre, établi en 1597, X, 408 ; supprimé en 1602, 441 ; rétabli en 1640 sous le nom d'impôt du vingtième, XI, 510.

PANCIROLA, nonce du pape à Turin, XI, 323 ; négocie la paix entre la Savoie, l'Espagne et la France, 359.

PANDOLFE, légat du pape. Sa mission auprès de Jean-sans-Terre et de Philippe-Auguste, IV, 70, 71.

PANIGAROLA, évêque d'Asti, accompagne en France le cardinal légat Caietano, X, 197; prêche en italien, 218 *note;* danger qu'il court pendant le siége de Paris, 225 *note;* il est rappelé par le pape, 232.

PANIN, premier ministre en Russie, amène Catherine II à la proclamation du droit des neutres en temps de guerre maritime, XVI, 455.

PANNETIER, marin français, combat à La Hougue, XIV, 159.

PANNONIENS. Ils se soulèvent contre l'empire romain, I, 219.

PAOLI (Pascal), dirige l'insurrection de l'île de Corse, XV, 488. — La gouverne, la défend contre la France, puis se retire en Angleterre, XVI, 250 et suiv.

PAOLO DE NOVI, teinturier en soie, est élu doge de Gênes, VII, 362; défend cette ville contre Louis XII, 363; est décapité, 365.

PAPACHIN, amiral espagnol, refuse de saluer les vaisseaux français commandés par Tourville, qui l'y contraint, XIV, 27.

PAPIER (découverte, fabrication, emploi du), VII, 159.

PAPIERS PEINTS. L'usage s'en introduit en France, XVI, 521 *note.*

PAPILLON, un des familiers de Marguerite d'Angoulême, VIII, 154.

PAPIN (Denis), médecin de Blois, protestant, chassé de France par la persécution, invente la machine à vapeur, XIV, 62.

PAPINIEN, préfet du prétoire et grand jurisconsulte, est proscrit par Caracalla, I, 258.

PAPIRIUS, consul romain, sa perfidie et sa défaite en Norique, I, 116.

PAPPENHEIM, décide le général Tilli à livrer la bataille de Leipzig, XI, 364; fait la guerre en Basse-Saxe et en Westphalie, 380; rejoint Waldstein, 395; est tué à Lutzen, 396.

PARACELSE, médecin et naturaliste, IX, 12 *note.*

PARACLET (abbaye du), fondée par Abélard, III, 320, 321; dirigée par Héloïse, 328.

PARADISIO (Paolo), professeur d'hébreu au collége royal, VIII, 144.

PARC AUX CERFS, XV, 432, 433, 434.

PARDAILLAN, du parti des Guises, est tué par La Renaudie, IX, 38.

PARDAILLAN, victime de la Saint-Barthélemi, XI, 324.

PARDO, officier espagnol, gouverneur de Gand, rend aux Français la ville et la citadelle, XIII, 523.

PARÉ (Ambroise), chirurgien, VIII, 143; extrait un fer de lance du visage de François de Guise, 340; prend part à la défense de Metz, 422 *note.* — Ses livres, IX, 14; sa religion, 16; déclare François II perdu,

60; panse et opère Coligni blessé par Maurevert, 312; est sauvé par Charles IX du massacre de la Saint-Barthélemi, 328.

PARFAIT MONARQUE (le), ouvrage de l'économiste Lanjuinais, est décrété par le parlement, XVI, 376.

PARIS. Siége de cette ville par les Normands, II, 480 à 484. — Développements et embellissements de Paris sous Philippe-Auguste, III, 521 et suiv. — IV, 66. — Agrandissement de l'enceinte et travaux de défense, sous la direction d'Étienne Marcel, V, 158; couleur du blason de la ville, 182; constructions de Charles V, 300.—Population de Paris au XIV° siècle, VI, 44 note. — Dénombrement et organisation des corps de métiers de la ville de Paris sous Louis XI, VII, 21. — Massacre de la Saint-Barthélemi, IX, 309 et suiv. — Journée des barricades, X, 62 et suiv.; siége de Paris par Henri IV, 200 et suiv. — Émeutes et guerre de la Fronde, XII, 295 et suiv., 313 à 333, 396, 412 et suiv., 415 et suiv., 418, 428. — Organisation de l'assistance publique et de la police municipale sous Colbert, XIII, 84, 85; agrandissement et embellissements de Paris à cette époque, 87, 234. Accroissement de la population, suite du mouvement imprimé par le *système* de Law, XV, 53; et que la chute du système n'arrête pas, 73, 116. — Construction du mur d'octroi, XVI, 580 *note*.

PARIS (traités de) (1763), XV, 593. — (1778), XVI, 423; (1783), 486.

PARIS (les frères), banquiers; travaux et opérations dont ils sont chargés sous la Régence, XV, 17, 18, 68.

PARIS-DUVERNEI, l'un d'eux, exerce une grande influence sur Mme de Prie et sur le gouvernement, XV, 124; mesures violentes qu'il inspire, 125, 126; réorganisation de la milice, 140; impôt du *cinquantième*, *ibid.*; révision des pensions accordées depuis la mort de Louis XIV, 144; il est mis à la Bastille, 146; recouvre de l'influence, et la rend utile, 322; donne au comte d'Argenson l'idée de l'École militaire, 430; inspire Mme de Pompadour, et lui donne un plan pour accabler le roi de Prusse en deux campagnes, 517; propose de détruire les fortifications de Mahon, 593 *note*.

PARIS, diacre janséniste. Sa mort. Choses étranges qui se passent sur son tombeau, XV, 168 et suiv.

PARISES, peuplade gauloise. César transfère chez eux l'assemblée générale de la Gaule, I, 463; ils prennent part au soulèvement provoqué par Vercingétorix, 467; leur territoire est compris dans la province lugdunaise, 196.

PARLEMENT DE BÉARN, formé de la réunion des deux cours souveraines de Pau et de Saint Palais, XI, 164. — Expulse les jésuites, XVI, 213;

dissensions dans son sein, 238 ; il est dissous, 287 ; rétabli, 337 ; résiste aux ordonnances du 8 mai 1788, 608.

Parlement de Bordeaux. Rôle qu'il joue dans la révolte de 1548, VIII, 382, 383, 385. — Dans les troubles de la Fronde, XII, 356 et suiv. — Il abolit deux impôts décrétés par Louis XIV, XIII, 470 ; est exilé à Condom, 472. — Condamne aux galères les calvinistes coupables d'avoir assisté aux assemblées, XIV, 106. — Refuse d'enregistrer l'édit qui établit l'impôt du *cinquantième*, XV, 142 ; supprime la *légende de saint Hildebrand*, 163 ; lutte contre le gouvernement à propos des attributions du grand conseil, 505; et de l'aggravation des impôts, 506. — Expulse les jésuites, XVI, 213 ; proteste contre l'outrage fait par le duc de Fitz-James au parlement de Toulouse, 228 ; forme une commission pour réprimer les agents du fisc, *ibid.*; appuie les parlements de Paris et de Bretagne contre la cour, 244 *note ;* s'unit à eux contre d'Aiguillon, 281 ; est dissous, 287 ; rétabli, 337 ; demande les États-Généraux, 546 *note ;* défend à l'assemblée provinciale du Limousin de se réunir, 594 ; est exilé à Libourne, et refuse d'enregistrer les lettres de translation, *ibid.*

Parlement de Bretagne. Sa fondation, VIII, 436 *note.* — Il repousse les mesures financières du cardinal Mazarin, XII, 486. — Est exilé à Vannes, XIII, 473. — Enregistre la protestation de la noblesse bretonne contre de nouveaux droits d'entrée décrétés par le régent, XV, 99 ; refuse d'enregistrer l'édit qui établit l'impôt du *cinquantième* 142 ; supprime la *légende de saint Hildebrand,* 163 ; appuie le parlement de Paris dans l'affaire des billets de confession, 447, 511, 512. — Expulse les Jésuites, XVI, 213 ; lutte contre le gouverneur de Bretagne duc d'Aiguillon, affaire de La Chalotais, 237 à 245, 279, 280; sa suppression, 287; son rétablissement, 337; sa résistance aux édits du 8 mai 1788, 608.

Parlement de Dauphiné bannit les jésuites sous Henri IV, X, 372. — Les ménage sous Louis XV, XVI, 215 ; s'oppose aux excès financiers du gouvernement, 228, 247 ; est dissous, 287, rétabli, 337 ; s'oppose autant qu'il le peut à l'égalité établie par Necker dans la perception des *vingtièmes*, 501 *note ;* est suspendu, exilé, réinstallé, et s'éclipse prudemment, 609.

Parlement de Dijon fait des remontrances contre l'existence simultanée de deux cultes en France, IX, 160. — Lit de justice tenu par Louis XIV, XII, 543. — Il refuse d'enregistrer l'édit du *cinquantième,* XV, 142. — Ménage les jésuites, XVI, 215 ; est dissous, 287; rétabli, 337.

Parlement de Douai, favorable aux jésuites, XVI, 215; est dissous, 287; rétabli, 337.

Parlement de Franche-Comté. Siége à Dôle, au grand déplaisir de Besançon, XIII, 335, 336; y est maintenu par Louis xiv, après la conquête, 439.—Appuie le parlement de Paris contre le gouvernement et voit emprisonner huit de ses membres, XV, 514. — Est favorable aux jésuites, XVI, 215; s'oppose aux excès financiers de l'abbé Terrai, 228; appuie les parlements de Paris et de Bretagne contre le duc d'Aiguillon, 281; est dissous, 287; rétabli, 337; repousse les mesures financières de Joli de Fleuri, et demande les États-Généraux, 508, 546 *note;* proteste contre les coups d'autorité du ministère, 593; prend le parti de la noblesse et du clergé contre le tiers état, est mis en fuite par le peuple soulevé, 623.

Parlement de Metz. Sa création, XI, 406. — *Chambre de réunion* formée dans son sein, XIII, 578. — Il supprime la *Légende de saint Hildebrand,* XV, 163.—Expulse les jésuites de son ressort, XVI, 213; refuse de recevoir M. de Calonne, intendant de la province, 280; est dissous, 287; rétabli, 337.

Parlement de Paris; est institué, IV, 292 et suiv.; réorganisé sous Philippe le Bel, 394; installé au Palais de Justice, et réorganisé de nouveau, 446 *note;* règlement de Philippe v, 539. — Comment Charles v paie les gages des « gens du parlement », V, 304; zèle du parlement pour la dignité de la couronne, 527 *note.* — Inamovibilité des offices décrétée par Louis xi, VII, 32; résistance à l'édit du parlement de François 1ᵉʳ sur la chasse, 464 *note.*—Vénalité des charges introduite par ce prince et le chancelier Duprat, VIII, 23; lutte du parlement contre ce ministre et la régente Louise de Savoie, 93 *note;* disposition du parlement à l'égard des doctrines de Luther, 148; il provoque et dirige les premières persécutions contre les partisans des idées nouvelles, 151 et suiv., 160, 161, 345; chambre ardente formée au parlement pour la poursuite des hérétiques, 398; laquelle n'est pas maintenue, 494; réaction au sein de cette compagnie, remontrances contre les persécutions, 489, 492, 494 à 499; arrestation d'Anne Du Bourg et de six autres conseillers, 500. — Procès et supplice d'Anne Du Bourg, IX, 29 et suiv.; le parlement repousse les réformes du chancelier de L'Hospital, 76, 77; s'oppose à la publication d'un édit contre les troubles causés par le fanatisme, 82; s'oppose autant qu'il le peut à la *Pacification d'Amboise,* 160, 167, 168.— S'inquiète des progrès de la Ligue, X, 10; lui résiste, 14, 15, 77; est mis en masse à la Bastille, 127; se scinde en deux fractions, dont une devient l'instrument de la Ligue,

129; décrète une information sur le meurtre des deux Guises, *ibid.*; efface le nom du roi de l'intitulé de ses actes, 136; l'autre fraction du parlement siége à Tours, 189; a une succursale à Châlons-sur-Marne, 252; arrêts contre les bulles du pape hostiles à Henri IV, *ibid.*, 253; arrêt du parlement ligueur contre toute élection d'un prince étranger au trône de France, 322; sa réhabilitation, mesures qu'il décrète aussitôt contre la Ligue, 353 et suiv.; arrêt qui bannit les jésuites, 372; institution de la propriété héréditaire des charges, et de la *Paulette*, 443. — Arrêt qui défère la régence à Marie de Médicis, XI, 4, 5; arrêt qui ordonne la saisie du traité du cardinal Bellarmin sur la *Puissance du souverain pontife sur le temporel,* 14; prétention déclarée à intervenir dans les affaires d'État, 87 et suiv.; il lutte contre le garde des sceaux Michel de Marillac, et repousse le *Code Michau*, 293; lutte contre Richelieu, 350; proteste contre les commissions judiciaires, 375; s'oppose à l'institution de l'Académie française, 430 *note;* prétend aviser à la sûreté de Paris menacé par l'ennemi, et reçoit défense formelle de le faire, 453; intervient en faveur des rentiers non payés, et n'a pas plus de succès, 479; prend parti contre le clergé pour Richelieu, 516; qui abat rudement ses prétentions, 543; casse le testament de Louis XIII, 588. — Condamne au bannissement trois adversaires d'Aristote, défend, sous peine de mort, « d'enseigner aucunes maximes contre les auteurs anciens et approuvés », XII, 14, 15; fait échouer la combinaison financière basée sur l'*Édit du toisé,* 180; est anobli en masse, 181; réduit un emprunt forcé décrété par le gouvernement, *ibid.*; continue à entraver ses mesures financières, lutte à ce sujet, lit de justice, etc., 201 et suiv.; opposition du parlement au *tarif*, 274 et suiv.; à divers édits bursaux, 278; au rétablissement du droit annuel, 279, 280; organisation du parlement en 1648, 280 *note;* lutte ardente contre la cour, arrêt d'union, arrestation de Broussel, émeutes, guerre de la *Fronde*, terminée par la paix de Ruel, 280 à 333; remontrances en faveur de la Guienne et du parlement de Bordeaux, 356; démonstrations en faveur des princes incarcérés, 364, 365, 367; requêtes à la reine réclamant l'éloignement de Mazarin, *ibid.*; arrêt qui l'exile ainsi que sa famille, 368; informations décrétées contre lui, 371; déclaration imposée à la reine, excluant du gouvernement les étrangers et les cardinaux, *ibid.*, 372; lutte contre l'assemblée de la noblesse, 372 et suiv.; opposition obstinée au retour de Mazarin, 387 à 393; émeute contre le parlement, 409, 410; déclaration qui le transfère à Pontoise, à laquelle il n'obéit qu'en partie, 424, 425; lit de justice où les deux fractions du parlement sont réunies; toute délibération sur les affaires politiques et financières lui est interdite, 429, 430 ; résistance de cette compagnie aux mesures financières de Mazarin ; lit de justice où Louis xiv siége en habit de chasse, 467, 468, 486 ; il complimente ce ministre sur la paix des Pyrénées, 535. — Fixation du prix des offices sous Louis xiv, XIII, 52 ; le parlement perd le titre de *Cour souveraine*, remplacé par celui de *Cour supérieure*, 53 ; ne reconnaît plus de sorciers, 83 ; rend un arrêt contre le commerce des grains, 95 ; perd le droit de remontrance efficace, 416 ; rend un arrêt violent contre une bulle du pape Innocent xi, 619. — Un autre, tendant à séparer l'Église gallicane de l'Église romaine, XIV, 80 ; est excommunié, 82 ; enregistre la bulle *Unigenitus* avec réserves, 605. — Annule le testament de Louis xiv, XV, 5 et suiv.; s'oppose à la refonte des monnaies, 41, 42 ; interdit à Law de s'immiscer dans le maniement des deniers royaux, 44, 45 ; lit de justice et coups d'autorité qui surmontent sa résistance, 45, 46 ; il s'oppose à la confirmation des priviléges de la compagnie des Indes, 65 ; est exilé à Pontoise, *ibid.*; rappelé, 67 ; lutte à propos de la bulle *Unigenitus*, 108, 109, 111 ; à propos de l'impôt du cinquantième, 141 ; autre lutte à propos de la bulle, 162, 163 et suiv. ; à propos des *billets de confession*, 444 et suiv., 502, 503, 506 et suiv., 511, 512 ; contre les attributions conférées au grand conseil, 503 ; contre l'augmentation des impôts, 504 ; contre les édits financiers de M. de Silhouette, 560 et suiv.; qu'il enregistre sous son successeur, 563 ; procès et condamnation de Lally, 572. — Arrêts contre l'*Encyclopédie*, XVI, 50, 52 ; contre J.-J. Rousseau, 128 ; confirmation de la sentence des juges d'Abbeville contre La Barre, 144 ; procès et expulsion des jésuites, 208, 209, 213, 215, 216, 219 ; opposition énergique aux excès financiers de l'abbé Terrai, 225 et suiv.; affaire du gouverneur du Languedoc et du parlement de Toulouse, 229, 230 ; nouvelle lutte à propos de la bulle *Unigenitus,* 238 ; lutte contre le despotisme royal, 242, 243, 279 et suiv.; destruction du parlement, 283 et suiv.; sa restauration, 333 à 337 ; son intervention dans la *Guerre des farines,* 346 et suiv.; son opposition aux réformes de Turgot, 369 à 376 ; condamnation de l'*Histoire philosophique des deux Indes,* 506 ; réforme demandée des frais de justice et des épices, 548 ; poursuites commencées contre le président Dupati, *ibid.*; procès du *Collier,* 555 et suiv.; opposition à l'emprunt de 80 millions que veut émettre le contrôleur-général de Calonne, 557 ; adoucissement apporté au sort des protestants, 574 ; opposition à l'impôt du timbre, déclaration qu'aux États-Généraux seuls appartient le droit de voter les subsides, exil du parlement à

Troies, 586, et suiv.; son rappel, 594; lutte violente contre les mesures financières de Brienne, les lettres de cachet, etc., lits de justice, organisation nouvelle décrétée, le parlement mis en vacances, 596 à 605; il est réinstallé, 615; ordonne des informations contre les dernières émeutes, *ibid.;* perd toute sa popularité, 615, 616; s'efforce de se réhabiliter dans l'opinion, et n'y réussit pas, 618, 619.

PARLEMENT DE PROVENCE, institué, VII, 309. — Ses cruautés contre les Vaudois, VIII, 329 et suiv. — Il refuse d'enregistrer l'édit de tolérance de 1562, IX, 109; repousse l'édit de pacification d'Amboise, 160. — Ses démêlés avec le gouverneur de Provence et le cardinal Mazarin, XII, 316, 317, 337; il redevient royaliste, 436. — Décrète la réunion à la France d'Avignon et du comtat Venaissin, XIII, 290. — Défend, sous peine de mort, aux Marseillais de sortir de leur territoire, XV, 599 *note;* appuie le parlement de Paris dans l'affaire des billets de confession, 447. — Expulse les jésuites, XVI, 213; proteste contre l'outrage fait par le duc de Fitz-James au parlement de Toulouse, 228; est dissous, 287; rétabli, 337.

PARLEMENT DE ROUSSILLON, expulse les jésuites de son ressort, XVI, 213; est dissous, 287; rétabli, 337.

PARLEMENT DE ROUEN, ce qui en tient lieu d'abord, IV, 395. — Sa création, VII, 309. — Lit de justice où est proclamée la majorité de Charles IX, IX, 166. — Ce corps s'unit au parlement ligueur de Paris, X, 135; est disloqué par les ligueurs, 136; bannit par un arrêt les jésuites, 372. — Se joint au parlement de Paris contre la cour, XII, 317; repousse les mesures financières de Mazarin, 486. — S'obstine à poursuivre les sorciers, et rend contre eux des arrêts qui sont réformés par le conseil du roi, XIII, 83, 84; persécute avec acharnement les calvinistes, 603 *note.* — Appuie le parlement de Paris dans ses luttes contre le gouvernement, XV, 447, 504, 506, 511, 512. — Expulse les jésuites, XVI, 213; s'oppose aux excès financiers du gouvernement, 227, 228; soutient contre lui les prétentions de la magistrature, 243; demande la convocation des États-Généraux, 286; est dissous, 287; intervient dans la crise des céréales, 291, 293, 294; est rétabli, 337; repousse autant qu'il le peut l'égalité établie par Necker dans la perception des vingtièmes, 502 *note;* résiste aux ordonnances du 8 mai 1788, 607.

PARLEMENT DE TOULOUSE, institué par Philippe le Hardi, IV, 349; supprimé par Philippe le Bel, 394 *note;* rétabli, 446. — Rétabli de nouveau, VI, 352 *note.* — Approuve le premier essai de ligue catholique; repousse l'édit de pacification d'Amboise, et le mutile en le publiant, IX, 160. —

S'unit aux parlements ligueurs de Paris et de Rouen, X, 138, 139.
— Appuie le parlement de Paris dans la querelle que font éclater les billets de confession, XV, 447 ; attaque les corvées dans ses remontrances, et déplore la misère du peuple, 506. — Atrocités catholiques commises par cette compagnie (Calas, Sirven), XVI, 140, 141 ; elle expulse les jésuites, 213 ; s'oppose aux excès financiers du gouvernement, 228 ; sa querelle avec le duc de Fitz-James, gouverneur de Languedoc, 228 et suiv.; elle appuie les parlements de Paris et de Rennes contre le duc d'Aiguillon, 281; est dissoute, 287 ; rétablie, 337.

PARLEMENT MAUPEOU, XVI, 285, 335.

PARME (bataille de), XV, 487.

PARMENTIER (Jean), navigateur dieppois, VIII, 130.

PARMENTIER, propage la culture de la pomme de terre, du maïs, et perfectionne la fabrication du pain, XVI, 523 *note*.

PARRY (William), membre de la chambre des communes, est condamné à mort pour avoir conspiré contre la reine Élisabeth, IX, 536.

PARTHÉNIUS, persuade à Théodebert de soumettre toutes les terres à l'impôt, il est lapidé par les Franks, II, 24.

PARTIES CASUELLES, trésorier des parties casuelles, XIII, 22 note 2º.

PASCAL, neveu du pape Adrien, conspire contre Léon III, II, 333 ; est exilé en France, 338.

PASCAL Iᵉʳ, élu pape après Étienne IV, sa lettre à Lodewig le Pieux. II, 371 ; enquête dirigée contre lui, comment il se tire d'affaire, 380.

PASCAL II, pape, successeur d'Urbain II, III, 200 ; ses démêlés avec Henri V, roi de Germanie, et son voyage en France, 211, 212 ; est fait prisonnier par l'empereur Henri V, et contraint à des concessions bientôt révoquées, 212.

PASCAL (Blaise), sa vie, ses premiers travaux, XII, 90 à 101 ; les *Provinciales*, 103 à 106 ; les *Pensées*, 108 et suiv.; il écrit à sa sœur, Mᵐᵉ Perier, pour la détourner de marier sa fille, 116; meurt, 117.

PASCAL (Jacqueline), XII, 94, 100 ; meurt à Port-Royal, 117.

PASCHASE-RADBERT, écrit en faveur de la présence réelle et de la transsubstantiation, II, 470. — Avance le premier que la Vierge a été conçue sans la tache originelle, III, 403.

PASKWITEN, comte de Vannes, renverse son beau-père Salomon, et veut régner à sa place, sa mort, II, 462.

PASQUEREL (Jean), chapelain de Jeanne Darc, VI, 153, 159.

PASQUIER (Étienne), avocat au parlement de Paris, plaide contre les jésuites, IX, 203; son livre des *Recherches de la France,* 390; sa lettre au président Brisson, 490 *note*. — Fut un des savants illustres du XVIe siècle, X, 488. — Son opinion sur le système de Copernic, XII, 11.

PASSAU (traité de), dit *Traité de la paix publique,* VIII, 419.

PASSERAT, un des auteurs de la *Satire Ménippée,* X, 482.

PASSEVIN, jésuite, promoteur d'une persécution contre les Vaudois, IX, 83.

PASTOUREAUX (insurrection des), IV, 86 *note;* seconde insurrection des Pastoureaux, 241 et suiv.; troisième, 541.

PASTRANA (le duc de), ambassadeur d'Espagne, vient demander la main de la princesse Élisabeth pour le prince des Asturies, XI, 37.

PATAUDIÈRE (La) assassine le général des finances du Poitou pour avoir sa place, IX, 326.

PATÉRINS, sectaires du XIIe siècle. Origine de cette dénomination, III, 457.

PATIÑO (José), premier ministre en Espagne, XV, 153; éclaire la reine sur la fourberie du cabinet autrichien, 156; reprend Oran sur les Maures, 172; assure par un traité avec la France les Deux-Siciles à l'infant don Carlos, Parme et la Toscane à l'infant don Philippe, 181, 182; meurt, 202; éloge que fait de lui l'ambassadeur d'Angleterre, 225 *note*.

PATRICE (saint) convertit l'Irlande au christianisme, II, 114.

PATRU, avocat, XIII, 75 *note.*

PAUL, apôtre de Narbonne, I, 268.

PAUL, diacre langobard, auteur de l'*Histoire des Langobards,* attaché à Charlemagne, II, 288.

PAUL II, pape, VI, 556. — Fait mourir sous ses yeux un platonicien dans les tortures, VII, 234.

PAUL III, pape, VIII, 224; se déclare neutre entre François Ier et Charles-Quint, 232; s'efforce de rétablir l'unité de l'Église, 249; de réconcilier le roi de France et l'empereur, 250, 251, 252; lance une bulle de déchéance contre le roi d'Angleterre, 255; tente de ramener les dissidents, puis rompt les conférences, 310, 311; institue de nouveaux ordres monastiques, 313; traite avec Charles-Quint, 352; se retourne contre lui, 355, 376; plaide la cause du baron d'Oppède, 372; sa douleur après l'assassinat de son fils, 377; sa fin, 400, 401.

PAUL IV, pape, d'abord cardinal Caraffa, fait partie d'une commission chargée de l'amendement de l'Église, VIII, 309, 310; devient le chef de la réaction catholique, 311; fait établir l'inquisition à Rome, 312;

fonde l'ordre des théatins, 313 ; est élu pape, 439 ; tend à l'expulsion des Espagnols, 440 ; traite avec la France, 446 ; ses incertitudes lors de l'expédition du duc de Guise en Italie, il traite avec Philippe II, 449 et suiv.; ses maladresses avec la reine d'Angleterre, 473, 474 ; il institue par une bulle l'inquisition en France, 491. — Se soumet lui-même à ce tribunal, IX, 27 ; meurt, *ibid.*

PAUL V, pape, X, 545 ; sa querelle avec le gouvernement vénitien, *ibid.* et suiv.; il refuse de s'associer à l'extermination des Morisques, 560 ; s'efforce d'empêcher la guerre entre la France et l'Espagne, 566. — Comment il prend la mort d'Henri IV, XI, 16 *note ;* il intervient dans les affaires de France, 93 ; entre l'Espagne et la Savoie, 126 ; entre Louis XIII et sa mère, 144 ; accorde un subside à Ferdinand II pour la guerre de Bohème, 154 ; meurt, 170.

PAUL (le capitaine), chef réel de la flotte française qui bat les Espagnols devant Barcelone, XII, 471. — Dirige les opérations du duc de Beaufort contre les Algériens, XIII, 293.

PAULET, partisan, X, 438 ; imagine le droit annuel sur les offices de judicature, qui, pour cette raison, s'est appelé *La Paulette,* 443.

PAULETTE (la), droit annuel sur les offices de judicature établi par Sulli, X, 443.

PAULIN, évêque de Trèves, exilé par Constance, I, 305.

PAULIN, patriarche d'Aquilée, soutient contre Félix et Élipand le dogme de la divinité de J.-C.

PAULIN (le vicomte de), chef huguenot, IX, 367.

PAULUS, chef indépendant, siégeant à Angers, I, 388 ; arrête les Wisigoths, est tué en défendant Angers contre les Saxons, 392, 393.

PAVANNE (Jacques), protestant, est brûlé en place de Grève, VIII, 152.

PAVIE (siége et prise de), II, 262, 264. — Siége et bataille de Pavie, VIII, 59 et suiv.

PAVILLI (Eustache de), carme, docteur en théologie, porte la parole pour l'Université, V, 529. — Pour la ville de Rouen assiégée par les Anglais, VI, 47.

PAVILLON (Du), major-général de la flotte, inventeur d'un nouveau système de signaux, XVI, 430 *note ;* meurt les armes à la main, 469.

PAYSANS (guerre des), VIII, 74 et suiv.

PECQUET, anatomiste, XIII, 170 ; découvre les fonctions du canal thoracique, 172.

PÈDRE (don), fils de Jayme, roi d'Aragon, hérite du royaume d'Aragon, Valence et Catalogne, IV, 359 ; ses succès contre les Mores, 360 ;

contre Charles d'Anjou, 373 et suiv.; il est couronné roi de Sicile, 375; singulier cartel échangé entre lui et Charles d'Anjou, 376; guerre qu'il soutient contre la France, 378 et suiv.; sa mort, 383.

PEDRO II (don), roi de Portugal après son frère don Alfonse VI, dont il prend le trône et la femme, XIII, 338 *note*. — Prétend à la succession du roi d'Espagne Charles II, XIV, 352; entre dans la coalition formée contre la France et l'Espagne, 422; meurt, 569 *note*.

PEDRO III (don), roi de Portugal, XVI, 437 *note;* tente sans succès d'échapper à la compression anglaise, 456 *note*.

PEIRESC, savant français, X, 489. — Conseiller au parlement de Provence, protecteur de Gassendi, XII, 15 *note;* grands services rendus par lui à la philosophie, aux sciences, à l'agriculture, 16, 17.

PÉLAGE. Son véritable nom, sa doctrine, son influence dans la Gaule, I, 347, 348. — XII, 75.

PÉLAGE, chef des chrétiens des Asturies, II, 234.

PELHAM (Henri), ministre anglais, amène George II à faire la paix malgré son goût pour la guerre, XV, 322; réduit successivement les intérêts de la dette publique, 454; meurt, 499.

PELLEGRINO (Francesco da), sculpteur italien, VIII, 136 *note*.

PELLETIER (Julien), curé, député aux États-Généraux de 1588, X, 96; est élu membre du conseil général de la Ligue, 134; du conseil des *Dix*, 265; participe au meurtre du président Brisson, 266; tente de faire assassiner Henri IV, 335; est condamné à mort et exécuté en effigie, 368.

PELLETIER DE SOUZI, intendant de la Flandre française, XIII, 342.

PELLETIER (Le), contrôleur-général des finances, XIV, 3; ses premières opérations, 8 et suiv.; les embarras croissant, il se retire, 119.

PELLETIER DE LA HOUSSAIE (Le), contrôleur-général des finances, XV, 67; ses expédients pour sortir du cahos financier où Law a laissé la France, 68, 69.

PELLETIER DE SAINT-FARGEAU (Le), avocat-général au parlement de Paris, conclut à la confirmation de la sentence rendue par les juges-consuls contre les jésuites, XVI, 208.

PELLEVÉ (le cardinal de), archevêque de Sens, patronne le projet de l'avocat David, IX, 442. — Demande la réunion des États-Généraux, et l'élection d'un roi catholique, X, 248; député de Reims aux États de 1593, répond au discours d'ouverture au nom du clergé, 302; préside le clergé, 304; s'efforce de faire refuser par les États la conférence proposée par les royalistes catholiques, 305; répond à l'ambassadeur d'Espagne au nom des trois ordres, 308 ; jure de ne traiter jamais avec le roi, 325 ; meurt de rage, 353.

Pellevé (le marquis de), sévèrement réprimandé par Louis xiv, pour avoir battu un paysan, XIII, 164 *note*.

Pellissier, évêque de Montpellier, naturaliste, commentateur de Pline, VIII, 143 ; rapporte de Venise des manuscrits grecs, hébreux, syriaques, 147 *note*.

Pellisson avertit Fouquet des dangers qu'il court, XIII, 27 ; fait un prologue à la comédie des *Fâcheux* pour la fête de Vaux, 30 ; est arrêté, 31 ; défend le surintendant Fouquet dans un *Discours au roi*, 44 ; arrive au cabinet du roi et à son intime confidence, 208 ; abjure le calvinisme, 267 ; administre le commerce des conversions, 270, 606 ; suit Louis xiv en Hollande, en qualité d'historiographe, 384 *note*. — Meurt, XIV, 214 ; est soupçonné d'avoir fait retour au protestantisme avant de mourir, 294 *note*.

Pémans, peuple germain de l'Ardenne, I, 148.

Peñaranda (le comte de), chef de l'ambassade espagnole à Münster, XII, 230 ; négocie avec les *Frondeurs*, 321 ; représente l'Espagne près la diète électorale, 508 et suiv.

Penn, amiral anglais, échoue contre Saint-Domingue, et prend la Jamaïque, XII, 476.

Penn (William), chef des quakers, est chargé par Jacques ii d'une mission auprès du prince d'Orange, XIV, 85.

Pensionnaire (Grand) de Hollande, XIII, 302 *note*.

Penthièvre (Allan, comte de) méconnaît l'autorité du duc de Bretagne, III, 105 ; lui fait la guerre, 143.

Penthièvre (Jean de Blois, comte de), gendre du connétable de Clisson, V, 455.

Penthièvre (Jeanne de), nièce de Jean iii, duc de Bretagne, épouse Charles de Blois, V, 32 ; est déclarée par la cour des pairs *droite* héritière de Bretagne, 58 ; fait la guerre en personne, 109 ; s'arrange avec Jean de Montfort après la bataille d'Aurai, 252 ; proteste contre la confiscation de la Bretagne, prononcée par Charles v, et s'unit contre lui à Jean de Montfort, 324 et suiv.

Penthièvre (Olivier de) épouse une fille de Jean-sans-Peur, V, 508. — S'empare par trahison de la personne du duc de Bretagne, VI, 65 ; est chassé de la Bretagne, 66 ; recouvre ses seigneuries, 450 ; guerroie en Périgord, 451 ; en Guienne, 482 ; assiste à l'assemblée de Tours, 552.

Penthièvre (duc de), fils du comte de Toulouse, vend à Louis xvi le domaine de Rambouillet, XVI, 514 ; préside un bureau de l'assemblée des Notables, 576.

Pepin (Guillaume), prédicateur d'Évreux et théoricien politique, VII, 514.

Peppin (de Landen), seigneur austrasien, opposé à Brunchilde, II, 120 ; est maire du palais sous Dagobert, 132 ; emmené par lui en Neustrie, 144 ; redevient maire du palais à Metz, 146 ; meurt, 147.

Peppin (de Héristal), petit-fils du précédent et du duc Arnulf, conspire contre Dagobert II, et le fait périr, II, 160 ; est battu par Ebroïn, 161 ; bat les Neustriens, et gouverne tous les Franks, 165, 166 ; sa fortune et sa puissance, *ibid.*; ses guerres contre les Frisons, les Saxons, les Allemans, les Bavarois, 170, 172, 173, 174 ; ses deux femmes, divisions dans sa famille, 175 ; ses chagrins et sa mort, 176.

Peppin, deuxième fils de Karle Martel, est envoyé par son père auprès de Luitprand, roi des Langobards, qui l'adopte, II, 215 ; sa part d'héritage, 216 ; son premier acte après la mort de son père, 217 ; ses mesures concertées avec son frère, 218 et suiv.; expédition en Aquitaine, 220 ; en Bavière, 221 ; guerre contre les Allemans, 222 ; il confine les enfants de son frère Karloman dans un monastère, et s'empare de tout l'empire, 226 ; nouvelles guerres contre les Saxons et les Bavarois, soulevés par Grippo, *ibid.;* il se fait sacrer roi à la place du dernier Mérovingien, qui est enfermé dans un monastère, 228 ; conquiert en partie la Septimanie, 231 ; bat les Saxons, 233 ; soumet la Bretagne, 234 ; ses relations avec le pape Étienne II, 235 et suiv.; comment il traite son frère Karloman, 236 ; ses victoires en Langobardie, 236 et suiv.; donation qu'il fait au pape, 239 ; il achève la conquête de la Septimanie, 242 ; réunit l'Aquitaine à son royaume, 243 à 250 ; comment il partage ce royaume entre ses deux fils, 250, 251 ; sa mort, *ibid.*

Peppin, second fils de Charlemagne, II, 285 ; est baptisé et *oint* roi d'Italie par le pape Adrien, 286 ; est établi à Pavie, *ibid.;* heureuse diversion opérée par son armée dans la guerre contre les Huns, 311, 312 ; il soumet le duc de Bénévent, 315 ; défait les Huns, 326 ; est sacré de nouveau par Léon III comme roi d'Italie, 338 ; part qui lui est assignée dans la succession paternelle, 350 ; sa mort, 356.

Peppin (le Bossu), fils naturel de Charlemagne ; sa conspiration, son châtiment, II, 313, 314 ; sa mort, 360.

Peppin, second fils de Lodewig le Pieux. Son père le fait roi d'Aquitaine, II, 369 ; son rôle dans le soulèvement contre l'empereur, 389 ; il se rallie à lui, 390 ; s'agite de nouveau, 392 ; est dépouillé de son royaume et envoyé prisonnier à Trèves, 393; s'évade, se remet en possession de l'Aquitaine et la défend contre son père, *ibid.;* vient le combattre à Rothfeld, 394; se remet de son parti contre Lother, 400, 402; sa mort, 406.

PEPPIN II (dit l'Apostat), fils de Peppin Iᵉʳ, roi d'Aquitaine, est proclamé roi par le parti national de ce pays, II, 407; part qu'il prend aux dissensions carolingiennes, 412, 414, 432; il livre Toulouse aux Normands, 438; est livré à Karle le Chauve, et enfermé dans un monastère, 440; s'échappe, 441; ses entreprises criminelles, 443, 450; sa fin, 451.

PEPPIN, fils de Bernard, roi d'Italie, passe du parti de Karle le Chauve à celui de Lother II, II, 410; est comte de Vermandois, 492; prend le parti de Karle le Simple contre le roi Eudes, *ibid.*

PERCEVAL DE CAGNI, VI, 213.

PERCHE (Rotrou, comte du), prend la croix, III, 164; se croise de nouveau contre les musulmans d'Espagne, et devient prince de Tudela, 294.

PERCHE (le comte du) conspire pour mettre Robert de Dreux sur le trône à la place de Louis VII, III, 450.

PERCHE (le comte du), fils du duc d'Alençon, aide le maréchal de Lohéac à s'emparer d'Alençon, VII, 29; siége aux États-Généraux de 1468, *ibid.;* est enfermé par Louis XI dans une cage de fer, 145; sort de prison et recouvre son duché, 167; siége aux États-Généraux de 1484, 175; recueille le duc d'Orléans, et prend les armes avec lui, 195.

PÉRÉDUR, type druidique, III, 358, 360.

PEREIRA travaille à l'instruction des sourds et muets, XVI, 42.

PÉREZ (Antonio), ses aventures, X, 573.

PÉRIER (Mᵐᵉ), sœur de Blaise Pascal, et son historien, XII, 91.

PÉRIER (Marie), fille de la précédente, guérie miraculeusement d'une fistule lacrymale à Port-Royal, XII, 107 *note.*

PÉRIERS (Bonaventure Des), VIII, 147; valet de chambre de la reine de Navarre, auteur du livre intitulé *Cymbalum mundi,* se perce de son épée, 287.

PÉRIGUEUX. Sa municipalité, III, 233.

PÉRIODE TRENTENAIRE DES DRUIDES, I, 68, 471.

PÉRON ou PERRON de Liége, VII, 7, 28.

PÉRONNE. Commune de cette ville, III, 520 *note.* — Entrevue de Louis XI et de Charles le Téméraire, traité qui en est la suite, VII, 36 et suiv.

PERPIGNAN. Municipalité de cette ville, III, 233, 234.—Elle est engagée à Louis XI, VI, 537. — Lui échappe, sauf le château; est assiégée sans succès par l'armée française; singulière transaction dont elle est l'objet, VII, 84, 85; elle est rendue à l'Aragon, 223. — Prise par Louis XIII, XI, 559, 572.

PERRAULT, un des premiers membres de l'Académie des sciences, physicien, médecin, architecte, XIII, 170; fait le plan de l'Observatoire, 173; des trois dernières façades du Louvre, 233.

PERRAULT (Charles), premier commis des bâtiments, donne à son frère Claude l'idée première du plan du Louvre, XIII, 234. — Ses travaux littéraires, XIV, 246 et suiv.

PERREAL (Jean), dit Jean de Paris, peintre, concourt à l'ornementation de l'église de Brou, VII, 368; suit Louis XII en Italie, 387.

PERRENOT DE GRANVELLE, ambassadeur d'Espagne, est arrêté par ordre de François Ier, VIII, 105; devient chancelier de Charles-Quint, 163; assiste aux conférences d'Aigues-Mortes, 253; amène, par un stratagème, la reddition de Saint-Dizier, 304.

PERRENOT DE GRANVELLE, fils du précédent, évêque d'Arras, plénipotentiaire de Charles-Quint, VIII, 375; son entrevue avec le cardinal de Lorraine, 465; négociations du Câteau-Cambrésis, 470. — Il est conseiller de la gouvernante des Pays-Bas, IX, 26; archevêque de Malines, *ibid.*; cardinal, et gouverne la Flandre, 190; se retire en Franche-Comté, d'où il correspond activement avec Philippe II, 194 et suiv.; extraits de sa correspondance avec Morillon, 342 *note*.

PERRENOT DE CHANTONNEI, ambassadeur d'Espagne en France, IX, 84 *note*.

PERREUSE (Hector de), prévôt des marchands, s'efforce en vain d'empêcher les barricades, X, 62; est mis à la Bastille, 77.

PERRIN MARC, apprenti changeur. Sa querelle avec Jean Baillet, trésorier du duc de Normandie; sa vengeance, sa mort, V, 184.

PERRINET LECLERC ouvre Paris aux Bourguignons, VI, 36.

PERRON (Jacques Davi du), confident du cardinal de Vendôme, l'excite à intriguer contre Henri IV, X, 245; se vend à ce prince, 255; étourdit ses scrupules touchant l'abjuration, 310, 327; est évêque d'Évreux, *ibid.*; ambassadeur à Rome, et reçoit pour le roi les coups de baguette du pape, 379 et suiv.; écrit une *Rhétorique française*, 485; dispute avec Mornai sur l'Eucharistie, 520 *note;* prend le parti de Molina contre les dominicains, 534; est membre du conseil de régence, 565. — Archevêque de Sens, XI, 32; fait censurer un livre gallican par les évêques de sa province, 33; est représentant du clergé aux

États-Généraux de 1614, 51 ; combat l'article voté par le tiers, qui tend à rendre la couronne indépendante de l'Église, 71 et suiv.

PERTINAX, empereur, massacré par les prétoriens, pourquoi, I, 257.

PÉRUGIN, peintre, VII, 244 note.

PÉRUSE (La), introduit le vers alexandrin dans la poésie dramatique, IX, 555 note.

PESCAIRE (Fernand d'Avalos, marquis de), combat à Ravenne, VII, 405 ; y est fait prisonnier, 407. — Campagne en Milanais, combat de la Bicoque, VIII, 18, 19, 25, 26 ; campagne en Provence, 57 et suiv. ; nouvelle campagne en Milanais, 58 à 65 ; il écoute les propositions de la ligue italienne, puis les révèle à Charles-Quint, 86, 87 ; meurt, 88.

PESCENNIUS NIGER, général romain, est envoyé contre les déserteurs, I, 257 ; prend la pourpre en Orient, et succombe sous les coups de son compétiteur Septime Sévère, I, 258.

PESRET (Ambroise), sculpteur, auteur pour moitié des bas-reliefs du tombeau de François Ier, IX, 17 note.

PESTE NOIRE, première invasion de ce fléau, V, 109 et suiv. ; seconde invasion, 233.

PÉTAU (le père), savant jésuite, auteur du *Doctrina temporum*, XII, 69.

PETERBOROUGH, ambassadeur d'Angleterre à Vienne, presse l'empereur Joseph Ier de transiger avec les Hongrois, XIV, 539.

PETIS DE LA CROIX, orientaliste, XIII, 178.

PETIT (Jean), cordelier, soutient la légitimité du meurtre du duc d'Orléans, V, 488 ; sa doctrine est condamnée après sa mort, 545.

PETIT (Guillaume), dominicain, évêque de Troies et de Senlis, confesseur de François Ier, VIII, 147 ; traduit les *Heures* en français, 184.

PETIT, poëte satirique, est brûlé vif, XIII, 263 note.

PÉTITION DE DROIT, acte de la Chambre des communes qui restreint l'autorité royale, et que Charles Ier est obligé de sanctionner, XI, 282.

PETITOT, de Genève, peintre sur émail, XIII, 228 note.

PETITS-MAÎTRES (les), jeunes nobles qui entourent le duc d'Enghien, XII, 237.

PÉTRARQUE, V, 110 note.

PÈTRE, jésuite, très-influent sur Jacques II, roi d'Angleterre, entre au conseil privé, XIV, 85 ; est renvoyé, 96.

PETRUCCI (le cardinal) est étranglé par ordre de Léon X, VII, 452.

PEYRÈLE (Esclarmonde de), fille du seigneur de Montségur, est brûlée vive avec d'autres Albigeois, IV, 196.

PEYROUSE-LAMOTTE (comte de La), envoyé en Pologne, avec 1500 hommes, au secours du roi Stanislas; campagne qu'il y fait, XV, 179, 180.

PEYROUSE (La), capitaine de vaisseau, détruit les établissements des Anglais dans la baie d'Hudson, XVI, 474; fait un voyage de circumnavigation où il périt avec son équipage, 523 *note*.

PEYSSONEL constate l'existence animale chez les coraux et madrépores, XVI, 21.

PEZRON (le père), auteur d'un *Traité de l'antiquité de la nation et de la langue des Celtes ou Gaulois*, XV, 354 *note*.

PHARAMOND, ce qu'il faut penser de ce personnage, I, 355 *note*.

PHARE de Gessoriacum (Boulogne), élevé par ordre de Caligula, I, 226.

PHAULKON (Constance), Grec, ministre du roi de Siam, noue des relations avec la France, XIV, 28; est massacré, 29.

PHELIPPEAUX DE CHATEAUNEUF, secrétaire d'État aux affaires de la religion prétendue réformée, consulte des hommes compétents sur la méthode à suivre pour accélérer les conversions, XIII, 611. — A des conférences sur ce sujet avec le roi, XIV, 39.

PHELIPPEAUX DE PONTCHARTRAIN, contrôleur-général des finances, assure immédiatement au trésor quatre-vingt-quinze millions de ressources extraordinaires, XIV, 120; expédients désastreux auxquels il a recours, 121 et suiv.; il réunit la marine aux finances, 144; force Tourville à se mettre en mer dans de mauvaises conditions, 157; altère les monnaies, 203; diverses autres mesures financières prises par ce ministre, 204, 205, 222; il fait réunir en un corps d'ouvrage les ordonnances des rois de la troisième race, 255; refuse d'écouter Bois-Guillebert, 335; nouveaux expédients financiers qu'il emploie, 343; il quitte la marine et les finances et devient chancelier, 344; conseille la tolérance à l'égard des protestants, 346; concourt à la rédaction d'un édit moins dur pour eux que les précédents, 347; assiste au conseil tenu sur le testament de Charles II, mais ne donne point d'avis, 361; veut la paix à tout prix, 511; se retire, 599.

PHELIPPEAUX DE PONTCHARTRAIN (Jérôme), fils du précédent, lui succède à la marine, XIV, 344; actes odieux dont il se rend coupable, 433; la marine créée par Colbert périt entre ses mains, 435.

PHELIPPEAUX DE MAUREPAS, fils du précédent, ministre de la marine, gouverne le ministre des affaires étrangères, XV, 203, 258; persuade à Louis XV de conclure avec Philippe V le *pacte de famille,* 264; comment il administre la marine, 302 et suiv.; il fait cesser l'exil de Voltaire, 378; est renvoyé du ministère pour ses épigrammes, 448; ses projets de restauration de la marine, 450. — Il devient ministre dirigeant, XVI, 316; fait appeler Turgot au ministère de la marine, 319, 320; fait renvoyer Maupeou et Terrai, nommer Hue de Miromesnil et Sartine, 320, 321; décide Louis XVI à reconstituer les anciens parlements, 334; fait maintenir dans le serment du sacre l'engagement d'exterminer les hérétiques, 352; comment il accueille les remontrances de la cour des aides, 359; il fait donner à Malesherbes le ministère de la maison du roi, 360; celui de la guerre au comte de Saint-Germain, 364; renverse Turgot et Malesherbes, 377 et suiv.; prend le titre de chef du conseil des finances, 383; donne celui de contrôleur-général à M. de Clugni, 384; puis à Taboureau des Réaux, et la direction effective à Necker, 386; hésite sur la question américaine, 443; se décide à secourir indirectement l'Amérique, 416; s'oppose à une alliance avec les États-Unis, 422; s'y résigne, 423; prend le parti de la neutralité dans l'affaire de la succession bavaroise, 438; donne quinze millions à l'Autriche, *ibid.;* maintient la paix entre la Turquie et la Russie, *ibid.;* lutte de finesse avec Necker, 454; le met dans la nécessité de donner sa démission, 501 et suiv.; meurt, 504, 507.

PHELIPPEAUX DE SAINT-FLORENTIN, plus tard duc de La Vrilliere, ministre des *affaires des prétendus reformés*, des lettres de cachet, de la maison du roi, XV, 258; recommence les *dragonnades*, 442. — Accuse La Chalotais d'avoir écrit les lettres anonymes adressées au roi, XVI, 239; empêche Louis XVI de rappeler M. de Machault au ministère, 316; est renvoyé, 360.

PHÉNICIENS, leurs relations avec les Gaulois, I, 9 et 10.

PHILIBERT, duc de Savoie, VII, 102.

PHILIBERT-EMMANUEL, duc de Savoie, commande l'armée impériale, prend Hesdin, VIII, 429; est nommé gouverneur des Pays-Bas, 444; entre en France, assiége Saint-Quentin et y détruit l'armée française, 452 et suiv.; est fiancé à Marguerite de France, 477; recouvre ses États, *ibid.*, et IX, 138. — Ses noces, VIII, 501, 502. — Il persécute les Vaudois, puis leur accorde la liberté religieuse, IX, 83, 84; demande l'acceptation par la France du concile de Trente, 177; met en prison la veuve de l'amiral Coligni, 348 *note;* se fait rendre par Henri III les dernières places possédées en Piémont par la France, 404; ses intelligences avec Bellegarde et ses convoitises, 486; sa mort, 520.

PHILIPPE, Arabe et chrétien, empereur, missions chrétiennes envoyées de Rome en Gaule sous son règne, I, 268.

PHILIPPE I*er*, roi de France, est sacré, III, 100; succède à son père, 101; refuse d'aider à l'envahissement de l'Angleterre, 145; sa campagne contre Robert le *Frison* et son mariage, 132, 133. — Accusations portées contre lui par Grégoire vii, 133, 134 ; sa querelle avec Guillaume le *Conquérant*, 143 ; son divorce, son second mariage et suite de ce mariage, 151, 152, 205, 208, 209 ; il défend mal son domaine, 195 ; l'agrandit du comté de Bourges, 204 ; et du Vexin, 205 ; meurt, 213.

Philippe, fils de Philippe 1er et de Bertrade de Montfort, III, 209 ; épouse la fille du seigneur de Montlhéri et reçoit en échange du château de Montlhéri la ville de Mantes, 210 ; recouvre Montlhéri, 214 ; perd tous ses domaines, *ibid*.

Philippe, fils aîné de Louis le Gros, est sacré roi du vivant de son père, III, 292 ; sa mort, 293.

Philippe, autre fils de Louis le Gros, III, 301.

Philippe, comte de Flandre, a pour tuteur le roi d'Angleterre Henri ii, III, 467 ; son expédition contre la commune de Reims, 474 ; il prend les armes contre son ancien tuteur, 496 ; accroissement de sa puissance, 505 ; son influence sur Philippe-Auguste, 506 ; ses démêlés avec lui, 507 ; comment il devient veuf, *ibid*. et 386 ; son second mariage, réclamations de Philippe-Auguste, guerre qui en résulte, 513 et suiv.; son zèle contre les hérétiques, 517 ; il prend la croix, 528 ; est au siége d'Acre, 540 ; y meurt, 544.

Philppe ii (Philippe-Auguste), roi de France. Sa naissance, III, 479 ; son couronnement, 502 ; son premier mariage, 506 ; ses démêlés avec sa mère et ses grands vassaux, 506, 507, 513 et suiv.; ses rigueurs contre les jurements, les hérétiques, les juifs, 516, 517 ; sa conduite envers les communes, 519 et suiv., 535 ; il embellit Paris, 521 et suiv. ; ses entreprises contre Henri ii, roi d'Angleterre, 523 et suiv., 528, 530 et suiv.; il prend la croix, 528 ; son départ, son voyage, 536, 537 ; siége d'Acre, 542 ; son retour, 544 ; il échoue dans une entreprise sur la comté de Flandre, 545 ; ses mauvais procédés envers Richard Cœur-de-Lion, 546, 548, 550 ; plusieurs guerres consécutives entre ces deux princes, 550 et suiv.; guerre contre Jean-sans-Terre, 559 ; traité qui la termine, *ibid*.; son second et son troisième mariage, lutte avec l'Église, où il succombe, 560 et suiv.; ce qu'il fait pour l'université, 565 et suiv.; il cite Jean-sans-Terre devant la cour des pairs et lui fait la guerre, ses conquêtes, 572 à 584. — Son habile politique à l'intérieur, IV, 65, 66 ; ses projets sur l'Angleterre et leur avortement, 68 et suiv.; guerre contre la Flandre, 74 et suiv.; campagne contre Othon et l'armée coalisée, bataille de Bovines et ses conséquences. 77 et suiv.; Philippe refuse la cession du Languedoc offerte par Amauri de Montfort, 110 ; son testament et sa mort, 112 et suiv.

Philippe, duc de Souabe, est porté au trône impérial par le parti gibelin, III, 555.

Philippe *Hurepel*, fils puîné de Philippe-Auguste, devient comte de Boulogne, IV, 87; insulte le comte de Champagne, 136; se met à la tête des malcontents, 138; sa haine contre Thibaud de Champagne et sa mort, 168.

Philippe iii, *le Hardi*, roi de France, épouse Isabelle, fille du roi d'Aragon, IV, 261; prend la croix, 324; succède à son père, 331; revient en France, 332 et suiv.; est couronné, 348; réunit le Languedoc au domaine de la couronne, *ibid.*; remet au pape le comtat Venaissin, 355; échoue dans une entreprise contre la Castille, 359; rançonne les banquiers italiens, 360; son second mariage et chute de son favori Pierre de La Brosse, 362 et suiv.; donne un grand tournoi, 374; rend l'Agénais à Édouard Ier et l'investit du Ponthieu, 372; accepte pour son second fils la couronne d'Aragon déférée par le pape, 377; guerre amenée par cette résolution, 380 et suiv.; mort du roi, 383.

Philippe iv, dit *le Bel*, second fils de Philippe le Hardi, est fiancé à l'héritière de Champagne et de Navarre, IV, 357; l'épouse, 377; est sacré à Reims, 384; ses concessions au roi d'Angleterre, *ibid.*; guerre contre l'Aragon, 387, 388; caractère de son gouvernement, ses règlements, ses lois, ses mesures financières, 390 et suiv., 404 et suiv., 411, 412, 441, 445, 446, 454, 455, 462 et suiv., 502 et suiv., 508; sa politique envahissante et peu scrupuleuse, 400 et suiv., 406 et suiv.; ses succès contre le roi d'Angleterre, 408; coalition contre lui, 414; comment il y fait face, 415; conquête de la Flandre, 416 et suiv.; querelle avec Boniface viii, 423 à 434, 443, 450 et suiv.; réunion des premiers États-Généraux, 428; perte de la Flandre, 434 et suiv., 442; de Bordeaux, *ibid.*; restitution de la Guienne à Édouard Ier, 447; de la liberté au comte de Flandre, 453; acquisition du comté de La Marche, 454; campagne de Flandre, bataille de Mons-en-Puelle, traité avec les Flamands, 455 et suiv.; marché conclu avec Bertrand de Goth, qui devient Clément v, 458 et suiv.; affaire des Templiers, 470 et suiv., 486 et suiv., 504, 505; procès posthume de Boniface viii, 484 et suiv., 494; réunion de Lyon à la France, 500; les brus de Philippe le Bel, 506; nouveau différend avec la Flandre et ce qui en résulte, 508, 509; grand mouvement à l'intérieur contre le roi, 509 à 514; sa mort, 514.

Philippe v, dit *le Long*, second fils de Philippe iv, est fiancé à Jeanne, fille du comte de Bourgogne, IV, 399; est armé chevalier, 501; est comte de Poitiers, 507; pair, 529; est chargé de faire élire un pape et comment il s'y prend, *ibid.*; question de succession résolue à son profit, 530 et suiv.; ordonnances rendues par lui, 538 et suiv.; paix avantageuse avec la Flandre, 540; États-Généraux à Poitiers, 546; malheurs de son règne et sa mort, 547 et suiv.

PHILIPPE, fils de Gui, comte de Flandre, commande les Flamands devant Lille, IV, 455; guide une colonne à la bataille de Mons-en-Puelle, 456; se jette dans Lille après la bataille, 457.

PHILIPPE VI (Philippe de Valois), roi de France, fils de Charles, comte de Valois, guerroie en Aquitaine, IV, 559; est régent après la mort de Charles IV, 564; dont il fait pendre le trésorier, *ibid.*; monte sur le trône, 565. — Abandonne à Philippe d'Évreux la Navarre et garde la Champagne et la Brie, V, 2; subjugue la Flandre et abuse de sa victoire, 3 et suiv.; actes de son administration intérieure, 11 et suiv.; procès de Robert d'Artois, 15 et suiv.; croisade projetée, 23 et suiv.; il secourt David Bruce, 27; se prépare à la guerre contre les Anglais, 32; la commence, 35; la soutient en Guienne, 38, 39; en Picardie, 43; ravage le Hainaut et la Flandre, 47; perd sa flotte, 49 et suiv.; campagne en Flandre, 53 et suiv.; sa décision sur la succession de Bretagne et ce qu'elle amène, 58 et suiv.; la gabelle, 67; chaos financier, 68 et suiv.; acquisition du Dauphiné, 71; massacre de plusieurs barons bretons et normands, 72; campagne contre Édouard III dans l'Ile-de-France et la Picardie, 82 et suiv.; bataille de Créci, 87 et suiv.; perte de Calais, 102 et suiv.; trêves, 108, 109; il entre en possession du Dauphiné, 116; acquiert Montpellier, *ibid.*; son second mariage et sa mort, 117.

PHILIPPE, de Hainaut, femme du roi d'Angleterre Édouard III, prend une part active aux affaires de son mari, V, 46; commande une armée anglaise et bat les Écossais, 98; vient au siége de Calais, 100; sauve Eustache de Saint-Pierre et ses compagnons, 106.

PHILIPPE, comte de Bresse, fils du duc de Savoie, se soulève contre son père, est arrêté par Louis XI et incarcéré à Loches, VI, 549. — Entre dans Péronne avec des troupes, peu après l'arrivée de Louis XI, VII, 36; recouvre ses terres confisquées par ce prince, 168; est fait gouverneur du Dauphiné, 196.

PHILIPPE *le Beau*, fils de Maximilien d'Autriche et de Marie de Bourgogne, tombe aux mains des Gantois, VII, 148; épouse Jeanne d'Aragon, 284; traite avec Louis XI, 310, 311; ses dispositions à l'égard de la France, 329; traités négociés par lui, 336, 350; dispute à son beau-père Ferdinand la régence de Castille, 352; son naufrage et sa captivité en Angleterre, 354; il devient régent de Castille; ses projets, 358; sa mort, 359.

PHILIPPE, landgrave de Hesse, propage ardemment la Réforme, VIII, 97 *note;* proteste contre le décret de la diète de Spire, 115; signe la confession d'Augsbourg, 165; traite à Paris avec François Iᵉʳ, 182; rétablit le duc de Würtemberg dans ses États, 183; épouse une seconde femme du vivant de la première, 321 *note;* est mis au ban de l'Empire, 352; quitte l'armée protestante pour défendre son domaine envahi, 354; tombe par trahison au pouvoir de Charles-Quint, 375; recouvre la liberté, 419.

PHILIPPE II, roi d'Espagne, sa naissance, VIII, 102; il est investi du duché de Milan, 265; épouse Marie Tudor, reine d'Angleterre, 432 et suiv.; Charles-Quint lui cède tous ses Etats d'Italie, 441; les Pays-Bas et la Bourgogne, 443, 444; l'Espagne et les Indes, *ibid.;* trêve conclue avec la France, 446; rompue, 447; traité avec le pape, 450; campagne en Picardie, victoire de Saint-Quentin et ses suites, 452, 456, 458, 459; il veut épouser la reine Elisabeth, 473; paix de Câteau-Cambrésis, 475; il épouse Élisabeth de France, 501. — Ses cruautés contre les hérétiques, IX, 25; il conseille à Catherine de Médicis d'éloigner les Guises, 43; leur fait des avances, 53; impuissance, indigence de son gouvernement, revers subis par sa flotte, 54, 55; il appuie le parti catholique en France, 107, 127; prend le parti du pape contre les évêques espagnols, 173; conférences de Bayonne, 189 et suiv.; sa conduite envers ses sujets des Pays-Bas, 207 et suiv.; envers son fils don Carlos, 229; il secourt faiblement les catholiques de France, 262, 263; son quatrième mariage, 274; bataille de Lépante, 289; il conspire contre la reine d'Angleterre, 292; sa joie à la nouvelle de la Saint-Barthélemi, 342; guerre des Pays-Bas, 476 et suiv.; il offre 25,000 écus d'or à qui assassinera le prince d'Orange, 509; s'empare du Portugal, 510; ses machinations contre Henri III, 512, 520, 522, 539. — Guerre contre l'Angleterre et catastrophe de l'*Invincible Armada*, X, 10, 16 *note*, 26, 90 et suiv.; il avertit le duc de Guise de son danger, 95; soutient le duc de Mayenne contre Henri III, 153; approuve la royauté du cardinal de Bourbon, 172 *note;* intervient activement dans les affaires de la France, dont il convoite le trône pour sa fille, 193, 215, 237, 238, 249, 250, 272, 292 *note*, 300, 308, 318; change de politique après l'abjuration d'Henri IV, 360; soutient mal la guerre contre ce prince, 374, 376, 389, 390; fait banqueroute, 415; demande la paix, 417 à 427; donne les Pays-Bas à sa fille, 428; meurt, *ibid.*

PHILIPPE III, roi d'Espagne, X, 196; frappe d'un droit de 30 pour 100 toute marchandise entrant ou sortant, 535; en excepte les marchandiscs anglaises, *ibid.;* puis les françaises, 537; négocie en France des trahisons, 538, 539; signe une trêve de douze ans avec les Provinces-Unies, 549 et suiv.; extermine les Morisques, 560 et suiv. — Renonce à ses prétentions à l'Empire au profit de Ferdinand II, XI, 137; meurt, 169.

PHILIPPE IV, roi d'Espagne, d'abord prince des Asturies, est fiancé à Élisabeth de France, XI, 35, 36, 37; l'épouse, 95; monte sur le trône, 170; affaire de la Valteline, 183, 185, 193 et suiv.; il offre sa flotte, contre La Rochelle, à Louis XIII, qui la refuse, 199; intrigue en Italie pour faire diversion aux succès du gouvernement français, 277; traite avec le duc de Rohan, 300; traite avec la France, 359; recommence la guerre, 426; pousse la Catalogne au désespoir, 528 et suiv.; perd le Portugal, 531 et suiv.; veut faire la guerre en personne, 571. — Renvoie Olivarez, XII, 161; se met à la tête de son armée de Catalogne, 175, 176; prend Lerida et Balaguer, menace Barcelone, 199; retourne à Madrid, 200; négocie à Münster, 230 et suiv.; traite avec les Provinces-Unies, 235; épouse une fille de l'empereur, 342; traite avec le prince de Condé, 385; a des succès en Catalogne, *ibid.;* négocie avec Cromwell sans résultat, 475, 476; fait saisir dans les ports d'Espagne les biens et personnes des Anglais, 477; demande la paix à la France, 514; traité des Pyrénées, 534, 535; il s'acharne à la guerre contre le Portugal, 541 *note.* — Est obligé de céder le pas à la France, XIII, 283; n'ose soutenir le pape contre Louis XIV, 289; fournit des subsides à l'empereur contre les Turcs, 297; demande aux Provinces-Unies de lui garantir par un traité la possession des Pays-Bas catholiques, 304; ses derniers revers et sa mort, 307, 308.

PHILIPPE V, roi d'Espagne, d'abord duc d'Anjou en France, second fils du dauphin, XIV, 22; est appelé au trône d'Espagne par le testament de Charles II, 361; est déclaré roi à Versailles, 363; proclamé en Espagne, Belgique, Milanais, *ibid.;* prend possession, 364, 365; fait une expédition en Lombardie, 387 et suiv.; reconnaît le fils de Jacques II comme roi d'Angleterre, 390; envahit le Portugal, 431; est gouverné par la reine sa femme, 450; assiége sans succès Barcelone, 453, 454; retourne à Madrid, que l'ennemi l'oblige de quitter, 455; voit les populations se soulever en sa faveur et obtient des succès, 468 et suiv.; dont le plus brillant est la victoire d'Almanza, 473; perd le royaume de Naples, 477; est gouverné par la princesse des Ursins, 495; devient ennemi personnel du duc d'Orléans, 517; essuie de nouveaux revers que suivent de nouveaux succès, 531 à 534; renonce à ses droits éventuels au trône de France, 559, 561 ; transfère à une compagnie anglaise le privilége de l'*asiento* ou traite des nègres, 571, 572; traités avec 1° l'Angleterre, 576; 2° l'empereur, 580, 581 ; 3° le Portugal, 582.*note :* il perd sa femme, se remarie, et abandonne la princesse des Ursins, 583; traite avec la Hollande, *ibid.;* recouvre Barcelone et les îles Baléares, 584, 585; prête 1,200,000 livres au prétendant Jacques Stuart, 593. — Aspire en secret au trône de France, éventuellement, XV, 77; est gouverné par sa seconde femme comme par la première, *ibid.;* envoie une escadre au secours des Vénitiens, 87; guerre à l'Autriche, conquête de la Sardaigne, 88, 89; sa maladie, sa guérison, 90; expédition en Sicile, 94; guerre avec la France, où une grande partie de la marine espagnole périt, 97 et suiv.; il renvoie Alberoni et le persécute, 101 ; perd la Sicile et la Sardaigne, *ibid.,* 102; demande au pape le chapeau de cardinal pour Dubois, 112; traités avec la France et l'Angleterre, 114; il fiance sa fille à Louis XV, et marie deux de ses fils à deux filles du régent, *ibid.;* abdique, puis reprend la couronne, 131, 132; refuse la grandesse à M. de Prie, 133; insulte que lui fait le gouvernement français, *ibid.;* il se réconcilie avec l'Autriche, 135 et suiv.; guerre avec l'Angleterre, 153 et suiv.; congrès de Soissons, où il réclame inutilement Gibraltar, 155; rupture de l'alliance autrichienne, traité avec la France, l'Angleterre et la Hollande, mal exécuté, 156 et suiv.; alliance avec la France et la Savoie, guerre à l'Autriche, 184 et suiv.; paix de 1736 (don Carlos à Naples, don Felipe à Parme), 197 à 206; guerre à l'Angleterre, 225, 226; il veut avoir une part dans la succession d'Autriche, 234 ; envoie deux armées en Italie, 255; conclut avec la France le *pacte de famille,* 266, meurt, 296.

PHILIPPE (don), infant d'Espagne, second fils de Philippe V et d'Élisabeth Farnèse, épouse la fille aînée du roi de France, XV, 226, 227; attaque le Piémont par Nice, est repoussé, envahit la Savoie, 255 ; enlève les gorges de la Stura, 270; occupe Plaisance et Parme, marche sur Milan, 286, 287; campagne qui finit par l'abandon subit de l'Italie, 295, 296; le traité d'Aix-la-Chapelle le fait duc de Parme, 324. — Il en chasse les jésuites, XVI, 220.

PHILIPSBOURG. Origine du nom de cette ville, XI, 370 *note ;* elle reçoit garnison française, 370; est prise par les Espagnols, reprise par les Suédois, remise de nouveau à la France, protectrice de l'évêché de Spire, 421. — Prise par Turenne et Condé, XII, 197; reste, par la paix de Westphalie, sous la protection et la garde de la France, 269.— Est prise par le duc de Lorraine et l'armée impériale, XIII, 496, 497.

— Par le dauphin, XIV, 89 à 93. — Par les maréchaux de Berwick et d'Asfeld, XV, 193, 194.

PHILOLAÜS, philosophe grec, connaît la sphéricité de la terre et son mouvement de rotation, XII, 9.

PHILOSOPHIE au IXe siècle, II, 468 et suiv. — XIe et XIIe siècles, III, 303 à 332. — XIIIe siècle, IV, 263 et suiv. — XVe siècle, VII, 156. — XVIIe siècle, XII, 1 à 8, 18 à 56, 90 à 118. — XIII, 246 et suiv. — XIV, 267 à 312, 386, 387. — XVI, 7 à 16, 34 à 40, 42 à 59, 60 à 132, 133 à 140, 142 à 154.

PHOCÉENS. Ils fondent Massalie, I, 11; relèvent les comptoirs des Rhodiens et des Phéniciens, *ibid.*

PHYSIOCRATIE, XVI, 169 *note*.

PIBRAC (Gui du Faur de), conseiller au parlement de Paris, est mis à la Bastille pour un discours courageux, VIII, 499. — Perd son office et le recouvre, IX, 31 *note;* est conseiller d'État, juge-mage de Toulouse, ambassadeur de France au concile de Trente, auteur des *Quatrains*, 171 *note;* avocat-général, demande la fin des excès de la Saint-Barthélemi, 334 *note;* en écrit l'apologie, 335; est envoyé par Henri III en Pologne, 417.

PICARD, cordonnier, sergent de la garde bourgeoise, presque assommé par ordre du maréchal d'Ancre, XI, 101; se venge par le pillage de l'hôtel du maréchal, 104.

PICARD (l'abbé), géographe et astronome, XIII, 170, 173, 174.

PICARDIE. Première apparition de ce nom dans l'histoire, et difficulté de trouver son origine, IV, 161.

PICCOLOMINI, général de l'empereur, lui révèle les projets de Waldstein, XI, 420; combat à Nordlingen, 421; va secourir la Belgique, 433; attaque Liége, 449, envahit la Picardie, *ibid.*, 450; prend Corbie, 454; conduit des renforts en Belgique, 471; délivre Saint-Omer, 485; défait les Français devant Thionville, 495; assiége en vain Mouzon, et ne peut sauver Hesdin, 495, 496; fait une campagne heureuse en Allemagne, 518; est battu à Wolfenbüttel, 552; à Breitenfeld, 574. — Va diriger en Espagne les opérations de Philippe IV, XII, 176; revient défendre la Belgique, 192, 214; la Bavière, 258.

PICQUIGNI (le sire de), vidame d'Amiens, consent à prix d'argent à la charte communale de cette ville, III, 256.

PICQUIGNI (Jean, sire de), appuie Étienne Marcel, V, 175; délivre le roi de Navarre, 179; lui sert d'ambassadeur, 185; surprend et défait les milices picardes, 216; tente de s'emparer d'Amiens, 217; est assassiné, 221.

PICQUIGNI (d'Ailli de), vidame d'Amiens, proteste contre la nomination d'Antoine de Créqui à l'évêché de cette ville, IX, 178 *note.*

PICTES, leurs irruptions en Bretagne, I, 389.

PICTONS, peuple gaulois, d'abord alliés des Romains, I, 153; ils se soulèvent avec Vercingétorix, 167; leur territoire est annexé à l'Aquitaine, 195.

PIE II, pape (Æneas Sylvius Piccolomini), d'abord secrétaire du concile de Bâle, VI, 395; puis de l'empereur, 413; est élu pape, 509; négocie l'abolition de la pragmatique, 534; prépare une croisade, 543; meurt, 545.

PIE III (Francesco Piccolomini), d'abord cardinal de Sienne, son élection, VII, 342; sa mort, 343.

PIE IV, pape, succède à Paul IV, IX, 27; promet la reprise du concile de Trente pour éviter la réunion d'un concile national en France, 53; tente d'empêcher ou de faire avorter le colloque de Poissi, 95; fait décréter par l'inquisition la reine de Navarre et plusieurs prélats français, 169; son mot sur le mariage des prêtres, 172 *note.;* et sur le cardinal de Lorraine, *ibid. texte;* il envoie une ambassade en France, 177; négocie avec diverses puissances, 186, 187; meurt, 206.

PIE V (saint), pape, d'abord cardinal d'Alexandrie et grand inquisiteur, IX, 206; contribue aux frais de la guerre civile en France, 226; accorde au roi de France la permission d'aliéner des biens d'Église, 234; lui envoie des troupes auxiliaires; ordonne d'égorger les prisonniers et tout hérétique, 250; cadeaux qu'il fait au duc d'Albe, 259; son opposition à la paix de Saint-Germain, 266, 270; au mariage d'Henri de Navarre avec Marguerite de Valois, 289; sa participation aux complots contre Élisabeth d'Angleterre, 292; sa mort, 295.

PIE VI, pape, croit que son prédécesseur Clément XIV est mort empoisonné, XVI, 222; suspend le cardinal de Rohan des honneurs du cardinalat pour avoir reconnu la compétence du parlement de Paris, 555; les lui rend après qu'il a protesté, *ibid.*

PIENNES (le sire de), gouverneur de Picardie, manque l'occasion de prendre Henri VIII, VII, 421; est battu à la *journée des Éperons,* 422.

PIERCE (Alice), maîtresse d'Édouard III, V, 314.

PIERRE DE PISE, Toscan attaché à Charlemagne, II, 288; lui enseigne la grammaire, 291.

PIERRE L'ERMITE, son origine, son voyage à Jérusalem, mission qu'il se donne, III, 156 et suiv.; ses prédications, 158, 162; il conduit la seconde bande de croisés; son voyage à travers la Hongrie et la Bulgarie, 167, 168; il se joint, en Bithynie, à la grande armée des croisés, 184; son désespoir au siége d'Antioche, 186; comment il est reçu par les chrétiens de Jérusalem, 190; son retour en Europe et sa retraite, 191, 192.

PIERRE *le Vénérable*, abbé de Cluni, donne asile à Abélard, III, 330; son opinion sur les juifs, 432; sur l'hérésiarque Pierre de Bruis, 456.

PIERRE *le Lombard*, évêque de Paris, auteur du *Livre des sentences*, III, 459 *note*.

PIERRE DE BRUIS, sa doctrine, sa fin tragique, III, 455, 456.

PIERRE DE BLOIS, archidiacre de Bath, réclame violemment contre la *dîme saladine*, III, 529.

PIERRE de Valence, professeur de droit, III, 566 *note*.

PIERRE II, roi d'Aragon, zélé catholique, IV, 20; tente de sauver le vicomte de Béziers, 34; et le comte de Toulouse, 41, 49; s'arme en faveur de ce dernier, et périt à la bataille de Muret, 50 et suiv.

PIERRE DE CAPOUE, cardinal légat d'Innocent III, envoyé pour connaître de l'appel d'Ingeburge contre l'annulation de son mariage, met le domaine de Philippe-Auguste en interdit, III, 562 et suiv.

PIERRE DE FRANCE, quatrième fils de Louis IX, prend la croix, IV, 324; reçoit en apanage les comtés d'Alençon et du Perche, 325; est tué par les Siciliens, 378.

PIERRE *le Cruel*, roi de Castille, épouse Blanche de Bourbon, V, 128; l'empoisonne, 255; sa lutte contre Henri de Trastamare, 258, 261, 266, 270

PIERRE DE BRETAGNE, frère du duc François, règne après lui, VI, 512.

PIERRE DE VALENCE, architecte employé au château de Gaillon, VII, 384 *note*.

PIERRE (La), soldat de la garnison de Saint-Martin, dans l'île de Ré, porte à Louis XIII, en nageant, les dépêches du gouverneur, XI, 269.

PIERRE Ier, tzar, règne seul après la mort de son frère Ivan et s'allie à l'empereur, XIV, 220; prend Azof, *ibid.*; appuie la candidature de l'électeur de Saxe au trône de Pologne, 349; traite avec le sultan, qui lui cède Azof, 350; est défait par le roi de Suède, 367; le défait à son tour à Pultava, 539 *note;* son expédition sur le Pruth, qui lui coûte Azof, 589; résultat de sa lutte contre Charles XII, *ibid.* — Il offre à Law la direction des finances russes, XV, 67; révolution qu'il opère en Russie; position qu'il prend en Europe, 83; son voyage à

Paris; traité qu'il conclut avec la Prusse et la France, 84 et suiv.; il fait ravager les côtes de Suède, 102; traité de Nystadt, où il gagne la Livonie, l'Ingrie, la Carélie, et partie de la Finlande, 103; il prend le titre d'empereur, *ibid.;* offre la main de sa fille, pour le duc de Chartres, au régent, qui n'accepte pas, *ibid.;* meurt, 133.

PIERRE II, petit-fils de Pierre Ier, écarté du trône de Russie par Catherine Ire, XV, 133; y monte après la mort de celle-ci, 157; meurt, 172.

PIERRE III (de HOLSTEIN-GOTTORP), empereur de Russie, d'abord *grand-duc héritier*, emploie son influence en faveur du roi de Prusse, XV, 519; monte sur le trône, s'allie à ce prince, se dépopularise, est détrôné, assassiné, 585, 586.

PIERRE (église de Saint-), de Rome, VII, 470 et suiv.

PIERRONNE, visionnaire de Basse-Bretagne, est brûlée à Paris par l'inquisition, VI, 242.

PIGALLE, sculpteur, XV, 336. — XVI, 159; est chargé de la statue de Voltaire, 394.

PIGENAT, curé de Saint-Nicolas-des-Champs, membre du conseil-général de la Ligue, X, 134, 135, 204.

PIGENAT (Odet), provincial des jésuites, meurt d'épuisement pendant le siége de Paris, X, 249.

PILATRE DE ROZIER, physicien, exécute la première ascension en ballon, XVI, 521; périt dans une expérience subséquente, 522.

PILON (Germain), sculpteur, IX, 17, 385. — X, 474.

PIMENTEL, amiral espagnol, battu par l'amiral de Brézé, XII, 220.

PIMENTEL (don Antonio), secrétaire d'État en Espagne, envoyé extraordinaire de Philippe IV, XII, 514; discute les bases du traité des Pyrénées, 515.

PINAIGRIER, de Chartres, peintre sur verre, VII, 477 *note.*

PINGRÉ (le Père). Génovéfain, astronome, XVI, 18.

PINTO RIBEIRO, intendant du duc de Bragance, soulève le Portugal, et donne le trône à son maître, XI, 532.

PIRON, poëte comique, auteur de la *Métromanie*, XV, 333.

PISAN (Thomas de), astrologue de Charles V, V, 241.

PISAN (Christine de), sa fille, V, 240, 241. — VI, 192.

PISANI (Jean de Vivonne de Saint-Goar, marquis de), ambassadeur en Espagne, IX, 444. — A Rome, X, 6 *note;* quitte Rome, 155; confère avec le cardinal Caetano, 249; retourne à Rome pour négocier la réconciliation d'Henri IV avec le pape, 293; qui ne le reçoit pas, 294.

PISDOE (Martin) entreprend de venger Étienne Marcel, son supplice, V, 224.

PISE. Situation de cette ville au moment où Charles VIII descend en Italie, VII, 258 ; elle est livrée aux Français par Pierre de Médicis, 259 ; s'affranchit du joug florentin, *ibid.;* le repousse par les armes, 271 ; reçoit une garnison française, 272, 273 ; est faiblement protégée par la France, 277 ; lutte contre Florence, 283 ; contre les Français qui l'épargnent, 327 ; retombe sous le joug de Florence, 378 *note;* concile de Pise, 395, 397.

PISTOLET. Apparition de cette arme, VIII, 303 *note.*

PITHOU (Pierre), VIII, 496 *note.* — IX, 390. — Il réunit chez lui les *Politiques* en conciliabule, X, 322 ; fait, en collaboration avec son frère, un *Traité de la grandeur et prééminence des rois de France,* et un *Traité des libertés de l'Église gallicane,* 342 *note;* est procureur-général par *intérim,* 355 ; travaille à la *Satire Ménippée,* 358 *note;* édite les *Lois des Wisigoths,* 488 ; meurt, *ibid.*

PITHOU (François), IX, 390.—Publie, en collaboration avec son frère Pierre, les deux traités susdits, X, 342 *note ;* publie seul la première édition de la *Loi salique,* 488.

PITIGLIANO (le comte de), général vénitien. Sa prudence et ses revers à Agnadel, VII, 373, 374.

PITT (William) entre au ministère malgré Georges II, XV, 499 ; ranime et met en œuvre toutes les forces de l'Angleterre, *ibid.* et suiv. ; fait exécuter l'amiral Byng, 501 ; sort du ministère, y rentre, fait annuler la capitulation de Kloster-Zeven et mettre le prince Ferdinand de Brunswick à la place du duc de Cumberland, 523 ; envoie une flotte contre Rochefort, 524 ; efforts, sacrifices qu'il obtient des Anglais, 526 ; il redouble les moyens d'attaque contre le Canada, 533 ; fait envahir les côtes de Bretagne et de Normandie, 540, 541 ; offre Gibraltar au roi d'Espagne, s'il veut l'aider à reprendre Minorque, 544 ; refuse la médiation de l'Espagne, 566 ; fait enlever Belle-Isle, 574 ; négociation avec la France, sans résultat, *ibid.* et suiv., 579 ; il donne sa démission, 580 ; fait allouer à ses successeurs un énorme subside pour soutenir la guerre, 582 ; combat le traité de paix conclu avec la France, 596. — Prend le titre de *lord Chatam,* et rentre un moment au ministère, XVI, 254 ; appuie les réclamations de l'Amérique, 405 ; se retire, 406 ; combat la mise en interdit du port de Boston, 407 ; prêche en vain la conciliation, 409 ; s'oppose à ce que l'Angleterre reconnaisse l'indépendance des États-Unis, 426 ; meurt, 427.

PITT (William), fils du précédent, XVI, 426, 467 ; devient ministre, 473 ; veut suspendre les négociations entre l'Angleterre et la France, 485 ; premier ministre, traité de commerce qu'il fait avec la France, et raison qu'il en donne au parlement, 565 et suiv.; il pousse les Turcs à la guerre contre la Russie, 590; soutient le stathouder Guillaume v contre les Hollandais, 591.

PIZARRE (Francesco), s'empare du Pérou, VIII, 8; en devient gouverneur, 9.

PLACE (Pierre de La), victime de la Saint-Barthélemi, IX, 331.

PLACENTIN, enseigne le droit à Montpellier, III, 566 *note*.

PLACIDIE, sœur d'Honorius, rapproche Ataülf de son frère, I, 343; épouse ce roi wisigoth, 344; mère de Valentinien III, 363.

PLASIAN (Guillaume de), légiste, IV, 427; sa requête contre Boniface VIII, 447; dont il poursuit la mémoire devant le concile de Lyon, 484; son rôle auprès Jacques de Molai, 486.

PLECTRUDE, épouse de Peppin de Héristall, II, 171; son entreprise audacieuse après la mort de son mari, et ses revers, 177 et suiv.; elle se réfugie à Cologne, 178; se rend à Karle Martel, 182.

PLÉLO (comte de), colonel breton, ambassadeur à Copenhague, va attaquer, avec 1500 hommes, l'armée russe qui assiége Dantzig, et meurt criblé de balles, XV, 179.

PLESSIS (Du), conduit les premiers colons de la Guadeloupe, XI, 427 *note*.

PLESSIS-PRASLIN (Du), maréchal de camp, XI, 501; coopérateur du comte d'Harcourt à Casal, 519; à Turin, 520, 521. — Combat les Espagnols en Piémont, XII, 175, 199; en Catalogne, 203, 204; est fait maréchal, 205; retourne faire la guerre en Italie, *ibid.*, 220, 221, 255. 256; soumet Montpellier, et arrache aux États de Languedoc le *don gratuit*, fait la guerre aux Bordelais, 342; défend le cours de la Somme et de l'Oise contre les Espagnols et Turenne, 354; défait ce dernier à Rethel, 363; prend Sainte-Menehould, 457; Orange, 533.

PLESSIS-BESANÇON (Du), négocie un traité avec les Catalans, XI, 530; un second traité, qui les réunit à la France, 534.

POBLACION, professeur de mathématiques au collége royal, VIII, 145.

POCART, potier d'étain, chef de ligueurs, poignarde un maître d'école soupçonné de calvinisme, X, 76 *note*.

PODIEBRAD (Georges), VI, 577; traite avec Louis XI, 549.

POEONIUS s'oppose à Majorien qui le défait, I, 382.

POÉSIE KIMRIQUE, III, 356 et suiv.

POINCI, gouverneur des Antilles françaises, prend possession de l'île de la Tortue, XI, 428 *note*. — Achète de la *Compagnie des îles* le monopole du commerce à Saint-Christophe, Sainte-Croix, etc., XIII, 13 *note*.

Pointis, chef d'escadre, fait contre les colonies espagnoles une expédition heureuse et lucrative, XIV, 227; bloque Gibraltar, 435; combat avec sept vaisseaux, 35 vaisseaux anglais ou espagnols, *ibid.*

Poissi, séjour favori du roi Robert, III, 588. — Colloque de Poissi, IX, 86, 87, 95 et suiv.

Poitiers (batailles de), entre les Franks et les Arabes, II, 202 à 206. — Entre les Français et les Anglais, V, 154 et suiv. — Commune de Poitiers, III, 263. — Siége de Poitiers par les protestants et Coligni, XIII, 253.

Poitiers (Philippe de), député de la noblesse de Champagne aux États-Généraux de 1484, opinion émise par lui, VII, 189.

Poitiers (Diane de), VII, 481. — Sa liaison avec François Iᵉʳ, VIII, 45; avec le dauphin Henri, 261, 267, 268; sa haute fortune quand son amant est sur le trône, 361, 362, 366; sa haine contre les protestants, 398, 429 *note*; position qu'elle prend entre les Guises et les Montmorenci, 464; extrémités où elle pousse Henri II, 498 et suiv. — Sa position après la mort de ce prince, IX, 19; elle ramène le connétable de Montmorenci au parti des Guises, 80.

Polet, sulpicien, confesseur de Fleuri, l'excite contre les jansénistes, XV, 143.

Poli, chimiste italien, offre à Louis XIV un nouveau moyen de destruction, XIV, 398 2ᵉ *note*.

Polignac (duchesse de), amie compromettante de Marie-Antoinette, XVI, 514; est insultée en effigie par le peuple de Paris, 594.

Polignac (comité), société de la reine et du comte d'Artois, XVI, 633.

Pologne. Décadence progressive de cette république, XIII, 294, 324 *note*; Sobieski la relève un moment, 539. — Elle regagne Kaminiek sur les Turcs, XIV, 350. — Affaire de Thorn, qui soulève l'opinion de l'Europe contre elle, XV, 138; immixtion de la Russie et de l'Autriche dans l'élection du roi, 476; elle ne peut empêcher une armée russe de traverser son territoire, 515. — Profond abaissement où elle tombe, XVI, 256; deux plans pour la relever, soutenus par deux partis opposés, *ibid.*; plans de Catherine et de Frédéric contre elle, 258; élection du dernier roi de Pologne, 259 et suiv.; anarchie qui la suit, 263, 264; confédération de Bar, 266 et suiv.; négociations, intrigues, qui aboutissent au premier démembrement, 299 et suiv.

Pombal (marquis de), premier ministre en Portugal, résiste aux sommations de la France et de l'Espagne, et fait obstacle à leurs entreprises, XV, 590. — Hait les grands et les jésuites, XVI, 203; accuse ces derniers devant le pape, les expulse du Portugal, en fait brûler un tout vif, 203, 204; propose au roi d'Espagne de s'unir à lui pour obtenir du pape l'abolition de la société de Jésus, 220.

POMPADOUR (Jeanne Poisson, marquise de), maîtresse de Louis xv, XV, 276, 277; fait renvoyer le contrôleur-général Orri, qu'elle trouve trop économe, et le remplace par M. de Machault, 277, 278; fait renvoyer le marquis d'Argenson, et le remplace par M. de Puisieux, 301; prodigue les faveurs à Voltaire, puis le prend en haine, 403; dame du palais de la reine, *amie* du roi, confidente de ses plaisirs, 432; prend le parti des molinistes contre les jansénistes, 446; fait renvoyer Maurepas du ministère, 448; amène l'alliance de la France avec l'Autriche, et la guerre contre la Prusse, 490 et suiv., 495; est éloignée un moment de la cour, 509; reprend sa puissance, renvoie M. de Machault et le comte d'Argenson, 510, 511; pousse à la guerre contre la Prusse, 512; réserve l'honneur de délivrer la Saxe au prince de Soubise, 520; lui refait une armée 529; lui donne le bâton de maréchal pour une victoire que Chevert a gagnée, 530; met Choiseul à la place de l'abbé de Bernis, 542; met Soubise à la tête de l'armée d'Allemagne, 582; lui adjoint le maréchal d'Estrées, 588. — Parle morale et religion, XVI, 50 *note;* travaille contre les jésuites, 212; meurt, 232.

POMPÉE, bat Œmilius Lépidus, et soumet la *Province* insurgée, I, 127, 128.

POMPÉRANT (le seigneur de), complice du connétable de Bourbon, s'enfuit avec lui, VIII, 45; sauve François 1ᵉʳ à la bataille de Pavie, et le fait prisonnier, 66.

POMPONACE (Pierre), docteur de Padoue, VII, 472.

POMPONNE (Hugues de), est assiégé dans Gournai sur Marne par Louis le Gros, III, 212.

POMPONNE DE BELLIÈVRE, ambassadeur de France en Suisse, explication qu'il y donne de la Saint-Barthélemi, IX, 344; il est attiré vers la Ligue par la reine-mère, 534; y pousse Henri III, 552. — X, 10; est chargé par ce prince d'intercéder auprès de la reine Élisabeth pour Marie Stuart, 28; de négocier avec le duc de Guise, 58; échoue, 64; est disgracié, 95; fait partie, sous Henri IV, du conseil des finances, 398; négocie le traité de Vervins, 419, 426; est chancelier, 520 *note;* approuve le rappel des jésuites, 532.

POMPONNE DE BELLIÈVRE, achète de Mathieu Molé la charge de premier président, XII, 458 *note;* instruit contre le prince de Condé, *ibid.*

texte; excite le parlement contre la cour, 468; est ramené par Turenne, *ibid.;* meurt, 486.

POMPTINUS, préteur, soumet définitivement les Allobroges, I, 129.

PONCE (Paul), sculpteur italien, l'un des décorateurs du Louvre, VIII, 362 *note.*

PONCE-JACQUIO, sculpteur, IX, 18 *note.*

PONCET, prédicateur, attaque Henri III, qui l'exile, IX, 518. — Meurt, X, 30 *note.*

PONCHER (Étienne), évêque de Paris, VII, 370.

PONCHER (François), neveu du précédent, aussi évêque de Paris, propose au duc de Vendôme la régence du royaume pendant la captivité de François Ier, VIII, 69; est poursuivi, et meurt en prison, 152 *note.*

PONCHER (Jean), aussi neveu d'Étienne, général des finances, est pendu, VIII, 95 *note.*

PONDICHÉRI, comptoir français dans l'Inde, prospère rapidement, XV, 210; est attaqué par les Anglais, et victorieusement défendu par Dupleix, 314; assiégé de nouveau et pris, 570; détruit (les Anglais n'en rendent que la place), 593. — Reconstruit et repris, XVI, 433; rendu, 487.

PONIATOWSKI (Stanislas-Auguste), ancien amant de Catherine II, est porté par elle au trône de Pologne, et agréé comme candidat par le roi de Prusse, XVI, 258; incidents qui précèdent et accompagnent son élection, 259 et suiv.; réformes opérées par lui, 263; il veut épouser une archiduchesse et rendre la couronne héréditaire dans sa famille, *ibid.;* la Russie et la Prusse minent le trône sous ses pieds, *ibid.;* il reste neutre entre la Turquie et la Russie, 268; est attaqué par les confédérés de Bar, blessé, pris, 300; s'échappe, *ibid.;* démembrement de son royaume, 301, 302.

PONS, fils de Bertrand, comte de Toulouse, hérite de la principauté de Tripoli de Syrie, III, 203, 221.

PONS DE BALAGNER, chevalier de Malte, plante son poignard dans une porte d'Alger, VIII, 277.

PONS (Mlle de), fille d'honneur d'Anne d'Autriche, XII, 248.

PONT (le marquis de), fils de Jean d'Anjou, duc de Calabre, et petit-fils du roi René, siége aux États-Généraux de 1468, VII, 29; conduit les troupes royales contre les Bretons, 33; devient, par la mort de son père, duc titulaire de Calabre et de Lorraine, 61; se détache du parti royal *ibid.;* meurt, 79.

PONT-COURLAI (Wignerod ou Vignerot de), neveu du cardinal de Richelieu, bat, en vue de Gênes, une escadre espagnole, XI, 482, 483 ; est destitué pour son inconduite, 526.

Pont-Gravé (Du), Malouin, accompagne le vice-amiral De Monts en Amérique, X, 466.

Pont-Saint-Pierre (le baron Du), orateur de la noblesse aux États-Généraux de 1614 ; sa harangue, offensante pour le tiers, XI, 54.

Ponthieu (Gui, comte de) se saisit de Harold, roi des Anglo-Saxons, naufragé sur les côtes de son comté, III, 108 ; s'associe à l'entreprise de Guillaume le Conquérant contre l'Angleterre, 115.

Pontifes (frères), faiseurs de ponts, III, 443 *note*.

Pontis. Ses mémoires, XI, 187 *note*.

Pontoise, surprise par les Anglais, VI, 55 ; reprise par Charles VII, 402.

Pontoise (assemblée de), IX, 73, 87 à 94, 101, 102.

Poole (Réginald), cardinal, représente l'Angleterre au concile de Trente, VIII, 349 ; est légat du pape auprès de Marie Tudor, et dirige la réaction catholique, 434.

Popelinière (La), historien, député des huguenots, IX, 451 ; son livre, 466 *note*.

Poppe, chef élu en Frise par le parti païen, II, 207 ; est battu par Karle Martel, est tué, *ibid.*

Population de la France au XIVe siècle, V, 36. — Mesures prises par Louis XIV pour l'accroître, XIII, 88. — Population de la France en général, et de quelques provinces en particulier, vers 1700, XIV, 330. — Vers 1770, XVI, 236 ; vers 1789 et 1791, *ibid. note*.

Porchier (Étienne), auteur du *Rosier des guerres*, VII, 151.

Porcon du Babinais. Sa captivité, son ambassade, sa mort héroïque, XIII, 293.

Port-Royal (abbaye de), XII, 84, 86 ; ordre aux solitaires de fermer leurs *petites écoles*, et aux religieuses de renvoyer leurs élèves, 103 ; dispersion des solitaires, 117 — Leur réintégration, XIII, 265. — Destruction de Port-Royal-des-Champs, XIV, 603.

Port-Mahon (siége et prise par escalade de), XV, 482 et suiv. ; que l'Angleterre recouvre à la paix, 593 ; — Les Espagnols reprennent la ville, XVI, 458 ; et le fort Saint-Philippe, 465, 466 ; qui leur restent à la paix, 487.

Portail, premier président au parlement de Paris, XV, 166.

Porte (La), conseiller au parlement, est mis à la Bastille, VIII, 500.

— Manque de courage, IX, 31 *note*.

PORTE (La), valet de chambre d'Anne d'Autriche, et son courrier de dépêches, XI, 475; est mis à la Bastille, 476; *ses Mémoires*. — Accusation portée par lui contre Mazarin, XII, 516 *note*.

PORTE DU THEIL (La), savant français, XVI, 151 *note*.

PORTHAISE, cordelier, théologien, prédicateur de la Ligue, X, 357 *note*.

PORTLAND (Bentinck, comte de) négocie secrètement à Hall, avec le marquis de Boufflers, XIV, 226.

PORTO-CARRERO, gouverneur espagnol de Doullens, surprend Amiens, X, 409; meurt en défendant cette ville contre Henri IV, 414, 415.

PORTO-CARRERO, cardinal, archevêque de Tolède, favorable aux prétentions du roi de France sur la succession d'Espagne, XIV, 355; fait tester Charles II en faveur du prince de Bavière, 357; revient au parti français, 359; décide Charles II à tester en faveur de la maison de Bourbon, 360; est colonel des gardes, 391.

PORTSMOUTH (duchesse de), maîtresse de Charles II et son agent diplomatique, reçoit de Louis XIV une belle terre, XIII, 353.

POSTE (*petite*), fondée à Paris, XIII, 10 *note*. — XV, 561 *note*.

POSTEL (Guillaume), professe au collège de France l'arabe, le chaldéen, VIII, 144; les mathématiques, 145; ses tendances religieuses, 147; son livre *De l'unité dans le monde*, 213 *note*.

POSTHUMUS refoule les Franks au delà du Rhin, I, 269; est proclamé empereur par les légions; règne sur la Gaule, repousse les Franks et les Allemans; est massacré par ses soldats, 271 à 273.

POTEMKIN, un des assassins du tzar Pierre III, XV, 587. — Favori de Catherine II, partisan de l'alliance anglaise, XVI, 455.

POTHIER, juriste, XVI, 156 *note;* 193 *note*.

POTHIN (saint) fonde à Lyon, avec saint Irénée, la première église des Gaules, I, 251; subit le martyre, 252.

POTIER, évêque de Beauvais, candidat au ministère, soutenu par la cabale des *Importants,* XII, 161.

POTIER DE BLANCMESNIL, président aux enquêtes, est mis à Vincennes, XII, 294; délivré, 300; fait une proposition hostile à Mazarin, 303.

POTOCKI (les). Comment ils entendent reconstituer la Pologne, XVI, 256.

POULAIN (Nicolas), lieutenant-général de la prévôté de Paris, historien de la Ligue et un des premiers ligueurs, IX, 530, 532 *note*. — Dont il révèle à Henri III les complots, X, 26, 31, 55, 56, 58; s'enfuit de Paris après la journée des Barricades et perd son office, 78.

POUSSIN (Nicolas), peintre français, sa vie et ses œuvres, XII, 147 et suiv.

Poutrincourt, lieutenant du vice-amiral de Monts, explore les côtes de l'Amérique septentrionale, X, 466.

Povar (le marquis de), général espagnol, franchit les Pyrénées, est battu et fait prisonnier, XI, 559.

Poyet, président au parlement de Paris, son ambassade à Turin, VIII, 229; est chancelier après Dubourg, 265; poursuit l'amiral Chabot de Brion, *ibid.;* sa disgrâce, 268; son œuvre législative, 271.

Poynet, évêque anglican, soutient que le meurtre d'un tyran est légitime, IX, 48 *note*.

Pracontal, officier-général français, concourt à la victoire de Spire, XIV, 414.

Prades (l'abbé de), collaborateur de l'*Encyclopédie*, soutient en Sorbonne une thèse malsonnante, est censuré, se réfugie à Berlin, XVI, 48.

Prætextatus, évêque de Rouen, marie Mérowig et Brunehilde, II, 63; vengeance de Hilperik, 67, 68; il est rétabli sur son siége par Gonthramn, 87; vengeance de Frédégonde, *ibid.*

Pragmatique-Sanction (en faveur des libertés gallicanes); de saint Louis, IV, 310. — De Charles vii, VI, 393; Louis xi l'abolit, 534. — Les États-Généraux de 1484 en demandent le rétablissement, VII, 175, 182; qu'opère l'assemblée de Blois, 307; elle est remplacée par le Concordat de François 1er, 460.

Pragmatique-Sanction, acte destiné à assurer la transmission de la monarchie autrichienne dans son intégralité aux filles de l'empereur Charles vi, XV, 135; elle est garantie successivement par l'Espagne, 137; la Russie, 154; la Prusse, *ibid.;* l'Angleterre, 159; acceptée et cautionnée par la diète de Ratisbonne, malgré la protestation des électeurs de Saxe et de Bavière et de l'électeur palatin, 172; garantie par le Danemark, *ibid.;* acceptée par l'électeur de Saxe Auguste iii, 177; garantie par la France, 205.

Prague est prise par escalade pendant la nuit par les Français, que dirige le comte de Saxe et que conduit le lieutenant-colonel Chevert, XV, 243; l'armée française y est assiégée par les Autrichiens, 251, 252; retraite de Prague, 253; bataille de Prague, gagnée par Frédéric ii, roi de Prusse, sur les Autrichiens, 516.

Praguerie (la), VI, 386 et suiv.

Préaux (le chevalier de) conspire contre la sûreté de la France et a la tête tranchée, XIII, 459.

Préjean de Bidoulx, capitaine de mer, combat les Génois, VII, 362; les Anglais, 419, 420.

Presbytérianisme, VIII, 192.

PRÉSIDIAUX. Organisation et compétence de ces tribunaux, VIII, 407.

PRESLE (Raoul de), avocat-général au parlement sous Philippe le Bel, est incarcéré sous Louis Hutin, IV, 515 ; réintégré dans sa charge sous Philippe le Long, 537.

PREUILLI (Geoffroi de), législateur des tournois, III, 338 ; sa trahison et sa mort, 385.

PREUILLI, chef d'escadre, XIII, 489.

PRÉVOST, curé de Saint-Séverin, instigateur de la Ligue, IX, 530. — Son ambassade auprès du roi de Navarre, X, 4 ; il est élu membre du conseil général de la Ligue, 134 ; se refroidit, 225 *note;* prêche contre les *Seize,* 261 *note.*

PRÉVOST (l'abbé), romancier, auteur de *Manon Lescaut,* XV, 333, 334.

PRÉVOST DE LA TOUCHE (Le), commandant de la garnison de Gingi, dans l'Inde, défait, avec 3,800 hommes, une immense armée d'indigènes, XV, 456.

PRÉVOST DE BEAUMONT (Le) communique au parlement de Rouen le pacte constitutif de la société Malisset et disparaît soudain ; on le retrouve, vingt-deux ans plus tard, à la Bastille, XVI, 293, 294.

PRÉVÔTÉ de Paris. Ce qu'était, sous Louis IX, cette magistrature, et comment il la réforma, IV, 296, 297.

PRIE (marquis de), mari de la maîtresse de Monsieur le duc, XV, 132.

PRIE (marquise de), maîtresse du duc de Bourbon, le gouverne, et, par lui, la France, XV, 124 ; hérite de la pension anglaise du cardinal Dubois, 132 ; empêche Monsieur le duc de s'allier à l'Espagne contre l'Angleterre, *ibid.;* d'épouser la fille du tzar, *ibid.;* ne peut obtenir la grandesse pour son mari, *ibid.;* fait refuser par monsieur le duc la main de Marie Lesczinska, 134 ; fait épouser cette princesse à Louis XV, 135 ; est exilée en Normandie, et s'y empoisonne, 146.

PRIÈRES (l'abbaye de), en Bretagne, est attaquée par les Espagnols, et les repousse, XI, 457.

PRIERIO, moine dominicain, écrit une réfutation de Luther, VII, 520.

PRIESTLEY, chimiste anglais, découvre l'échange des gaz entre le règne animal et le règne végétal, XVI, 519 ; la partie respirable de l'atmosphère, 520.

PRIEUR, sculpteur, IX, 18 *note.*

PRIMATICCIO, artiste bolonais, VIII, 136. — Sa mort, IX, 387.

PRIMOGUET (Hervé), amiral de Bretagne, sa mort héroïque, VII, 420.

PRIOR, poète et diplomate anglais, apporte à Versailles les propositions de l'Angleterre, XIV, 539 ; est ambassadeur en France, 591.

PRISCILLIANUS. Son hérésie, persécutions dont il est l'objet, son supplice, I, 323, 324.

PROBUS, empereur. Grandes choses qu'il fait, ses victoires sur les Franks, les Wandales et Burgondes, les Lyges, conditions qu'il impose aux vaincus, il étouffe deux révoltes successives en Gaule, y établit la libre culture de la vigne, I, 276 à 279.

PROCIDA (Jean de), part qu'il prend à la délivrance de la Sicile, IV, 372, 375, 389.

PROCOPE (les deux), chefs hussites, VI, 576, 577.

PROCULUS, lieutenant impérial en Gaule, prend la pourpre à Cologne, est battu par Probus, et livré par les Franks, I, 278.

PRONIS fonde le fort Dauphin à Madagascar, XIII, 14.

PROSPER (saint) fait un poëme sur la Prédestination, I, 350.

PROTADIUS, amant de la reine Brunehilde, II, 109; il devient maire du palais en Burgondie, esprit de son administration, 111; sa mort, 112.

PROTESTANTS. Origine de cette dénomination, VIII, 114, 115.

PROVENCE (Louis-Stanislas-Xavier de France, comte de), frère de Louis XVI, XVI, 314; est opposé au rétablissement des parlements, 334; publie une brochure anonyme contre Turgot, 377; n'est pas moins hostile à Necker, 500; veut faire payer ses dettes par l'État, 511; l'obtient de Calonne, 542; préside la seconde séance de l'assemblée des notables, 575; préside un bureau de cette assemblée, 576; rôle nouveau et libéral qu'il y joue avec affectation, 577 et suiv.; il est applaudi par le peuple en allant faire enregistrer à la cour des comptes les édits financiers repoussés par le parlement, 589.

PROVINCE TRANSALPINE. Comment elle est formée, I, 112 et suiv.; agrandie, 126; elle se soulève, est réduite par Pompée, et cruellement châtiée, 127, 128.

PROVINCES-UNIES. Préliminaires de l'insurrection des Pays-Bas, IX, 207 et suiv., 210, 214, 230, 231, 243, 279 et suiv., 295; soulèvement de la Hollande, de la Zélande, etc., guerre contre l'Espagne, 299 et suiv., 345, 475 et suiv.; *Union d'Utrecht*, 500; déchéance proclamée du roi d'Espagne, 501, 502; le duc d'Anjou, 500, 509, 510, 515 et suiv.; mort de Guillaume le Taciturne, 536; la souveraineté des Provinces-Unies offerte en vain au roi de France, 537, 542, 543. — Chute de la Flandre et d'Anvers, X, 2; secours envoyés à Henri IV par les Provinces-Unies, 242, 277; derniers incidents de leur guerre avec l'Espagne, 418, 497; leur indépendance est reconnue, 548 et suiv.; traité de Hall, 557. — Flotte hollandaise envoyée au secours de Venise, XI, 125; troubles religieux, mort de Barneweldt, 255 et suiv.; traités avec l'Angleterre et avec la France, 203, 212; vaisseaux hollandais envoyés contre La Rochelle, 216; grands succès contre l'Espagne, 360, 378; traités avec la France, 401, 423, 454; traité avec le Portugal, 533. — Traités avec la France, XII, 185, 211 *note;* politique des Provinces-Unies au congrès de Westphalie, 226; leurs envoyés traités sur le même pied que ceux des grandes puissances, 231; traité séparé avec l'Espagne, 235, 254; guerre désastreuse avec l'Angleterre, 473 et suiv.; guerre avec la Suède, 504, 537 et suiv. — Traité avec le Portugal, XIII, 280; avec la France, *ibid.;* causes d'antagonisme entre cette puissance et les Provinces-Unies, difficultés diplomatiques, 300 et suiv.; guerre avec l'Angleterre, 305; bataille de Lowestoft, 306; guerre avec l'évêque de Münster, 309; négociations, paix imposée à l'Angleterre, 324, 325; négociation avec la France, 329; avec le gouverneur des Pays-Bas catholiques, 330; avec l'Angleterre, traité de La Haie, 331, 332; traité d'Aix-la-Chapelle, 338 et suiv.; causes de la haine de Louis xiv, 342 et suiv.; guerre déclarée, 370 et suiv.; faiblesse militaire de la république, 378; effet moral produit par le passage du Rhin, 385 et suiv.; révolution qui rétablit le stathoudérat, 398; inondation du territoire hollandais, 399; rejet des propositions de la France, *ibid.;* de celles de l'Angleterre, 401, 402; coalition contre la France, 428; le prince d'Orange stathouder héréditaire, 433; armement d'une flotte puissante, 457, expédition malheureuse dans la Méditerranée, 485 et suiv.; traité défensif avec l'Angleterre, 519, 525; traité de Nimègue, 528 et suiv.; traités pour garantir l'exécution de ceux de Nimègue et de Münster, 588, 589. — Traité avec la Suède, XIV, 70; *grande alliance* contre la France, 107, 210; paix de Ryswick, 230; traités de partage de la monarchie espagnole, 355, 357; négociations avec la France, 368 et suiv.; alliance avec l'Angleterre et l'empereur contre la France et l'Espagne, 379, 380; guerre à la France, 385, 390; Lille, Mons aux députés des États-Généraux, 504, 525; conférences de Bodegrave, 510; conférences de Gertruydenberg, 526; paix d'Utrecht, 546, 563, 569, 573 et suiv. — Alliance avec la France et l'Angleterre, XV, 82; avec ces deux puissances et l'Autriche contre l'Espagne, 92, 97; difficultés avec l'empereur sur le traité de la *Barrière* et sur le port d'Ostende, 136; médiation entre la France et l'Autriche, et paix de 1736, 197 et suiv.; subside fourni à Marie-Thérèse, 248; secours de vingt mille hommes promis à cette princesse, 259; stathoudérat et grandes charges héréditaires dans la maison de Nassau, 316; décadence politique et économique des Provinces-Unies, 317 *note;* elles restent neutres pendant la guerre de Sept Ans, 486, 487. — Violences de l'Angleterre à leur égard pendant la guerre d'Amérique, XVI, 454, 455; elles adhèrent aux principes proclamés par la Russie touchant les droits des neutres, 456; guerre avec l'Angleterre, *ibid.*, 457, 471; paix de 1783, 482; querelle avec l'empereur Joseph II, et transaction qui la termine, 552, 553; alliance avec la France, *ibid.*; suspension du stathouder Guillaume v, qui est restauré par les armes de la Prusse, 591, 592.

PROVISIONS D'OXFORD, IV, 315 et suiv.

PRUDENCE, évêque de Troies, soutient la doctrine de la *double* prédestination, II, 469.

PRUD'HOMMES, magistrats municipaux, III, 224 *note*.

PRUNEAUX (Jean), capitaine gantois, surprend et démantèle Oudenarde, V, 359; est banni, livré au comte de Flandre et décapité, *ibid.*

PRUSSE (prince Henri de), frère de Frédéric II, commande l'armée prussienne en Silésie, d'où il repousse les Russes, XV, 556, 567; est refoulé au delà des montagnes de la Saxe, 584; fait dans ce pays une campagne heureuse, 588. — Décide l'impératrice Catherine II au partage de la Pologne, XVI, 299.

PTOLÉMÉE CERAUNUS, roi de Macédoine, est défait et tué par les Gaulois Tectosages, I, 24.

PTOLÉMÉE, astronome grec. Son système du monde, XII, 10.

PUCELLE (abbé), conseiller au parlement, membre du conseil de conscience, XV, 10; est exilé, 165.

PUGATSCHEW, Cosaque, se fait passer pour Pierre III, soulève les cosaques du Don et du Jaïk, XVI, 304.

PUGET (Pierre), constructeur de navires, peintre et statuaire, XII, 145. — Va chercher en Italie les marbres destinés au château de Vaux, XIII, 30; fait une statue d'Hercule pour le parc de Sceaux, 545 *note*. — Passe sa vie en Provence ou à Gênes, XIV, 236; ses principaux ouvrages, *ibid.*; sa mort, 237.

PUISET (le sire Du) met l'évêque de Chartres en prison, III, 152.

PUISET (Hugues le Beau, seigneur Du), « impie déprédateur », est cité par Louis le Gros devant un parlement, fait défaut, est assiégé dans son manoir, pris, et jeté dans une tour, III, 245; délivré, sa déloyauté, 249.

PULAWSKI (Casimir), gentilhomme polonais, donne en Podolie le signal de l'insurrection contre les Russes, XVI, 265; va combattre en Amérique, 416; meurt au siége de Savannah, 445.

PUSSORT, conseiller d'État, XIII, 77; prépare *l'ordonnance civile*, réformant la procédure, *ibid.;* l'*ordonnance criminelle*, 82; est membre du conseil de marine, 137.

Puy-Laurens, confident de Gaston d'Orléans, XI, 310; se vend à Richelieu et devient duc, 347; cabale, conspire, pousse son maître à des folies, s'enfuit avec lui, est décrété de lèse-majesté, 348 et suiv.; veut commander l'armée insurrectionnelle, 383; obtient sa grâce et n'en remplit pas les conditions, 386; s'enfuit, 390; est condamné à mort par contumace, 393; manque d'être assassiné, 414; ses dernières trahisons, son arrestation, sa mort, 417, 418.

Puymoreau, gentilhomme de Barbezieux, chef des insurgés contre la gabelle, VIII, 384; est décapité, 385.

Puy-Ségur (les frères) déterminent par l'action magnétique un somnanbulisme artificiel, XVI, 528.

Pyrénées (traité des), XII, 511 à 523.

Pythagore, philosophe grec, devine la forme et le mouvement de rotation de la terre, XII, 9.

Q

Quades. *Voy.* Kwades.

Quadrivium. Les quatre arts mathématiques, II, 290 *note.*

Quantepié ou Quatrepieds, chef d'une insurrection contre les Anglais, VI, 325.

Quarantaine-le-Roi, IV, 298, 299.

Québec. Siége et prise de cette ville par les Anglais, XV, 550 et suiv.; la France la leur cède à la paix, 593.

Quesnai (François), médecin du roi, un des premiers économistes, XVI, 165, 167; sa doctrine, 168 et suiv.; examen de cette doctrine, 174 à 182; meurt après avoir vu Turgot contrôleur général des finances, 321.

Quesnel (le Père), oratorien. Irritation que font naître dans l'esprit de Louis XIV ses écrits saisis à Bruxelles, XIV, 602; sort de son livre intitulé: *Réflexions morales sur le Nouveau Testament;* troubles, persécutions, violences dont il est le prétexte, 602 et suiv.

Quiéret (Hugues), amiral, est battu et tué à l'Écluse, V, 49 et suiv.

Quiétisme, XIV, 313 à 320.

Quinault, poëte, s'associe à Lulli pour exploiter le privilége de l'Académie royale de musique, appréciation de son talent et de sa réputation, XIII, 193.

QUINTANA, secrétaire de Ferdinand le Catholique, conclut un traité matrimonial entre son maître et Louis XII, VII, 428.

QUINTIANUS, évêque de Rhodez, après avoir conspiré en faveur des Franks, prend la fuite avec son clergé, I, 446. — Devient évêque de Clermont, II, 15.

QUINTIN (Jean), orateur du clergé aux États-Généraux d'Orléans, IX, 67, 68.

QUINTINUS. Son expédition au delà du Rhin, et son désastre, I, 326.

QUINTINUS (saint Quentin), apôtre du Vermandois, martyr, I, 283.

R

RABARDEAU (le Père), jésuite, écrit en faveur de l'établissement d'un patriarche en France, XI, 516.

RABAUD, ministre protestant, XV, 444.

RABAUD-SAINT-ÉTIENNE, protestant, est nommé député aux États-Généraux par la ville de Nîmes, XVI, 632 note.

RABELAIS (François), médecin, VIII, 142; ses tendances religieuses, 147; son histoire, caractère et influence de son œuvre, 206 et suiv.; il est protégé par le cardinal Jean de Lorraine, 346; meurt, 484 note.

RABUTIN (François de), seigneur de La Vau, président de la noblesse aux États de 1593, X, 304.

RACAN, poëte, fréquente l'hôtel Rambouillet, XII, 128, 131.

RACHAT (édit de), XII, 276, 277.

RACINE (Jean) célèbre le mariage de Louis XIV par l'ode intitulée *la Nymphe de la Seine*, XII, 537. — Son œuvre dramatique, XIII, 190 et suiv., 201, 202; il défend le théâtre contre Nicole, 194; comparaison de Racine et de Corneille, 202 et suiv. — Il renonce au théâtre et devient historiographe du roi, XIV, 240; écrit *Esther* et *Athalie*, 242, 243; défend les anciens contre les modernes, 249; désire vivement de voir réformer l'État, 306; écrit un mémoire qui déplaît au roi, et meurt, 342.

RADAGHIS, chef des Sarmates, Ostrogoths et Germains du Nord, envahit l'Italie, I, 335; est battu par Stilicon, 336.

RADBOD, duc ou roi des Frisons, est battu par Peppin de Héristall, II, 170, 172; pourquoi il refuse de se laisser baptiser, 174 note; il attaque l'Austrasie et défait Karle Martel, 179; sa mort, 183.

RADEGONDE (sainte), princesse thuringienne, et quatrième femme de Chlother. Son histoire, II, 11 à 13.

RADONVILLIERS, ex-jésuite, ancien précepteur du roi, XVI, 316.

RADULF, duc de Thuringe, se soulève contre la domination des Franks autrasiens, et les bat près de l'Unstrudt, II, 147, 148.

RAES, chef principal des Liégeois insurgés contre le duc de Bourgogne, VII, 26.

RAGHENAHER, roi frank. Territoire qu'il occupe, I, 409; s'associe à Chlodowig pour dépouiller Syagrius, 410; sa chute et sa mort, 459, 460.

RAGHENFRID, Frank neustrien, élu maire du palais par l'armée neustrienne, la conduit en Austrasie, II, 178; est vaincu par Karle Martel, 180 et suiv.; vaincu derechef, 183, 184; reste comte d'Angers, *ibid*.

RAGNAR ou RAGNER LODBROG, chef des Danois qui pillent Paris en 814, II, 430.

RAGNOLD, comte du Mans, ne reconnaît pas Lodewig le Bègue, II, 471; est tué par les Normands, 479.

RAIMOND, comte de Toulouse, est chassé de son fief, II, 450; y rentre, 451.

RAIMOND-PONS III, comte de Toulouse, chasse les Hongrois de la Gaule méridionale, II, 510; reçoit de Raoul l'investiture du duché d'Aquitaine, du comté d'Auvergne, du marquisat de Gothie, 515, meurt, 530.

RAIMOND-BÉRENGER II, comte de Barcelone, se fait vassal du saint-siége, III, 141.

RAIMOND de Saint-Gilles, comte de Toulouse, III, 141; il prend la croix, 162; étendue de sa domination lors de son départ, 164; il commande les guerriers de la France méridionale, 172; son voyage et ses démêlés avec Alexis Comnène, 180, 181; il combat à Gorgoni, 183; à Ascalon, 191; se fait une petite principauté en Syrie, 192; se fixe auprès d'Alexis Comnène, 201; se joint à la seconde croisade, *ibid*., 202, meurt, 203.

RAIMOND, fils de Guillaume, comte de Bourgogne, va guerroyer en Espagne, et devient comte de Galice, III, 142.

RAIMOND-BÉRENGER III, comte de Barcelone, acquiert par mariage une partie de la Provence et le Gévaudan, III, 220; intervient sans succès en faveur de Guilhem IX, duc d'Aquitaine, 294; son traité de délimitation avec Alphonse-Jourdain, comte de Provence, *ibid*.

RAIMOND-BÉRENGER IV, comte de Barcelone, suzerain de Carcassonne et de Rhodez, monte sur le trône d'Aragon, III, 295; soutient la prépondérance de sa maison en Provence, 426; se ligue avec Henri II d'Angleterre contre le comte de Toulouse, 467; abat la puissance de la maison des Baux; 469; sa puissance, *ibid.;* sa mort, 470.

RAIMOND DE POITIERS, frère de Guilhem x, dernier duc d'Aquitaine, épouse la petite-fille de Boémond, et devient prince d'Antioche, III, 445; donne de grands soucis au roi Louis VII, 446; sa mort, 451.

RAIMOND V, comte de Toulouse, épouse la sœur de Louis VII, 463; est attaqué par Henri II, et défendu par Louis VII, 468; se reconnaît vassal du roi d'Angleterre, 491, 492; révèle à ce prince les projets criminels de ses enfants, 493; appelle les armes du roi de France contre les hérétiques de ses États, 498; est attaqué par Richard Cœur-de-Lion, 530; meurt, 532 *note.*

RAIMOND-BÉRENGER le Jeune. comte de Provence, est tué en assiégeant Nice, III, 470.

RAIMOND VI, fils de Raimond V, comte de Toulouse, succède à son père et traite avec Richard Cœur-de-Lion, III, 552 *note;* condamne, en cour des pairs, Jean-sans-Terre, 583. — Opinions et mœurs qu'on lui impute, IV, 19; il est excommunié par Pierre de Castelnau, 26, 27; sa faiblesse à l'approche du danger, 28 et suiv.; il est excommunié de nouveau, son voyage à Rome, 39; nouvelles faiblesses, 40; conditions qui lui sont faites par les légats, 44; guerre qu'il soutient contre Simon de Montfort, 44 à 53; il se remet à la discrétion du cardinal légat Pierre de Bénévent, 54; comparaît devant le 4ᵉ concile de Latran, qui consomme sa ruine, 62, 63; recommence la lutte contre Simon, 100 et suiv.; rentre dans Toulouse, 104; sa mort, 111.

RAIMOND VII, fils de Raimond VI, comte de Toulouse. Intérêt qu'Innocent III lui témoigne, IV, 63; il se remet en possession des domaines de sa famille, 99 à 111; cède aux exigences du pape, 119; est attaqué de nouveau, 124 à 128; ses dernières luttes et sa soumission au roi de France, 146 à 150; il secourt Marseille contre le comte de Provence, 155; son abaissement à Toulouse, 156; évolutions diverses de sa politique, et tentative d'affranchissement, 183, 184, 185, 191 et suiv.; il rentre en grâce auprès du saint-siége, 195; déception qu'il subit, 204, 205; il s'accommode définitivement avec Louis IX, 212; fait brûler vifs quatre-vingts hérétiques, 249; sa mort, *ibid.*

RAIMOND-BÉRENGER, comte de Provence. Ses entreprises contre les villes du Midi, IV, 155, 156; il marie sa fille Marguerite à Louis IX, 169; est du parti du pape contre l'empereur, 183; sa mort, 203; ses dernières dispositions et conséquences qu'elles entraînent, *ibid.* et suiv.

RAINAL (l'abbé), auteur de l'*Histoire philosophique des deux Indes*, XVI,

144; en signe la seconde édition, est condamné par le parlement, et obligé de quitter la France, 506.

RAINALD, comte de Nantes et de Poitiers, est vaincu et tué par Lantbert, II, 427.

RAINEVAL (Gérard de), ministre plénipotentiaire de Louis XVI auprès du congrès américain, XVI, 427, 428.

RAKOCZI (Georges), prince de Transylvanie, envahit la Hongrie dont il chasse presque entièrement les Autrichiens, XII, 193; parcourt en vainqueur la haute Hongrie, et menace Presbourg, 205; assiége Brün sans succès, puis traite avec l'empereur, 211; envahit la Pologne, 504; est battu par les Tartares, par les Turcs, et meurt en combattant, 508.

RAKOCZI (François), arrêté par ordre du gouvernement autrichien, s'évade et soulève la Hongrie, XIV, 412; menace Vienne, 426; est proclamé duc et chef suprême de la confédération magyare, 439; fait déclarer par la diète hongroise le trône de Hongrie vacant, 472; succombe et se réfugie en France, 539 *note*.

RAMBOUILLET (Nicolas d'Angennes, sieur de). Missions que Catherine de Médicis lui confie, IX, 180 *note*. — Il assiste au conseil où est résolu l'assassinat du duc de Guise, X, 109; reconnaît Henri IV pour roi de France, 176; assiste, comme commissaire royal, aux conférences de Suresnes, où il nie sa participation au meurtre d'Henri de Guise, 311.

RAMBOUILLET (Charles d'Angennes, marquis de), XII, 121 *note*.

RAMBOUILLET (Catherine de Vivonne, marquise de). Son influence sur les mœurs de son temps, sur le mouvement intellectuel, XII, 121 et suiv.; et sur l'architecture, 144, 145.

RAMBOUILLET (hôtel de). Société d'élite qui s'y rassemble; influence de ces réunions, XII, 121 et suiv.

RAMEAU, compositeur de musique et théoricien, XV, 334.

RAMILLIES (bataille de), XIV, 456, 457.

RAMIRE, moine, frère d'Alphonse, roi d'Aragon, règne après lui, III, 295 *note*.

RAMNULFE, comte de Poitiers, prend Peppin II, roi d'Aquitaine, II, 450; combat les Normands, 452; se déclare contre Lodewig le Bègue, 471.

RAMNULFE II, comte de Poitiers, se fait proclamer roi, II, 486; se reconnaît vassal du roi des Français, 489; meurt empoisonné, 492.

RAMUS (Pierre de La Ramée). Ses travaux, sa carrière de savant, IX, 5 et suiv.; sa religion, 16; son mémoire sur la réforme de l'Université,

203 *note*, 331 *note;* son opinion sur l'Eucharistie opposée à celle de Calvin, 277 *note;* ses dernières années et sa mort tragique, 331.

Rancogne (Geoffroi de), baron poitevin, compromet par son imprudence l'armée croisée, III, 342.

Ranconnet, conseiller au parlement de Paris, VIII, 496 *note*. — Écrivain légiste, IX, 3.

Randan (le seigneur ou comte de), ambassadeur de France en Écosse, IX, 48. — Gouverneur de l'Auvergne, X, 139; embrasse le parti de la Ligue, *ibid.;* est battu et tué près d'Issoire, 207 *note*.

Rangone (Guido), *condottiere* au service de la France, guerroie en Piémont avec succès, VIII, 243.

Rantzau (le maréchal de), d'abord colonel, défend vigoureusement son quartier attaqué au siége d'Arras, XI, 524. — Est cerné et pris par les impériaux dans Tuttlingen, XII, 174; ses campagnes en Flandre où il gagne le bâton, 192, 212, 213; autres campagnes moins heureuses, 242 et suiv., 259.

Raoul, duc de Bourgogne, beau-frère de Robert de Paris, II, 506; est sacré roi de France, 508; à quel prix il obtient l'hommage du duc d'Aquitaine, 509; sa campagne contre les Normands, 511, 512; ses démêlés avec les grands vassaux, 513; ses succès, 514, 515; sa mort, 516.

Raoul, comte de Cambrai, fait hommage à Lodewig d'Outre-Mer, II, 518; est vaincu et tué par les hommes d'armes du Vermandois, 522.

Raoul, évêque de Laon, siége au concile d'Ingelheim, II, 528.

Raoul III, roi d'Arles et de Provence après Conrad. Sa faiblesse et son indigence, III, 28; à quel prix il achète la protection de l'empereur contre ses sujets, 73.

Raoul le Chauve *(Radulfus Glaber),* historien, III, 38 et suiv.; son opinion sur les limites du pouvoir papal, 44.

Raoul Drengott, baron normand; son voyage à Rome et ses exploits en Italie contre les Grecs, III, 56.

Raoul, comte d'Évreux. Comment il étouffe la conspiration des vilains de Normandie, III, 59.

Raoul, grand chambellan de France, conduit une expédition contre le duc de Normandie, III, 85.

Raoul, comte de Valois, d'Amiens, etc., assiste au sacre de Philippe Ier, III, 100.

Raoul *le Verd*, archevêque de Reims, célèbre une messe expiatoire à Laon; sermon qu'il y prononce, III, 255.

RAOUL, habile orfévre, est anobli par Philippe III, IV, 360.

RAPHAEL, peintre italien, VII, 466 et suiv.

RAPIN (Nicolas), un des auteurs de la *Satire Ménippée,* prévôt de la connétablie, X, 411, 482.

RAPIN, jésuite, poëte en latin, XIII, 178.

RAPIN-TOIRAS, protestant émigré, auteur d'une histoire d'Angleterre, XIV, 64.

RAPINE (Florimond), député aux États-Généraux de 1614, XI, 57.

RATRAMNE, moine de Corbie, soutient la doctrine de la *double prédestination,* II, 469; ses opinions sur l'eucharistie, 470.

RASATS, protestants et catholiques unis de Provence, IX, 416.

RASILLI (le chevalier de) fait un essai de colonisation dans l'île de Maragnon, XI, 129 *note;* est repoussé par les Rochellois et bloqué dans le port de Brouage, 184.

RASTADT (traité de) entre la France et l'Autriche, XIV, 580; signé à Baden en Argovie, 581.

RATISBONNE (diète de), en 1630, XI, 333 et suiv.

RAUCOUX (bataille de), XV, 297.

RAUDIENS (bataille des Champs) où Marius extermine les Kimris (Cimbres) et les Tughènes, I, 124, 125.

RAUKING, duc de Soissons, conspire contre Hildebert, II, 89; sa perversité, 90; il échoue, sa mort, *ibid.*, 91.

RAULIN, prédicateur, VII, 304 *note;* fait de l'opposition contre les réformes de Louis XII, 310.

RAURAKES, Gaëls du Haut-Rhin. Ils se joignent aux Helvètes, I, 141.

RAVAILLAC (François), assassine Henri IV, X, 568; son procès, son supplice, XI, 9 et suiv.

RAVENNE (bataille de), VII, 405 et suiv.

RAVENSTEIN (Philippe de Clèves, sire de), est nommé gouverneur de Gênes, VII, 320; commande la flotte envoyée contre Naples, 330; fait une expédition malheureuse contre les Turcs, 333; sa conduite dans les troubles de Gênes, 360, 361.

RÉ (île de), occupée par le chef huguenot Soubise, XI, 215; reprise par le duc de Montmorenci, 220, 221.

RÉALISME, III, 307, 311.

RÉAUMUR, physicien, chimiste, naturaliste, inventeur du thermomètre, XVI, 20.

REBIBA (cardinal), légat du pape Paul IV à Bruxelles, VIII, 447, 448.

REBOURS (Mlle), maîtresse du roi de Navarre, IX, 524 *note.*

Régale (droit de), IV, 423, 426.

Reghinher (Regnier), comte de Hainaut, renverse du trône Zwentibold, roi du Lotherrègne, II, 496.

Régis, propagateur de la philosophie cartésienne, XIV, 266, 267.

Regnard, comte de Sens, protége les Juifs, et guerroie contre le roi Robert, III, 52.

Regnard, poëte comique, XIV, 238.

Regnauld de Chartres, archevêque de Reims, chancelier de France, est envoyé par Charles VII au duc de Bourgogne, VI, 106; sort d'Orléans avec le comte de Clermont, 129; est associé et complice de La Trémoille, 150; signe la déclaration des docteurs réunis à Poitiers en faveur de Jeanne Darc, 157; l'accompagne à Blois, 159; prend possession de son siége archiépiscopal, 187; négocie avec le duc de Bourgogne, 205, 208, 227; sa conduite à l'égard de Jeanne Darc, 219, 234; échoue dans une entreprise contre Rouen, 306; revient à la diplomatie, 330, 333; porte la parole aux États-Généraux d'Orléans, 378; meurt, 407.

Regnault d'Aci, avocat-général, est massacré rue de la Juiverie, V, 186.

Regnier-au-Long-Cou, comte de Mons, est expulsé du Hainaut par Bruno, duc du Lotherrègne, II, 532; meurt, 535.

Regnier, fils de Regnier-au-Long-Cou, dépossédé du comté de Mons, le reconquiert les armes à la main, II, 535, 536.

Regnier, moine de Citeaux, chargé par Innocent III de poursuivre les hérétiques du Languedoc, IV, 22.

Regnier de la Planche, historien, IX, 20 *note;* est attiré par Catherine de Médicis à la cour, 43.

Regnier, chef protestant du Querci, est sauvé du massacre de la Saint-Barthélemi par son ennemi Vezins, IX, 341 *note;* décide la ville de Montauban à l'insurrection, 349.

Regnier, astrologue de Catherine de Médicis, IX, 386 *note.*

Regnier (Mathurin), poëte français, X, 483.

Regulus (saint Rieul), apôtre de Senlis, martyr, I, 283.

Reims. La commune, III, 228 *note*, 264, 419; lutte soutenue par ses bourgeois contre l'archevêque Henri, le roi de France et le comte de Flandre, 474. — Nouvelle lutte contre l'archevêque Henri de Braine, IV, 165 et suiv. — Émeute provoquée par l'énormité des impôts, sous Louis XI, VI, 532.

Reinie (La), premier lieutenant de police de Paris, XIII, 86. — Y ménage les protestants, XIV, 52; fait pendre un imprimeur et un relieur pour des libelles sur le mariage du roi et de M*me* de Maintenon, 174 *note*.

REKKARED, fils de Leowigild, embrasse la religion catholique, II, 98; demande la main de Chlodoswinthe, fille de Brunehilde, *ibid.*

RELINGUE, capitaine de vaisseau, lutte héroïquement, pendant tout un jour, contre une flotte de galères espagnoles, XIV, 23 *note;* lieutenant-général, a la cuisse emportée par un boulet à la bataille de Velez-Malaga, 434.

REMEDIUS OU REMIGIUS, fils de Karle Martel, archevêque de Rouen, II, 217 *note*.

REMI, archevêque de Lyon, partisan de la double prédestination, et adversaire de Hinkmar, II, 469.

REMI, moine de Fécamp. Marché qu'il fait avec Guillaume le Conquérant, III, 114.

REMI (Pierre), trésorier de Charles IV, est pendu après la mort de ce prince, IV, 564.

REMIGIUS (saint Remi), évêque de Reims. Lettre de lui à Chlodowig, I, 409; son influence sur Chlodowig, 412 et suiv.; il baptise ce prince, 424.

RENAISSANCE (époque de la), VI, 490 et suiv.; progrès de ce mouvement sous Louis XI, VII, 155 et suiv.; son influence sur les idées politiques, 180.

RENART (Simon), ambassadeur de Charles-Quint en Angleterre, VIII, 432.

RENAU (Bernard), dit le *Petit-Renau,* améliore la forme des navires, XIII, 560; invente les galiotes à bombes, et les conduit contre Alger, 592, 593. — Suggère à Louis XIV le plan de l'expédition contre la *flotte de Smyrne,* XIV, 181; enlève à l'abordage un vaisseau anglais portant pour 500,000 livres sterling de diamants, 199; est chargé de réorganiser la marine espagnole, 391; dirige les travaux du siége de Gibraltar, 435. — Se charge d'essayer à ses frais l'application des théories financières de Vauban dans quelques élections, XV, 27 *note.*

RENAUD, comte de Bourgogne, est fait prisonnier par le comte de Chalon-sur-Saône, et délivré par le duc de Normandie, III, 63.

RENAUD, comte de Bourgogne. Sa querelle avec l'empereur Lother, III, 296; il marie sa fille à l'empereur Frédéric-Barberousse, 471.

RENAUD-FILS-D'OURS ou FITZ-URSE, l'un des assassins de Thomas Becket, III, 489.

RENAUD DE DAMMARTIN, comte de Boulogne, dépouillé de ses fiefs par

Philippe-Auguste, se met au service du roi Jean, IV, 69 ; bat la flotte française, 72 ; travaille à former une coalition contre la France, 74 ; combat à Bovines, 83 ; est pris, 84 ; et enfermé à Péronne, 85 ; sa mort, 136.

Renaudie (Godefroi de Barri, ou du Barri, sieur de La), gentilhomme périgourdin. Sa conjuration et sa mort, IX, 34 et suiv.

Renaudot (Théophraste), médecin, fonde la *Gazette de France*, XI, 356.

Renée de France, seconde fille de Louis XII, VII, 427 ; est promise en mariage à Charles-Quint, 440 ; défiancée, 456. — Demandée par Henri VIII, VIII, 163 ; épouse le duc de Ferrare, et devient calviniste, 195 *note ;* fragment de ses lettres à Calvin, IX, 214, 297 *note.*

Renel (marquis du), prend Lure, Luxeuil et Faucognei, XIII, 439.

Rennes, municipalité de cette ville au moyen âge, III, 265. — Lutte armée, dans ses murs, de la bourgeoisie contre la noblesse, qui est forcée de quitter la place, XVI, 622.

Réolus, évêque de Reims, son respect pour les reliques, II, 161.

Repnin (prince), ambassadeur russe en Pologne, XVI, 206.

Requesens (don Luis de), est gouverneur des Pays-Bas après le duc d'Albe, IX, 476 ; meurt 477.

Resnel (le marquis de), victime de la Saint-Barthélemi, IX, 326.

Rességuier (De), chevalier de Malte, est enfermé au mont Saint-Michel dans une cage de fer pour des vers satiriques, XV, 446 *note.*

Retz ou Raiz (Gilles de Laval, sire de), marche avec Jeanne Darc au secours d'Orléans, VI, 164 ; la trahit probablement sous les murs de Paris, 212 ; ses crimes, son procès, son supplice, 397.

Retz, *voy.* Gondi.

Reuchlin, savant allemand, adversaire des dominicains, VII, 510.

Reux (Antoine de Croï, comte de), envahit la Picardie, et prend Guise, VIII, 238 ; assiége Péronne, 242 ; joint ses troupes à l'armée anglaise, 300 ; s'en sépare, 307 ; ravage la Picardie, 423.

Revardière (La), navigateur, reconnaît l'île de Caïenne et les côtes voisines, XIII, 115.

Réveillon, fabricant de papiers peints du faubourg Saint-Antoine ; émeute qui détruit sa fabrique et dont il accuse un abbé, son ennemi personnel, XVI, 632.

Révol, secrétaire d'État, vient appeler le duc de Guise, au moment de l'assassinat, X, 113 ; assiste comme commissaire royal aux conférences de Suresne, 343.

RHÊMES, peuple belge. Ils s'allient aux Romains, et leur ouvrent leur cité, I, 147; intercèdent pour les Carnutes, 163; refusent d'entrer dans l'insurrection générale contre César, 184; sont battus par les Bellowakes, 188; *nation alliée* sous Auguste, 199; restent inébranlables dans leur attachement aux Romains, 237.

RHIN ou RUN (langue des), langue des mystères druidiques, I, 66.

RHODAN, chef langobard, envahit la Burgondie, met le siége devant Grenoble, est battu par Mummolus, II, 64.

RHODES, prise par les Othomans, VIII, 30.

RHODIENS, ils fondent une colonie entre les Bouches-du-Rhône, I, 10.

RIBAUD (Jean), navigateur dieppois, ses deux expéditions dans la Caroline, IX, 285, 286 *note*.

RICARD commente la coutume de Senlis, XIII, 179.

RICARVILLE s'empare du château de Rouen, VI, 313; est forcé de se rendre, et décapité, 314.

RICCI (le Père), général des jésuites, refuse d'acquitter les dettes du père Lavalette, XVI, 206; est cité devant le parlement de Paris, 208; sa lettre au duc de Choiseul, 209; il se refuse à toute modification des statuts de son ordre, 211; fait recevoir à coups de canon les vaisseaux espagnols porteurs des jésuites bannis d'Espagne et des Indes, 218; est enfermé au château Saint-Ange, 222.

RICCIO (David), aventurier piémontais, sa fortune et sa mort, IX, 214 *note*.

RICCIUS VARUS, persécuteur des chrétiens sous Maximien, I, 283.

RICHARD, duc de Bourgogne, fait la guerre au roi Eudes, II, 492; reconnaît pour roi Karle le Simple, 494; délivre Chartres assiégée par les Normands, 499.

RICHARD Ier (dit *Sans Peur*), duc de Normandie, fils de Guillaume Longue-Épée, tombe au pouvoir de Lodewig d'Outre-Mer, et bientôt lui échappe, II, 521 et suiv.; est attaqué par le roi Lother, les comtes de Flandre, d'Anjou et de Chartres, 533; bat ce dernier, *ibid.*; est secouru par le roi de Danemark, 534. — Bons offices qu'il rend à Hugues Capet, III, 19; sa mort, 29.

RICHARD II, duc de Normandie, fils du précédent, lui succède, III, 29; ses démêlés avec le comte de Chartres, contre lequel il appelle les Scandinaves, 49; il secourt le roi Robert contre le comte de Bourgogne, 50; lui dénonce les manichéens d'Orléans, 54; conjuration des paysans sous son règne, 58 et suiv.; sa mort, 63; son expédition contre Hugues, comte de Châlon-sur-Saône, *ibid.*

RICHARD III, duc de Normandie après son père Richard II ; sa mort, III, 63.

RICHARD, chef normand, reçoit en fief, du pape, la principauté de Capoue, III, 87.

RICHARD, prince de Salerne, prend la croix, III, 178.

RICHARD, fils d'Henri Ier, roi d'Angleterre, combat à Brenneville contre les Français, III, 278 ; meurt, 282.

RICHARD Ier, dit *Cœur-de-Lion*, roi d'Angleterre, second fils d'Henri II, duc d'Aquitaine du vivant de son père, III, 481, 497 ; ses torts envers lui, 493, 508, 532 ses querelles avec ses vassaux et ses voisins, 497, 530 ; il prend la croix, 528 ; monte sur le trône et part pour la croisade, 534 et suiv.; ses violences à Messine, 539 ; son mariage, *ibid.*: il s'empare de l'île de Chypre, 542 ; sa cruauté après le siége d'Acre, 543 ; son arrogance avec le duc d'Autriche, sa captivité, son retour en Angleterre, 547 et suiv.; ses guerres contre Philippe-Auguste, 550 et suiv.; sa mort, 557.

RICHARD LE BRETON, l'un des assassins de Thomas Becket, III, 489.

RICHARD DE CORNOUAILLE, second fils de Jean-sans-Terre. Fait une campagne en Gascogne contre les Français, IV, 122 ; est élu roi des Romains, 260 ; ôte l'Autriche à Frédéric de Hohenstauffen et la donne au roi de Bohême, 320 ; sa mort, 353.

RICHARD II, roi d'Angleterre, fils du Prince-Noir, est désigné pour succéder à Édouard III, V, 314 ; réprime l'insurrection de Wat-Tyler, 352 ; ses démêlés avec la nation anglaise, 412 ; obtient la main d'une fille de Charles VI, et conclut avec la France une trêve de 28 ans, 446 ; rébellion et mort du duc de Glocester, 455 ; excès de Richard et sa chute, 456 et suiv.

RICHARD (frère), cordelier, ses prédications, VI, 135 ; il est chassé de Paris, 136 ; est député vers la Pucelle, 183 ; ses intrigues, 222.

RICHARD III, roi d'Angleterre, d'abord duc de Glocester, débarque en Angleterre avec son frère Édouard IV, VII, 62 ; assassine le fils d'Henri VI, puis Henri VI lui-même, 63 ; contribue à la mort du duc de Clarence, son frère, 136 ; s'empare du trône et se lie d'intrigues avec le parti d'Orléans, 196 ; est vaincu par Henri Tudor, et tué, 197.

RICHARDOT, négociateur espagnol, X, 273, 426.

RICHARDSON, romancier anglais, auteur de *Clarisse Harlowe*, XV, 340 ; son ouvrage considéré comme l'expression des mœurs françaises, *ibid.*

RICHELIEU (Du Plessis de), grand prévôt de l'hôtel d'Henri III, arrête, après le meurtre du duc de Guise, plusieurs députés du tiers état, X, 114; reconnaît la royauté d'Henri IV, 176.

RICHELIEU (Armand-Jean Du Plessis, cardinal de), d'abord évêque de Luçon, représentant du clergé aux États-Généraux de 1614, XI, 51, 52, 60, 74; orateur de son ordre, 82; conseiller d'État, aumônier de la reine, envoyé de la reine mère auprès du prince de Condé, 104; ministre des affaires étrangères et de la guerre, 106; reprend la politique d'Henri IV, et donne de l'énergie au gouvernement, 107 et suiv.; sort du ministère après la mort du maréchal d'Ancre, et suit la reine mère à Blois, 117, 120; est éloigné d'elle, et consacre ses loisirs à des livres théologiques, 132, 142 note; est rappelé d'Avignon et employé comme négociateur entre le roi et la reine mère, 141, 142, 162; inspire et dirige cette princesse rentrée au conseil, 182, 183, 194, 199; est fait cardinal, 194; redevient ministre, 200; est chef réel du gouvernement, 205; fait rendre gorge aux financiers, 206; politique adoptée par lui, 207 et suiv.; il s'empare de la Valteline, 212; Notables à Fontainebleau, 224; paix aux huguenots, 227; traité avec l'Espagne, 228; conspiration *des Dames,* 234 et suiv.; des gardes à Richelieu, 235; engagements de Louis XIII envers lui, 236; voyage en Bretagne, arrestation des princes de Vendôme, conspiration de Chalais, 237 et suiv.; querelles théologiques étouffées, 240 *note;* démolition des citadelles et châteaux inutiles, 242, 255; Richelieu surintendant de la marine, 244; Notables à Paris, 246 et suiv.; édit contre les duels vigoureusement exécuté, 255, 256; difficultés avec l'Angleterre, 259; alliance avec l'Espagne, offensive à l'égard de l'Angleterre, 264; flotte rapidement formée pour résister à Buckingham, 265; l'île de Ré dégagée, 268 et suiv.; siége de La Rochelle, 271 et suiv.; Richelieu lieutenant-général, 276; commencement des hostilités de la reine mère, 277; capitulation de La Rochelle, 285 et suiv.; crise intérieure, démission offerte et refusée, 290; guerre en Piémont, combat du Pas-de-Suse, 292 et suiv.; traité imposé à la Savoie, 297; paix avec l'Angleterre, 299; dernière guerre contre les huguenots, 300 et suiv.; élus en Languedoc, 305; soumission de Montauban, 306; difficultés avec Monsieur et la reine mère, 308, 309; nouvelles charges, nouveaux honneurs, *ibid.;* traités avec la Suède, la Russie, le Danemark, 316 et suiv.; colonisation en Amérique, 318 et suiv.; le cardinal lieutenant-général du roi, 322; nouvelle guerre en Piémont, 325 et suiv.; conquête de la Savoie, 328; cabales à la cour, 331; trêve avec l'Espagne et la Savoie, 332; diète et traité de Ratisbonne, 333 et suiv.; maladie du roi, nouvelle crise intérieure, nouvelle victoire,

337 et suiv.; le traité de Ratisbonne éludé, 339; *journée des dupes*, 342 et suiv.; exil de la reine mère, levée de boucliers et fuite de Monsieur, 349, 350; accroissement de la fortune du cardinal, 355, 356; traité avec l'Espagne, l'Empire et la Savoie, 359; traité avec la Bavière, 362; avec le Maroc, 367 *note;* avec le duc de Lorraine, 368; chute des Marillacs, 374 et suiv.; grands succès en Lorraine, acquisition du comté de Clermont-en-Argonne, 379; voyage en Languedoc, insurrection du duc de Montmorenci et de Monsieur, 382, 385 et suiv.; maladie de Richelieu, intrigues déjouées et punies, 391 et suiv.; intervention plus active dans les affaires d'Allemagne, 397; négociation avec Waldstein, 400; traité avec la Hollande, 401; conquête de la Lorraine, 402 et suiv.; premier pas fait en Alsace, 409; opérations et règlements financiers, 410 et suiv.; guerre contre l'empereur, 421, 422; traité avec la Hollande, 423; guerre à l'Espagne, 426; colonisations, constructions, établissements littéraires, 427 et suiv.; campagne en Belgique, 431 et suiv.; en Lorraine, en Alsace, *ibid.* et suiv.; traité avec Bernard de Saxe-Weimar, 438; fondation d'une école militaire, 440 *note;* embarras et expédients financiers, 441 et suiv.; traité de Wismar entre la France et la Suède, 444; expédition navale sur les côtes de la Provence, 446; les ennemis en Picardie, 451 et suiv.; nouvelle rébellion de Monsieur, étouffée, 455, 458; faste et littérature de Richelieu, 459; soulèvement en Guienne et en Périgord, 460; institution des intendants de province, 461; nouvelle campagne maritime en Provence, 467; les Espagnols vaincus en Languedoc, 468, 469; les favorites du roi, 472; querelles avec la reine et le confesseur du roi, 475 et suiv.; alliance offerte au roi d'Angleterre et refusée, 483; négociation secrète avec les mécontents d'Écosse, *ibid.;* campagne en Artois, 484; campagne en Biscaye, 485 et suiv.; prise de Brisach, 490; *Mémoires* de Richelieu et *Succincte narration, ibid.* note; prise de Hesdin, 495; les Français au delà du Rhin, 499; échecs, puis succès en Piémont, *ibid.* et suiv.; guerre en Roussillon, 502; révolte en Normandie, comprimée, 504 et suiv.; énorme accroissement des impôts, 509; grandes dignités ecclésiastiques à Richelieu, lutte avec le pape et le clergé, 511 et suiv.; brillante campagne en Piémont, 519 et suiv.; conquête d'Arras, 522 et suiv.; traité avec les Catalans insurgés, 530; avec le Portugal affranchi, 533; traité réunissant la Catalogne à la France, 534; campagne en Catalogne, 536; Cinq-Mars à la place de Mlle de Lafayette, 540; déclaration sur les attributions du parlement, 543; restitution de la Lorraine à son souverain héréditaire, 545; révolte du comte de Sois-

sons, 546 et suiv.; complot de Cinq-Mars, 554; victoire de Kempen, 557; campagne en Roussillon, voyage à Narbonne, conspiration de Cinq-Mars, de Thou, Gaston d'Orléans, Bouillon, etc., 556 et suiv.; triomphe de Richelieu, 570; conquête du Roussillon, 572; mort du cardinal, 574 et suiv.; note sur son *Testament politique*, 591; procès et supplice d'Urbain Grandier, quelle part a eue Richelieu à cette affaire, 606. — Son intervention dans les débats littéraires de son temps, il impose les *Unités* aux *comédiens du roi*, XII, 132; méconnaît le *Cid*, 136 *note*.

RICHELIEU (Vignerod de Pontcourlai, duc de), général des galères, gouverneur du Havre, XI, 582. — Commande la flotte envoyée à Naples, XII, 250; détruit quelques vaisseaux espagnols, et retourne en Provence, *ibid*.

RICHELIEU (le duc de), fils du précédent, XII, 347.

RICHELIEU (duc, puis maréchal de), XV, 124; chef d'une conspiration de cour dont le but est de donner au roi des maîtresses, 207; s'efforce de faire rester Mme de Châteauroux près de Louis XV malade, 270; offre la place de Mme de Châteauroux à Mme de Flavacourt, 276; est désigné pour aller secourir le prétendant Charles-Édouard Stuart, et ne s'embarque pas, 289; défend avec succès Gênes contre les Autrichiens, 321; ses mœurs, 340; est gouverneur du Languedoc, et y persécute les réformés, 443; son expédition dans l'île de Minorque, 482 et suiv.; son expédition en Westphalie et dans le Hanovre, 517 et suiv.; il est révoqué, et vient étaler à Paris le produit de ses rapines, 527. — Entraîne le roi à des débauches nouvelles et plus immondes, XVI, 274; témoigne hautement son regret de la retraite de Necker, 504; est indigné de la convocation des notables, 569.

RICHEMONT (Artus, comte de), vient soutenir le parti d'Orléans, V, 509. — Combat à Azincourt, VI, 15; y est fait prisonnier, 21; reconnaît le traité de Troies, 75; épouse Marguerite de Bourgogne, 95; est fait connétable, 105; sépare Charles VII des *Armagnacs, ibid.*; cherche à le rapprocher du duc de Bourgogne, 109; fait et défait des favoris, 110, 111, 112; il est banni de la cour, 114, se joint à Jeanne Darc, 175 et suiv.; est repoussé par le roi, 180; attaque la Normandie, 207; revoit Charles VII, 318, 323, 324; services qu'il rend à la France, 325, 330, 333, 341, 346, 355, 365, 368, 372, 377, 385; danger qu'il court à Blois, 387; il continue à servir, 396, 400 et suiv.; voit diminuer son crédit, 427; se met à la tête des Bretons contre les Anglais, qu'il attaque en Normandie, 434, 437, 446; devient duc de Bretagne, 511; rend hommage au roi, 513; meurt, *ibid*.

RICHER (Edmond), syndic de la Sorbonne, auteur d'un *Traité de la puis-*

sance ecclésiastique et politique, lequel lui vaut beaucoup de persécutions, XI, 32, 33.

RICHIER (les frères), de Saint-Mihiel, sculpteurs, VII, 386.

RICHILDE, comtesse de Flandre, veuve du comte Baudouin VI, implore l'assistance du roi de France et du duc de Normandie, III, 132.

RICHMOND (duc de), chef de l'opposition en Angleterre, XVI, 427, 485.

RIDICOUX, dominicain belge, conspire contre Henri IV, X, 507 *note*.

RIEUX (maréchal de) vient se joindre à Tannegui-Duchâtel à la Bastille, VI, 38; en sort avec lui, 39; défend Saint-Denis, 344; est introduit à Dieppe, *ibid.;* sa fin, 369.

RIEUX (le sire de) traite de la succession de Bretagne avec le gouvernement français, VII, 193; se révolte contre le duc de Bretagne, 203; se retourne contre la France, 205; est battu à Saint-Aubin-du-Cormier, *ibid.* et suiv.; veut marier Anne de Bretagne au sire d'Albret, 212; attaque le Roussillon, 340; en est repoussé, 347.

RIEUX (le comte de), fils du duc d'Elbeuf, reçoit un soufflet du grand Condé, et le lui rend, XII, 424.

RIGAUD, commandant de Corbeil assiégé, se fait tuer sur la brèche avec toute sa garnison, X, 233.

RIGAUD, peintre de portraits, XIV, 237.

RIGNOMER, chef d'une bande de Franks, s'établit sur le territoire du Mans, I, 448; est assassiné par ordre de Chlodowig, 460.

RIGOBERT, évêque de Reims, est arraché de son siège par Karle Martel, II, 185.

RIKBOD, petit-fils de Charlemagne, abbé de Saint-Riquier, meurt en combattant près d'Angoulême, II, 429.

RIKHER, frère de Raghenaher, est tué par Chlodowig, I, 460.

RIKHER (Richarius, saint Riquier) fonde le monastère de Centulle, II, 129.

RIKILDE, seconde femme de Karle le Chauve, II, 458; ses mésaventures, 465.

RIKIMER, Suève, se fait nommer patrice, I, 391; ses intrigues contre Majorien, 383; contre Ægidius, 384; qu'il fait assassiner, 386; il règne en Italie sous le titre de patrice, 387; épouse la fille d'Anthémius, qui devient empereur, 388; fait massacrer ce dernier, et lui donne pour successeur Olybrius, 394; sa mort, *ibid.*

RINCON (Antonio de), agent de François Ier près de Soliman II, VIII, 170, 273; sa mort, 274.

RIOLAN, professeur d'anatomie, de pharmacie et de botanique au Collège royal, X, 478.

Riothime (Riotham), roi des Bretons, vient au secours d'Anthémius, I, 388 ; ce qu'il en faut penser, il reçoit d'Anthémius des cantonnements dans le Berri, 390 ; est battu par les Wisigoths, 392.

Riowal-Mûr-Mac-Con, chef d'une émigration bretonne, II, 3 ; étendue de sa domination, 31.

Riperda, Hollandais converti au catholicisme, homme de confiance de la reine d'Espagne, négocie et conclut un traité d'alliance avec l'Autriche, XV, 137 ; est disgracié, 146 ; cause de sa chute, 153 ; il se fait musulman, devient vizir dans le Maroc, défend Oran contre les Espagnols, 172 *note;* meurt au moment où il pense à fonder une religion nouvelle, *ibid.*

Ripuaires, Franks d'outre-Rhin, combattent avec Aétius contre les Huns, I, 371 ; prennent d'assaut Cologne, qui leur est définitivement cédée par Ægidius, 385 ; leur territoire est envahi par les Allemans, ce qui donne lieu à la bataille de Tolbiac, 420. — Ils forment l'une des deux grandes divisions de la race franke, II, 2.

Riquet de Bonrepos (Pierre-Paul) construit le canal des *deux mers,* XIII, 106 et suiv.

Rivet (dom), bénédictin, commence l'*Histoire littéraire de la France,* XV, 354.

Rivière (Jean de La), favori de Charles v, guerroie en Normandie, V, 249, 317.

Rivière (Bureau de La), fils du précédent, ancien ministre de Charles v, V, 399 ; travaille à éloigner des affaires les oncles de Charles vi, 416 ; rentre aux affaires, 417 ; est arrêté et poursuivi par ordre des princes, 437 ; et sauvé par Charles vi, 440.

Rivière (La), premier ministre du culte réformé en France, VIII, 490.

Rivière (La), capitaine des gardes du duc d'Anjou, tente d'empoisonner l'amiral Coligni, IX, 255.

Rivière (La), avocat, l'un des combattants de la journée des Barricades, X, 68.

Rivière (La), consul d'Arles, perd la vie en s'efforçant d'introduire dans cette ville une garnison étrangère, X, 287.

Rivière (l'abbé de La), aumônier de Gaston d'Orléans, et son agent auprès de Cinq-Mars, XI, 567. — Se vend au cardinal Mazarin, XII, 159 ; suit le duc d'Orléans à l'armée de Flandre, qu'il réjouit par sa poltronnerie, 215 ; révèle à Mazarin les offres du pape, 220 ; retient Gaston dans les intérêts de la cour, 282, 312 ; se brouille avec lui, 348.

Roannez (le duc de), complice du duc d'Orléans, est décrété de lèse-majesté, XI, 350 ; frappé de confiscation, 355 ; condamné à mort pour fausse monnaie, 375 *note*.

Roannez (le duc de), fils du précédent, obtient le privilége de voitures publiques à cinq sous pour le transport en commun, XIII, 86 *note*.

Robert, second fils de Robert le Fort, II, 453, 480 ; le roi Eudes, son frère, lui donne le Poitou, qu'il ne peut garder, 492 ; il rend foi et hommage, comme duc de France, à Karle le Simple, 494 ; délivre Chartres assiégée par Roll, 499 ; propose de céder la Neustrie occidentale aux Normands, *ibid.;* étendue de son gouvernement, 505 ; il se fait proclamer roi, 506 ; sa mort, 507.

Robert, quatrième fils de Héribert de Vermandois, est comte de Troies, II, 522, se soulève contre Lodewig d'Outre-Mer, 525 ; prend Dijon et le reperd, 532.

Robert, roi de France, fils de Hugues Capet, est associé au trône, III, 19 ; son mariage, 32 ; qui est annulé par le pape, 34 ; son second mariage, 35 ; il bâtit l'église de Saint-Aignan à Orléans, 38 ; ses démêlés avec ses grands vassaux, 48 et suiv.; expédition contre Sens, et son résultat, 52 ; il fait brûler vifs treize hérétiques, 54, 55 ; son humeur débonnaire, 60, 587 ; on lui offre l'empire et la suzeraineté de la Basse-Lorraine, qu'il n'ose accepter, 61 ; sa mort, 64.

Robert, quatrième fils du précédent, se révolte contre son père, III, 62 ; est la tige de la maison de Bourgogne, 63, 65 ; entre dans une coalition contre Guillaume le Conquérant, 84 ; meurt, 144.

Robert *le Diable,* second fils de Richard II, duc de Normandie, comment il devient duc à la place de son frère aîné, III, 63 ; services qu'il rend au roi Henri de France, 65 ; salaire qu'il en obtient, 66 ; guerre contre Allan, duc de Bretagne, qu'il réduit à la soumission, 70, 71 ; il part pour la Terre Sainte, et meurt à Nicée en revenant, 72.

Robert, archevêque de Rouen, proteste contre l'usurpation de Robert le Diable, III, 63 ; est médiateur entre ce même Robert et Allan III, duc de Bretagne, 71.

Robert Guiscard, fils de Tancrède de Hauteville, ses succès en Italie, III, 86 ; il reçoit du pape l'investiture de la Pouille, 87 ; fonde le royaume des Deux-Siciles, *ibid.;* vient en aide à Grégoire VII, 138.

Robert *Courte-Heuse,* fils aîné de Guillaume le Conquérant, son mariage, III, 106 ; il est désigné pour régner après son père ; ses torts et ses aventures, 143, 144 ; il hérite de la Normandie, comment il la gouverne, 148 et suiv ; il prend la croix, 163 ; son voyage, 172 et suiv.; il arrive à Nicée, 182 ; combat à Ascalon, 191 ; repart pour l'Europe, *ibid.;* son indolence, et ce qu'elle lui coûte, 195, 196 ; il tente de recouvrer l'Angleterre, 196 ; et perd la Normandie, 198, 199.

ROBERT, moine de Jumiéges, devient archevêque de Canterbury, III, 107 ; est expulsé, 108.

ROBERT *le Frison,* fils de Baudouin v, comte de Flandre, ses aventures, sa fortune, ses victoires, III, 131, 132 ; il se déclare contre Henri IV, roi de Germanie, 137 ; fait la guerre au roi de France, 154.

ROBERT DE GEROI, baron normand. Comment il traitait ses prisonniers, III, 150.

ROBERT, comte de Flandre, prend la croix, III, 163 ; son voyage, 172, 173, 179 ; il mendie son pain dans les murs d'Antioche, 187 ; combat à Ascalon, 191 ; repart pour l'Europe, *ibid.;* envoie des troupes au secours de Louis VI, 207 ; sa proposition pour régler le différend de ce prince et du roi d'Angleterre, 217 ; sa mort, 218.

ROBERT, prévôt royal de Paris, prend la croix, son voyage, III, 172, 173.

ROBERT D'ARBRISSELLES, fondateur du couvent de Fontevrault, III, 214, 400.

ROBERT, abbé de Molesme, fonde l'abbaye de Citeaux, III, 214.

ROBERT, fils d'Henri Ier, roi d'Angleterre, combat à Brenneville, III, 278.

ROBERT, comte de Dreux, fils de Louis le Gros, III, 304 ; il prend la croix, 434 ; on conspire en sa faveur, 450.

ROBERT, comte de Glocester, de Caen et de Bayeux, fils naturel du roi d'Angleterre Henri Ier, envahit l'Angleterre à la tête d'une armée angevine, ses succès et ses revers, III, 424, 425.

ROBERT DE COURSON, légat, prohibe la métaphysique et la physique d'Aristote, IV, 58.

ROBERT FITZ-WALTER vient offrir à Louis de France la couronne d'Angleterre, IV, 91.

ROBERT *le Boulgre,* frère prêcheur, autrefois hérétique, ses excès contre ses anciens coreligionnaires, et sa condamnation, IV, 160.

ROBERT DE SORBONNE, chapelain de Louis IX, fonde la Sorbonne, IV, 266 *note.*

ROBERT *Grosse-Tête,* docteur anglais, enseigne à Paris la physique d'Aristote, IV, 271.

ROBERT, comte de Clermont, 5e fils de Louis IX, fiancé à l'héritière de la maison de Bourbon, IV, 325 ; perd la raison par suite de coups reçus dans un tournoi, 374.

ROBERT DE BÉTHUNE, fils aîné de Gui, comte de Flandre, défend Lille contre les Français, IV, 415; la rend, 416; devient prisonnier de Philippe le Bel, 418; recouvre la liberté, 457; est reconnu comte de Flandre, *ibid.;* son différend avec Philippe le Bel, 508; avec Louis Hutin, 524; les communes de Flandre le contraignent à la paix, 540; sa mort, 555.

ROBERT DE CORBIE, régent de l'université, fait l'apologie du meurtre des maréchaux de Conflans et de Clermont, V, 188; entre au grand conseil, *ibid.*

ROBERT DE BAVIÈRE, archevêque de Cologne, se fait chasser de cette ville, et demande le secours de Charles le Téméraire, VII, 89.

ROBERT, dit *Olivetanus,* traducteur de la Bible, initie Calvin aux idées luthériennes, VIII, 187, 329 *note.*

ROBERT (Hubert), peintre, XVI, 160 *note.*

ROBERTET (Florimond), administrateur des finances sous Charles VIII, Louis XII et François Ier, VII, 438. — VIII, 18 *note.*

ROBERVAL, premier gouverneur du Canada, VIII, 431.

ROBERVAL, mathématicien français, XII, 30. — De l'Académie des sciences, XIII, 170.

ROCAFUERTE (le comte de), seigneur catalan, commandant à Cambrils, est forcé de rendre la place aux Espagnols, qui le pendent par les pieds, XI, 534.

ROCHAMBEAU, officier français, se fait remarquer, à Creveld, par sa résistance contre des forces supérieures, XV, 528; colonel du régiment d'Auvergne, 569 *note.* — Est envoyé en Amérique avec 5000 soldats, XVI, 450; combat en Virginie et à York-Town, 462.

ROCHE (le marquis de La), seigneur breton, lieutenant-général du roi dans la *Nouvelle France,* X, 465.

ROCHE-AIMON (cardinal de La), archevêque de Narbonne, propose aux États du Languedoc d'offrir au roi un vaisseau de guerre, XV, 580. — Président de l'assemblée du clergé, en 1762, refuse le bref du pape en faveur des jésuites, XVI, 212; présente à la Du Barri ses mules, quand elle sort du lit, 307.

ROCHEFORT. Création de ce port militaire, XIII, 135; il est accru et fortifié par Vauban, 567. — Menacé par les Anglais, sauvé par la présence d'esprit et la fermeté des paysans, XV, 524.

ROCHEFORT (Gui, seigneur de), sénéchal du roi de France, III, 210; fiance sa fille à Louis le Gros, *ibid.;* ses guerres contre ce prince, 212, 213, 215, 218.

ROCHEFORT (Guillaume de), chancelier de France, prononce le discours d'ouverture aux États-Généraux de 1484, VII, 173; y parle à plusieurs reprises, 185, 187, 188; résiste, dans le conseil, à Mme Anne de Beaujeu, 207.

Rochefort (Gui de), frère et successeur du précédent, VII, 303; fait séparer du conseil d'État le grand conseil, qui devient cour souveraine, 306, 307; pousse Louis XII à marier sa fille Claude avec l'héritier présomptif de la couronne, 354.

Rochefort (le seigneur de), orateur de la noblesse aux États-Généraux de 1576, IX, 447.

Rochefort (le marquis de), lieutenant-général, s'avance dans la province d'Utrecht, XIII, 388; entame la Hollande, 391; attaque la ville de Trèves, 423; la prend, 424; est fait maréchal, 480; ne réussit pas à ravitailler Philipsbourg, et en meurt de chagrin, 496.

Rochefoucauld (Jean de La), sénéchal du Poitou, se révolte contre Charles VII, VI, 388.

Rochefoucauld (le comte de La), seigneur protestant, signe l'acte d'association d'Orléans, IX, 124; se rend en Saintonge, 131; y est battu, et retourne à Orléans, 136; entre à La Rochelle, 233; sa faveur auprès de Charles IX, 320; sa mort, 324.

Rochefoucauld (le cardinal de La), négocie pour Louis XIII avec Marie de Médicis, XI, 141; remplace au conseil le cardinal de Retz, 191; est membre du conseil de cabinet sous La Vieuville, 200; sous Richelieu, et cabale contre lui, 226; est grand aumônier de France, et accusé, par l'assemblée des Notables de 1626, d'une sorte de détournement de fonds, 252 *note;* provoque une protestation des évêques contre le livre de Pierre Dupui sur les libertés de l'église gallicane, 514.

Rochefoucauld (le comte de La), commande les troupes royales dans le Poitou, XI, 185, 186.

Rochefoucauld (le duc de La), d'abord prince de Marsillac, amant de Mme de Longueville, la jette dans les intrigues politiques, XII, 345; se met en révolte ouverte contre le gouvernement, 349; est déclaré criminel de lèse-majesté, 352; va intriguer en Poitou, en Limousin, 352, 353; rejoint à Bordeaux la princesse de Condé, 354; y fait pendre un officier royaliste, 358; est amnistié, 364; veut faire tuer le *coadjuteur* de Paris, 380; suit le prince de Condé dans le Berri, 381; dans l'Orléanais, 398; est blessé au combat du Faubourg Saint-Antoine, 414; est banni de Paris, 429. — Son œuvre littéraire, XIII, 243.

Rochefoucauld (cardinal de La), propose et fait accepter la transaction qui termine la *Guerre des billets de confession*, XV, 447, 448; a la feuille des bénéfices, 503.

Rochefoucauld (duc de La), demande, en séance du parlement, la réunion des États-Généraux, XVI, 336; organise la résistance contre les projets du ministère, 599.

Roche-Guyon (la dame de La), son patriotisme, VI, 52.

Roche-Guyon (Antoinette de Pons, dame de La), est aimée d'Henri iv, X, 206; lettre qu'il lui adresse la veille d'une bataille, 228 *note*.

Roche-Pot (Philippe, sire de La), grand sénéchal de Bourgogne, son discours aux États-Généraux de 1484, VII, 179.

Rochelle (La) chasse les Anglais, conditions de sa réunion à la France, V, 289. — Révolte dans cette ville, à cause de la gabelle, VIII, 282. — Un synode protestant s'y réunit, IX, 277; elle ferme ses portes au gouverneur envoyé par Charles ix, 350; résiste à un premier siège qui se termine par un traité, 352 et suiv., 363. — Autre assemblée protestante, X, 103. — Autre encore, et résolution dite *Règlement de La Rochelle*, XI, 172; première insurrection contre Louis xiii, 214, 219 et suiv.; paix, 227; attitude de la ville pendant l'expédition du duc de Buckingham, 264, 267; seconde insurrection, 268, 269, 272 et suiv.; capitulation et ses suites, 285 et suiv.

Rochette, pasteur protestant, pendu par décret du parlement de Toulouse, XVI, 140.

Rochford (lord), ambassadeur d'Angleterre en Espagne, accuse le duc de Choiseul et le ministre espagnol Grimaldi d'avoir comploté l'incendie de Plymouth et de Portsmouth, XVI, 255.

Roderik, dernier roi des Wisigoths, vaincu et tué au Guadalète, II, 191.

Rodney, amiral anglais, prisonnier pour dettes en France, est délivré par le maréchal de Biron, XVI, 447; enlève une flotte marchande espagnole, défait une escadre de guerre, bat la marine française trois fois de suite, 447, 448; prend l'île de Saint-Eustache, Demerari, Essequibo, 457; bat l'amiral français De Grasse, 468, 469.

Rodolphe i^{er}, duc de la Bourgogne Transjurane, se fait roi, II, 486; voit son ambition réprimée par l'empereur, *ibid.*; règne sur la Savoie et la Franche-Comté, II, 496.

Rodolphe ii, fils du précédent, renverse du trône l'empereur Bérenger, II, 510; ajoute la Provence à ses États, 511.

Rodolphe, duc de Souabe, est proclamé roi de Germanie par le parti opposé à Henri iv, III, 137; est tué par Godefroi de Bouillon, *ibid.*

Rodolphe, comte de Hapsbourg, est élevé à l'empire, IV, 353; ses succès contre le roi de Bohême, 370.

Rodolphe II, empereur, intervient, comme médiateur, entre don Juan d'Autriche et les confédérés catholiques des Pays-Bas, IX, 479; retire aux protestants la liberté religieuse, 534; soutient les prétentions d'Ernest de Bavière à l'archevêché de Cologne, 535. — Veut empêcher les protestants d'Allemagne d'armer en faveur des protestants français, X, 44, 256; persécute les réformés, 496; s'entend mal avec ses frères relativement à sa succession, 544, 551, 552; cède à son frère Mathias une partie de ses États, *ibid.*; promet à l'électeur de Saxe la succession du duc de Clèves, Berg et Juliers, 554. — La lui donne, XI, 17; charge le duc de Bavière d'attaquer les protestants, *ibid.*; perd la Bohême, *ibid.*; meurt, 18.

Roemer, savant danois, amené à Paris par Picard. Ses découvertes en optique, XIII, 174. — Il quitte la France après la révocation de l'édit de Nantes, XIV, 62 *note*.

Rogatien (Saint), apôtre de Nantes, martyr, I, 283.

Roger, comte normand. Ses exploits en Espagne contre les Mores, III, 56.

Roger, duc de Pouille, fils de Robert Guiscard, III, 173.

Roger, frère de Robert Guiscard, gouverne la Sicile, III, 174.

Roger, roi de Sicile, duc de Pouille, prince de Campanie, III, 433.

Roger de Loria, marin calabrais au service de l'Aragon, force Charles d'Anjou à lever le siège de Messine, IV, 375; bat les flottes de ce prince et les flottes françaises, 378, 379, 382, 383, 385.

Rohan (Henri, duc de), gendre de Sulli, X, 565. — Est nommé lieutenant-général du maréchal de La Châtre, XI, 16; jugement sur ses Mémoires, 24 *note*; son influence sur ses coreligionnaires à l'assemblée de Saumur, 27; il garde le gouvernement de Saint-Jean-d'Angéli malgré la cour, et réunit une assemblée de cercle à La Rochelle, 38; prend les armes en Guienne, 94, 95; fait soulever les huguenots de Nîmes et Sulli, 96; se rallie au gouvernement, 104; assiége dans Soissons le duc de Mayenne révolté, 110; soulève les huguenots de Poitou et de Saintonge, 160; est élu chef du sixième cercle protestant, 173; occupe l'Albigeois et le Rouergue, 177; négocie avec Lesdiguières, 184; traite avec le roi, 191; accède aux projets des Rochelois, 214; soulève une partie du Midi, 249; demande le secours de l'Angleterre, 260; guerre dans le Languedoc, 263, 271, 272; étrange traité avec l'Espagne, 300, 301; il est contraint à la soumission, 302,

303 ; se retire à Venise, 304 ; sert la France avec éclat en Alsace, en Valteline, 423, 439, 445 ; se retire à Genève, 465, 466 ; combat comme volontaire dans l'armée weimarienne, et meurt de ses blessures, 480.

Rohan (Marie de), duchesse de Luines, puis de Chevreuse. Son premier mariage, XI, 134 ; elle est aimée de Louis XIII, puis haïe, 180 ; devient veuve, *ibid.;* épouse le duc de Chevreuse, 218 *note;* cabale contre Richelieu avec lord Holland, 232 ; avec le comte de Chalais, 237 ; est chassée de la cour, 240 ; se retire en Lorraine, où elle intrigue contre la France, 260, 264 ; est rappelée, 347 ; se réconcilie avec Richelieu, 368 ; intrigue de nouveau, 392 ; est exilée dans ses terres, 393 ; intrigue encore, est découverte, dénoncée par la reine elle-même, s'enfuit en Espagne, 475 et suiv. — Est rappelée, XII, 169 ; conspire de plus belle, et se fait encore exiler, 169 et suiv.; cabale avec l'Espagne, 253. — Dispose la reine Anne à approuver la perte de Fouquet, XIII, 28 *note*.

Rohan (la duchesse douairière de) fait entrer le duc de Soubise son fils dans La Rochelle, XI, 264 ; excite les Rochelois à la résistance, 281, est envoyée prisonnière à Niort, 288.

Rohan-Chabot (le duc de), gouverneur d'Anjou, embrasse le parti du prince de Condé, XII, 394 ; est assiégé dans Angers et capitule, 395 ; conseille à Condé de violenter le corps de ville de Paris, 415 ; est banni de cette ville, 429.

Rohan (le chevalier de) conspire contre la sûreté de la France, XIII, 457 ; est décapité, 459.

Rohan (cardinal de), président du conseil de régence, XV, 115.

Rohan-Chabot (le chevalier de). Sa querelle avec Voltaire, et sa lâche vengeance, XV, 372.

Rohan (cardinal de), évêque de Strasbourg, grand aumônier, jadis ambassadeur en Autriche, son procès (*affaire du collier*), son acquittement, son exil, XVI, 555 à 559.

Roie (Éléonore de), princesse de Condé, pousse son mari vers la religion réformée, VIII, 493. — Le détourne de se rendre aux États d'Orléans, IX, 55 ; est malmenée par François II, 57 ; négocie avec Catherine de Médicis, 155 ; meurt, 182.

Roie (la dame de) détourne les princes de Bourbon de se rendre aux États-Généraux d'Orléans, IX, 55 ; est incarcérée, 57.

Roissieux, écuyer du duc de Guise et maire d'Orléans, s'échappe de Blois après le meurtre de son maître, et soulève sa ville contre Henri III,

X, 118; conseille au duc de Mayenne d'accepter les propositions de Philippe II, 194; est député vers ce prince, 195.

ROKHOLEN, leude de Hilperik, tente d'arracher Gonthramn-Bose de l'abbaye de Saint-Martin de Tours, sa mort, II, 61 à 63.

ROLAND, commandant de la Marche de Bretagne, périt à Roncevaux, II, 272. — Héros de roman, III, 344, 346, 347.

ROLAND, général des monnaies, est élu échevin après la journée des *Barricades*, X, 78; sa conduite après la mort du duc de Guise, 118; il fait nommer le duc d'Aumale gouverneur de Paris, 119.

ROLAND, chef des *Camisards*, XIV, 401; ses combats, ses malheurs, sa mort, 401, 402, 417 à 421.

ROLAND DE LA PLATIÈRE, inspecteur des manufactures, écrivain économiste, XVI, 166 *note*.

ROLL (Rollo, Hroll), chef norwégien, saccage la vallée de la Seine, II, 466; s'empare de Rouen, 479; saccage Évreux et Bayeux, 482; s'établit en Normandie, 498; attaque inutilement Paris, 499; est battu devant Chartres, *ibid.*; comment il devient duc de Normandie, 500 et suiv.; bienfaits de son administration, 502; son expédition en Beauvaisis, Amiénois, etc., 511, 512; sa mort, 515.

ROLLIN, auteur du *Traité des Études* et de l'*Histoire ancienne*, XV, 346.

ROMA (Jean de), inquisiteur, est poursuivi par ordre de François Ier, VIII, 329.

ROMAIN DE SAINT-ANGE, cardinal légat d'Honoré III, préside le concile de Bourges en 1225, IV, 124; celui de Paris en 1226, 125; devient le conseiller intime de la reine régente Blanche de Castille, 134 et suiv.; organise l'inquisition dans le Languedoc, 152.

ROMAINS. Leur origine, leur commencement, leur première guerre contre les Gaulois, I, 18 et suiv.; autres guerres avec les Gaulois cisalpins, 21, 22, 95 et suiv.; avec Carthage et Annibal, 100 et suiv.; ils réduisent la Gaule italienne en province romaine, 103; interdisent l'Italie aux Gaulois, *ibid.*; battent les rois de Macédoine et de Syrie, domptent les Galates, 105; entrent dans la Gaule transalpine, 106 à 115; leur lutte contre les Kimro-Teutons, 115 à 125; guerre des *alliés*, guerre civile entre Marius et Sylla, 126; guerre dans la Narbonnaise, 127 à 129; conquête de la Gaule par César, 140 à 190; siége et capitulation de Massalie, 192 à 194; l'empire, 194; état social de l'empire romain au IIe siècle, 244 à 248; état religieux, introduction du christianisme, 249 et suiv.; nouvelle organisation de l'empire sous Dioclétien, 285; état social de l'empire à la fin du IVe siècle, 330 et suiv.; au milieu du Ve, 352 et suiv.; fin de l'empire romain, 398.

Romans (Mlle de), maîtresse de Louis xv par consentement du père et de la mère, XV, 433, 434 *note*.

Romarik (saint). Bâtit le couvent de Habenden, II, 129.

Rome. Prise et saccagée par les Gaulois, I, 19; par Alarik, roi des Goths, 340. — Par les hordes du connétable de Bourbon, VIII, 99, 100.

Romée (Isabelle), mère de Jeanne Darc, demande la révision du procès de sa fille, VI, 457, 458.

Romieu de Villeneuve, ministre de Raimond-Bérenger, fait épouser à Charles d'Anjou l'héritière de Provence, IV, 204.

Romorantin (la comtesse de), maîtresse d'Henri iv, X, 540.

Romulus (Saint-Romble). Obtient d'Ægidius la grâce des habitants de Saint-Satur (Sancerre), I, 386.

Romulus Augustule, dernier empereur, est déposé, I, 387, 388.

Roncevaux (désastre de), II, 272.

Rondelet, naturaliste, VIII, 143.

Ronsard (Pierre de), poëte français, IX, 9 et suiv.; combat les protestants le fer à la main, 132 *note*; organise, à Bayonne, les fêtes de la cour de France, 190. — Meurt, X, 482.

Rooke, vice-amiral, escorte la *flotte de Smyrne*, et ne peut la sauver, XIV, 182, 183, amiral, bombarde inutilement Barcelone, 432; prend Gibraltar, *ibid.*; commande la flotte anglaise à Velez-Malaga, 433, 434.

Rorik, chef danois, ravage la Gaule septentrionale, II, 438; et la Gaule occidentale, 440, 441.

Rosbach (bataille de), XV, 521.

Rose (roman de la), IV, 368, 574.

Rose (Guillaume), évêque de Senlis, est élu membre du conseil général de la Ligue, X, 134; soulève Senlis, 150; livre qui lui est attribué, 169 *note*; il annonce au peuple parisien l'événement de la bataille d'Ivri, 204; conduit la procession armée des moines mendiants, 211; soutient en chaire les prétentions au trône du cardinal de Vendôme, 246 *note*; prêche avec violence contre Henri iv, 264 *note*; parle vivement aux États-Généraux contre l'ambassadeur d'Espagne, 312, est exilé, 355.

Rosemonde, maîtresse d'Henri ii, roi d'Angleterre, III, 492.

Rosen, colonel dans l'armée du duc Bernard de Saxe-Weimar, se met au service de la France, XI, 498. — Fait battre Turenne à Marienthal, XII, 207; se révolte, est arrêté et enfermé à Philipsbourg, 242.

Rosier des guerres ou Rosier historial, ouvrage écrit par ordre de Louis XI pour l'éducation du dauphin, VII, 151.

Rosières (François de), archidiacre de Toul, auteur de *Stemmata Lotharingiæ et Barri ducum,* IX, 519 *note.*

Rosne (de), gouverneur de Châlons pour la Ligue, en est chassé par les bourgeois, X, 131; est fait maréchal par le duc de Mayenne, 304 *note;* jure de ne s'accommoder jamais avec le roi de Navarre, 325; se met au service de l'Espagne, prend Calais, 393, 394; est tué au siége de Hulst, 395.

Rosoi (Roger de), évêque de Laon; sa querelle avec ses paysans associés en commune, III, 500, 535.

Rosselin, écolâtre de saint Corneille, sa doctrine, III, 311.

Rossem (van), maréchal de la Gueldre, envahit la Champagne, VIII, 417.

Rosso, artiste florentin, dirige les travaux de Fontainebleau, VIII, 135, 136.

Rostang, comte de Gironne, dirige le siége de Barcelone, II, 241.

Rotbert ou Robert *le Fort,* son origine, Karle le Chauve lui confie le duché d'entre Seine et Loire, II, 448; il résiste aux Normands, 449, 451; sa mort, 452.

Rotgaud, duc de Frioul, soulève les Langobards contre Charlemagne et se fait proclamer roi, il meurt en combattant, II, 266, 267.

Rotgher (Roger), comte de Limoges sous Charlemagne, II, 274.

Rothalde, évêque de Soissons, est déposé par l'archevêque de Reims et rétabli par le pape, II, 456 *note.*

Rotrou, poëte, XII, 131, 137 *note.*

Roturiers, serfs affranchis, III, 268.

Rouarie (La), futur Vendéen, s'enrôle au service de l'insurrection américaine, XVI, 416.

Rouault (Joachim), maréchal, réprime diverses émeutes, VI, 532; se met à la tête des bourgeois de Paris pour repousser les Bourguignons, 559; rejoint le roi vers Montlhéri, 561. — Court à la défense de Beauvais, VII, 72.

Roubaud, économiste, est exilé en province, XVI, 385.

Rouci (Ebles, comte de), ses violences, Louis le Gros le met à la raison, III, 207, 208.

Rouelle, professeur de chimie, auteur de la classification des sels, XVI, 19.

Rouen est pillée par les Normands, II, 429; devient leur capitale, 498. — Commune de cette ville, III, 263; elle redevient française, 579. — Est agitée par le parti bourguignon, VI, 30, 33; est investie par les Anglais, 45; prise, 51; redevient française, 437 et suiv. — Est assiégée et prise par les catholiques, IX, 141 et suiv. — Assiégée inutilement par Henri IV, X, 274 et suiv.; lui est rendue, 356.

Rouet (Mlle Du), fille d'honneur de Catherine de Médicis et maîtresse d'Antoine de Bourbon, IX, 78, 143.

Rouillé, président au grand conseil, va porter les propositions de Louis XIV aux États-Généraux de Hollande, XIV, 509.

Rouillé, ministre de la marine, puis des affaires étrangères, XV, 448; grand projet de restauration de la marine proposé par lui et qui n'est pas exécuté, 450; comment il prend les succès de Dupleix dans l'Inde, 458; il se résigne à déclarer la guerre à l'Angleterre, 479.

Roulland-Leroux, architecte employé à Gaillon, VII, 384 *note;* auteur du tombeau du cardinal d'Amboise, 386.

Rouvre (Philippe de) hérite des deux Bourgognes et de l'Artois, V, 111; traite avec Édouard III pour préserver la Bourgogne de l'invasion anglaise, 225; meurt de la peste noire, 234.

Rourik, Scandinave, fonde l'empire des Warègues Russiens, II, 426.

Roussat, maire de Langres, retient cette ville dans le parti royal, X, 131.

Rousseau (Jean-Baptiste), versificateur habile, XIV, 245.

Rousseau (Jean-Jacques). Sa vie et ses œuvres, XVI, 61 à 131; on lui demande un projet de constitution pour la Corse, 251; pour la Pologne, 268; conseil qu'il donne aux Polonais touchant leur roi Stanislas-Auguste Poniatowski, *ibid. note;* analyse de son travail sur la Pologne, 303 *note;* ses dernières années et sa mort, 397 et suiv.; curieux extrait de la correspondance de Grimm sur J.-J. Rousseau, 401, 402 *note.*

Roussi (le comte de), gouverneur de la Bourgogne, est battu à Château-Chinon par les milices françaises, VII, 94.

Roussillon (le comte de) est de la première croisade, III, 179.

Roxelane (*Rouschen*), sultane, VIII, 245.

Royer, corsaire dunkerquois, XVI, 444 *note;* est blessé à mort en combattant les Anglais, 447.

Roze (le chevalier) se jette volontairement au sein de l'infection pestilentielle de Marseille, XV, 599, 600; se ruine pour sauver la ville et n'est pas indemnisé, 601.

Rubempré (le bâtard de), agent de Louis XI, est accusé d'un projet de guet-apens sur la personne de Charles le Téméraire, VI, 551, 552.

Rubens, peint à Paris la galerie du Luxembourg, XII, 146.

RUDBERT, évêque de Worms, propage le christianisme en Bavière et fonde l'évêché de Saltzbourg, II, 173.

RUDEL (Geoffroi), troubadour, III, 388; son chant de guerre après la chute de Jérusalem, 526.

RUE (La), tailleur, chef de ligueurs, poignarde un maître d'école soupçonné de calvinisme, X, 76 note.

RUE (La), jésuite et poëte latin, XIII, 178; publie des éditions classiques à l'usage du dauphin, 245.

RUEL, médecin et botaniste, VIII, 142, 143.

RUGGIERI, astrologue, compromis dans l'affaire de La Mole et Coconas, IX, 376, 377.

RUINART, bénédictin, éditeur de Grégoire de Tours, XIV, 254.

RULHIÈRE, auteur d'un livre sur la Révocation de l'édit de Nantes, XVI, 574 note.

RULLECOURT (le baron de). Audacieuse tentative contre l'île de Jersey, qui lui coûte la vie, XVI, 457.

RUPERT, électeur palatin, est élu roi des Romains à la place de Wenceslas, déposé, 458.

RUPERT (prince), amiral en Angleterre, est battu par les Hollandais, XIII, 310; a le titre de duc de Cumberland, 425.

RUSSEL (lord), condamné à mort et exécuté, XIV, 31.

RUSSEL (lord) commande à Beachy-Head l'arrière-garde de la flotte anglaise, XIV, 138; sauve la *flotte de Smyrne*, 149, 150; commande la flotte anglaise à La Hougue, 159; brûle ou coule 25 navires français dans la rade de Berteaume, 196; contraint l'amiral de Tourville dans la Méditerranée à se retirer devant la supériorité de ses forces, 200; croise dans la Manche et rend impossible une descente des Français en Angleterre, 214.

RUSWORM, feld-maréchal, est décapité par ordre de l'empereur Rodolphe II, X, 544.

RUVIGNI (marquis de), protestant, ambassadeur en Angleterre, XIII, 435; prédiction qu'il fait au duc d'York, 464; député général des protestants auprès du roi, il s'efforce de calmer ses commettants, 631. — Quitte la France après la révocation de l'édit de Nantes, XIV, 61; combat sous les ordres de Guillaume III, 95, 177.

RUVIGNI DE CAILLEMOTTE, fils cadet du précédent, combat et meurt à la bataille de la Boyne, XIV, 140.

RUVIGNI, frère aîné du précédent, décide la victoire d'Aghrim, est fait, par Guillaume III, comte de Gallway, XIV, 148; commande l'armée anglaise en Portugal, entre en Espagne, pénètre jusqu'à Madrid, 455;

se retire à Valence, 469; perd la bataille d'Almanza, y est blessé, se retire vers les bouches de l'Èbre, 473, 474.

RUYTER, amiral hollandais, XII, 473. — Capture deux vaisseaux français, XIII, 280; reprend sur les Anglais les comptoirs hollandais de la côte d'Afrique, 305; commande la flotte hollandaise après la bataille de Lowestoft, 306; lutte avec gloire contre la marine anglaise, 310, 311; s'empare de l'embouchure de la Tamise, 325; bataille de Sole-Bay, 390; campagne heureuse contre une flotte anglo-française, 425, 426; expédition aux Antilles, 457; malheureuse, 459; expédition dans la Méditerranée, 485, 486; campagne dans les eaux de la Sicile où il périt, 487, 488.

RYSWICK (congrès et paix de), XIV, 224, 225, 229, 231 et suiv.

S

SA (Emmanuel), docteur jésuite malmené par Blaise Pascal, XII, 105.

SAARSFIELD, général irlandais, défend Limerick contre Guillaume III, XIV, 141; combat à Aghrim, 148; se retire en France, 149.

SABATIER DE CABRE, conseiller-clerc au parlement de Paris; jeu de mots qu'il hasarde et qui a de grandes conséquences, XVI, 586.

SABINUS (Titus), lieutenant de César; siège qu'il soutient dans son camp, I, 152 et suiv.; surpris par Ambiorix, il est vaincu et massacré, 161.

SABINUS (Julius), Lingon, soulève ses compatriotes contre l'empire romain, I, 236; prend le titre de César, 237; attaque les Séquanes, est battu, se cache, *ibid.*; est découvert au bout de neuf ans, sa mort, 239, 240.

SABLIÈRE (Mme de La), XIV, 244, 252.

SABRAN (M. de), capitaine de vaisseau; glorieux combat qu'il soutient seul contre cinq vaisseaux anglais, XV, 545.

SACI (le Père de), jésuite, procureur-général des missions de France, XVI, 206.

SACKVILLE (lord), général de cavalerie, est dégradé pour n'avoir point exécuté l'ordre de charger les Français dans leur retraite, XV, 555 *note.*

SACRAMENTAIRES (secte des), VIII, 114.

SACRÉ COEUR DE JÉSUS, XVI, 355.

Sacrovir (Julius), Éduen, se révolte contre la domination romaine, sa mort, I, 223 à 225.

Sadoleti, VIII, 309; évêque de Carpentras, fait partie d'une commission chargée de préparer l'amendement de l'Église, 310; protége les Vaudois de Cabrières, 330.

Sagittarius, évêque de Gap, ses exploits guerriers, II, 50.

Sague (La), agent du prince de Condé, livre les secrets de son maître, IX, 52.

Saint-Aignan (le comte de), gouverneur de l'Anjou, périt dans un fossé d'Anvers, IX, 517 *note*.

Saint-Aignan (le comte de), agent provocateur sous Mazarin, XII, 531 *note*.

Saint-Aignan, évêque de Beauvais. Difficultés que fait le pape pour lui accorder l'investiture, XIV, 604 *note*.

Saint-Amand, littérateur, XII, 127.

Saint-André (d'Albon de), favori d'Henri II, VIII, 360, 364; grand chambellan, maréchal, 366; prisonnier à la bataille de Saint-Quentin, 453, 455; négociateur au Câteau-Cambrésis, 469. — Va faire à Lyon une enquête contre les Bourbons, IX, 52; *triumvirat*, 80, 84; il quitte la cour, 103; conspire et agit avec les Guises, 115, 117; occupe Tours, 134; sa campagne contre d'Andelot, 141, 143; bataille de Dreux où il périt, 145 et suiv.

Saint-André (Jean de), président au parlement de Paris, porte la parole pour la magistrature à l'assemblée des Notables de 1558, VIII, 463; révèle au roi les délibérations de ses collègues, 498; accepte la mission de les juger, 500. — Est à la tête du parti fanatique dans le parlement, IX, 77.

Saint-André-Montbrun, protestant français au service de Venise, défend Candie contre les Turcs, XIII, 365.

Saint-André du Verger, capitaine de vaisseau, se sacrifie et meurt héroïquement pour sauver la flotte française, XV, 546.

Saint-Ange (le marquis de) est tué à la bataille de Pavie par François Iᵉʳ, VIII, 65.

Saint-Aubin-du-Cormier (bataille de), VII, 206.

Saint-Aulaire (marquis de), un des habitués du Temple, XIV, 254.

Saint-Barthélemi (massacre de la), IX, 312 à 336.

Saint-Brisson-sur-Loire (le sire de) est châtié par Louis le Gros, III, 299.

Saint-Clair-sur-Epte (traité de), II, 500.

Saint-Christophe. Fondation de cette colonie, XI, 320, 427 *note*. — Les Anglais s'en emparent, XIV, 142; la rendent, 231; la reprennent.

392 note: elle leur est cédée par le traité d'Utrecht, 572. — Reprise par l'amiral de Grasse et le marquis de Bouillé, XVI, 464, 465; rendue à la paix, 487.

SAINT-CONTEST, ministre des affaires étrangères, XV, 448.

SAINT-DENIS (abbaye de). Générosité de Dagobert qui l'enrichit et la décore, II, 144. — Érection de sa basilique, III, 406; commune de Saint-Denis, 521. — Jeanne Darc reprend cette ville aux Anglais, VI, 207. — Combat de Saint-Denis entre les catholiques et les calvinistes, IX, 221.

SAINT-DENIS, près Mons (combat de), XIII, 532.

SAINT-DIZIER. Siége et prise de cette ville par Charles-Quint, VIII, 301.

SAINT-DOMINGUE. Commencement de la colonisation française dans cette île, XIII, 12 note. — La colonie est attaquée sans succès par les Anglais et les Espagnols, XIV, 212. — Est soumise en partie au monopole de la compagnie des Indes, XV, 66; sa prospérité, vers 1740, 213. — Vers 1765, XVI, 235.

SAINT-ESTÈVE, agent secret d'Henri IV auprès des Morisques, est découvert et pendu, X, 560.

SAINT-ÉVREMOND, littérateur, XII, 127; cause de son exil, 528 note. — Ses relations avec la société du Temple, XIV, 252.

SAINT-FRÉMONT, officier-général, rallie les troupes françaises devant Turin et sauve l'artillerie de campagne, XIV, 465.

SAINT-GELAIS (Octavien de), VII, 351.

SAINT-GELAIS (Mellin de), poëte, importe le sonnet en France, VII, 481. — IX, 9.

SAINT-GELAIS, évêque d'Usez, est cité devant le tribunal de l'inquisition. IX, 169.

SAINT-GELAIS DE LANSAC, ambassadeur de France au concile de Trente, IX, 170.

SAINT-GELAIS (Urbain de), évêque de Comminges, fait soulever Toulouse, X. 138; en est proclamé gouverneur, 139; en chasse le maréchal de Joyeuse, 238.

SAINT-GERMAIN (les deux châteaux de), bâtis, le premier par François 1er, VIII, 132. — Le second par Henri IV, X, 475.

SAINT-GERMAIN (paix de) entre les catholiques et les protestants, IX, 266.

SAINT-GERMAIN (comte de), officier-général. Causes auxquelles il attribue la déroute de Rosbach, XV, 522; vigoureuse résistance qu'il oppose, à Creveld, aux forces supérieures du prince Ferdinand de Brunswick, 528. — Il va réorganiser l'armée danoise, revient en Alsace, est nommé ministre de la guerre en France, XVI, 364; son administration, sa retraite, sa mort, 365 et suiv., 428.

Saint-Gildas (abbaye de). Abélard s'y retire, et en est abbé, III, 327.

Saint-Hérem, gouverneur d'Auvergne, préserve les huguenots du massacre, IX, 341.

Saint-Hilaire, commandant de l'artillerie, a le bras emporté par le boulet qui tue le maréchal de Turenne, XIII, 477.

Saint-Hilaire, fils du précédent, commande l'artillerie à Malplaquet, XIV, 524. — Est tout au duc d'Orléans, XV, 3.

Saint-Ibal, confident du comte de Soissons, pousse son maître à comploter contre le cardinal de Richelieu, XI, 455.

Saint-Jean-d'Angéli (l'abbé de), aumônier de Charles, duc de Guienne, VII, 67, 68.

Saint-Jean-de-Losne, ville de Bourgogne, se défend héroïquement contre les impériaux, et les repousse, XI, 459.

Saint-Julien, colonel des Suisses à Cérisolles, VIII, 296.

Saint-Lambert, poëte, philosophe, XV, 404.

Saint-Luc, lieutenant-général de Guienne, y soutient la guerre contre les princes de Condé et de Conti, XII, 394.

Saint-Maigrin commande la droite de l'armée royale dans le combat du faubourg Saint-Antoine, où il périt, XII, 412.

Saint-Malo. Attaques des Anglais contre ce port, XIV, 183, 184.

Saint-Marsault, favori de François 1er, VIII, 62.

Saint-Martin, philosophe mystique, XVI, 529, 530; influence de ses idées pendant et après la Révolution, 531.

Saint-Mesgrin ou Saint-Maigrin, favori d'Henri III, assassiné par les Guises, IX, 473.

Saint-Omer. Siége et prise de cette ville par le duc d'Orléans, frère de Louis xiv, bataille livrée et perdue par le prince d'Orange pour la défendre, XIII, 503 et suiv.

Saint-Paul, gouverneur de Champagne pour la Ligue, ravitaille Paris, X, 217; est fait maréchal par le duc de Mayenne, 304 *note;* jure de ne s'accommoder jamais avec Henri iv, 325; contient Reims et les villes voisines, 345, 359; est tué par le duc de Guise, 364.

Saint-Pé, agent secret du cardinal de Richelieu en Portugal, XI, 486.

Saint-Pierre (abbé de), XIV, 306. — Aumônier de la duchesse d'Orléans, ce qui lui donne accès près du régent, ses idées, XV, 14, 15; il demande la substitution de la taille proportionnelle à la taille arbitraire, 27; est exclus de l'Académie pour avoir publié la *Polysynodie,*

47 *note;* autres ouvrages de cet écrivain, qui fut membre du *Club de l'Entresol*, 355.

Saint-Pol (comte de), sauve Amiens attaquée par les Navarrois, V, 218; guerroie à la tête de l'armée picarde, 249; entre dans Abbeville, 271; est fait connétable, 522.

Saint-Pol (comte de), fils d'Antoine de Bourgogne, est fait, par Jean-sans-Peur, gouverneur de Paris, VI, 56; mesures qu'il prend après le meurtre de son oncle, 61; il fait jurer aux villes du nord le traité de Troies, 72; devient duc de Brabant et de Limbourg, 116; meurt, 241.

Saint-Pol (Louis de Luxembourg, comte de), neveu de Jean de Luxembourg, lui succède, VI, 396; aide à la prise de Pontoise, 400; est envoyé au duc de Bourgogne en qualité d'ambassadeur, 434; combat dans les rangs français, *ibid.* et 435; reçoit de Charles VII une nouvelle mission diplomatique, 499; excite ce prince contre le duc de Bourgogne, 508; de la faveur duquel il abuse, 517; conspire contre les Croï avec Charles le Téméraire, 520; est son conseiller intime, 542; fait avec lui une campagne en France, 560; prend la fuite à la bataille de Montlhéri, 562; devient connétable, 570. — Capitaine-général des provinces du Nord, VII, 12; marche contre Dinant, 13; est envoyé par Louis XI auprès du duc de Bourgogne, 24; siège aux États-Généraux de 1468, 29; est député par les États près le duc de Bourgogne, 32; accompagne Louis XI à Péronne, 36; s'empare de Saint-Quentin, 59; sa conduite entre la France et la Bourgogne, 96 son procès et son supplice, 99 et suiv.

Saint-Pol (le comte de), de la maison de Bourbon, VII, 503. — Ramène l'armée française d'Italie en Dauphiné, VIII, 51, 53; est pris à Pavie, 66; défait et pris de nouveau à Landriano, 112; occupe la Bresse, la Savoie, et descend en Piémont, 231.

Saint-Pol (le comte de), est arrêté à Amiens par les ligueurs, X, 129 *note;* est gouverneur de Picardie et reprend Ham aux Espagnols, 384; essuie plusieurs échecs, 385, 394, 410. — Agit contre les huguenots de l'Ouest, XI, 175.

Saint-Preuil, gouverneur d'Arras, est condamné à mort et décapité pour concussions, exactions et violences, XI, 549 *note*.

Saint-Priest, ambassadeur de France à Constantinople, XVI, 551.

Saint-Quentin obtient de la comtesse de Vermandois une charte communale, III, 246; siège de cette ville, et bataille livrée sous ses murs, VIII, 453 et suiv.

Saint-Remi, ingénieur employé aux fortifications de Metz, VIII, 422; et de Saint-Quentin, 453.

Saint-Riquier (commune de), III, 260.

Saint-Romain, archevêque d'Aix, est cité devant le tribunal de l'inquisition, IX, 169; devient huguenot, capitaine, chef des insurgés du Midi, 367.

Saint-Ruth, général français envoyé par Louis xiv en Irlande, est tué à la bataille d'Aghrim, XIV, 147, 148.

Saint-Severin (comte de), plénipotentiaire français au congrès d'Aix-la-Chapelle, XV, 322.

Saint-Simon, premier écuyer de Louis xiii, XI, 343, 344, 346; implore en vain la grâce du duc de Montmorenci, 389; est disgracié, 450 *note*.

Saint-Simon, colon canadien, pénètre dans la mer d'Hudson, XIII, 557.

Saint-Simon (duc de). Réformes qu'il désire, XIV, 306; il rend le courage, par ses conseils, au duc de Bourgogne, 549. — Ami du duc d'Orléans, lui conseille d'appeler du testament de Louis xiv à la décision des ducs et pairs, XV, 4; est membre du conseil de régence, 8; veut la convocation des États-Généraux et la banqueroute universelle, 15; conseille les voies de douceur avec les traitants, 19; l'amélioration du régime des gabelles, 20 *note*; soutient la lutte des ducs et pairs contre le parlement dans l'affaire *du bonnet*, 43 *note*; détourne le régent de rendre la magistrature amovible, 54; et de laisser rentrer les protestants expatriés, 107; ses mémoires, 120 *note*.

Saint-Vallier (Jean de Poitiers, seigneur de), sa trahison, sa condamnation, sa grâce, VIII, 45.

Saint-Wandrille (abbaye de), II, 288.

Saint-Yon, bourgeois ligueur, membre du *Conseil des Dix*, X, 265.

Sainte-Chapelle, bâtie par saint Louis, IV, 177.

Sainte-Croix, amant de la Brinvilliers, XIV, 108 *note*.

Sainte-Croix, gouverneur de Belle-Isle, la défend avec honneur, mais sans succès, contre les Anglais, XV, 574.

Sainte-Hélène, conseiller au parlement de Rouen, juge-rapporteur au procès de Fouquet, conclut à la mort, XIII, 44.

Sainte-Maline, un des *quarante-cinq*, frappe le duc de Guise par derrière, X, 113; est tué devant Tours, 148.

Sainte-Marguerite (île de), reprise par la flotte et l'armée française, XI, 467.

Sainte-Marthe (Scévole de), soutient le parti du roi les armes à la main, X, 149; fait reconnaître à Poitiers l'autorité d'Henri iv, 357; s'est illustré par sa science, 488.

Sainte-Marthe (Denis de), savant bénédictin, XIV, 254.

SAINTE-SÉVÈRE (le seigneur de), est réduit par Louis le Gros à l'obéissance, III, 213.

SAINTES (Claude de), docteur en théologie, dispute contre les calvinistes au colloque de Poissi, IX, 99; est évêque d'Évreux, député du clergé aux États-Généraux de 1576, 449. — A ceux de 1588, X, 97; est pris à Caen, condamné à mort pour des écrits régicides, grâcié par Henri IV, et meurt en prison, 253.

SAINTRAILLES (Poton de), incidents de sa carrière militaire, VI, 79, 96, 104, 119, 126 et suiv., 131, 278 et suiv., 244, 307, 334, 363, 451 et suiv., 484; sa mort, 532.

SAISSAN, protestant expatrié. Son expédition, à la tête d'un corps de troupes anglaises, contre le Languedoc, XIV, 531.

SALA, cardinal, évêque de Barcelone. Moyens qu'il emploie pour faire persévérer les Barcelonais dans l'insurrection, XIV, 582.

SALABUT-JUNG, soubahdar du Dekhan grâce à Bussi Castelnau, donne cinq provinces en fief à la Compagnie des Indes, XV, 458.

SALAH-EDDIN (Saladin), attaque le royaume de Jérusalem, bat et fait prisonnier le roi Gui de Lusignan, III, 525; s'empare de Jérusalem, 526; défend Acre contre les croisés, 541 et suiv. — Persécute les philosophes, IV, 58 *note*.

SALAUN (Salomon), assassine son cousin Hérispoé, et monte sur le trône de Bretagne à sa place, II, 444; se coalise contre Karle le Chauve avec les deux fils de ce roi, 448; traite avec lui, 449; s'agrandit, 453; aide Karle le Chauve contre les Normands, 461; sa chute et sa mort, 462.

SALCÈDE. Son complot, ses révélations, son supplice, IX, 513, 514.

SALE (Antoine de La), auteur du *Petit Jehan de Saintré*, VI, 489.

SALERNE (le prince de), banni de Naples et ennemi des Espagnols, VIII, 426, 427.

SALES (Saint-François de), évêque titulaire de Genève, X, 485 *note*. — Sa doctrine religieuse et morale, XII, 58 et suiv.; il fonde l'ordre des Visitandines, 63 *note*; s'abstient dans la question du libre arbitre et de la grâce, 80; ses relations avec la mère Angélique de Port-Royal, 82.

SALIENS. Origine de leur nom, ils se cantonnent dans la Batavie et la Toxandrie, I, 302; se soulèvent et sont soumis par Julien, 340; leur nombre s'accroît par de nouvelles immigrations, 364; ils s'allient à Aétius contre les Huns, 371; s'étendent en Nervie sous Hilderik, 381; et en Morinie, 387. — Ils forment l'une des deux grandes divisions de la race franke, II, 2.

SALIGNAC, docteur en théologie, rédige, de concert avec les docteurs calvinistes, une confession de foi sur l'Eucharistie, IX, 100.

SALIQUE (loi). Préambule de la loi salique, I, 365 *note;* ses dispositions, 439 et suiv. — IV, 535 et suiv.

SALISBURY (le comte de), sénéchal d'Henri II, est tué à Poitiers par les Aquitains insurgés, III, 482.

SALISBURY ((Guillaume Longue-Épée, comte de), frère bâtard du roi Jean, bat la flotte de Philippe-Auguste, IV, 72 ; est pris à Bovines, 83, 84 ; prend le parti de Louis de France, 93 ; passe à Henri III, assiége Louis dans Londres et l'oblige à renoncer à la couronne, 97 ; va se joindre à Louis IX en Égypte, et y périt, 225, 226.

SALISBURY (comtesse de), est aimée d'Édouard III, qui institue en son honneur l'ordre de la Jarretière, V, 109.

SALISBURY (comte de) est chargé de secourir Crevant, VI, 96 ; amène au duc de Bedford un renfort de 6,000 hommes, 114 ; assiége Orléans, après de grands succès sur la Loire, 118, 119 ; est tué, 123.

SALLE (Jean de la), chanoine de Reims, fonde l'institution des Frères des Écoles chrétiennes, XV, 348 *note.*

SALLUSTE, préfet du prétoire sous Julien, dur aux chrétiens, I, 214.

SALM (Hermann de), comte de Luxembourg, est proclamé roi des Romains par le parti de Grégoire VII en Allemagne, après la mort de Rodolphe, III, 138.

SALM (prince de), seigneur allemand au service de la France, est nommé feld-maréchal général des contingents de la *Ligue du Rhin,* XII, 510.

SALM (Rhingrave de), donné pour chef aux républicains de la Hollande, les livre à l'ennemi, XVI, 592.

SALO (Denis de) fonde à Paris le *Journal des Savants,* XIV, 324.

SALONINUS, fils de Gallien, associé à l'empire, sa mort, I, 271.

SALONINUS, évêque d'Embrun, ses exploits militaires, II, 50.

SALPÊTRIÈRE (la), hôpital général. Fondation de cet établissement, XIII, 16.

SALTZBOURG (le prince-évêque de) dépeuple et ruine sa principauté par principe de religion, XV, 139 *note.*

SALUCES (marquis de) est nommé vice-roi de Naples, VII, 340 ; commande l'armée française, 345 ; son désastre et sa mort, 346.

SALUCES (marquis de) bat l'amiral espagnol Hugues de Moncade, VIII, 64 ; se joint, avec des troupes françaises, à l'armée de la *sainte ligue* italienne, 97 ; laisse saccager Rome, 101 ; ses revers à Naples et sa mort, 110, 111.

Saluces (marquis de) commandant les troupes françaises en Piémont, passe à l'empereur, VIII, 234; meurt en prison, 380.

Salvaing commente les *usages féodaux* du Dauphiné, XIII, 179.

Salviati, nonce du pape à Paris au moment de la Saint-Barthélemi, IX, 343.

Salvien. Son traité *du gouvernement de Dieu*, I, 152.

Salvius (Adler), envoyé extraordinaire de Suède, XI, 552. — Se rend à Osnabruck, XII, 184, 225.

Salyes, Celto-Ligures, ils sont écrasés par les Romains, I, 109.

Sambre (bataille de la) gagnée par César, I, 149, 150.

Samnites. Ils implorent, contre les Romains, le secours des Sénons, I, 95; les abandonnent pendant la bataille, puis se soumettent aux Romains, I, 96.

Samo, marchand frank, prend part à la guerre des Tchekhes ou Wendes contre les Huns, et devient roi de Bohême, II, 139; bat l'armée de Dagobert, 140.

Sancerre (siéges de), IX, 244, 264.

Sancerre (le maréchal de), est connétable après le comte d'Eu, V, 451.

Sancerre (le comte de), amiral, est destitué par Louis xi, VI, 527; se ligue avec le duc de Bretagne, 554; s'enrichit des dépouilles du roi, 570.

Sancerre (le comte de), défend la ville de Saint-Dizier, VIII, 301. — Refuse sa signature à la sentence de mort du prince de Condé, IX, 60.

Sanche, chef wascon, s'affranchit de la suzeraineté de l'empire frank, II, 405 *note;* arrête Peppin II, et le livre à Karle le Chauve, 440.

Sanche III, roi de Navarre, III, 42.

Sanche *le Brave*, second fils d'Alphonse *le Sage*, est déclaré par les cortès de Castille héritier du trône, IV, 359; affront qu'il fait à sa belle-sœur, Blanche de France, 360; ses succès contre les Mores, *ibid.;* il succède à son père, 378; variations de sa politique, 386, 388.

Sanchez, jésuite, auteur du traité *de Matrimonio*, lequel est saisi par le lieutenant civil de Paris, XI, 31. — Est fort maltraité par Blaise Pascal, XII, 105.

Sanchez, professeur de philosophie à Toulouse, XII, 4.

Sandwich (lord), marin anglais, est englouti avec son vaisseau en flammes, XIII, 390.

San-Germano (duc de), général espagnol, attaque sans succès le Roussillon, XIII, 460.

Sangiban, roi des Alains de l'Orléanais. Ses intelligences avec Attila, I, 373.

Sanguin, chanoine de Notre-Dame de Paris, membre du comité des Seize, X, 263 ; est arrêté par ordre du duc de Mayenne, 270.

Sanila, Goth, dénonce à Lodewig le Pieux son compatriote Bera, comte de Barcelone, et le contraint, l'épée à la main, à s'avouer coupable de trahison, II, 383.

Sannazar, auteur de l'*Arcadia*, X, 480.

San-Severino (Antonello de), prince de Salerne, excite le roi de France à prendre les armes contre le roi de Naples, VII, 246.

San-Severino (le cardinal de), légat du concile de Milan, VII, 407 ; reçoit les clefs des villes de la Romagne, 408 ; dispute le commandement à La Palisse, *ibid*.

Santa-Colonna (le comte de), vice-roi de Catalogne, soulève par ses méfaits ses administrés, qui le massacrent, XI, 528, 529.

Santa-Cruz, amiral espagnol, détruit l'expédition française envoyée contre les îles Açores, IX, 512. — Est maltraité par Philippe II, et en meurt de chagrin, X, 92.

Santa-Fiore (le comte de), général des troupes du pape, IX, 250 *note*; combat à Moncontour, 259.

Santarelli, jésuite, auteur d'un livre poursuivi et condamné par le parlement de Paris, XI, 240 *note*.

Santeuil, poëte latin, XIII, 178.

Santons, peuple gaulois, d'abord allié des Romains, I, 153 ; ils prennent part au soulèvement provoqué par Vercingétorix, 167 ; leur territoire est annexé à l'Aquitaine, 195 ; peuple autonome, 199.

Sardan. Ses menées, ses complots contre Louis XIV, XIII, 458.

Sare, Goth, lieutenant de Stilicon. Sa campagne contre Constantin, I, 338, 339.

Sargines (Geoffroi, sire de), IV, 231, 235.

Sarlabous, capitaine gascon, un des assassins de Coligni, IX, 322.

Sarmates. Ils attaquent les provinces danubiennes, I, 269 ; saccagent la Grèce et l'Asie Mineure, *ibid*.: sont repoussés par Valérien, 270 ; leur situation au commencement du ve siècle, 334 ; ils se ruent sur l'Italie, *ibid*.; sont défaits par Stilicon, 336 ; viennent ravager la Gaule à la suite des Alains et des Wandales, 337.

Sarpi (Frà Paolo) décide la république de Venise à reconnaître Henri IV, X, 189 ; dispute contre le cardinal Bellarmin sur les limites du pouvoir papal, est assassiné, échappe à la mort, 546.

Sarrasin, littérateur, XII, 127, 134.

Sarrasin, sculpteur, auteur du tombeau du prince Henri II de Condé et des cariatides du pavillon de l'Horloge, au Louvre, XII, 145. —XIII, 229.

SARRASINS établis dans les Alpes, II, 510 *note*; détruits par Guilhem, comte de Provence, 535.

SARRELOUIS, ville fondée par Louis XIV, XIII, 566.

SARTINE (de), lieutenant-général de police, puis ministre de la marine, XVI, 321; dispositions qu'il prend en vue de la guerre d'Amérique. 415 *note*; qui met en lumière son insuffisance, 432, 444; il est renvoyé, 454.

SATURNINUS (saint Cernin), apôtre de Toulouse, I, 268; son martyre, 270.

SATURNINUS, évêque d'Arles, I, 305.

SATYRE MÉNIPPÉE, X, 357, 358.

SAULT (la comtesse de), chef du parti savoyard en Provence, X, 238.

SAULT (le comte de) est chargé par Louis XIII du commandement de Saumur, XI, 175.

SAUMAISE (Claude), savant français, XII, 70.

SAUMUR est donnée par Henri III au roi de Navarre, comme *place de sûreté*, X, 145. — Enlevée à Mornai, qui en est gouverneur, XI, 174. — Siége d'une académie ou université protestante abolie par Louis XIV XIV, 37.

SAURIN, protestant émigré, XIV, 61.

SAURIN, ancien agent du monopole des grains sous Louis XV, est arrêté sous Louis XVI et parvient à se disculper, XVI, 349.

SAUVAL, chroniqueur du XVIIe siècle, XII, 144.

SAUVE (de), secrétaire d'État, avertit Catherine de Médicis des « secrets conseils » de Charles IX et de l'amiral Coligni, IX, 302; est envoyé au camp devant La Rochelle pour presser la négociation du traité, 363.

SAUVE (Mme de). Ses relations avec le roi de Navarre et le duc d'Alençon, IX, 418. — Avec le duc Henri de Guise, X, 112; elle devient marquise de Noirmoutiers, *ibid.*

SAUVEUR, physicien, perfectionne l'acoustique, XIV, 261.

SAVAGE, officier catholique, trame la mort d'Élisabeth d'Angleterre et la délivrance de Marie Stuart, X, 27.

SAVARI DE MAULÉON, sénéchal de Jean-sans-Terre, marche au secours du comte de Toulouse, IV, 46; commande la flotte de Philippe-Auguste, 72; repasse au service du roi d'Angleterre, 76; défend contre Louis VIII la ville de La Rochelle, 121.

SAVARI DE BRÈVES, ambassadeur de France à Constantinople, X, 499;

obtient l'envoi d'une flotte turque dans la Méditerranée occidentale, 509 ; la bienveillance du sultan pour la Hollande et les protestants d'Allemagne, 522 *note;* de très-grands avantages commerciaux et politiques, 537.

SAVARON, lieutenant-général, député de la sénéchaussée de Clermont en Auvergne aux États-Généraux de 1614 ; harangue hardie qu'il adresse à la noblesse et discussions qu'elle amène, XI, 58 et suiv.

SAVELLI, général impérial, essaie de ravitailler Brisach, XI, 490.

SAVEUSE, chef ligueur, battu et tué à Châteaudun, X, 151.

SAVOIE (le bâtard de) porte au parlement de Paris ordre du roi d'enregistrer le concordat, VII, 462.— Est tué à la bataille de Pavie, VIII, 65.

SAVOISI (Philippe de), trésorier de Charles v, est obligé, pour sauver sa tête, de livrer l'épargne de son maître, V, 241.

SAVONAROLA (Girolamo). Ses prédications, VII, 240 ; son ambassade auprès de Charles VIII, 259 ; autre ambassade, 261 ; constitution de Florence inspirée par lui, 271 *note;* allocution qu'il adresse à Charles VIII, 272 ; il soutient le courage des Florentins, 283 ; ses excès ascétiques, 285, il est excommunié, *ibid.;* et brûlé vif, 186, 187.

SAVONNERIE (manufacture de la) fondée sous Henri IV, X, 460.

SAWARIK, évêque d'Auxerre; son ambition, ses entreprises, sa mort, II, 177.

SAXE (Maurice, comte, puis maréchal de), fils naturel de l'électeur Frédéric-Auguste II, élu duc de Courlande et dépossédé par les Russes, se met au service de France, commande une division de l'armée du Danube, prend Prague, XV, 243, 244 ; commande une armée destinée à restaurer les Stuarts en Angleterre, où il ne peut débarquer, 266 ; commande l'armée de Flandre, 268, 269 ; réduit par ses manœuvres l'ennemi à l'impuissance, 273 ; seconde campagne en Flandre, bataille de Fontenoi, 280 et suiv.; prise de Bruxelles et d'Anvers, bataille de Raucoux, 296, 297 ; campagne contre la Hollande, 316 ; bataille de Lawfeld, 318 ; prise de Berg-op-Zoom, 319 ; siège de Maëstricht, 321, 322 ; ses mœurs, 340 ; étrange moyen qu'il propose pour remédier à la dépopulation, 343 *note;* sa mort, 430 ; ses écrits, 431 *note.*

SAXE-HILDBURGHAUSEN (prince de) commande l'armée des cercles, XV, 518 ; joint ses troupes à l'armée française, *ibid.;* est battu à Gotha et à Rosbach, 524.

SAXE-TESCHEN (duc de), gendre de Marie-Thérèse, XVI, 272.

Saxons (de *Sax*, arme). Nouveau nom des Haukes; hardiesse et déprédations de leurs pirates, I, 283; guerres avec les Romains, 287; ils ravagent la Gaule à la suite des Alains et des Wandales, 337; entreprises de leurs pirates, 385, 387, 389, 392, 393. — Leurs premiers démêlés avec les Franks, II, 27 et suiv.; ils se joignent en grand nombre aux Langobards, 49; envahissent la Burgondie; ce qu'il en advient, 50, 51; comment ils s'affranchissent du tribut sous Dagobert, 141; ils gagnent du terrain sur les Franks, 169; leurs démêlés avec Karle Martel, 182; avec Peppin, 233, 242; leur état social lors de l'avénement de Charlemagne, 257 et suiv.; leurs luttes contre ce conquérant, 259 et 260, 265, 268, 274, 295, 297 et suiv., 314, 316, 322, 323, 325, 326, 332, 346; mesures terribles prises contre eux par Charlemagne, 297, 301, 323, 326, 332, 346; réparation qui leur est accordée par Lodewig le Pieux, 368.

Scaglia (l'abbé), ambassadeur de Savoie, entre dans la *conspiration des dames*, XI, 233; excite le gouvernement anglais à la guerre contre la France, 260.

Scaliger (Jules-César), VII, 483. — VIII, 147.

Scaliger (Joseph), fils du précédent, X, 488.

Scandinaves (Suions, Sitons). Où ils habitent, I, 214; leur religion, 215.

Scarron, littérateur, XII, 127.

Scaurus, lieutenant du consul Cassius, est battu et pris par les Kimro-Teutons; sa fermeté, sa mort, I, 118.

Scève (Maurice), poëte du XVIe siècle, VII, 482.

Schapour (Sapor), roi de Perse, attaque l'Empire, I, 267; défait et prend l'empereur Valérien, I, 270.

Scharnacthal (Nicolas de), avoyer de Berne, commande à Granson l'avant-garde suisse, VII, 103.

Schaub, agent du gouvernement anglo-hanovrien, XV, 68; aide Dubois à devenir premier ministre, 117.

Scheele, chimiste suédois, reconnaît la composition de l'air, XVI, 519.

Schinner (Mathias), évêque de Sion, agent dévoué du pape et fougueux adversaire de la France, VII, 389, 408, 414, 441, 442, 446, 447, 450, 492, 495. — VIII, 18, 19.

Schisme d'Occident, V, 310 et suiv.; efforts tentés pour le détruire, 443, 500, et suiv.; le concile de Constance le termine, 552 et suiv.

Schlick, général autrichien, envahit la Bavière, où il est battu par l'électeur, XIV, 408.

SCHOEFFER (Pierre) invente les poinçons d'acier gravés, VII, 160.

SCHOENBORN (Jean-Philippe de), archevêque-électeur de Mayence, archichancelier de l'empire, fait décider que les envoyés français seront admis au sein de la diète électorale, XII, 505 ; comment il est gagné par Mazarin, 506 ; sa *sobriété,* 507 *note*. — Il se rapproche des Hollandais, et devient hostile à la France, XIII, 358 ; accueille le projet de Leibniz touchant la conquête de l'Égypte et envoie ce grand homme à Paris, 367 ; s'allie à l'empereur contre la France, 437 ; traite avec la France, 540. — Reçoit dans Mayence une garnison française, XIV, 93.

SCHOMBERG (Gaspard de), comte de Nanteuil, envoyé de Charles IX près de l'électeur de Saxe, IX, 278 ; explication de la Saint-Barthélemi qu'il donne aux princes protestants, 344 ; il travaille à l'élection du duc d'Anjou en Pologne, 359, 360 ; va recruter des reîtres en Allemagne, est arrêté en Lorraine, 548. — Commissaire royal aux conférences de Suresnes, rend visite au duc de Mayenne, X, 312 ; va chercher à Mantes et apporte à Suresnes la déclaration des intentions du roi, 313, 314 ; est membre du conseil des finances, 398 ; négocie à Loudun avec les calvinistes, 422.

SCHOMBERG (Tich de), officier allemand au service d'Henri IV, échange de paroles entre lui et ce prince, avant la bataille d'Ivri, et ce qui en résulte, X, 200.

SCHOMBERG (Henri, comte, puis maréchal de), fils de Gaspard, surintendant des finances, XI, 181 ; veut la guerre contre les huguenots, 184 ; est destitué, 194 ; rappelé au conseil par Richelieu, 206 ; siége à l'assemblée des notables de 1626, 248 ; délivre la citadelle de Saint-Martin, et repousse Buckingham de l'île de Ré, 270 ; commande une partie des travaux du siége de La Rochelle, 274 ; conduit les troupes à l'attaque du Pas-de-Suze, 297 ; commande une division de l'armée française en Italie, 328 ; l'armée entière, 331 ; une partie seulement, 339 ; marche sur Casal, 340 ; est rappelé, 342 ; remis en place, *ibid.* et 346 ; campagne en Lorraine et dans le Palatinat, 378, 379 ; campagne contre le duc d'Orléans insurgé, de Lorraine en Languedoc, 379, 884 ; bataille de Castelnaudari, 384 ; il est gouverneur du Languedoc, 394 ; meurt, *ibid*.

SCHOMBERG (duc d'Halluin-), gouverneur du Languedoc, bat les Espagnols à Leucate, XI, 468 ; est fait maréchal, 469 ; fait une campagne en Roussillon, 502, 503. — Cède son gouvernement moyennant indemnité, XII, 171 ; est envoyé en Catalogne et prend Tortose, 256.

SCHOMBERG (comte de), général allemand au service de France, va proposer au roi d'Angleterre d'épouser une infante de Portugal, XIII,

279; conduit en Portugal une troupe d'élite, *ibid.*; bat les Espagnols, 307, 308; commande 8,000 Anglais destinés à débarquer en Hollande, 426; aide le duc de Luxembourg à rentrer en France, 433; défend le Roussillon contre les Espagnols, 460; prend Bellegarde, 467; est maréchal, 480; commande l'armée de Flandre, 493, 495; va renforcer Créqui sur la Meuse, 510. — Quitte la France après la révocation de l'édit de Nantes, XIV, 60; se met au service de l'électeur de Brandebourg, puis du prince d'Orange, et occupe Cologne, 88; commande, sous Guillaume, l'armée qui va renverser Jacques II, 95; défend l'Irlande contre ce prince, 115; périt à la bataille de la Boyne, 140.

SCHOMBERG, fils du précédent, commande en Piémont plusieurs régiments de huguenots français expatriés, XIV, 146; reçoit du roi d'Angleterre le titre de duc de Leinster, 148; envahit le Dauphiné à la suite du duc de Savoie, 169; meurt à La Marsaille, 181.

SCHWARTZ (Berthold), moine allemand. En quoi a consisté son invention, V, 438.

SCHWARTZENBERG (comte de), décide l'empereur à la guerre contre la France, XIII, 428.

SCHWERIN, feld-maréchal prussien, envahit la Bohême, XV, 498.

SCIENCE, chez les Gaulois, I, 64 à 80, 202. — Sous Charlemagne, II, 290 et suiv. — Aux XIe et XIIe siècles, III, 303. — Au XIIIe siècle, IV, 263 et suiv. — Au XVe siècle, VII, 155 et suiv. — Au XVIe siècle, VIII, 141 et suiv.—IX, 2 à 13.—Au XVIIe siècle, XII, 10 et suiv.; 90 à 98. — XIII, 170 et suiv. — XIV, 255 à 267. — Au XVIIIe siècle, XV, 11, 385 et suiv., 395 et suiv. — XVI, 16 à 35, 464 à 499, 518 et suiv.

SCIPION, consul, débarque à Massalie avec une armée, I, 101.

SCIPION *le Jeune*. Sa politique avec les Gallo-Euscariens, I, 106.

SCITEL (Tostig ou Toustain), sauve Salerne assiégée par les Sarrasins, III, 86.

SCORDISKES, Gaels d'Illyrie, ennemis des Romains. Leur pays est ravagé par les Kimro-Teutons, I, 116.

SCOTTS. Leurs irruptions en Bretagne, I, 389.

SCUDÉRI, poëte et romancier, XII, 126; *Matamore de Comédie*, 131; réagit contre le drame espagnol, 132; est envieux de Corneille, 136.

SCUDÉRI (Mlle de), auteur de romans, habituée de l'hôtel Rambouillet, XII, 126.

SEBALD BEHAM, peintre allemand, VII, 386 *note*.

SÉBASTIEN (don), roi de Portugal, périt dans une expédition contre le Maroc, IX, 510.

SÉCHELLES (de), contrôleur-général des finances, XV, 447, 448.

SECKENDORF, feld-maréchal bavarois, XV, 260 ; obtient la neutralité pour les débris de son armée, et se retire à Philipsbourg, *ibid.;* chargé de défendre le Rhin, le laisse franchir par l'ennemi, 269 ; force le jeune électeur Maximilien-Joseph à traiter avec l'Autriche, 279.

SECOUSSE, auteur de dissertations sur l'histoire de France, et continuateur du *Recueil des ordonnances des rois de la troisième race*, XV, 252.

SECUNDINUS, conseiller de Théodebert, tue son collègue Astériolus, II, 23 ; est puni par le fils de celui-ci, 24.

SÉDAINE, écrivain dramatique, XVI, 56, 157.

SEDAN. Réunion de cette ville à la France, XI, 570.

SÉDUSIENS, peuple germain, I, 145.

SEGA (Philippe), évêque de Plaisance, vice-légat du pape à Paris, X, 231 ; appuie les *Seize,* 264 ; devient cardinal-légat, et se joint à l'armée ligueuse qui va secourir Rouen, 282 ; ses menées contre Henri IV, 298, 302, 303, 305, 319, 320, 325 ; il quitte Paris, 352 ; devient moins hostile au roi, 379.

SÉGHEST, Germain, appelle les Romains en Germanie, I, 222.

SÉGOBRIGES, clan gaulois, I, 11.

SÉGRAIS, écrivain, habitué de l'hôtel Rambouillet, XII, 126.

SÉGUERAND, jésuite, confesseur de Louis XIII, XI, 240 *note.*

SÉGUIER, président à la Tournelle, VIII, 495, 499. — IX, 128 *note.* — Est député par le parlement vers le roi, le jour des *Barricades,* X, 64.

SÉGUIER, doyen du chapitre de Notre-Dame, refuse, au nom des chanoines, l'argent espagnol, X, 306.

SÉGUIER (Pierre), chancelier, va fouiller au Val-de-Grâce l'appartement de la reine, XI, 476 ; va comprimer la rébellion normande, 507 ; préside la commission qui juge Cinq-Mars et de Thou, 568 ; cherche à sauver ce dernier, 569.—Confère, chez Gaston d'Orléans, avec Mazarin et les députés des quatre compagnies, XII, 288 ; est cerné par une émeute, et sauvé par La Meilleraie, 297, 298 ; déclare la guerre, au nom de la cour, au parlement et à Paris, 313 ; est délégué aux conférences de Ruel, 326 ; destitué, 350 ; président du conseil, 375 ; reprend les sceaux, *ibid.;* préside le conseil des princes rebelles, 424 ; le conseil royal, 425 ; partage avec Mazarin les grâces que Mazarin lui fait obtenir, 453 *note;* instruit contre le prince de Condé, 458 ; reprend les sceaux, 486 *note.* — Est protecteur officiel de l'Académie française, XIII, 160 ; s'oppose à ce que les princes de Lorraine aient le rang de princes du sang, 285.

Séguier, *voyant* cévenol, délivre les protestants prisonniers, met à mort l'abbé du Cheyla, est roué vif, XIV, 400.

Séguier, avocat-général au parlement de Paris. Paroles hardies qu'il adresse au roi tenant lit de justice, XVI, 286 ; il requiert contre la *Diatribe à l'auteur des Éphémérides*, de Voltaire, et proclame l'étroite alliance de la magistrature et du clergé, 355 ; traite avec mépris un écrit de Voltaire contre la corvée, 369 ; requiert avec violence contre les *Inconvénients* des droits féodaux, brochure de Boncerf, inspirée par Turgot, 371 ; déclame encore plus violemment contre les édits de ce ministre, 373 ; requiert avec furie contre le *Parfait Monarque*, de l'économiste Lanjuinais, 376.

Seguin, archevêque de Sens, ne paraît pas au plaid de Senlis, II, 546.
— Soutient les prétentions de Karle de Lorraine, III, 49 ; est contraint de prêter serment à Hugues Capet, *ibid.* ; s'oppose vainement à l'incarcération de l'archevêque déposé de Reims, 24.

Seguin (frère), sorbonniste, un des examinateurs de Jeanne Darc, VI, 155.

Seguiran (de), premier président de la chambre des comptes de Provence, fait lever la carte des côtes de cette province, XIII, 134 *note*.

Ségur (de), commandant une colonne franco-bavaroise, est rejeté dans Lintz et capitule, XV, 245 ; ramène avec honneur un autre corps, imprudemment engagé, 270.

Ségur (de), lieutenant-général de police, interdit aux jésuites le débit des marchandises pharmaceutiques, XVI, 207.

Ségur (marquis de), ministre de la guerre, XVI, 454 ; maréchal, 590 ; se retire, *ibid.*

Ségur (vicomte de) est exaspéré de la convocation de l'assemblée des notables, XVI, 570.

Ségusiens. Leur territoire est compris dans la province lugdunaise, I, 196 ; peuple autonome, 199.

Seidlitz, organisateur de la cavalerie prussienne, bat l'armée franco-germanique, XV, 521 ; a une grande part au succès de la bataille de Zorndorff, 532.

Seissel (Claude de), prosateur, VIII, 354 ; évêque de Marseille, envoyé de Louis XII auprès de Léon X, 416 ; conseille à François Ier de développer sa marine, 486.

Seize (les). Leurs complots, X, 54, 55 ; leurs idées politiques et le but qu'ils poursuivent, 96 ; ils empêchent l'enregistrement des lettres d'abolition obtenues par le comte de Soissons, 97 ; mettent le parlement en prison, 127 ; sont joués par le duc de Mayenne, 134 ; et affaiblis,

195; recouvrent leur ascendant, 217; font recevoir à Paris des troupes espagnoles, 244; dominent cette ville par la terreur, 248; luttent contre Mayenne et sont vaincus, 260, 263 *note*, 264 et suiv.; troublent une assemblée de l'hôtel de ville, 296; s'opposent sans succès aux conférences de Suresnes, 310; veulent qu'on poursuive ceux qui parlent de paix, leur dernière lutte, 348 et suiv.

SELDEN, auteur du livre intitulé : *Mare clausum*, XI, 434 *note*.

SÉLIM, sultan des Turcs, double la puissance othomane, et menace l'Italie, VII, 487.

SÉLIM II, successeur de Soliman II, s'empare de Chypre, de Tunis, et perd la bataille navale de Lépante, IX, 288, 289; ses traités de commerce avec la France, 383.

SELVE (De), premier président au parlement de Paris, proclame la nullité du traité de Madrid, VIII, 104.

SEMBLANÇAI (Jacques de Beaune, seigneur de), général des finances, VIII, 18; son altercation avec Louise de Savoie, et sa disgrâce, 27, 28; son procès, son supplice, 95 *note*.

SEMNUNGS, Germains de la confédération suève, I, 213.

SÉMONVILLE, conseiller au parlement, XVI, 599 *note*.

SENARPONT, gouverneur de Boulogne, VIII, 460; est fait prisonnier, 469.

SENAULT (Guillaume), architecte de Gaillon, VII, 384 *note*.

SENAUT, clerc du greffe, un des Seize, X, 127; est élu membre du conseil général de la Ligue, 134; harangue le duc de Mayenne, 269; essaie d'exciter une émeute dans Paris, 332.

SENAUT (le Père), fils du précédent, oratorien célèbre, XII, 68.

SENECÉ (le baron de), orateur de la noblesse aux États-Généraux de 1576, IX, 449.

SENECÉ-BEAUFREMONT (le baron de), président de la noblesse aux États-Généraux de 1614, XI, 52; soutient avec arrogance les prétentions de son ordre, 60.

SENEF (bataille de), XIII, 441 et suiv.

SÉNÉGAL. Fondation de cette colonie, XI, 428 *note*.

SÉNÉGAS (le baron de). Son procès, sa condamnation, XIII, 73 *note*.

SÈNES, druidesses de l'île de Sein ou Sena, I, 64, 73.

SENLIS. Assemblée, tenue en cette ville, qui décerne la couronne à Hugues Capet, II, 547. — Sa commune, III, 261. — Siège de cette ville par les ligueurs, et combat qui la délivre, X, 150.

SÉNONS (de la Gaule), I, 18; la royauté s'établit chez eux, 134; leur révolte contre César, et leur soumission, 162, 163; ils se soulèvent de nouveau à la voix de Vercingétorix, 167; leur territoire est compris dans la province lugdunaise, 196.

Sénons (de l'Italie). Ils occupent la côte de l'Adriatique, I, 18; assiégent Clusium, puis marchent contre Rome, la brûlent et assiégent le Capitole; leur traité avec les Romains, 18 et suiv.; grande guerre des Sénons contre Rome; ils sont vaincus et exterminés, 96, 97.

Sens (commune de), III, 261, 434, 520.

Septimius Severus, propréteur de Lyon, I, 257; prend la pourpre en Pannonie; son règne, ses cruautés, ses exactions; il quadruple le nombre des prétoriens; sa mort, 258 à 260.

Séquanes. Ils s'arment contre les Édues, et introduisent les Germains dans la Gaule, I, 130, 131; résultats de cette faute, 132; les Romains leur envoient des ambassadeurs, 140; ils laissent passer les Helvètes, 142; leur territoire est annexé à la Belgique romaine, 196; ils se joignent aux Édues insurgés contre Tibère, 224; battent les Lingons insurgés avec Julius Sabinus, 237.

Serbelloni (Fabrizio), général d'une armée papale, prend d'assaut la ville d'Orange, et la dévaste par ses cruautés, IX, 137.

Serbelloni, général au service de l'Espagne, envahit le Languedoc et se fait battre à Leucate, XI, 468.

Serfs (affranchissement des), III, 267, 268. — IV, 525, 526, 527.

Sergius, prêtre, envoyé du pape, interdit la guerre à Karloman et à Peppin, au nom de saint Pierre, II, 221; il est pris par eux, 222.

Sergius, archiprêtre, élu et consacré pape sans la participation de l'empereur, est finalement reconnu par lui, et couronne son fils Lodewig roi de Lombardie, II, 430.

Sérignan, officier français, charge et culbute, devant Barcelone, la cavalerie espagnole, XI, 535.

Seripando, général des Augustins. Opinion qu'il soutient au concile de Trente, VIII, 351.

Serisi, bénédictin, abbé de Saint-Fiacre, réfute Jean Petit, V, 492.

Serlio (Sébastien), architecte italien, appelé par François 1er pour les travaux de Fontainebleau, VIII, 135.

Seronatus, condamné à mort pour avoir conspiré en faveur des Wisigoths, I, 392.

Serrans (le sire de), défend le Vexin français contre le roi d'Angleterre, III, 95.

Serres (Olivier de), agronome, X, 455 et suiv.

Sertorius échappe au désastre des Romains, I, 120 *note;* s'arme contre le parti de Sylla, 126.

SERVAGE. Ses formes diverses, III, 11.

SERVAN, avocat-général, demande que les États-Généraux commencent leurs travaux par la Déclaration des Droits de l'homme et du citoyen, XVI, 524.

SERVET (Michel), VIII, 309; son histoire, ses doctrines, sa découverte, son procès, son supplice, 482 à 486.

SERVIEN (Abel), secrétaire d'État, négocie la paix avec l'Espagne et la Savoie, XI, 359. — Représente la France au congrès de Westphalie, XII, 184; négocie d'abord avec la Hollande, 184, 185, 235, 253; dessert et supplante le comte d'Avaux, 263; conclut la paix de Westphalie, 265 et suiv.; est ministre d'État, 374; est exilé, 378; surintendant des finances, 444, 467; coopère au traité des Pyrénées, 529 *note*; meurt, 544 *note*.

SERVIN, avocat-général, requiert le parlement d'interdire la discussion de l'indépendance de la couronne, XI, 74; combat les édits bursaux du duc de Luines, 158.

SESSEVAL, gouverneur de Beauvais, rend cette ville à Henri IV, X, 364.

SÉTRIK, chef normand, est vaincu et tué par Lodewig d'Outre-Mer, II, 523.

SEUIL (de), intendant de Bretagne, dirige, de concert avec Duquesne, les constructions du port de Brest, XIII, 134.

SÉULFE, archevêque de Reims, empoisonné par le comte de Vermandois, II, 513.

SÉVÈRE, créature de Galérius, I, 289; est dépouillé de l'Italie et de l'Afrique par Maxence, 293.

SÉVÈRE, fantôme d'empereur créé par Rikimer, I, 384.

SÉVIGNÉ (Mme de), s'emploie avec zèle en faveur de Fouquet, XIII, 41; son œuvre littéraire, 210 et suiv.; elle s'exprime avec une étrange légèreté sur les exécutions de Bretagne, 473 *note;* parle dignement de Turenne, 478. — Admire la révocation de l'édit de Nantes, XIV, 55; meurt, 245.

SEXTIUS (C.), consul, fonde la ville d'Aquæ Sextiæ (Aix), I, 109.

SEYMOUR (Jane), troisième femme d'Henri VIII, VIII, 288 *note*.

SFORZA (Francesco), duc de Milan, fait alliance avec Louis XI, qui lui cède ses droits sur Gênes, VI, 548; conseil qu'il donne à Louis XI, 566. — Comment il était devenu duc de Milan, VII, 251 *note*.

SFORZA (Galéas), duc de Milan, fils du précédent, envahit le Dauphiné, VI, 567. — Ce qu'il obtient de Louis XI, VII, 16 *note*.

SFORZA (Jean-Galéas) duc de Milan, VII, 245; sa nullité, 249; sa mort, 257.

*SFORZA (Ludovic), dit *le More*, régent du duché de Milan, VII, 245, cherche l'appui de l'étranger contre les entreprises du roi de Naples, 249; s'allie à Charles VIII, 251; son entrevue avec lui, 257; il s'empare de la couronne ducale, *ibid.*, 258; forme une ligue contre la France, 268, 269; commence la guerre, 273; assiége le duc d'Orléans dans Novare, 276; s'accommode avec Charles VIII, 277; soutient Pise contre Florence, 283; demande le secours du sultan, 317; est détrôné et réduit à une captivité cruelle, 321 et suiv.

SFORZA (Ascanio), frère de Ludovic, cardinal, VII, 263, 264; est livré par les Vénitiens à Louis XII, 325; obtient la confiance de Georges d'Amboise, et lui fait manquer la tiare, 342.

SFORZA (Maximilien), fils de Ludovic, réfugié en Allemagne, VII, 325, 409; rentre à Milan, 414; en est chassé, 416; entre dans une coalition contre la France, 441; s'enferme dans le château de Milan, se rend, abdique et meurt oublié, 450, 451.

SFORZA (Francesco), fils de Galéas, est forcé par Louis XII de se faire moine, VII, 325.

SFORZA (Francesco), fils de Ludovic, duc de Milan, ravitaille Milan, et combat à La Bicoque, VIII, 25, 26; entre dans une coalition contre la France, 35; concourt à chasser Bonnivet de l'Italie, 50; évacue Milan, 59; entre dans la ligue italienne contre les Espagnols, 86; est réduit à s'enfermer dans la citadelle de Milan, 87; la rend et se retire à Lodi, 96; traite avec Charles-Quint, 120; se rapproche de la France, 219; meurt, 230.

SHAFTESBURY, chancelier d'Angleterre, XIII, 414. — S'enfuit et meurt à l'étranger, XIV, 31.

SHAFTESBURY, petit fils du chancelier, auteur des *Characteristics*, XV, 375.

SHAKSPEARE (William), 482. — Principe de son théâtre, XII, 139, 140.

SHELBURNE (lord), membre de l'opposition, puis du ministère, XVI, 467; ministre principal, 483; négocie et conclut le traité de 1783, qui lui coûte son portefeuille, 483 et suiv.

SHELTON, ambassadeur d'Angleterre en France, est rappelé et mis à la Tour de Londres pour avoir demandé à Louis XIV une démarche favorable à Jacques II, XIV, 88.

SHERIDAN, membre du parlement anglais, opposant, puis ministre, XVI, 467; se retire, 473.

SHOWELL, amiral anglais, XIV, 417; commande l'avant-garde anglaise à Velez-Malaga, 434; concourt au siège de Toulon, 479; périt dans un naufrage, 482.

SICAMBRES, Germains istewungs, I, 155 ; voisins du Rhin, 214 ; ils sont vaincus par Tibère, 218 ; font partie de la confédération franke, 267.
SICANES. Poussés par les Ligures, ils quittent la vallée de la Sègre, et s'établissent dans celle du Pô, I, 6 ; s'y confondent avec les Sicules, 7 ; sont refoulés par les Celtes dans l'Italie centrale, et par les Ausoniens en Sicile, *ibid*.
SICARD (l'abbé) perfectionne l'éducation des sourds et muets, XVI, 523 *note*.
SICKINGEN (Franz de) expulse de ses États le duc de Wurtemberg, VII, 494 ; appuie les prétentions de Charles-Quint à l'empire, 495 ; soutient Luther, 530. — Envahit et ravage le duché de Bouillon, VIII, 12 ; échoue devant Mézières, *ibid*.
SICULES, premiers habitants de la Haute-Italie. Ils sont chassés par les Celtes de la vallée du Pô, et refoulés jusque dans la Sicile, I, 7.
SIDNEY (Algernon) meurt sur l'échafaud pour *la bonne vieille cause*, XIV, 34.
SIDONIUS APOLLINARIS, chef de la députation envoyée par les Gaulois à Anthémius, devient préfet de Rome, I, 388 ; évêque d'Arvernie, sa résistance énergique contre les Wisigoths et son exil, 396 et suiv. ; son retour et sa mort, 407.
SIENNE (république de). Reçoit une garnison française, VII, 261 ; se ligue avec Pise et Lucques contre Florence, 271 ; chasse la garnison française, 277 ; guerroie contre Florence, 283. — Se met sous la protection de la France, VIII, 427 ; sa fin glorieuse, 438, 439.
SIÉYÈS (abbé). Son pamphlet : *Qu'est-ce que le tiers état ?* programme de la Révolution, XVI, 625 ; il est élu député du tiers aux États-Généraux, et propose à son ordre de sommer les deux autres de se réunir à lui, 654 ; titres qu'il propose au tiers état de prendre, le second : *Assemblée nationale*, est adopté, 655, 656.
SIGHEBERT, roi des Ripuaires. Trahison dont il est victime, I, 457.
SIGHEBERT, fils de Chlocher. Sa part dans la succession paternelle, II, 37, 38 ; il défait les Abares ou Huns, 42 ; et son frère Hilperik, *ibid.* ; épouse Brunehilde, 43 ; sa part dans la succession de Haribert, 44, 45 ; seconde guerre avec les Huns, 48 ; entreprise avortée sur la Provence, 48, 49 ; expédition en Neustrie contre Hilperik, 52 à 54 ; nouveaux démêlés avec ce frère, succès de Sighebert et sa mort, 54 à 56.
SIGHEBERT II, fils de Dagobert. Son père le donne pour roi aux Austrasiens, II, 141 ; à quoi il passe sa jeunesse, 142 ; sa mort, 150.
SIGHEBRAND, évêque de Paris, s'oppose aux desseins d'Ebroin, sa mort, II, 152.

SIGHEFRIED, chef normand, dévaste le Lotherrègne, II, 475 ; son traité avec Karle le Gros, 476 ; se rejette sur la Neustrie, *ibid.;* à quelles conditions il se rembarque, 477 ; revient presque aussitôt, 478 ; assiége Paris, 480 ; s'éloigne à prix d'argent, 482 ; revient, 484 ; brûle l'abbaye de Saint-Médard, 485 ; son désastre à la journée de la Dyle, 491.

SIGHERIK, fils de Sighismond, est étranglé par ordre de son père, II, 4 et 5.

SIGHISMER, jeune chef frank, son équipage en entrant à Lyon, I, 406 *note.*

SIGHISMOND, fils de Gondebald, embrasse le catholicisme, I, 435 ; promulgue un recueil de droit romain, 445. — Règne après son père sur la meilleure part de la Burgondie, ses deux mariages, son crime contre son fils, sa pénitence, II, 4 et 5 ; sa défaite et sa mort, 5 et 6.

SIGISMOND de Luxembourg, margrave de Brandebourg, devient roi de Hongrie par mariage, V, 400 ; demande le secours de la France contre les Turks, 450 ; perd la bataille de Nicopolis, 454 ; est élu roi des Romains, 553 *note;* sa conduite envers Jean Huss, *ibid.* et 554. — Son voyage en France et en Angleterre, VI, 24, 26 ; prend le parti du concile de Bâle contre le pape, 328.

SIGISMOND D'AUTRICHE engage ses terres de Souabe et d'Alsace à Charles le Téméraire en garantie d'un emprunt, VII, 54 ; rentre en possession de ses domaines, et fait justice du bailli bourguignon, 88.

SIGISMOND-AUGUSTE JAGELLON, roi de Pologne, IX, 290 ; meurt, 306 *note.*

SIGISMOND WASA, roi de Pologne et de Suède, élève des Jésuites, invente une manière nouvelle de se parjurer, et perd le trône de Suède, X, 495, 520 *note.* — Soutient contre Gustave-Adolphe une guerre acharnée et malheureuse, XI, 315 ; fait la paix, 316.

SIGOGNET, gouverneur de Dieppe, empêche les catholiques de massacrer les huguenots, IX, 340.

SIGOVÈSE. Son émigration à la tête d'une multitude de Gaëls, il s'établit au sud du Danube, I, 16.

SIGWIN, commandant pour Karle le Chauve à Bordeaux et à Saintes, est vaincu et tué par les Normands, II, 433.

SILANUS, proconsul, est battu par les Kimro-Teutons, I, 117.

SILAS DEANE, agent des Américains à Paris, XVI, 416 ; les Anglais demandent son extradition, qui est refusée, 421 *note;* il négocie le traité de Paris, 423 ; est reçu par Louis XVI en audience solennelle, 426.

SILHOUETTE (M. de), contrôleur-général des finances, XV, 558 à 562.

Silius (Caïus) comprime l'insurrection des Séquanes et des Édues, I, 225.

Sillé (le seigneur de). Sa querelle avec la commune du Mans, III, 129.

Silli-Rochefort (Jacques de), damoisel de Commerci, orateur de la noblesse aux États-Généraux d'Orléans, IX, 68.

Silva (Ruy Gomez de), comte de Melito, prince d'Eboli, négociateur pour l'Espagne au Câteau-Cambrésis, VIII, 470.

Silva (don Felipe de), général espagnol, perd Balaguer, XII, 204, 205.

Silvanectes, peuple gaulois, autonome sous les Romains, I, 199.

Silvanus. Pourquoi il usurpe la pourpre, sa mort, I, 303.

Siméon, patriarche de Jérusalem ; son entrevue avec Pierre l'Ermite, III, 156.

Simon, de Paris, stucateur, VIII, 137 *note*.

Simon (Richard), auteur d'importants ouvrages sur les Écritures et l'histoire de l'Église, combattu par Bossuet, condamné par l'archevêque de Paris, finit par brûler lui-même ses papiers et meurt de chagrin, XIV, 293 et suiv.

Simonsson, pasteur gomariste, préside au massacre des deux frères Jean et Corneille de Witt, XIII, 405.

Singlin, solitaire de Port-Royal, XII, 102 ; se joint à Pascal pour détourner Mme Périer de marier sa fille, 116.

Sintzheim (bataille de), XIII, 446.

Sinzendorf, ambassadeur d'Autriche au congrès d'Utrecht, XIV, 570 *note*.

Sionita, orientaliste, auteur de la *Bible* polyglotte, XII, 71.

Sirmond (le Père), savant jésuite, écrit en faveur du cardinal de Richelieu, XI, 352 ; devient confesseur de Louis XIII, 478 ; le décide à faire arrêter Cinq-Mars, 566. — Son mérite littéraire, XII, 69.

Sirot (le baron de) combat à Rocroi, et plus tard écrit le récit de cette bataille, XII, 163 et suiv. ; est cerné et pris dans Tuttlingen par les Impériaux, 174.

Siruela, gouverneur du Milanais, blesse les princes de Savoie, perd leur alliance et par suite partie du Piémont et du Milanais, XI, 573, 574. — Reprend Tortone, XII, 175 ; fait la guerre contre le prince Thomas de Savoie et le comte du Plessis-Praslin, 199.

Sirven, protestant, poursuivi par le parlement de Toulouse, recueilli, secouru, défendu par Voltaire, XVI, 144.

Sixte IV, pape. Ses négociations avec Louis XI, VI, 81 *note* et 144 ; ses démêlés avec ce monarque, *ibid.;* ses mœurs, 240; ses spéculations, 246.

Sixte-Quint, pape, IX, 548; ses dispositions pour la Ligue, X, 5; ses mesures acerbes contre les protestants, 6, 7; il refuse des hommes et de l'argent au duc de Guise, 9; ce qu'il dit de la journée des Barricades, 74 *note;* double jeu qu'il joue après cet événement, 80, 81; il promet de contribuer aux frais de l'expédition de Philippe II contre l'Angleterre, 91; prend parti pour la Ligue, 154, 155; fait solennellement le panégyrique de Jacques Clément, 168 *note;* sa conduite entre la Ligue et Henri IV, 196, 205, 208, 209; sa mort, 231.

Slaves (Serbes ou Sorabes, Tchekhes ou Wendes, Welctabes, Obotrites, etc.). Leur situation géographique, ils secouent le joug des Huns et battent les Franks, II, 138 à 140; leurs rapports avec les Franks sous Charlemagne, 275, 308, 323, 332, 333, 351, 353, 354.

Smith (Adam), économiste écossais, XVI, 179.

Soanen (Jean), évêque de Senez et janséniste. Persécution qu'il subit, XV, 161, 162.

Sobieski (Jean), roi de Pologne, relève son pays, force les Turcs à la paix, appuie les Hongrois insurgés contre l'Autriche, XIII, 539. — Les abandonne, XIV, 11, 12; sauve Vienne assiégée par les Turcs, 13 et suiv.; fait une campagne sans profit en Roumanie, 75; meurt, 220.

Société royale de Londres, XIII, 161.

Socin, chef des *antitrinitaires,* VIII, 311 *note.* — Sa doctrine sur la divinité de Jésus-Christ et sur la loi naturelle, XI, 147.

Soetteren (Philippe de), archevêque de Trèves, fondateur de Philipsbourg et d'Ehrenbreitstein, est dépossédé de Spire par le roi de Suède, XI, 370; prendrait Richelieu pour coadjuteur si le pape ne s'y opposait, 424; est surpris dans Trèves par les Espagnols et emmené prisonnier en Belgique, 426. — Rentre dans ses États, XII, 212.

Soeurs de charité ou soeurs grises (congrégation des) fondée par Mlle Legras, XII, 64.

Soissons. Charte communale de cette ville, III, 259, 260, 261. — Siége et prise de Soissons par les Armagnacs, V, 545. — Congrès de Soissons, présidé par Fleuri, XV, 155.

Soissons (le comte de), quatrième fils du prince Louis de Condé, IX, 544 *note.* — Prend les armes et se joint aux protestants, X, 39; combat à Coutras, 44; se rend en Béarn auprès de la princesse Catherine, dont il convoite la main, 43; ne l'obtient pas et se fait catholique,

97; assiste à la séance d'ouverture des États-Généraux de 1588, 100; fait la guerre en Bretagne au duc de Mercœur, qui le bat, 152; rejoint Henri IV, 186; cabale contre lui, 245; sa querelle avec Sulli, 462 *note*. — Ses manœuvres, cabales et déprédations sous la régence de Marie de Médicis, XI, 7, 15, 21, 36, 37; sa mort, 39.

Soissons (le comte de), d'abord comte d'Enghien, XI, 39; va se réunir à Angers à la reine mère, 159; commande nominalement son armée, 161; est chargé de resserrer La Rochelle du côté de la terre, 186; conspire contre Richelieu, 237; se retire en Piémont, 240; demande grâce au roi et vient le trouver devant La Rochelle, 280; a le gouvernement de Champagne, 356; le commandement de Paris et des provinces du nord, 367, 382; forme l'armée qui doit agir en Lorraine, 437; ne peut arrêter l'armée impériale en Picardie, 449; commande l'armée française sans talent, 454; complote l'assassinat du cardinal de Richelieu, 455; s'enfuit à Sedan, 457; traite avec l'Espagne, puis avec le gouvernement français, 458; cabale, 539; intrigue avec Cinq-Mars, 541; prend les armes, 546 et suiv.; meurt, 548.

Soissons (la comtesse douairière de) prend part aux intrigues de cour et aux prises d'armes qui troublent la minorité de Louis XIII, XI, 98 *note*, 106, 159.

Soissons (Olimpia Mancini, comtesse de), XII, 516. — Inspiratrice des contes de La Fontaine, XIII, 205. — Mère du prince Eugène, ce qui l'oblige à quitter la France, XIV, 67 *note*, 108 *note*.

Solano, amiral espagnol, XVI, 448, 449.

Soleri (Anna de), maîtresse de Charles VIII, VII, 277.

Solesmes (les saints de), VII, 382.

Solies, un des douze défenseurs de la tour du Petit-Pont, assaillie par les Normands, II, 481.

Soliman Ibn-el-Arabi, émir commandant à Barcelone et à Girone, reconnaît la suzeraineté de Peppin le Bref, II, 243; est transféré à Saragosse, d'où il vient à Paderborn reconnaître la suzeraineté de Charlemagne, 269; ne peut lui livrer Saragosse, 271; est massacré, 274.

Soliman II (*le Magnifique*), sultan des Turcs, s'empare de Rhodes, VIII, 31; accueil qu'il fait à l'ambassadeur de France, 88, 91; ses guerres en Hongrie et contre l'Autriche, 115, 116, 120, 170, 171, 226; contre la Perse, 244 *note;* il fait deux traités avec la France, 245; a de nouveaux succès en Hongrie, 248, 276; ses relations avec Henri II, 404; expédition qu'il fait faire dans les mers de Sicile et d'Afrique, 407.

SOLIMAN, sultan à la place de son frère Méhémet IV, XIV, 77.

SOLMS (Émilie de), princesse d'Orange, intrigue avec activité contre la France, XII. 233; dispute à sa belle-mère la tutelle de son fils Guillaume III, de Nassau, prince d'Orange, 533.

SOLTIKOFF, général russe, bat Frédéric II à Kunersdorff, XV, 556; rentre en Pologne, 557.

SOMASQUES. Fondation de cet ordre, VIII, 313.

SOMERSET (Edmond de Lancastre, comte, puis duc de), gouverneur de la Normandie, essaie de secourir Meaux, VI, 377; assiége et prend Harfleur, 391, 392; fait une expédition inutile en Anjou, 404; refuse de rendre Fougères, 432; est chassé de la Normandie, 435 et suiv., 477; gouverne en Angleterre, 449; sa chute et sa mort, 510.

SOMERSET (duc de), fils du précédent, VI, 522. — Périt à la bataille de Morat, VII, 111.

SOMERSET (lord Seymour, duc de), lord protecteur d'Angleterre, tuteur d'Édouard VI, VIII, 356; propage la réforme religieuse en Angleterre, 391; bat le régent d'Écosse à Pinkencleugh, 392; est renversé du pouvoir, 394; meurt sur l'échafaud, 430.

SOMMERIVE (le comte de), fils du comte de Tende, se met contre lui à la tête des catholiques, IX, 122; prend Orange et dépeuple cette ville par ses cruautés, 137; prend Sisteron, 138; est battu près de Saint-Gilles, *ibid.*; est soupçonné de complicité dans l'assassinat de son frère, 233; refuse de faire massacrer les huguenots, 344.

SOMNAMBULISME ARTIFICIEL, XVI, 528.

SONGE (le) *de M. de Maurepas, ou les Mannequins du gouvernement*, brochure de *Monsieur* contre Turgot, XVI, 377 *note*.

SONIHILDE, deuxième femme ou concubine de Karle Martel, mère de Grippo, II, 216; est enfermée au couvent de Chelles par Karloman et Peppin, 217.

SOPHIE (princesse), petite-fille de Jacques II, électrice douairière de Hanovre, est appelée éventuellement au trône d'Angleterre par un acte du parlement, XIV, 371.

SORBONNE, faculté de théologie de l'Université de Paris. Sa fondation, IV, 266 *note*. — Son intervention dans le procès de Jeanne Darc, VI, 281 et suiv. — Elle condamne la proposition de Luther suivant laquelle c'est agir contre la volonté du Saint-Esprit que de brûler les hérétiques, VII, 532. — S'oppose à l'enseignement de la langue grecque, VIII, 144; premières hostilités contre la Réforme et premières persécutions, 148, 149, 151 à 154, 160, 161; la Sorbonne condamne le *Miroir de l'âme pécheresse*, livre de Marguerite de Valois, 181 ; obtient la suppression d'une bulle du pape permettant de manger des œufs en carême, 495 *note*. — Délie le peuple français de son serment de fidélité à Henri III, X, 125 ; condamne ceux qui pensent qu'on pourrait reconnaître Henri IV s'il abjurait le protestantisme, et que le pape n'a pas le droit d'excommunier les rois, 197 ; autre décision dans le même sens, 210 ; décision contre les *Politiques,* 297 ; la Sorbonne accusée de onze hérésies par les écrivains royalistes, 335 ; elle se soumet à Henri IV, prend le parti des jésuites contre le recteur de l'Université, 369 ; déclare la personne du roi inviolable, 372. — Et XI, 13 ; censure l'*Histoire de la papauté* de Du Plessis-Mornai, 31 ; condamne trois sermons prononcés par des jésuites, *ibid.;* censure l'*Admonitio ad Ludovicum* XIII, livre ultramontain, 226 *note ;* déclare les religieuses de Loudun réellement possédées, 606. — Censure Baius, XII, 79 ; accepte la bulle qui condamne Jansénius, 102 ; condamne Antoine Arnaud avec des circonstances suspectes, 103 ; censure l'*Apologie des casuistes*, livre jésuitique, 106. — S'oppose à la formation d'une section de théologie à l'Académie des sciences, XIII, 171 ; condamne les doctrines ultramontaines sur l'autorité et l'infaillibilité du pape, 290, 617. — Lance un décret contre la philosophie cartésienne, XIV, 266 ; condamne deux jésuites qui ont avancé que la Chine a, pendant 2000 ans, adoré le vrai Dieu,, 297 ; accepte la bulle *Unigenitus* par contrainte, 606. — Adresse au tzar Pierre Ier un mémoire sur la réunion des Églises grecque et latine, XV, 84 ; revient sur son acceptation de la bulle *Unigenitus,* 108 ; adhère à l'appel *au futur concile* interjeté par quatre évêques, *ibid.;* est contrainte par lettres de cachet d'accepter de nouveau la bulle, 163. — Censure le livre *De l'Esprit,* d'Helvétius, XVI, 15 ; le 4e volume de l'*Histoire naturelle* de Buffon, 32 *note ;* et l'abbé de Prades, 48 ; condamne l'*Émile*, de J.-J. Rousseau, 129.

SORBIN DE SAINTE-FOIX (Armand), prédicateur de Charles IX, attaque ce prince du haut de la chaire, IX, 288 ; provoque le massacre des calvinistes à Orléans, 338.

SORDES, peuple gaulois. Ils sont assujettis par les Romains, I, 113.

SORE (Jean), marin de La Rochelle, fait jeter des jésuites à la mer, IX, 242 *note ;* tente de secourir sa patrie assiégée, 357.et suiv.

SOREL (Agnès), maîtresse de Charles VII, son heureuse influence, VI, 321 et suiv., 388 ; elle reçoit du roi le château de Beauté, 428 ; ses démêlés avec le dauphin, *ibid.;* sa mort, 442.

SORET (Odet), laboureur du pays de Caux, député aux États-Généraux de 1593, auteur d'une relation de ce qui s'y est passé, X, 304 *note*.

SOSTHÈNES organise la résistance des Grecs contre les Gaulois, I, 24.

SOTIATES, peuple d'Aquitaine. Ils sont défaits par Crassus, I, 155.

SOUABE (ligue de), VII, 494.

SOUBISE signe l'acte d'association protestante d'Orléans, IX, 121; part pour Lyon, 131; y commande, 151; repousse le duc de Nemours qui a tenté de le surprendre, 156.

SOUBISE (le duc de) prend les armes contre Louis XIII, XI, 96; conseille en vain la modération à l'assemblée de La Rochelle, 171; est nommé par elle chef du 2º cercle, 172; défend Saint-Jean-d'Angéli, puis capitule, 175; son désastre à l'Île de Ré, 185, 186; il passe en Angleterre, et n'y obtient rien du roi Jacques 1ᵉʳ, 189; surprend Blavet et prend six vaisseaux du roi, 215; bat la flotte royale, 220; est battu à son tour et se retire sur la côte d'Angleterre, *ibid.*; s'efforce d'amener la guerre entre l'Angleterre et la France, 260; vient à La Rochelle pendant l'attaque de l'Île de Ré par Buckingham, 264; est sur la flotte anglaise qui tente de débloquer La Rochelle, 284; cabale avec Marie de Médicis, 539.

SOUBISE (prince, puis maréchal de), ami de Mme de Pompadour. Campagne qu'il fait en Allemagne, défaites de Gotha et de Rosbach, XV, 517, 518, 521; autre campagne dans la Hesse et le Hanovre, 529, 530; il est désigné pour commander une expédition en Angleterre, 544; retourne en Allemagne, 582; laisse battre le maréchal de Broglie, 583; partage le commandement avec le maréchal d'Estrées; perd une bataille dans la Hesse et laisse prendre Cassel, 588.

SOUCHES (comte de), aventurier français devenu général de l'armée impériale, fait sa jonction avec le prince d'Orange, XIII, 441; est battu à Senef, *ibid.*; assiége sans succès Oudenarde, 444; prend Hui et Dinant, 445.

SOUFFLOT, architecte, XVI, 159.

SOUILLAC (de), gouverneur de l'Ile-de-France, XVI, 476.

SOULAS (Jean), maire de Meaux, ouvre cette ville aux *Jacques*, V, 197; est pendu, 198.

SOUPIRS *de la France esclave qui aspire après sa liberté*, série de pamphlets calvinistes attribués à Levassor, et publiés par Jurieu, XIV, 169.

SOURDÉAC-RIEUX (le seigneur de) défend Brest contre les ligueurs, X, 257 *note*; résiste aux tentatives de séduction de la reine d'Angleterre, 360 *note*.

SOURDIS (Henri de), évêque de Maillezais, ami du cardinal de Richelieu, arme les côtes de l'Ouest et prépare des secours pour l'Île de Ré, XI,

266 ; prend part au siége de La Rochelle, 273 ; archevêque de Bordeaux, 286 ; sert la messe à Richelieu, dans la principale église de La Rochelle, après la prise de cette ville, *ibid.;* protége Urbain Grandier, 605 ; commande en second la flotte du *Ponant*, et fait une expédition sur les côtes de Provence, 446, 447 ; son ardeur guerrière, 467 ; il est rappelé dans l'Océan, 482 ; détruit la flotte espagnole à Guetaria, 487 ; expédition qu'il fait sur les côtes d'Espagne, 493 ; lutte qu'il soutient contre la marine espagnole, et dont le résultat amène sa disgrâce, 536 et suiv.

SOURDIS (le cardinal de), archevêque de Bordeaux, force en personne la prison de la ville et fait évader un condamné à mort, XI, 95 *note;* négocie avec le roi et le duc de Luines dans l'intérêt de la reine mère, 162 ; prend, contre Richelieu, le parti du pape, 224.

SOUVRÉ (le sieur de), grand maître de la garde-robe sous Henri III, sauve la vie aux maréchaux de Montmorenci et de Cossé, IX, 419. — Gouverneur de Louis XIII, XI, 112.

SPANHEIM, numismate, XIII, 178.

SPENCER (Hugues), favori d'Édouard II, IV, 560 ; sa chute et son supplice, 561.

SPICILEGIUM, collection de documents originaux sur l'histoire du moyen âge, XII, 69 *note.*

SPIFAME, trésorier des guerres, VIII, 225 *note.*

SPIFAME (Jacques), évêque de Nevers, se retire à Genève, VIII, 500. — Lettre à lui attribuée, à l'occasion du meurtre du duc François de Guise, IX, 162 ; sa mort, 163 *note.*

SPIFAME (Raoul), son livre singulier, IX, 8 *note.*

SPINOLA (Tomasina) meurt de douleur en apprenant la maladie de Louis XII, VII, 352.

SPINOLA (Ambrosio), général génois au service de l'Espagne, assiége Ostende, X, 513 ; la prend, 536. — Envahit le Palatinat, XI, 167 ; prend Juliers, 183 ; échoue devant Berg-op-Zoom, 189 ; prend Breda, 210 ; vient au camp devant La Rochelle en qualité d'ambassadeur extraordinaire, 275 ; est gouverneur du Milanais, 322 ; envahit le Montferrat, *ibid.;* assiége Casal, 329 ; conclut une trêve avec Toiras, 332 ; meurt, 341.

SPINOZA (Baruch), philosophe, XII, 8. — Exposition de sa doctrine philosophique, XIV, 272 à 277 ; de sa doctrine politique, 284 et suiv.

SPIRE. Incendie de cette ville en 1689, XIV, 105 ; bataille de Spire, gagnée par le maréchal de Marsin, 414.

SPIRITUELS. Idées de cette secte, et persécutions dirigées contre elle, IV, 544.

SPITAFIELDS, faubourg de Londres, se peuple des ouvriers en soierie que la révocation de l'édit de Nantes chasse de France, XIV, 63.

SPRAGGE, vice-amiral anglais, périt en combattant les Hollandais, XIII, 426.

SQUILLACE, Italien, ministre en Espagne, renversé par une émeute pour avoir prohibé les grands chapeaux et les grands manteaux, XVI, 217.

STAAL-DELAUNAI (Mme de), femme de chambre de la duchesse du Maine, XV, 95 *note*.

STAFFARDE (bataille de), XIV, 133, 134.

STAFFORD (le comte de), connétable de France pour Henri VI, VI, 281 *note*, 290 *note*.

STAFFORD (le comte de), ambassadeur d'Angleterre en France, X, 79 *note*.

STAFFORD (lord), pair catholique, condamné à mort et exécuté par suite des dénonciations de Titus Oates, XIII, 573.

STAHL, chimiste allemand, auteur d'un système renversé par Lavoisier, XVI, 519.

STAHREMBERG, général autrichien, commande l'armée impériale en Italie, en l'absence du prince Eugène, XIV, 415; pénètre en Piémont malgré le duc de Vendôme, 416; bat le duc de La Feuillade à Asti, 449; bat les Castillans à Saragosse et ramène le prétendant à Madrid, 532; évacue la Castille, 533; est battu à Villa-Viciosa et se retire en Catalogne, 534; évacue cette province, 582.

STAHREMBERG, ambassadeur d'Autriche, négocie l'alliance de cette puissance avec la France contre la Prusse, XV, 490 et suiv.

STAIRS (comte de), ambassadeur d'Angleterre en France, réclame contre l'ouverture du canal de Mardyck, et blesse Louis XIV par son langage arrogant, XIV, 591, 592. — Offre au duc d'Orléans les secours du roi d'Angleterre contre le duc du Maine, XV, 4; attaque Law avec une violence que le ministère anglais désavoue, 55.

STANDONC (Jean), principal du collége de Montaigu, parle, dans des leçons publiques, contre le divorce de Louis XII, VII, 304; contre ses ordonnances, 310; est banni, *ibid*.

STANHOPE, général anglais, a des pourparlers secrets avec le duc d'Orléans, XIV, 547; campagne qu'il fait en Espagne contre le duc de Vendôme, 532, 533.

STANHOPE (lord), premier ministre en Angleterre, XV, 68; conclut un traité d'alliance avec la France, 84; vient à Paris pour entraîner le ré-

gent à une ligue avec l'Angleterre et l'Autriche contre l'Espagne, 90;
se rend à Madrid, où il a moins de succès, 93 ; décide la nomination
de Dubois au ministère des affaires étrangères, 94.

STANHOPE, commissaire anglais attaché à l'état-major de l'armée française, en dirige les mouvements et lui fait détruire la marine espagnole, XV, 98.

STAUPITZ, vicaire-général des Augustins en Allemagne, soutient Luther, VII, 514 ; s'oppose au trafic des indulgences, 517.

STEENKERKE (bataille de), XIV, 165, 166.

STELLA, peintre lyonnais, XII, 149.

STÉNON, savant danois, publie à Paris le *Discours sur l'anatomie du cerveau*, XIII, 162.

STIGAND, archevêque de Canterbury, sacre Harold roi d'Angleterre, III, 110; le pape lui refuse le *pallium*, 112; il se soumet à Guillaume le Conquérant, 122; refuse de le sacrer, *ibid.;* est déposé, 126.

STILICON imprime la terreur aux barbares, I, 330; repousse Alarik, 334 ; ses mesures lors de la grande irruption des barbares, 335; il extermine les hordes de Radaghis, 336 ; périt victime d'Honorius, 340.

STOENES, tribu ligurienne. Leur désastre, I, 113 *note*.

STRAFFORD (comte de), ambassadeur d'Angleterre au congrès d'Utrecht, XIV, 548 ; va notifier aux coalisés la trêve conclue entre la France et l'Angleterre, 562.

STRASBOURG. Municipalité de cette ville, III, 237. — Elle livre son pont aux impériaux et leur ouvre ses portes, XIII, 449; demande et obtient le renouvellement de sa neutralité, 455; la viole elle-même à plusieurs reprises, 481, 496, 510, 511; refuse le passage aux Français, 537; prête à Louis XIV, pour deux domaines, le serment d'allégeance, 578, 580; est réunie à la France, 580 et suiv.; est fortifiée par Vauban, 583.

STRAW (Jack) s'associe à Wat Tyler et John Ball, V, 352; est décapité, 353.

STREMONIUS, apôtre de l'Arvernie, I, 258.

STROZZI, Florentin réfugié en France, y devient maréchal, VIII, 126 ; bat une escadre anglaise devant Guernesey, 393 ; commande une escadre dans le golfe de Gênes, 404.

STROZZI (Pietro), ingénieur florentin, travaille aux fortifications de Metz, VIII, 422 ; est maréchal, commande l'armée franco-siennoise, 438 ; défend la Campagne de Rome contre le duc d'Albe, 448 ; est tué au siége de Thionville, 468.

Strozzi (le cardinal), évêque d'Albi, auteur d'une première tentative d'union contre les protestants, IX, 160.

Strozzi (Philippe), parent de Catherine de Médicis, IX, 286 ; rassemble une flotte qui doit agir contre l'Espagne, 295 ; commence le siége de La Rochelle, 354 ; y est blessé, 358 ; combat les reitres amenés en France par Thoré, 420 ; vend sa charge de colonel-général de l'infanterie, 506 ; conduit une expédition navale aux Açores, où il est battu et tué, 512.

Struensée, médecin du roi de Danemark, devient premier ministre et meurt sur l'échafaud, XVI, 305 *note*.

Stuart de Darnley, capitaine écossais au service de Charles vii, marche sur Crevant, VI, 95 ; est fait prisonnier, 96 ; délivré et comblé d'honneurs, 98 ; concourt à la défense d'Orléans, 127 ; est tué, 128.

Stuart (William), frère du précédent, VI, 126 et suiv.

Stuart de Darnley (Henri), second mari de Marie Stuart, IX, 214 *note*.

Stuart (Robert), Écossais protestant, lutte corps à corps avec le connétable Anne de Montmorenci, IX, 222 ; est assassiné à Jarnac, 246 *note*.

Stuart d'Aubigné, affidé des Guises, capte l'affection de Jacques vi, et fait périr l'ex-régent Morton, IX, 527 ; est écrasé par le parti protestant, *ibid.*

Stuart, général anglais, lutte qu'il soutient dans l'Inde contre Bussi-Castelnau, XVI, 480 et suiv.

Styrum, général de l'armée des Cercles, campagne malheureuse qu'il fait dans le Haut-Palatinat, XIV, 408. 411.

Suarez de Figueroa, gouverneur du Milanais, VIII, 438.

Suarez, jésuite, auteur d'un livre que le parlement de Paris fait brûler, comme poussant au régicide, XI, 33 *note*. — Est malmené par Blaise Pascal, XII, 105.

Sublet de Noyers, secrétaire d'État de la guerre sous Richelieu, XI, 492 ; amène la disgrâce de l'archevêque de Bordeaux, 538 ; appuie Richelieu auprès du roi, 564 ; est renvoyé, 583.

Suessons, peuple belge, I, 147 ; ils fournissent cinquante mille hommes dans la première ligue contre César, *ibid.;* capitulent, 149 ; peuple autonome sous les Romains, 199.

Suèves, peuple germain. Ils pénètrent dans la Gaule sous Ariowist, I, 131 ; sont taillés en pièces par César, 145, 146 ; s'appellent aussi Herminungs, 213 ; leur territoire, *ibid.*, 214 ; leurs démêlés avec les Romains commandés par Tibère, 218 ; ce nom est donné par les historiens aux Markomans et aux Kwads ou Quades qui envahissent la Gaule à la suite des Alains et des Wandales, 335 ; leurs ravages dans la Gaule, 336 ; ils pénètrent en Espagne, 341 ; s'y étendent, 380 ; sont refoulés par les Goths, 391 ; leur religion, 403 ; quelques-uns, restés en Germanie, donnent leur nom à la Souabe, 420.

SUFFOLK (comte, puis duc de) va au secours de Crevant, VI, 96 ; conduit le siége d'Orléans, 124 et suiv. ; le lève, 171 ; défend Jargeau contre Jeanne Darc, et y est fait prisonnier, 174 ; est ambassadeur d'Angleterre à Arras, 333 ; à Tours, 407 ; sa puissance, 445 ; sa chute, ibid.; sa mort, 449.

SUFFOLK (Charles Brandon, duc de) combat la flotte française, VII, 420.
— Envahit la Picardie, VIII, 47 ; épouse Marie d'Angleterre, veuve de Louis XII, 431 *note*.

SUFFOLK (le duc de), dit *Rose blanche*, périt à la bataille de Pavie, VIII, 64.

SUFFREN (le père), jésuite, confesseur de Marie de Médicis, l'autorise à prêter un faux serment, XI, 139 ; est confesseur de Louis XIII, 290 ; qui l'emploie comme négociateur auprès de sa mère, 345.

SUFFREN (bailli de), officier de marine, XVI, 434 ; de l'ordre de Malte, 476 *note;* ses exploits sur mer et sur les côtes de l'Inde, 476 à 482 ; sa mort, 482 *note*.

SUGER, abbé de Saint-Denis, accompagne Louis le Jeune en Aquitaine, III, 300 ; fonde les *Chroniques de Saint-Denis*, 349 ; écrit l'histoire de Louis le Gros, *ibid.;* détourne en vain Louis VII de la croisade, 428 ; est désigné par les grands et les prélats pour gouverner l'État pendant la troisième croisade, 433 ; sa bonne administration, 447 et suiv.; ses derniers projets et sa mort, 450, 451 ; courte biographie de ce ministre, 452.

SUISSES. Ils secouent le joug autrichien, IV, 453. — Lutte qu'ils soutiennent contre le dauphin Louis de France, et traité qui la termine, VI, 412 à 416. — Lutte contre Charles le Téméraire, batailles d'Héricourt, VII, 90 ; de Granson, 102 à 106 ; de Morat, 108 à 112 ; leur alliance avec la France n'est pas renouvelée, 388 ; ils s'allient au pape contre la France, 389 ; envahissent sans succès le Milanais, 390, 398 ; font avec l'empereur Maximilien une ligue perpétuelle, 399 ; redescendent dans la Lombardie, et en chassent les Français, 409, 410 ; les en chassent de nouveau par la bataille de Novare, 417, 418 ; assiégent Dijon, puis vendent leur retraite, 424, 425 ; négociations sans résultat avec François Ier, 444 ; campagnes en Piémont et Lombardie, bataille de Marignan, traité avec François Ier, 443 à 452. — Alliance générale et perpétuelle avec la France, VIII, 30, 35. — Traité avec Henri IV, X, 522. — Avec Louis XIV, XIII, 282.

SUJETS PROVINCIAUX sous les Romains, I, 199.

SULLI (Maurice de), évêque de Paris, reconstruit Notre-Dame, III, 414.

SULLI (Maximilien de Béthune, baron de Rosni, plus tard duc de) reçoit du roi de Navarre diverses missions auprès d'Henri III, IX, 520. — X, 21, 144; bat un parti de ligueurs à Châteaudun, 151; combat à Ivri, 200; conseille à Henri IV d'abjurer le calvinisme, 290; négocie le retour de la Normandie sous l'autorité royale, 345, 356; le traité avec le duc de Guise, 364; détourne Henri IV de déclarer la guerre à l'Espagne, 373; son caractère, sa fortune, son administration, 399 et suiv.; expédients auxquels le contraint la nécessité de reprendre Amiens, 412; honneurs, titres, dignités et charges accumulés sur sa tête, 436; ensemble et détails de son administration, *ibid.* et suiv.; il combat les prétentions de Gabrielle d'Estrées, 501; déchire la promesse souscrite par Henri IV au profit d'Henriette d'Entragues, 503; négocie avec la reine Élisabeth, 513; avec Jacques Ier, 526 et suiv.; s'oppose tant qu'il peut au rappel des jésuites, 532; rassure les huguenots sur les intentions du roi, 541. — Ses mesures et ses premières démarches après la mort de ce prince, XI, 2, 5, 6; se retire du ministère, 16, 21 et suiv.; lutte contre le duc de Bouillon à l'assemblée protestante de Saumur, 27; assiste aux États-Généraux de 1614, 53; appuie l'insurrection du prince de Condé, 96; apaise les passions de ses coreligionnaires, 98; alarme la reine mère sur les desseins du prince de Condé, 103; adresse au roi une lettre anonyme contre Concini, 114; s'efforce en vain de disposer les Montalbanais à la soumission, 177; échange la grande maîtrise de l'artillerie contre un bâton de maréchal, 447 *note*. — Meurt, XII, 23 *note*.

SULLI (le duc de), d'abord baron de Rosni, fils du précédent, X, 565. — XI, 117. — Livre le pont de Mantes au duc de Nemours, XII, 395.

SULPICE (séminaire de Saint-), fondé par Olier, XII, 68 *note*.

SULTZBACH (prince de), héritier présomptif du Palatinat, prétendant aux duchés de Berg et de Juliers, XV, 234.

SUNDERLAND (lord), principal conseiller de Jacques II, le trahit et trompe l'ambassadeur de France, XIV, 87.

SUNDERLAND (lord), fils du précédent, gendre du duc de Marlborough et secrétaire d'État, perd sa place, XIV, 536.

SUNN, Frank, massacré par les Franks, I, 330.

SUNNA, déesse du soleil chez les Germains, I, 212.

SUREAU DES ROSIERS, ministre calviniste, publie un livre antimonarchique, IX, 212; abjure et décide le prince de Condé à l'abjuration, 347.

SURREY (le comte de), amiral anglais, ravage les côtes de Bretagne et de Normandie, VIII, 29; fait une mauvaise campagne en Picardie, *ibid*.

SUWAROW, général russe, XVI, 268.

SUZE (le comte de), chef catholique, est battu deux fois par les protestants, IX, 137, 138. — Est surpris et tué à Montélimart, X, 44 *note*.

SUZE (Mme de La), poëte, XIII, 210.

SWEDENBORG, mystique suédois, XVI, 530 *note*.

SWEN, roi des Danois, soumet l'Angleterre, III, 70.

SYAGRIUS, fils d'Ægidius, se fixe dans Soissons; son autorité, son influence, I, 388; il est attaqué par Chlodowig, sa défaite, sa fuite, sa mort, 410, 411.

SYDROK, chef normand, vend ses services à Hérispoé contre d'autres Normands et à ceux-ci sa retraite, II, 443; est battu par Karle le Chauve, *ibid*.

SYLLA, l'adversaire de Marius, I, 126.

SYLVESTRE II, pape. *Voy*. GERBERT.

SYLVESTRE (Israël), graveur, XII, 154 *note*.

SYMPHORIANUS (saint Symphorien). Pourquoi il est condamné à mort; héroïsme de sa mère, I, 253.

SYNDICS, magistrats municipaux, III, 224 *note*.

SYNODE PROTESTANT de 1559, VIII, 497, 503.

SYPHILIS. Invasion de cette maladie, VII, 282 *note*.

SYSTÈME DE LA NATURE. Effet que ce livre produit, XVI, 145, 146.

T

TABAGO (combat naval de), XIII, 514, 515; second combat, où l'amiral hollandais est tué et le fort pris, 516.

TABLE RONDE. Sens de ce symbole, I, 45. — III, 360; romans de la Table Ronde, 369 et suiv.

TABOUREAU DES RÉAUX, contrôleur-général des finances, titulaire, XVI, 386; s'oppose à toutes les innovations que Necker propose, et donne enfin sa démission, 389.

TAILLE (Jean de La) importe d'Italie en France la comédie en prose, XII, 128.

TAILLEFER, jongleur et chevalier normand. Son rôle à la bataille de Hastings, III, 119, 343.

Talbot, comte de Shrewsbury, amène des renforts aux Anglais devant Orléans, VI, 125; lève le siége de cette ville, 171; est battu et pris à Patai, 177; bat Saintrailles et Boussac, 307; prend Louviers, *ibid.*; Harfleur, 391; défend Pontoise, 400; prend Conches, investit Dieppe, 404; ne peut sauver Verneuil, 435; défend Rouen sans succès, 438 et suiv.; sa dernière campagne et sa mort, 480 et suiv.

Talbot de Tyrconnel, gouverneur de l'Irlande, y organise le parti catholique, XIV, 84; la soulève en faveur de Jacques II, 111.

Taliésin. Personnification du druidisme, I, 55. — Transformation de ce type par le néo-druidisme, III, 358, 359.

Tallard, ambassadeur à Londres, XIV, 368 *note;* lieutenant-général, occupe Trèves et d'autres places, 395; commande l'armée du Rhin, 408; prend Landau, gagne la bataille de Spire, 413, 414; campagne sur le Haut-Danube, bataille de Hochstedt, où il est battu et pris, 425 et suiv.; il est appelé au conseil de régence par le testament de Louis XIV, 611.

Tallemant des Réaux, chroniqueur du XVIIe siècle, XII, 144.

Talleyrand de Périgord, cardinal-légat, tente de prévenir la bataille de Poitiers, V, 150.

Talleyrand-Périgord (abbé de), présente au roi les doléances de l'assemblée du clergé de 1775, XVI, 354; concourt aux préparatifs de résistance du parlement contre les projets du ministère, 599.

Talon (Omer), avocat-général, XII, 203; requiert l'enregistrement d'édits bursaux apportés au parlement par le roi en personne, et profite de l'occasion pour blâmer vertement les abus de pouvoir du ministère, 278; soutient que l'enregistrement est nécessaire pour que les ordonnances royales soient exécutoires, 292, 293; conclut à ce que le parlement renvoie l'agent de l'Espagne à la reine, en l'accompagnant d'une députation, 323; requiert contre le coadjuteur, le duc de Beaufort et Broussel, 346; demande que la missive du parlement de Bordeaux soit envoyée au roi et à la régente, 356; demande que le parlement envoie au roi une députation pour le prier de maintenir le bannissement de Mazarin, 389. — Travaille à *l'Ordonnance civile,* ou Code de procédure, XIII, 77.

Talon, intendant du Canada, XIII, 123.

Talon, avocat-général, prend des conclusions tendant à la séparation de l'Église gallicane et de l'Église romaine, XIV, 79; est excommunié, 82.

Talvas (Guillaume), comte de Ponthieu et d'Alençon, accorde une charte communale à Abbeville, III, 260; assiste Louis le Gros contre le roi d'Angleterre, 275; passe d'un parti à l'autre, 277; attaque la Normandie, 298.

TAMERLAN (Timour-Leng), pénètre en Russie et en Pologne, V, 458; défait les Turks à Ancyre, 503.

TANCARVILLE (comte de), V, 82, 83, 153, 220.

TANCHOU, prévôt des maréchaux. Affreux service qu'il rend au comte de Retz, IX, 326.

TANCRÈDE DE HAUTEVILLE, baron normand, III, 86.

TANCRÈDE, neveu de Boëmond, prend la croix avec son oncle, III, 174; refuse de rendre hommage à l'empereur Alexis, 179; danger qu'il court dans la journée de Gorgoni, 183; sa querelle avec Baudouin, ses exploits en Cilicie, 184, 185; il combat à Ascalon, 191; demeure à Jérusalem avec Godefroi, 192.

TANCRÈDE, roi de Pouille et de Sicile. Ses querelles avec Richard Cœur-de-Lion, III, 539.

TANFANA, déesse des forêts chez les Germains. Son sanctuaire est profané par Germanicus, I, 222.

TANKHELM, hérésiarque, III, 455.

TANQUEREL (Jean), bachelier du collège d'Harcourt, soutient, dans une thèse publique, que le pape peut déposer les rois qui favorisent l'hérésie, IX, 107.

TANUCCI (Bernardo), ministre de Naples, XV, 191. — Y fonde une chaire d'économie politique, XVI, 294 *note*.

TARANN, dieu du tonnerre. L'esprit qui règne dans les airs, I, 53.

TARDIF, conseiller au Châtelet, victime des *Seize,* et du comité des *dix,* X, 266.

TARIF, impôt sur les marchandises, précédemment établi et retiré deux fois sous le nom de *Pancarte,* et remis en vigueur par le surintendant d'Émeri, XI, 273, 274.

TARUSATES, peuple d'Aquitaine, I, 155.

TASGET ou TASGIT, est mis à mort par les Carnutes, auxquels César l'a donné pour roi, I, 160 *note*.

TASSILE, duc des Bavarois après Odile, son père, est dépossédé par Grippo, et réintégré par Peppin, son oncle, II, 226, 227; il entre en Lombardie, 238; son manque de foi envers Peppin, 246; il se soumet à lui, 247; ses intrigues sous Charlemagne, 303; qui le réduit à merci, 304; nouvelles menées, il est dénoncé par les Bavarois, déposé, relégué au monastère de Jumiéges, 305; renonciation exigée de lui, 322.

TASSIS représente Philippe II au pacte de Joinville, IX, 539. — Transme à la Ligue les offres de son maître, X, 193; négocie avec les princes lorrains, 273; aide, supplée l'ambassadeur extraordinaire d'Espagne auprès des États-Généraux de la Ligue, et répare ses maladresses, 306, 307, 317 et suiv.; leurre le duc de Mayenne d'un mariage royal, 339; sort de Paris lorsqu'Henri IV y entre, 354; empêche l'archiduc Ernest de faire arrêter le duc de Mayenne, 364; négocie le traité de Vervins, 426.

Tasso (Torquato), VII, 385 *note*. — Son voyage en France, IX, 289 *note*. — Son œuvre poétique, ses opinions religieuses, X, 472; sa *pastorale*, 480.

Taulès, agent français auprès des confédérés de Bar, XVI, 266.

Taupin, ingénieur français, dirige la défense de Maestricht contre les Espagnols, IX, 500.

Tauriskes, Gaëls de l'Illyrie, ennemis des Romains. Leur pays est ravagé par les Teutons et les Kimris, I, 146.

Taux (Guillaume de), doyen de l'église de Troies, député aux États-Généraux de 1576, IX, 446 *note*.

Tavannes (Gaspard, seigneur de), veut couper le nez à Diane de Poitiers, VIII, 414; se signale au siège de Renti, 437. — Résiste à l'*édit de tolérance*, IX, 110; chasse les protestants de la Bourgogne, 123, 138; organise contre eux une société secrète, 161; sa harangue à Charles IX devant la porte de Dijon, 184; il dénonce à la cour les mouvements des huguenots, 215; révèle au prince de Condé la perfidie de la reine mère, 235; dirige, sous le duc d'Anjou, les opérations de l'armée du Poitou, 241 et suiv., 249, 254, 256, 258; se retire en Bourgogne, 260; ses plans contre les huguenots, 272; il détourne le duc d'Anjou d'épouser la reine d'Angleterre, 278; s'oppose à la guerre contre l'Espagne, 300; est un des auteurs de la Saint-Barthélemi, 315, 319, 323; termine sa carrière en Bretagne, 355.

Tavannes (Guillaume de), fils du maréchal, IX, 372; retient une partie de la Bourgogne dans le parti royal, 548; excite Henri III contre la Ligue, 552. — Lutte contre le duc de Mayenne, X, 430.

Tavannes (Jean de), fils du maréchal, donne Auxonne à la Ligue, IX, 548. — Est fait prisonnier par les Auxonnois insurgés, X, 25; combat à Ivri, 202 *note*.

Tavannes, lieutenant du prince de Condé, défend Étampes contre le maréchal de Turenne, XII, 406.

Taverni, lieutenant de la maréchaussée, victime de la Saint-Barthélemi, IX, 327.

Tavernier, voyageur célèbre, XIII, 179.

TAVORA (les), grande famille portugaise, déshonorée par le libertinage du roi don Joseph Ier, et exterminée pour en avoir voulu tirer vengeance, XVI, 204.

TAVORA (la marquise de), maîtresse de don Joseph Ier, roi de Portugal, XVI, 204.

TCHUNDA SAEB, concurrent suscité par Dupleix à Anaverdi-Khan, bat son rival, et devient nabab du Carnatic, XV, 453; donne à Dupleix la ville de Vilnour, 454; se retire à Pondichéri devant l'armée de Nazir Jung, 454, 455; assiége Tritchenapali, 459; bat les Anglais, *ibid.;* lève le siége, *ibid.;* sa mort, 460.

TECTOSAGES, tribu belge. Ils envahissent la Gaule méridionale, et se fixent autour de Toulouse, I, 22, 23; une partie se transporte vers l'Épire et la Macédoine, *ibid.;* leurs guerres contre la Macédoine, 24; ceux de la Gaule font alliance avec les Romains, 113; s'insurgent, leur désastre, prise de Toulouse, 118, 119; leur territoire est réuni à la *Province*, 126; ils se soulèvent, et sont vaincus par Pompée, 127, 128.

TECTOSAGES de la forêt Hercynie, I, 115.

TEÏA, roi des Ostrogoths, défait par Narsès, II, 25.

TÉKÉLI (comte Émeric), chef de l'insurrection hongroise, bat les Autrichiens, XIII, 539, 590; est proclamé prince de Hongrie sous la suzeraineté du sultan, 590. — Précipite les Turcs sur l'Autriche, XIV, 11, 12; est arrêté par les Turcs, puis élargi, 67; est nommé par le sultan prince de Transylvanie, et envahit cette province, 127; se retire en Turquie, 350.

TELAMONE (bataille de) entre les Gaulois et les Romains, I, 95.

TÉLIGNI, gendre de l'amiral Coligni, IX, 282; est comblé des grâces du roi, 284; et massacré, 324.

TELLIER (Michel le), intendant de l'armée d'Italie, puis secrétaire d'État de la guerre, XI, 584. — Fait arrêter et met en jugement, injustement, le maréchal de La Motte-Houdancourt, XII, 200; est délégué de la reine mère aux conférences de Ruel, 326; est donné pour conseil au duc d'Orléans, et pour surveillant à Châteauneuf, 355; exilé, 378; appelé au conseil, 390; dirige avec talent l'administration de la guerre, 454; se rend à Péronne pour le siége d'Arras, 461; trompe par une indigne manœuvre les États de Bourgogne, 513.—Est membre du conseil secret, XIII, 5; pousse à la ruine de Fouquet, 27; réorganise l'armée, 276 et suiv.; pousse à la guerre contre la Hollande, 345; est chancelier, 546 *note;* veut que l'on ménage la cour romaine, 621; obtient la dissolution de l'assemblée du clergé de 1682, 624; excite le roi contre les protestants, 627; poursuit Colbert de dénonciations et de calomnies, 633. — Fait donner les finances à Le Pelletier, XIV, 3; rédige la déclaration révoquant l'édit de Nantes, 47; meurt, 54.

TELLIER (Le), fils du chancelier, archevêque de Reims, XIII, 624.— Son mot sur Jacques II, XIV, 98 *note*.

TELLIER (Le), jésuite, confesseur de Louis XIV, lui présente une consultation de la Sorbonne décidant que tous les biens de ses sujets lui appartiennent, XIV, 556 *note;* ses antécédents, son caractère, son dévouement aux intérêts de sa compagnie, 598, 599; il ranime et redouble la persécution contre les réformés et les jansénistes, 598 et suiv.; est nommé, par un codicile du testament de Louis XIV, confesseur de Louis XV, 612; abandonne le roi mourant, 614. — Est relégué en province, XV, 10.

TEMPIER (Étienne), évêque de Paris, condamne la doctrine de certains franciscains, IV, 284.

TEMPLE (ordre du), sa formation, III, 204; construction du *Temple* à Paris, 523. — Richesses de cet ordre et sa décadence morale, IV, 467 et suiv.; arrestation des templiers, leur procès, leur exécution, suppression de l'ordre, 472 à 482, 486 à 498.

TEMPLE (société du), sa composition, ses idées, ses tendances, XIV, 251, et suiv.

TEMPLE (sir William), ambassadeur d'Angleterre en Hollande, XIII, 331, 348; est rappelé, 362; retourne à La Haie pour entraver le traité de Nimègue, 529, 530; qu'il refuse de signer, 532.

TENCIN (Guérin de), archevêque d'Embrun, réunit un concile provincial et fait condamner l'évêque de Senez, XV, 164; publie un mandement que le parlement de Paris supprime, 164; cardinal, archevêque de Lyon, ministre d'État, aspire à la direction suprême des affaires, 257; fait résoudre une expédition en Angleterre pour restaurer les Stuarts, 266.

TENCIN (Alexandrine de), sœur du précédent, chanoinesse, maîtresse du duc d'Orléans, de Dubois, etc., mère de D'Alembert, XV, 164; réunit dans son salon les beaux esprits contemporains, 330; auteur présumée du *Comte de Comminges*, 334.

TENDE (le comte de), gouverneur de Provence, force le parlement d'Aix à enregistrer l'édit de tolérance, IX, 109; soutient les protestants, 122.

TENKTÈRES, nation germanique. Ils entrent dans la Gaule, sont attaqués en trahison par César, et écrasés, I, 156, 157; appartiennent à la confédération des Istewungs, 214; passent le Rhin et saccagent la Belgique, 235; entrent dans la confédération franke, 267.

TERMES (Paul de), gouverneur de Calais, fait une expédition malheureuse en Flandre, VIII, 468. — Est maréchal, IX, 115.

TÉROUENNE, ville détruite par l'ennemi complétement et pour jamais, VIII, 428.

TERRAI (abbé), conseiller-clerc au parlement de Paris, rapporteur dans l'affaire des jésuites, XVI, 209; contrôleur-général des finances, 247, 274; ses opérations, *ibid.* et suiv., 287 et suiv.; ses opérations sur les blés, 297, 298; il travaille à supplanter Maupeou, veut être chancelier et cardinal, 307; compte rendu financier qu'il présente à Louis XVI, 317; il est renvoyé, 321; la haine publique éclate à la nouvelle de son renvoi, 322.

TERRE-NEUVE (île de). Établissement français sur la côte méridionale, activité de la pêche de la morue, XIII, 559. — Cession de cette île à l'Angleterre, ce que les Français y conservent, XIV, 573.

TERRIDE, chef catholique, fait une campagne en Béarn contre les protestants, IX, 252.

TERTRE (Pierre du), gouverneur du comté d'Évreux pour Charles le Mauvais, roi de Navarre, intrigue contre le gouvernement français, est pris et périt du dernier supplice, V, 316 et suiv.

TESSÉ (lieutenant-général, puis maréchal de) détruit par ordre Heidelberg, et n'a pas le courage d'aller jusqu'au bout, XIV, 105; fait la guerre en Catalogne, 453; est chargé de défendre la frontière du sud-est, 478; dégage Toulon, 481. — Négocie à Paris avec les ministres du tzar, XV, 85; ambassadeur en Espagne, aide la reine Élisabeth de Parme à faire remonter Philippe V sur son trône, 131.

TEST (serment du), ou de suprématie, VIII, 474.

TETRICUS, proclamé empereur à Bordeaux, conspire contre sa propre autorité, figure dans le triomphe d'Aurélien, devient gouverneur d'une province d'Italie, I, 274 et 275.

TETZEL, dominicain saxon, débitant d'indulgences et de dispenses, VII, 517; fait brûler les thèses de Luther, 520.

TEUTATÈS (ou Guyon), divinité des Gaulois, ses attributs, ses fonctions, I, 57; les Romains l'identifient à leur Mercure, 204.

TEUTBERGHE, femme de Lother II, son histoire, II, 454 et suiv.

TEUTOBOKH, chef suprême des Teutons, est livré à Marius, I, 123; montré par Marius aux députés Kimris, 124.

TEUTOMAL, chef des Salyes, réfugié chez les Allobroges, est réclamé par les Romains, I, 110.

Teutons, Scythes nomades. Ils envahissent les bords de l'Euxin, I, 14, refluent vers le nord-ouest de l'Europe, 115; leur expédition au midi, 116 à 123; ils s'efforcent de pénétrer dans la Gaule, 129.

Texier (Jean), architecte, VIII, 139 *note*.

Thamas-Kouli-Khan relève la Perse, et bat les Turcs, XV, 181; est proclamé souverain de la Perse sous le nom de Nadir Schah, 219; se ligue contre les Turcs avec l'Autriche et la Russie, *ibid.;* fait la paix avec les Turcs, et va guerroyer dans l'Inde, 219, 220; ses victoires, 307 *note*.

Thaun (comte de), envahit la Provence à la tête d'une armée austro-piémontaise, XIV, 530, 531.

Théatins. Fondation de cet ordre, VIII, 313.

Thémines (le marquis de), sénéchal du Querci, gagne le bâton de maréchal en arrêtant le prince de Condé, XI, 103; fait la guerre en Guienne contre les huguenots, 186; est fait gouverneur de Bretagne, 241; comprime une émeute en Querci, 305 *note*.

Théod, successeur d'Amalarik, relève les affaires des Wisigoths, II, 14.

Théodat, roi des Ostrogoths, son crime, II, 19; il est massacré par ses soldats, 20.

Théodebald, fils de Théodebert, lui succède, II, 24; meurt à vingt ans, 27.

Théodebald, duc des Allemans, s'unit à Odile contre les Franks, II, 220; envahit l'Alsace, est battu par Peppin, est déposé, 222.

Théodebert, fils de Théoderik, roi des Ripuaires, ses succès dans l'Aquitaine et la Narbonnaise, II, 17; il succède à Théoderik, *ibid.;* s'unit à ses deux oncles pour conquérir la Burgondie, 17; traite avec Justinien contre les Wisigoths, avec les Wisigoths contre Justinien, ce qu'il gagne à ce dernier marché, 20; il envahit l'Italie, sa double trahison, 21; son mauvais succès, *ibid.;* traité avec Justinien, *ibid.;* ses projets contre l'empire d'Orient, sa mort, 23; ses mariages, 25.

Théodebert, fils de Hilperik, est pris par Sighebert, qui lui rend la liberté, II, 42, 43; horreurs de son expédition dans la Touraine, le Poitou, l'Aquitaine, 52; sa mort, 54.

Théodebert, fils de Hildebert, est installé roi de Soissons par son père, et chassé par Frédégonde et Landerik, II, 101; son lot après la mort de son père, 105; son mariage, 108; son traité avec Chlother II, 110; il envahit l'Alsace, sa perfidie envers Théoderik, 117; il fait périr sa femme, 118; ses désastres et sa mort, 118, 119.

Théodehilde, l'une des femmes de Haribert, ses aventures, II, 43, 44.

THÉODEMIR, chef ostrogoth à la bataille des Champs catalauniques, I, 375.

THÉODERIK, roi des Wisigoths, envahit la première Narbonnaise, est repoussé par Aétius, I, 356; ses guerres contre les généraux romains, 358, 359; contre les Huns, 374 et suiv.; sa mort, 377.

THÉODERIK II fait périr son frère Thorismond, I, 379; règne après lui, 380; son instruction, *ibid.*; son expédition contre les Suèves d'Espagne, *ibid.*; ses guerres avec les Romains, 381, 384; sa mort, 390; caractères de son gouvernement, *ibid.*

THÉODERIK *le Grand*, roi des Ostrogoths de Mœsie et de Thrace, domine l'empire d'Orient, conquiert l'Italie; son bon gouvernement et sa puissance, I, 422, 423; se coalise avec Chlodowig contre Gondebald, 430; y gagne la province de Marseille, 433; forme une coalition contre Chlodowig, 439; son inaction pendant la guerre de Chlodowig contre les Wisigoths, 451; il secourt Arles assiégée, 452; gouverne les provinces wisigothes de Gaule et d'Espagne, 455; paix conclue avec Chlodowig, 456. — Mort de Théoderik, II, 11.

THÉODERIK, fils aîné de Chlodowig, soumet une partie de l'Aquitaine, I, 450; assiége Arles, devant laquelle il est battu par Ebbe, général des Ostrogoths, 451, 452. — Sa part dans l'héritage de Chlodowig, II, 2, 4; sa résidence habituelle, 3, il épouse la fille du roi des Burgondes, Sighismond, 5; sa conduite pendant la guerre entre les Franks et les Burgondes, 6, 7; comment il se rend maître de la Thuringe, 10; son expédition en Arvernie, 15, 16; sa mort, 17.

THÉODERIK, chef breton, II, 72.

THÉODERIK, fils de Hildebert, est emmené par Brunehilde en Burgondie, II, 101; son lot après la mort de son père, 104; son expédition en Neustrie, 110; en Austrasie, 112; perfidie de Théodebert envers lui et sa vengeance, 117, 118, 119; sa mort, 120.

THÉODERIK III, fils de Chlother III, est proclamé roi par Ébroïn, détrôné presque aussitôt, tondu, enfermé au monastère de Saint-Denis, II, 153, 154; en est tiré par Leodegher et Leudès, qui le proclament roi, 156; est repris par Ébroïn et confiné dans une métairie isolée, 157; puis replacé sur le trône, 158; est battu par les Austrasiens et devient par là roi titulaire de tous les Franks, 166; rôle qu'il joue à côté de Peppin de Héristall, 167; sa mort, 171.

THÉODERIK de Chelles est couronné par Karle Martel, II, 184.

THÉODERIK, comte, l'un des généraux de Charlemagne, prend part à une campagne contre les Saxons, II, 296; il est surpris avec un corps de troupes considérable par les Saxons, vaincu et tué, 314, 315.

THÉODERIK (Thierri), comte d'Alsace, devient comte de Flandre, III, 291; prend la croix à Vézelai, 430; ses exploits contre les Turks, 444; il reste à Satalie avec le menu peuple des croisés, 444; s'embarque pour Antioche, *ibid.;* attaque sans succès la Normandie, 463; repart pour la Terre Sainte, 467.

THÉODISE, chanoine génois, chef de la croisade albigeoise après l'abbé de Citeaux; sa dureté à l'égard du comte de Toulouse, IV, 40.

THÉODOALD, fils de Grimoald, devient maire du palais à la mort de son père, II, 176; sa mort, 178.

THÉODOSE, comte, père de l'empereur de ce nom, I, 348.

THÉODOSE, empereur, sauve l'empire d'Orient des Wisigoths, I, 322; reconnaît Maxime pour empereur, 323; le défait, lorsqu'il attaque Valentinien II, et lui fait trancher la tête, 325; punit les crimes d'Arbogast après l'avoir battu près d'Aquilée, 328; sa mort, 329.

THÉODOSE II. Son traité avec Attila, I, 369.

THÉODOWALD, fils de Chlodomir, est recueilli par sa grand'mère et assassiné par ses oncles, II, 7 et suiv.

THÉODULFE, théologien et poëte, est fait évêque d'Orléans par Charlemagne, II, 288; lui enseigne les règles de la poésie et de la musique, 291; est déposé par Lodewig le Pieux, comme complice de Bernhard, 375; est rétabli sur son siége, 377.

THÉOPHANIE, femme de l'empereur Othon II, II, 539; se voit arracher la tutelle de son fils Othon III, 541. — Recueille Gerbert, III, 38.

THÉRÈSE (sainte), VIII, 309.

THÉROULDE, trouvère, auteur de la *Chanson de Roland,* III, 344.

THÉVENOT, voyageur et archéologue, XIII, 179.

THIAN (le bâtard de) défend la ville de Senlis, VI, 34; va se joindre aux Anglais devant Orléans, 127.

THIARD (Ponthus de), poëte et publiciste, IX, 519 *note.*

THIARD (comte de), commandant en Bretagne, XVI, 608, 622.

THIBAUD Ier ou TETBOLD, guerrier normand. Comment il acquiert le comté de Chartres, II, 479.

THIBAUD II, *le Tricheur,* comte de Chartres et de Blois; Hugues le Grand, duc de France, lui confie la garde de Lodewig d'Outre-Mer, II, 526; il envahit la Normandie, 533; est battu par le duc Richard Ier, *ibid.;* voit ses domaines ravagés par les Danois, 534.

THIBAUD III, comte de Chartres, Tours et Blois, fait au roi Henri Ier une guerre malheureuse, III, 78, 79; entre dans une coalition contre le duc de Normandie, 84.

THIBAUD IV, comte de Chartres, tantôt l'ennemi de Louis le Gros, tantôt son allié, III, 212, 215, 217, 218, 275, 286; hérite du comté de Champagne, 292; accompagne Louis VII en Aquitaine, 300; lui refuse le service militaire, 420; lutte contre lui, 421 et suiv.; se voit offrir par deux fois la couronne d'Angleterre, 297, 425; meurt, 453.

THIBAUD, second fils de Thibaud IV, comte de Champagne, de Brie, de Chartres et de Blois, hérite de ces deux derniers comtés, III, 453; tente de s'emparer par force d'Éléonore d'Aquitaine, 461; guerroie contre Henri Plantagenêt, comte d'Anjou, 463; contre le roi de France, 468; prend la croix, 528 est au siége de Saint-Jean-d'Acre, 540; meurt en Palestine, 548.

THIBAUD V, comte de Champagne, prend la croix à Arcis-sur-Aube, III, 568; meurt, *ibid.*

THIBAUD VI, comte de Champagne. Sa retraite au siége d'Avignon; soupçons qu'elle fait naître, IV, 129; ses relations avec la cour de France, son dévouement pour la reine mère, et ce qu'il y gagne, 136, 138 et suiv.; il sert de médiateur entre la reine et Raimond de Toulouse, 148; s'allie au duc de Bretagne, 167; devient roi de Navarre, 168; prend la croix, 174; quitte précipitamment la Palestine, 178; sa mort, 264.

THIBAUD VII, comte de Champagne et roi de Navarre, fils du précédent, épouse Isabelle, fille de Louis IX, IV, 264; prend la croix, 324; meurt à Trapani, 333.

THIELEMENT, député de Paris aux États-Généraux de 1593, refuse de voter la réponse aux propositions espagnoles, rédigée par le duc de Mayenne, X, 320; envoie à l'Hôtel-Dieu sa part de la somme distribuée aux députés par l'ambassadeur espagnol, 325 *note*.

THIERRI, comte de Hollande, entre dans une coalition contre l'empereur, III, 87.

THIERRI DE PERWEIS est pris pour évêque par les Liégeois, V, 491; périt à Hasbain, 495.

THIERSTEIN (le comte de) commande, à Morat, la cavalerie suisse, VII, 110; à Nanci, l'avant-garde, 115.

THIONVILLE, prise sous Henri II, VIII, 467; rendue à la paix, 477. — Est prise de nouveau par le prince de Condé, XII, 172.

THOMAS D'AQUIN (saint), IV, 264; général des dominicains, 269; sa doctrine théologique, philosophique et politique, 270 et suiv., 277 et suiv.; son intolérance, 285.

THOMAS de SAVOIE, prince de Carignan, combat les Français dans la Tarentaise, XI, 329; commande une armée espagnole dans le Luxembourg, où il est battu, 431, 432; envahit la Picardie, 449 et suiv.; fait lever le siége de Saint-Omer, 484, 485; chasse de Turin la duchesse de Savoie, 500; s'empare de Nice, 501; est battu par le comte d'Harcourt, 502; défend Turin contre l'armée française, qui le réduit à capituler, 520, 521; négocie avec Richelieu, puis se rattache à l'Espagne, 544, 545; s'accommode avec la duchesse de Savoie et avec la France, 573. — Ne peut empêcher les Espagnols de prendre Tortone, XII, 175; combat les Espagnols, 199, 205; échoue dans une entreprise contre Orbitello, 220, 221.

THOR, dieu scandinave, I, 217.

THORÉ (le seigneur de), fils d'Anne de Montmorenci, est envoyé par la reine mère auprès de l'amiral de Coligni, IX, 215; se joint au parti protestant, 369; s'enfuit lorsque le complot du duc d'Alençon est découvert, 375; amène en France un corps de reîtres qui est dispersé par le duc de Guise, 420; commande les huguenots du Midi, 465. — Ramène Senlis à la cause royale, X, 150.

THORISMOND, fils aîné de Théoderik, roi des Wisigoths, I, 376; est blessé aux Champs Catalauniques, 377; est proclamé roi sur le champ de bataille, 378; est assassiné par ses frères, 379.

THOU (Christophe de), président à la Tournelle, VIII, 499. — Signe l'arrêt de mort d'Anne Du Bourg, IX, 31; préside la commission chargée d'instruire le procès du prince Louis de Condé, 57; proteste, au nom du parlement, contre l'édit de tolérance, 110 *note;* devient premier président, 163 *note;* proteste, au nom du parlement, contre le traité d'Amboise, 167; est chargé d'informer contre les meurtriers de Coligni, 312; sa faiblesse après la Saint-Barthélemi, 334; il préside les juges de La Mole et de Coconas, 376; gêne les débuts de la Ligue à Paris, 436; commence la réforme de la *Coutume de Paris*, 490 *note;* son mot sur les édits bursaux d'Henri III, 505 *note.*

THOU (Jacques-Auguste de), auteur de l'*Histoire universelle*, VIII, 335 *note*, 390. — Conseiller au parlement de Paris, est chargé par Henri III de sonder les dispositions de la ville de Rouen, X, 85; président au parlement, négocie à Loudun avec les protestants, 422; fait partie de la commission qui réforme l'Université, 478; combat en vain le rappel des jésuites, 532. — Est présenté par Achille de Harlai pour la première présidence, et repoussé par le pape, XI, 33; porte aux princes révoltés la réponse de la reine, 44; et traite avec eux, 45.

THOU (Nicolas de), évêque de Chartres, reçoit Henri III dans cette ville après la *Journée des Barricades*, X, 79; prépare Henri IV à l'abjuration, 327; le sacre, 345.

THOU (Augustin de), président au parlement de Paris, est arrêté sur son siége par les ligueurs, et mis à la Bastille, X, 127; achète la permission de sortir de Paris, 225.

THOU (François de), fils de l'historien, complice de Cinq-Mars, XI, 555, 562, 563; est arrêté, jugé, condamné, exécuté, 566 et suiv.

THOUARS (le vicomte de), tente sans succès de se soustraire à la suzeraineté du roi d'Angleterre, III, 482.

THOUARS (Gui de), époux en secondes noces de Constance, duchesse de Bretagne, aide Philippe-Auguste à conquérir la Normandie, III, 579; prend le titre de duc de Bretagne, 584.

THOUARS (Louis de La Trémoille, duc de), chef de la Ligue dans le Poitou, IX, 436.

THOUARS (Claude de La Trémoille, duc de), fils du précédent, embrasse le protestantisme, X, 12; quitte l'armée d'Henri IV après le contrat passé entre ce prince et les chefs catholiques, 178; combat à Ivri, 200; rejoint Henri IV devant Paris, 218.

THOUARS (Henri de La Trémoille, duc de), fils du précédent, se soulève contre Louis XIII, avec le prince de Condé, XI, 96; conseille en vain la modération à l'assemblée protestante de La Rochelle, 171; est élu par elle chef du 3e cercle, 172; se soumet au roi, 175; abjure le calvinisne, 280.

THOULONGEON, maréchal de Bourgogne, est fait prisonnier, VI, 98; battu en Champagne, 245; secourt le comte de Vaudemont, 308.

THRASIKO, prince des Slaves Obotrites, est battu par les Saxons, II, 332; est chassé de ses domaines par la coalition des Normands, Wélétabes, etc., 353; est assassiné à Rerik, 356.

THUDUN, khan des Huns. Envoie une ambassade à Charlemagne, II, 323; se soumet aux Franks, 326; se révolte, 333.

THURINGE (le landgrave de) est à la cinquième croisade, III, 540.

THUROT, ancien corsaire, descend en Irlande avec une escadrille; l'escadrille est prise, et lui tué, XV, 547.

TIBATO entraîne à la révolte une partie de la Gaule, I, 357; est défait par Aétius, pris, mis à mort, 358.

TIBÈRE. Ses entreprises contre les Germains, I, 218, 219; il revient dans les Gaules après le désastre de Varus, 221; repasse le Rhin, *ibid.*; succède à Auguste, *ibid.*; sa modération après la révolte des Gaulois, 225.

TIERS ÉTAT. Son apparition dans l'histoire, éléments dont il se forme, ses futures destinées, III, 266 et suiv. — Sa première apparition officielle, IV, 428. — Grand débat sur le point de savoir dans quelle proportion il sera représenté aux États-Généraux de 1789, XVI, 610, 611, 615 à 626; la question est tranchée par le roi, 627; débats et négociations sur la vérification des pouvoirs, 652 et suiv.; le *Tiers état* se déclare *Assemblée nationale*, 655, 656.

TIGNONVILLE (sire de), prévôt royal à Paris. Sa querelle avec l'Université, V, 481.

TIGNONVILLE (Mlle de), maîtresse du roi de Navarre, IX, 524 *note*.

TIGURINS. Ils se joignent aux Kimro-Teutons, I, 116; battent le consul Cassius, 118; gardent les Alpes tridentines, 124; retournent chez eux après la bataille des Champs Raudiens, 125; sont taillés en pièces par César, 142.

TILLEMONT, historien. Ses travaux, XIII, 177, 178; il écrit pour le dauphin la vie de saint Louis, 245.

TILLET (Du), greffier du parlement de Paris, auteur du traité de la *Majorité des rois de France*, IX, 32 *note;* fait partie de la commission formée pour juger le prince de Condé, 57; auteur du *Recueil des rois de France*, 390.

TILLI, général wallon, renverse du trône de Bohême l'électeur palatin, XI, 165; combat les chefs luthériens Mansfeld et Halberstadt, 188; les Bas-Saxons et les Danois, 223; les défait à Lutter, 258; les bat de nouveau et s'empare du Danemark continental, 311; commande l'armée impériale, 335, 362; assiége et détruit Magdebourg, 363; est vaincu par Gustave-Adolphe à Leipzig, 364; et sur les bords du Lech, où il perd la vie, 370, 371.

TILLI (comte de), commande les Hollandais à Malplaquet, XIV, 523.

TIPPOU-SAEB détruit un corps d'armée anglo-indien, XVI, 477 *note;* succède à son père Haïder-Ali, 480; va défendre le Malabar contre les Anglais, *ibid.;* qu'il défait, 482; continue la guerre après la paix de 1783, et la termine honorablement, 487.

TIR A RICOCHET, XIII, 340 *note*.

TIRAQUEAU, juriste du XVIe siècle, VIII, 141; arrache Rabelais aux moines, 206.

TIRIOT, maître maçon de Paris, imagine la digue de La Rochelle, XI, 274.

TITIEN, peintre italien, VII, 466.

TOIRAS, gouverneur du pays d'Aunis, XI, 262; défend l'île de Ré contre les Anglais, 264 et suiv.; va prendre possession du Montferrat, 299; défend Casal, 329, 332; est fait maréchal, 346; négocie la paix entre l'Espagne et la Savoie, 359; meurt, 445.

Toiras, frère du maréchal, évêque de Nîmes, coopère au siège de La Rochelle, XI, 273; embrasse le parti de Gaston d'Orléans et du duc de Montmorenci, 381; est gracié, 387 *note*.

Toisé (édit du), XII, 179, 180.

Tolède (don Pedro de), vice-roi de Naples, détesté des Napolitains, VIII, 426; meurt, 427.

Tolède (don Garcias de), fils du précédent, assiége Sienne sans succès, VIII, 427.

Tolède (don Fadrique de), fils du duc d'Albe, surprend et défait le corps d'armée du seigneur de Genlis, IX, 302.

Tolède (don Pedro de), ambassadeur d'Espagne auprès d'Henri IV, sa négociation, X, 549.

Tolérance (édit de), IX, 108, 109.

Toleto (le cardinal) pousse Clément VIII à se réconcilier avec Henri IV, X, 379.

Toltèques, peuple d'Amérique, VIII, 8 *note*.

Tombe (conférences de la) pour terminer la guerre civile des Bourguignons et des Armagnacs, VI, 35.

Tombelles. Tombelle de Gavr-Ynis, I, 49 et 50.

Tongres, Tongriens, Thuringiens. Les Romains leur donnent les terres des Éburons, I, 217.

Tonlieu (droit de), *Teloncum*, II, 125.

Tonti, inventeur des *tontines*, XII, 487.

Torelli, ingénieur italien, construit les fontaines jaillissantes de Vaux, XIII, 30.

Torgau (bataille de), XV, 567.

Torstenson, général suédois, XI, 552; conquiert la Silésie et bat les impériaux à Breitenfeld, 574. — Envahit la presqu'île danoise, XII, 193; détruit deux armées impériales, *ibid.*, 205; échoue devant Brün, 211; se retire du service, 216.

Tortue (île de la). Établissement des flibustiers, XI, 428 *note*.

Tory (Geoffroi), maître des Estienne, IX, 2, 9.

Tory (parti). Origine de ce sobriquet, XIII, 573.

Tostig ou **Toustain Scitel**, à la tête de 40 pèlerins normands, sauve Salerne attaquée par les Sarrasins, III, 86.

Tostig, frère du roi Harold, gouverneur du Northumberland, est chassé par ses administrés, il amène les Norvégiens en Angleterre et périt dans une bataille, III, 117.

Totila, roi des Ostrogoths, défait par Narsès, II, 25.

TOTT (baron de), Hongrois au service de France, agent du duc de Choiseul à Constantinople, organise l'artillerie othomane et met en défense le détroit des Dardanelles, XVI, 270.

TOUCHARD, abbé de Bellosane, confident du cardinal de Vendôme et intriguant à son profit, X, 245, 274.

TOUCHET (Marie), maîtresse de Charles IX, IX, 379 *note*.

TOUL réunie à la France, VIII, 414.

TOULON. Grands travaux que Vauban y fait exécuter, XIII, 565. — Siége de cette ville par le duc de Savoie et le prince Eugène, XIV, 479 et suiv.

TOULOUSE (Tolosa), chef-lieu des Belges ou Volkes-Tectosages, I, 23; dont une bande y rapporte les dépouilles de la Grèce, 27; est surprise et pillée par les Romains, 118, 119; occupée par les Wisigoths, 343; qui en font leur capitale, 353; occupée par les Franks, 451. — Capitale du duché d'Aquitaine, II, 168: assiégée par les Arabes et sauvée par Eude, qui remporte sur eux une victoire éclatante, 192; occupée par Peppin, qui détruit le duché devenu royaume d'Aquitaine, 218; capitale d'un nouveau royaume d'Aquitaine formé par Charlemagne au profit de son fils Lodewig, 286; enlevée par Guilhem, fils de Bernhard, à Karle le Chauve, qui l'assiége sans succès, 429; y rentre enfin, et la donne en fief héréditaire à Fridelo, chef de la maison des comtes de Toulouse, 438; sac de Toulouse par les Normands, *ibid*. — Municipalité de Toulouse, III, 230, 233, 259; menacée par Henri II, roi d'Angleterre, cette ville est sauvée par Louis VII, roi de France, 467, 468. — Occupée par Simon de Montfort, IV, 55; le chasse, 102 et suiv.; siége de Toulouse par ce capitaine et les croisés, 105 et suiv.; dernière guerre et traité de Meaux, qui assure Toulouse à la France, 147 et suiv.; concile catholique à Toulouse, 152; inquisition établie en cette ville, 153; sa réunion définitive à la couronne, 348; institution des *jeux floraux*, 554. — Combat entre les catholiques et les protestants dans les rues de Toulouse, et massacre de ces derniers, IX, 127. — Meurtre du président Duranti, X, 138. — Meurtres judiciaires commis, par fanatisme religieux, par le parlement de Toulouse, XVI, 140.

TOULOUSE (comte de), fils de Louis XIV et de Mme de Montespan, amiral de France, campagne maritime qu'il fait contre les Anglais, bataille navale de Vélez-Malaga, XIV, 432 et suiv.; va concourir au siége de Barcelone, 453; se retire devant des forces supérieures, 454; degré de son élévation, 609; position que lui fait le testament de Louis XIV, 611. — Le duc d'Orléans lui donne une place au conseil de régence, XV, 8, et l'autorité supérieure au conseil de marine, 9; il est dépouillé du droit de successibilité au trône, 43 *note;* conserve, sa vie durant, les honneurs dont il a été revêtu, 46.

Tour (La), protestant, est brûlé en place de Grève, VIII, 153.

Tour-du-Pin (Mlle de La) dirige la résistance des Dauphinois contre l'invasion du duc de Savoie, XIV, 169.

Tour-du-Pin (La), gouverneur de Bourgogne. Mot cruel qui lui est attribué, et qui met sa vie en danger, XVI, 344.

Tournai. Commune de cette ville, III, 262 *note*, 520. — Tournai cédée par François Ier à Charles-Quint, VIII, 117.

Tournefort, botaniste, XIV, 261.

Tourneur (Pierre Le) (Versoris), avocat au parlement de Paris, plaide pour les jésuites, IX, 203; est député de Paris aux États-Généraux de 1576, 446, 450; orateur du tiers état, et voit ses conclusions rejetées, 456. — Meurt de douleur en apprenant la mort du duc de Guise, X, 119 *note*.

Tournier, avocat, député aux États de Blois, excite les ligueurs toulousains à la sédition, X, 138.

Tournon (François de), archevêque d'Embrun, ambassadeur en Espagne, VIII, 81; préside un concile provincial à Bourges, 158; excite le roi contre les protestants, 222; représente au ministère le parti catholique, 268; son rôle dans le drame de Mérindol et de Cabrières, 331 et suiv.; il est chargé de garder François Ier mort, 360; est mis en accusation pour l'affaire de Mérindol, et acquitté, 371; persécute Michel Servet, 484. — Rejette l'appel comme d'abus d'Anne Du Bourg, IX, 29; s'oppose à la réunion des États-Généraux demandée par les réformés, 54; conseil utile qu'il donne à la reine mère, 77; il s'unit aux *triumvirs*, 82 *note;* proteste contre le colloque de Poissi, 86; s'efforce d'y étouffer la discussion, 98 et suiv.; meurt, 158 *note*.

Tours. Municipalité de cette ville, III, 265. — Combat de Tours entre les armées royales et l'armée de la Ligue, X, 147.

Tourville, lieutenant du vice-amiral d'Estrées, XIII, 389; emporte la place d'Agosta, en Sicile, 486; reconnaît la position de l'ennemi devant Palerme, et trace le plan d'attaque, 489; bloque Alger, 594. — Croise devant la rade de Gênes, XIV, 25; bombarde Tripoli et Alger, 27; force l'amiral espagnol Papachin à saluer son pavillon, 28; amène à Brest la flotte de la Méditerranée, 113; vice-amiral, défait à Beachy-Head la flotte anglo-hollandaise, 136 et suiv.; est rappelé à Brest, 144; intercepte, dans la Manche, une flottille de commerce anglaise, 149; commande la flotte destinée à l'invasion de l'Angleterre, 156; bataille de la Hougue, 157 et suiv.; est fait maréchal, 179 *note;* prend ou détruit cent navires anglais, 182, 183 ; appuie les opérations du duc de Noailles en Catalogne, 196, 199 ; rentre à Toulon, 200 ; meurt, 390 *note*.

Toussac (Charles), échevin, ami d'Étienne Marcel, V, 177 ; son rôle dans les événements de cette époque, 183, 184, 188, 201 ; sa mort, 210, 211.

Toussaint, professeur de grec au collége royal, VIII, 144.

Toxandriens. Où ils s'établissent, I, 217.

Traci (Guillaume de), l'un des assassins de Thomas Becket, III, 489.

Traité de la fréquente communion, esprit de ce livre, effet qu'il produit, XII, 88.

Trajan est adopté par Nerva, ses conquêtes, grandeur de l'empire sous son règne, I, 240 et 241.

Tranquille, capucin, exorciste d'Urbain Grandier, et historien du procès de ce prêtre, XI, 606.

Trans (le marquis de) essaie d'organiser en Guienne une ligue contre les protestants, IX, 186.

Trasegnies (le sire de), connétable de France, demande justice à Louis ix contre Enguerrand de Couci, IV, 203.

Traun, feld-maréchal, commande, avec le prince Charles de Lorraine, l'armée autrichienne, XV, 269 ; force le roi de Prusse à évacuer la Bohême, 272 et suiv.

Trautmansdorf (le comte de), principal ministre de l'empereur au congrès de Westphalie, essaie en vain de désunir la France et la Suède, XII, 230 ; est rappelé, 254.

Tréaumont (La), officier sans emploi, conspire avec le chevalier de Rohan, XIII, 457 ; se fait tuer plutôt que de se rendre, 459.

Trébati, sculpteur, auxiliaire de Primaticcio, VIII, 136.

Trébonius, lieutenant de César, assiége Massalie, I, 192.

Tremblai (Joseph Du), dit *le Père Joseph*, capucin, fait cesser l'exil de Richelieu, XI, 144 ; prend part à la campagne de 1621 contre les huguenots, 176 ; est nommé par le pape directeur des missions du Levant, des États barbaresques et du Canada, 213 *note;* tente de soulever les Grecs contre les Turcs, *ibid.;* prend part au siége de La Rochelle, 273 ; négocie le traité de Ratisbonne, 334 et suiv. ; est disgracié en apparence, 340 ; écrit en faveur du cardinal de Richelieu, 352 ; correspond avec Waldstein, 400 ; est chargé de démontrer à Gaston d'Orléans la non-validité de son second mariage, 417 ; ne peut devenir cardinal, 463 ; meurt, 494.

Trémoille (Georges, seigneur de La) hante la reine Isabeau, VI, 28 ; coopère à l'enlèvement du sire de Giac, 111 ; trahit le connétable de

Richemont, 114; ses intrigues, 150; il s'oppose à l'admission de Jeanne Darc, 151; négocie sans fruit avec l'Aragon, 158; ses procédés avec les comtes de Richemont, de La Marche et autres, 180; il assiste au sacre de Charles VII, 188; complote contre Jeanne Darc, 200 et suiv., 219; paie de sa personne à Mont-Espilloi, 205; est renversé, 318; conspire contre le gouvernement, 386; ses excès en Poitou, 402; sa mort, 472.

Trémoille (Georges, sire de La), fils du précédent, est du complot tramé contre Jacques Cœur, VI, 472. — Est chargé par Louis XI d'occuper la Bourgogne, VII, 121; la fait soulever par ses déprédations, 128; perd ce gouvernement, 137; assiége le duc d'Orléans dans Beaugenci, 199.

Trémoille (Louis de La) bat les Bretons et le parti d'Orléans à Saint-Aubin-du-Cormier, VII, 205 et suiv.; prend Saint-Malo, 207; commande à Fornovo l'arrière-garde française, 275; commande en Italie, 322, 340; donne sa démission, 342; pousse Louis XII à marier sa fille avec le duc de Valois, 354; fait en Lombardie une campagne malheureuse, 416 et suiv.; défend la Bourgogne contre les Impériaux et les Suisses, 424; traite avec ces derniers, 425; somme le parlement d'enregistrer le concordat, 463. — Repousse de Picardie une armée anglo-néerlandaise, VIII, 47; sages conseils qu'il donne à François Ier, 58, 62; il périt à la bataille de Pavie, 65.

Trémoille (Charlotte de La), princesse de Condé, est accusée de l'empoisonnement de son mari, X, 53 *note;* acquittée au bout de huit ans, et abjure le protestantisme, 403 *note*. — Signe le traité de la paix de Loudun, XI, 98 *note*.

Trémoille (duc de La), prince de Tarente, frondeur, XII, 329; veut avoir le Roussillon, 332; embrasse le parti du prince de Condé, 384 sa querelle avec le comte de Rieux, 424; Cromwell lui offre le commandement éventuel des calvinistes français, 475 *note*. — Il abjure le calvinisme, XIII, 267.

Trémoille (duc de La). Fière déclaration qu'il fait à Louis XV, XV, 204.

Trencavel, fils de Raimond-Roger, vicomte dépossédé de Béziers, IV, 39; est rétabli à Béziers, 109; assiége Carcassonne, 148; se retire en Aragon après avoir de nouveau perdu son patrimoine, 150; tente sans succès de le recouvrer, 184, 185, 193; s'accommode avec le roi de France, 212.

Trêve de Dieu, III, 79 et suiv.

Trévires, peuple belge, I, 130; ils envoient une députation à César, 144;

leur mouvement avorté contre les Romains, 162 ; ils sont réduits par Labiénus, 189 ; révoltes étouffées sous Auguste, 197 ; peuple *autonome*, 199 ; Galba les réduit au rang de *sujets provinciaux*, 233 ; ils se joignent à Civilis, 236 ; sont battus, 238.

TRÉVOR, ambassadeur d'Angleterre en France, communique à Louis XIV le traité de La Haie, XIII, 338.

TRÉVOUX (*Trivurtium*). Grande bataille auprès de cette ville entre les légions d'Albinus et celles de Septime-Sévère, I, 258.

TRIADES, I, 47, 64, 75 et suiv.

TRIBOKHES, peuple germain, I, 145.

TRICASSES, peuple gaulois. Leur territoire est compris dans la Lugdunaise, I, 196.

TRINITÉ DRUIDIQUE, I, 75.

TRINITÉ (dogme de la sainte), I, 250, 298, 299. — II, 319, 320.

TRISTAN, type symbolique des poésies kimriques, III, 359.

TRISTAN (poëme de), III, 371.

TRISTAN L'ERMITE, prévôt des maréchaux, VI, 356 ; exécute le bâtard de Bourbon, 396 ; arrête le duc d'Alençon, 550. — VII, 84 ; arrête et fait décapiter les députés d'Arras, 129 ; atrocités commises par lui autour de la demeure de Louis XI, 145.

TRIVIUM. Les trois arts littéraires, II, 290 *note*.

TRIVULCE (Jean-Jacques) livre Capoue aux Français, VII, 267 ; quitte Naples avec Charles VIII, 271 ; commande à Fornovo l'avant-garde française, 274 ; commande la garnison d'Asti, 278 ; est un des trois chefs de l'armée d'Italie, 317 ; gouverneur du Milanais, 320 ; est forcé d'évacuer Milan, 321 ; y rentre, 325 ; ses campagnes contre l'armée du pape et les Vénitiens, 393, 394, 395, 416 ; il est battu à Novarre, 417 ; rentre en France, 419 ; repasse les Alpes avec François Ier, 444 ; son mot sur la bataille de Marignan, 449. — Ses disgrâces et sa mort, VIII, 16.

TROCKMORTON, ambassadeur d'Angleterre, excite les huguenots à prendre les armes, IX, 34 *note*, 120 ; négocie avec le prince de Condé, 140 *note ;* est pris par les catholiques après la bataille de Dreux, 147.

TROIES, ville principale du pays des *Tricasses*, est épargnée par Attila, I, 372. — Assiégée par les seigneurs coalisés contre le comte de Champagne Thibaud VI et leur résiste victorieusement, IV, 141 ; réunie au domaine royal, 356, 357, 384, 521 *note*. — Est le siége du gouvernement de la reine Isabeau et du duc de Bourgogne, VI, 33, 34 ;

traité de Troies, qui livre la France au roi d'Angleterre, 67 ; siége et prise de cette ville par Jeanne Darc, 182 et suiv.

Tronjoli, chef d'escadre, XVI, 433.

Tromp (Martin), amiral hollandais, détruit une flotte espagnole, XI, 494.
— Bloque le port de Mardyck, XII, 215 ; celui de Dunkerque, *ibid.* ; se signale et meurt en combattant les Anglais, 473.

Tromp, vice-amiral hollandais, XIII, 311 ; maltraite une escadre anglaise, 426 ; observe les côtes de Normandie, 457 ; retourne en Hollande, 459 ; gagne deux batailles sur la marine suédoise, 497, 517.

Tronchin, protestant émigré, XIV, 61.

Trophime (saint), apôtre d'Arles, I, 268.

Troubadours, Trouvères, III, 341 et suiv.

Troussel (Gui), seigneur de Montlhéry, très-incommode au roi de France, son départ pour la croisade, son retour peu glorieux, ses arrangements avec Philippe Ier et Louis le Gros, III, 209, 210 ; il se révolte, 212 ; est battu, 213 ; perd la charge de sénéchal, 214.

Truchses (Gebhard), archevêque-électeur de Cologne, se fait luthérien, se marie, est déposé par le pape et se réfugie en Hollande, IX, 535.

Trudaine, chef du bureau du commerce, directeur des ponts et chaussées, XVI, 166.

Tuchins, insurgés du Languedoc, V, 348, 395, 401.

Tucker (Josias), économiste anglais, XVI, 164.

Tudor (Owen) épouse la veuve d'Henri v et fait souche de rois d'Angleterre, VII, 197 *note*.

Tughènes, tribu helvétique. Ils se joignent aux Kimro-Teutons, I, 116 ; sont exterminés aux Champs Raudiens, 125.

Tuisto, dieu germain, I, 213.

Tulinges, peuple gaëlique. Ils se joignent aux Helvètes, I, 141.

Turenne (le vicomte de) est de la première croisade, III, 179.

Turenne (le vicomte de) se fait protestant, et prend les armes contre Henri III, IX, 446 ; est l'amant de la reine de Navarre, 496. — Projets dont on l'accuse, X, 3 ; ses opérations militaires en Guienne et Poitou, sous les ordres du roi de Navarre, 17, 18, 36, 39, 41, 43 ; il rejoint Henri IV devant Paris, 217 ; va chercher des auxiliaires à l'étranger, 244 ; en amène, 258 ; devient duc de Bouillon, et maréchal, 259 ; fait la guerre au duc de Lorraine, 288 ; pousse Henri IV à la guerre contre l'Espagne, 374 ; envahit sans résultat le Luxembourg, *ibid.* ; reprend Ham sur les Espagnols, 384 ; est battu devant Doullens, 385 ; conspire avec le maréchal de Biron, 506, 514 ; s'enfuit en Allemagne, 519 ; se soumet, 541, 542. — Est appelé à la cour par

Marie de Médicis, XI, 8; cabale contre Sulli, 22; joue un rôle équivoque à l'assemblée protestante de Saumur, 27; est ambassadeur en Angleterre, 36; cabale, intrigue, prend et dépose les armes à plusieurs reprises, et, chaque fois, met le trésor public à contribution, 42, 46, 87, 91, 94 et suiv., 98, 101, 102, 104 et suiv., 139; prêche la modération à l'assemblée protestante de La Rochelle, 171; refuse le commandement général qu'elle lui a décerné, 172, 174; appelle des *Condottieri* allemands au secours des huguenots de France, 188; meurt, 200 *note*.

TURENNE (Henri de La Tour d'Auvergne, vicomte de), second fils du précédent, demeure protestant, XI, 456 *note;* défend Maubeuge avec éclat, 471; conduit un corps de volontaires liégeois auxiliaires, 480; s'illustre au siége de Brisach, 490, 491; est envoyé en Piémont, maréchal de camp, 501; aide le comte d'Harcourt à Casal et à Turin, 519, 524; est envoyé en Roussillon, lieutenant-général, 558. — Maréchal, XII, 171; remplace le maréchal de Guébriant à l'armée d'Allemagne, 174; après avoir repris Trino aux Espagnols, 175; se forme péniblement une petite armée, 194; refoule l'armée bavaroise, 195, 196; prend Philipsbourg, et se rend maître du cours du Rhin jusqu'à Coblentz, 197, 198; franchit ce fleuve, est battu à Marienthal, se retire dans la Hesse, 206, 207; reprend l'offensive, très-belle campagne, bataille de Nordlingen, 208 à 212; autre belle campagne qui force l'électeur de Bavière à la paix, 217 et suiv.; il force de même à la paix le landgrave de Hesse-Darmstadt, et l'électeur de Mayence, 241; apaise la révolte de l'armée weimarienne, et va guerroyer dans le Luxembourg, *ibid.* et 242; passe le Rhin, 255; bat les impériaux à Zusmarshausen, 257, 258; embrasse le parti de la Fronde, perd son armée, se réfugie dans la Hesse, 327 à 329; est réconcilié par Condé avec la cour, 349; se soulève quand ce prince est arrêté, *ibid.*; traite avec l'Espagne, est décrété de lèse-majesté, 352; porte la guerre en France sous le drapeau espagnol, et perd la bataille de Rethel, 354, 355, 359, 360, 363; refuse de prendre part à la nouvelle rébellion du prince de Condé, 383; se donne tout entier à la cause royale, 388, 395; sauve la cour à Jargeau, 397; à Bléneau, 399; bat les insurgés à Étampes, 405; assiége Étampes, 406; lève le siége, 407; repousse le duc de Lorraine, 408; combat le prince de Condé au faubourg Saint-Antoine, 410 et suiv.; empêche la cour de s'éloigner de Paris, 422; occupe Villeneuve-Saint-Georges, 426; ramène le roi à Paris, 428, 429; soutient la guerre contre le prince de Condé en Champagne, en Lorraine, prend Bar, Ligni, Château-Porcien, 440,

444 ; est ministre d'État, 444 ; prend Rethel, 455 ; Mouzon, 456, 457 ; couvre le siége de Stenai, 460 ; force les lignes d'Arras, 461 et suiv. ; prend le Quesnoi, 463 ; concilie la cour et le parlement, 468 ; prend Landrecies, Condé, Saint-Ghislain, 469 ; manque Valenciennes, mais sauve l'armée et la campagne, 483, 484 ; prend La Capelle, 485 ; investit Cambrai sans résultat, 489 ; couvre le siége de Montmédi, *ibid.* ; prend Saint-Venant, Mardyck, 490 ; investit Dunkerque, et bat les Espagnols en avant de cette ville, 493, 495, 496 ; prend Bergues, Furnes, Dixmuyde, 498 ; couvre le siége de Gravelines, 499 ; prend Menin, Ypres, 500 ; Comines, 501 ; est *maréchal-général des camps et armées du roi.* 533. — Est fréquemment consulté par Louis XIV, XIII, 6 ; sollicite en faveur de Fouquet, 41 ; refuse le titre de connétable offert pour prix d'un changement de religion, 266 ; se convertit, 267 ; commande l'armée de Flandre, et obtient d'immenses succès, 316 à 322 ; prépare l'expédition de Hollande, 377 ; commande le premier corps de l'armée d'invasion, 380 ; prend Maseick, *ibid.* ; Rees, 382 ; remplace Condé, blessé, 385 ; prend Arnheim, Knotzembourg, Schenk, 387 ; Nimègue, 392, 400 ; Crèvecœur, Bommel, 403 ; va opérer au delà du Rhin, 408 ; défend les passages de ce fleuve contre le Grand Électeur et Montecuculli, 409 ; puis la vallée de la Meuse, 410 ; passe de nouveau le Rhin, et se rend maître de la Westphalie, 412, 413, 421 ; est trompé par Montecuculli, 430, 431 ; couvre la conquête de la Franche-Comté, 440 ; admirable campagne en Alsace, victoires de Sintzheim, d'Entzheim, de Mulhouse, 445 à 455 ; retour triomphal du grand capitaine à Paris, 456 ; sa dernière campagne et sa mort, 473 et suiv. ; honneurs funèbres qui lui sont rendus, 478.

Turgot (Michel), prévôt des marchands, XVI, 183 *note.*

Turgot (Anne-Robert-Jacques), fils du précédent, maître des requêtes, écrit en faveur des protestants, XV, 442 *note.* — Travaille à l'*Encyclopédie*, XVI, 49 ; résume et fait appécier les idées de M. de Gournai, 167, 181 ; ses premières années, ses études, ses travaux, ses opinions, ses doctrines, 182 à 196 ; bienfaits de son administration en Angoumois et en Limousin, dans la crise des céréales, 297 ; il est nommé ministre de la marine, 320 ; contrôleur-général des finances, 321 ; exposé de principes et propositions qu'il fait au roi, 322, 323 ; ses plans, 324 et suiv. ; ses premières opérations, 331, 332 ; il est opposé à la reconstitution des anciens parlements, 334 ; suite de ses opérations, 337 et suiv. ; inimitiés qui se liguent contre lui, 339, 349 ; *guerre des farines*, 344 à 350 ; vains efforts qu'il fait pour modifier le programme du sacre, 352 ; il réclame la liberté des cultes, 353 ; provoque les remontrances de la cour des aides, 359 ; décide Malesherbes à accepter le ministère de la maison du roi, 360 ; réformes et utiles établissements qu'on lui doit, 361 et suiv.; il propose le comte de Saint-Germain pour le ministère de la guerre, 364 ; amélioration de la situation financière, fruit de son administration, 367 ; nouvelles réformes, 367 à 375 ; lettre qu'il écrit en réponse à une diatribe de l'avocat-général Séguier, 377 ; ligue formée contre lui, *ibid.*; moyens qu'on emploie pour le renverser, et qui réussissent, il se retire, 378 et suiv.; son entrevue avec Voltaire, 394 ; son avis sur la question américaine, 414 ; sa mort, 504 ; il a introduit en Auvergne et en Limousin la culture de la pomme de terre, 523 *note*.

TURIN (siége de) levé après une bataille perdue, XIV, 461, 462, 464, 465.

TURLUPINS, V, 309.

TURMOD, chef normand, est vaincu et tué par Lodewig d'Outre-Mer, III, 523.

TURNÈBE ou TOURNEBUE, philologue, IX, 2 ; sa religion, 16.

TURONS, peuple gaulois, I, 152 ; ils prennent part au soulèvement provoqué par Vercingétorix, 167 ; leur territoire est compris dans la province lugdunaise, 196 ; ils s'insurgent sans succès contre la domination romaine, 223, 224.

TUTOR (Julius), l'un des auteurs du soulèvement des Trévires contre Vespasien, I, 236 ; sa fin, 239.

TY ou ZIO, dieu des Germains, I, 212.

TYRIUS, recteur du collége des jésuites de Paris, X, 218.

U

UBIENS, peuple germain. Ils poursuivent les Suèves vaincus par César, I, 146 ; s'allient aux Romains et s'établissent sur la rive gauche du Rhin, 216 ; prennent le nom d'Agrippiniens, après l'établissement, sur leur territoire, de *Colonia Agrippina* (Cologne). *Voy.* AGRIPPINIENS.

UCELLO (Paolo), prêtre, VII, 236.

ULFILA, général d'Honorius, I, 341.

ULPIEN, jurisconsulte, massacré par les prétoriens entre les bras de l'empereur, I, 265.

ULRICH, duc de Wurtemberg, se joint avec ses troupes aux Suisses qui envahissent la Bourgogne, VII, 424 ; est chassé de ses États, 494.

ULRIQUE DE SUÈDE, sœur de Charles XII, est élue reine de Suède, et signe le démembrement de cette monarchie, XV, 102 ; accède à l'alliance anglo-française, 151.

UNELLES, peuple d'Armorique. Ils saisissent les délégués romains, bloquent un camp romain et sont vaincus, I, 152 et suiv.

UNITÉS imposées aux *comédiens du roi* par le cardinal de Richelieu, avantages et inconvénients de cette règle, XII, 132 et suiv.

UNION de l'Angleterre et de l'Écosse, XIV, 472.

UNION (acte d') des États de l'Amérique du Nord, XVI, 418 *note*.

UNIVERSAUX, III, 305.

UNIVERSITÉ, corporation des écoles de Paris, III, 565. — Querelle de ses docteurs avec les bourgeois, l'archevêque de Paris et la reine Blanche de Castille, IV, 161 et suiv. ; querelles avec les ordres mendiants, 263 et suiv. — L'Université présente requête au parlement pour qu'il défende d'enseigner dans les colléges la philosophie cartésienne, XIV, 266. — Envoie une adresse de félicitation au parlement exilé à Troies, XVI, 593.

UNIVERSITÉ de Toulouse. Sa création, IV, 150 *texte et note*.

UNKILEN, officier de Théoderik. Sa trahison et son châtiment, II, 112.

URBAIN II, pape, continue la lutte du saint-siége contre l'empereur, III, 140 ; intervient dans l'affaire du second mariage de Philippe Ier, roi de France, 152 ; réunit un concile à Plaisance pour y traiter des affaires d'Orient, 157 ; passe les Alpes et convoque un autre concile à Clermont, 158 ; sa harangue, 159 et suiv. ; il est réinstallé dans Rome par les croisés, 173.

URBAIN III, pape, meurt de douleur en apprenant la chute du royaume de Jérusalem, III, 526.

URBAIN IV (Jacques de Troies), patriarche titulaire de Jérusalem, pape après Alexandre IV, offre la couronne des Deux-Siciles à Louis IX, et, sur le refus de celui-ci, la confère à Charles d'Anjou, IV, 348.

URBAIN V, pape, succède à Innocent VI, V, 237 ; contribue à la rançon de Du Guesclin et aux frais de l'expédition contre Pierre le Cruel, 255 ; va habiter Rome, 284.

URBAIN VI, pape après Grégoire XI, V, 311 ; voit élire un antipape et naître le grand schisme d'occident, 313 ; ses fureurs, 334 ; il frappe Jeanne de Naples d'anathème et de déchéance, et transfère sa couronne à Charles de Durazzo, 340 ; qu'il sacre à Rome, 370 ; fait prêcher la croisade en Angleterre contre les partisans du pape d'Avignon, 395.

URBAIN VII, pape pendant treize jours, X, 232.

URBAIN VIII, pape, XI, 195; intervient dans l'affaire de la Valteline, 203, 211; empêche l'archevêque de Trèves de prendre le cardinal de Richelieu pour coadjuteur, 424; cherche à pacifier l'Europe, *ibid.*; ses démêlés avec Richelieu, 511 et suiv.; il proteste contre l'envahissement du Montferrat par les Espagnols, 519. — Persécute Galilée, XII, 15, 16; condamne le livre de Jansénius, 88, 104; sa querelle avec le duc de Parme, 194; sa mort, 219.

URBIN (le duc d'), neveu du pape Jules II, envahit le duché de Ferrare, VII, 390; prend Modène, 391; est battu par les Français, 395; est dépouillé de son duché par Léon X, 453. — Y est rétabli après ce pape et commande l'armée de la sainte ligue avec peu de gloire, VIII, 94, 97, 98, 101.

URFÉ (Honoré d'), auteur de l'*Astrée*, X, 479 et suiv., 487 *note*.

URSICINUS, évêque de Cahors. Sentence rendue contre lui par le concile de Mâcon, II, 85.

URSINS (princesse des) gouverne la reine d'Espagne et, par la reine, le roi, et, par le roi, l'Espagne, XIV, 495; persuade à Philippe V que le duc d'Orléans l'a voulu détrôner, 517; partage la direction des affaires avec l'ambassadeur Amelot de Gournai, 526; aspire à une principauté souveraine qu'elle n'obtient pas, 581, 583; fait épouser au roi une princesse parmesane qui la renvoie en arrivant, 584 *note;* meurt. *ibid.*

URSION, duc austrasien, conspire contre Hildebert, II, 89, sa mort, 92.

URSULINES (ordre des), introduit en France par la veuve Acarie, XII, 63 *note*.

USIPÈTES, nation germanique. Ils entrent dans la Gaule et sont écrasés par César, I, 156, 157; appartiennent à la confédération des Istewungs, 214; sont défaits par Germanicus, 224; passent le Rhin et saccagent la Belgique, 235; entrent dans la confédération franke, 267.

UTRECHT (Union d'), IX, 500. — Négociations et traités d'Utrecht, XIV, 546, 548, 569 et suiv., 573 et suiv., 576. — Situation étrange du siége épiscopal de cette ville, devenue le chef-lieu du jansénisme, XV, 163.

V

VACARIUS introduit en Angleterre les livres de Justinien, III, 566 *note*.

VACÉ (Raoul de) fait assassiner l'un des tuteurs de Guillaume le Conquérant, III, 81; le remplace, 82.

VACQUERIE (La), premier président au parlement de Paris; acte courageux qui lui est attribué, VII, 143 *note;* il négocie un traité avec la Flandre, 149; repousse les sollicitations du duc d'Orléans, 195.

VADÉ, poëte de carrefour, donne à Louis XV le surnom de *Bien-Aimé*, XV, 271.

VAILLANT (Jean), prévôt de la monnaie, attaque l'île de Meaux à la tête d'une troupe de *Jacques*, V, 197.

VAILLANT, savant français, fonde le *Cabinet royal des médailles*, XIII, 178.

VAIR (Du), conseiller au parlement, député de Paris aux États-Généraux de 1593, y combat la politique du duc de Mayenne, X, 320, 321; repousse l'argent espagnol, 325; négocie la reddition de Paris, 349 *note;* comprime le mouvement tenté par le curé Hamilton, 352; est nommé maître des requêtes de l'Hôtel, 353 *note;* reçoit d'Henri IV une mission diplomatique, 411; écrit un *Traité de l'éloquence française*, 485. — Est nommé premier président au parlement de Provence, XI, 14 *note;* garde des sceaux, 100; est destitué, 106; recouvre les sceaux, 118; obtient du duc de Luines l'évêché de Lisieux, 135; meurt, 178.

VAISSETTE (dom), bénédictin, auteur de l'*Histoire du Languedoc*, XV, 352.

VAL (Du), conseiller au parlement, est menacé de la Bastille, et s'échappe, VIII, 500.

VALBELLE (le chevalier de) combat avec un seul navire quatre vaisseaux anglais, XII, 446 *note*. — Aide les habitants de Messine à repousser les Espagnols, XIII, 462; entre dans le port à travers la flotte ennemie, 463.

VALDEZ (Juan), travaille à réformer l'Église catholique, VIII, 309; tourne à l'arianisme, 311 *note*.

VALENÇAI (le commandeur de) fait échouer le complot du comte de Chalais contre le cardinal de Richelieu, XI, 234; commande la flotte française devant La Rochelle, 284; va intriguer en Espagne pour le compte de Marie de Médicis, 374.

VALENCIENNES. *Institution de paix* dans cette ville, III, 262. — Elle est prise par Louis XIV, et réunie à la France, XIII, 500.

VALENS est chargé par Vitellius de lui conquérir l'empire, I, 234.

VALENS, empereur d'Orient, I, 318; son imprudence avec les Wisigoths, 320; son désastre, 322.

VALENTIN, peintre français, XII, 146.

VALENTINE DE MILAN épouse le frère puîné de Charles VI, V, 423;

affection de Charles vi pour elle, 441; elle est accusée de l'avoir ensorcelé, 449, 454; ses efforts pour venger son mari, 486, 492, 496.

VALENTINIEN, empereur d'Occident, institue le magistrat appelé *défenseur*, I, 317; son règne, ses combats contre les Allemans, sa mort; loi qui interdit les mariages entre Romains et Barbares, 318 à 320.

VALENTINIEN II, fils de Gratien, règne sur l'Italie, l'Illyrie occidentale et l'Afrique, I, 323; puis sur la Gaule, 325; sa mort, 327.

VALENTINIEN III, empereur, I, 356; comment il accueille Saint-Germain, 363; il assassine Aétius, 380; sa mort, *ibid.*

VALÉRIEN, empereur, repousse les Goths et les Sarmates, est vaincu et pris par le roi de Perse Schapour, I, 270.

VALERIUS ASIATICUS, Viennois, conspire contre Caligula. Sa fière réponse à la populace romaine et aux prétoriens, I, 228.

VALETTE (Parisot de La), grand-maître de l'ordre de Malte. Sa défense héroïque contre les Turcs, IX, 170 *note*.

VALETTE (Bernard de La), est nommé gouverneur du marquisat de Saluces, IX, 506. — Bat des Suisses auxiliaires des huguenots, X, 44; est fait amiral, 83; s'unit à Lesdiguières, 90; est destitué, *ibid.*; remis en place, et retient le Dauphiné dans le devoir, 140; soutient la cause royale en Provence, 192, 238, 249, 286.

VALETTE (le cardinal de La), archevêque de Toulouse, président adjoint des notables en 1626, XI, 246; soutient le courage du cardinal de Richelieu dans la *journée des dupes*, 346; est envoyé comme négociateur auprès de Gaston d'Orléans, 350; est gouverneur de l'Anjou, 356; implore en vain la grâce du duc de Montmorenci, 389; est gouverneur de Metz, tient la campagne contre le duc de Lorraine et l'armée impériale, 435 et suiv., 447; marche au secours de la Bourgogne, 456; fait une médiocre campagne en Belgique, 470 et suiv.; commande en Piémont après Créqui, 482, 500; meurt, 501.

VALETTE (le chevalier de La), essaie en vain d'empêcher la princesse de Condé d'entrer à Bordeaux, XII, 353.

VALETTE (le père La), supérieur général des jésuites dans les îles du Vent, y fait le commerce en grand, et finit par une banqueroute de 3 millions, XVI, 206, 207.

VALLA (Laurent), apologiste d'Épicure, VII, 234.

VALLAVOIRE, lieutenant-général, est envoyé à Messine avec un corps de débarquement, XIII, 463.

VALLIÈRE (Mlle de La), maîtresse de Louis XIV, XIII, 29; mère du comte de Vermandois, 136; reine cachée de la fête de 1664, 184; reste à la cour à côté de Mme de Montespan, 226; se retire aux Carmélites, 227; est étrangère aux affaires publiques, 607.

VALLIÈRE (La) découvre la mer d'Hudson par terre, XIII, 558 *note*.

VALOIS (Charles, comte de), second fils de Philippe le Hardi. Le pape Martin IV lui transfère la couronne d'Aragon, IV, 377, il fait campagne en Roussillon, 380; son apanage, 384; il renonce à l'Aragon, 388; commande l'armée française en Guienne, ses cruautés, 407; ses succès en Flandre, 418; ses grandeurs en Italie, 421; accident qui lui arrive au couronnement de Clément V, 460; son mariage, 465; il aspire à la couronne impériale, 482, 483; mène les affaires sous Louis le Hutin, 515 et suiv.; ses succès en Aquitaine, 559; sa mort, 560.

VALOIS (Adrien de), auteur du *Gesta veterum Francorum*, XII, 71.

VALOIS (Mlle de), fille de Philippe d'Orléans, régent de France, épouse le duc de Modène. Son voyage à travers la France, quand elle se rend auprès de son époux, XV, 342.

VALTELINE (affaire de la), XI, 168, 170, 183, 185, 193 et suiv., 211, 212, 224, 225, 228.

VAN-BEUNINGEN, ambassadeur des Provinces-Unies, XIII, 145; réclame l'assistance de Louis XIV contre l'Angleterre, 305; lui offre celle de son gouvernement pour acquérir une partie des Pays-Bas espagnols, 324; le menace d'une coalition défensive, 329; lui communique le traité de La Haie, 337; est bourgmestre d'Amsterdam, 344; se justifie d'une médaille insolente dont il est accusé, *ibid.*

VAN-BOGAERTS (Desjardins), sculpteur brabançon, auteur du monument élevé à Louis XIV sur la place des Victoires, XIV, 74 *note*.

VAN-CLÈVE, sculpteur, XIV, 237.

VAN-DEN-ENDEN, sert d'intermédiaire entre le chevalier de Rohan et les États-Généraux des Provinces-Unies, XIII, 457; est pendu, 459.

VANDENESSE (le sire de), un des chefs de l'infanterie française, VII, 372; sa mort, VIII, 51.

VAN-DER-GROOT. *Voy.* GROTIUS.

VAN-DER-GROOT, fils du précédent, ambassadeur des Provinces-Unies, XIII, 371, 392, 394, 395, 396.

VAN-DER-MEULEN, peintre des batailles et siéges de Louis XIV, XIII, 384 *note*.

VAN-DER-SPEETEN (Arnold), doyen des maçons de Gand, vend sa patrie au duc de Bourgogne, VI, 501.

VAN-DER-STRATEN, famille flamande, leur fortune et leur catastrophe, III, 289, 290.

Van-Eyck, peintre flamand, envoyé du duc de Bourgogne en Portugal, VI, 224; ses inventions, son origine, 469 *notes*.

Van-Gent, vice-amiral hollandais, tué à la bataille de Sole-Bay, XIII, 390.

Van-Helmont donne le premier aux substances élémentaires le nom de gaz, XXVI, 549 *note*.

Vanini (Lucilio), philosophe panthéiste, est brûlé vif à Toulouse, XI, 593. — XII, 6.

Van-Robais (les frères), fabricants hollandais, établissent une manufacture à Abbeville, XIII, 142.

Vanloo (Carle), peintre flamand francisé, XV, 336.

Varade (le père), recteur des jésuites, encourage Pierre Barrière à assassiner Henri IV, X, 335; part avec le légat, 352; est exécuté en effigie, 372.

Vardes (le marquis de) offre à la reine mère un asile à La Capelle, d'où il est chassé par son père, XI, 354.

Varenne La Vérendrie (de), officier canadien, découvre les Montagnes Rocheuses, XV, 302 *note*.

Vargas (D. Juan de), président du *Conseil des troubles*, IX, 280 *note*.

Varignon, mécanicien, découvre les causes de l'équilibre, XIV, 261.

Varin, graveur en médailles, XII, 154 *note*..

Varlet de Gibercourt, mayeur de Saint-Quentin, seconde Coligni dans la défense de cette ville, VIII, 453.

Varus (Quintilius), ses fautes, son expédition en Germanie, son désastre, I, 220.

Vasari, peintre, exécute, par ordre du pape, un tableau de la Saint-Barthélemi, IX, 343.

Vasconcellos, premier ministre d'Espagne en Portugal, est mis à mort par les Portugais insurgés, XI, 532.

Vasquez, docteur jésuite, malmené par Blaise Pascal, XII, 105.

Vatable, savant français, fonde l'enseignement de l'hébreu, VII, 482.
— Est le premier professeur de cette langue au collége royal, VIII, 144.

Vatteville (baron de), ambassadeur d'Espagne à Londres, insulte l'ambassadeur de France, XIII, 283; est rappelé, exilé, *ibid*.

Vatteville (abbé de), envoyé de la Franche-Comté en Suisse, se donne à Louis XIV, et donne Graï à ce prince, XIII, 337.

Vauban conduit le siége de Gravelines, XII, 499; celui d'Ypres, 500.
— Celui de Douai, XIII, 318; fortifie les places de Flandre acquises à la France par le traité d'Aix-la-Chapelle, 340; invente le tir à rico-

chet, *ibid.;* conduit le siége de Doësbourg, 392 ; accompagne Louis xiv en Hollande, 421 ; dirige les siéges de Maëstricht, 422 ; de Trèves, 424; de Besançon, 438 ; défend Oudenarde, 444; conduit les siéges de Condé, 491 ; d'Aire, 494; de Valenciennes, 500; de Cambrai, 502; de Gand, 523; perfectionne l'art de défendre les places fortes, et accomplit d'immenses travaux, 564 à 568 ; fortifie Strasbourg, et creuse le canal de la Brüsch, 583.— Trace le plan de la dérivation de l'Eure, XIV, 7; conduit le siége de Luxembourg, et fortifie cette place après l'avoir prise, 18; conduit le siége de Philipsbourg, 93; demande que l'édit de Nantes soit rétabli, 118; conduit les siéges de Mons, 144 ; et de Namur, 163; imagine d'adapter la baïonnette au canon du fusil, 176 *note;* est lié intimement aux ducs de Chevreuse et de Beauvilliers, 185; repousse une attaque des Anglais sur Brest, 197; conduit le siége d'Ath, 225, 226; aspire à des réformes et fait une étude approfondie de l'état de la France, 306; ses travaux d'économiste, 338 et suiv. ; il conduit le siége de Brisach, 411; offre inutilement de conduire celui de Turin, 448; va défendre Dunkerque, 459; publie la *Dixme royale,* est disgracié, meurt, 489, 490.

Vaubrun (de) partage avec le comte de Lorges le commandement de l'armée du Rhin, après la mort de Turenne, et bientôt est tué à son tour, XIII, 477, 478.

Vaudémont (Antoine de), dispute à René d'Anjou l'héritage du duc de Lorraine, VI, 307, 308, 316, 396.

Vaudémont (René de), duc de Lorraine, est enlevé, par ordre du duc de Bourgogne, et mené à Trèves, VII, 79; à quel prix il obtient sa liberté, 81; il déclare la guerre à ce duc, 93; ravage le Luxembourg, 94; perd la Lorraine, 101; combat, à Morat, avec les Suisses, 110; reprend Nanci, 114; défait le Bourguignon, 115; lui rend les honneurs funèbres, 116; tente inutilement d'arracher à Louis xi la Provence, 147; recouvre le Barrois, 168; fait alliance avec Anne de Beaujeu, 193; l'aide à combattre le parti d'Orléans, 199; auquel il se rallie ensuite, 200.

Vaudémont (le comte de) est chargé d'administrer la Lorraine pendant la minorité du duc Charles, son neveu, VIII, 415.

Vaudémont (Louise de) épouse Henri iii, IX, 412.—S'efforce de l'apaiser à la veille des barricades, X, 65 ; demande vengeance à Henri iv du meurtre de son époux, 188; proteste contre le traité conclu entre Henri iv et le duc de Mayenne, 388 *note*.

Vaudémont (Marguerite de), épouse du duc de Joyeuse, IX, 506.

Vaudémont (François de Lorraine, comte de), fils puîné du duc de

Lorraine, négocie avec les Espagnols, X, 273. — Revendique la couronne ducale à la mort de son frère aîné, puis cède ses prétentions à son fils Charles, XI, 408.

VAUDÉMONT (comte de), fils du duc de Lorraine Charles IV, défend Besançon contre l'armée française, XIII, 438.

VAUDÉMONT (prince de) tient tête au maréchal de Villeroi avec des forces très-inférieures et lui échappe, XIV, 206, 207; le tient de nouveau en échec, 215; gouverneur de Milan, y proclame Philippe V, 363; replie le quartier-général de l'Oglio derrière l'Adda, 387; attaque sans succès Borgo-Forte, 389; défend le Milanais, puis l'abandonne, 466 et suiv.

VAU-DE-VIRE (compagnons du), VI, 577.

VAUDOIS. Leur doctrine, origine de leur nom, IV, 5 et suiv.—Persécutions qu'ils subissent, V, 309. — VI, 517. — VII, 255 *note;* Louis XII les traite avec humanité, 326, 327. — Colonies fondées par eux, VIII, 326; ils s'absorbent dans le protestantisme, 328, 329.

VAUDOIS de Provence. Leur extermination, VIII, 329 et suiv.

VAUDOIS du Piémont. Ils se défendent courageusement et obtiennent la liberté de conscience, IX, 83, 84. — Sont maltraités par le duc de Savoie, mais protégés par Cromwell et Mazarin, XII, 476. — Persécutés de nouveau par Louis XIV et Victor-Amédée II, massacrés, exterminés, XIV, 52, 53; reparaissent sous le nom de *Barbets*, font la guerre de partisans contre les Français, 131; guident à travers les Alpes l'armée du duc de Savoie qui pénètre en France, 168.

VAUDOIS de Calabre. Ils sont exterminés, IX, 84 *note*.

VAUDREUIL (M. de), gouverneur du Canada, XV, 475; le défend avec opiniâtreté, 524, 525, 535; le perd, 548; est poursuivi en France et acquitté, 571 *note*. — Commande en second la flotte sous l'amiral de Grasse, XVI, 468.

VAUGELAS, grammairien, est spécialement chargé par Richelieu de la confection du *Dictionnaire de l'Académie*, XI, 430. — Savoyard, XII, 59.

VAUGUYON (duc de La), gouverneur des enfants de France, cabale contre le duc de Choiseul, XVI, 207, 208; donne à Louis XVI des préventions contre Marie-Antoinette, 312; cabale contre elle, 314; meurt, 316.

VAUGUYON (duc de La), fils du précédent, ambassadeur en Hollande, XVI, 454.

VAUQUELIN DE LA FRESNAIE, auteur d'un *Art poétique*, X, 485.

VAURU (le bâtard de), capitaine armagnac. Ses crimes, VI, 78; son châtiment, 81.

VAUVENARGUES (marquis de), officier au régiment du roi, victime de la retraite de Prague, XV, 253; veut changer de carrière, meurt, 404; appréciation de ses œuvres littéraires, 405, 406.

VAUX (comte de), lieutenant-général, établit en Corse le gouvernement français, XVI, 252, 253; commande l'armée destinée à opérer une descente en Angleterre, 441; envoyé pour comprimer le mouvement insurrectionnel du Dauphiné, écrit au gouvernement qu'il est trop tard et transige, 610.

VAYER DE BOUTIGNI (Le), maître des requêtes, collaborateur de Colbert dans la préparation et rédaction de l'*Ordonnance de la Marine*, XIII, 561.

VÉGA (Lope de), X, 482.

VELASCO (don Fernand de), connétable de Castille, gouverneur du Milanais, reprend aux Français la Franche-Comté, et menace la Bourgogne, X, 376; rencontre Henri IV à Fontaine-Française, 377; le revoit à Paris, en revenant d'Angleterre, 536.

VELASCO, gouverneur de Barcelone pour Philippe V, rend cette place au prétendant Charles d'Autriche, XIV, 451.

VELEZ (le marquis de Los), vice-roi de Catalogne, reprend quelques places dans cette province, et vient échouer devant Barcelone, XI, 533 et suiv. — Vice-roi de Sicile, y étouffe une insurrection, XII, 244, 245.

VELEZ-MALAGA (bataille navale de), XIV, 433, 434.

VELLÉDA, *elfe* des Bructères, les soulève par ses prédications, I, 235; Civilis lui envoie en présent des captifs romains, 236; et la trirème prétorienne de Cérialis, 239; elle conseille la paix aux Germains, *ibid.*

VELLI (l'abbé), historien, XVI, 151 *note*.

VÉLOCASSES, peuple belge, I, 147; ils résistent aux Romains, 188; leur territoire est annexé à la Lugdunaise, 196.

VENAISSIN (Comtat), autrefois marquisat de Provence, arraché au comte de Toulouse au profit du pape par le traité de Meaux, IV, 149.

VENDÔME (comte de) attaque la Normandie, III, 298.

VENDÔME (comte de) est fait prisonnier à Azincourt, VI, 20; introduit Jeanne Darc au château de Chinon, 152; marche avec elle sur Jargeau, 174; figure au sacre de Charles VII, 188; commande au nord de la Seine, 227; délivre Compiègne, 244; bat les Anglais, 245; est ambassadeur de France au congrès d'Arras, 333; conspire contre l'ordre public, 386, 403; négocie la trêve de Tours, 407; entre dans Bordeaux avec Dunois, 453. — Siége aux États-Généraux de 1468, VII, 29.

VENDÔME (Charles de Bourbon, comte, puis duc de), chef de la branche cadette de la maison de Bourbon, VII, 503 *note*. — Défend la Picardie contre les troupes d'Henri VIII et de Charles-Quint, VIII, 29; est chargé de défendre Paris, 47; une province frontière, 58; est chef du conseil de régence pendant la captivité du roi, 69; demande une assemblée de la noblesse, 104; défend de nouveau la Picardie, 238, 242, 243; meurt, 247.

VENDÔME (le cardinal de Bourbon-), fils du prince Louis de Condé, IX, 544 *note*. — X, 82 *note ;* assiste à la séance d'ouverture des États-Généraux de 1588, 100; est un moment garde des sceaux, 178 *note ;* reçoit Henri IV à Tours, 189; prend le titre de cardinal de Bourbon, et veut être, à son tour, roi de la Ligue, 245; tente un acte d'opposition qu'il ne soutient pas, 254, 256; aspire à la royauté, 300; accord entre lui et le duc de Mayenne, 310; rôle qu'il joue à l'abjuration d'Henri IV, 326, 328; il intervient en faveur des jésuites, 369; meurt, *ibid. note*.

VENDÔME (César, duc de), fils de Gabrielle d'Estrées, est reconnu et légitimé par Henri IV, X, 375; pair de France, duc de Vendôme, époux désigné de la fille du duc de Mercœur, 420. — Soutient le gouvernement de la régence contre la cabale des grands, XI, 39; se révolte à son tour, 43; surprend Vannes, 46; se soumet, 47; soutient le roi contre le parlement, 90; se révolte, puis traite à Loudun, 98; va comploter à Couci, 104; se soumet, 105; prend le parti de la reine mère, 159; se fait battre aux Ponts-de-Cé, 164; gouverneur de Bretagne, va défendre le château de Blavet contre le duc de Soubise, 215; est enfermé au château d'Amboise, 236, 237; élargi, 347; correspond avec les rebelles de Sedan, 539; s'enfuit en Angleterre, 544; rentre en France, 583; conteste à La Meilleraie le gouvernement de Bretagne, 586. — Est du parti des *Importants*, XII, 160; redemande en vain le gouvernement de Bretagne, 169; est exilé, 171, 253; demande pour son fils aîné la main d'une nièce de Mazarin, 336; est gouverneur de Bourgogne, 354; amiral de France, 389; est attaqué traîtreusement par les Anglais et battu, 434; concourt à la soumission de Bordeaux, 446 et suiv.; commande officiellement la flotte française, 471.

VENDÔME (Mlle de), fille d'Henri IV et de Gabrielle d'Estrées, XI, 111.

VENDÔME-MERCŒUR (duc de). *Voy.* MERCŒUR.

VENDÔME (duc de), fils du duc de Vendôme-Mercœur, est compromis dans l'affaire des poisons, XIV, 108 *note;* combat héroïquement à Steenkerke, 166; commande en Catalogne, 211; bat la cavalerie espagnole, 215; prend Barcelone, 228; compte parmi les *esprits forts,* 251; commande en Italie où il fait une belle campagne contre le prince Eugène, 387 et suiv.; attaque le Tyrol et bombarde Trente, 409; fait une mauvaise campagne en Lombardie et regagne le Piémont, 415, 416; prend Verceil, Ivrée, Bard, Verrue, 436 et suiv.; manœuvre contre le prince Eugène en Lombardie, 445; revient en Piémont et assiége Chivasso, 446; retourne en Lombardie, bat le prince Eugène à Cassano et le refoule dans le Tyrol, *ibid.* et suiv.; est mis à la tête de l'armée de Flandre, 459; après avoir été repoussé par Eugène de l'Adige sur le Mincio, 462; manœuvre contre Marlborough, 476; partage le commandement avec le duc de Bourgogne, 493; force Marlborough à se replier sur Louvain, 497; campagne malheureuse à cause de son peu d'accord avec le prince, défaite d'Oudenarde, perte de Lille, 498 à 504; campagne en Espagne, victoires de Brihuega et de Villa-Viciosa, 533, 534; il est chef d'une cabale qui entoure le dauphin, 549; meurt, 568.

VENDÔME (grand prieur de), frère du précédent, réunit au Temple une société d'*esprits forts,* XIV, 251; commande un petit corps d'armée sur la Secchia et chasse les Autrichiens au delà de l'Adige, 436; s'oppose à ceux qui viennent du Tyrol, 437; prend La Mirandole, 446; commande l'armée entière en l'absence de son frère, commet faute sur faute et se fait rappeler, 446 et suiv.

VÉNÈTES d'Italie; ils envahissent le territoire des Boïes, I, 20.

VÉNÈTES *d'Armorique;* ils accaparent presque tout le négoce des îles et côtes océaniques, I, 90; saisissent les délégués romains, leur guerre contre César, leur ruine, 152 et suiv.; ils se soulèvent de nouveau pour défendre Alésia, 181.

VENETTE (Jean de), historien, V, 114 *note.*

VENISE (république de). Sa situation sous Charlemagne, II, 343, 347; elle est attaquée par les Franco-Italiens et réduite à se rendre, 355. — Fournit une flotte aux croisés de 1202 et se sert d'eux pour prendre Zara, III, 568; les aide à prendre Constantinople, 569; ce qu'elle y gagne, 571. — Sa puissance après la prise de Constantinople par les Turcs, VII, 245; elle se ligue avec le pape et le duc de Milan contre Naples et Florence, 249; son rôle pendant les premières guerres des Français en Italie, 269, 273 et suiv., 283, 317, 318; ligue de Cambrai et ses conséquences, 370, 372 et suiv., 397, 398 et suiv., 403 et suiv.; trêve entre Venise et l'empereur, 405; coalition du pape et de l'empereur contre Venise, 414 ; Venise traite avec la France et fait alliance avec elle, 416. — L'abandonne et traite avec ses ennemis, VIII, 35 ; change de parti après la bataille de Pavie, 71 ; fait alliance avec la France, Florence et Ferrare contre l'empereur, 82 ; reprend Ravenne et Cervia, 102 ; fait la paix avec l'empereur, 120 ; s'allie à lui, 244 ; embrasse la politique de neutralité, 274. — Offre de l'argent à Henri III contre la Ligue, IX, 548. — Plaide auprès de Sixte-Quint la cause de ce prince, X, 154 ; reconnaît Henri IV, 189 ; intervient en sa faveur auprès du pape, 293, 379 ; confirme son alliance avec lui, 522 ; ses discussions avec Rome, 545 et suiv. ; elle entre dans les projets d'Henri IV contre la maison d'Autriche, 558. — Guerre entre elle et l'archiduc Ferdinand, XI, 125 ; traité avec la France et la Savoie contre l'Espagne au sujet de la Valteline, 195 ; elle proteste contre l'envahissement du Montferrat par les Espagnols, 519 ; fait une guerre malheureuse contre les Turcs, 541, 542. — Leur dispute pied à pied l'île de Candie, XIII, 178 ; la perd enfin, 363, 364. — Conquiert la Morée, la côte occidentale de la Grèce et de la Dalmatie, XIV, 76 ; traite avec le sultan, qui lui cède la Morée, 350 ; favorise les Impériaux contre les Français, 375, 376, 378 ; aide les Français contre les Impériaux, 449. — Perd la Morée, XV, 87, 92. — Défend aux jésuites de recevoir des novices, XVI, 207 ; les chasse de son territoire, 220.

Vêpres siciliennes, IV, 374.

Verazzano, Florentin, entreprend, par ordre de François Ier, un voyage de découvertes, VIII, 131.

Vercingétorix. Sa naissance ; il entreprend la délivrance de la Gaule ; est proclamé chef suprême ; son activité, ses opérations militaires, ses succès, ses revers, son dévouement, sa captivité, sa mort, I, 165 à 187.

Vercundaridub, Éduen, pontife du temple de Rome et d'Auguste, I, 198.

Verdun. Traité signé en cette ville entre les trois fils de Lodewig le Pieux, II, 420. — Elle est réunie à la France, VIII, 414, 415.

Verdun (de), premier président à Toulouse, puis à Paris, XI, 33 ; un des juges de la maréchale d'Ancre, 124 ; combat les mesures financières du duc de Luines, 158 ; répond au cardinal de Richelieu au nom de l'assemblée des Notables de 1626, 249.

Vergasillaun, chef arverne, I, 182 ; sa manœuvre et sa défaite, 185.

Vergennes (comte de), ministre des affaires étrangères, XVI, 319 ; est opposé au rappel des anciens parlements, 334 ; hésite longtemps sur la question américaine, et se décide pour des secours indirects, 413 et suiv. ; traité avec les États-Unis, 422 et suiv. ; communication de ce traité au gouvernement anglais, et déclaration de guerre, 425 et suiv. ; envoi d'un ministre plénipotentiaire aux États-Unis, 427, 428 ; conduite de Vergennes dans la guerre suscitée par l'ouverture de la succession bavaroise, 438 ; il arrête les hostilités près d'éclater entre la Russie et la Turquie, *ibid.* ; est chef du conseil des finances, 483 ; paix de 1783, *ibid.* et suiv. ; mémoire de Vergennes contre Necker, 504 ; il préside le conseil des finances, 507 ; fait nommer M. de Calonne contrôleur général à la place de M. d'Ormesson, 511, 512 ; consent à la suppression du conseil des finances, 540 ; intervient à Genève pour l'aristocratie contre la démocratie, 548 ; laisse élever un archiduc d'Autriche au siége archiépiscopal de Cologne, 549 ; cherche à défendre la Turquie contre la Russie, puis l'abandonne, 550, 551 ; amène entre la Hollande et l'Autriche une transaction dont la France paie en partie les frais, 552 ; traité entre la France et la Hollande, 553 ; traité de commerce avec l'Angleterre, 565 ; avec la Russie, 567 ; assemblée des Notables, *ibid.* ; mort de Vergennes, 571.

VERGIER, habitué du Temple, XIV, 251.

VERGINIUS refuse l'empire, I, 233.

VERGNE (La), vieux guerrier huguenot, l'un des héros de Jarnac, IX, 246.

VÉRI (abbé de), conseiller de Mme de Maurepas, fait appeler Turgot au ministère, XVI, 320.

VERJUS DE CRÉCI, négociateur français à Ryswick, XIV, 224.

VERMANDOIS (Raoul Ier, comte de), aide Louis le Gros contre le comte de Chartres et le seigneur du Puiset, III, 219 ; contre l'empereur, 286 ; contre Thomas de Marle, 291 ; accompagne Louis VII en Aquitaine, 300 ; fait casser son premier mariage pour en contracter un second, ce qu'il en résulte, 421 et suiv. ; il est adjoint à l'abbé Suger pour administrer le domaine royal pendant la troisième croisade, 434 ; meurt, 454.

VERMANDOIS (Raoul II, comte de), meurt de la lèpre, III, 454.

VERMANDOIS (comte de), fils de Louis XIV et de Mlle de La Vallière, amiral de France, XIII, 136.

VERMIGLI (Pietro), dit *Pierre martyr*, Florentin, se retire en Suisse, et embrasse la Réforme, VIII, 344. — Concourt à l'organisation de l'église réformée d'Angleterre, IX, 96 ; est chef de celle de Zurich, *ibid.* ; assiste au colloque de Poissi, *ibid.* ; y discute contre le cardinal de Lorraine, 99 ; transige sur la question de l'eucharistie, 100 ; reçoit l'abjuration de l'évêque de Troies, 102 *note*.

VERMONT (abbé de), précepteur et conseiller intime de Marie-Antoinette, XVI, 556; la pousse aux mesures violentes contre le cardinal de Rohan, 557; la fait entrer dans la ligue de cour formée contre Calonne, 580.

VERNE (Jacques), vicomte-maïeur de Dijon, décapité par ordre du duc de Mayenne, X, 375.

VERNET (Joseph), peintre, XVI, 160.

VERNEUIL (bataille de), VI, 100.

VERNEUIL (Henriette de Balzac d'Entragues, marquise de), maîtresse d'Henri IV, sa querelle avec le duc de Sulli, X, 462 *note;* son marché avec Henri IV, 503; elle accouche d'un enfant mort, 504; sa position vis-à-vis de la reine, 514; elle obtient la grâce de son frère, le comte d'Auvergne, après la condamnation de Biron, 518; complote contre Henri IV, est jugée, puis rentre en grâce, 538 et suiv.— Est accusée de complicité dans l'assassinat d'Henri IV, XI, 34.

VERNEZOBRE, caissier de la Compagnie des Indes, s'enfuit en Prusse avec une somme énorme, XV, 67.

VERNON, amiral anglais, prend Porto-Bello, XV, 226; échoue contre Carthagène, Cuba, Panama, 247.

VÉROMANDUES, peuple belge, I, 147; part qu'ils prennent à la bataille de la Sambre, I, 149, 150.

VÉRONÈSE, peintre italien, VII, 466.

VERREIKEN, négociateur pour l'Espagne à Vervins, X, 426.

VERRUE (le comte de), chargé de garder le Pas de Suze, est culbuté par l'armée française. XI, 295.

VERSAILLES (palais de), XIII, 236 et suiv., 640.

VERTOT, historien, démolit la fable de la *Sainte-Ampoule*, XV, 352 *note*.

VERTUS (le comte de), second fils de Louis d'Orléans, V, 497, 507, 510, 511, 513, 523, 525, 526, 538, 542.

VÉRUS, évêque de Tours, ses intrigues avec les Franks, il est exilé, I, 446.

VERVINS (paix de), X, 427.

VERVINS (le sire de) rend la ville de Boulogne aux Anglais, VIII, 305; est décapité, 368.

VESALE, premier médecin de Charles-Quint, VIII, 443; donne des soins à Henri II blessé à mort, 501.

VESC (Étienne de) pousse Charles VIII à la guerre d'Italie, VII, 251; comment il use de sa faveur, 268, 270.

VESPASIEN. Insurrection de la Gaule sous son règne, I, 235 et suiv.; sa dureté à l'égard de Sabinus et d'Éponine, 240.

VESPUCCI (Amerigo), comment son nom est donné au Nouveau Monde, VII, 297.

VÉTUS, prévôt des maréchaux, tente de livrer Boulogne au duc d'Aumale, X, 26.

VÉTUS, président au parlement de Rennes, membre du conseil général de la Ligue, X, 135.

VÉZELAI (commune de), III, 473.

VEZINS, sénéchal ou lieutenant du roi en Querci, sauve son antagoniste Régnier du massacre de la Saint-Barthélemi, IX, 344 *note;* est chassé de Cahors par le roi de Navarre, 497.

VIAUD (Théophile), poëte *libertin*, poursuivi et condamné par le parlement, XII, 5, 127, 131.

VIC (traité de), qui rend la Lorraine vassale de la France, XI, 368.

VIC (de), conseiller, député du roi près l'assemblée protestante de Loudun, X, 422. — Garde des sceaux, XI, 181; meurt, 191.

VIC (de), vice-amiral, escorte le duc de Sulli à Douvres, où son pavillon est insulté par les Anglais, X, 526.

VIC D'AZYR, naturaliste, XVI, 338.

VICO-MERCATO, Milanais, professeur de philosophie grecque et latine au collége royal, VIII, 145.

VICTOR, évêque de Rome, I, 254.

VICTOR II, pape, continue la lutte du saint-siége contre l'empereur Henri IV, III, 140.

VICTOR III, pape, élu par la minorité du conclave, et soutenu par l'empereur Frédéric Barberousse, III, 477.

VICTOR-AMÉDÉE Ier, duc de Savoie, d'abord prince de Piémont, épouse Christine de France, fille d'Henri IV, XI, 127; est chargé par le duc son père de poursuivre l'accomplissement des promesses de Louis XIII, 194; signe à Suse, pour son père, un traité avec la France, 297; confère à Bussolino avec Richelieu, 324; monte sur le trône, 330; conclut avec la France une trêve, 332; puis la paix, 359; traite avec elle pour l'invasion et le partage du Milanais, 424; fait deux campagnes en conséquence de ce traité, 439, 440, 445; meurt, 466.

VICTOR-AMÉDÉE II, duc de Savoie. Mariage projeté pour lui par Louis XIV et auquel il renonce; il épouse la seconde fille du duc d'Orléans, XIII, 583, 584. — Persécute, massacre les Vaudois, XIV, 53; se coalise avec l'Espagne et l'empereur contre la France, 126, 130, 131; fait arrêter l'ambassadeur de France et tous les Français qui sont à Turin, 133; est battu à Staffarde, *ibid.;* traite avec l'Angleterre et les Provinces-Unies, 135; repousse Catinat en Savoie, 146;

refuse les offres de Louis XIV quoique avantageuses, 154; envahit et ravage le Dauphiné, 168; est battu à La Marsaille, 179 et suiv., négocie avec Louis XIV, 210; traite avec lui, 216; attaque le Milanais et contraint l'empereur à consentir à la neutralité de l'Italie, 217; serait héritier du roi d'Espagne à défaut de Bourbons et de Hapsbourgs, 364; reconnaît Philippe V pour roi d'Espagne, 365; s'allie à la France contre l'Autriche, 374; est généralissime de l'armée d'Italie, 375; trahit et quitte les Français, 377, 378; retourne au parti impérial moyennant le Montferrat, Alexandrie, etc., etc., 416; abandonne les deux camps retranchés qui défendent Verrue, 438; se retranche à Chivasso, 445; quitte cette position, 448; se retire dans les montagnes, 462; se joint au prince Eugène, dégage Turin, reprend le Piémont et le Milanais, 464 et suiv.; entre en Provence et assiége Toulon, 479 et suiv.; prend Suze, 482; reçoit l'investiture du Montferrat, 496; prend le fort d'Exilles, La Pérouse, Fenestrelles, *ibid.*; sujets de mécontentement que l'empereur lui donne, 517, 548; il songe à la paix, 568; trêve avec la France, 571; traité d'Utrecht qui le fait roi de Sicile, 573, 575. — Comment il échange la Sicile contre la Sardaigne, XV, 87, 90, 94, 101; son abdication, son incarcération, sa mort, 104.

VICTORIA, mère de l'empereur Victorinus. Son mérite, elle fait successivement trois empereurs, I, 273, 274.

VICTORINUS, empereur, règne quelque temps, est assassiné à Cologne, I, 273 et 274.

VICTORINUS, fils du précédent, empereur aussi, est égorgé par les soldats, I, 274.

VICTORIUS, gouverneur d'Arvernie sous Éwarik, I, 397.

VIDAL (Pierre), troubadour, III, 375 *note*.

VIDUS-VIDIUS, de Florence, professeur de médecine au collége royal, VIII, 145.

VIEILLEVILLE (le seigneur de), VIII, 415; sauve Metz d'une conspiration de cordeliers, 441; assiége Thionville, 467. — Va négocier avec les protestants d'Orléans, IX, 128; est envoyé dans les provinces pour y faire exécuter le traité d'Amboise, 161; maréchal, est envoyé dans le Maine pour y apaiser les troubles, 186; son mot sur le combat de Saint-Denis, 223; il est du parti des *politiques*, 265; meurt, 298.

VIENNE. Rivalité de cette ville et de Lyon sous l'empire romain, I, 232.
— Municipalité de Vienne au moyen âge, III, 236.

VIENNE (Jean de) défend Calais jusqu'à la dernière extrémité, V, 96, 101, 104.

VIENNE (Jean de), amiral, ravage les côtes de l'Angleterre, V, 315; fait une expédition en Écosse, 402; périt à Nicopolis, 450.

VIÈTE (François), mathématicien, fondateur de l'Algèbre, IX, 12. — X, 489.

VIEUSSENS, anatomiste, XIII, 172.

VIEUVILLE (le marquis de La) est nommé surintendant des finances, XI, 195; pousse Louis XIII à agir contre l'Espagne, *ibid.;* devient chef du conseil, et y introduit Richelieu, 199, 200; inaugure une politique nouvelle, 203; est disgracié, 204, 205; voit ses biens confisqués, 355; est condamné à mort par contumace, 375 *note.* — Innocenté par le parlement, XII, 168; redevient surintendant, 381; est appelé par la cour à Poitiers, 390; meurt, 444.

VIGER (le Père), jésuite, auteur des *Principaux idiotismes de la langue grecque,* XII, 69.

VIGLIUS, négociateur pour l'Espagne au Câteau-Cambrésis, VIII, 470.

VIGNOLE, architecte, VIII, 136. — X, 472.

VIGO (désastre de), XIV, 391.

VIGOUREUX (La) est mise en jugement pour avoir fait le commerce des poisons, XIV, 108 *note.*

VIGUIER (Nicolas), auteur de la *Bibliothèque historiale,* X, 488.

VILLA HERMOSA (duc de), gouverneur des Pays-Bas catholiques, XIII, 493; couvre le siége de Maëstricht, 494; est trompé par les manœuvres de Louis XIV, et lui laisse prendre la ville de Gand, 523.

VILLA-VICIOSA (bataille de), XIV, 533, 534.

VILLADARIAS, général espagnol, attaque sans succès Gibraltar, XIV, 435.

VILLAGE (Jean de) sauve Jacques Cœur, VI, 477.

VILLARET, historien, XVI, 151 *note.*

VILLARS (le sire de), capitaine de Montargis, défend Orléans, VI, 119.

VILLARS (le marquis de), lieutenant-général en Guienne, IX, 354; amiral après Coligni, 506.

VILLARS (André de Brancas, seigneur de), gouverneur du Havre, en ferme les portes, pour 30,000 écus, au gouverneur de Normandie, X, 85; est lieutenant-général de Normandie et défend Rouen contre Henri IV, 275, 276; est fait amiral, 304; maréchal, *ibid.;* négocie avec le baron de Rosni, 345; vend au roi la Normandie, 356; est pris par les Espagnols et massacré, 385.

VILLARS (de), évêque d'Agen, membre du conseil-général de la Ligue, X, 134.

VILLARS (marquis de), de la maison de Savoie, chef de la Ligue en Guienne, X, 388.

VILLARS (marquise de), est décapitée, XIII, 459.

VILLARS (marquis, puis maréchal duc de), ambassadeur de France à Vienne, XIV, 358; commande une armée expéditionnaire, passe le Rhin, gagne la bataille de Friedlingen, est fait maréchal, 397, 398; repasse le Rhin, *ibid.*; expédition sur le Haut-Danube, victoire de Höchstedt, 406 à 412; il va terminer la guerre des Cévennes, 419 et suiv.; défend l'Alsace contre le prince Louis de Bade, 440, 442 et suiv.; refuse de commander en Piémont sous le duc d'Orléans, 459; campagne outre-Rhin, victoire de Bühl, 476, 577; campagne dans les Alpes, 493, 496; campagne de Flandre, bataille de Malplaquet, 517, 520 et suiv.; il reprend le commandement, 529, 530; défend l'Artois, voit prendre Bouchain, 541, 542; conversation remarquable entre Louis XIV et lui, 559; campagne en Flandre, victoire de Denain, 560 et suiv.; prise de Saint-Amand, Anchin, Mortagne, Marchiennes, Douai, Le Quesnoi, Bouchain, 566 et suiv.; campagne en Allemagne, recouvrance de Landau, bataille de Roskhof, prise de Freybourg, 576 et suiv.; il négocie le traité de Rastadt, 580; est appelé par le testament de Louis XIV au conseil de régence, 611.— Préside le conseil de guerre, XV, 9; proteste contre la coalition de la France, de l'Angleterre, de l'Autriche contre l'Espagne, 91; pousse Fleuri à des négociations audacieuses, 173; commande l'armée d'Italie, avec le titre de maréchal-général, 183, 184; sa dernière campagne, sa retraite, sa mort, 184 et suiv.

VILLE FRANCHE, VILLE NEUVE, origine de ces dénominations, III, 475, 476.

VILLE-HARDOUIN (le sire de), maréchal de Champagne, historien de la cinquième croisade, s'établit en Morée, III, 571; mérite de son livre, 572.

VILLEMANGIS, l'un des conjurés d'Amboise, IX, 40.

VILLENEUVE, ambassadeur de France à Constantinople, négocie le traité de Belgrade entre l'Autriche, la Russie et la Turquie, XV, 221; un traité de commerce entre la Turquie et la France, 222.

VILLEQUIER (le sire de) épouse Antoinette de Maignelais, maîtresse de Charles VII, VI, 444.

VILLEQUIER (Georges de), vicomte de La Guerche, assassine Lignerolles, favori du duc d'Anjou, IX, 282.

VILLEQUIER (René de), favori d'Henri III, IX, 422, 470; gouverneur de Paris et de l'Ile-de-France, 471; poignarde sa femme enceinte, *ibid.*—

Pousse son maître vers la ligue, X, 10; le détourne de faire périr le duc de Guise, 60, 62; combat à Paris, le jour des *Barricades*, 64 et suiv.

Villequier-Aumont (le comte de), combat à Lens, et y est pris, XII, 262; est maréchal, 383; défend la frontière du Nord, *ibid.*; est gouverneur de Boulogne, 389; est fait de nouveau prisonnier à Ostende, 493. — Commande l'aide gauche de l'armée de Flandre, XIII, 316; prend Bergues et Furnes, puis rejoint l'armée principale devant Tournai, 317; prend Courtrai, 318; couvre le siége de Lille, 320.

Villeroi (le sieur de), secrétaire d'État, IX, 363, 408 *note*; se laisse entraîner vers la Ligue, 534; rédige la réponse d'Henri III au manifeste des ligueurs, 546; pousse ce prince de leur côté, 552. — X, 10; remplit l'office de négociateur entre lui et le duc de Guise, 85; fait renvoyer le duc d'Épernon, 89; est renvoyé lui-même, 95; entre au conseil général de la Ligue, 135; détourne le duc de Mayenne d'accepter les propositions de l'Espagne, 194; sert d'intermédiaire et de négociateur entre la Ligue et Henri IV, 206, 208, 248, 274, 280, 302, 303, 342; traite avec ce prince pour son compte personnel, 343; devient ministre des affaires étrangères, 491; approuve le rappel des jésuites, 532. — Conseille Marie de Médicis après la mort du roi, XI, 3; la pousse aux alliances catholiques, 15; fait rappeler le duc de Sulli, 21; cabale contre lui, 22; signe les préliminaires de Fontainebleau, 35; décide le prince de Condé à revenir à la cour, 37; perd son influence, 100, 101; se retire, 106; recouvre sa position, 118; meurt, 180.

Villeroi (maréchal de), gouverneur de Louis XIV, XII, 543, 545; chef du conseil royal des finances, XIII, 31.

Villeroi (maréchal duc de), fils du précédent, commande l'armée du Nord, XIV, 205; campagne qu'il fait en Hainaut et en Brabant, 206 et suiv.; il tient en échec le prince de Vaudemont, 215; couvre le siége d'Ath, 225; campagne en Italie, 377 et suiv.; il est surpris dans Crémone, et fait prisonnier, 386; est racheté, 404; commande l'armée des Pays-Bas, 404, 405; remonte le Rhin, 423; couvre l'Alsace, 426, 430; commande en Flandre, 440; reprend Hui, occupe Trèves, 442; campagne contre Marlborough, défaite de Ramillies, et ce qui en résulte, 443, 444, 458 et suiv.; il est chef du conseil des finances, 611; appelé au conseil de régence par testament de Louis XIV, *ibid.*; gouverneur de Louis XV, *ibid.* — Révèle au duc d'Orléans les dernières dispositions du roi mort, XV, 3; conduit son élève au parlement, malgré la recommandation de Louis XIV, 5; est membre du conseil de régence formé par le duc d'Orléans, 8 ; demeure chef du conseil des finances, mais sans autorité, 9 ; entouré Louis xv de précautions exagérées, 43 ; proteste contre la coalition de la France, de l'Angleterre et de l'Autriche contre l'Espagne, 91 ; est exilé, 117.

VILLERS-COTTERETS (Édit de), VIII, 271.

VILLETTE (marquis de), lieutenant-général de mer, combat vaillamment à Velez-Malaga, XIV, 434.

VILLIERS DE L'ISLE-ADAM, grand-maître des chevaliers de Saint-Jean-de-Jérusalem, défend Rhodes contre les Turcs, puis capitule, VIII, 31.

VILLIERS, écrivain français, auteur de l'*Apologie du prince d'Orange*, IX, 510 *note*.

VILLIERS DE JUMONVILLE, officier français dans l'Ohio, est surpris par les Anglo-Américains commandés par Washington, et tué, XV, 473.

VILLIERS (de), frère du précédent, capitaine français, réduit Washington à capituler, XV, 473.

VILLON, poëte, VII, 157.

VILLON, physicien, est banni pour avoir attaqué la doctrine d'Aristote, XII, 14, 15.

VINCENT DE LÉRINS, ses opinions, il réfute la doctrine de la prédestination, I, 350, 351.

VINCENT DE PAUL (saint), prêtre, sa vie, ses services, ses fondations pieuses, XII, 63 et suiv.

VINCI (Léonard de), VII, 237 et suiv., 466 ; son voyage en France, et sa mort, 476.

VINDEX (C. Julius), lève l'étendard de l'insurrection contre Néron, et proclame Galba empereur ; sa défaite, sa mort, I, 232, 233.

VINDEX, préfet du prétoire sous Marc-Aurèle, est battu par les Germains, I, 243.

VINGTIÈME (impôt du), le ministre Machault prétend y assujettir le clergé, qui lutte avec violence, et réussit à s'y soustraire, XV, 437 à 448.

VINS (de), écuyer du duc d'Anjou, lui sauve la vie, IX, 359 ; se fait ligueur, 548. — Est battu par Lesdiguières, X, 20. — Invoque l'assistance du duc de Savoie, 192 ; meurt, 238 *note*.

VINTIMILLE (de), archevêque de Paris, moliniste, est assigné au parlement pour un mandement attentatoire aux droits du pouvoir temporel, XV, 164 ; est autorisé par le conseil du roi à publier ce même mandement, 165 ; attribue, dans un mandement, les miracles du cimetière de Saint-Médard au Diable, 169; bénit le mariage de son neveu avec la maîtresse du roi, enceinte, 209.

VINTIMILLE (marquis de), épouse Mlle de Nesle, enceinte des œuvres du roi, XV, 209.

VINTIMILLE (marquise de), sœur de Mme de Mailli. Son mariage, et ce qui l'a précédé, XV, 208, 209; elle appuie le comte de Belle-Isle auprès du roi, 233; meurt en couches, 265.

VIOLE, conseiller au parlement de Paris, menacé de la Bastille, s'échappe, VIII, 500.

VIOLE, président au parlement de Paris, hostile à Mazarin, XII, 303; représente sa compagnie dans une conférence entre Gaston d'Orléans et le prince de Condé, 304.

VIOMESNIL va remplacer Dumouriez en Pologne, XVI, 300; ne peut secourir le château de Cracovie, 301; enlève deux redoutes anglaises à York-Town, 462.

VIRDUMAR, brenn des Gœsates, est tué par le consul Marcellus, I, 100.

VIRDUMAR, chef éduen, I, 173; il prend parti contre César, 175; marche au secours d'Alésia, 182.

VIRGILE, prêtre irlandais, évêque de Saltzbourg, croit aux antipodes, au grand scandale de saint Boniface, II, 221.

VIRIDOVIX, chef unellien, I, 155.

VISCHER (Peter), peintre allemand, VII, 386 *note*.

VISCONTI (Galéas), obtient, moyennant 600,000 florins d'or, la main d'Isabelle de France, fille du roi Jean, pour son fils, Jean Galéas Visconti, V, 234.

VISCONTI (Jean Galéas), épouse Isabelle de France, fille du roi Jean, V, 230; marie sa fille Valentine à Louis de France, duc de Touraine, 423; prend le titre de duc de Milan, 448.

VITEAUX (le baron de), petit-fils du chancelier Duprat, est accusé du meurtre de Bérenger Du Guast, IX, 421.

VITELLESCHI, général des jésuites, XI, 240 *note*.

VITELLIUS, commande dans la Germanie inférieure; il est proclamé empereur par les armées du Rhin et de la Gaule, ses orgies, I, 234.

VITRÉ (Denis de), officier de la marine française, sert de pilote à la flotte anglaise remontant le fleuve Saint-Laurent, XV, 551.

VITRI *le Brûlé*, III, 422.

VITRI, gouverneur de Dourdan, remet sa place à Henri IV, et va se joindre au duc de Mayenne, X, 177; préside à l'exécution de quatre membres du comité des *Seize*, 303; est gouverneur de Meaux, et député de la noblesse aux États de 1593, *ibid.*; se rallie au roi, 343;

entre à Paris avec lui, 350. — Détourne Sulli d'aller au Louvre après la mort de ce prince, XI, 2.

VITRI, fils du précédent, capitaine des gardes de Louis XIII, assassine le maréchal d'Ancre, XII, 115, 116; est fait maréchal, 118; gouverneur de Provence, 353; se fait destituer et emprisonner, 446, 447; recouvre la liberté, 583.

VIVIANI, astronome florentin, objet des libéralités de Louis XIV, XIII, 162 *note*.

VIVISKES (Bituriges), peuple gaulois auxiliaire des Romains, I, 153; *autonome* sous Auguste, 199.

VIVONNE (marquis de), général des galères, commande l'escadre de la Méditerranée, XIII, 457; son expédition à Messine où il devient vice-roi, 463; il est nommé maréchal, 480; commet faute sur faute en Sicile, 486; y obtient néanmoins des succès, 488 et suiv.; demande son rappel, 520.

VOCATES, peuple d'Aquitaine, I, 155.

VOCONCES, peuplade gauloise, ils sont vaincus par les Romains, I, 109, 114; se soulèvent, et sont vaincus par Pompée, 127, 128; *nation alliée* sous Auguste, 199.

VOISIN (La) est mise en jugement pour avoir fait le commerce des poisons, XIV, 108 *note*.

VOISIN, ancien intendant de Hainaut, ancien économe de Saint-Cyr, ministre de la guerre, XIV, 546; chancelier, 600; ranime et redouble la persécution contre les protestants, *ibid.*; est appelé par le testament de Louis XIV au conseil de régence, 611. — Révèle les dernières dispositions du roi au duc d'Orléans, XV, 3; qui le fait membre du conseil de régence, 8; meurt, 28.

VOITURE (Vincent), accompagne à Madrid le comte du Fargis, XI, 383; jugement de cet écrivain sur Richelieu, 441 *note*. — Appréciation de son talent littéraire, XII, 125.

VOLKES, Belges établis dans la Gaule méridionale, I, 23; ils s'opposent à la marche d'Annibal et sont battus, 104; sont assujettis par les Romains, 113.

VOLTA, physicien italien, XVI, 522 *note*.

VOLTAIRE (François-Marie Arouet de). Sa naissance, XIV, 328.—Il signe au procès-verbal de la guérison miraculeuse de Mme La Fosse, XV, 168; correspond avec le roi de Prusse, 229; est chargé d'une mission diplomatique auprès de ce prince, 264 *note*; ses premiers pas dans la vie, ses opinions philosophiques, son caractère, 359 et suiv.; ses débuts littéraires, il est exilé, incarcéré, 363; *OEdipe;* jugement sur son talent poétique et tragique, 364; l'*Épître à Uranie*, 365; *la Henriade*, 371; querelle de Voltaire avec le chevalier de Rohan, sa seconde incarcération, son exil en Angleterre, 372; études qu'il y fait, 375 et suiv.; son retour, *Brutus, la Mort de César, Zaïre, le Temple du goût, Lettres sur les Anglais*, 379, 380; il se retire à Cirei, 385; *Éléments de la philosophie de Newton*, 386; *Mémoires* à l'Académie des sciences, *ibid.*; traité de métaphysique, 387; *Discours sur l'homme, le Mondain, la Pucelle*, 388; *Alzire, Mérope*, 389; *Mahomet, Nanine*, 390; œuvres historiques, 391 et suiv.; ses relations avec Frédéric II, Fleuri, Louis XV, Mme de Pompadour, 401 et suiv.; il perd Mme Du Châtelet, 403; se rend à Berlin, 404; son amitié pour Vauvenargues, *ibid.*, 407; il publie la *Voix du sage et du peuple*, 440 *note;* défend inutilement l'amiral Byng, 501. — Son séjour en Prusse, il y combat l'athéisme, poëme de *la Loi naturelle, Siècle de Louis XIV*, XVI, 3; il se brouille avec Frédéric, s'échappe, s'établit près de Genève, 4; *Épître à la Liberté, Poëme sur le désastre de Lisbonne, Candide*, 5; il se moque des théories géologiques de de Maillet, 21; exhorte à l'audace les auteurs de l'*Encyclopédie*, 50; tonne contre la suspension de cette publication, 54; effet que font sur lui les deux premiers ouvrages de J.-J. Rousseau, 82; contre lequel il s'unit au parti athée, 130; influence de Rousseau sur lui et ce qu'elle produit : *Idées républicaines, Dictionnaire philosophique*, etc., etc., 133 à 139; Calas, Sirven, La Barre, 140, 141; il combat le matérialisme, 145; proteste contre l'exécution du père Malagrida, 205; appelle la délivrance de la Grèce, 270; approuve la destruction des parlements, 285; combat les physiocrates (*l'Homme aux quarante écus*), 294; approuve le démembrement de la Pologne, 302; est opposé à la reconstitution des anciens parlements, 334; soutient Turgot avec ardeur, 351, 364; écrit contre la corvée, 369; sa désolation à la chute de Turgot, 380, 381; son retour à Paris et sa mort, 393 et suiv.; il a été membre de la loge maçonnique des *Neuf-Sœurs*, 532.

VOLUSIANUS, évêque de Tours, conspire contre les Wisigoths, I, 430.

VORSTIUS, successeur d'Arminius dans la chaire de Leyde; sa doctrine, XI, 147.

Vos (Jean de), capitaine gantois, ennemi et victime du duc de Bourgogne, VI, 503.

VOUET (Simon), peintre français, XII, 146.

VOULON (bataille de), I, 449.

W

WACE, trouvère normand, traduit et développe la version latine *du Brut y brenyned* de Geoffroi de Monmouth, III, 366, 370.

WAIFER, fils ou frère de Hunald, duc d'Aquitaine, lui succède, II, 223; donne asile à Grippo, 227; ses guerres contre Peppin et sa mort, 243 à 250.

WALA, cousin de Charlemagne, comte. Lodewig le Pieux l'enferme au monastère de Corbie, II, 368; lui rend ses biens, 377; opinion émise par Wala touchant les droits des évêques, 385; il se met à la tête du parti opposé à Bernhard et à Judith, 388, 389; il est déposé et exilé, 390; appuie l'intervention du pape dans les affaires de la France, 394, 395; se retire en Italie, 398; négocie pour Lother, 404; sa mort, *ibid.*

WALAMIR, chef ostrogoth à la bataille des Champs Catalauniques, I, 375.

WALARIK (l'abbé), instituteur du monastère de Leuconne, II, 129.

WALDECK (prince de) commande en Belgique une armée hispano-batave, XIV, 107, 111; est battu par le maréchal de Luxembourg à Fleurus, 128; à Leuse, 155.

WALDECK (prince de) commande les troupes hollandaises et combat à Fontenoi, XV, 281 et suiv.

WALDMANN commande à Morat le corps de bataille suisse, VII, 110.

WALDRADE, femme de Lother II; son histoire, II, 454 et suiv.

WALDSTEIN, général autrichien, XI, 223; défait Ernest de Mansfeld, 258; se rend maître du Danemark continental, 311; se fait une armée à lui, *ibid.;* est fait duc de Friedland et amiral de la Baltique, 313; ses grands succès dans l'Allemagne septentrionale, *ibid.;* il empêche l'empereur de traiter avec la Suède, 346; soulève l'Allemagne par ses brigandages et par son faste, 333, 334; est dépouillé de son commandement et se retire en Bohême, 335; est rappelé, 372; reprend la Bohême et soutient l'effort des Suédois, par lesquels il est défait à Lutzen, 373, 394, 395, 396; négocie avec la France, 400, 419; se révolte contre l'empereur qui le fait assassiner, *ibid.* et 420.

WALKER, recteur de Londonderry, défend cette ville contre Jacques II, XIV, 114.

WALLACE (William) bat les Anglais, est proclamé régent d'Écosse, IV, 417; est battu à Falkirk, 418.

WALLIA, successeur d'Ataülf; son traité avec le patrice Constance, I, 345; son établissement dans la Gaule, 346.

WALPOLE (sir Robert), premier ministre en Angleterre, achète tout, y compris Mme de Prie, XV, 132; s'entend avec Fleuri, 152; promet la neutralité de l'Angleterre dans la guerre de 1733, 182, 183; offre sa médiation aux parties belligérantes et contribue à la pacification de 1736, 197 et suiv.; retarde le plus qu'il peut la guerre entre l'Espagne et l'Angleterre, 226; offre sa médiation entre la Prusse et l'Autriche, 235; obtient du parlement les subsides nécessaires pour secourir Marie-Thérèse, 237; est renversé, 247, 248.

WALPOLE (Horace), frère du précédent, ambassadeur d'Angleterre en France, se lie intimement avec le cardinal Fleuri, XV, 152; contribue à renverser Chauvelin, 203.

WALSINGHAM, ambassadeur d'Angleterre, IX, 283 *note;* son mot sur Coligni, 335 *note;* il organise en Angleterre une police formidable contre les catholiques, 527. — Perd Marie Stuart, X, 28.

WALWORTH, maire de Londres, assassine Wat Tyler, V, 353.

WANDALES. Leur apparition, d'où ils viennent, I, 270; ils sont battus par l'empereur Probus, 277; envahissent la Gaule, 335; sont battus par les Franks, 336; pénètrent dans la Gaule, leurs ravages, *ibid.*, 337; ils pénètrent en Espagne, 344; passent en Afrique, 369; prennent Rome et la pillent, 380; leur religion, 403.

WANDOMME (le bâtard de) fait Jeanne Darc prisonnière, VI, 231; la remet à Jean de Luxembourg, 235.

WANGIENS, peuple germain, I, 145.

WARATTE ou WERT, maire du palais après Ébroïn, II, 163; il est supplanté par son fils, puis rentre dans sa charge, et meurt bientôt, *ibid.*

WARENS (Mme de), XVI, 62, 64.

WARIN, duc de Toulouse, combat à Fontenailles, II, 414.

WARNAHER, maire du palais en Burgondie, serment qu'il exige de Chlother, II, 123.

WARNES, Germains de la confédération suève, I, 213.

WAROCH, chef breton. Ses entreprises contre Hilperik, II, 72.

WARWICK (le comte de) assiége Montargis sans succès, VI, 112, 113; est gouverneur de Rouen lors du procès de Jeanne Darc, 249, 258, 276, 281 *note,* 284.

WARWICK (le comte de), ses victoires, ses menées secrètes avec Louis XI, VI, 538, 539. — Il vient à Rouen, VII, 16; soulève le duc de Clarence contre Édouard IV, 52; est obligé de quitter l'Angleterre, 53; détrône Édouard IV, 55; est vaincu et tué, 63.

WARWICK (le comte de) occupe le Havre au nom de la reine d'Angleterre, IX, 145; le rend aux Français, 164.

WASHINGTON (Georges), colonel d'un régiment de milices virginiennes. Campagne qu'il fait contre les Français d'Amérique, XV, 473. — Il est élu général en chef des troupes américaines insurgées contre l'Angleterre, XVI, 410; ses premières opérations militaires, 419, 421; il est investi du grade de lieutenant-général dans l'armée française, 450; campagne en Virginie, prise d'York-Town, 462; son opinion sur l'esclavage, 512 *note*.

WASO, évêque de Liége. Sa lettre au roi Henri Ier, qui voulait envahir la Lorraine, III, 87; sa lettre à l'évêque de Châlons-sur-Marne, qui voulait persécuter les manichéens, 89, 90.

WAST, architecte, auteur de la cathédrale de Beauvais, VIII, 140 *note*.

WAT TYLER tue un collecteur et fait insurger son village, V, 351; ses aventures et sa mort, 352, 353.

WATT (James) applique la vapeur à l'industrie, XVI, 45 *note*, 566.

WATTEAU, peintre, XV, 336.

WATTEVILLE (Jacques de), avoyer de Berne. Son expédition en Bourgogne, VII, 425, 426.

WAUCHER (Walkher), parent du roi Eudes, se révolte contre lui, II, 491; est mis à mort, 492.

WÉDAST (saint Waast) prêche le christianisme à Chlodowig, I, 423; devient évêque d'Arras, 426.

WÉELAND, chef normand, ravage la vallée de la Somme, II, 446; vend ses services à Karle le Chauve, 447; ravage la Brie, est réduit à capituler, et se fait chrétien, 448, 449.

WEERT (Jean de Vert), général bavarois, combat à Nordlingen, XI, 421; attaque Liége, 449; guerroie en Picardie, *ibid.*, 450, 454, 456; prend Ehrenbreitstein, 464; Hanau, 470; est défait et pris par Bernard de Saxe-Weimar, 480; son mot sur le comte d'Harcourt, 521. — Ses succès en Souabe, XII, 174; il combat à Nordlingen, et conduit la retraite de l'armée impériale, 209, 210; reprend l'offensive, 211.

WEISHAUPT, chef des *illuminés* d'Allemagne. Son but, moyens qu'il emploie, sa retraite, XVI, 534 et suiv.

WENCESLAS DE LUXEMBOURG, roi des Romains, roi de Bohême, se met du parti d'Urbain VI, V, 312; ses vices, 335; son voyage en France, 452; il est déposé, 458.

WÉNILO, archevêque de Sens, est accusé par Karle le Chauve devant le concile de Savonnières, II, 446.

WENTWORTH (lord), gouverneur de Calais, rend cette ville au duc de Guise, VIII, 461.

WENTWORTH (lord), comte de Stafford, premier ministre de Charles Ier, son histoire et sa fin tragique, XI, 542.

WESTMORELAND (le comte de) échoue dans une tentative d'insurrection catholique en Angleterre, IX, 270 *note*.

WESTPHALIE (négociations et paix de), XI, 552. — XII, 183, 186, 224 et suiv., 228 à 236, 252 et suiv., 263 à 271.

WHIG (parti). Origine de ce sobriquet, XIII, 573.

WICLEFF (John), V, 336, 354.

WIDEMIR, chef ostrogoth aux Champs Catalauniques, I, 375.

WIELHORSKI, agent des confédérés de Bar auprès du gouvernement français, XVI, 300.

WILDERODE, évêque de Strasbourg. Récit fabuleux dont il est le héros, III, 42.

WILHELM (Guillaume-au-Court-Nez) devient duc de Toulouse après Horse, et soumet les Wascons, II, 307; est battu par Abd-el-Melek, 316; guerroie contre les Arabes, 330, 341; se retire au couvent d'Aniane, 349 *note*.

WILHELM ou GUILHEM, fils aîné de Bernhard, soulève la ville et la Marche de Toulouse et en fait hommage à Peppin, II, 429; prend Barcelone et Empurias, 438; sa mort, *ibid*.

WILHELM DE HOLLANDE est élu roi des Romains par le parti guelfe, IV, 214; est tué dans un combat contre les Frisons, 260.

WILKES. Émeutes qu'il fait éclater dans Londres, XVI, 255, 406, 452.

WILEBROD (saint) entreprend la conversion des Frisons, II, 171; reçoit du pape Sergius le pallium et le titre d'archevêque, 172; s'établit à Utrecht, son zèle, 173.

WILLEHER, complice et beau-père de Chramn, II, 31.

WILLIBALD, patrice de Burgondie, est chargé par Dagobert de comprimer une insurrection II, 142; dispute la mairie du palais à Flaokhat, qui le fait périr par trahison, 149.

WILLOUGHBY (lord) comprime une insurrection de paysans normands, VI, 325; est fait capitaine de Paris, 345; est contraint de se réfugier à la Bastille, 347 et suiv.; d'où il sort par capitulation, 351.

WINCHESTER (le comte de) vient offrir à Louis de France la couronne d'Angleterre, IV, 91.

Winchester (l'évêque de), frère du roi d'Angleterre Henri IV, est fait chancelier, VI, 89; son pouvoir, 198; il amène un secours au duc de Bedford, *ibid.*; conduit Henri VI à Rouen, 223; dirige le procès contre Jeanne Darc, 246, 276, 283, 305; sacre Henri VI dans Notre-Dame de Paris, 311; repousse au congrès d'Arras les propositions de la France, 334; négocie, 370; dispute l'influence souveraine au duc de Glocester, 371; l'emporte sur lui, 398, 406 et suiv., 430; sa mort, *ibid.*

Winfrid (saint Boniface), Anglo-Saxon, apôtre de la Germanie, est consacré évêque par le pape Grégoire III, II, 213; est chargé de réorganiser l'Église gallicane, 218; concile de Germanie, 219; Boniface établit son siége archiépiscopal à Mayence, 225; sacre Peppin au nom du pape Zacharie, 228; sa mort, 240.

Wintrio, duc austrasien, mis en fuite à Truccia, II, 103; mis à mort par ordre de Brunehilde, 107.

Wiomad, ami de Hilderik. Le sou d'or, I, 383.

Wisigoths. Ils obtiennent de l'empereur Valens des terres à cultiver, I, 320; se soulèvent, s'emparent de la Mœsie et d'une partie de la Thrace, 321; deviennent, après une guerre de quatre années, les sujets de Théodose, 322; et les tyrans d'Arcadius, 334; attaquent l'empire d'Occident, *ibid.*; sont repoussés par Stilicon, *ibid.*; reviennent à la charge, prennent Rome et la pillent, 340; pénètrent dans la Gaule, 343; vont guerroyer en Espagne, 345; conditions de leur établissement dans la Gaule, 346; étendue de leur domination sous Eurik, leurs lois, leurs usages, leur religion, 399 et suiv.

Witighez, règne après Théodat sur les Ostrogoths, son marché avec les rois franks, II, 20; il est vaincu par Bélisaire et fait prisonnier, 21.

Witikind. Sa longue résistance à la domination franke, II, 269, 274, 275, 296 et suiv.; il traite et reçoit le baptême, 300.

Witiza (saint Benoît d'Aniane). Influence qu'il exerce, II, 349 *note*: Lodewig le Pieux l'établit au couvent d'Inde, près d'Aix-la-Chapelle.

Witt (Jean de), grand pensionnaire de Hollande. Ses négociations avec la France, XIII, 301 et suiv.; il rallie la flotte hollandaise après le désastre de Lowestoft, et la remet en mer, 306; invente les boulets ramés, 310; négocie, 312, 314, 324; contraint l'Angleterre à la paix, 325; fait adopter le prince d'Orange, comme *Enfant de l'État*, par la province de Hollande, 326; négocie avec le roi de France, 329; avec le roi d'Angleterre et traite avec lui, 334, 332; fait de vains efforts pour apaiser Louis XIV, 347, 362; prépare la défense de la Hollande, 378, 379; s'accorde mal avec le prince d'Orange, 384; entraîne les

États-Généraux à demander la paix, 386 ; devient impopulaire, 393 ; est quasi assassiné, 394 ; résigne ses fonctions de grand pensionnaire, 404 ; est massacré, *ibid.*

Witt (Corneille de), amiral hollandais, s'empare de l'embouchure de la Tamise, XIII, 325; représente les États-Généraux sur la flotte, à Sole-Bay, 389, 390; tentative d'assassinat contre lui, 394 ; sa mort, 404.

Witterik, roi des Goths, affront qu'il reçoit de Théoderik et que la mort l'empêche de venger, II, 113.

Woden ou Wuotan, dieu germain, le Gwyon ou Teutatès gaulois. Les Romains le confondent avec Mercure, I, 212.

Wolf, patrice de Burgondie, victime de Brunehilde, II, 112.

Wolfe, général anglais, assiége Québec et meurt en combattant, XV, 550 et suiv.

Wolfgang de Bavière, duc de Deux-Ponts. Son expédition en France, pour secourir les huguenots, et sa mort. IX, 243, 244, 248, 249, 250.

Wolfram d'Eschembach, templier souabe. Ses deux poëmes, III, 398.

Wolgemuth, peintre allemand, VII, 386 *note*.

Wolmar (Melchior), savant allemand, instruit Calvin dans les lettres grecques, VIII, 187.

Wolsey, évêque de Lincoln et cardinal, favori d'Henri VIII, VII, 429 ; décide ce prince à revendre Tournai à la France, 485 ; prend les intérêts de Charles-Quint, 504. — VIII, 15, 16 ; ne réussit pas à devenir pape, 21, 49 ; fait échouer les tentatives de pacification de Clément VII, 54 ; incline vers la paix après la bataille de Pavie, 72 ; vient demander pour Henri VIII la main de Renée, fille de Louis XII, 162 ; sa conduite entre Henri VIII, Catherine d'Aragon et Anna Boleyn, 172 et suiv.; sa disgrâce et sa mort, 175.

Woronzoff, chancelier de Russie, XV, 530.

Wrangel, général suédois, succède à Torstenson, XII, 246; fait en Allemagne une belle campagne, 247 et suiv.; prend Égra, 255 ; bat les impériaux à Zusmarshausen, de concert avec Turenne, 257, 258.

Wrin (Laurent), fondeur flamand, est chargé du tombeau de Louis XI, VII, 152.

Wuldetrade, femme de Théodebald. Ce qui lui arrive après la mort de son premier mari, II, 27.

Wulfoald, duc austrasien, maire du palais sous Hilderik, II, 154 ; s'enfuit après la mort du roi, 155.

Wulframn, évêque de Sens, se consacre à la conversion des Frisons, II, 173.

WURTEMBERG (Frédéric de), comte de Montbelliard, X, 49.
WURTEMBERG (le duc Ulric de) sauve les restes de l'armée impériale battue à Zusmarshausen, XII, 258 ; est fait prisonnier, 259.
WURTEMBERG (duc de) commande l'armée impériale, XIV, 542.
WURTEMBERG (prince Louis de) prend le commandement de l'armée impériale pendant la bataille de Parme, et presque aussitôt est blessé, XV, 187 ; meurt, 189.
WYDEVILLE (Élisabeth) épouse Édouard IV, conséquences de ce mariage, VII, 52.

X

XAINCOINS (Jean de), receveur-général des finances, son procès, VI, 472.
XAVIER (saint François), VIII, 406 *note*.
XIMENÈS (le cardinal), archevêque de Tolède, est d'avis qu'une parole donnée aux musulmans n'engage pas, VII, 315 ; fait à ses frais la conquête d'Oran, 398 *note;* décide Ferdinand le Catholique à ne point diviser sa succession, 454 ; grands services qu'il rend à Charles-Quint, 456, 498 ; sa mort, *ibid*. — Projet de conquête de l'Égypte qu'il n'a pu réaliser, XIII, 370.

Y

YENNES (marquis d'), gouverneur de Franche-Comté, XIII, 334 ; s'enferme au fort de Joux, puis capitule, 336 ; s'accommode avec Louis XIV, 337.
YOLANDE D'ARAGON, reine douairière de Sicile et belle-mère de Charles VII, rend de grands services à la cause française, VI, 106, 150, 151, 157 *note*, 318, 321 ; sa mort, 322.
YOLANDE DE FRANCE, fille de Charles VII, épouse le prince de Piémont, VI, 481. — Est arrêtée par ordre de Charles le Téméraire, et enfermée à Rouvres, d'où elle s'évade, et va trouver Louis XI, son frère, VII, 112, 113.
YORK (Richard, duc d'), est régent de France après le duc de Bedford, VI, 343 ; ses manœuvres pour défendre Pontoise, 400 ; ses prétentions au trône d'Angleterre, 430 ; ses menées, 449 ; il échoue d'abord, 480 ; réussit ensuite, 510 ; est renversé, *ibid.;* se relève, 538 ; est défait, et massacré, *ibid*.

York-Town, prise par les Américains unis aux Français, avec huit mille Anglais qui la défendent, XVI, 461, 462.

Yvetot (royaume d'), X, 283.

Yvoi, seigneur de Genlis, chef protestant, occupe la ville de Bourges, IX, 131; la rend aux catholiques par capitulation, 134; commande, à Saint-Denis, l'aile gauche des huguenots, 221; fait une expédition en Belgique, 243; une autre en Hainaut, où il succombe par une trahison catholique, 301, 302, 303 *note*.

Z

Zaban, chef langobard, envahit la Burgondie, attaque Valence, est battu par Mummolus, II, 64.

Zacharie, pape, consulté par Peppin, déclare qu'il doit être roi des Franks, II, 227, 228.

Zamet, partisan italien, X, 99 *note*, 398, 438; est soupçonné d'avoir empoisonné Gabrielle d'Estrées, 502.

Zampini (Matéo), docteur italien, soutient les prétentions du cardinal de Bourbon contre les droits du roi de Navarre, IX, 533.

Zanetti, littérateur italien, brûlé par l'inquisition, IX, 206.

Zannequin, bourgmestre de Furnes, commande les Flamands à la bataille de Cassel, où il périt, V, 6 et suiv.

Zapoly (Jean), élu roi de Hongrie, se fait vassal du sultan, VIII, 116; ses relations avec la cour de France, 162; il est excommunié par le pape, 169; transige avec Ferdinand d'Autriche, se marie, meurt, 275, 276.

Zaporogues (confédération des Cosaques). Leur affreuse expédition dans l'Ukraine polonaise, et leur dissolution, XVI, 266, 267.

Zéid, wali de Barcelone, la défend avec un grand courage, est pris, et envoyé à Charlemagne, II, 241, 242.

Zénobie, reine de Palmyre, I, 274, 275.

Zénon, empereur d'Orient, I, 397, 398.

Zeyer Jansson, associé de Zannequin, traitement qu'il subit, V, 9.

Zeyer le Courtraisien, beau-père d'Artevelde, V, 30; piége où il tombe, et sa mort, 34.

Zio ou Ty, dieu des Germains, I, 212.

Ziska (Jean), VI, 576.

Zorndorff (bataille de), XV, 531.

Zusmarshausen (bataille de), XII, 258.

ZWENTIBOLD, fils bâtard de l'empereur Arnolfe, reçoit de lui le Lother-règne, II, 493; sa conduite entre Eudes et Karle le Simple, 494; sa brutalité, 495; sa chute et sa mort, 496.

ZWINGLI (Ulrich), curé de Zurich, ses prédications et ses doctrines, VII, 525, 532. — VIII, 114 *note*, 155; il envoie sa profession de foi à l'empereur, 165; travaille à coaliser les cantons suisses pour la défense du protestantisme, 168; son dernier livre, adressé à François 1er, 168; sa mort, 169.

FIN DE LA TABLE ANALYTIQUE DES MATIÈRES.

PARIS. — IMPRIMERIE DE J. CLAYE, RUE SAINT-BENOÎT, 7.

PLACEMENT DES GRAVURES.

TOME I.
	PAGES.
Henri Martin (portrait)	titre.
Clovis au Champ-de-Mars	413

TOME II.
Charlemagne couronné roi d'Italie	titre.

TOME III.
Les Croisés en Palestine	titre.
Godefroy de Bouillon au Saint-Sépulcre	190

TOME IV.
Vêpres siciliennes	titre.
Moyen âge	247
Mort de saint Louis	329

TOME V.
Le roi Jean à Poitiers	titre.
Les bourgeois de Calais	105

TOME VI.
Jeanne Darc (brûlée)	titre.
Jeanne Darc (portrait)	139
Louis XI (portrait)	524

TOME VII.
Louis XI à Péronne	titre.
Charles VIII (portrait)	164
Anne de Bretagne	243
Louis XII (portrait)	299
François Ier (portrait)	434

TOME VIII.
François Ier armé chevalier	titre.
Diane de Poitiers	357
Henri II	359

PLACEMENT DES GRAVURES. (*Suite.*)

TOME IX.

	PAGES.
La Saint-Barthélemi	titre.
Catherine de Médicis	63
Charles IX	159
Henri de Lorraine, duc de Guise	254

TOME X.

Bataille d'Ivry	titre.
Henri III (portrait)	145
Henri IV (portrait)	334
Sully (portrait)	432
Gabrielle d'Estrées	501

TOME XI.

Richelieu devant La Rochelle	titre.
Marie de Médicis	49
Louis XIII (portrait)	122
Richelieu (portrait)	202

TOME XII.

Louis XIV (portrait)	titre.
Mazarin	158
Turenne	240
Condé	455

TOME XIII.

Louis XIV et sa cour	titre.
Molière (portrait)	185
Mme La Vallière (portrait)	228

TOME XIV.

Le duc d'Anjou, roi d'Espagne	titre.
Mme de Maintenon	35
Louis XIV bénissant	613

TOME XV.

Bataille de Fontenoy	titre.
Mme de Pompadour (portrait)	277
Maurice de Saxe (portrait)	280
Voltaire (portrait)	360

TOME XVI.

Les États-Généraux	titre.
J.-J. Rousseau	64
Louis XVI (portrait)	314
Marie-Antoinette	513

www.ingramcontent.com/pod-product-compliance
Lightning Source LLC
Chambersburg PA
CBHW060412230426
43663CB00008B/1456